utilisables facilement sur smartphones *via* les QR codes, ou sur college.editions-bordas.fr

Des animations et des cartes mentales pour visualiser les notions

120 animations Cabri

Pour voir des constructions type du collège à maîtriser.

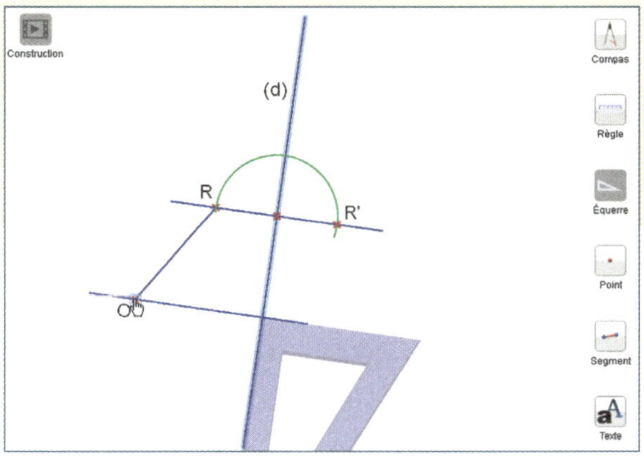

Quand je vois

1. Je flashe.
2. Je regarde une ou plusieurs fois pour bien comprendre.

46 cartes m

Pour retenir les points essentiels du cours de chaque chapitre.

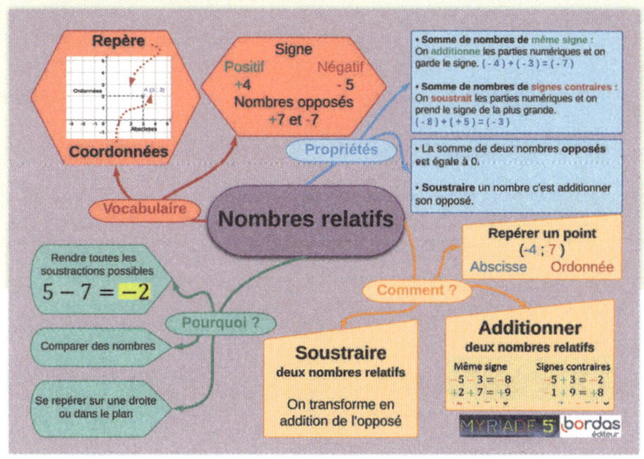

Des exercices interactifs pour progresser

92 QCM

46 QCM pour réviser les notions a connaître avant de commencer un nouveau chapitre.

46 QCM pour faire le point sur sa connaissance du cours du chapitre.

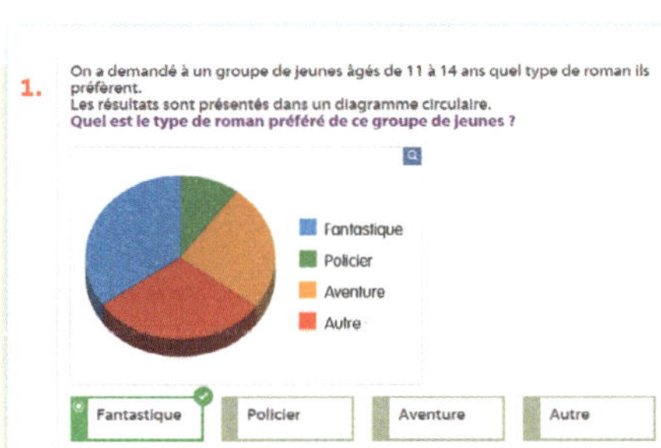

Quand je vois

1. Je flashe.
2. Je fais la série d'exercices.

S'entraîner pour maîtriser les bases du calcul avec Aplusix

70 séries d'exercices Aplusix pour travailler les exercices du manuel de façon guidée et s'entrainer sur des exercices du même type avec des données qui changent encore et encore de façon aléatoire afin de pouvoir faire des gammes.

Aplusix te signale que tu as fait une erreur avant même que tu finisses ton calcul.

Je m'échauffe

S'entraîner avec Aplusix : bordas.media/733776_006

15 QUESTIONS FLASH
Calculer mentalement :
a. 20 − (6 + 5) b. (10 − 4) × 8
c. 18 − (10 − 3) d. 10 − (6 + 1)
e. (17 + 7) : 3 f. 25 : (50 : 10)
g. (6 + 3) × 4 h. 40 : (2 × 10)

16 Calculer les expressions suivantes en détaillant les étapes du calcul :
a. $\frac{4+6}{2}$ b. $4+\frac{6}{2}$
c. $\frac{5}{4+6}$ d. $\frac{4}{2}+\frac{6}{2}$
e. 12 − (5,3 + 2,8) f. 5 × (6,5 + 3,5)

17 1. Les expressions suivantes contiennent trop de parenthèses. Écrire ces expressions en supprimant toutes les parenthèses inutiles.
a. ((4 × 9) + (3 × 5)) b. (6 + 5) + (7 × 9)
c. ((12 + 5) × (3 × 7)) d. (14 − (10 + 1))
2. Effectuer les calculs en détaillant les étapes.

18 1. Dans chacun des cas ci-dessous, peut-on supprimer des parenthèses ? Si oui, lesquelles ? Pourquoi ?
a. 17 × (10 + 3) b. (3 + 10) × 17
c. 3 + (10 × 17) d. (17 × 10) + 3
e. 17 − (10 + 3) f. (17 − 10) + 3
2. Effectuer les calculs en détaillant les étapes.

19 Parmi les huit expressions suivantes, retrouver celles qui sont égales, puis calculer ces expressions.
a. 32 × (15 + 5) b. 32 × 15 + 5 × 15
c. (15 − 5) × 32 d. 5 × (32 − 15)
e. 15 × 32 − 5 × 32 f. 32 × 15 + 32 × 5
g. 5 × 32 − 5 × 15 h. (32 + 5) × 15

20 Placer des parenthèses dans les calculs ci-dessous pour que les égalités proposées soient vraies :
a. 3 × 5 + 3 − 2 × 7 + 1 = 8
b. 3 × 5 + 3 − 2 × 7 + 1 = 5
c. 3 × 5 + 3 − 2 × 7 + 1 = 23
d. 3 × 5 + 3 − 2 × 7 + 1 = 11

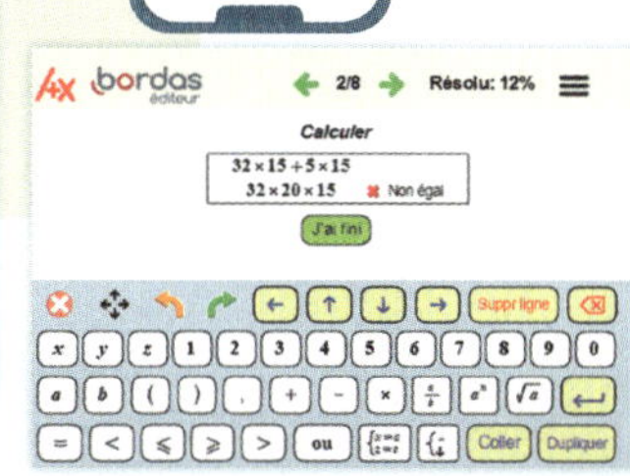

S'entraîner avec Aplusix

Myriade et Aplusix

Quel élève n'a pas un jour réalisé un calcul, numérique ou algébrique, puis appelé son professeur pour s'entendre dire qu'il avait fait une erreur à la première étape, puis deux à la quatrième et enfin une autre à la dernière .... Difficile alors pour lui de se pencher sur ses nombreuses erreurs, la frustration prenant souvent le pas ! Aplusix est vraiment la solution à ce problème. Ce logiciel a un principe simple : il ne laisse pas un élève continuer un calcul, un développement, une factorisation ou une résolution tant que l'étape en cours n'est pas validée. Il envoie ainsi un message à l'élève sur l'erreur qu'il a commise et force celui-ci à s'interroger dans l'instant. Ce concept a fait ses preuves en terme d'apprentissages des règles de calcul, numérique et algébrique et permet aux élèves de progresser.

Avec la collection Myriade, les élèves pourront s'entraîner sur des exercices du manuel de façon guidée avec Aplusix et des exercices du même type, générés aléatoirement mais avec les mêmes subtilités, et ce à l'infini.

Marc Boullis vous présente Aplusix

Voir la vidéo : bordas.media/733776_500

Avec Aplusix, tu peux t'entraîner sur des exercices du manuel et d'autres du même type, le logiciel t'alertera quand tu auras commis une erreur !

C'est simple quand tu vois [logo A+X], tu flashes avec ta tablette ou ton téléphone et tu lances la série d'exos ! Tu peux aussi le faire sur un ordinateur en rentrant le mini-lien.

Pour passer d'un exercice à un autre

Pourcentage de réussite

Pour accéder au menu

L'énoncé de l'exercice proposé

La zone de travail

Zone de lecture des messages donnés par le logiciel pour valider ou signaler une erreur

Pour dire que l'on pense avoir terminé l'exercice et valider sa réponse

Clavier virtuel

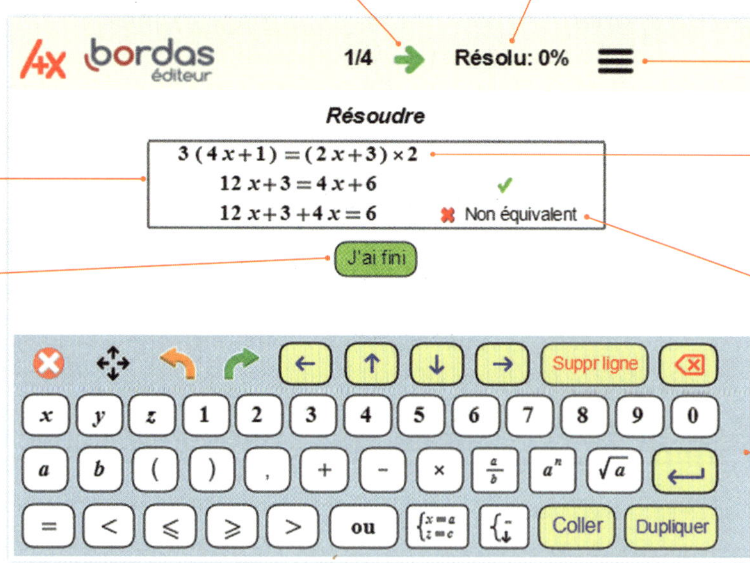

Si la série d'exercices est à nouveau lancée ou est ouverte par un(e) autre élève, les données changent.

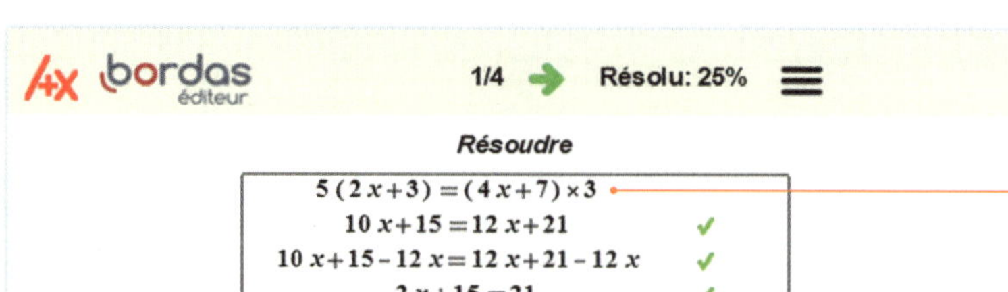

Clara, une élève de collège, t'explique comment te servir d'Aplusix.

Voir la vidéo : bordas.media/733776_501

COLLECTION MYRIADE 6e

Maths

Conforme au programme 2018 et aux repères de progression 2019

Sous la direction de
Marc Boullis

Marc Boullis

Maxime Cambon

Virginie Gallien

Élodie Herrmann

Stéphane Percot

Axelle Soto

bordas
éditeur

sommaire

© BORDAS/SEJER, Paris 2021 • ISBN : 978-2-04-733775-2

Repères annuels de progression pour le cycle 3

Nombres et calculs

Les nombres entiers

CM1

Les élèves apprennent à utiliser et à représenter les grands nombres entiers jusqu'au million. Il s'agit d'abord de consolider les connaissances (écritures, représentations...).

CM2

Le répertoire est étendu jusqu'au milliard.

6e

En **période 1**, dans un premier temps, les principes de la numération décimale de position sur les entiers sont repris jusqu'au million, puis au milliard comme en CM, et mobilisés sur les situations les plus variées possibles, notamment en relation avec d'autres disciplines.

La valeur positionnelle des chiffres doit constamment être mise en lien avec des activités de groupements et d'échanges.

Fractions

CM1

Dès la **période 1** les élèves utilisent d'abord les fractions simples (comme $\frac{2}{3}$, $\frac{1}{4}$, $\frac{5}{2}$) dans le cadre de partage de grandeurs. Ils travaillent des fractions inférieures et des fractions supérieures à 1.

Dès la **période 2**, les fractions décimales sont régulièrement mobilisées : elles acquièrent le statut de nombre et sont positionnées sur une droite graduée. Les élèves comparent des fractions de même dénominateur. Ils ajoutent des fractions décimales de même dénominateur. Ils apprennent à écrire des fractions décimales sous forme de somme d'un nombre entier et d'une fraction décimale inférieure à 1.

CM2

Dès la **période 1**, dans la continuité du CM1, les élèves étendent le registre des fractions qu'ils manipulent (en particulier $\frac{1}{1000}$) ; ils apprennent à écrire des fractions sous forme de somme d'un nombre entier et d'une fraction inférieure à 1.

6e

En **période 1**, sont réactivées les fractions comme opérateurs de partage vues en CM, puis les fractions décimales en relation avec les nombres décimaux (par exemple à partir de mesures de longueurs) ; les élèves ajoutent des fractions décimales de même dénominateur.

En **période 2**, l'addition est étendue à des fractions de même dénominateur (inférieur ou égal à 5 et en privilégiant la vocalisation : deux cinquièmes plus un cinquième égale trois cinquièmes).

En **période 3**, les élèves apprennent que $\frac{a}{b}$ est le nombre qui, multiplié par b, donne a (définition du quotient de a par b).

Nombres décimaux

Tout au long du cycle, les désignations orale et écrite des nombres décimaux basées sur les unités de numération contribuent à l'acquisition du sens des nombres décimaux (par exemple pour 3,12 : « trois unités et douze centièmes » ou « trois unités, un dixième et deux centièmes » ou « trois cent douze centièmes »).

CM1

À partir de la **période 2**, les élèves apprennent à utiliser les nombres décimaux ayant au plus deux décimales en veillant à mettre en relation fractions décimales et écritures à virgule (ex : $3{,}12 = 3 + \frac{12}{100}$).

Ils connaissent des écritures décimales de fractions simples ($\frac{1}{2} = 0{,}5 = \frac{5}{10}$; $\frac{1}{4} = \frac{25}{100} = 0{,}25$; la moitié d'un entier sur des petits nombres).

CM2

Dès la **période 1**, les élèves rencontrent et utilisent des nombres décimaux ayant une, deux ou trois décimales.

Ils connaissent des écritures décimales de fractions simples ($\frac{1}{5} = 0{,}2 = \frac{2}{10}$; $\frac{3}{4} = \frac{75}{100} = 0{,}75$; la moitié d'un entier).

6e

Dès la **période 1**, dans le prolongement des acquis du CM, on travaille sur les décimaux jusqu'à trois décimales. La quatrième décimale sera introduite en **période 2** au travers des diverses activités.

Calcul

Tout au long du cycle, la pratique régulière du calcul conforte et consolide la mémorisation des tables de multiplication jusqu'à 9 dont la maîtrise est attendue en fin de cycle 2.

Calcul mental

CM1

Dans la continuité du travail conduit au cycle 2, les élèves mémorisent les quatre premiers multiples de 25 et de 50.

À partir de la **période 3**, ils apprennent à multiplier et à diviser par 10 des nombres décimaux ; ils apprennent à rechercher le complément au nombre entier supérieur.

Tout au long de l'année, ils stabilisent leur connaissance des propriétés des opérations (ex : $12 + 199 = 199 + 12$; $5 \times 21 = 21 \times 5$; $45 \times 21 = 45 \times 20 + 45 \times 1$; $6 \times 18 = 6 \times 20 - 6 \times 2$).

À partir de la **période 3**, ils apprennent les critères de divisibilité par 2, 5 et 10.

En **période 4 ou 5**, ils apprennent à multiplier par 1 000 un nombre décimal.

CM2

Dès le début de l'année, les élèves apprennent à diviser un nombre décimal (entier ou non) par 100.

En **période 3**, les élèves apprennent à multiplier un nombre décimal (entier ou non) par 5 et par 50.

Au plus tard en période 4, ils apprennent les critères de divisibilité par 3 et par 9.

Tout au long de l'année, ils étendent l'utilisation des principales propriétés des opérations à des calculs rendus plus complexes par la nature des nombres en jeu, leur taille ou leur nombre (exemples : $1{,}2 + 27{,}9 + 0{,}8 = 27{,}9 + 2$; $3{,}2 \times 25 \times 4 = 3{,}2 \times 100$).

Ils étendent l'utilisation des principales propriétés des opérations (notamment la commutativité de la multiplication) à des calculs rendus plus complexes par la nature des nombres en jeu, leur taille, ou leur nombre (exemple : $1{,}2 + 27{,}9 + 0{,}8 = 27{,}9 + 2$; $3{,}2 \times 10 = 10 \times 3{,}2$; $3{,}2 \times 25 \times 4 = 3{,}2 \times 100$).

6e

Dès la **période 1**, dans le prolongement des acquis du CM, on réactive la multiplication et la division par 10, 100, 1 000.

À partir de la **période 2**, les élèves apprennent à multiplier un nombre entier, puis décimal par 0,1 et par 0,5 (différentes stratégies sont envisagées selon les situations).

Tout au long de l'année, ils stabilisent la connaissance des propriétés des opérations et les procédures déjà utilisées à l'école élémentaire, et utilisent la propriété de distributivité simple dans les deux sens (par exemple :

$23 \times 12 = 23 \times 10 + 23 \times 2$ et $23 \times 7 + 23 \times 3 = 23 \times 10$).

Calcul en ligne

CM1 et CM2

Les connaissances et compétences mises en œuvre pour le calcul en ligne sont les mêmes que pour le calcul mental, le support de l'écrit permettant d'alléger la mémoire de travail et ainsi de traiter des calculs portant sur un registre numérique étendu.

6e

Dans des calculs simples, confrontés à des problématiques de priorités opératoires, par exemple en relation avec l'utilisation de calculatrices, les élèves utilisent des parenthèses.

Calcul posé

CM1

Dès la **période 1**, les élèves renforcent leur maîtrise des algorithmes appris au cycle 2 (addition, soustraction et multiplication de deux nombres entiers).

En **période 2**, ils étendent aux nombres décimaux les algorithmes de l'addition et de la soustraction.
En **période 3**, ils apprennent l'algorithme de la division euclidienne de deux nombres entiers.

CM2

Les élèves apprennent les algorithmes :
– de la multiplication d'un nombre décimal par un nombre entier (dès la **période 1**, en relation avec le calcul de l'aire du rectangle) ;
– de la division de deux nombres entiers (quotient décimal ou non : par exemple, 10 : 4 ou 10 : 3), dès la **période 2** ;
– de la division d'un nombre décimal par un nombre entier dès la **période 3**.

6e

Tout au long de l'année, au travers de situations variées, les élèves entretiennent leurs acquis de CM sur les algorithmes opératoires.
Au plus tard en **période 3**, ils apprennent l'algorithme de la multiplication de deux nombres décimaux.

La résolution de problèmes

Dès le début du cycle, les problèmes proposés relèvent des quatre opérations.
La progressivité sur la résolution de problèmes combine notamment :
– les nombres mis en jeu : entiers (tout au long du cycle), puis décimaux dès le CM1 sur des nombres très simples ;
– le nombre d'étapes que l'élève doit mettre en œuvre pour leur résolution ;
– les supports proposés pour la prise d'informations : texte, tableau, représentations graphiques.
La communication de la démarche prend différentes formes : langage naturel, schémas, opérations.

Problèmes relevant de la proportionnalité

CM1

Le recours aux propriétés de linéarité (multiplicative et additive) est privilégié. Ces propriétés doivent être explicitées ; elles peuvent être institutionnalisées de façon non formelle à l'aide d'exemples verbalisés (« Si j'ai deux fois, trois fois... plus d'invités, il me faudra deux fois, trois fois... plus d'ingrédients » ; « Je dispose de briques de masses identiques. Si je connais la masse de 7 briques et celle de 3 briques alors je peux connaître la masse de 10 briques en faisant la somme des deux masses »).
Dès la **période 1**, des situations de proportionnalité peuvent être proposées (recettes...). L'institutionnalisation des propriétés se fait progressivement à partir de la **période 2**.

CM2

Dès la **période 1**, le passage par l'unité vient enrichir la palette des procédures utilisées lorsque cela s'avère pertinent.
À partir de la **période 3**, le symbole % est introduit dans des cas simples, en lien avec les fractions d'une quantité (50 % pour la moitié ; 25 % pour le quart ; 75 % pour les trois quarts ; 10 % pour le dixième).

6e

Tout au long de l'**année**, les procédures déjà étudiées en CM sont remobilisées et enrichies par l'utilisation explicite du coefficient de proportionnalité lorsque cela s'avère pertinent.
Dès la **période 2**, en relation avec le travail effectué en CM, les élèves appliquent un pourcentage simple (en relation avec les fractions simples de quantité : 10 %, 25 %, 50 %, 75 %).
Dès la **période 3**, ils apprennent à appliquer un pourcentage dans des registres variés.

Grandeurs et mesures

L'étude d'une grandeur nécessite des activités ayant pour but de définir la grandeur (comparaison directe ou indirecte, ou recours à la mesure), d'explorer les unités du système international d'unités correspondant, de faire usage des instruments de mesure de cette grandeur, de calculer des mesures avec ou sans formule. Toutefois, selon la grandeur ou selon la fréquentation de celle-ci au cours du cycle précédent, les comparaisons directes ou indirectes de grandeurs (longueur, masse et durée) ne seront pas reprises systématiquement. Tout au long du cycle et en relation avec l'apprentissage des nombres décimaux, les élèves font le lien entre les unités de numération et les unités de mesure (par exemple : dixième → dm, dg, dL ; centième → cm, cg, cL, centimes d'euros).

Les longueurs

CM1

Les élèves comparent des périmètres sans avoir recours à la mesure, mesurent des périmètres par report d'unités et de fractions d'unités ou par report des longueurs des côtés sur un segment de droite avec le compas ; ils calculent le périmètre d'un polygone en ajoutant les longueurs de ses côtés (avec des entiers et fractions puis avec des décimaux à deux décimales).

CM2

Ils établissent les formules du périmètre du carré et du rectangle. Ils les utilisent tout en continuant à calculer des périmètres de polygones variés en ajoutant les longueurs de leurs côtés.

6e

Selon l'avancement du thème « nombres et calcul », les élèves réinvestissent leurs acquis de CM pour calculer des périmètres simples ou complexes.
Ils apprennent la formule de la longueur d'un cercle et l'utilisent après consolidation du produit d'un entier par un décimal, dans un premier temps, puis du produit de deux décimaux.

Les durées

CM1

Tout au long de l'année, les élèves consolident la lecture de l'heure et l'utilisation des unités de mesure des durées et de leurs relations ; des conversions peuvent être nécessaires (siècle/années ; semaine/jours ; heure/minutes ; minute/secondes).
Ils les réinvestissent dans la résolution de problèmes de deux types : calcul d'une durée connaissant deux instants et calcul d'un instant connaissant un instant et une durée.

CM2

Tout au long de l'année, les élèves poursuivent le travail d'appropriation des relations entre les unités de mesure des durées. Des conversions nécessitant l'interprétation d'un reste peuvent être demandées (transformer des heures en jours, avec un reste en heures ou des secondes en minutes, avec un reste en secondes).

6e

Selon les situations, les élèves utilisent leurs acquis de CM sur les durées. Des conversions nécessitant deux étapes de traitement peuvent être demandées (transformer des heures en semaines, jours et heures ; transformer des secondes en heures, minutes et secondes).

Les aires

CM1

Les élèves comparent des surfaces selon leur aire par estimation visuelle, par superposition ou découpage et recollement. Ils estiment des aires, ou les déterminent, en faisant appel à une aire de référence.
Le lien est fait chaque fois que possible avec le travail sur les fractions.

CM2

L'utilisation d'une unité de référence est systématique. Cette unité peut être une maille d'un réseau quadrillé adapté, le cm^2, le dm^2 ou le m^2.
Les élèves apprennent à utiliser les formules d'aire du carré, du rectangle et du triangle rectangle.

6e

En relation avec le travail sur la quatrième décimale, les élèves utilisent les multiples et sous-multiples du m^2 et les relations qui les lient. Ils utilisent la formule pour calculer l'aire d'un triangle quelconque lorsque les données sont exprimées avec des nombres entiers. Après avoir consolidé le produit de décimaux, ils utilisent les formules pour calculer l'aire d'un triangle quelconque et celle d'un disque.

Les contenances et les volumes

CM1

Les élèves comparent des contenances sans les mesurer, puis en les mesurant. Ils découvrent et apprennent qu'un litre est la contenance d'un cube de 10 cm d'arête. Ils font des analogies avec les autres unités de mesure à l'appui des préfixes.

CM2

Ils poursuivent ce travail en utilisant de nouvelles unités de contenance : dL, cL et mL.

6e

Ils relient les unités de volume et de contenance (1 L = 1 dm^3 ; 1 000 L = 1 m^3). Ils utilisent les unités de volume : cm^3, dm^3, m^3 et leurs relations.

Ils calculent le volume d'un cube ou d'un pavé droit en utilisant une formule.

Les angles

CM1 et CM2

Dès le CM1, les élèves apprennent à repérer les angles d'une figure plane, puis à comparer ces angles par superposition (utilisation du papier calque) ou en utilisant un gabarit.

Ils estiment, puis vérifient en utilisant l'équerre, qu'un angle est droit, aigu ou obtus.

6e

Avant d'utiliser le rapporteur, les élèves poursuivent le travail entrepris au CM en attribuant des mesures en degrés à des multiples ou sous-multiples de l'angle droit de mesure 90° (par exemple, on pourra considérer que la diagonale d'un carré partage l'angle droit en deux angles égaux de 45°). Les élèves apprennent à utiliser un rapporteur pour mesurer un angle en degrés ou construire un angle de mesure donnée en degrés.

Proportionnalité

CM1

Les élèves commencent à identifier et à résoudre des problèmes de proportionnalité portant sur des grandeurs.

CM2

Des situations très simples impliquant des échelles et des vitesses constantes peuvent être rencontrées.

6e

Sur des situations très simples en relation avec l'utilisation d'un rapporteur, les élèves construisent des représentations de données sous la forme de diagrammes circulaires ou semi-circulaires.

Espace et géométrie

Il est possible, lors de la résolution de problèmes, d'aller avec certains élèves ou toute la classe au-delà des repères de progression identifiés pour chaque niveau.

Les apprentissages spatiaux

Dans la continuité du cycle 2 et tout au long du cycle, les apprentissages spatiaux, en une, deux ou trois dimensions, se réalisent à partir de problèmes de repérage de déplacement d'objets, d'élaboration de représentation dans des espaces réels, matérialisés (plans, cartes...) ou numériques.

Initiation à la programmation

CM1 et CM2

Au CM1 puis au CM2, les élèves apprennent à programmer le déplacement d'un personnage sur un écran.

Ils commencent par compléter de tels programmes, puis ils apprennent à corriger un programme erroné. Enfin, ils créent eux-mêmes des programmes permettant d'obtenir des déplacements d'objets ou de personnages.

Les instructions correspondent à des déplacements absolus (liés à l'environnement : « aller vers l'ouest », « aller vers la fenêtre ») ou relatifs (liés au personnage : « tourner d'un quart de tour à gauche »).

6e

La construction de figures géométriques, de simples à plus complexes, permet d'amener les élèves vers la répétition d'instructions.

Ils peuvent commencer à programmer, seuls ou en équipe, des saynètes impliquant un ou plusieurs personnages interagissant ou se déplaçant simultanément ou successivement.

Les apprentissages géométriques

CM1

Les élèves tracent avec l'équerre la droite perpendiculaire à une droite donnée en un point donné de cette droite.

Ils tracent un carré ou un rectangle de dimensions données.

Ils tracent un cercle de centre et de rayon donnés, un triangle rectangle de dimensions données.

Ils apprennent à reconnaître et à nommer une boule, un cylindre, un cône, un cube, un pavé droit, un prisme droit, une pyramide.

Ils apprennent à construire un patron d'un cube de dimension donnée.

CM2

Les élèves apprennent à reconnaître et nommer un triangle isocèle, un triangle équilatéral, un losange, ainsi qu'à les décrire à partir des propriétés de leurs côtés.

Ils tracent avec l'équerre la droite perpendiculaire à une droite donnée passant par un point donné qui peut être extérieur à la droite.

Ils tracent la droite parallèle à une droite donnée passant par un point donné.

Ils apprennent à construire, pour un cube de dimension donnée, des patrons différents.

Ils apprennent à reconnaître, parmi un ensemble de patrons et de faux patrons donnés, ceux qui correspondent à un solide donné : cube, pavé droit, pyramide.

6e

Les élèves sont confrontés à la nécessité de représenter une figure à main levée avant d'en faire un tracé instrumenté. C'est l'occasion d'instaurer le codage de la figure à main levée (au fur et à mesure, égalités de longueurs, perpendicularité, égalité d'angles).

Les figures étudiées sont de plus en plus complexes et les élèves les construisent à partir d'un programme de construction. Ils utilisent selon les cas les figures à main levée, les constructions aux instruments et l'utilisation d'un logiciel de géométrie dynamique.

Ils définissent et différencient le cercle et le disque.

Ils réalisent des patrons de pavés droits. Ils travaillent sur des assemblages de solides simples.

Le raisonnement

La dimension perceptive, l'usage des instruments et les propriétés élémentaires des figures sont articulés tout au long du cycle.

CM1 et CM2

Le raisonnement peut prendre appui sur différents types de codage :

– signe ajouté aux traits constituant la figure (signe de l'angle droit, mesure, coloriage...) ;

– qualité particulière du trait lui-même (couleur, épaisseur, pointillés, trait à main levée...) ;

– élément de la figure qui traduit une propriété implicite (appartenance ou non appartenance, égalité...) ;

– nature du support de la figure (quadrillage, papier à réseau pointé, papier millimétré).

CM1

Un vocabulaire spécifique est employé dès le début du cycle pour désigner des objets, des relations et des propriétés.

CM2
On amène progressivement les élèves à dépasser la dimension perceptive et instrumentée des propriétés des figures planes pour tendre vers le raisonnement hypothético-déductif.
Il s'agit de conduire sans formalisme des raisonnements simples utilisant les propriétés des figures usuelles ou de la symétrie axiale.

6e
Tout le long de l'année se poursuit le travail entrepris au CM2 visant à faire évoluer la perception qu'ont les élèves des activités géométriques (passer de l'observation et du mesurage au codage et au raisonnement).
On s'appuie sur l'utilisation des codages.
Les élèves utilisent les propriétés relatives aux droites parallèles ou perpendiculaires pour valider la méthode de construction d'une parallèle à la règle et à l'équerre, et établir des relations de perpendicularité ou de parallélisme entre deux droites.
Ils complètent leurs acquis sur les propriétés des côtés des figures par celles sur les diagonales et les angles.
Dès que l'étude de la symétrie est suffisamment avancée, ils utilisent les propriétés de conservation de longueur, d'angle, d'aire et de parallélisme pour justifier une procédure de la construction de la figure symétrique ou pour répondre à des problèmes de longueur, d'angle, d'aire ou de parallélisme sans recours à une vérification instrumentée.

Le vocabulaire et les notations

Tout au long du cycle, les notations (AB), [AB), [AB] et AB sont toujours précédées du nom de l'objet qu'elles désignent : droite (AB), demi-droite [AB), segment [AB], longueur AB. Les élèves apprennent à utiliser le symbole d'appartenance (∈) d'un point à une droite, une demi-droite ou un segment.
Le vocabulaire et les notations nouvelles (∈, [AB], (AB), [AB), AB, $\widehat{AOB}$) sont introduits au fur et à mesure de leur utilité, et non au départ d'un apprentissage.

CM1
Le vocabulaire utilisé est le même qu'en fin de cycle 2 : côté, sommet, angle, angle droit, face, arête, milieu, droite, segment.
Les élèves commencent à rencontrer la notation « segment [AB] » pour désigner le segment d'extrémités A et B mais cette notation n'est pas exigible ; pour les droites, on parle de la droite « qui passe par les points A et B », ou de « la droite d ».

CM2
Les élèves commencent à rencontrer la notation « droite (AB) », et nomment les angles par leur sommet : par exemple, « l'angle $\widehat{A}$ ».

6e
Les élèves utilisent la notation AB pour désigner la longueur d'un segment qu'ils différencient de la notation du segment [AB].
Dès que l'on utilise les objets concernés, les élèves utilisent aussi la notation « angle $\widehat{ABC}$ », ainsi que la notation courante pour les demi-droites.
Les élèves apprennent à rédiger un programme de construction en utilisant le vocabulaire et les notations appropriés pour des figures simples au départ, puis pour des figures plus complexes au fil des périodes suivantes.

Les instruments

CM1
Tout au long de l'année, les élèves utilisent la règle graduée ou non graduée ainsi que des bandes de papier à bord droit pour reporter des longueurs.
Ils utilisent l'équerre pour repérer ou construire un angle droit.
Ils utilisent aussi d'autres gabarits d'angle ainsi que du papier calque.
Ils utilisent le compas pour tracer un cercle, connaissant son centre et un point du cercle ou son centre et la longueur d'un rayon, ou bien pour reporter une longueur.

CM2
Le travail sur les angles se poursuit, notamment sur des fractions simples de l'angle droit (ex : un « demi angle droit », « un tiers d'angle droit », « l'angle plat comme la somme de deux angles droits »).
Les élèves doivent comprendre que la mesure d'un angle (« l'ouverture » formée par les deux demi-droites) ne change pas lorsque l'on prolonge ces demi-droites.

6e
Les élèves se servent des instruments (règle, équerre, compas) pour reproduire des figures simples, notamment un triangle de dimensions données. Cette utilisation est souvent combinée à des tracés préalables codés à main levée.
Ils utilisent le rapporteur pour mesurer et construire des angles.
Dès que le cercle a été défini, puis que la propriété caractéristique de la médiatrice d'un segment est connue, les élèves peuvent enrichir leurs procédures de construction à la règle et au compas.

La symétrie axiale

Reconnaître si une figure présente un axe de symétrie : on conjecture visuellement l'axe à trouver et on valide cette conjecture en utilisant du papier calque, des découpages, des pliages.
Compléter une figure pour qu'elle devienne symétrique par rapport à un axe donné.
– Symétrie axiale.
– Figure symétrique, axe de symétrie d'une figure, figures symétriques par rapport à un axe.
– Propriétés conservées par symétrie axiale.

CM1
Les élèves reconnaissent qu'une figure admet un (ou plusieurs) axe de symétrie, visuellement et/ou par pliage ou en utilisant du papier calque. Ils complètent une figure par symétrie ou construisent le symétrique d'une figure donnée par rapport à un axe donné, par pliage et piquage ou en utilisant du papier calque.

CM2
Ils observent que deux points sont symétriques par rapport à une droite donnée lorsque le segment qui les joint coupe cette droite perpendiculairement en son milieu.
Ils construisent, à l'équerre et à la règle graduée, le symétrique d'un point, d'un segment, d'une figure par rapport à une droite.

6e
Les élèves consolident leurs acquis du CM sur la symétrie axiale et font émerger l'image mentale de la médiatrice d'une part et certaines conservations par symétrie d'autre part.
Ils donnent du sens aux procédures utilisées en CM2 pour la construction de symétriques à la règle et à l'équerre.
À cette occasion :
– la médiatrice d'un segment est définie et les élèves apprennent à la construire à la règle et à l'équerre ;
– ils étudient les propriétés de conservation de la symétrie axiale.
En lien avec les propriétés de la symétrie axiale, ils connaissent la propriété caractéristique de la médiatrice d'un segment et l'utilisent à la fois pour tracer à la règle non graduée et au compas :
– la médiatrice d'un segment donné ;
– la figure symétrique d'une figure donnée par rapport à une droite donnée.

La proportionnalité

CM2
Les élèves agrandissent ou réduisent une figure dans un rapport simple donné (par exemple $\times \frac{1}{2}$, $\times 2$, $\times 3$).

6e
Les élèves agrandissent ou réduisent une figure dans un rapport plus complexe qu'au CM2 (par exemple $\frac{3}{2}$ ou $\frac{3}{4}$) ; ils reproduisent une figure à une échelle donnée et complètent un agrandissement ou une réduction d'une figure donnée à partir de la connaissance d'une des mesures agrandie ou réduite.

Mon manuel de maths

Ouverture

Une **situation de la vie quotidienne** avec une question que tu pourras résoudre dans la tâche complexe finale grâce aux notions vues dans le chapitre.

Un **QCM interactif** pour faire le point sur ce que tu sais déjà et qui te sera utile pour ce chapitre (voir couverture).

Les **objectifs** t'indiquent ce que tu vas apprendre à faire dans le chapitre.

Tu devras pouvoir résoudre ces **exercices types** à la fin du chapitre.

Le Cours

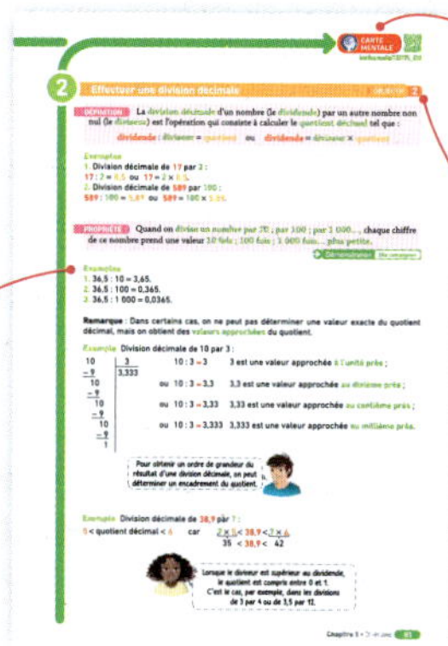

Une carte mentale pour t'aider à retenir les points essentiels du cours (voir couverture).

Un cours structuré selon les objectifs du chapitre.

Des exemples pour t'aider à comprendre les propriétés et définitions.

Les Objectifs

Tu peux revoir cette méthode en **vidéo** sur un autre exemple (voir couverture).

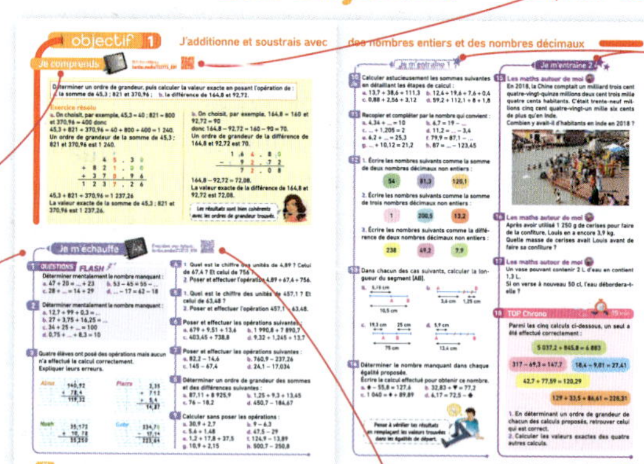

Dans **Je comprends**, une méthode t'est expliquée étape par étape.

Deux parcours d'exercices de difficulté croissante pour t'entrainer à ton rythme.

Des exercices d'application directe du cours pour faire tes gammes.

Ce picto t'indique des **exercices de calcul aléatoires Aplusix** (voir couverture), tu peux t'entraîner autant que tu veux et le logiciel t'alertera si tu fais une erreur !

Je travaille seul(e)

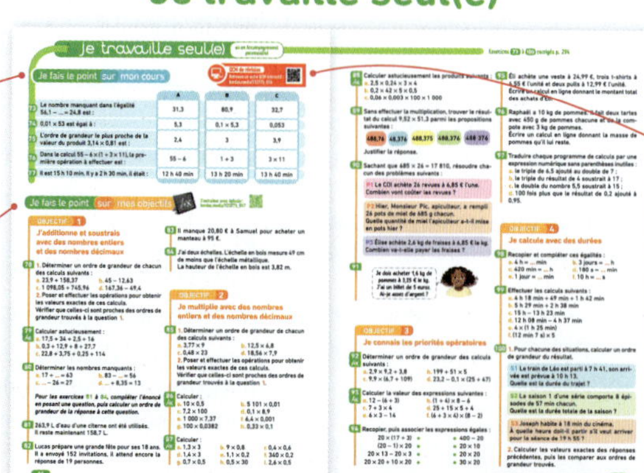

Un QCM avec une seule réponse exacte à chaque fois pour faire le point sur ta connaissance du cours.

Tu peux aussi te tester avec un **QCM interactif** (voir couverture).

Des exercices, **tous corrigés à la fin du manuel**, pour travailler en autonomie, te tester ou réviser avant un contrôle.

Myriade 6e

Je résous des problèmes

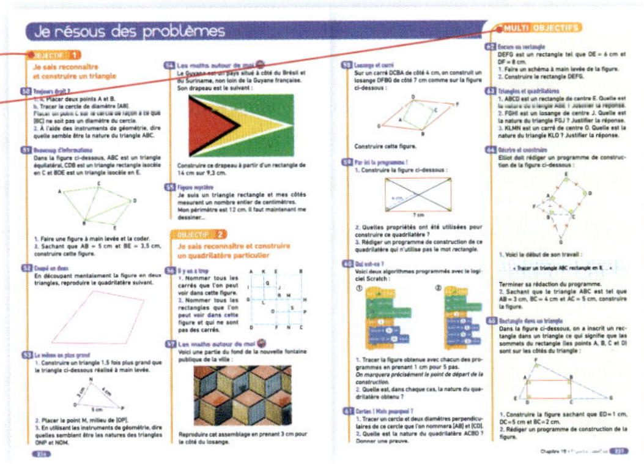

Des problèmes à résoudre rangés par objectifs pour travailler de façon ciblée et des « multi-objectifs » pour travailler plusieurs objectifs dans un même exercice.

Je développe mes compétences

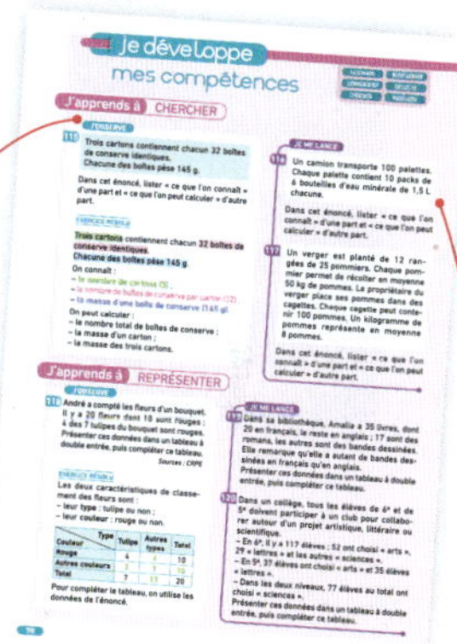

Ici tu « vois » une des 6 compétences mathématiques à l'œuvre sur un problème…

…et là tu peux la « mettre en œuvre » sur un problème ressemblant au premier pour voir si tu as bien compris.

J'utilise mes compétences

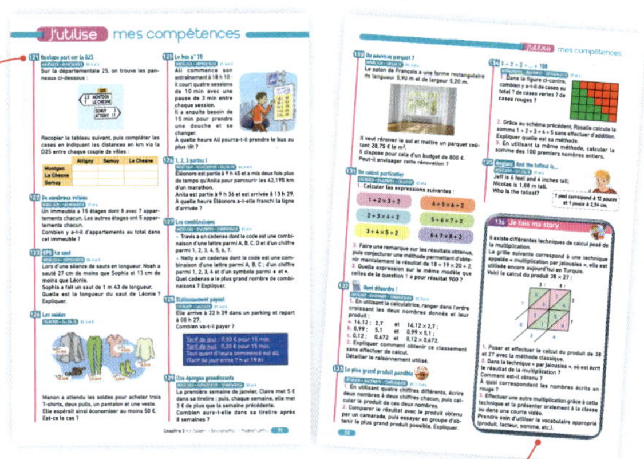

Des problèmes faisant appel à tous les objectifs du chapitre pour utiliser tes compétences.

Dans « **Je fais ma story** », tu peux utiliser ta créativité et tes talents de vidéaste pour résoudre un problème mathématique seul ou à plusieurs.

Tâches complexes

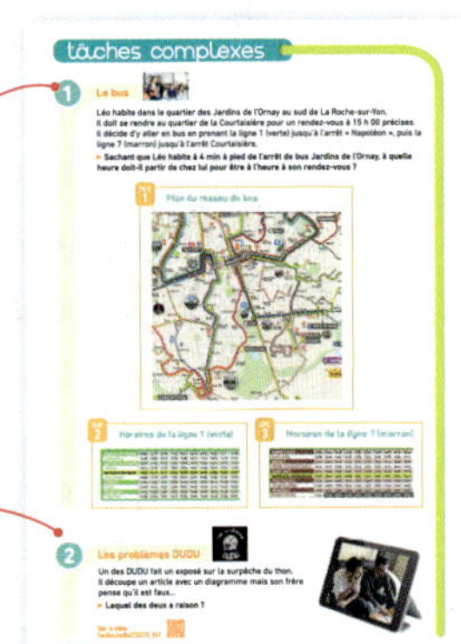

Quand tu résoudras **cette tâche complexe**, tu auras la réponse à la question posée au début du chapitre.

Une autre tâche complexe posée en vidéo par les frères DUDU.

Les pictos du manuel

- Utilisation de la calculatrice
- Utilisation d'un logiciel
- Téléchargement d'une ressource à utiliser pour l'exercice ou l'activité
- Cet exercice peut entrainer un débat entre élèves
- **Les maths autour de moi**, exercices ancrés dans le quotidien
- **L'écologie autour de moi**, exercices en lien avec le développement durable

Les ressources numériques

- QCM interactifs de révision et d'évaluation
- La carte mentale du chapitre pour retenir les points essentiels du cours
- Vidéo « Je comprends » pour voir la méthode en action
- Des animations pour mieux comprendre
- Exercices Aplusix à faire sur ordinateur, tablette ou téléphone pour t'entrainer encore et encore
- Vidéo permettant de résoudre le problème DUDU du chapitre

Les 6 compétences

Pour acquérir une compétence, tu dois d'abord connaître ton cours, t'entraîner sur les méthodes vues en classe et avoir des attitudes positives qui te permettront de progresser. Ainsi tu vas acquérir les 6 compétences mathématiques que tu sauras utiliser pour résoudre les problèmes proposés.

Bon travail !

RAISONNER

C'est utiliser les propriétés et définitions pour démontrer ce que tu affirmes, expliquer et convaincre tout en sachant écouter les arguments des autres.

1. Résoudre des problèmes impliquant des grandeurs variées (géométriques, physiques, économiques) : mobiliser les connaissances nécessaires, analyser et exploiter ses erreurs, mettre à l'essai plusieurs solutions.
2. Mener collectivement une investigation en sachant prendre en compte le point de vue d'autrui.
3. Démontrer : utiliser un raisonnement logique et des règles établies (propriétés, théorèmes, formules) pour parvenir à une conclusion.
4. Fonder et défendre ses jugements en s'appuyant sur des résultats établis et sur sa maîtrise de l'argumentation.

CHERCHER

C'est prendre des informations dans différents documents, les manipuler, faire des essais, émettre des hypothèses, essayer à nouveau...

1. Extraire d'un document les informations utiles, les reformuler, les organiser, les confronter à ses connaissances.
2. S'engager dans une démarche scientifique, observer, questionner, manipuler, expérimenter (sur une feuille de papier, avec des objets, à l'aide de logiciels), émettre des hypothèses, chercher des exemples ou des contre-exemples, simplifier ou particulariser une situation, émettre une conjecture.
3. Tester, essayer plusieurs pistes de résolution.
4. Décomposer un problème en sous-problèmes.

MODÉLISER

C'est traduire une situation réelle en langage mathématique ou à l'aide d'une figure.

1. Reconnaître des situations de proportionnalité et résoudre les problèmes correspondants.
2. Traduire en langage mathématique une situation réelle (par exemple, à l'aide d'équations, de fonctions, de configurations géométriques, d'outils statistiques).
3. Comprendre et utiliser une simulation numérique ou géométrique.
4. Valider ou invalider un modèle, comparer une situation à un modèle connu (par exemple un modèle aléatoire).

CALCULER

C'est effectuer des opérations avec différents types de nombres mentalement, à la main ou à la calculatrice et avoir les moyens de vérifier que les résultats obtenus sont cohérents.

1 Calculer avec des nombres rationnels, de manière exacte ou approchée, en combinant de façon appropriée le calcul mental, le calcul posé et le calcul instrumenté (calculatrice ou logiciel).

2 Contrôler la vraisemblance de ses résultats, notamment en estimant des ordres de grandeur ou en utilisant des encadrements.

3 Calculer en utilisant le langage algébrique (lettres, symboles, etc.).

COMMUNIQUER

C'est répondre en langage courant, à l'oral ou à l'écrit, au problème posé de façon claire, précise et argumentée.

1 Faire le lien entre le langage naturel et le langage algébrique. Distinguer des spécificités du langage mathématique par rapport à la langue française.

2 Expliquer à l'oral ou à l'écrit (sa démarche, son raisonnement, un calcul, un protocole de construction géométrique, un algorithme), comprendre les explications d'un autre et argumenter dans l'échange.

3 Vérifier la validité d'une information et distinguer ce qui est objectif et ce qui est subjectif ; lire, interpréter, commenter, produire des tableaux, des graphiques, des diagrammes.

REPRÉSENTER

C'est traduire une situation à l'aide de schémas, graphiques, calculs ou de dessins de solides dans l'espace.

1 Choisir et mettre en relation des cadres (numérique, algébrique, géométrique) adaptés pour traiter un problème ou pour étudier un objet mathématique.

2 Produire et utiliser plusieurs représentations des nombres.

3 Représenter des données sous forme d'une série statistique.

4 Utiliser, produire et mettre en relation des représentations de solides (par exemple, perspective ou vue de dessus/de dessous) et de situations spatiales (schémas, croquis, maquettes, patrons, figures géométriques, photographies, plans, cartes, courbes de niveau).

DICO des Maths

Affirmation (ou Proposition)

Phrase qui dit que quelque chose est vrai d'après la personne qui la prononce.

Il est en général demandé dans un exercice de vérifier si c'est « Vrai ou Faux ».

Exemples

- **Vrai ou Faux ?**
« 15 est un multiple de 5 ».
C'est une **affirmation** vraie.
- **Vrai ou Faux ?**
« 53 est un nombre pair ».
C'est une **affirmation** fausse.

Calculer

Obtenir un résultat en effectuant une ou plusieurs opérations.

Exemple

Calculer $14 + 25 - 11$, c'est dire que cette expression est égale à 28.

Caractériser

Donner un moyen de définir un objet autrement que par sa définition de départ.

Exemple

Les nombres pairs sont définis comme étant les multiples de 2 mais on peut **caractériser** les nombres pairs en disant que ce sont les nombres qui se terminent par 0 ; 2 ; 4 ; 6 ou 8.

Chercher

Explorer plusieurs pistes pour répondre à une question ou résoudre un problème.

Exemple

Pour **chercher** le seul multiple de 13 parmi les nombres 161 ; 273 ; 313 ; 349, on peut écrire tous les multiples de 13 jusqu'à 400 et voir lequel de ces nombres est dans la liste.

Choisir

Prendre un élément parmi d'autres.

Exemple

Pour **choisir** un nombre entier inférieur à 100, on peut choisir 34 par exemple, c'est un nombre entier parmi les 100 nombres entiers inférieurs à 100.

Comparer (deux nombres)

Dire si un nombre est plus petit, plus grand ou égal à un autre nombre.

Exemple

On **compare** 4,5 et 3,9 en disant que $4,5 > 3,9$.

Conjecturer

Écrire une affirmation que l'on pense être vraie mais qui n'a pas encore été démontrée.

Exemple

En constatant que :
- $3 + 6 = 9$;
- $6 + 15 = 21$;
- $9 + 6 = 15$;
- $12 + 6 = 18$

on peut **conjecturer** que, quand on additionne deux multiples de 3, le résultat est toujours un multiple de 3.

Cette conjecture doit cependant être démontrée (pour qu'elle devienne une propriété) ou rejetée.

Consécutifs (nombres)

Nombres qui se suivent dans une liste de nombres déjà connue.

Exemples

- 7 ; 8 ; 9 et 10 sont quatre nombres entiers **consécutifs**.
- 7 ; 9 ; 11 et 13 sont des nombres impairs **consécutifs**.
- 10 ; 15 et 20 sont des multiples de 5 **consécutifs**.

Construire (une figure)

Tracer une figure en utilisant les instruments de géométrie et les propriétés du cours.

Exemple

Construire un triangle ABC rectangle en A.

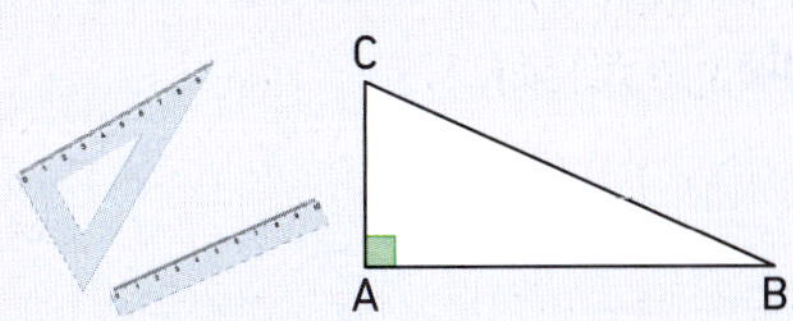

Contre-exemple

Exemple qui permet de montrer qu'une affirmation n'est pas toujours vraie donc qu'elle est fausse.

Exemple

L'affirmation « Tous les multiples de 3 se terminent par 0 ; 3 ; 6 ou 9 » est fausse, voici un **contre-exemple** qui le prouve : $3 \times 5 = 15$ donc 15 est un multiple de 3, pourtant il se termine par 5 !

DICO des Maths

Convention

Règle acceptée par un ensemble de personnes.

Exemple

Par **convention**, on sait que pour trouver le résultat de $11 - 3 + 7$, on doit effectuer les calculs de gauche à droite.

Déduire

Prouver quelque chose en utilisant le résultat obtenu juste avant.

Exemple

Voici un extrait de problème :

1. Montrer que le triangle ABC est un triangle rectangle.
2. En **déduire** que les droites (AB) et (AC) sont perpendiculaires.

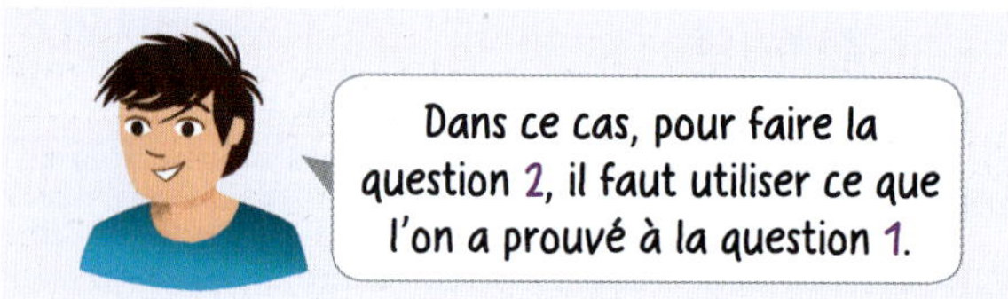

Définition

Texte qui permet de savoir ce qu'est un objet nouveau.

Exemple

Un triangle rectangle est un triangle qui possède un angle droit.

Démontrer

Rédiger un raisonnement mathématique, utilisant des propriétés, accepté par les mathématiciens et qui montre qu'une affirmation est vraie.

Exemple

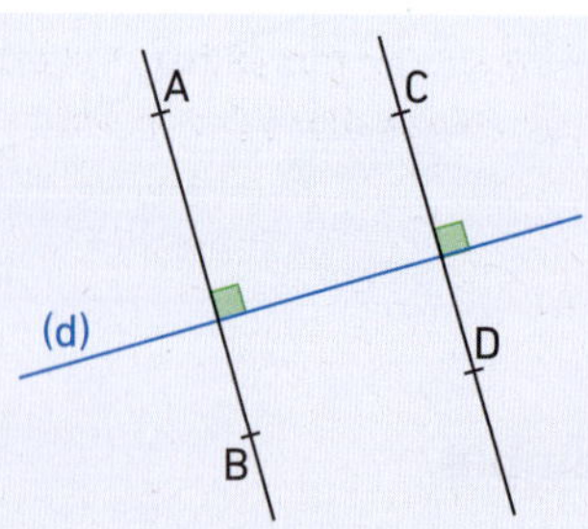

La droite (AB) est perpendiculaire à la droite (d) ;
la droite (CD) est perpendiculaire à la droite (d).
Si deux droites sont perpendiculaires à une même troisième, alors elles sont parallèles.
Donc (AB) et (CD) sont parallèles.

On a **démontré** que les droites (AB) et (CD) étaient parallèles.

Déterminer

Obtenir précisément ce qui est demandé par un calcul ou un raisonnement.

Exemple

On peut **déterminer** tous les nombres qui sont multiples de 2 et de 3 compris entre 10 et 20 à l'aide d'un petit raisonnement qui consiste à écrire tous les multiples de 3 et à ne conserver que les nombres pairs (multiples de 2) de cette liste :

10	11	12	13	14	15	16	17	18	19	20
		12			15			18		
		12						18		

Expliquer

Écrire un texte qui a pour but de faire comprendre à celui qui le lit ce que l'on a fait pour arriver au résultat ou à la conclusion donnée.

Exemple

Pour trouver les nombres qui sont multiples de 2 et de 3 compris entre 10 et 20, on prend les multiples de 3, c'est-à-dire 12, 15 et 18 et on ne garde que ceux qui sont pairs, soit 12 et 18.

Interpréter

Donner un sens ou une signification.

Exemple

66 % des collégiens mangent à la cantine.

Justifier

Donner une preuve à la réponse proposée.

Exemple

Un élève affirme que 1 425 est un multiple de 3 et de 5.
Pour **justifier** cette affirmation, il peut dire que :
- 1 425 se termine par 5 donc c'est un multiple de 5 ;
- $1 + 4 + 2 + 5 = 12$ qui est un multiple de 3 donc 1 425 est aussi un multiple de 3.

Donc 1 425 est bien un multiple de 3 et de 5.

Modéliser

Passer d'une situation réelle à une situation mathématique qui la représente au mieux et qui pourra être ainsi étudiée.
Une modélisation peut être un dessin, un graphique, une expression mathématique, un calcul, etc.

Exemple

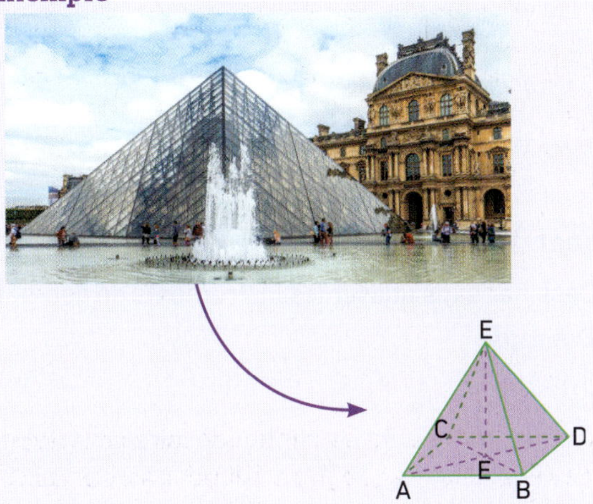

Grâce à cette **modélisation**, on peut par exemple estimer au mieux le volume de la pyramide de la photo.

Propriété

Affirmation vraie qui peut être démontrée et qui s'écrit souvent sous la forme « **Si** ... **alors** ... ».

Exemple

« Si deux droites sont perpendiculaires à une même droite, alors elles sont parallèles » est une **propriété** étudiée en classe de 6ᵉ.

Prouver

Rédiger un raisonnement mathématique qui montre qu'une propriété ou qu'une affirmation est vraie.

Exemple

Pour **prouver** que la somme de deux nombres pairs est encore un nombre pair, on peut raisonner sur le dernier chiffre de chaque nombre à l'aide d'un tableau et voir ainsi que quel que soit le dernier chiffre du premier nombre et quel que soit le dernier chiffre du second nombre, le dernier chiffre de leur somme sera toujours 0 ; 2 ; 4 ; 6 ou 8, ce qui prouve bien que c'est un nombre pair.

+	0	2	4	6	8
0	0	2	4	6	8
2	2	4	6	8	10
4	4	6	8	10	12
6	6	8	10	12	14
8	8	10	12	14	16

Réduire

Écrire en utilisant moins de symboles.

Exemple

On peut **réduire** l'expression : $x + 3 + x + 5 + x - 7$.
Elle s'écrit aussi : $3x + 1$.

Représenter

Traduire la situation étudiée par un schéma, un dessin, un croquis ou un graphique.

Exemple

Voici un tableau qui présente, pour une ville donnée, le nombre moyen d'heures d'ensoleillement par jour :

Janvier	Février	Mars	Avril	Mai	Juin
2,9	4	5	6	6,4	8
Juillet	Août	Sep.	Oct.	Nov.	Déc.
9,1	8	6,8	5,2	3,7	3

On peut **représenter** ces données par un graphique :

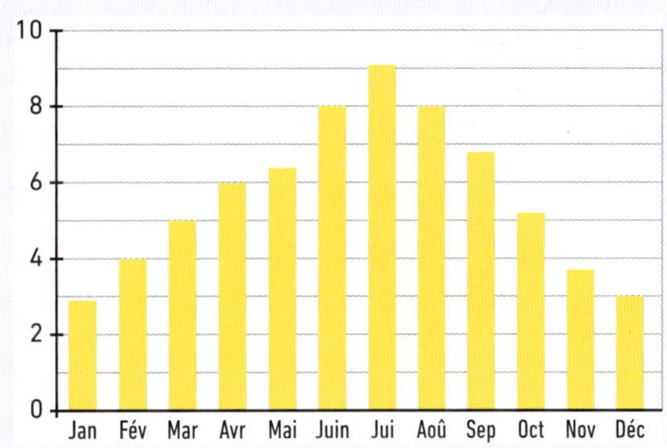

Reproduire (une figure)

Tracer une figure qui possède les mêmes contraintes que celle proposée dans l'exercice.

Exemple

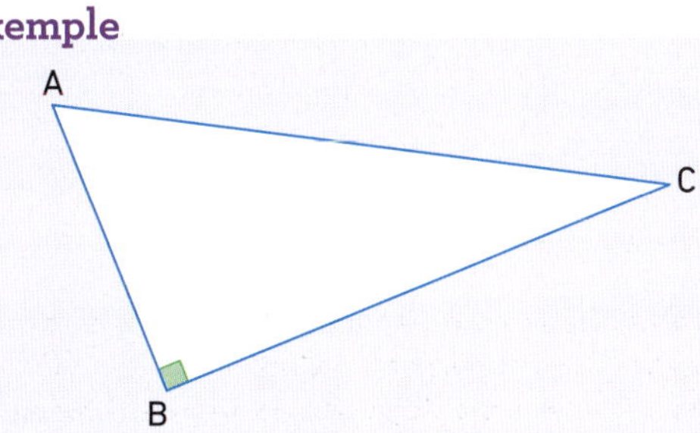

Pour **reproduire** ce triangle, il faut veiller à ce que l'angle $\widehat{ABC}$ soit droit. Pour le reste, il n'y a pas de contraintes, les côtés du triangle peuvent avoir des longueurs au choix.

DICO des Maths

Reproduire (une figure) en vraie grandeur

Tracer une figure en respectant les mesures données par l'énoncé.

Exemple

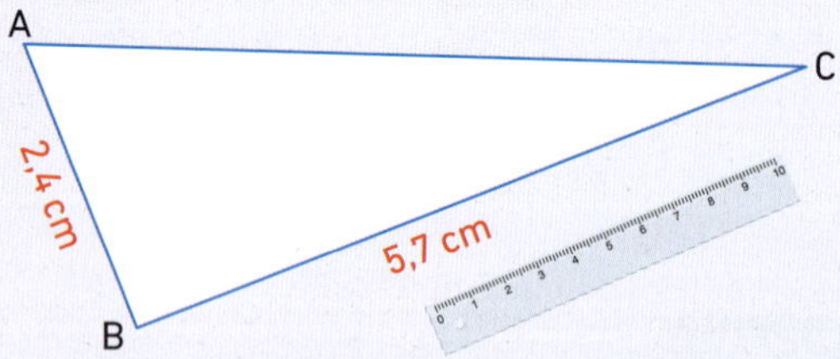

Pour **reproduire** ce triangle en vraie grandeur, il faut veiller à ce que l'angle $\widehat{ABC}$ soit droit, le segment [BC] mesure bien 5,7 cm et que le segment [AB] mesure bien 2,4 cm.

Schématiser

Faire un dessin qui met en avant les données essentielles d'un problème afin d'avoir sous les yeux tous les éléments importants de celui-ci.

Exemple

Alan et Béatrice sont éloignés de 18,4 km et marchent l'un vers l'autre. Alan a marché 7,2 km et Béatrice a marché 8,9 km. Quelle distance les sépare encore ?

On peut **schématiser** la situation :

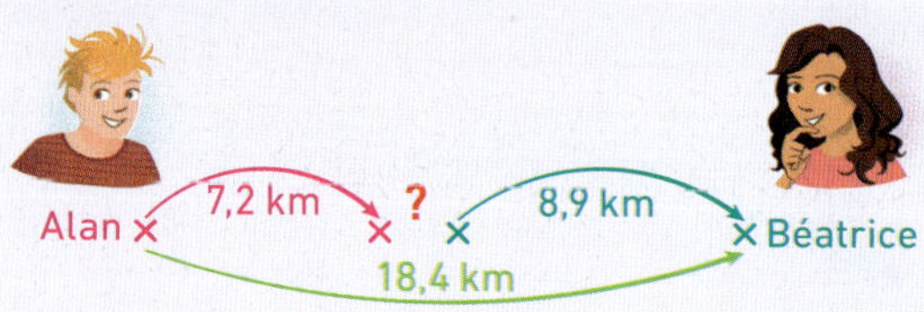

Tracer

Dessiner en utilisant les instruments de géométrie.

Exemple

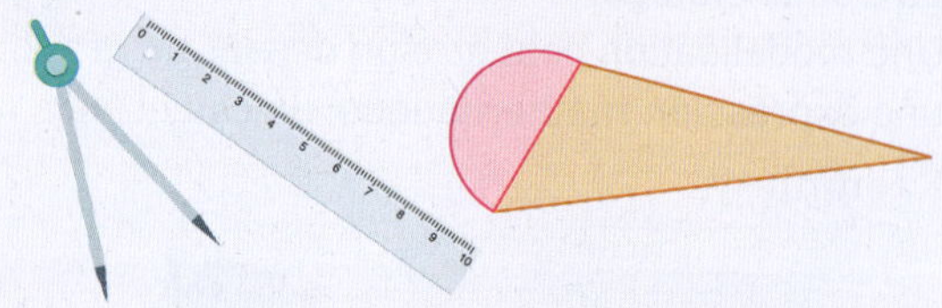

Tracer à main levée

Dessiner sans utiliser les instruments de géométrie.

Exemple

Vérifier

S'assurer que quelque chose est exact, par exemple à l'aide d'un calcul.

Exemple

On peut **vérifier** que pour $x = 3$, l'expression $4 \times x - 7$ est égale à 5 :

$$4 \times \mathbf{3} - 7 = 12 - 7 = 5.$$

Algorithmique et programmation

Attendu de fin d'année

- Se repérer et se déplacer dans l'espace en utilisant ou en élaborant des représentations

- Principales instructions dans Scratch
- Trucs et astuces

- Découverte du logiciel
- 20 Défis pour apprendre à dessiner avec Scratch
- Mon premier programme : L'ardoise magique
- L'ultime Défi

SAVEZ-VOUS SCRATCHER ?
650
503
GÉNIAL !
TROP FORT !!
YIPI !
PLAYER 1
YOU WIN!
BRAVO ! TU AS ENCORE GAGNÉ !
TU N'AIMERAIS PAS CRÉER DES JEUX VIDÉOS PLUS TARD ?
OOOUU ! CELA DOIT ÊTRE TRÈS DIFFICILE !
OUI, CERTAINEMENT ! MAIS IL EST DÉJÀ POSSIBLE DE PROGRAMMER DES PETITS JEUX SYMPAS SUR L'ORDINATEUR !
NON ? TU SAIS FAIRE ÇA ?
BEN OUI. TU VEUX QUE JE TE MONTRE ?
J'AI FAIT UN PETIT JEU AVEC LE LOGICIEL « SCRATCH »
A TES SOUHAITS !
MAIS NON ! SCRATCH EST UN LOGICIEL QUI PERMET DE PROGRAMMER DES ALGORITHMES !...
C'EST QUOI UN AGORITHME ?

Dans ces **menus** se trouvent les instructions à faire glisser dans la zone de script. Il y a une couleur par menu.

La **scène** permet d'exécuter le programme.

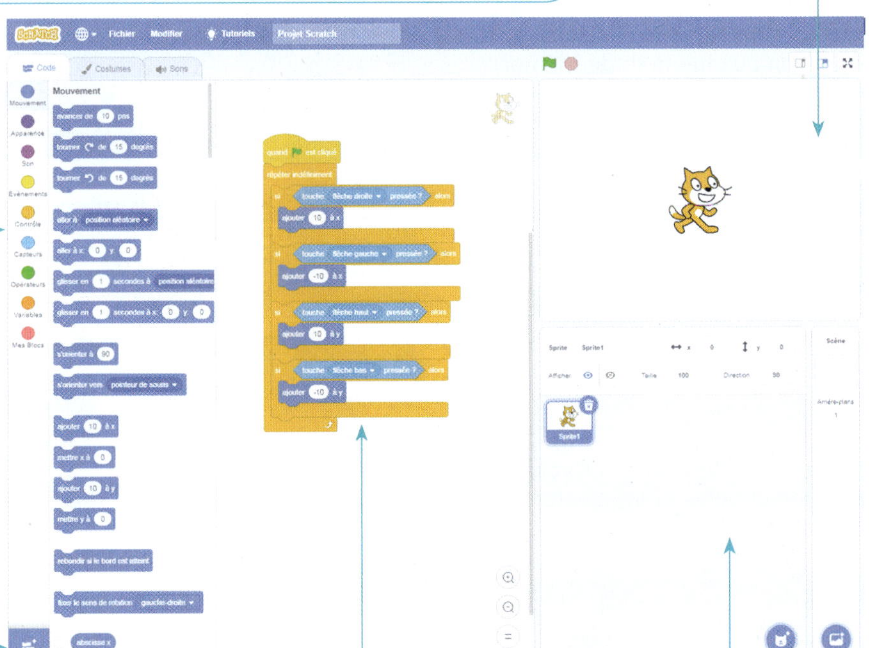

Bouton permettant de rajouter des menus d'instruction comme le **stylo** par exemple.

C'est dans la **zone de script** que l'on assemble les instructions du programme.

Zone de gestion et de création des **lutins** et/ou **arrière-plans**.

Principales instructions dans Scratch

Mouvement

Mouvement

Ce menu sert principalement à déplacer les lutins dans la scène et à leur donner des directions de déplacement.

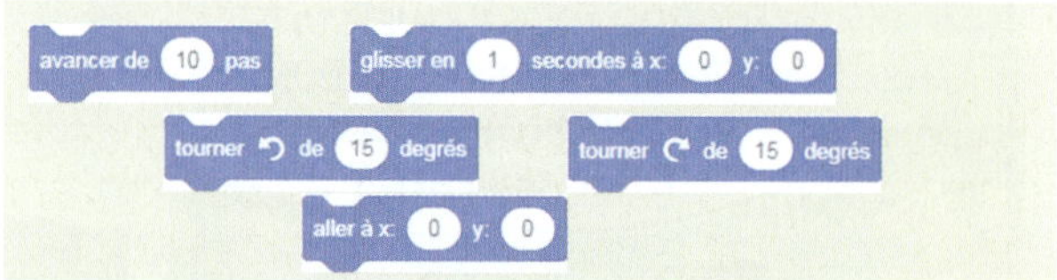

Apparence

Apparence

Ce menu permet de changer l'apparence des lutins et surtout de leur faire dire des choses ce qui permet de communiquer les résultats d'un calcul par exemple.

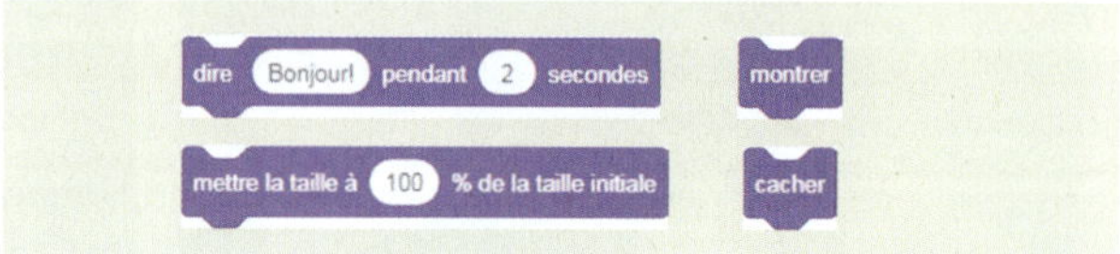

Sons

Son

Ce menu permet de faire jouer des sons courts ou une musique de fond et de gérer ces sons.

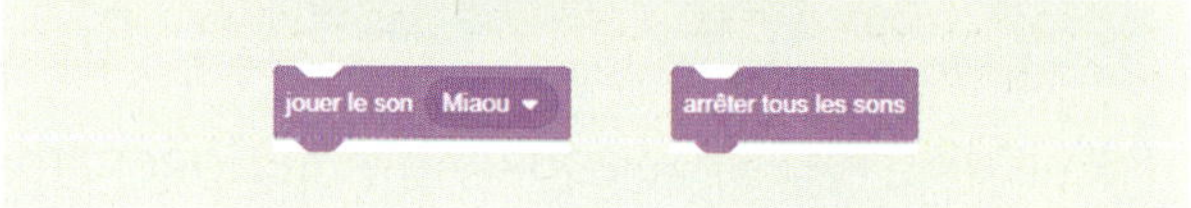

Événements

Événements

Ce menu permet de définir l'événement qui déclenchera le programme : un appui sur le drapeau vert ou sur une touche du clavier par exemple.

Contrôle

Contrôle

C'est dans ce menu que se trouvent les différentes boucles et les instructions conditionnelles.

Capteurs

Capteurs

Par ce menu, on aura la possibilité de faire poser une question aux lutins et de mémoriser temporairement la réponse.
On trouvera également différents tests à insérer dans les boucles ou instructions conditionnelles.

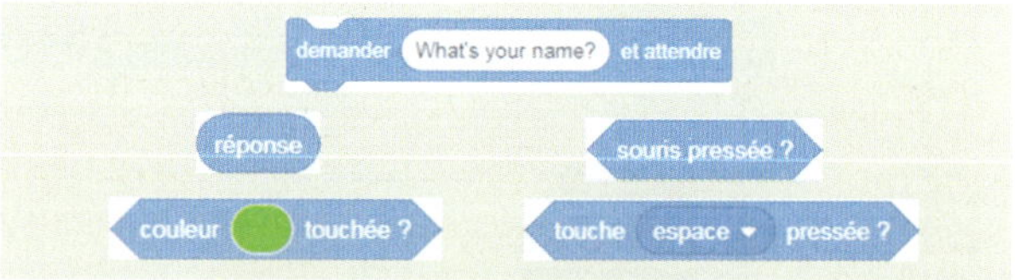

Opérateurs

Opérateurs

Ce menu permet d'effectuer des calculs, de regrouper des chaînes de caractères et de créer des tests à insérer dans les boucles ou instructions conditionnelles.

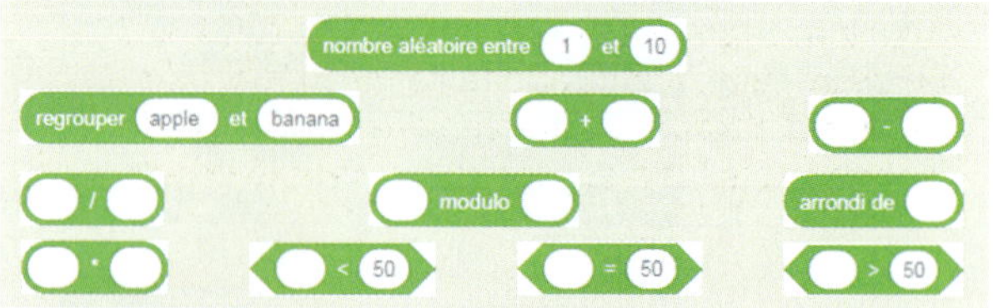

Variables

Variables

Ce menu permet de définir des variables et ensuite d'opérer sur celles-ci en ajoutant ou affectant des valeurs.

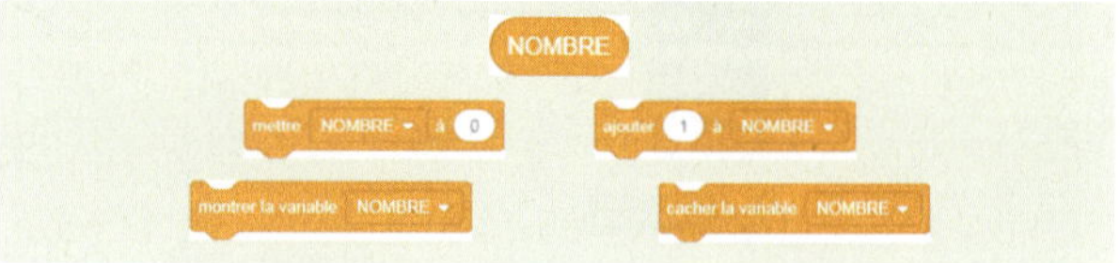

Stylo

Stylo

Pour activer le menu « Stylo », il faut le sélectionner ici :
Ce menu permet de laisser une trace, ou pas, lors des déplacements des lutins ce qui permet par exemple de tracer des figures.

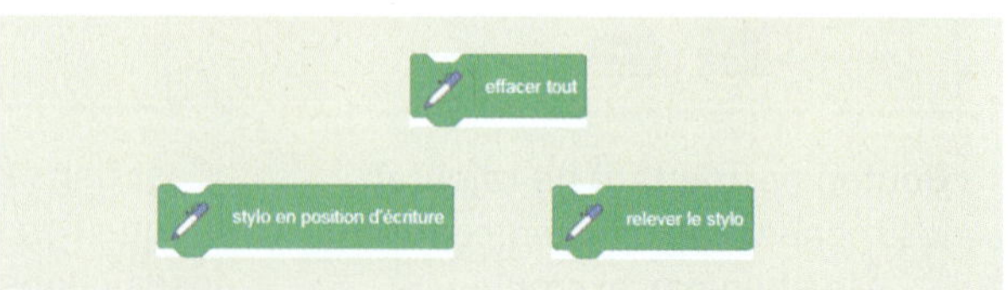

Trucs et astuces

Génération aléatoire d'un nombre

L'instruction `nombre aléatoire entre (1) et (10)` permet de générer aléatoirement un nombre.

Si les deux bornes sont des nombres entiers, l'instruction génère un nombre **entier**.

Si l'une des bornes contient un nombre comportant une virgule, l'instruction génère un nombre **décimal**.

Duplication de script

Quand on doit écrire à peu près le même script, il est parfois utile de le dupliquer, puis de changer quelques paramètres.

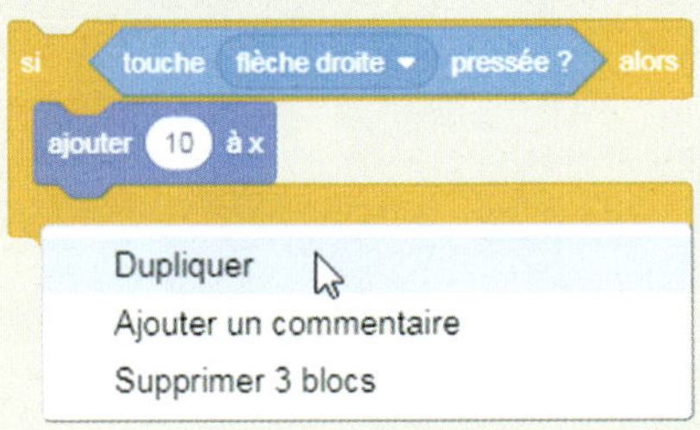

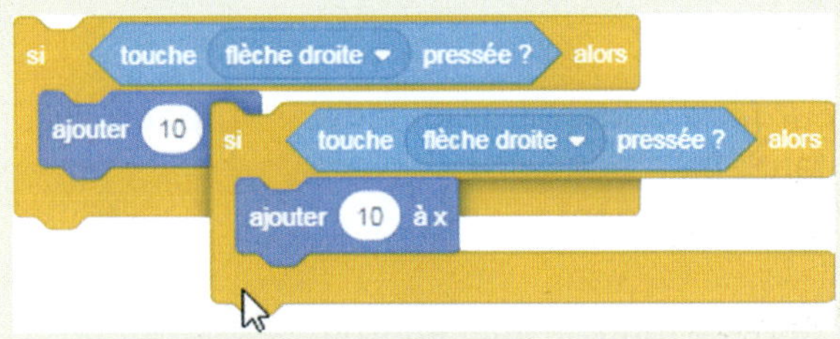

et ainsi après modification

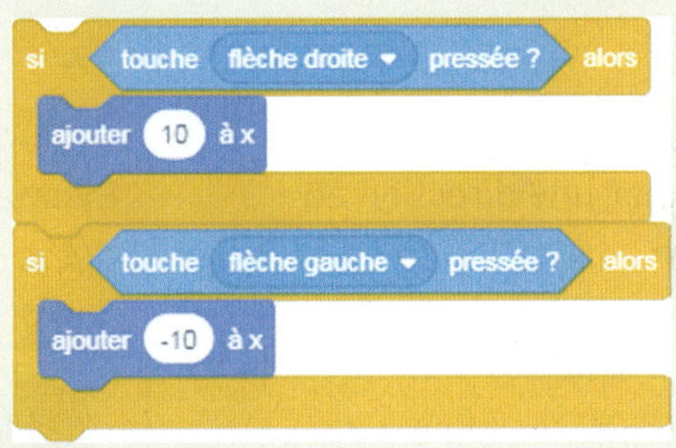

Copie d'un morceau de script

Pour copier un morceau de script d'un lutin vers un autre lutin, il suffit de faire un cliquer-glisser afin d'attraper ce morceau de script et de le lâcher sur le lutin sur lequel on veut le copier.

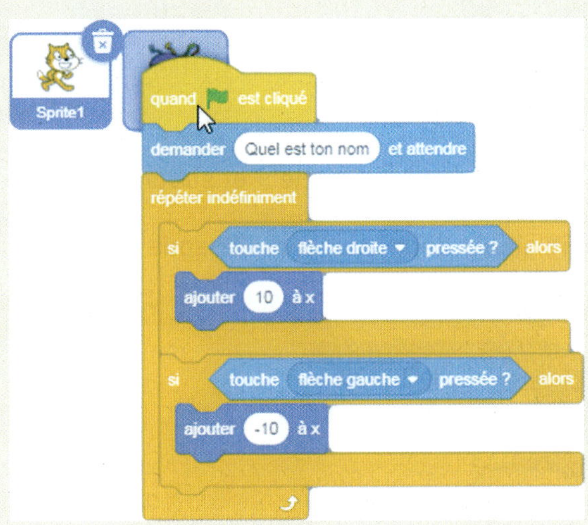

Découverte du logiciel

1. Se déplacer dans la scène

La scène est un espace de :
– 480 pas de gauche à droite ;
– 360 pas de bas en haut.

Tu peux demander aux différents lutins de se déplacer dans la scène.

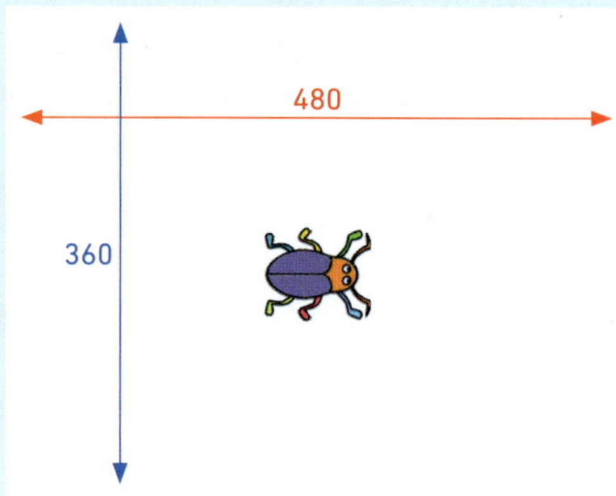

Pour faire se déplacer un lutin, il faut :

① un évènement ;

Exemple

② dire au lutin de quel endroit il doit démarrer ;

Exemple

Le lutin doit démarrer du point de coordonnées (0 ; 0) ce qui correspond au centre de l'écran.

③ donner une direction au lutin ;

Exemple

À droite — À gauche — En haut — En bas

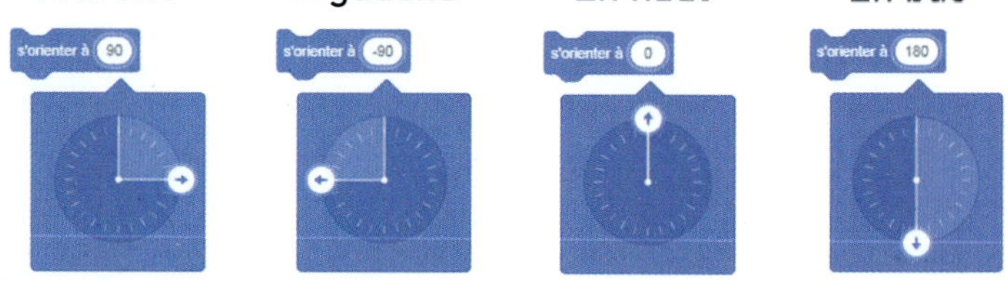

④ Pour finir, dire au lutin de combien de pas il doit avancer.

Exemple

À toi de jouer !

1. Insérer le lutin « Beetle » et supprimer les autres lutins présents.

2. Saisir les deux scripts ci-dessous dans la zone de script :

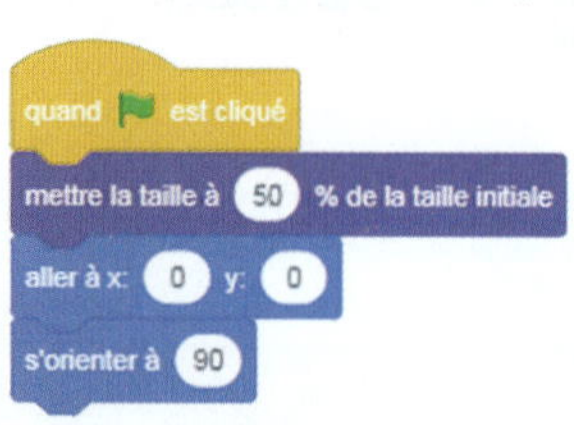

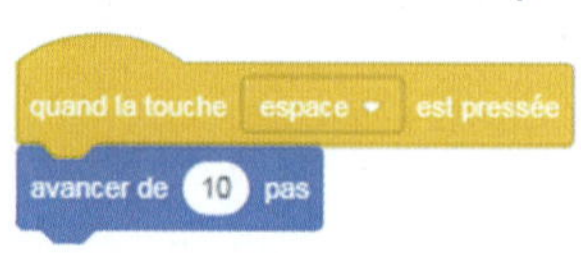

3. Appuyer sur le drapeau vert une fois, puis appuyer plusieurs fois sur la barre espace. Que se passe-t-il ?
4. Combien de fois faut-il appuyer sur la barre espace pour atteindre le bord de l'écran ?

2. Dessiner dans la scène

En utilisant le « Stylo », on peut laisser une trace du passage d'un lutin et ainsi dessiner des figures.

Exemples

À toi de jouer !

1. Saisir le programme ci-contre dans le logiciel Scratch.
2. Quelle figure permet-il de dessiner ?
3. Modifier ce programme pour qu'il dessine un carré.
4. Modifier le programme pour obtenir la figure ci-dessous :

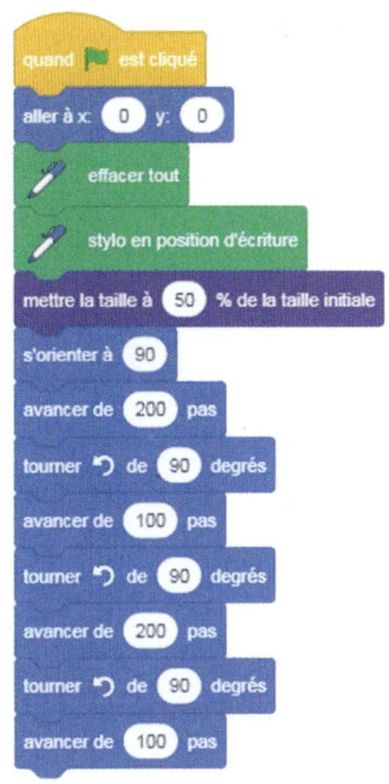

5. Modifier le programme pour que chaque côté du rectangle ait une couleur différente.

Tu peux utiliser 

ou 

6. Modifier le programme pour que les côtés du rectangle soient de plus en plus épais.

Tu peux utiliser 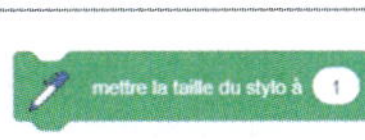

ou 

Règle du jeu

- Pour relever les défis proposés, il faut compléter le programme ci-contre afin d'obtenir la figure donnée en modèle lorsqu'on clique sur le drapeau vert.
- Il ne faut absolument rien enlever de ce programme car il permet de réinitialiser à chaque fois l'affichage.

Il faut juste rajouter des instructions à la suite de celles déjà présentes.

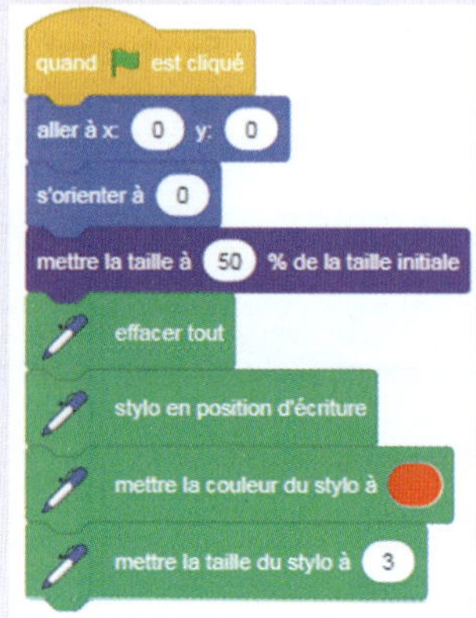

À chaque fois des indices, des aides ou des astuces sont donnés pour t'aider à relever le défi !

Défi 1

Le scarabée doit réaliser un trait de longueur 100 pas et revenir à sa position de départ.

Aide : Pour faire reculer le lutin, tu peux lui demander d'avancer mais d'un nombre **négatif** de pas.

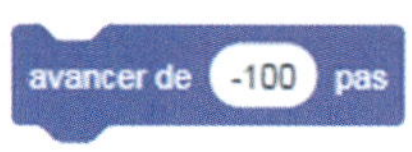

Défi 2

Les traits ont pour longueur 100 pas.

Aide : Pour faire changer le lutin d'orientation, tu peux utiliser ces instructions :

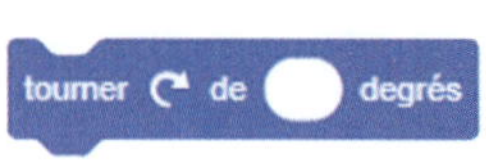

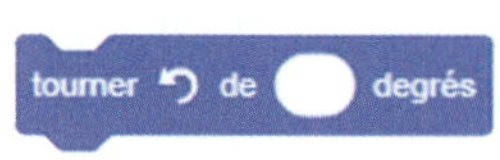

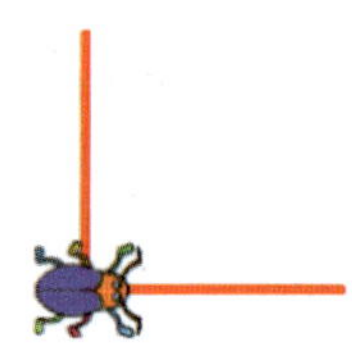

Défi 3

Les traits ont pour longueur 100 pas.

Aide : Lorsque tu utilises plusieurs fois les mêmes instructions, tu peux les « Dupliquer ».

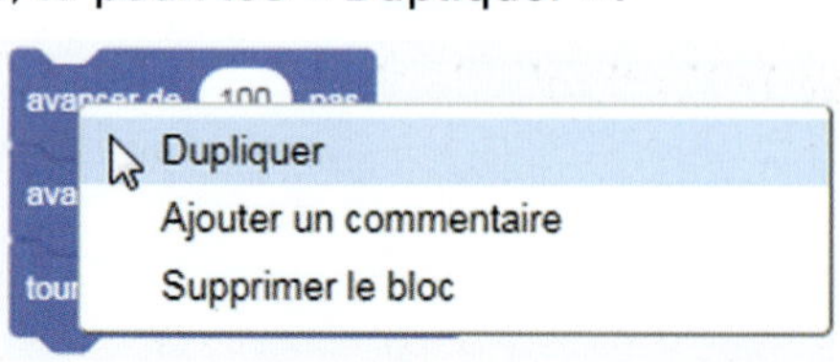

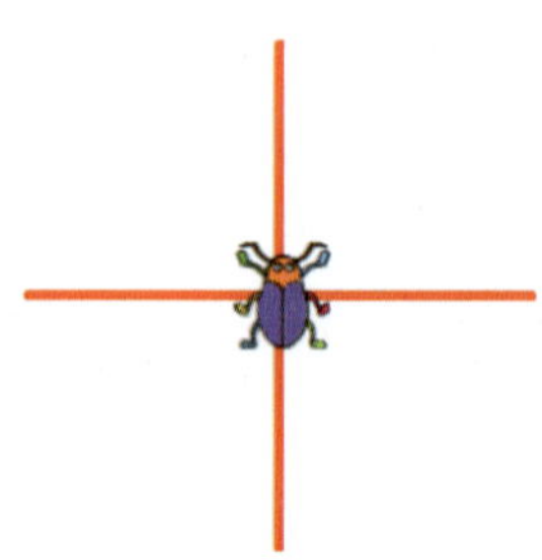

Défi 4

Les traits ont pour longueur 100 pas.

Aide : Quand tu dois répéter plusieurs fois la même séquence d'instructions, tu peux utiliser une « boucle » :

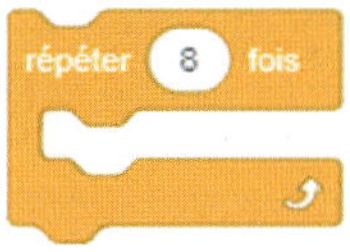

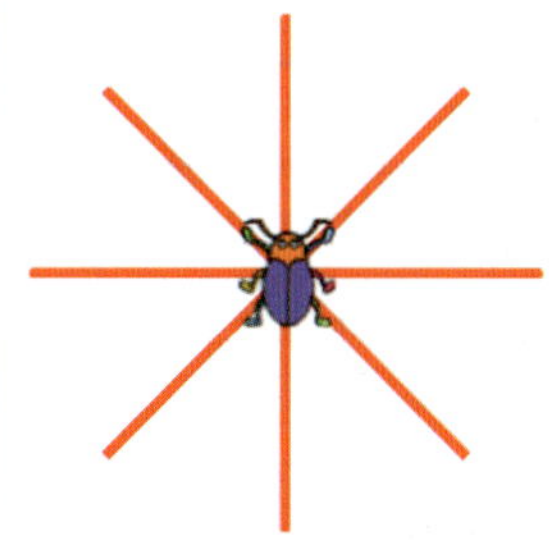

Défi 5

Les traits ont pour longueur 100 pas pour les plus longs et 60 pas pour les plus courts.

Aide : Tu peux ici utiliser une seule boucle ou deux boucles : l'une qui trace les grands traits et l'autre les petits.

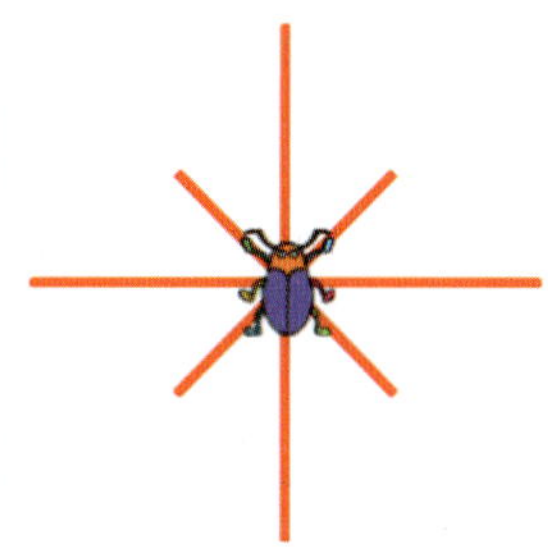

Défi 6

Les traits ont pour longueur 100 pas pour les plus longs et 60 pas pour les plus courts.

Aide : Pour changer la couleur du stylo, tu peux utiliser l'instruction

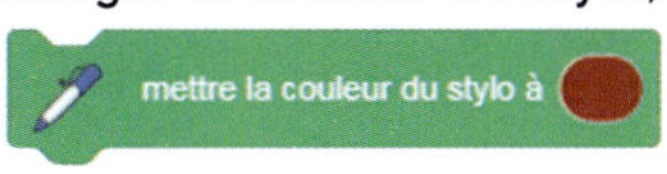

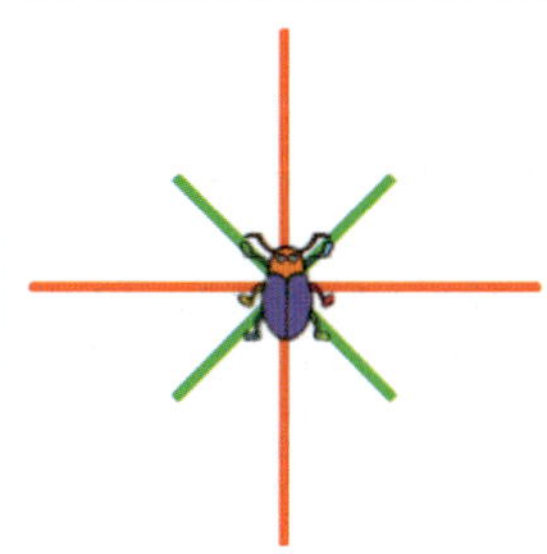

Défi 7

Les traits ont pour longueur 100 pas.

Aide : Un tour complet mesure 360 degrés. Ici, le tour complet est découpé en 12 morceaux.
Le lutin tourne donc, entre chaque morceau d'un tour complet, d'un angle de 360 : 12 = **...** degrés.

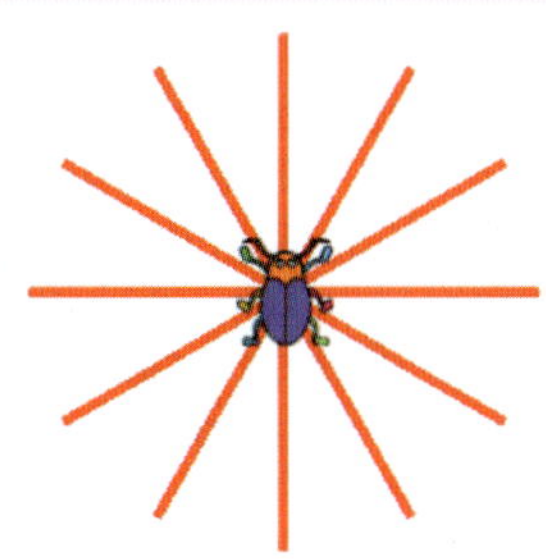

Défi 8

Les traits ont pour longueur 100 pas.

Aide : Compte bien le nombre de fois où le motif est reproduit avant de te lancer !

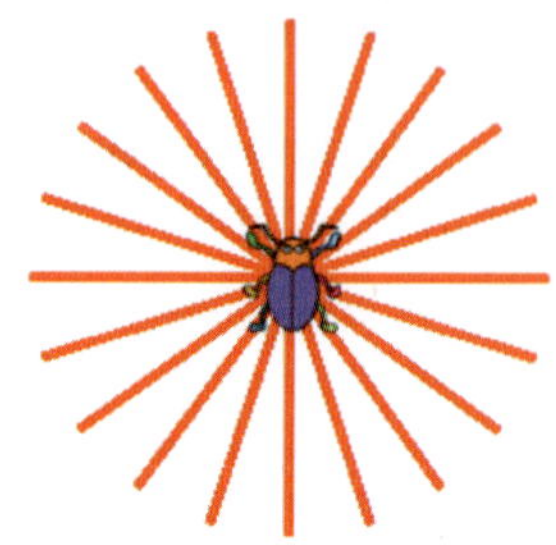

Défi 9

Les traits ont pour longueur 100 pas pour les plus longs et 80 pas pour les plus courts.

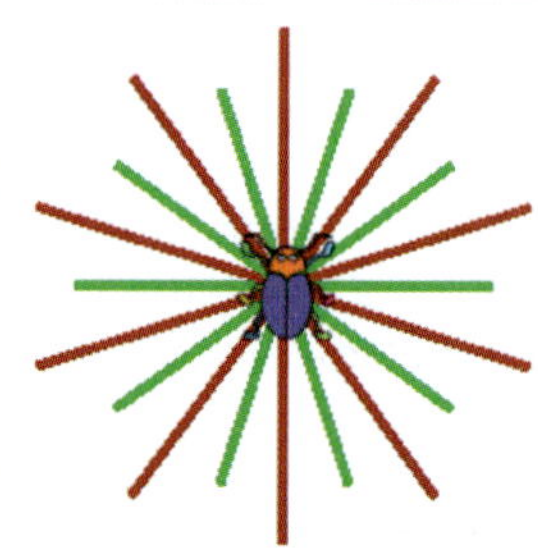

Défi 10

Les traits ont pour longueur 100 pas pour les plus longs, 50 pas pour les plus courts et 80 pas pour les autres.

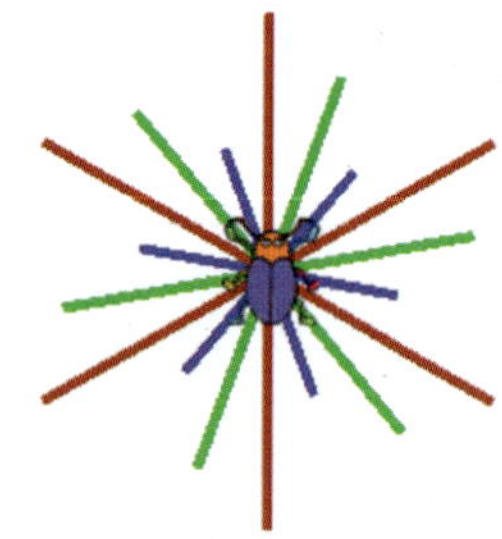

Défi 11

Le grand trait a pour longueur 100 pas et le petit trait a pour longueur 50 pas. Il est tracé à un angle de 45 degrés par rapport au premier.

Aide : Pense à faire le tracé à l'endroit et à l'envers afin de revenir à la position initiale.

Défi 12

Ce motif est constitué du motif précédent répété plusieurs fois.

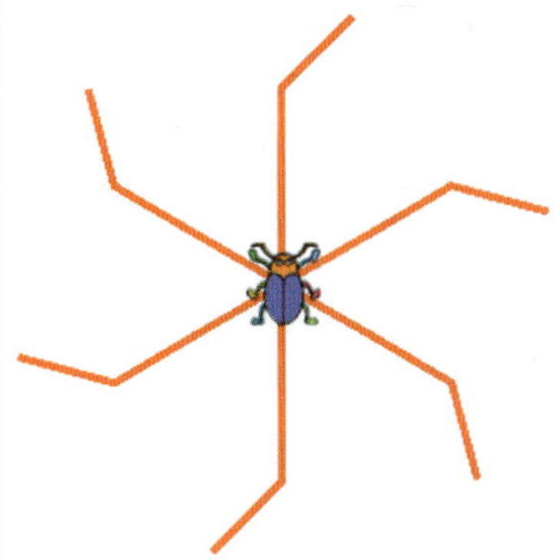

Défi 13

En utilisant le même motif initial qu'au **Défi 11**, on peut reproduire cette figure.

Aide : Compte bien le nombre de fois où le motif est reproduit pour en déduire la valeur de l'angle entre deux motifs.

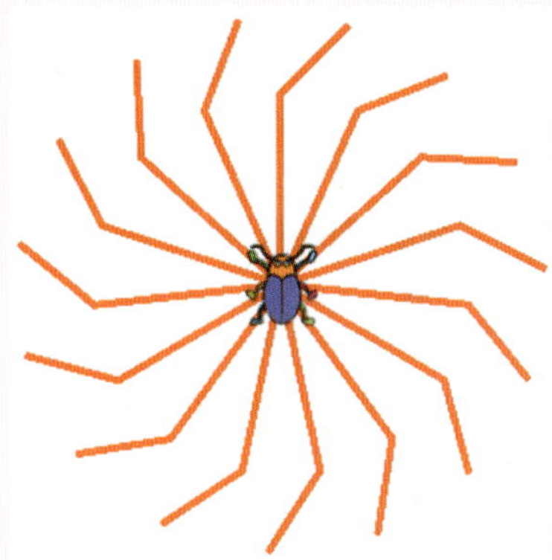

Défi 14

En utilisant le même motif qu'au **Défi 11**, reproduire cette figure où chaque motif est tracé d'une couleur aléatoire.

Aide : Pour choisir une couleur au hasard, tu peux utiliser l'instruction

```
mettre la [couleur ▾] du stylo à (nombre aléatoire entre (1) et (200))
```

Défi 15

Chaque tiret et chaque espace mesurent 20 pas.

Aide : Afin de créer une alternance de tracés et de non-tracés, tu peux utiliser ces instructions

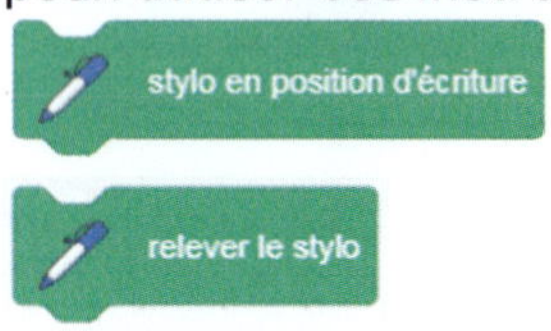

Défi 16

Construire un rectangle en pointillés.

Défi 17

Construire une ligne de 10 carrés qui ont chacun pour côté 20 pas et qui sont espacés de 20 pas.

Défi 18

En s'aidant du défi précédent, construire 8 lignes de 10 carrés de côtés 20 pas et régulièrement espacés de 20 pas.

Aide : On pourra utiliser ces instructions afin de replacer le lutin en début de ligne à chaque fois.

Défi 19

Construire 8 lignes de 10 carrés de côtés 20 pas et régulièrement espacés de 20 pas où chaque carré est tracé avec une couleur choisie au hasard.

Défi 20

Construire 8 lignes de 10 triangles équilatéraux de côtés 20 pas et régulièrement espacés de 20 pas où chaque triangle est tracé avec une couleur choisie au hasard.

Aide : Pour tracer un triangle équilatéral, le lutin doit tourner à chaque fois de 120 degrés.

L'ardoise magique

Programme une ardoise magique pour réaliser de jolis dessins !

Étape 1 ■ Positionner le lutin et réinitialiser l'écran

– Insérer le lutin « Beetle » et saisir le script ci-dessous qui permet d'initialiser l'affichage.

Étape 2 ■ Gérer les déplacements du lutin dans l'écran

– En insérant des scripts similaires à celui ci-dessous, permettre au lutin de se déplacer dans les quatre directions sur l'écran à l'aide des flèches directionnelles du clavier.

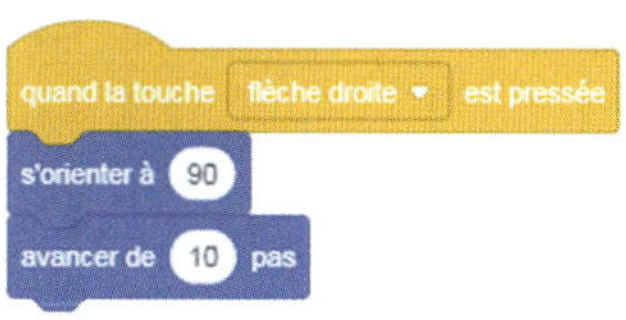

Étape 3 ■ Permettre à l'utilisateur de poser ou relever le stylo

– Insérer deux scripts qui permettent de mettre le stylo en position d'écriture quand on appuie sur une lettre et de relever le stylo quand on appuie sur une autre lettre.

Étape 4 ■ Permettre à l'utilisateur de changer la couleur du stylo

– En insérant plusieurs scripts similaires à celui ci-dessous, permettre à l'utilisateur de changer la couleur du stylo.
On peut aussi envisager de pouvoir mettre la couleur du stylo à la couleur « blanche » afin de pouvoir disposer d'une gomme.

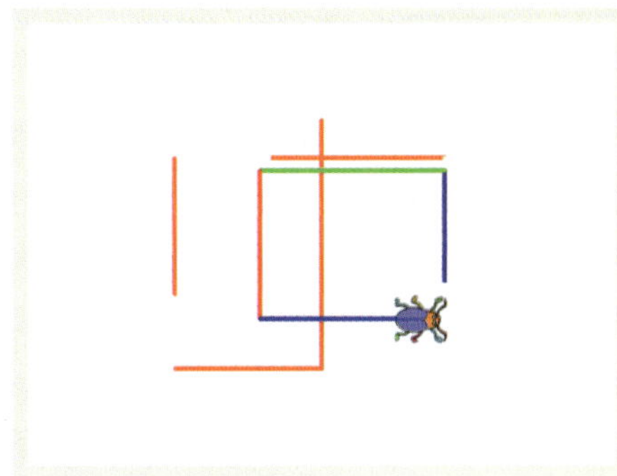

Étape 5 ■ Permettre à l'utilisateur d'augmenter ou diminuer la taille du stylo

– Insérer deux scripts qui permettent d'augmenter (ajouter 1) ou de diminuer (ajouter – 1) la taille du stylo.

Étape 6 ■ Permettre de cacher ou montrer le lutin

– Insérer deux scripts qui permettent de cacher ou montrer le lutin à l'écran. 

ÉVOLUTIONS POSSIBLES

- Augmenter le nombre de couleurs disponibles.
- Mettre un second lutin sur l'écran afin de pouvoir dessiner à plusieurs.
- Rajouter des effets graphiques.
- ...

L'ultime Défi

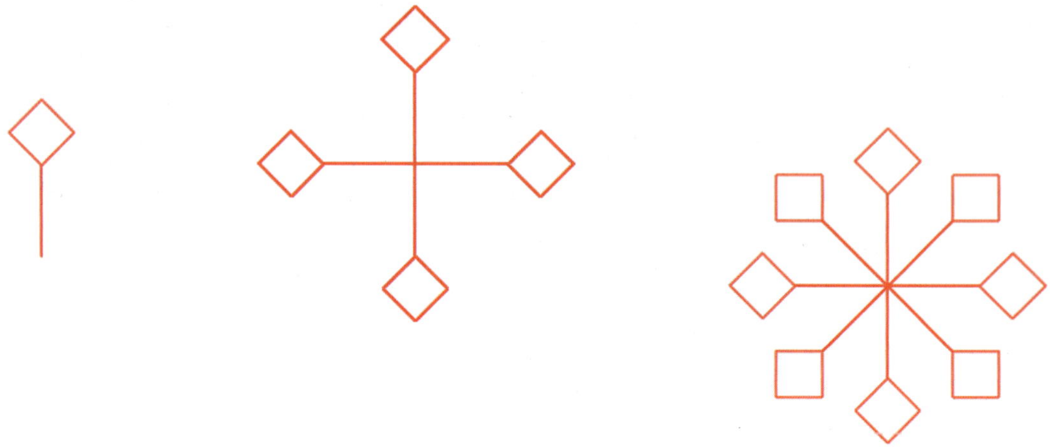

Comment les **grands nombres** aident-ils les avions à voler en **sécurité** ?

Pour le savoir, rendez-vous en fin de chapitre

chapitre 1

QCM de révision
Avant de commencer ce chapitre, fais le point sur tes connaissances : bordas.media/733775_001

Nombres entiers et décimaux

EXEMPLES DE RÉUSSITE !

3 4 7 17
20 61 67 70
71 72

objectifs

1 Je comprends et j'utilise les différentes écritures d'un nombre décimal

2 Je repère, compare, classe et encadre des nombres décimaux

cherchons ensemble

Si tu ne comprends pas certains des mots utilisés ici, demande à ton enseignant ou consulte le *Dico des maths*, p. 12.

Activité 1 — Comprendre le système décimal

OBJECTIF 1

Nathan, Chloé, Hichem et Kenzal jouent aux fléchettes sur la cible ci-contre. Le but du jeu est de faire le plus grand score possible avec un nombre précis, ou non, de lancers de fléchettes.

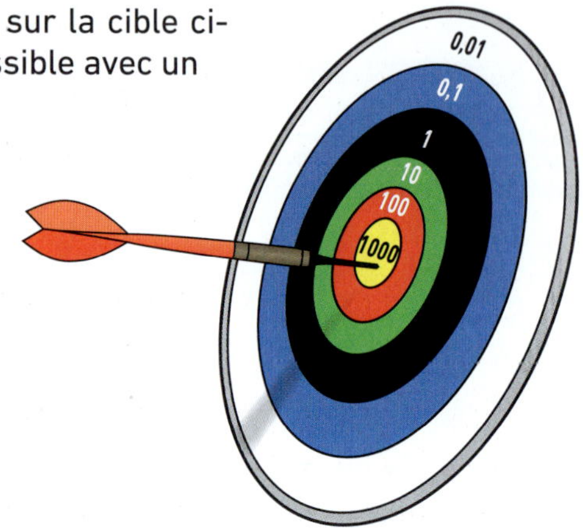

A. Première manche

1 Nathan, Chloé, Hichem et Kenzal lancent chacun 6 fléchettes sur la cible.

a. Nathan a lancé :
3 fléchettes dans le jaune ; 1 fléchette dans le rouge ;
2 fléchettes dans le noir.
Quel est son score ?

b. Chloé a lancé :
2 fléchettes dans le rouge ; 2 fléchettes dans le vert ;
2 fléchettes dans le bleu.
Quel est son score ?

c. Hichem a marqué 1 111,11 points et Kenzal a marqué 301,02 points.
Dans quelles zones se sont plantées leurs fléchettes ?

2 Qui a gagné cette première manche ?

B. Deuxième manche

3 Cette fois, Nathan, Chloé, Hichem et Kenzal peuvent lancer autant de fléchettes qu'ils veulent.

a. Nathan voudrait marquer 1 000 points en lançant des fléchettes uniquement dans la zone rouge. De combien de fléchettes a-t-il besoin ?

b. Chloé voudrait marquer 10 points en lançant des fléchettes uniquement dans la zone blanche. De combien de fléchettes a-t-elle besoin ?

c. Hichem annonce qu'il va marquer 0,1 point. Quelles sont les deux façons d'obtenir ce score ?

d. Kenzal annonce qu'elle va marquer 1 point.
Combien de façons différentes y a-t-il d'obtenir ce score ? Les écrire toutes.

Activité 2 — Manipuler des nombres dans différentes écritures

OBJECTIF 1

Philippe s'intéresse au championnat de Formule 1. Lors des essais du grand prix de France, il a noté les temps mis par différents pilotes pour faire un tour de circuit du Castelet :

Pilote	Charles	Lewis	Valterri	Max	Sebastian	Carlos
Temps (en s)	92,42 s	92 s $\frac{295}{1000}$	92,540 s	1 min 32 s $\frac{42}{100}$	93,01 s	$92+\frac{9}{10}+\frac{5}{100}+\frac{8}{1000}$ s

1 Deux pilotes ont mis exactement le même temps. Lesquels ?

2 Donner les écritures décimales en secondes des temps mis par Lewis, Max et Carlos.

3 **a.** Quel pilote a été le plus rapide ?
b. Quel pilote a été le moins rapide ?

Activité 3 — Comparer et ranger des nombres entiers et décimaux

OBJECTIF 2

Lola prépare un exposé sur le réseau social Instagram. Elle cherche des renseignements sur les instagrameurs français qui ont le plus d'abonnés.
Elle a trouvé les données suivantes en date du 1er mars 2020 :

Instagrameur	 Natoo	 Enjoy Phoenix	 Cyprien	 Caroline Receveur	 Norman	 Squeezie	 Sean Freestyle
Nombre d'abonnés	3 792 470	4 893 652	5 935 407	3 603 781	6 066 385	5 894 322	4 078 090

1 Lequel de ces instagrameurs a le plus d'abonnés ?

2 Parmi ces instagrameurs, combien ont plus de 4 millions d'abonnés ?

3 Aider Lola à classer ces personnes en fonction du nombre d'abonnés dans l'ordre décroissant.

4 Combien d'abonnés Cyprien doit-il gagner pour passer en tête de ce classement ?

Activité 4 — Placer des nombres sur une demi-droite graduée

OBJECTIF 2

La jeune Alice Chivet participe au championnat de France junior de saut en longueur en espérant se qualifier pour les jeux olympiques de Paris 2024.
Voici les résultats du premier essai des huit jeunes athlètes féminines participant à cette épreuve :

Prénom – Nom	Meilleur saut
Alice Chivet	5,80 m
Tiphaine Mauchant	6,10 m
Ilona Masson	5,65 m
Daisy Diossi	6,09 m
Ysée Le Philippe	6,44 m
Heather Arneton	5,91 m
Louise Maraval	6,52 m
Maëlly Dalmat	6,00 m

Maëlly Dalmat

1 Sur une demi-droite graduée de 5,50 m à 7,00 m, placer les performances des huit sportives en écrivant la première lettre de chaque prénom.

Tu peux prendre 1 cm sur la demi-droite pour représenter 0,1 m dans la réalité !

2 À l'aide de la demi-droite, donner le classement des huit participantes après ce premier essai.

3 Alice va s'élancer pour son deuxième essai.
Donner une longueur de saut qui permettrait à Alice de se classer 2e du classement.

1 Écriture décimale et fractionnaire des nombres

OBJECTIF 1

a) Vocabulaire

Le système décimal utilise dix chiffres : 0, 1, 2, 3, 4, 5, 6, 7, 8 et 9.
Avec ces chiffres, on peut écrire tous les nombres.

Exemple : Le nombre 6 239,75 s'écrit avec six chiffres différents.

b) Écriture et position

DÉFINITIONS • Un **nombre décimal** est un nombre qui s'écrit comme la somme d'une **partie entière** et d'une **partie décimale**.
• Un **nombre décimal** est un nombre qui peut s'écrire sous la forme d'une **fraction décimale** (fraction de dénominateur égal à 1, 10, 100, 1 000, etc.).

Exemples

1. 6 239,75 = 6 239 + 0,75. 2. 6 239,75 = $\frac{623\,975}{100}$ donc c'est bien un nombre décimal.

centaines de mille	dizaines de mille	unités de mille	centaines	dizaines	unités	dixièmes	centièmes	millièmes	dix-millièmes
100 000	10 000	1 000	100	10	1	$\frac{1}{10}$ ou 0,1	$\frac{1}{100}$ ou 0,01	$\frac{1}{1\,000}$ ou 0,001	$\frac{1}{10\,000}$ ou 0,0001
		6	2	3	9	7	5		

La partie entière est 6 239 — Place de la virgule — La partie décimale est 0,75

6 239,75 = (6 × 1 000) + (2 × 100) + (3 × 10) + (9 × 1) + (7 × 0,1) + (5 × 0,01)

six milliers ; deux centaines ; trois dizaines ; neuf unités ; sept dixièmes ; cinq centièmes

c) Les grands nombres

CONVENTION Pour pouvoir lire facilement les grands nombres, on regroupe les chiffres par paquets de trois en partant de la virgule.

Exemple : Le nombre 17823750000 s'écrit 17 823 750 000 et se lit dix-sept milliards huit cent vingt-trois millions sept cent cinquante mille.

d) Différentes écritures d'un nombre

Un nombre décimal peut s'écrire de plusieurs façons.
Le nombre 234,59 peut s'écrire aussi 234 **unités et** 59 **centièmes** ou 23 459 **centièmes** ou

$(2 \times 100) + (3 \times 10) + (4 \times 1) + \left(\frac{5}{10}\right) + \left(\frac{9}{100}\right)$ ou $234 + \left(\frac{59}{100}\right)$.

CARTE MENTALE
bordas.media/733775_002

2 Repérer, comparer, classer et encadrer des nombres décimaux

OBJECTIF 2

a) Repère sur une demi-droite graduée

Pour graduer une demi-droite, on doit choisir une unité de longueur que l'on reporte régulièrement à partir de l'origine.

DÉFINITION Chaque point d'une demi-droite graduée peut être repéré par un nombre qui s'appelle l'**abscisse** de ce point.

Exemple

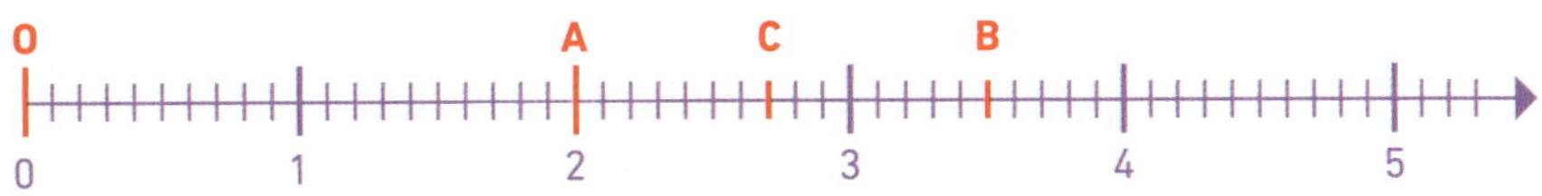

- Le point O de la demi-droite graduée ci-dessus a pour abscisse 0 ; on dit que O est l'origine de la demi-droite.
- Le point A a pour abscisse 2 : on écrit A (2).
- Le point B a pour abscisse 3,5 : on écrit B (3,5).
- Le point C a pour abscisse 2,7 : on écrit C (2,7).

b) Comparaison et classement de nombres décimaux

DÉFINITION **Comparer deux nombres**, c'est dire s'ils sont égaux ou si l'un est plus petit ou plus grand que l'autre.

Exemples

1. 2,7 < 15,03 se lit « 2,7 est inférieur à 15,03 » (on peut dire : « 2,7 est plus petit que 15,03 »).
2. 3,1 > 3,067 se lit « 3,1 est supérieur à 3,067 » (on peut dire : « 3,1 est plus grand que 3,067 »).

DÉFINITIONS
- **Ranger** des nombres dans l'**ordre croissant**, c'est les ranger du plus petit au plus grand.
- **Ranger** des nombres dans l'**ordre décroissant**, c'est les ranger du plus grand au plus petit.

Exemples 1. 0,7 < 0,89 < 2,47 < 25,2 < 54,1 : les nombres sont rangés dans l'ordre croissant.
2. 124,7 > 78 > 32,3 > 11,7 : les nombres sont rangés dans l'ordre décroissant.

c) Encadrement

DÉFINITION **Encadrer** un nombre, c'est trouver un nombre plus petit et un nombre plus grand que ce nombre.

Exemple : Le tableau ci-dessous présente quatre encadrements du nombre 26,748.

Au centième près $\left(\text{à } \frac{1}{100} \text{ près}\right)$	Au dixième près $\left(\text{à } \frac{1}{10} \text{ près}\right)$	À l'unité près (à 1 près)	À la dizaine près (à 10 près)
26,74 < 26,748 < 26,75	26,7 < 26,748 < 26,8	26 < 26,748 < 27	20 < 26,748 < 30

DÉFINITION **Intercaler** un nombre entre deux autres, c'est trouver un nombre compris entre deux autres nombres.

Exemple : Entre 2,4 et 2,7 on peut intercaler 2,5 ou 2,6 mais aussi 2,41 ou 2,518.
On peut toujours intercaler un nombre entre deux nombres décimaux. Il existe une infinité de possibilités.

objectif 1 Je comprends et j'utilise

Je comprends

Voir les vidéos : bordas.media/733775_003

1. Donner une écriture fractionnaire du nombre 19,34.
2. Donner une écriture décimale du nombre $\frac{4\,687}{1\,000}$.

Exercice résolu

1. **Étape 1.** On repère que le dernier chiffre de 19,34 est le chiffre des **centièmes**.

Étape 2. On peut donc lire 19,34 comme « dix-neuf unités et trente-quatre centièmes » ou comme « mille-neuf-cent-trente-quatre centièmes », puis écrire :

$$19{,}34 = \frac{1\,934}{100}$$

2 chiffres après la virgule — 2 zéros

2. **Étape 1.** On peut lire $\frac{4\,687}{1\,000}$ comme « quatre-mille-six-cent-quatre-vingt-sept millièmes ».

Étape 2. On sait que le chiffre des millièmes est le troisième chiffre après la virgule donc 7 sera au troisième rang après la virgule ; on peut donc écrire :

$$\frac{4\,687}{1\,000} = 4{,}687.$$

3 zéros — 3 chiffres après la virgule

Je m'échauffe

1 QUESTIONS FLASH

1. Dans le nombre 317,5, quel est le chiffre des dizaines ? Quel est le nombre de dizaines ?
2. Dans le nombre 5 923,8, quel est le chiffre des centaines ? Quel est le nombre de centaines ?
3. J'ai 63 livres de poche rangés dans des cartons de 10 livres.
Combien ai-je de cartons pleins ?
4. J'ai 8 125 crayons rangés dans des boîtes contenant chacune 100 crayons.
Combien ai-je de boîtes complètes ?

2 Écrire en chiffres les nombres suivants :
a. 8 unités sept dixièmes ;
b. 43 unités 5 dixièmes 7 centièmes ;
c. 17 unités 13 centièmes ;
d. 23 unités 7 millièmes.

3 Écrire en chiffres les nombres suivants :
a. Cent-quatre-vingt-cinq unités ;
b. Trois-mille-cent-douze unités sept dixièmes ;
c. Dix-sept milliards vingt-trois millions quatre cent cinq unités.

4 Recopier la phrase suivante en écrivant le nombre en chiffres :
« Au mois de juin 2018, la population mondiale était d'environ sept milliards cinq cent cinquante-neuf millions deux cent quatre-vingt-huit mille trois cents personnes. »

5 Recopier ces nombres en supprimant les zéros inutiles s'il y en a :
a. 14 000 b. 17,02 c. 17 500,500
d. 03 120 e. 05,0 f. 17 800,00

6 Recopier et compléter avec les symboles = ou ≠ selon les cas :
a. 15,40 ... 15,400 b. 04,20 ... 4,2
c. 17,2 ... 17,02 d. 13,10 ... 131

7 Recopier et compléter l'égalité :
3 dizaines de milliards et 8 millions = ... millions.

8 1. Reproduire le tableau ci-dessous et y écrire le nombre 523,687 :

Centaines	Dizaines	Unités	Dixièmes	Centièmes	Millièmes

2. Répondre aux questions suivantes :
a. Quel est le chiffre des dizaines de 523,687 ?
b. Quel est le chiffre des centièmes de 523,687 ?
c. Que représente le chiffre 5 ?
d. Que représente le chiffre 6 ?

9 On considère le nombre 7 425,395.
Recopier et compléter les phrases suivantes :
a. La partie entière du nombre est ... .
b. Le chiffre des centaines est le ... .
c. Le nombre de centaines est ... .
d. Le nombre de dizaines est ... .
e. Le nombre d'unités est ... .

Les différentes écritures d'un nombre décimal

Je m'entraîne 1

10 On considère le nombre 12 457,684.
Pour chacune des affirmations ci-dessous, préciser si elle est Vraie ou Fausse.
a. 5 est le chiffre des dizaines.
b. Le nombre de centaines est 8.
c. Le chiffre des millièmes est le même que celui des centaines.
d. Le chiffre des dixièmes est 6.

11 Recopier le nombre proposé en plaçant une virgule au bon endroit pour que, dans chaque nombre, 7 soit le chiffre des centaines.
a. 1 572 068 b. 187 023 c. 70 754 165

12 Écrire les nombres suivants sous forme décimale :
a. $\frac{14}{10}$ b. $\frac{245}{100}$ c. $\frac{2\,487}{100}$ d. $\frac{25\,008}{1000}$

13 Donner l'écriture décimale des nombres suivants :
a. $97+\frac{5}{10}$ b. $8+\frac{7}{10}+\frac{8}{1000}$ c. $5\,000+\frac{5}{1000}$

14 Recopier et compléter les égalités suivantes :
a. $8{,}7=\frac{\dots}{10}$ b. $52=\frac{\dots}{100}$ c. $17{,}23=\frac{17\,230}{\dots}$

15 Écrire une décomposition de chaque nombre ci-dessous selon le modèle suivant :
$74{,}41=(7\times10)+(4\times1)+(4\times0{,}1)+(1\times0{,}01)$
a. 98,32 b. 17, 089 c. 258,97
d. 847,057 e. 88,984 f. 302,684

16 Écrire une décomposition de chaque nombre ci-dessous selon le modèle suivant :
$$76{,}45=76+\frac{45}{100}=70+6+\frac{4}{10}+\frac{5}{100}$$
a. 37,049 b. 438,87 c. 59,527
d. 20,065 e. 320,808 f. 23,741

17 Écrire d'au moins quatre façons différentes le nombre 15,3062.

18 Naëlle a saisi des chiffres dans les cellules **A1**, **B1** et **C1** d'un tableur. Cette copie d'écran montre une formule qu'elle a écrite dans la cellule **A2** :

MAX fx =A1*10+B1*1+C1*0,1

	A	B	C
1	3	2	7
2	=A1*10+B1*1+C1*0,1		

Que va afficher la cellule **A2** lorsque Naëlle va valider sa formule ?

Je m'entraîne 2

19 Dans chaque cas, placer une virgule et/ou ajouter des zéros dans 132465 pour que :
a. 2 soit le chiffre des unités ;
b. 3 soit le chiffre des dixièmes ;
c. 5 soit le chiffre des dizaines ;
d. 1 soit le chiffre des millièmes.

20 Voici cinq cartes contenant un nombre :

415 | 2 103 | 9 | 13 | 87

Les recopier et les placer côte à côte pour écrire :
a. le plus petit nombre entier de douze chiffres ;
b. le plus grand nombre entier de douze chiffres.

21 Donner l'écriture décimale des nombres suivants :
a. $\frac{198}{100}$ b. $\frac{198}{10\,000}$ c. $\frac{587}{1000}$ d. $\frac{25}{10\,000}$

22 Donner une écriture fractionnaire des nombres :
a. 1 010,01 b. 547,128 c. 149,250

23 **Les maths autour de moi**
Lors du grand prix de formule 1 de Monaco de 2019, le pilote anglais Lewis Hamilton a réussi le meilleur temps des qualifications en 70 secondes et 166/1 000 et le pilote français Pierre Gasly a réalisé le record du tour en course en 1 min 14 s 28/100 s.

Écrire chacune de ces deux durées comme un nombre décimal de secondes.

24 Louis a saisi des chiffres dans les cellules **A1**, **B1**, **C1** et **D1** d'un tableur. Cette copie d'écran montre une formule qu'il a écrite dans la cellule **A2**.

MAX fx =A1*100+B1*10+C1*0,1+D1*0,01

	A	B	C	D
1	7	5	4	6
2	=A1*100+B1*10+C1*0,1+D1*0,01			

Que va afficher la cellule **A2** lorsque Louis va valider sa formule ?

25 **TOP Chrono** 10 min

Trouver trois décompositions différentes pour chacun des nombres suivants :
a. 14,87 b. 134,075 c. 2 146,219

objectif 2 Je repère, compare, classe

Je comprends

Voir la vidéo : bordas.media/733775_004

Ranger dans l'ordre croissant les nombres : 23,9 ; 21,8 ; 23,5 ; 23,15 et 25,09.

Exercice résolu

Étape 1. On regarde d'abord **les parties entières** des cinq nombres : **23** (pour 23,9) ; **21** (pour 21,8) ; **23** (pour 23,5) ; **23** (pour 23,15) et **25** (pour 25,09).
Donc 21,8 est le plus petit des cinq nombres et 25,09 est le plus grand.

Étape 2. On regarde les chiffres après la virgule des nombres qui possèdent la même partie entière.
23,9 est plus grand que 23,5 car 9 est plus grand que 5.
23,5 est plus grand que 23,15 car 5, chiffre des dixièmes de 23,5, est plus grand que 1, chiffre des dixièmes de 23,15.

On peut ranger les cinq nombres de l'énoncé dans l'ordre croissant : 21,8 < 23,15 < 23,5 < 23,9 < 25,09.

Remarques

• Pour comparer les nombres plus facilement, on peut les écrire avec le même nombre de chiffres en leur rajoutant des « zéros inutiles » :
23,5 = 23,50 ; 23,9 = 23,90.
Ainsi la comparaison avec 23,15 devient plus facile.

• Pour comparer des nombres, on peut aussi les placer sur une demi-droite graduée :

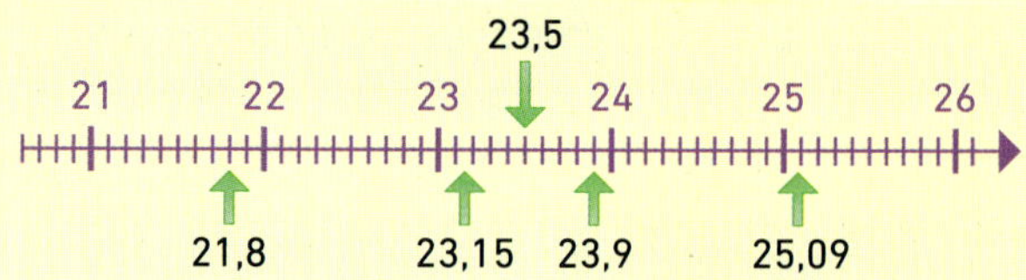

Je m'échauffe

26 QUESTIONS FLASH

1. Donner deux nombres compris entre 1,2 et 1,3 et donner deux nombres compris entre 3,5 et 3,51.
2. Classer les nombres suivants dans l'ordre croissant : 7 ; 6,8 ; 7,2 et 7,14.
3. Classer les nombres suivants dans l'ordre décroissant : 9,5 ; 8,6 ; 9,48 et 9,17.

27 Recopier et compléter avec le symbole qui convient : <, > ou = :

a. 15 ... 22 **b.** 136 ... 135
c. 9,45 ... 9,405 **d.** 16,3 ... 16,03
e. 0,086 ... 0,0806 **f.** 8,705 ... 8,507
g. 5,11 ... 5,102 **h.** 7,2 ... 7,20

28 Comparer les nombres suivants :

a. 22 et 35 ; **b.** 19 et 21 ;
c. 16 et 14,9 ; **d.** 26,58 et 26,64 ;
e. 37,5 et 37,467 ; **f.** 54,78 et 54,708.

29 Ranger ces nombres dans l'ordre croissant :
34 ; 33,8 ; 34,2 ; 34,15 ; 35,1 ; 33,68.

30 Ranger ces nombres dans l'ordre décroissant :
11,8 ; 11,804 ; 110,8 ; 10,99 ; 1,75 ; 10,909.

31 Recopier et encadrer chaque nombre décimal par deux entiers consécutifs :

a. ... < 10,48 < ... **b.** ... < 0,35 < ...
c. ... < 99,528 < ... **d.** ... < 17,18 < ...

32 Recopier et intercaler un nombre entier entre les deux nombres entiers donnés :

a. 12 < ... < 41 **b.** 17 < ... < 24
c. 27 < ... < 29 **d.** 45 < ... < 55

33 Recopier et intercaler un nombre entier entre les deux nombres décimaux donnés :

a. 12,3 < ... < 13,7 **b.** 13,2 < ... < 14,3
c. 27,7 < ... < 37,2 **d.** 45,6 < ... < 55,6

34 Reproduire les demi-droites graduées ci-dessous et compléter leurs graduations.

a.

b.

35 Reproduire les demi-droites graduées ci-dessous et compléter leurs graduations.

a.
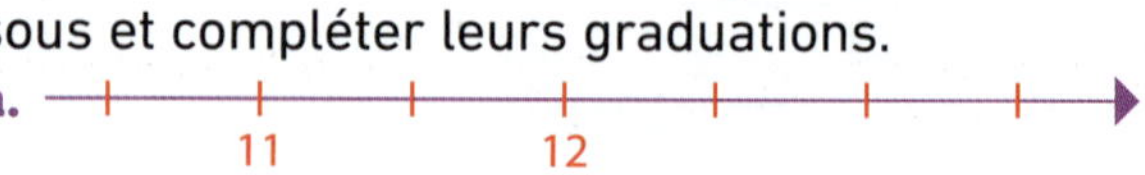

b.

Je m'entraîne 1

36 Comparer les nombres suivants :

a. 926 et 828 ; **b.** 14 et 14,27 ;
c. 72,256 et 27,256 ; **d.** 58,777 et 58,803 ;
e. 57,241 et 57,3 ; **f.** 98,898 et 98,8989.

37 Ranger ces animaux du plus lourd au plus léger (1 t = 1 000 kg) :

38 Dans chacun des cas ci-dessous, recopier et intercaler un nombre décimal entre les deux nombres décimaux donnés :

a. 12 < ... < 23 **b.** 13,2 < ... < 14,3
c. 27,7 < ... < 27,9 **d.** 25,6 < ... < 25,7
e. 30 < ... < 30,1 **f.** 39,9 < ... < 40

39 Recopier et encadrer chaque nombre ci-dessous au dixième près :

a. ... < 5,39 < ... **b.** ... < 0,47 < ...
c. ... < 9,638 < ... **d.** ... < 13,14 < ...
e. ... < 17,05 < ... **f.** ... < 8,006 < ...

40 Recopier et compléter les suites logiques de nombres suivantes :

- Série A : 12 – 13 – 14 – ... – ... – ...
- Série B : 10 – 13 – 16 – ... – ... – ...
- Série C : ... – ... – 20 – 22 – ... – ...
- Série D : ... – ... – 37 – 45 – ... – ...
- Série E : ... – ... – 10 – 12,5 – ... – ...
- Série F : ... – 15 – ... – 21 – ... – ...

41 Sur la demi-droite graduée ci-dessous, lire les abscisses des points M, N, P et Q.

42 **1.** Construire une demi-droite graduée d'unité 1 carreau.
2. Placer les points D, Y, I, B et R d'abscisses respectives 6 ; 8 ; 2 ; 1 et 3,5.
3. Quel mot apparaît en lisant les cinq lettres dans l'ordre où elles sont placées ?

Je m'entraîne 2

43 Comparer les nombres suivants :

a. $\frac{607}{100}$ et $\frac{670}{100}$; **b.** $\frac{147}{100}$ et $\frac{14}{10}$; **c.** $\frac{123}{1000}$ et 1,22.

44 Classer ces sommets dans l'ordre décroissant de leur hauteur :

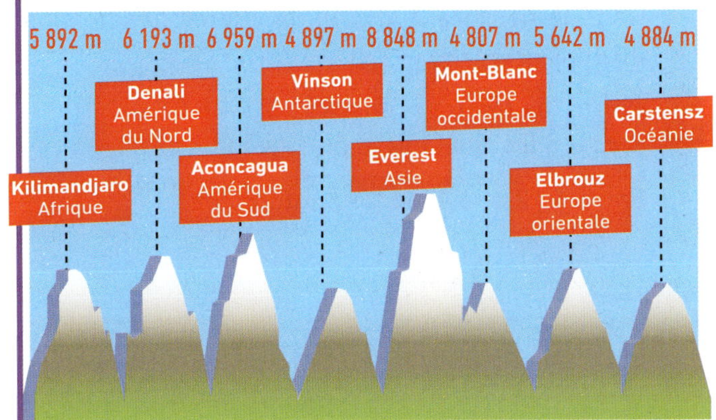

45 Dans chacun des cas suivants, recopier et intercaler un nombre décimal entre les deux nombres décimaux donnés :

a. 4,2 < ... < 4,3 **b.** 7,7 < ... < 7,71
c. 9,08 < ... < 9,085 **d.** 9,99 < ... < 10

46 Recopier et encadrer chaque nombre ci-dessous au centième près :

a. ... < 14,167 < ... **b.** ... < 0,385 < ...
c. ... < 8,638 < ... **d.** ... < 13,154 < ...

47 Malgré les chiffres cachés, recopier et compléter avec le symbole qui convient : <, > ou = :

a. 19,8 ... 2■,1 **b.** 0,0■6 ... 0,102
c. 8,7■4 ... 8,70 **d.** 5,101 ... 5,1■2
e. 17,2 ... 17,1■ **f.** ■,56 ... 0,5

48 **TOP Chrono** 10 min

1. Construire une demi-droite graduée de 1900 à 2020 (unité : 1 cm pour 10 ans).
2. Y placer les événements suivants :
- B : chute du Mur de Berlin (1989)
- G : mort du Général de Gaulle (1970)
- E : fondation de la CEE (Communauté Économique Européenne, 1957)
- L : première traversée de l'Atlantique en avion par Charles Lindbergh (1927)
- T : premier et dernier voyage du Titanic (1912)
- N : ta naissance

je travaille seul(e) ou en Accompagnement personnalisé

Je fais le point sur mon cours

QCM de révision
Retrouve un autre QCM interactif : bordas.media/733775_005

		A	B	C
49	Sept cent mille sept-cent-sept s'écrit :	707 007	700 707	7 000 707
50	Le nombre 07 250,060 peut s'écrire :	725,6	7 250,6	7 250,06
51	Dans le nombre 2 485,79, le chiffre des dizaines est :	7	8	248
52	Parmi les quatre nombres : 8,3 – 8,03 – 8,23 – 8,09, quel est le plus grand ?	8,3	8,03	8,23
53	Entre 6,12 et 6,2, on peut intercaler :	6	6,8	6,17

Je fais le point sur mes objectifs

OBJECTIF 1

Je comprends et j'utilise les différentes écritures d'un nombre décimal

54 Recopier ces nombres en supprimant les zéros inutiles s'il y en a :

a. 25 000 b. 38,020 c. 8 750,800
d. 07180 e. 15,0 f. 7 800,00

55 On considère le nombre 589,326.
Recopier et compléter les phrases suivantes.

a. Le chiffre des dizaines est ....
b. Le chiffre des dixièmes est ....
c. 5 est le chiffre des ....
d. 2 est le chiffre des ....

56 Dans chacun des cas ci-dessous, recopier le nombre proposé en plaçant une virgule au bon endroit pour que 5 soit le chiffre des centièmes.

a. 1 872 059 b. 120 121 025 c. 12 521 514

57 On considère les chiffres 2, 4 et 6.
En utilisant uniquement ces trois chiffres, écrire tous les nombres entiers possédant trois chiffres, différents ou non.

58 Je suis un nombre décimal dont le chiffre des dizaines et celui des dixièmes est 7, mon chiffre des centaines et celui des centièmes est 3.
Tous mes autres chiffres sont égaux à 0.
Qui suis-je ?

59 Reproduire et compléter le tableau suivant en s'inspirant de l'exemple en première ligne :

15,42	$15+\frac{4}{10}+\frac{2}{100}$	$15+\frac{42}{100}$	$\frac{1542}{100}$
9,048	...	...	...
...	$8+\frac{3}{10}+\frac{1}{100}+\frac{5}{1000}$	...	...
...	...	$81+\frac{25}{1000}$	...
...	...	...	$\frac{3\,853}{10}$

60 Voici cinq cartes contenant un nombre :

317 | 1 223 | 9 | 8 | 50

Les recopier et les placer côte à côte pour écrire :

a. le plus petit nombre entier de onze chiffres ;
b. le plus grand nombre entier de onze chiffres.

61 Retrouver le nombre caché :

- c'est un nombre décimal de cinq chiffres ;
- son chiffre des dixièmes est le même que celui de 17,54 ;
- son chiffre des centièmes est le chiffre des unités de millions de 738 214 006 ;
- son chiffre des unités est le chiffre des dizaines de mille de 120 008 ;
- son chiffre des millièmes est la moitié de celui des centièmes ;
- son chiffre des dix-millièmes est égal au chiffre des unités.

OBJECTIF 2

Je repère, compare, classe et encadre des nombres décimaux

62 Comparer les nombres suivants :

a. 42 et 45 ; b. 54 et 45 ;
c. 19 et 18,9 ; d. 17,8 et 17,64 ;
e. 24,5 et 24,497 ; f. 47,65 et 47,605.

63 Recopier et compléter avec le symbole qui convient : <, > ou =.

a. 13 ... 31 b. 47 ... 43
c. 78,59 ... 59,78 d. 6,32 ... 6,302
e. 16,1 ... 16,08 f. 33,33 ... 33,330

64 Dans chacun des cas ci-dessous, recopier et intercaler un nombre entier entre les deux nombres décimaux donnés.

a. 4,3 < ... < 8,7 b. 58,2 < ... < 98,3
c. 37,7 < ... < 38,2 d. 45,6 < ... < 46,6

65 Dans chacun des cas ci-dessous, recopier et intercaler un nombre décimal entre les deux nombres décimaux donnés.

a. 12 < ... < 25 b. 23,25 < ... < 24,3
c. 26,7 < ... < 26,9 d. 35,7 < ... < 35,8

66 Classer ces constructions françaises célèbres dans l'ordre croissant de leur taille.

① Tour Eiffel : 324 m
② Cathédrale Notre Dame de Rouen : 151 m
③ Viaduc de Millau : 343 m
④ Tour Montparnasse : 210 m
⑤ Tour Part-Dieu à Lyon : 165 m
⑥ Pont de Normandie : 236 m

67 Encadrer le nombre 28,4597 :

a. par deux nombres entiers consécutifs ;
b. par deux nombres décimaux, au dixième près ;
c. par deux nombres décimaux, au centième près ;
d. par deux nombres décimaux, au millième près.

68 Encadrer le nombre 378,6792 :

a. par deux nombres entiers consécutifs ;
b. par deux nombres décimaux, au dixième près ;
c. par deux nombres décimaux, au centième près ;
d. par deux nombres décimaux, au millième près.

69 Voici une demi-droite graduée sur laquelle sont placés les points G, I et L :

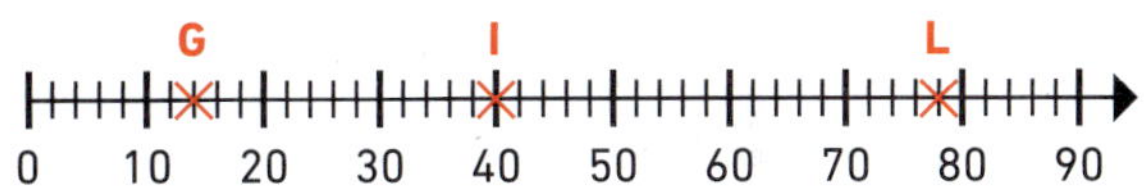

1. Reproduire cette demi-droite.
2. Quelles sont les abscisses des points G, I et L ?
3. Placer les points A, N et E d'abscisses respectives 52, 32 et 26.

70 1. Construire une demi-droite graduée d'origine O et d'unité 2 cm.
2. Placer les points P, O, L, A et B d'abscisses respectives 1,6 ; 4,9 ; 4,3 ; 2,5 et 3,8.
3. Quel prénom apparaît en lisant les cinq lettres dans l'ordre où elles sont placées ?

71 Ranger dans l'ordre croissant les six nombres suivants écrits de différentes façons :

$\frac{6}{10}+\frac{1}{100}+\frac{1}{1000}$; six cent onze millièmes ;

6,1111 ; $6+\frac{101}{1000}$; 6 111 dix-millièmes ; $\frac{6\,101}{10\,000}$.

72 Trouver le nombre qui correspond au point A :

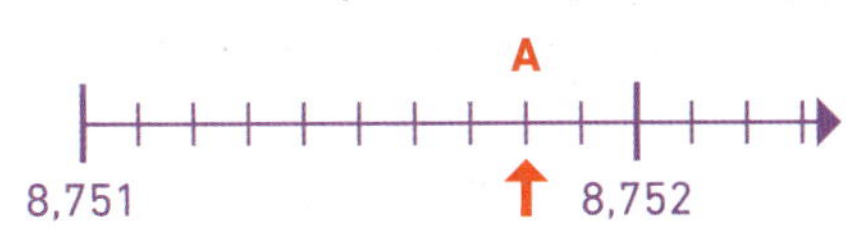

73 Trouver le nombre qui correspond au point B :

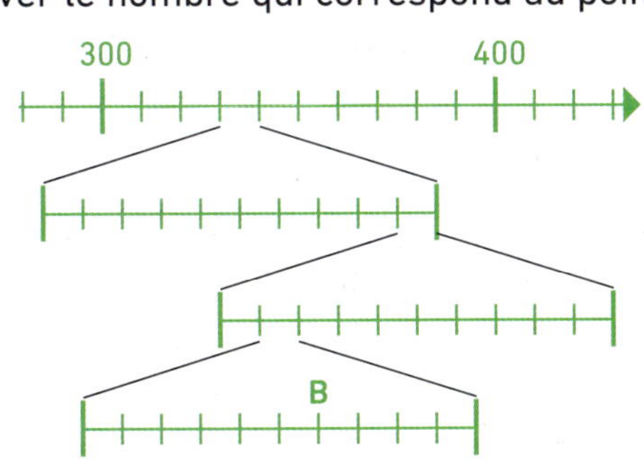

Je résous des problèmes

OBJECTIF 1

Je comprends et j'utilise les différentes écritures d'un nombre décimal

74 Les maths autour de moi

En 2016, un agriculteur a payé une taxe au centre des impôts du Lot-et-Garonne en utilisant uniquement des pièces de 1 centime. Sachant qu'il devait payer 230 €, combien de pièces lui a-t-il fallu ?

75 L'écologie autour de moi

Les éoliennes utilisent la force du vent pour produire de l'énergie. Une éolienne peut fournir de l'électricité pour 1 000 personnes en moyenne.
Combien faudrait-il d'éoliennes pour alimenter en électricité la métropole de Lyon (1 385 927 habitants) ?

76 Des données volumineuses

Un grand nombre de données s'échangent chaque seconde sur Internet. L'infographie ci-dessous présente des informations sur le volume du trafic et des actions sur Internet en 30 secondes.

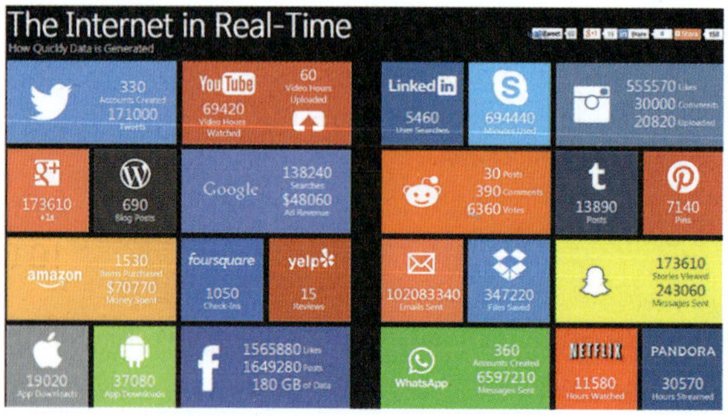

1. Durant ces 30 secondes, combien de nouveaux posts ont été déposés sur le réseau social Facebook ?

2. Durant ces 30 secondes, de nombreuses personnes ont regardé des vidéos sur YouTube.
Pour établir cette infographie, on a considéré que si 2 personnes regardaient YouTube pendant 30 s, on avait l'équivalent de 1 min (2 × 30 s) de visionnage.

a. Quel est l'équivalent du temps de visionnage annoncé pour YouTube sur cette infographie ?

b. À combien de personnes regardant YouTube pendant 30 secondes cela correspond-il ?

OBJECTIF 2

Je repère, compare, classe et encadre des nombres décimaux

77 L'écologie autour de moi

Cette illustration donne le temps nécessaire à la décomposition de plusieurs objets :

Classer ces objets en fonction de leur durée de vie dans la nature.

78 Physique-Chimie Taille des planètes

Anis, astronome amateur connaît le rayon de chacune des planètes du système solaire :

- Mercure : 2 450 km
- Vénus : 6 050 km
- Terre : 6 350 km
- Mars : 3 400 km
- Jupiter : 70 000 km
- Saturne : 60 500 km
- Uranus : 25 500 km
- Neptune : 24 250 km

Aider Anis à classer ces planètes de la plus petite à la plus grande.

79 À la plage

Ce document présente les horaires et les coefficients des marées aux Sables d'Olonne pour le début du mois de juin 2020.
Classer les journées du document selon la hauteur maximale de la marée.

Date	Heure	Hauteur	Coeff.
Lun. 01	01h30	4,54 m	57
	07h21	1,54 m	
	14h11	4,58 m	62
	19h45	1,53 m	
Mar. 02	02h33	4,74 m	67
	08h24	1,24 m	
	15h05	4,81 m	73
	20h46	1,23 m	
Mer. 03	03h28	4,94 m	78
	09h20	1,00 m	
	15h54	5,02 m	83
	21h42	0,93 m	
Jeu. 04	04h18	5,10 m	87
	10h11	0,78 m	
	16h40	5,18 m	91
	22h35	0,69 m	
Ven. 05	05h05	5,18 m	93
	11h00	0,66 m	
	17h23	5,27 m	95
	23h26	0,57 m	
Sam. 06	05h49	5,18 m	95
	11h48	0,66 m	
	18h06	5,27 m	95

PM : Pleine Mer
BM : Basse Mer

MULTI OBJECTIFS

80 Le code secret

À partir des renseignements qui suivent, trouver le code secret qui permettra à Clara de déverrouiller son téléphone.

Code de déverouillage :

- Le code secret est un nombre entier de cinq chiffres, tous différents.
- Son chiffre des dizaines est le même que celui de 392,35.
- Son chiffre des unités est le triple de celui des centaines.
- Son chiffre des milliers est le chiffre des unités de millions de 637 450 785.
- Son chiffre des centaines est égal à la différence entre celui des milliers et des dizaines.
- Son chiffre des dizaines de milliers est supérieur à celui des unités.

81 Arts plastiques Une œuvre d'art

Jasper Johns est un artiste américain né en 1930 qui adorait les nombres. En 1959, il a réalisé une œuvre en forme d'un grand tableau composé de nombreuses lignes et colonnes.

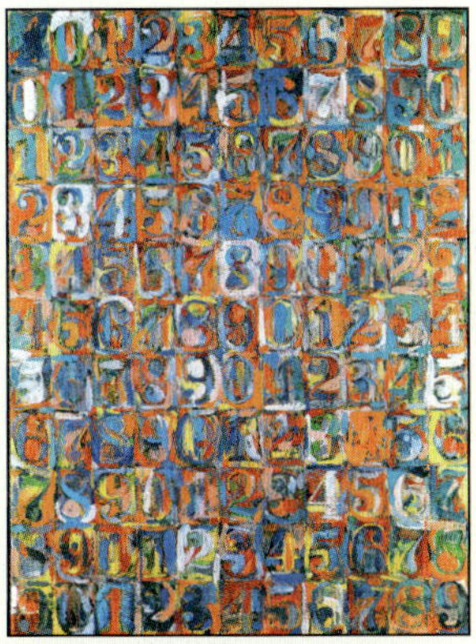

Dans chaque case, il avait peint un chiffre en couleur :

En utilisant une fois et une seule les cinq chiffres 0, 1, 2, 3 et 4, combien y a-t-il de façons de remplir une ligne de cinq cases ?

82 Géographie Les citadins

Chaque année, l'Institut National de la Statistique et des Études Économiques (Insee) publie des données sur la démographie française.

Voici les 10 villes françaises les plus peuplées :
- Bordeaux 249 712 habitants ;
- Lille 232 741 habitants ;
- Lyon 513 275 habitants ;
- Marseille 861 535 habitants ;
- Montpellier 277 639 habitants ;
- Nantes 303 382 habitants ;
- Nice 342 522 habitants ;
- Paris 2 206 488 habitants ;
- Strasbourg 277 270 habitants ;
- Toulouse 471 941 habitants.

1. Reproduire cette liste en classant les villes de la plus peuplée à la moins peuplée.

2. Sur une carte de France, le professeur de géographie souhaite illustrer la population de ces villes avec un symbole pour chaque ensemble de 100 000 habitants. Combien de ces symboles doit-il utiliser pour chaque ville ?

83 Histoire de l'informatique

L'unité utilisée pour la capacité de stockage en informatique est l'octet (noté o). On utilise aussi ses multiples :

– le kilooctet (ko) : 1 ko = 1 000 o ;
– le mégaoctet (Mo) : 1 Mo = 1 000 ko ;
– le gigaoctet (Go) : 1 Go = 1 000 Mo ;
– le Téraoctet (To) : 1 To = 1 000 Go.

Voici quelques dates liées aux outils permettant de stocker des données :

1967 : IBM teste une disquette de capacité 360 ko ;
1982 : Apple teste des disquettes de 1,44 Mo ;
1984 : Sony stocke 737 Mo sur CD-Rom ;
1995 : apparition du premier DVD de 4,7 Go ;
2000 : IBM invente la clé USB et stocke 16 Go ;
2007 : le Blu-Ray permet de stocker 200 Go ;
2013 : un disque dur à mémoire flash stocke 1 To.

1. Combien de disquettes IBM de 1967 peut-on stocker dans un CD-ROM Sony de 1984 ?

2. Sur un disque dur de 2013, combien de CD-Rom musicaux de 1984 peut-on enregistrer ?

3. On estime qu'en 2020, chaque seconde, 30 To de données sont produites sur Internet. Combien de disquettes Apple de 1982 seraient nécessaires pour enregistrer ces données ?

je développe mes compétences

RAISONNER | REPRÉSENTER | COMMUNIQUER | CALCULER | CHERCHER | MODÉLISER

J'apprends à RAISONNER

J'OBSERVE

84 Bien qu'un chiffre soit caché dans chaque expression, recopier, puis compléter avec le symbole qui convient : < ou >.

a. 39,6 ... 4■,3 b. 0,0■8 ... 0,101 c. 57■8 ... 5 703

EXERCICE RÉSOLU

a. La comparaison des chiffres des dizaines (3 et 4) permet de dire que 39,6 < 4■,3 pour n'importe quelle valeur de ■.

b. La comparaison des chiffres des dixièmes (0 et 1) permet de dire que 0,0■8 < 0,101 pour n'importe quelle valeur de ■.

c. Les chiffres des milliers et des centaines sont les mêmes. Le chiffre des dizaines du nombre de droite est 0 donc si ■ > 0, alors le nombre de gauche est plus grand et si ■ = 0, la comparaison des unités (8 et 3) permet de conclure que le nombre de gauche est également plus grand donc 5 7■8 > 5 703 pour n'importe quelle valeur de ■.

JE ME LANCE

85 Bien qu'un chiffre soit caché dans chaque expression, recopier, puis compléter avec le symbole qui convient : < ou >.

a. 95,6 ... 8■,9

b. 0,2■3 ... 0,198

c. ■7,9 ... 98,1

d. 18■3,5 ... 1 894,1

e. 1■5■6,2 ... 10 506,1

86 Les cinq nombres suivants sont compris entre 100 et 1 000.
En dépit des taches d'encre, classer ces nombres dans l'ordre croissant :

204,58 3●2,07 2●4,612
204,4● 392,1●

J'apprends à MODÉLISER

J'OBSERVE

87 Dans la civilisation maya (de 300 av. J.-C. à 1 600 ap. J.-C., Amérique centrale), le nombre 7 s'écrivait 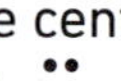
et le nombre 13 s'écrivait .
Proposer une écriture du nombre 8 et du nombre 18 cohérente avec ce système de numération maya.

EXERCICE RÉSOLU

Chaque barre horizontale vaut 5 et chaque point vaut 1 ainsi le nombre 8, qui est égal à $(1 \times 5) + (3 \times 1)$,
peut donc s'écrire ,
et le nombre 18,
qui est égal à $(3 \times 5) + (3 \times 1)$,
peut donc s'écrire 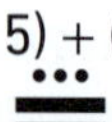.

JE ME LANCE

88 La numération à bâtons (utilisée en Chine au IIIe siècle av. J.-C.) est très proche de notre système décimal.

Ainsi, 219 s'écrivait 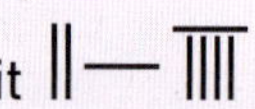
et 1 783 s'écrivait 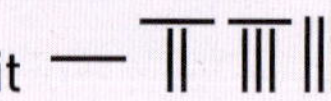.

1. Lire les nombres 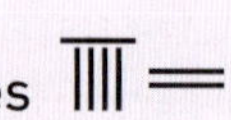 et 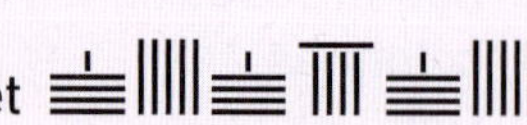.

2. Proposer une écriture à bâtons pour les nombres 36 ; 9 641 et 134 574.

89 En vieil égyptien, cinq symboles représentent les nombres de 1 à 5.
Un symbole représente toujours le même nombre et deux symboles différents représentent deux nombres différents.

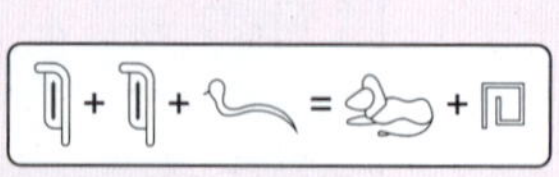

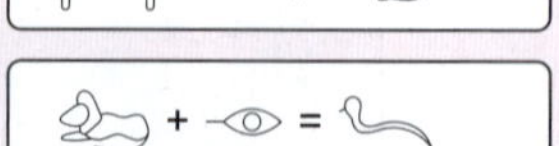

Chacun des deux dessins encadrés correspond à une addition correcte.
Quel nombre est représenté par le symbole ?

90 Une nouvelle numération

CALCULER • MODÉLISER D1

Les Romains de l'Antiquité utilisaient un système de numération qui a été utilisé en Europe jusqu'à la fin du Moyen Âge. Contrairement à notre système décimal (à 10 chiffres), les Romains utilisaient seulement sept symboles :

Symbole	I	V	X	L	C	D	M
Valeur	un	cinq	dix	cinquante	cent	cinq cents	mille

Les chiffres romains sont écrits de la plus grande valeur à la plus petite.
Par exemple, MDLXII vaut 1 562 et 2 373 s'écrit MMCCCLXXIII.
Lisa et Romulus additionnent leurs pièces d'or.

Aider les deux amis à faire leur addition et trouver celui qui a le plus de pièces.

91 Des nombres dans différentes unités

CALCULER • RAISONNER D1

Le record de la traversée de l'Atlantique nord à la voile peut être établi dans les deux sens : de l'Europe vers l'Amérique ou le contraire.
Le tableau ci-dessous présente les records de vitesse pour cette traversée de New York au cap Lizard en Grande-Bretagne :

Date	Temps	Vitesse (nœuds)	Skipper	Bateau	Type de bateau
2009	3 j 15 h 25 min	32,94	Pascal Bidégorry	Banque Populaire V	Trimaran
2007	4 j 03 h 57 min	28,81	Franck Cammas	Groupama 3	Trimaran
2006	4 j 08 h 23 min	27,58	Bruno Peyron	Orange II	Catamaran
2001	4 j 17 h 28 min	25,28	Steve Fossett	PlayStation	Catamaran
1990	6 j 13 h 03 min	18,97	Serge Madec	Jet Service V	Catamaran
1988	7 j 06 h 32 min	17,07	Serge Madec	Jet Service V	Catamaran
1987	7 j 12 h 49 min	16,48	Philippe Poupon	Fleury Michon VIII	Trimaran
1986	7 j 21 h 05 min	15,76	Loïc Caradec	Royale 2	Catamaran
1984	8 j 16 h 36 min	14,29	Patrick Morvan	Jet Service 2	Catamaran
1981	9 j 10 h 06 min	13,18	Marc Pajot	Elf Aquitaine 1	Catamaran
1980	10 j 05 h 14 min	12,15	Éric Tabarly	Paul Ricard	Trimaran
1905	12 j 04 h 01 min	10,20	Charlie Barr	Atlantic	Goélette

1. Combien de temps en moins Pascal Bidégorry a-t-il mis par rapport au record précédent ?
2. Pourquoi peut-on dire que Franck Cammas a été deux fois plus rapide que Patrick Morvan ?

92 Anglais Moneymaking

RAISONNER • CALCULER D5

In England, the currency is made up of pounds (£) and pence (p), and there are eight coins in circulation: 1 p, 2 p, 5 p, 10 p, 20 p, 50 p, £1 (100 p) and £2 (200 p). It's possible to make £2 in the following way: $1 \times £1 + 1 \times 50p + 2 \times 20p + 1 \times 5p + 1 \times 2p + 3 \times 1p$.
Find ten different ways to make £2 using any number of coins.

93 Calculer avec un outil

CALCULER • MODÉLISER • REPRÉSENTER D5

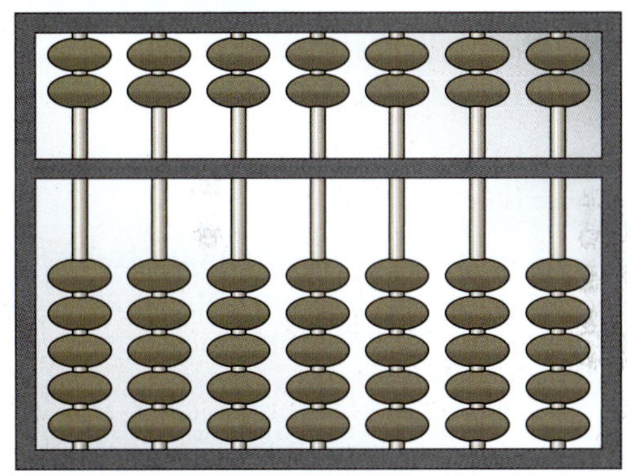

Un boulier chinois est composé d'axes verticaux sur lesquels coulissent des billes en bois. Deux règles permettent de comprendre son fonctionnement :
– chaque axe représente un chiffre.
De droite à gauche : le 1er axe donne le chiffre des unités, le 2e axe donne le chiffre des dizaines, le 3e donne le chiffre des centaines et ainsi de suite ;
– chacune des cinq billes de la partie inférieure vaut 1. Chacune des deux billes de la partie supérieure vaut 5.

1. Vérifier que ce boulier affiche le nombre 8 017.

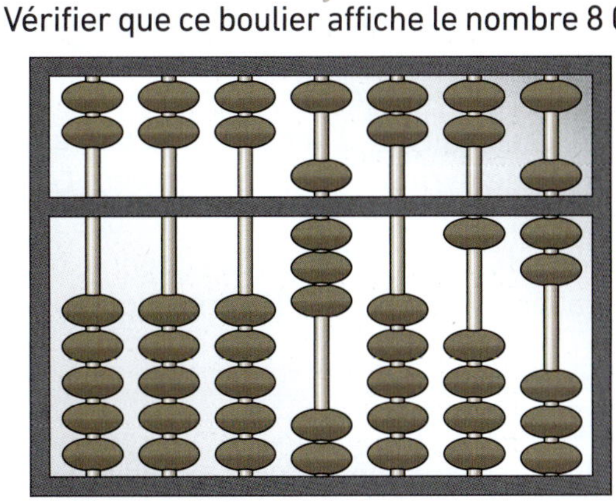

2. a. Dessiner un boulier qui présente le nombre 15 379.
b. Expliquer pourquoi il peut y avoir plusieurs bouliers différents représentant le nombre 15 379 et essayer de les dessiner tous.

94 Combinaison de chiffres

RAISONNER D1

Quelle est la bonne combinaison de quatre chiffres de ce cadenas ? Il faut savoir que :

- 3-4-7-6 a trois chiffres en commun avec la solution qui sont tous bien placés ;
- 3-5-6-8 a deux chiffres communs avec la solution, un bien placé et un mal placé ;
- 3-5-7-8 a deux chiffres communs avec la solution qui sont bien placés ;
- 9-6-4-3 a trois chiffres communs avec la solution qui sont tous mal placés.

D'après championnat de jeux mathématiques

95 Manipulation de numération

CALCULER • MODÉLISER D1 et 5

Jef est un célèbre égyptologue français. Il sait que les anciens Égyptiens utilisaient des hiéroglyphes pour écrire leurs nombres.

1. En étudiant les trois exemples donnés ci-dessous, aider Jef à retrouver la valeur de chacun des sept hiéroglyphes utilisés.

 = 1 302

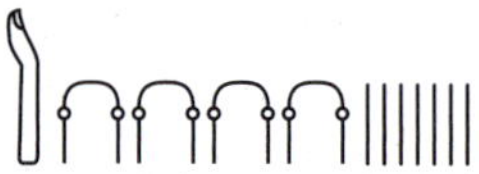 = 10 047

 = 2 311 021

2. Jef peut-il alors retrouver la valeur des nombres suivants ?

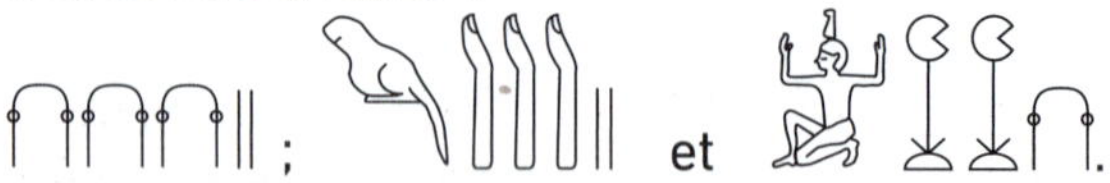

3. Aider Jef à écrire en hiéroglyphes les nombres de son rapport : « J'ai marché 426 m au sud de la grande pyramide, puis 527 m vers l'ouest. Il y a là un petit temple dont la construction a nécessité 1 234 000 pierres et dont le mur principal est décoré de 12 315 mosaïques. »

96 Dénombrement

CHERCHER • RAISONNER D1

Max et Lili font un concours de rapidité : à partir des chiffres 1, 2, 3 et 4, ils doivent écrire en deux minutes maximum différents nombres entiers ou décimaux à quatre chiffres utilisant chacun une fois et une seule ces quatre chiffres.

Combien de nombres différents Max et Lili peuvent-ils écrire ?

97 Astronomie

CHERCHER • REPRÉSENTER D4

La Grande Ourse est l'une des constellations les plus connues. On parle souvent de ses sept étoiles principales, faciles à trouver et formant une casserole. Mais il y a plus d'une centaine d'étoiles visibles à l'œil nu dans cette constellation.

Dans le cadre d'un escape game, Merieme doit trouver un mot de passe composé de la première lettre de chacune de ces sept étoiles classées dans l'ordre décroissant de leurs distances par rapport à la Terre.

Voici les distances entre ces étoiles et la Terre en année-lumière (distance parcourue par la lumière en un an) :

Nom de l'étoile	Distance de la Terre (en année-lumière)
DUBHE	105
MEGREZ	65
MERAK	80
PHECDA	90
ALIOTH	70
MIZAR	88
ALKAID	270

Quel est le mot de passe ?

98 Je fais ma story

Cette figure représente un cube constitué par un assemblage de huit « petits cubes » identiques.

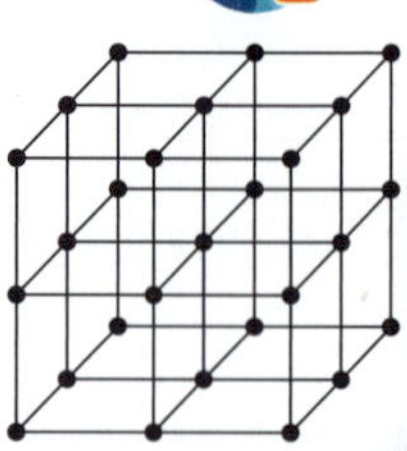

On réalise un assemblage du même type pour obtenir un « grand cube » constitué de 1 000 « petits cubes ».

On voudrait savoir combien il faudrait d'allumettes pour réaliser ce « grand cube ».

Chercher une solution à ce problème et préparer un scénario pour présenter, à l'oral ou dans une courte vidéo, la recherche et une proposition de réponse.

Jeux mathématiques

99 **Lili la sauterelle**

Lili la sauterelle se déplace alternativement en deux temps :

– 1er temps, elle se déplace en diagonale en sautant une case ;

– 2e temps, elle se déplace sur une case voisine horizontalement ou verticalement.

Lili est partie de la case n° 1 et on a déjà numéroté ses cases n° 2, 3 et 4.

Trouver un chemin à suivre par Lili si elle veut passer par toutes les cases jusqu'à la n° 16.

100 **Défi !**

Peux-tu écrire six nombres entiers positifs consécutifs dans les cases de telle sorte que chaque nombre écrit dans un carré soit la somme des deux nombres qui l'encadrent ?

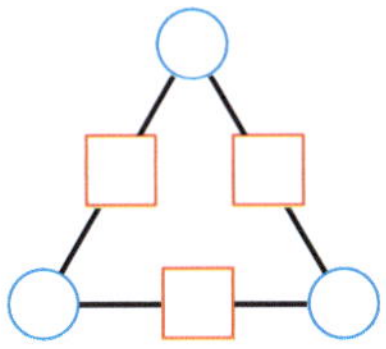

Énigme

101 On souhaite compléter la phrase encadrée avec des nombres écrits en toutes lettres de façon qu'elle soit vraie.

Attention ! *Vingt-deux* par exemple compterait pour deux mots et *trente-et-une* pour trois mots.

Cette phrase contient ...... mots et ...... lettres.

devoirs à la maison

102 **De plus en plus haut...**

Les gratte-ciel sont des immeubles de très grande taille (supérieure à 100 m de haut). Chercher des informations sur les 10 plus grands gratte-ciel du monde et les présenter dans l'ordre décroissant de leurs tailles.

103 **Box-Office**

Le terme Box-Office, emprunté de l'anglais, désigne le succès d'un film mesuré en nombre de spectateurs.

En France, le film *Titanic* (1997) est en tête du Box-Office : il a enregistré 21 771 380 entrées payantes.

Rechercher les 10 films en tête du Box-Office français et les présenter par un tableau et sous forme d'une frise chronologique des dates de sortie.

104 **Date palindrome**

La calculatrice de LEON-NOEL indique la date sous la forme de huit chiffres écrits à la suite les uns des autres : deux pour le jour, puis deux pour le mois, et enfin quatre pour l'année. Ainsi, le deux février 2020 s'affichera 02022020.

On dit que cette écriture est *palindrome* (elle se lit de la même façon que l'on parte de la gauche ou de la droite). La première date palindrome du millénaire actuel a été le dix février 2001 : 10022001. Quelle sera la dernière de ce millénaire ?

On écrira les huit chiffres affichés.

Le troisième millénaire va de l'année 2001 à l'année 3000.

D'après le championnat de jeux mathématiques

avec un logiciel

Pour faire ces activités, télécharge les fiches logiciel Géométrie et Tableur sur le site college.editions-bordas.fr.

1 Une table romaine

25′

Découvrir le tableur (premières formules) en construisant une table de conversion des chiffres romains.

Difficulté mathématique Difficulté technique

Dans une feuille de calcul d'un tableur, on souhaite construire une table de conversion des nombres entiers, compris entre 1 et 100, en chiffres romains, sans écrire tous ces nombres à la main.
Voici un extrait d'une table de ce type :

	A	B	C	D	E	F	G	H	I	J
1	1	2	3	4	5	6	7	8	9	10
2	I	II	III	IV	V	VI	VII	VIII	IX	X
3										
4	11	12	13	14	15	16	17	18	19	20
5	XI	XII	XIII	XIV	XV	XVI	XVII	XVIII	XIX	XX
6										
7	21	22	23	24	25	26	27	28	29	30
8	XXI	XXII	XXIII	XXIV	XXV	XXVI	XXVII	XXVIII	XXIX	XXX
9										
10	31	32	33	34	35	36	37	38	39	40
11	XXXI	XXXII	XXXIII	XXXIV	XXXV	XXXVI	XXXVII	XXXVIII	XXXIX	XL

A. Première étape : découverte d'une formule du tableur

Dans un tableur, on peut utiliser des **fonctions**.
Parmi elles, la fonction ROMAIN permet de convertir en chiffres romains un nombre entier écrit en chiffres arabes.

ROMAIN f(x) =ROMAIN(A1)

	A	B
1	254	
2	=ROMAIN(A1)	

1 Ouvrir une feuille de calcul d'un tableur, puis écrire dans la cellule **A1** le nombre entier de son choix.

2 Dans la cellule **A2**, écrire la formule =ROMAIN(A1).
Observer le résultat obtenu. Tableur 1

B. Deuxième étape : construction de la première ligne de la table de conversion

3 Ouvrir une nouvelle feuille de calcul dans le tableur et saisir sur la ligne **1** les nombres entiers de 1 à 10 (de la cellule **A1** à la cellule **J1**).

4 Dans la cellule **A2**, utiliser la fonction ROMAIN pour convertir le nombre de la cellule **A1** (nombre du dessus) en chiffres romains. Tableur 1

5 Recopier cette formule dans toutes les cellules **B2** à **J2**. Tableur 2

	A	B	C	D	E	F	G	H	I	J
1	1	2	3	4	5	6	7	8	9	10
2	I	II	III	IV	V	VI	VII	VIII	IX	X

C. Troisième étape : construction de la table de conversion complète

6 Sur la ligne **4**, on écrit tous les nombres entiers de 11 à 20.
Pour cela, on peut soit les saisir au clavier, mais c'est un peu long, soit utiliser une formule qui ajoute 10 aux cellules de la ligne **1** :
en **A4**, on peut écrire =A1+10 et recopier cette formule sur toute la ligne **4**. Tableur 2

7 Recopier la formule de la cellule **A2** (=ROMAIN(A1)) dans toutes les cellules de **A5** à **J5** pour convertir en chiffres romains les nombres entiers de 11 à 20. Tableur 2

8 Recommencer les deux dernières manipulations (questions **6.** et **7.**) pour les autres dizaines.
Tableur 2

2 Le nombre de départ

Utiliser le tableur (premières formules) pour chercher un nombre inconnu.

15' Difficulté mathématique Difficulté technique

A. Construction de la feuille de calcul

	A	B
1	10	départ
2	20	double
3	30	triple
4	5	moitié
5	65	somme

1 a. Ouvrir une feuille de calcul dans un tableur et écrire dans la cellule **A1** un nombre entier ou décimal de son choix.
b. Dans la cellule **A2**, on souhaite calculer le double du nombre saisi en **A1**. Écrire une formule permettant cela et observer le résultat obtenu. Tableur 1
c. Dans la cellule **A3**, on souhaite calculer le triple du nombre saisi en **A1**. Écrire une formule permettant cela et observer le résultat obtenu. Tableur 1
d. Dans la cellule **A4**, on souhaite calculer la moitié du nombre saisi en **A1**. Écrire une formule permettant cela et observer le résultat obtenu. Tableur 1
e. Dans la cellule **A5**, on souhaite calculer la somme des quatre nombres précédents. Écrire une formule permettant cela et observer le résultat obtenu. Tableur 1

B. Utilisation de la feuille de calcul

2 a. Si Alicia saisit le nombre 12 dans la cellule **A1**, quel nombre obtient-elle dans la cellule **A5** ?
b. Quel nombre Alicia doit-elle saisir en **A1** pour obtenir en **A5** le nombre 52 ? le nombre 110,5 ? le nombre 209,3 ? le nombre 296,01 ?

3 Le programme de calcul (ALGO)

Utiliser le logiciel de programmation Scratch pour afficher des nombres.

15' Difficulté mathématique Difficulté technique

Le programme ci-contre permet de dessiner un chiffre à la façon des horloges digitales.

1 De quel chiffre s'agit-il ?

2 Saisir ce programme dans Scratch et l'exécuter pour vérifier la réponse donnée à la question **1**..

3 Modifier ce programme de façon à obtenir le chiffre 9.

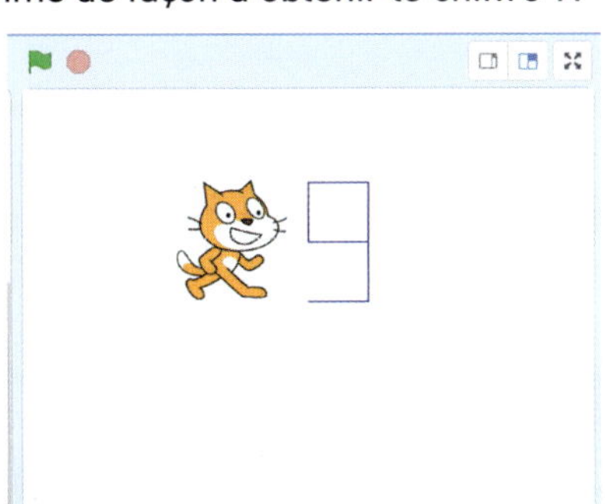

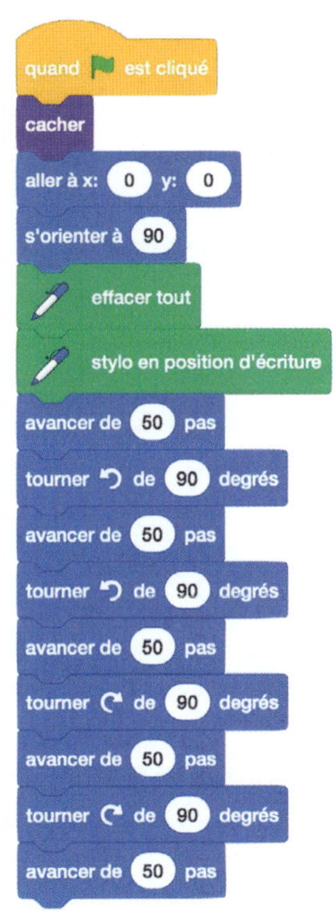

tâches complexes

1 Les nombres volants

Willy est contrôleur aérien. Il suit à distance le plan de vol de plusieurs avions. En parlant aux pilotes par radio (en anglais – langue internationale de l'aéronautique), il leur précise l'altitude (en pied) et la direction auxquelles ils sont autorisés à voler pour être en sécurité. Willy vient de confirmer les informations du plan de vol de l'avion SWR2GN.

▶ **À quelle altitude (en mètres) se déplace cet avion ?**

DOC 1 Capture du plan de vol

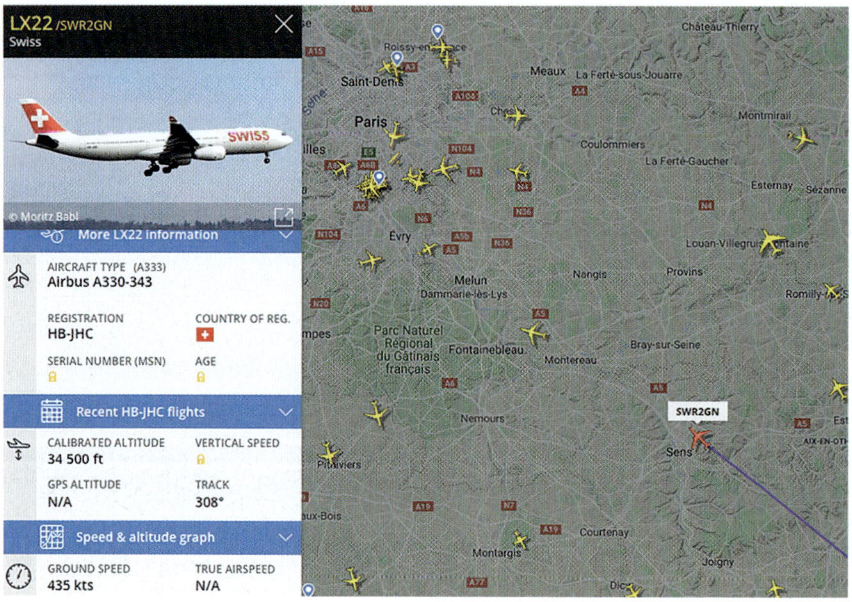

DOC 2 Carnet de vocabulaire de Willy

Terminologie technique	
Anglais	**Français**
Calibrated Altitude	Altitude
Track	Direction
Ground speed	Vitesse au sol

DOC 3 Tableau de conversion

Distances	
Pieds (ft)	**Mètres (m)**
31 000	9 449
32 000	9 754
33 000	10 058
34 000	10 363
35 000	10 668

2 Les problèmes DUDU

Les DUDU découvrent un artefact archéologique issu du peuple nashalien, de curieux nombres y sont écrits dans un langage peu courant…

▶ **Peux-tu aider les Dudu ?**

Voir la vidéo :
bordas.media/733775_006

Comment **adapter** une recette de cuisine américaine aux systèmes de **mesure** utilisés en France ?

Pour le savoir, rendez-vous en fin de chapitre

chapitre 2

QCM de révision
Avant de commencer ce chapitre, fais le point sur tes connaissances : bordas.media/733775_007

Addition – Soustraction – Multiplication

objectifs

1. J'additionne et soustrais avec des nombres entiers et des nombres décimaux
2. Je multiplie avec des nombres entiers et des nombres décimaux
3. Je connais les priorités opératoires
4. Je calcule avec des durées

EXEMPLES DE RÉUSSITE !
15 17 25 27 28
29 31 32 36 44
46 47 53 54 69
85 89 90 91

cherchons ensemble

Si tu ne comprends pas certains des mots utilisés ici, demande à ton enseignant ou consulte le *Dico des maths*, p. 12.

Activité 1 — Connaître et utiliser les propriétés de l'addition

OBJECTIF 1

Marina et Samira ont préparé des cookies pour les vendre pendant la fête de l'école. Mercredi, Marina en a fait 36 et Samira 28. Jeudi, Marina en a fait 24 et Samira 32.

1 **a.** Combien de cookies ont-elles fait mercredi ? Et jeudi ?
b. Combien en ont-elles fait au total ?

2 **a.** Combien de cookies Marina a-t-elle fait au total mercredi et jeudi ? Et Samira ?
b. Retrouver le nombre total de cookies et expliquer comment calculer facilement la somme 36 + 28 + 24 + 32.

Activité 2 — Multiplier par 10 ; 100 ; 1 000 et par 0,1 ; 0,01 ; 0,001

OBJECTIF 2

Simon participe à un jeu télévisé pour remporter une cagnotte dont le montant est de 25 € au début du jeu.
À chaque fois que Simon répond correctement à une question (✓), ce montant devient 10 fois plus grand ;
dans le cas contraire (✗), le montant devient 10 fois plus petit.

		Montant de la cagnotte en € :							
Au départ :						2	5,	0	0
1re question :	✓								
2e question :	✗								
3e question :	✗								
4e question :	✗								
5e question :	✓								
6e question :	✓								
7e question :	✓								
8e question :	✓								
9e question :	✗								
10e question :	✓								

1 Pendant le jeu, un affichage permet de voir évoluer le montant de la cagnotte après chaque réponse donnée.
a. Recopier et compléter cet affichage en écrivant les uns au-dessous des autres les montants successifs de la cagnotte.
b. Quel est le montant de la cagnotte à la fin du jeu ?

2  **a.** À l'aide de la calculatrice, donner la valeur des produits suivants :

370 × 0,1 — 370 × 0,01 — 370 × 0,001

15,6 × 0,1 — 15,6 × 0,01 — 15,6 × 0,001

b. D'après les résultats obtenus à la question précédente, recopier et compléter les phrases suivantes :
- Multiplier un nombre par 0,1 rend ce nombre ... fois plus ...
- Multiplier un nombre par 0,01 rend ce nombre ... fois plus ...
- Multiplier un nombre par 0,001 rend ce nombre ... fois plus ...

3 **a.** Recopier et compléter cette expression qui permet d'obtenir le montant final de la cagnotte remportée par Simon : 25 × 10 × ... × ... × ... × ... × ... × ... × ... × ... × ...
b. Expliquer comment calculer facilement ce produit.

Activité 3 — Multiplier deux nombres décimaux

OBJECTIF 2

1 **a.** Effectuer à la calculatrice les six multiplications suivantes :

145×237 | $14{,}5 \times 237$ | $145 \times 2{,}37$

$14{,}5 \times 23{,}7$ | $1{,}45 \times 23{,}7$ | $1{,}45 \times 2{,}37$

b. En observant les calculs et les résultats précédents, faire une conjecture sur la relation entre le nombre de décimales des deux facteurs d'un produit et le nombre de décimales du résultat.

2 Sans calculatrice, on peut obtenir le résultat de $14{,}5 \times 23{,}7$ de la façon suivante :
$14{,}5 \times 23{,}7 = (145 \times 0{,}1) \times (237 \times 0{,}1) = (145 \times 237) \times (0{,}1 \times 0{,}1) = 34\,365 \times 0{,}01 = 343{,}65$
Procéder de la même façon avec $1{,}45 \times 23{,}7$ et $1{,}45 \times 2{,}37$, puis vérifier que les résultats trouvés sont les mêmes que ceux obtenus en **1.a.**

3 La conjecture énoncée à la question **1.b.** s'applique-t-elle au calcul $3{,}5 \times 2{,}4 = 8{,}4$? Expliquer.

Activité 4 — Connaître les priorités opératoires

OBJECTIF 3

1 **a.** Calculer la valeur des expressions proposées ci-contre en utilisant la calculatrice.
b. Recopier ces expressions en y ajoutant des parenthèses pour indiquer les calculs que la calculatrice a effectués en premier.
c. Faire une remarque sur la nature des calculs mis entre parenthèses.

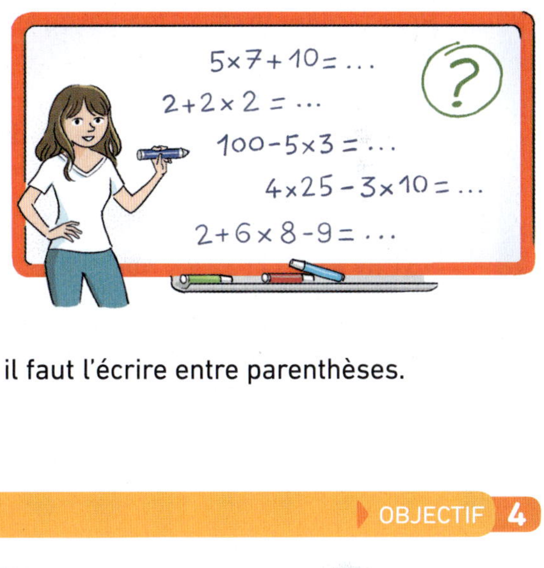

2 Recopier et compléter les phrases suivantes :
a. Lorsqu'il n'y a pas de parenthèses, on effectue en premier les **....**
b. Si on veut qu'une **...** ou une **...** soit prioritaire, il faut l'écrire entre parenthèses.

Activité 5 — Calculer avec des durées

OBJECTIF 4

Zoé, Liam, Natacha et Tom font du covoiturage pour aller de Clermont-Ferrand à Besançon. La durée du trajet est estimée par le GPS à 3 h 54 et ils partent à 9 h 48.

1 Que penser des méthodes utilisées par les voyageurs pour calculer l'heure d'arrivée ?

2 Finalement, il y avait beaucoup de circulation et le trajet a duré au final 4 h 33.
À quelle heure sont-ils arrivés ?

COURS

1 Additionner et soustraire avec des nombres entiers et des nombres décimaux

OBJECTIF 1

DÉFINITIONS • L'**addition** est l'opération qui consiste à calculer la **somme** de plusieurs nombres.
• La **soustraction** est l'opération qui consiste à calculer la **différence** de deux nombres.
• Les nombres que l'on additionne ou soustrait s'appellent les **termes** de la somme ou de la différence.

Exemples

Écriture de la somme de 12 et de 3 → $12 + 3 = 15$ ← Valeur de la somme de 12 et de 3

Termes de la somme ou de la différence

Écriture de la différence de 15 et de 3 → $15 - 3 = 12$ ← Valeur de la différence de 15 et de 3

PROPRIÉTÉ Si on **modifie l'ordre des termes** d'une somme ou si on **regroupe différemment les termes** d'une somme, alors on ne change pas la valeur de cette somme.

Propriété Admise

Exemple

$13 + 9 + 27 + 11$ a la même valeur que $9 + 13 + 27 + 11$ ou que $9 + 11 + 13 + 27$, etc.
Pour faciliter le calcul mental ou en ligne de sommes, on peut donc faire des regroupements astucieux : $13 + 9 + 27 + 11 = (9 + 11) + (13 + 27) = 20 + 40 = 60$.

DÉFINITION Un **ordre de grandeur** d'un calcul est le résultat obtenu en effectuant l'opération avec des valeurs approchées des nombres intervenant dans ce calcul.

Exemple

$151{,}89 \approx 150$ et $37{,}9 \approx 40$ donc $151{,}89 - 37{,}9 \approx 150 - 40 = 110$.
110 est un ordre de grandeur de la différence $151{,}89 - 37{,}9$.

Remarque : Un ordre de grandeur est utile pour prévoir ou vérifier le résultat d'une opération.

2 Multiplier avec des nombres entiers et des nombres décimaux

OBJECTIF 2

DÉFINITIONS • La **multiplication** est l'opération qui consiste à calculer le **produit** de plusieurs nombres.
• Les nombres que l'on multiplie s'appellent les **facteurs** du produit.

Exemple

Écriture du produit de 4 par 3 → $4 \times 3 = 12$ ← Valeur du produit de 4 par 3

Facteurs du produit

PROPRIÉTÉ Si on **modifie l'ordre des facteurs** d'un produit ou si on **regroupe différemment les facteurs** d'un produit, alors on ne change pas la valeur de ce produit.

Propriété Admise

Exemple

$5 \times 17 \times 3 \times 2$ a la même valeur que $17 \times 5 \times 3 \times 2$ ou que $17 \times 3 \times 5 \times 2$, etc.
Comme pour les sommes, on peut donc faciliter le calcul de produits en faisant des regroupements astucieux : $5 \times 17 \times 3 \times 2 = (5 \times 2) \times (17 \times 3) = 10 \times 51 = 510$.

PROPRIÉTÉS • Quand on **multiplie un nombre par 10 ; par 100 ; par 1 000...**, chaque chiffre de ce nombre prend une valeur **10 fois ; 100 fois ; 1 000 fois... plus grande**.
• Quand on **multiplie un nombre par 0,1 ; par 0,01 ; par 0,001...**, chaque chiffre de ce nombre prend une valeur **10 fois, 100 fois, 1 000 fois... plus petite**.

Démonstration Site compagnon

Exemples

	...	Centaines	Dizaines	Unités	Dixièmes	Centièmes	Millièmes	...
1. $4{,}5 \times 100 = 450$				4	5			
		4	5	0				
2. $4{,}5 \times 0{,}1 = 0{,}45$				4	5			
				0	4	5		

3 Connaître les priorités opératoires

OBJECTIF 3

CONVENTIONS • Dans une expression avec parenthèses, on commence par effectuer les calculs **entre parenthèses**.
• Dans une expression sans parenthèses, la **multiplication** est **prioritaire** sur l'addition et la soustraction.

Exemples

1. $(10 - 2) \times 3$
$= 8 \times 3$
$= 24$

2. $10 - 2 \times 3$
$= 10 - 6$
$= 4$

3. $10 \times 3 - 2 \times 3$
$= 30 - 6$
$= 24$

Remarque : Pour faciliter le calcul mental ou en ligne, il peut être utile d'utiliser la **propriété de la distributivité** de la multiplication sur l'addition et la soustraction :
$7 \times 13 = 7 \times (10 + 3) = 7 \times 10 + 7 \times 3 = 70 + 21 = 91$.
$18 \times 15 - 18 \times 5 = 18 \times (15 - 5) = 18 \times 10 = 180$.

4 Calculer avec des durées

OBJECTIF 4

DÉFINITIONS • 1 jour = 24 h • 1 h = 60 min • 1 min = 60 s

Pour calculer avec des durées, on peut **effectuer les calculs séparément** sur les jours, les heures, les minutes et les secondes **ou convertir toutes les durées dans la même unité**, puis effectuer les calculs.

Exemples

1. $3 \times (1$ h 42 min$) = 3 \times 1$ h $+ 3 \times 42$ min $= 3$ h $+ 126$ min $= 5$ h 06 min.
2. 10 min 34 s $+ 5$ min 45 s $= (10$ min $+ 5$ min$) + (34$ s $+ 45$ s$) = 15$ min $+ 79$ s $= 16$ min 19 s.
3. 3 h 13 min $- 1$ h 27 min $= 193$ min $- 87$ min $= 106$ min $= 1$ h 46 min.

objectif 1 J'additionne et soustrais avec

Je comprends

Voir les vidéos : bordas.media/733775_009

Déterminer un ordre de grandeur, puis calculer la valeur exacte en posant l'opération de :
a. la somme de 45,3 ; 821 et 370,96 ; **b.** la différence de 164,8 et 92,72.

Exercice résolu

a. On choisit, par exemple, 45,3 ≈ 40 ; 821 ≈ 800 et 370,96 ≈ 400 donc
45,3 + 821 + 370,96 ≈ 40 + 800 + 400 = 1 240.
Un ordre de grandeur de la somme de 45,3 ; 821 et 370,96 est 1 240.

	[1]		[1]			
		4	5	,	3	0
+	8	2	1	,	0	0
+	3	7	0	,	9	6
	1	2	3	7	,	2	6

45,3 + 821 + 370,96 = 1 237,26
La valeur exacte de la somme de 45,3 ; 821 et 370,96 est 1 237,26.

b. On choisit, par exemple, 164,8 ≈ 160 et 92,72 ≈ 90
donc 164,8 − 92,72 ≈ 160 − 90 = 70.
Un ordre de grandeur de la différence de 164,8 et 92,72 est 70.

	1	[1]6	4	,	8	[1]0
−	[1]	9	2	,	[1]7	2
		7	2	,	0	8

164,8 − 92,72 = 72,08.
La valeur exacte de la différence de 164,8 et 92,72 est 72,08.

Les résultats sont bien cohérents avec les ordres de grandeur trouvés.

Je m'échauffe

S'entraîner avec Aplusix : bordas.media/733775_010

1 QUESTIONS FLASH

Déterminer mentalement le nombre manquant :
a. 47 + 20 = ... + 23 **b.** 53 − 45 = 55 − ...
c. 28 + ... = 14 + 29 **d.** ... − 17 = 62 − 18

2 Déterminer mentalement le nombre manquant :
a. 12,7 + 99 + 0,3 = ...
b. 27 + 3,75 + 16,25 = ...
c. 34 + 25 + ... = 100
d. 0,75 + ... + 8,3 = 10

3 Quatre élèves ont posé des opérations mais aucun n'a effectué le calcul correctement.
Expliquer leurs erreurs.

Alma
```
    1
  140,92
+  78,4
  119,32
```

Pierre
```
   2,35
+  712
+  5,4
  14,87
```

Noah
```
  35,172
+ 10, 78
  35,250
```

Gaby
```
  234,70
−  17,14
  223,64
```

4 **1.** Quel est le chiffre des unités de 4,89 ? Celui de 67,4 ? Et celui de 756 ?
2. Poser et effectuer l'opération 4,89 + 67,4 + 756.

5 **1.** Quel est le chiffre des unités de 457,1 ? Et celui de 63,48 ?
2. Poser et effectuer l'opération 457,1 − 63,48.

6 Poser et effectuer les opérations suivantes :
a. 679 + 9,51 + 13,6 **b.** 1 990,8 + 7 890,7
c. 403,45 + 738,8 **d.** 9,32 + 1,245 + 13,7

7 Poser et effectuer les opérations suivantes :
a. 82,2 − 14,6 **b.** 760,9 − 237,26
c. 145 − 67,4 **d.** 24,1 − 17,034

8 Déterminer un ordre de grandeur des sommes et des différences suivantes :
a. 87,11 + 8 925,9 **b.** 1,25 + 9,3 + 13,45
c. 76 − 18,2 **d.** 450,7 − 184,67

9 Calculer sans poser les opérations :
a. 30,9 + 2,7 **b.** 9 − 6,3
c. 5,6 + 1,48 **d.** 47,5 − 29
e. 1,2 + 17,8 + 37,5 **f.** 124,9 − 13,89
g. 10,9 + 2,15 **h.** 500,7 − 250,8

Je m'entraîne 1

10 (4x) Calculer astucieusement les sommes suivantes en détaillant les étapes de calcul :
a. 13,7 + 38,6 + 111,3 **b.** 12,4 + 19,6 + 7,6 + 0,4
c. 0,88 + 2,56 + 3,12 **d.** 59,2 + 112,1 + 8 + 1,8

11 Recopier et compléter par le nombre qui convient :
a. 4,34 + ... = 10 **b.** 6,7 = 19 − ...
c. ... + 1,205 = 2 **d.** 11,2 = ... − 3,4
e. 6,2 + ... = 25,3 **f.** 79,9 = 87,1 − ...
g. ... + 10,12 = 21,2 **h.** 87 = ... − 123,45

12 **1.** Écrire les nombres suivants comme la somme de deux nombres décimaux non entiers :

54 81,3 120,1

2. Écrire les nombres suivants comme la somme de trois nombres décimaux non entiers :

1 200,5 13,2

3. Écrire les nombres suivants comme la différence de deux nombres décimaux non entiers :

238 49,2 7,9

13 Dans chacun des cas suivants, calculer la longueur du segment [AB].

a.
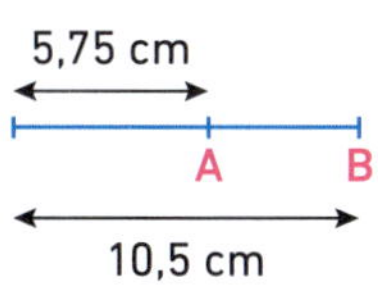

b.
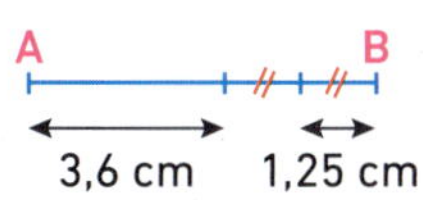

c.
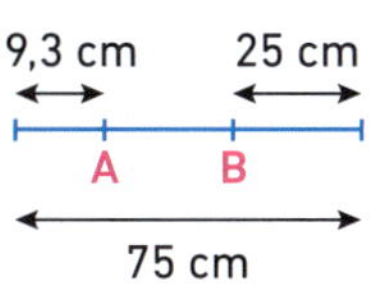

d.
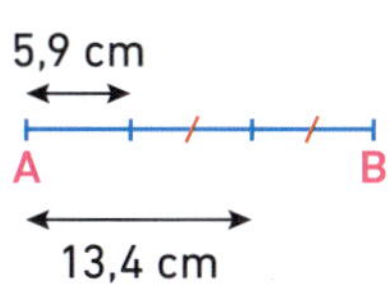

14 Déterminer le nombre manquant dans chaque égalité proposée.
Écrire le calcul effectué pour obtenir ce nombre.
a. ♠ − 55,8 = 127,6 **b.** 32,83 + ♥ = 77,2
c. 1 040 = ♦ + 89,89 **d.** 6,17 = 72,5 − ♣

Pense à vérifier tes résultats en remplaçant les valeurs trouvées dans les égalités de départ.

Je m'entraîne 2

15 **Les maths autour de moi**
En 2018, la Chine comptait un milliard trois cent quatre-vingt-quinze millions deux cent trois mille quatre cents habitants. C'était trente-neuf millions cinq cent quatre-vingt-un mille six cents de plus qu'en Inde.
Combien y avait-il d'habitants en Inde en 2018 ?

16 **Les maths autour de moi**
Après avoir utilisé 1 250 g de cerises pour faire de la confiture, Louis en a encore 3,9 kg.
Quelle masse de cerises avait Louis avant de faire sa confiture ?

17 **Les maths autour de moi**
Un vase pouvant contenir 2 L d'eau en contient 1,3 L.
Si on verse à nouveau 50 cl, l'eau débordera-t-elle ?

18 **TOP Chrono** 15 min

Parmi les cinq calculs ci-dessous, un seul a été effectué correctement :

5 037,2 + 845,8 = 6 883

317 − 69,3 = 147,7

18,4 − 9,01 = 27,41

42,7 + 77,59 = 120,29

129 + 33,5 + 86,61 = 228,31

1. En déterminant un ordre de grandeur de chacun des calculs proposés, retrouver celui qui est correct.
2. Calculer les valeurs exactes des quatre autres calculs.

objectif 2 Je multiplie avec des nombres

Je comprends

Voir la vidéo : bordas.media/733775_011

1. Déterminer un ordre de grandeur du produit de 56,2 par 0,17.
2. Poser et effectuer la multiplication $56{,}2 \times 0{,}17$.

Exercice résolu

1. On choisit, par exemple, $56{,}2 \approx 60$ et $0{,}17 \approx 0{,}2$.
$56{,}2 \times 0{,}17 \approx 60 \times 0{,}2 = 6 \times \mathbf{10} \times \mathbf{0{,}1} \times 2 = 12$.
Un ordre de grandeur du produit de 56,2 par 0,17 est 12.

2. **Étape 1.** On pose et on effectue l'opération 562×17 sans se soucier des virgules.
On obtient : $562 \times 17 = 9\,554$.

Étape 2. On place la virgule dans le résultat de manière à avoir autant de décimales dans le résultat que dans les deux facteurs réunis.

```
     5 6,2  ← 1 décimale
×    0,1 7  ← 2 décimales
   3 9 3 4
+  5 6 2 •
   9,5 5 4  ← 1 + 2 = 3 décimales
```

On obtient : $56{,}2 \times 0{,}17 = 9{,}554$.
La valeur exacte du produit de 56,2 par 0,17 est 9,554.

Je m'échauffe

S'entraîner avec Aplusix : bordas.media/733775_012

19 QUESTIONS FLASH

1. Calculer mentalement le double de :
a. 42 b. 37 c. 1,3 d. 5,6
2. Calculer mentalement le triple de :
a. 23 b. 14 c. 0,7 d. 1,8

20 Déterminer mentalement le nombre manquant :
a. $4 \times 13 = 2 \times ...$ b. $10 \times 7 = ... \times 14$
c. $3 \times ... = 12 \times 25$ d. $... \times 6 = 27 \times 2$

21 Les deux élèves qui ont effectué les calculs suivants n'ont pas trouvé les bons résultats. Expliquer leurs erreurs.

Arthur

```
    146
×    32
    292
+   438
    730
```

Isabella

```
     5,7
×    3,9
    51,3
+  171,0
   222,3
```

22 On sait que $43 \times 257 = 11\,051$.
Sans faire de calcul, donner les valeurs des produits suivants :
a. $4{,}3 \times 257$ b. $4{,}3 \times 2{,}57$ c. $43 \times 2{,}57$
d. 430×257 e. $4{,}3 \times 25{,}7$ f. $430 \times 2{,}57$

23 On sait que $102 \times 18 = 1\,836$.
Recopier et compléter les égalités suivantes sans faire de calcul :
a. $10{,}2 \times ... = 183{,}6$ b. $10{,}2 \times ... = 1{,}836$
c. $... \times 1{,}8 = 1{,}836$ d. $... \times 1{,}8 = 18\,360$

24 Calculer sans poser les opérations :
a. 6×7 b. $0{,}6 \times 7$ c. $0{,}6 \times 0{,}7$
d. 2×3 e. $2 \times 0{,}3$ f. $0{,}2 \times 0{,}3$
g. $1{,}2 \times 4$ h. $1{,}2 \times 0{,}4$ i. $0{,}12 \times 0{,}4$
j. $13 \times 0{,}5$ k. $1{,}3 \times 0{,}5$ l. $1{,}3 \times 5$

25 1. Déterminer un ordre de grandeur de chacun des produits suivants :
a. 23×97 b. 149×56
c. $9{,}8 \times 24{,}85$ d. $0{,}79 \times 8{,}5$
2. Poser et effectuer les multiplications pour obtenir les valeurs exactes des calculs précédents.

Pense à vérifier que les valeurs exactes sont cohérentes avec les ordres de grandeur trouvés à la question 1.

26 Recopier et compléter le tableau suivant :

Avec une opération	Avec des mots	En écriture décimale
560×10	560 dizaines	...
$... \times 100$	... ...	1 700
$421 \times 1\,000$	... ...	...
$... \times ...$	... dix milliers	90 000
$... \times ...$	3,5 milliers	...

27 Calculer :
a. $7{,}5 \times 10$ b. $1{,}2 \times 100$
c. $6{,}44 \times 1\,000$ d. $5{,}8792 \times 10$
e. $0{,}125 \times 100$ f. $0{,}03 \times 1\,000$

Je m'entraîne 1

28 Recopier et compléter le tableau suivant :

Avec une opération	Avec des mots	En écriture décimale
780 × 0,1	... dixièmes	...
... × ...	25 ...	0,25
... × ...	40 centièmes	...
17 × 0,1	... ...	...
... × ...	... ...	0,019

29 4x **1.** Calculer :
a. $8 \times 0,1$ **b.** $36 \times 0,1$
c. $7 \times 0,01$ **d.** $91 \times 0,01$
e. $5 \times 0,001$ **f.** $24 \times 0,001$
2. Calculer :
a. $14,3 \times 0,1$ **b.** $2\,600 \times 0,001$
c. $2,5 \times 0,01$ **d.** $3,5 \times 0,001$
e. $0,8 \times 0,1$ **f.** $0,9 \times 0,01$

30 **QCM**
Pour chaque multiplication, le résultat exact est l'une des propositions ⓐ, ⓑ ou ⓒ.
Sans effectuer la multiplication, trouver la bonne réponse et expliquer ce choix.

	ⓐ	ⓑ	ⓒ
23 × 0,51	1,173	11,73	117,3
1,84 × 1,7	3,124	3,128	3,131
0,9 × 984	885,6	885,9	1082,6
9,3 × 7,2	66,6	66,69	66,96

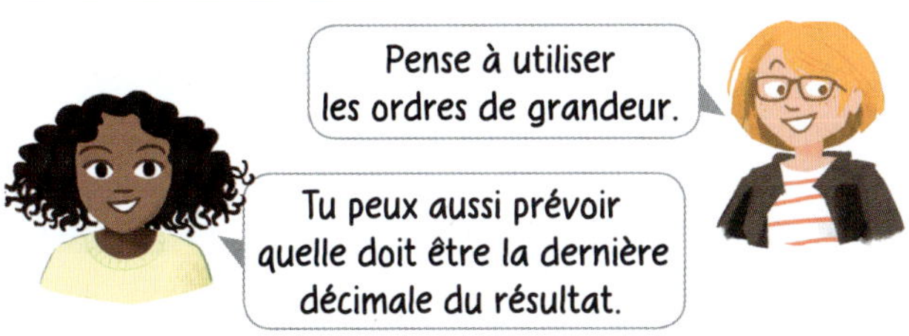

31 4x Calculer les produits suivants en regroupant astucieusement les facteurs :
a. $25 \times 3,5679 \times 4$ **b.** $13 \times 0,5 \times 4 \times 2$
c. $0,2 \times 4,8 \times 5$ **d.** $6,7 \times 25 \times 4 \times 0,1$

32 Recopier et compléter par le nombre qui convient :
a. 4 × ... = 8 **b.** 8 × ... = 4
c. 10 = ... × 2,5 **d.** 1,5 = 3 × ...
e. 7 × ... = 2,1 **f.** ... × 0,5 = 0,35
g. 1 = 2 × ... **h.** 1 = 0,2 × ...

33 **1.** Écrire les nombres suivants comme le produit de deux nombres : 45 23 1,5
2. Écrire les nombres suivants comme le produit de trois nombres : 18 84 6,3

Je m'entraîne 2

34 **Les maths autour de moi**
À la cantine, il y a 7 rangées de 4 tables de 6 places chacune.
1. Combien y a-t-il de tables ?
2. Combien y a-t-il de places assises ?

35 **Les maths autour de moi**
Joséphine achète 3 kg de pommes à 1,45 € le kg et 1,72 kg d'oranges à 2,25 € le kg.
1. Quel est le prix des pommes ?
2. Quel est le prix des oranges ?
3. Quel est le montant total des achats de Joséphine ?

36 **Les maths autour de moi**
Selon l'Insee, la Guadeloupe possède une superficie de 1 703 km^2 et une densité de population, en 2011, de 238 habitants par km^2.
Quel était le nombre d'habitants en Guadeloupe en 2011 ?

37 4x **TOP Chrono** 10 min

Sans calculatrice, calculer les produits suivants, puis vérifier qu'en rangeant les résultats dans l'ordre croissant, on trouve la prochaine destination de vacances de Téo.

I = 87 × 0,1 X = 0,3 × 30
M = 0,2 × 0,4 A = 2,3 × 3,5 O = 1,4 × 0,5
R = 87 × 0,01 L = 0,09 × 10

objectif 3 Je connais les priorités

Je comprends

Voir la vidéo : bordas.media/733775_013

Calculer : **a.** $3 \times 8 + 2 \times 4$ **b.** $100 - 5 \times (3 + 8)$

Exercice résolu

a. $3 \times 8 + 2 \times 4$
$= 24 + 8$
$= 32.$

Lorsqu'il n'y a pas de parenthèses, on calcule d'abord les multiplications.

b. $100 - 5 \times (3 + 8)$
$= 100 - 5 \times 11$
$= 100 - 55$
$= 45.$

Lorsqu'il y a des parenthèses, on effectue d'abord les calculs entre parenthèses.

Je m'échauffe

S'entraîner avec Aplusix : bordas.media/733775_014

38 QUESTIONS FLASH

Calculer mentalement :
a. 42×101 **b.** 60×11 **c.** $514 \times 1\,001$
d. $5{,}7 \times 101$ **e.** 308×11 **f.** $1{,}5 \times 1\,003$

39 Calculer mentalement :
a. 45×99 **b.** 78×9 **c.** 30×999
d. 25×98 **e.** 12×39 **f.** 55×998

40 Déterminer mentalement le nombre manquant :
a. $(5 + ...) \times 2 = 30$ **b.** $250 = 300 - 10 \times ...$
c. $5 + ... \times 2 = 30$ **d.** $130 = 10 \times (15 - ...)$

41 **1.** Pour chaque expression, dire si les parenthèses sont utiles ou non. Justifier.
a. $2 \times (5 + 7)$ **b.** $(2 \times 5) + 7$
c. $2 + (5 \times 7)$ **d.** $(2 + 5) \times 7$
e. $2 \times (5 \times 7)$ **f.** $(2 \times 5) \times 7$
2. Calculer la valeur des expressions précédentes.

42 Calculer la valeur des expressions suivantes en détaillant les étapes de calcul :
a. $12 + 3 \times 5$ **b.** $(10 - 1) \times (10 + 1)$
c. $25 \times (4 + 4 \times 4)$ **d.** $(8 + 5) \times 3 - 2$

43 Calculer la valeur des expressions suivantes en détaillant les étapes de calcul :
a. $2{,}1 \times 100 - 27$ **b.** $9{,}5 + 0{,}5 \times (15 - 2)$
c. $(1{,}2 + 1 + 0{,}8) \times 3{,}5$ **d.** $100 \times 7 - 7 \times 0{,}1$

44 Arthur calcule mentalement $3 + 4 \times 8$ et trouve 35. Alice utilise une calculatrice et trouve 56.

D'où vient cette différence entre les deux résultats ?

45 Recopier les égalités, puis ajouter, si besoin, des parenthèses pour que ces égalités soient vraies :

$2 + 3 \times 0{,}1 = 0{,}5$ $50 - 10 + 2 = 38$
$3 + 3 \times 3 + 3 = 15$ $3 + 3 \times 3 + 3 = 36$
$8 = 18 - 2 \times 5$ $80 = 18 - 2 \times 5$

46 Pour calculer 3×28, Hakim procède de la façon suivante :

$3 \times 28 = 3 \times (20 + 8)$
$= 3 \times 20 + 3 \times 8$
$= 60 + 24$
$= 84$

On aurait aussi pu faire :
$3 \times 28 = 3 \times (30 - 2)$
$= 3 \times 30 - 3 \times 2$
$= 90 - 6$
$= 84.$

En utilisant la méthode d'Hakim, effectuer les calculs suivants en les détaillant :
a. 4×17 **b.** 32×19
c. 41×5 **d.** 32×11

47 Pour calculer $7 \times 56 - 7 \times 6$, Sidonie procède de la façon suivante :

$7 \times 56 - 7 \times 6 = 7 \times (56 - 6)$
$= 7 \times 50$
$= 350$

En utilisant la méthode de Sidonie, effectuer en les détaillant les calculs suivants :
a. $13 \times 7 + 13 \times 3$ **b.** $4 \times 111 - 4 \times 6$
c. $8 \times 25 - 25 \times 2$ **d.** $0{,}1 \times 39 + 0{,}1 \times 12$

Je m'entraîne 1

48 Trouver l'intrus parmi ces expressions. Expliquer.

- $2 \times 5 + 2 \times 3 + 2 \times 7$
- $2 \times (5 + 3) + 2 \times 7$
- $(5 + 3 + 7) \times 2$
- $2 \times (5 \times 3 \times 7)$
- $2 \times 8 + 2 \times 7$
- $10 + 6 + 14$

49 Les lettres a, b et c représentent des nombres dans les expressions suivantes :
- $a + b \times c$
- $(a - c) \times b$
- $a + b \times (c - b)$

1. Calculer la valeur de chaque expression lorsque $a = 15$; $b = 3$ et $c = 11$.
2. Calculer la valeur de chaque expression lorsque $a = 3{,}7$; $b = 0{,}1$ et $c = 2{,}6$.

50 **1.** Recopier et compléter les suites de calculs suivantes :

a. $5 \xrightarrow{+2} \dots \xrightarrow{\times 3} \dots \xrightarrow{-1} \dots$

b. $7 \xrightarrow{\times 5} \dots \xrightarrow{-10} \dots \xrightarrow{\times 4} \dots$

2. Traduire chaque suite de calculs précédente par un calcul en ligne écrit sous la forme d'une seule expression numérique sans parenthèses inutiles.

51 **1.** Traduire chacun des programmes de calculs suivants par une expression numérique sans parenthèses inutiles :
a. J'ajoute le double de 4,7 à 10.
b. Je soustrais 1,2 à 3,3 ; puis je multiplie le résultat par 4.
c. Je soustrais le triple de 6,1 à 20.
d. J'additionne 3,5 et 10 ; puis je calcule le triple du résultat.
2. Calculer les expressions écrites à la question **1**.

52 Dans la feuille de calcul d'un tableur, on peut lire :

	A	B	C
1	5	3	34
2			

Parmi les formules suivantes, quelles sont celles qui ont pu être saisies dans la cellule **C1** ?

- =2*A1+3*(A1+B1)
- =(A1-B1)*(A1+B1)
- =100-8*(A1+B1)
- =10+A1*B1+B1*B1

Je m'entraîne 2

53 **1.** Écrire un calcul en ligne donnant le périmètre du rectangle ci-contre.
2. Effectuer le calcul écrit précédemment.

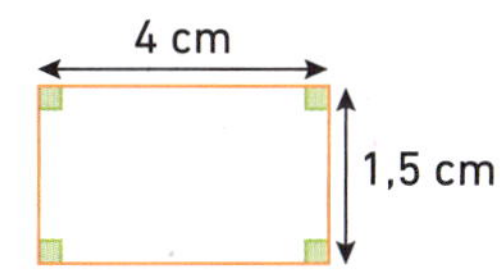

54 **Les maths autour de moi**

Paolo achète dans un magasin un DVD à 7,50 € et trois CD à 4,90 € l'unité.
1. Écrire un calcul en ligne donnant la somme que Paolo doit payer.
2. Effectuer le calcul écrit précédemment.

55 La figure suivante est composée de rectangles ; les longueurs sont exprimées en mètres.

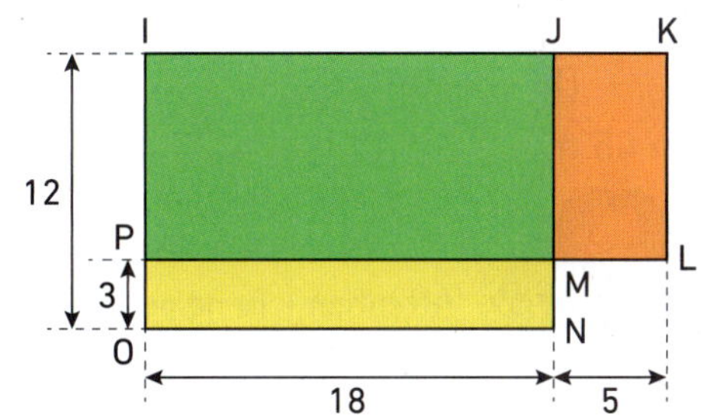

Associer chaque expression à une grandeur :

Expressions	Grandeurs
A. $12 - 3$	**1.** Périmètre de IJMP
B. $18 + 5$	**2.** Périmètre de IJNO
C. $(12 - 3) \times 5$	**3.** Périmètre de PMNO
D. $2 \times (12 + 18)$	**4.** Longueur de [IK]
E. $3 \times 2 + 18 \times 2$	**5.** Longueur de [IP]
F. $(12 - 3) \times (18 + 5)$	**6.** Aire de IKLP
G. $18 \times 2 + 2 \times (12 - 3)$	**7.** Aire de JKLM

56 **TOP Chrono** 10 min

Pour chaque cas, écrire une expression numérique permettant de calculer la longueur du segment [RS], puis calculer cette longueur.

a.

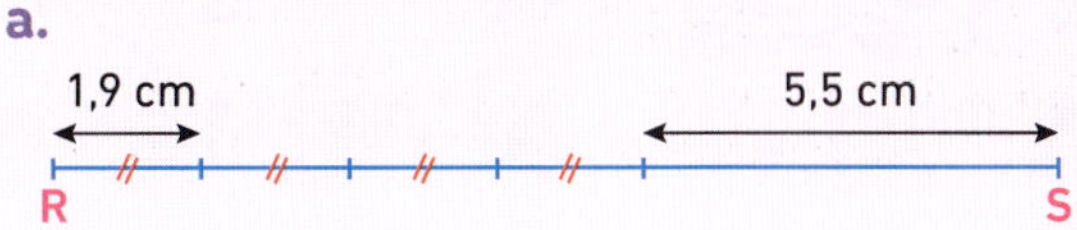

b.

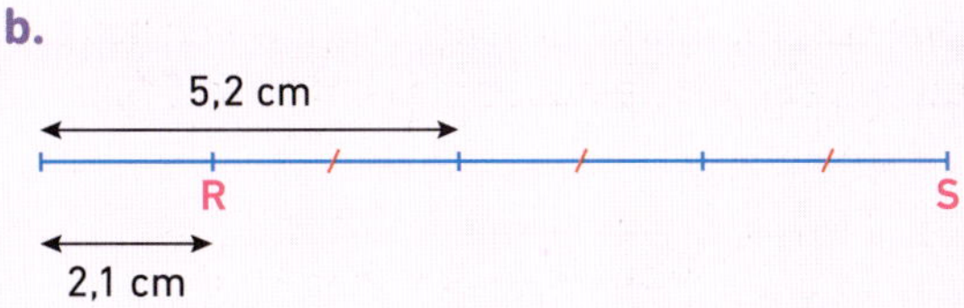

Je comprends

Voir la vidéo : bordas.media/733775_015

Calculer : **a.** 20 h 45 min + 2 h 29 min **b.** 22 h 37 min − 20 h 50 min

Exercice résolu

a. Étape 1. On effectue les calculs sur les heures d'une part et sur les minutes d'autre part :

20 h	45 min
+ 2 h	+ 29 min
22 h	74 min

Étape 2. On convertit le résultat obtenu si besoin :

22 h 74 min = 22 h + 60 min + 14 min
= 23 h 14 min

Étape 3. On conclut :

20 h 45 min + 2 h 29 min = 23 h 14 min.

b. Étape 1. Comme 50 min > 37 min, on transforme 22 h 37 min de la façon suivante :

22 h 37 min = 22 h − 1 h + 60 min + 37 min
= 21 h 97 min

Étape 2. Maintenant comme 50 min < 97 min, on peut effectuer les calculs, séparément sur les heures et sur les minutes :

21 h	97 min
− 20 h	− 50 min
1 h	47 min

Étape 3. On conclut :

22 h 37 min − 20 h 50 min = 1 h 47 min.

Attention ! Tu ne peux pas utiliser de retenues entre les minutes et les heures. Il n'y a pas 100 minutes dans une heure mais 60 !

Je m'échauffe

57 QUESTIONS FLASH

Combien y a-t-il de minutes dans :

a. 3 h ? **b.** 7 h ? **c.** 15 h ?
d. 120 s ? **e.** 300 s ? **f.** 480 s ?

58 Combien y a-t-il de secondes dans :

a. 4 min ? **b.** 9 min ? **c.** 12 min ?
d. 1 h ? **e.** 2 h ? **f.** 10 h ?

59 **1.** Convertir en minutes :

a. 1 h 42 min **b.** 5 h 34 min
c. 2 h 17 min **d.** 8 h 38 min

2. Convertir en secondes :

a. 20 min **b.** 10 min 49 s
c. 11 min 12 s **d.** 1 h 1 min 1 s

60 Recopier et compléter les égalités suivantes :

a. 2 h 73 min = 3 h ... min
b. 10 h 108 min = 11 h ... min
c. 2 h 41 min = 1 h ... min
d. 4 h 27 min = 3 h ... min

61 Déterminer des ordres de grandeur des calculs suivants :

a. 1 h 35 min + 2 h 27 min
b. 12 min + 3 h 03 min + 1 h 49 min
c. 3 h 07 min − 2 h 11 min
d. 5 h 32 min − 2 h 58 min
e. 2 × (1 h 56 min)
f. (2 h 19 min) × 3

62 Calculer les sommes suivantes :

a. 2 h 15 min + 3 h 22 min
b. 1 h 28 min + 47 min
c. 55 min + 1 h 07 min + 1 h 23 min

63 Calculer les différences suivantes :

a. 17 h 41 min − 15 h 33 min
b. 20 h 20 min − 2 h 27 min
c. 5 h 13 min − 3 h 48 min

64 Calculer les produits suivants :

a. 3 × (2 h 12 min)
b. 5 × 39 min
c. 2 × (1 h 56 min)

Je m'entraîne 1

65 Recopier et compléter les égalités suivantes :
a. $2 \times (1\text{ h }12\text{ min}) = 2\text{ h} \dots \text{ min}$
b. $(\dots \text{ min} \dots \text{ s}) \times 5 = 5\text{ min }55\text{ s}$
c. $\dots \text{ jours }12\text{ h} = (2\text{ jours} \dots \text{ h}) \times 4$
d. $\dots \text{ h} \dots \text{ min} = 3 \times (5\text{ h }15\text{ min})$

66 Dans chaque cas, calculer la durée correspondant au point d'interrogation :

a.
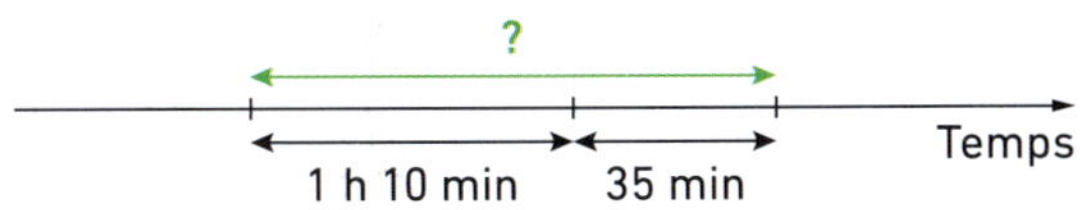

b.
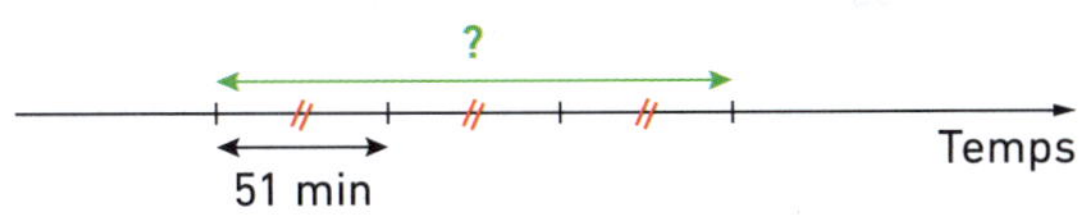

c.

67 Dans chaque cas, déterminer l'horaire correspondant au point d'interrogation :

a.
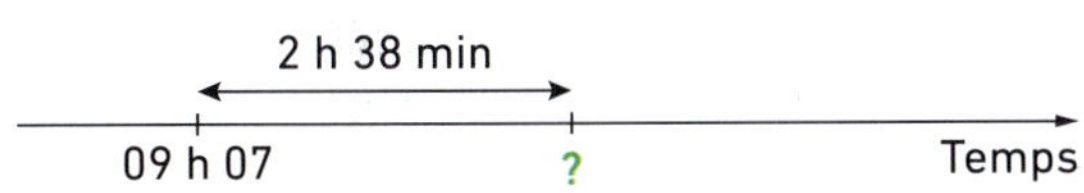

b.
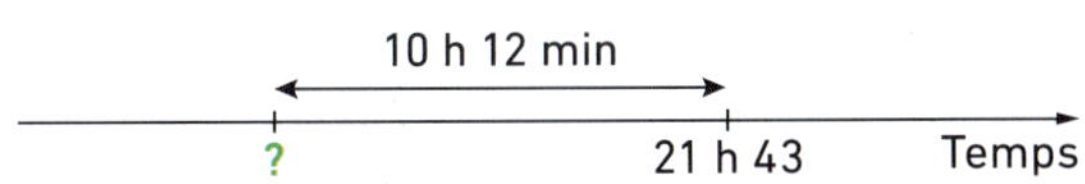

68 Voici un extrait du programme d'un festival de cirque, certaines informations ne sont pas lisibles :

On peut schématiser les informations sur le spectacle des équilibristes de la façon suivante :

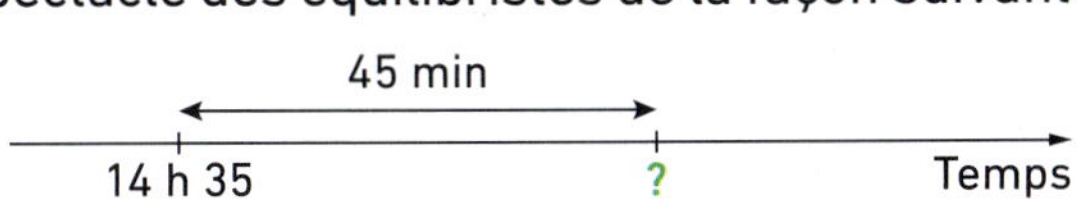

1. Représenter de la même façon, sur deux schémas distincts, les informations concernant les deux autres spectacles.
2. Déterminer les trois informations illisibles du programme.

Je m'entraîne 2

69 **Les maths autour de moi**
Sohan et sa famille sont partis à 8 h 50 de leur domicile. Ils sont arrivés à 20 h 15 sur leur lieu de vacances.
Combien de temps a duré leur voyage ?

70 Dans chaque cas, déterminer la durée manquante :
a. 2 h 29 min + ... = 5 h 17 min
b. 17 h 40 min − ... = 3 h 22 min
c. 24 h = ... + 18 h 34 min
d. 1 h 51 min = ... − 2 h 12 min

71 Associer chaque durée en heures et minutes (colonne de gauche) à la durée en heure décimale (colonne de droite) qui lui est égale :

En heures et minutes	En heure décimale
a. 1 h 15 min	1. 1,15 h
b. 1 h 45 min	2. 1,25 h
c. 1 h 30 min	3. 1,45 h
d. 75 min	4. 1,5 h
e. 90 min	5. 1,75 h

Attention, toutes les durées en heure décimale ne sont pas utilisées et certaines sont utilisées plusieurs fois !

72 **TOP Chrono** 10 min

Sam et Tom se sont donné rendez-vous au Parc de la Tête d'Or à Lyon.
Sam habite à 45 min du parc, il appelle Tom au moment où il part de chez lui, soit à exactement 14 h 53.
Tom habite à 17 min du parc.
À quelle heure Tom doit-il partir de chez lui pour arriver en même temps que Sam ?
Pour répondre à cette question, recopier et compléter le schéma suivant avec les durées et les horaires qui conviennent.
Écrire tous les calculs effectués.

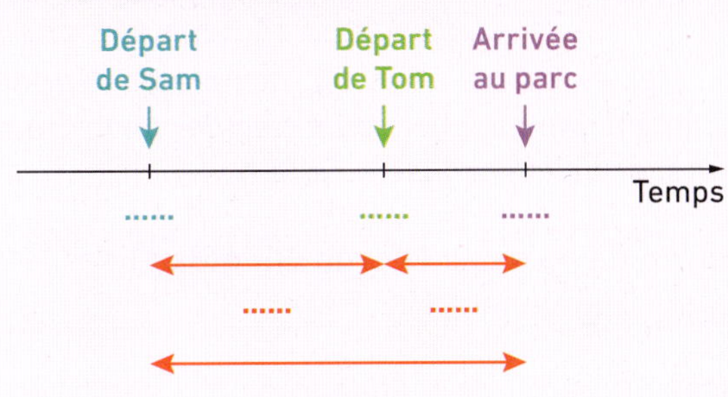

je travaille seul(e)

ou en Accompagnement personnalisé

Je fais le point sur mon cours

QCM de révision
Retrouve un autre QCM interactif : bordas.media/733775_016

		A	B	C
73	Le nombre manquant dans l'égalité 56,1 – ... = 24,8 est :	31,3	80,9	32,7
74	0,01 × 53 est égal à :	5,3	0,1 × 5,3	0,053
75	L'ordre de grandeur le plus proche de la valeur du produit 3,14 × 0,81 est :	2,4	3	3,9
76	Dans le calcul 55 – 6 × (1 + 3 × 11), la première opération à effectuer est :	55 – 6	1 + 3	3 × 11
77	Il est 15 h 10 min. Il y a 2 h 30 min, il était :	12 h 40 min	13 h 20 min	13 h 40 min

Je fais le point sur mes objectifs

S'entraîner avec Aplusix : bordas.media/733775_017

OBJECTIF 1

J'additionne et soustrais avec des nombres entiers et des nombres décimaux

78 1. Déterminer un ordre de grandeur de chacun des calculs suivants :

a. 23,9 + 158,37 b. 45 – 12,63
c. 1 098,05 + 745,96 d. 167,36 – 49,4

2. Poser et effectuer les opérations pour obtenir les valeurs exactes de ces calculs.
Vérifier que celles-ci sont proches des ordres de grandeur trouvés à la question 1.

79 Calculer astucieusement :

a. 17,5 + 34 + 2,5 + 16
b. 0,3 + 12,9 + 8 + 27,7
c. 22,8 + 3,75 + 0,25 + 114

80 Déterminer les nombres manquants :

a. 17 + ... = 63 b. 83 – ... = 56
c. ... – 26 = 27 d. ... + 8,35 = 13

Pour les exercices 81 à 84, compléter l'énoncé en posant une question, puis calculer un ordre de grandeur de la réponse à cette question.

81 263,9 L d'eau d'une citerne ont été utilisés.
Il reste maintenant 158,7 L.

82 Lucas prépare une grande fête pour ses 18 ans. Il a envoyé 152 invitations, il attend encore la réponse de 19 personnes.

83 Il manque 20,80 € à Samuel pour acheter un manteau à 95 €.

84 J'ai deux échelles. L'échelle en bois mesure 49 cm de moins que l'échelle métallique.
La hauteur de l'échelle en bois est 3,82 m.

OBJECTIF 2

Je multiplie avec des nombres entiers et des nombres décimaux

85 1. Déterminer un ordre de grandeur de chacun des calculs suivants :

a. 3,77 × 9 b. 12,5 × 6,8
c. 0,48 × 23 d. 18,56 × 7,9

2. Poser et effectuer les opérations pour obtenir les valeurs exactes de ces calculs.
Vérifier que celles-ci sont proches des ordres de grandeur trouvés à la question 1.

86 Calculer :

a. 10 × 0,5 b. 5 101 × 0,01
c. 7,2 × 100 d. 0,1 × 8,9
e. 1 000 × 7,37 f. 6,4 × 0,001
g. 100 × 0,0382 h. 0,33 × 0,1

87 Calculer :

a. 1,3 × 3 b. 9 × 0,8 c 0,4 × 0,6
d. 1,4 × 3 e. 1,1 × 0,2 f. 340 × 0,2
g. 0,7 × 0,5 h. 0,5 × 30 i. 2,6 × 0,5

88 /4x Calculer astucieusement les produits suivants :
a. $2{,}5 \times 0{,}24 \times 3 \times 4$
b. $0{,}2 \times 42 \times 5 \times 0{,}5$
c. $0{,}06 \times 0{,}003 \times 100 \times 1\ 000$

89 Sans effectuer la multiplication, trouver le résultat du calcul $9{,}52 \times 51{,}3$ parmi les propositions suivantes :

488,76 — 48,376 — 488,375 — 488,376 — 488 376

Justifier la réponse.

90 Sachant que $685 \times 26 = 17\ 810$, résoudre chacun des problèmes suivants :

P1 Le CDI achète 26 revues à 6,85 € l'une. Combien vont coûter les revues ?

P2 Hier, Monsieur Pic, apiculteur, a rempli 26 pots de miel de 685 g chacun.
Quelle quantité de miel l'apiculteur a-t-il mise en pots hier ?

P3 Élise achète 2,6 kg de fraises à 6,85 € le kg. Combien va-t-elle payer les fraises ?

91

OBJECTIF 3
Je connais les priorités opératoires

92 /4x Déterminer un ordre de grandeur des calculs suivants :
a. $2{,}9 \times 9{,}2 + 3{,}8$
b. $199 + 51 \times 5$
c. $9{,}9 \times (6{,}7 + 109)$
d. $23{,}2 - 0{,}1 \times (25 + 47)$

93 /4x Calculer la valeur des expressions suivantes :
a. $12 - (6 + 3)$
b. $(1 + 4) \times 8 - 6$
c. $7 + 3 \times 4$
d. $25 + 15 \times 5 + 4$
e. $6 \times 3 - 14$
f. $(6 + 3 \times 4) \times (8 - 2)$

94 Recopier, puis associer les expressions égales :

$20 \times (17 + 3)$ •	• $400 - 20$
$(20 - 1) \times 20$ •	• 20×10
$20 \times 13 - 20 \times 3$ •	• 20×20
$20 \times 20 + 10 \times 20$ •	• 30×20

95 Éli achète une veste à 24,99 €, trois t-shirts à 4,55 € l'unité et deux pulls à 12,99 € l'unité.
Écrire un calcul en ligne donnant le montant total des achats d'Éli.

96 Raphaël a 10 kg de pommes. Il fait deux tartes avec 450 g de pommes chacune et de la compote avec 3 kg de pommes.
Écrire un calcul en ligne donnant la masse de pommes qu'il lui reste.

97 Traduire chaque programme de calculs par une expression numérique sans parenthèses inutiles :
a. le triple de 6,5 ajouté au double de 7 ;
b. le triple du résultat de 4 soustrait à 17 ;
c. le double du nombre 5,5 soustrait à 15 ;
d. 100 fois plus que le résultat de 0,2 ajouté à 0,95.

OBJECTIF 4
Je calcule avec des durées

98 Recopier et compléter ces égalités :
a. 4 h = ... min
b. 3 jours = ... h
c. 420 min = ... h
d. 180 s = ... min
e. 1 jour = ... min
f. 10 h = ... s

99 Effectuer les calculs suivants :
a. 4 h 18 min + 49 min + 1 h 42 min
b. 5 h 29 min + 2 h 38 min
c. 15 h − 13 h 23 min
d. 12 h 08 min − 4 h 37 min
e. 4 × (1 h 25 min)
f. (12 min 7 s) × 5

100 1. Pour chacune des situations, calculer un ordre de grandeur du résultat.

S1 Le train de Léo est parti à 7 h 41, son arrivée est prévue à 10 h 13.
Quelle est la durée du trajet ?

S2 La saison 1 d'une série comporte 8 épisodes de 57 min chacun.
Quelle est la durée totale de la saison ?

S3 Joseph habite à 18 min du cinéma.
À quelle heure doit-il partir s'il veut arriver pour la séance de 19 h 55 ?

2. Calculer les valeurs exactes des réponses précédentes, puis les comparer aux ordres de grandeur trouvés.

Je résous des problèmes

OBJECTIF 1

J'additionne et soustrais avec des nombres entiers et des nombres décimaux

101 Pyramide de nombres

Recopier, puis compléter la pyramide suivante sachant que chaque nombre est obtenu en additionnant les deux nombres qui sont écrits au-dessous.

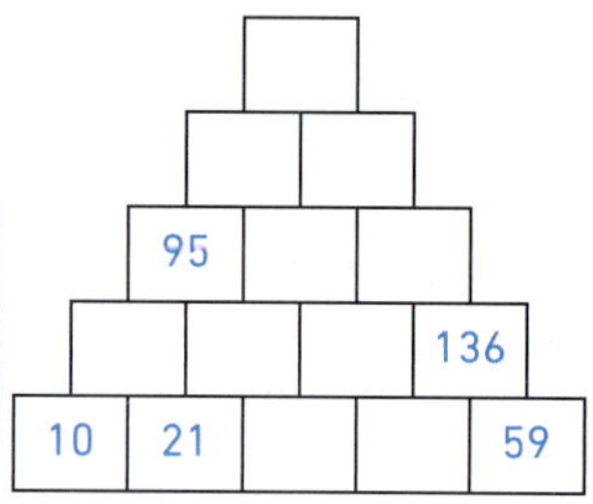

102 Des graduations un peu particulières

Déterminer les abscisses des points M et N.

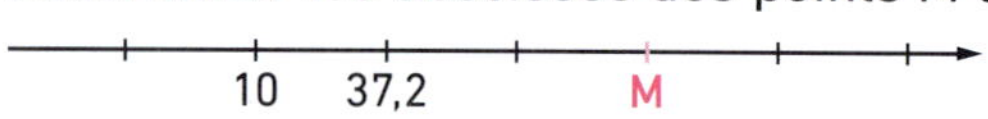

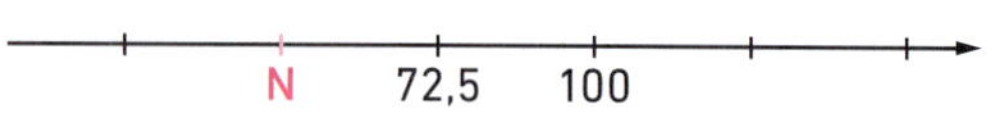

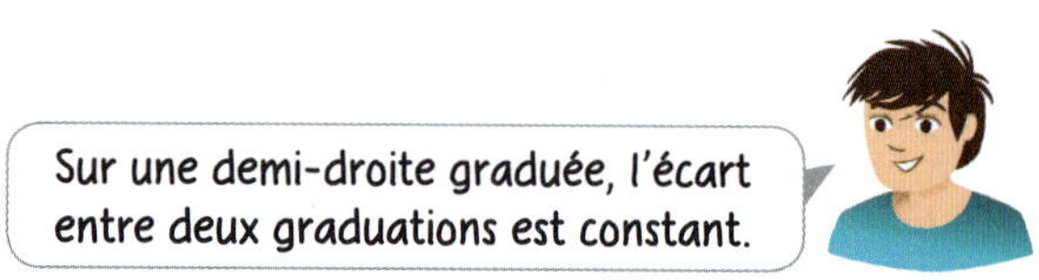

103 Histoire-Géographie Démographie

En 2019, il y avait 1,369 milliard d'habitants en Inde, ce qui correspondait à 66 millions d'habitants de moins que la Chine ; les États-Unis, eux, comptaient 1,04 milliard d'habitants de moins que l'Inde.

Quel était le nombre d'habitants des trois pays les plus peuplés du monde en 2019 ?

OBJECTIF 2

Je multiplie avec des nombres entiers et des nombres décimaux

104 Pour bien commencer la journée

Kylian boit 25 cL de jus de fruits tous les matins. Son jus préféré coûte 2,19 € le litre.

1. Combien de litres de jus boit Kylian en un an ?
2. Combien dépense-t-il en jus de fruits en un an ?

105 Les maths autour de moi

Voici les dimensions en mètres des terrains de football et de futsal :

	Longueur	Largeur
Football	105	68
Futsal	38	18

1. Quelle est l'aire de chaque terrain en mètres carrés ?
2. Est-il vrai qu'un terrain de football a une aire environ 10 fois plus grande que celle d'un terrain de futsal ?

106 Un carré magique

Recopier la grille ci-contre, puis compléter les cases vides pour que les produits des lignes et des colonnes soient égaux aux nombres indiqués.

6	7		→ 21
5			→ 40
		8	→ 8
↓ 3	↓ 280	↓ 8	

OBJECTIF 3

Je connais les priorités opératoires

107 SVT Le plein d'énergie

Le calcul 2 100 − (450 + 750 × 2) permet de répondre à l'énoncé d'un exercice.

Recopier et compléter cet énoncé :

> Le petit-déjeuner de Sybille lui apporte ... kcal ; son déjeuner et son dîner ... kcal chacun.
> Quel doit être l'apport de son goûter pour satisfaire ses besoins calorifiques qui s'élèvent à ... kcal par jour ?

108 L'écologie autour de moi

Chaque mois, Léon consomme trois pleins de 60 L d'essence chacun. À partir du mois prochain, il va covoiturer pour se rendre sur son lieu de travail ce qui lui permettra d'économiser 2,3 L d'essence par aller simple.

1. Sans effectuer aucun calcul, écrire des expressions numériques permettant de calculer la consommation mensuelle d'essence en litre de Léon s'il covoiture :

a. 4 fois b. 10 fois c. 15 fois.

2. Calculer la valeur de ces expressions.

3. Combien de fois Léon doit-il covoiturer s'il veut consommer moins de 120 L d'essence par mois ?

OBJECTIF 4

Je calcule avec des durées

109 Les maths autour de moi

Un match de football est composé de deux périodes de 45 min, entrecoupées par une pause de 15 min.

1. Lors du dernier match d'Émile, les deux périodes ont été augmentées respectivement de 3 et 4 min à cause des arrêts de jeu.
Quelle a été la durée totale de la rencontre du coup d'envoi à la fin du match ?

2. À quelle heure a commencé ce match si la fin a été sifflée à 16 h 08 min ?

110 Un horaire bien précis

Quel horaire correspond au point d'interrogation sur le schéma ?

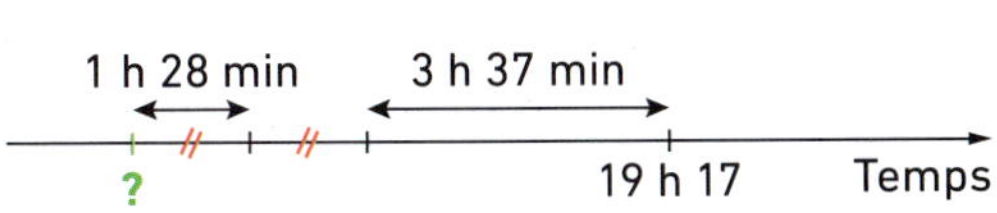

MULTI OBJECTIFS

111 Trois fois plus ou trois de plus ?

En 2019, Sasha avait 11 ans. Arthur était trois fois plus âgé que lui et avait trois ans de plus qu'Anna.

1. Quel était l'âge d'Arthur en 2019 ?
Quelle est son année de naissance ?

2. Quel était l'âge d'Anna en 2019 ?
Quelle est son année de naissance ?

112 Suites logiques

1. Recopier et ajouter cinq valeurs à la suite logique de nombres suivante :
$100 \rightarrow 119 \rightarrow 138 \rightarrow ... \rightarrow ... \rightarrow ... \rightarrow ... \rightarrow ...$
Quel est le 100e nombre de cette suite ?

2. Recopier et ajouter cinq valeurs à la suite logique de nombres suivante :
$800 \rightarrow 789 \rightarrow 778 \rightarrow ... \rightarrow ... \rightarrow ... \rightarrow ... \rightarrow ...$
Quel est le 50e nombre de cette suite ?

113 Quelques pieds de ruban

Célia a ramené une bobine de ruban de Londres, d'une longueur totale de 30 pieds.
Elle veut coudre ce ruban autour de la nappe représentée ci-dessous :

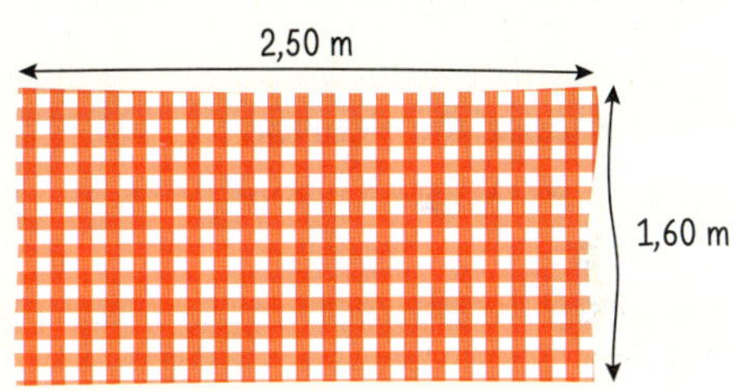

1. Sachant qu'un pied mesure 30,48 centimètres, quelle est la longueur totale de la bobine de ruban en centimètre ?

2. Célia aura-t-elle suffisamment de ruban ?

114 Les maths autour de moi

Julie part de Rennes en voiture à 8 h 43 du matin et se dirige vers Bordeaux situé à 462 km de là. Elle parcourt en moyenne 1,65 km toutes les minutes et prévoit de faire une pause de 30 minutes toutes les deux heures.

1. Répondre aux questions suivantes par des ordres de grandeur :

a. Quelle distance parcourt-elle en une heure ? En deux heures ? En trois heures ?

b. Combien de temps doit-elle rouler pour parcourir les 462 km (sans compter les pauses) ?

c. Combien de pauses fera-t-elle ?

d. À quelle heure arrivera-t-elle ?

2. Reprendre les questions précédentes et y répondre par les valeurs exactes.

je développe mes compétences

RAISONNER · REPRÉSENTER · COMMUNIQUER · CALCULER · CHERCHER · MODÉLISER

J'apprends à CHERCHER

J'OBSERVE

115 Trois cartons contiennent chacun 32 boîtes de conserve identiques.
Chacune des boîtes pèse 145 g.

Dans cet énoncé, lister « ce que l'on connaît » d'une part et « ce que l'on peut calculer » d'autre part.

EXERCICE RÉSOLU

Trois cartons contiennent chacun 32 boîtes de conserve identiques.
Chacune des boîtes pèse 145 g.

On connaît :
- le nombre de cartons (3) ;
- le nombre de boîtes de conserve par carton (32) ;
- la masse d'une boîte de conserve (145 g).

On peut calculer :
- le nombre total de boîtes de conserve ;
- la masse d'un carton ;
- la masse des trois cartons.

JE ME LANCE

116 Un camion transporte 100 palettes. Chaque palette contient 10 packs de 6 bouteilles d'eau minérale de 1,5 L chacune.

Dans cet énoncé, lister « ce que l'on connaît » d'une part et « ce que l'on peut calculer » d'autre part.

117 Un verger est planté de 12 rangées de 25 pommiers. Chaque pommier permet de récolter en moyenne 50 kg de pommes. Le propriétaire du verger place ses pommes dans des cagettes. Chaque cagette peut contenir 100 pommes. Un kilogramme de pommes représente en moyenne 8 pommes.

Dans cet énoncé, lister « ce que l'on connaît » d'une part et « ce que l'on peut calculer » d'autre part.

J'apprends à REPRÉSENTER

J'OBSERVE

118 André a compté les fleurs d'un bouquet. Il y a 20 fleurs dont 10 sont rouges ; 4 des 7 tulipes du bouquet sont rouges.
Présenter ces données dans un tableau à double entrée, puis compléter ce tableau.

Sources : CRPE

EXERCICE RÉSOLU

Les deux caractéristiques de classement des fleurs sont :
- leur **type** : tulipe ou non ;
- leur **couleur** : rouge ou non.

Type / Couleur	Tulipe	Autres types	Total
Rouge	4	6	10
Autres couleurs	3	7	10
Total	7	13	20

Pour compléter le tableau, on utilise les données de l'énoncé.

JE ME LANCE

119 Dans sa bibliothèque, Amalia a 35 livres, dont 20 en français, le reste en anglais ; 17 sont des romans, les autres sont des bandes dessinées. Elle remarque qu'elle a autant de bandes dessinées en français qu'en anglais.
Présenter ces données dans un tableau à double entrée, puis compléter ce tableau.

120 Dans un collège, tous les élèves de 6e et de 5e doivent participer à un club pour collaborer autour d'un projet artistique, littéraire ou scientifique.
- En 6e, il y a 117 élèves ; 52 ont choisi « arts », 29 « lettres » et les autres « sciences ».
- En 5e, 37 élèves ont choisi « arts » et 35 élèves « lettres ».
- Dans les deux niveaux, 77 élèves au total ont choisi « sciences ».

Présenter ces données dans un tableau à double entrée, puis compléter ce tableau.

j'utilise mes compétences

121 Quelque part sur la D25

MODÉLISER • REPRÉSENTER D1, 4 et 5

Sur la départementale 25, on trouve les panneaux ci-dessous :

Recopier le tableau suivant, puis compléter les cases en indiquant les distances en km via la D25 entre chaque couple de villes :

	Attigny	Semuy	Le Chesne
Montgon			
Le Chesne			
Semuy			

122 De nombreux voisins

MODÉLISER • COMMUNIQUER D1 et 4

Un immeuble a 15 étages dont 8 avec 7 appartements chacun. Les autres étages ont 5 appartements chacun.
Combien y a-t-il d'appartements au total dans cet immeuble ?

123 EPS Le saut

MODÉLISER • REPRÉSENTER D1, 4 et 5

Lors d'une séance de sauts en longueur, Noah a sauté 27 cm de moins que Sophia et 13 cm de moins que Léonie.
Sophia a fait un saut de 1 m 43 de longueur.
Quelle est la longueur du saut de Léonie ? Expliquer.

124 Les soldes

CHERCHER • CALCULER D1, 4 et 5

Manon a attendu les soldes pour acheter trois T-shirts, deux pulls, un pantalon et une veste. Elle espérait ainsi économiser au moins 50 €. Est-ce le cas ?

125 Le bus n° 18

MODÉLISER • REPRÉSENTER D1, 4 et 5

Ali commence son entraînement à 18 h 10 : il court quatre sessions de 10 min avec une pause de 3 min entre chaque session.
Il a ensuite besoin de 15 min pour prendre une douche et se changer.
À quelle heure Ali pourra-t-il prendre le bus au plus tôt ?

126 1, 2, 3 partez !

MODÉLISER • REPRÉSENTER • CALCULER D1, 4 et 5

Éléonore est partie à 9 h 45 et a mis deux fois plus de temps qu'Anita pour parcourir les 42,195 km d'un marathon.
Anita est partie à 9 h 36 et est arrivée à 13 h 29.
À quelle heure Éléonore a-t-elle franchi la ligne d'arrivée ?

127 Les combinaisons

MODÉLISER • RAISONNER • COMMUNIQUER D1 et 4

- Travis a un cadenas dont le code est une combinaison d'une lettre parmi A, B, C, D et d'un chiffre parmi 1, 2, 3, 4, 5, 6, 7.
- Nelly a un cadenas dont le code est une combinaison d'une lettre parmi A, B, C ; d'un chiffre parmi 1, 2, 3, 4 et d'un symbole parmi ♦ et •.

Quel cadenas a le plus grand nombre de combinaisons ? Expliquer.

128 Stationnement payant

CHERCHER • CALCULER D1, 4 et 5

Elie arrive à 22 h 39 dans un parking et repart à 00 h 27.
Combien va-t-il payer ?

> Tarif de jour : 0,80 € pour 15 min.
> Tarif de nuit : 0,20 € pour 15 min.
> Tout quart d'heure commencé est dû.
> (Tarif de jour entre 7 h et 19 h)

129 Une épargne grandissante

MODÉLISER • REPRÉSENTER • COMMUNIQUER D1 et 4

La première semaine de janvier, Claire met 5 € dans sa tirelire ; puis, chaque semaine, elle met 3 € de plus que la semaine précédente.
Combien aura-t-elle dans sa tirelire après 8 semaines ?

130 Un nouveau parquet ?

MODÉLISER • CALCULER D1, 3 et 4

Le salon de François a une forme rectangulaire de longueur 5,90 m et de largeur 5,20 m.

Il veut rénover le sol et mettre un parquet coûtant 28,75 € le m^2.
Il dispose pour cela d'un budget de 800 €.
Peut-il envisager cette rénovation ?

131 Un calcul particulier

CHERCHER • RAISONNER • CALCULER D1 et 4

1. Calculer les expressions suivantes :

$1 + 2 \times 3 + 2$	$4 + 5 \times 6 + 2$
$2 + 3 \times 4 + 2$	$5 + 6 \times 7 + 2$
$3 + 4 \times 5 + 2$	$6 + 7 \times 8 + 2$

2. Faire une remarque sur les résultats obtenus, puis conjecturer une méthode permettant d'obtenir mentalement le résultat de $18 + 19 \times 20 + 2$.

3. Quelle expression sur le même modèle que celles de la question **1** a pour résultat 900 ?

132 Quel désordre !

CHERCHER • RAISONNER • COMMUNIQUER D1, 3 et 4

1. En utilisant la calculatrice, ranger dans l'ordre croissant les deux nombres donnés et leur produit :

a. 16,12 ; 2,7 et $16{,}12 \times 2{,}7$;

b. 0,99 ; 5,1 et $0{,}99 \times 5{,}1$;

c. 0,12 ; 0,672 et $0{,}12 \times 0{,}672$.

2. Expliquer comment obtenir ce classement sans effectuer de calcul.
Détailler le raisonnement utilisé.

133 Le plus grand produit possible

CHERCHER • RAISONNER • COMMUNIQUER D1, 2, 3 et 4

1. En utilisant quatre chiffres différents, écrire deux nombres à deux chiffres chacun, puis calculer le produit de ces deux nombres.

2. Comparer le résultat avec le produit obtenu par un camarade, puis essayer en groupe d'obtenir le plus grand produit possible. Expliquer.

134 $1 + 2 + 3 + ... + 100$

REPRÉSENTER • RAISONNER • COMMUNIQUER D1 et 4

1. Dans la figure ci-contre, combien y a-t-il de cases au total ? de cases vertes ? de cases rouges ?

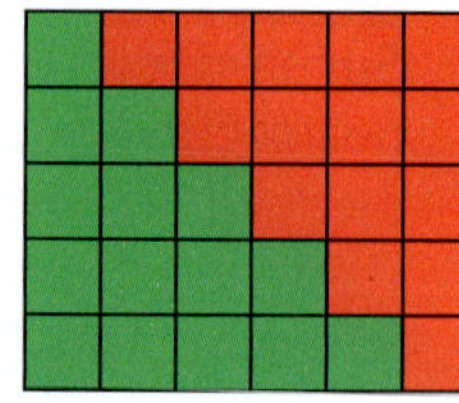

2. Grâce au schéma précédent, Rosalie calcule la somme $1 + 2 + 3 + 4 + 5$ sans effectuer d'addition. Expliquer quelle est sa méthode.

3. En utilisant la même méthode, calculer la somme des 100 premiers nombres entiers.

135 Anglais And the tallest is...

MODÉLISER • CALCULER D1 et 4

Jeff is 6 feet and 4 inches tall;
Nicolas is 1,88 m tall.
Who is the tallest?

1 pied correspond à 12 pouces et 1 pouce à 2,54 cm.

136 Je fais ma story

Il existe différentes techniques de calcul posé de la multiplication.
La grille suivante correspond à une technique appelée « multiplication par jalousies », elle est utilisée encore aujourd'hui en Turquie.
Voici le calcul du produit 38×27 :

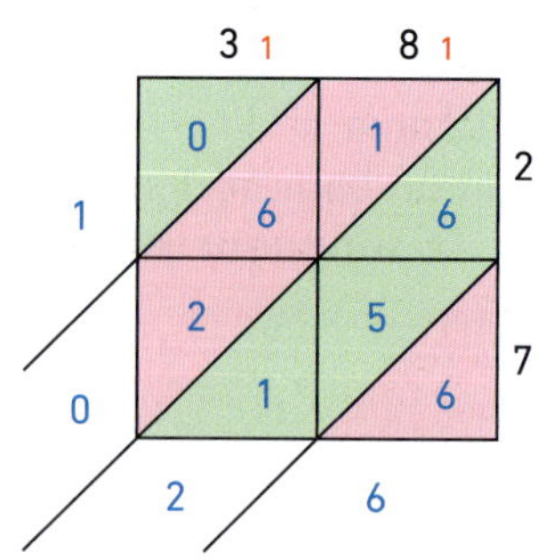

1. Poser et effectuer le calcul du produit de 38 et 27 avec la méthode classique.

2. Dans la technique « par jalousies », où est écrit le résultat de la multiplication ?
Comment est-il obtenu ?
À quoi correspondent les nombres écrits en rouge ?

3. Effectuer une autre multiplication grâce à cette technique et la présenter oralement à la classe ou dans une courte vidéo.
Prendre soin d'utiliser le vocabulaire approprié (produit, facteur, somme, etc.).

Jeux mathématiques

137 Hasard et stratégie

Ce jeu se joue à au moins deux joueurs. Chaque joueur doit recopier cette grille :

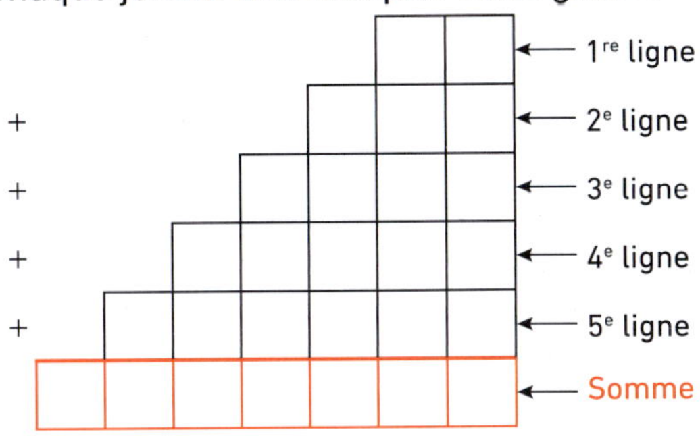

Chacun leur tour, les joueurs lancent un dé à six faces (ou font une simulation grâce à leur calculatrice). À chaque lancer, tous les joueurs écrivent le résultat obtenu dans l'une des cases en commençant par remplir la 1re ligne, puis la 2e et ainsi de suite.
Attention, on ne peut passer à la ligne suivante que lorsque la précédente est entièrement remplie !
Lorsque la 5e ligne est remplie, chaque joueur calcule la somme des cinq nombres obtenus. Le gagnant est celui qui a obtenu la plus grande somme.

138 Défi !

Recopie la grille suivante, puis partage-la en cinq parties telles que :
– chaque partie soit un bloc composé de cinq cases comme le bloc vert donné ;
– le produit des cinq nombres de chaque partie soit le même.

2	3	7	0,3	2
0,7	10	0,01	0,1	0,01
10	1,4	1 000	0,1	10
2	7	12	10	2,1
3	0,1	0,5	100	0,001

Énigme

139 Le produit de deux nombres entiers est 60. Si on augmente chacun de ces nombres de 5, le produit augmente de 110.
Quels sont les nombres de départ ?

devoirs à la maison

140 Les maths et son vocabulaire

On considère les mots suivants : *somme, différence, terme, produit, facteur, priorité* et *parenthèse.*
Pour chacun de ces mots :
a. écrire au moins deux définitions différentes (on peut, pour cela, utiliser Internet ou un dictionnaire) ;
b. écrire une phrase qui utilise ce mot dans un contexte différent de celui des mathématiques ;
c. dire quelles similitudes ou différences on remarque entre le sens illustré dans la phrase et le sens mathématique du mot.

141 Histoire personnelle

1. Recopier le tableau suivant et demander à une personne qui n'est pas dans la classe de le remplir :

Un prénom :	Une unité (m, kg, €, heure et min, ...) :	Un personnage historique ou contemporain : ....
Un nombre décimal :	Un titre de livre/chanson/film :	Un lieu : ....
Un nombre entier :	Un objet :	Un nombre décimal : ....

2. Inventer une histoire utilisant obligatoirement les neuf éléments du tableau.
Y poser au moins une question à laquelle on peut répondre grâce à des calculs.

3. Sur une feuille :
– coller le tableau complété ;
– écrire proprement l'histoire en ajoutant un titre et une illustration ;
– rédiger une réponse détaillée à la ou aux questions posées.

avec un logiciel

Pour faire ces activités, télécharge les fiches logiciel Géométrie et Tableur sur le site college.editions-bordas.fr.

1 Sommes de suites de nombres

30'

Utiliser un tableur pour obtenir une liste de nombres et pour calculer leur somme.

Difficulté mathématique — Difficulté technique

1 a. Dans une feuille de calcul, écrire le nombre 1 dans la cellule **A1**.
b. Dans la cellule **A2**, saisir une formule permettant d'obtenir l'entier suivant celui écrit dans la cellule **A1**. Tableur 1
c. Recopier cette formule dans les cellules **A3** à **A10** afin d'obtenir la liste des nombres entiers de 1 à 10. Tableur 2
d. Dans la cellule **A11**, écrire une formule permettant de calculer cette somme :

$$1 + 2 + 3 + 4 + 5 + 6 + 7 + 8 + 9 + 10$$ Tableur 6

	A
1	1
2	2
3	3
4	4
5	5
6	6
7	7
8	8
9	9
10	10

2 Faire les modifications nécessaires pour obtenir, dans la cellule **A11**, la valeur de la somme : $2 + 4 + 6 + 8 + 10 + 12 + 14 + 16 + 18 + 20$.

3 Faire de nouvelles modifications pour obtenir, dans la cellule **A11**, la valeur de la somme : $0{,}1 + 0{,}2 + 0{,}3 + 0{,}4 + 0{,}5 + 0{,}6 + 0{,}7 + 0{,}8 + 0{,}9 + 1$.

4 Quelle suite de 10 nombres, sur le modèle des précédentes, a une somme égale à 550 ? une somme égale à 220 ? une somme égale à 16,5 ?

2 De drôles d'animaux de compagnie

45'

Utiliser un tableur pour résoudre un problème en testant des valeurs.

Difficulté mathématique — Difficulté technique

Sur la planète Cyclope, les animaux de compagnie sont soit des trichats à trois pattes, soit des pentachiens à cinq pattes. Ces animaux ont tous une seule tête. Dans un refuge pour animaux, on compte au total 41 têtes et 159 pattes.
Combien y a-t-il de trichats et de pentachiens ?

A. Quelques essais sur papier

Sur une feuille de papier, recopier et compléter le tableau suivant :

Nombre de trichats	Nombre de pentachiens (calcul et résultat)	Nombre de pattes (calcul et résultat)	Bonne réponse ? (oui ou non)
10	$41 - 10 = 31$	$10 \times 3 + 31 \times 5 = 185$	non
20			
30			

B. De multiples essais avec un tableur

1 a. Dans une feuille de calcul, écrire « nombre de trichats », « nombre de pentachiens », « nombre de pattes » dans les cellules **A1**, **B1** et **C1**.
b. Dans la cellule **A2**, écrire le nombre 10.

	A	B	C
1	nombre de trichats	nombre de pentachiens	nombre de pattes
2	10		
3			

c. Dans la cellule **B2**, écrire une formule donnant le nombre de pentachiens en fonction du nombre de trichats. Tableur 1
d. Dans la cellule **C2**, écrire une formule donnant le nombre de pattes en fonction du nombre de trichats et de pentachiens. Vérifier que le résultat obtenu en **C2** est bien 185.

2 Faire des essais en modifiant la valeur écrite en **A2** jusqu'à obtenir la solution du problème.

3 La salade de fruits

45'

Utiliser un tableur pour planifier un budget.

Difficulté mathématique | Difficulté technique

Ludo veut faire une grande salade de fruits. Pour cela, il prévoit de commander en ligne des nectarines, des abricots et des prunes.

Avant de passer commande, il veut calculer le prix à payer pour 3,5 kg de nectarines, 2 kg d'abricots et 1,5 kg de prunes.

1 a. Dans un tableur, ouvrir une feuille de calcul et recopier la facture suivante :

	A	B	C	D
1	**Articles**	**Masse achetée**	**Prix au kg**	**Prix à payer**
2	Nectarines			
3	Abricots			
4	Prunes			
5			TOTAL :	

b. Compléter les six cases des colonnes « Masse achetée » et « Prix au kg » avec les données de l'énoncé.
c. Dans les cellules **D2** à **D4**, écrire des formules permettant de calculer le prix à payer pour chaque catégorie de fruits. Tableur 1
d. Dans la cellule **D5**, écrire une formule permettant d'obtenir le montant total des achats.
e. Ludo ne veut pas dépenser plus de 15 €. Est-ce possible avec les masses de fruits choisies ?

2 Pour sa recette, Ludo veut deux fois plus de nectarines que d'abricots et il veut la même masse d'abricots que de prunes.
Modifier les masses achetées pour remplir ces conditions sans dépasser un total de 15 €.

4 Aire et périmètre d'un rectangle ALGO

25'

Utiliser un programme pour calculer l'aire et le périmètre d'un rectangle.

Difficulté mathématique | Difficulté technique

1 Saisir le programme ci-contre dans le logiciel Scratch.

2 Utiliser ce programme pour calculer l'aire d'un rectangle de longueur 4 unités de longueur et largeur 3,5 unités de longueur.

3 Modifier le programme pour qu'il calcule le périmètre du rectangle.

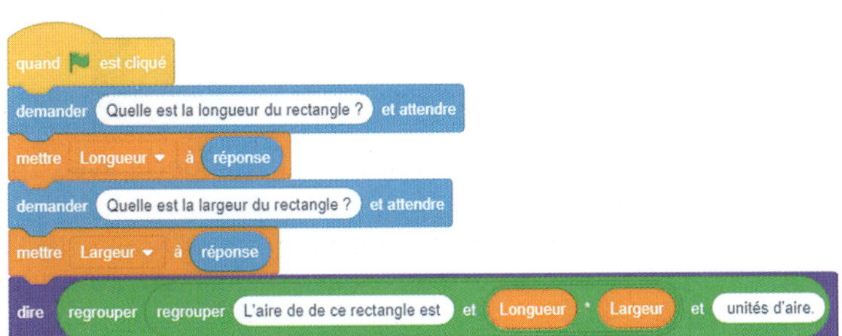

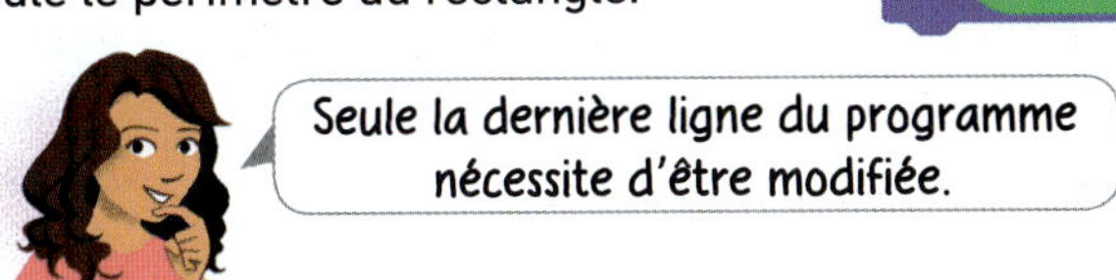

tâches complexes

1 Le repas franco-américain

Naomi veut préparer un repas de Thanksgiving pour ses cousins français. Elle prévoit de cuisiner de la dinde et de la purée de pommes de terre pour 15 personnes, mais il lui manque les ingrédients suivants : dinde, pommes de terre et lait.

▸ **Écrire la liste des ingrédients que Naomi doit acheter avec leurs quantités et calculer le prix total qu'elle va payer.**

DOC 1 Les ingrédients par personne

- ✓ 0,75 lb de dinde
- ✓ 0,5 lb de pommes de terre
- ✓ 0,5 cup de lait
- ✓ 1 livre (symbole lb) correspond à environ 0,45 kg.
- ✓ 1 cup correspond à 0,24 litre.

DOC 2 Le catalogue du supermarché

Dinde

10,90 € le kg
- Option 1 : 4 kg
- Option 2 : 5 kg
- Option 3 : 6 kg
- Option 4 : 7 kg

Pommes de terre

1,45 € le kg

Lait

0,94 € le litre

2 Les problèmes DUDU

Julien et Arnaud vont à la boulangerie avec 14 € en poche.

▸ **Peux-tu les aider ?**

Voir la vidéo : bordas.media/733775_018

Comment **comparer** des offres publicitaires à l'aide de **divisions** ?

Pour le savoir, rendez-vous en fin de chapitre

QCM de révision
Avant de commencer ce chapitre, fais le point sur tes connaissances : bordas.media/733775_019

chapitre 3

Divisions

EXEMPLES DE RÉUSSITE !

14 15 29 32 37 56 75 78 79

objectifs

1. J'effectue une division euclidienne
2. J'effectue une division décimale

cherchons ensemble

Si tu ne comprends pas certains des mots utilisés ici, demande à ton enseignant ou consulte le *Dico des maths*, p. 12.

Activité 1 — Effectuer une division euclidienne

OBJECTIF 1

Amalia anime régulièrement un atelier de fabrication de maisons pour oiseaux (schématisée ci-contre). Afin de préparer son prochain atelier, elle a fait une liste du matériel dont elle dispose :

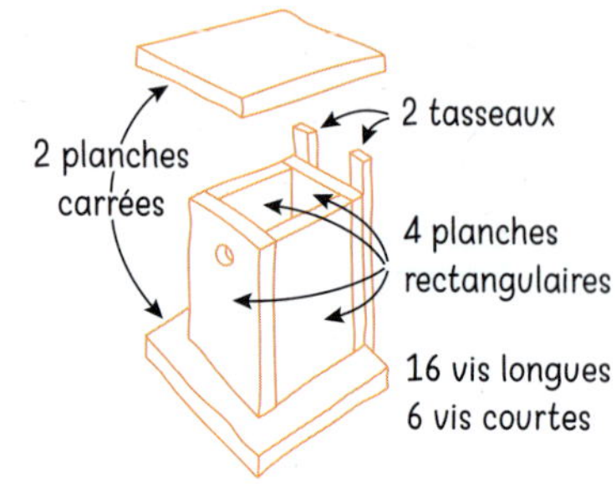

- *15 planches carrées*
- *30 tasseaux*
- *200 vis longues*
- *34 planches rectangulaires*
- *160 vis courtes*

1 **a.** Quel est le nombre maximum de maisons qu'Amalia pourrait fabriquer avec les planches carrées dont elle dispose ?

b. Combien lui resterait-il de planches carrées ?

c. Recopier l'égalité suivante et la compléter avec les résultats des questions précédentes :

$$15 = 2 \times \ldots + \ldots$$

Vocabulaire : Cette égalité traduit la **division euclidienne** de 15 par 2.

2 Reprendre quatre fois toute la question **1** (**a**, **b** et **c**) en l'adaptant à chaque fois à l'un des quatre éléments suivants : les planches rectangulaires, puis les tasseaux, puis les vis courtes et enfin les vis longues.

3 Finalement combien de maisons pourra construire Amalia avec l'ensemble du matériel dont elle dispose ?

Activité 2 — Justifier le critère de divisibilité par 3

OBJECTIF 1

1 Répondre aux questions suivantes en expliquant soigneusement les réponses.

a. Les nombres 9 ; 99 ; 999 sont-ils des multiples de 3 ?

b. Les nombres 6×9 ; 7×99 et 4×999 sont-ils des multiples de 3 ?

c. Que peut-on dire de $7 \times 99 + 6 \times 9$? et de $4 \times 999 + 7 \times 99 + 6 \times 9$?

2 Observer la décomposition suivante du nombre 762 :

$$\begin{aligned} 762 &= 7 \times 100 \quad + 6 \times 10 \quad + 2 \\ &= 7 \times 99 + 7 \; + 6 \times 9 + 6 \; + 2 \end{aligned}$$

a. En utilisant cette décomposition et les réponses de la question **1**, expliquer pourquoi, si la somme $7 + 6 + 2$ est divisible par 3, alors on peut conclure que 762 est divisible par 3 ; et inversement.

b. Décomposer le nombre 4 762 sur le même modèle que 762, puis expliquer comment, à partir de cette décomposition, on peut conclure que le nombre 4 762 est ou n'est pas divisible par 3.

3 Les constatations précédentes permettent de justifier le critère de divisibilité par 3 :
« Si la somme des chiffres d'un nombre est divisible par 3, alors ce nombre est divisible par 3. »
Un critère similaire existe pour la divisibilité par 9 :
« Si la somme des chiffres d'un nombre est divisible par 9, alors ce nombre est divisible par 9. »
Tester la divisibilité par 3 et par 9 des nombres suivants en appliquant ces deux critères :

a. 126 **b.** 773 **c.** 951 **d.** 3 681 **e.** 130 549

Activité 3 — Utiliser les critères de divisibilité

OBJECTIF 1

Matis, Paul et Joséphine viennent de terminer une partie de cartes.
Pour savoir combien de points marque chaque joueur, il faut multiplier les valeurs des cartes que chaque joueur a en sa possession.

Voici toutes les cartes composant le jeu :

1 À la fin de la partie, Matis a trois cartes et un score de 378 points.
a. En utilisant les critères de divisibilité, déterminer si le nombre 378 est divisible par 2, par 3, par 5 ou par 9.
b. Quelles sont les trois cartes que Matis a en main ?

2 Paul a également trois cartes, mais un score de 336 points.
a. En utilisant les critères de divisibilité, déterminer si le nombre 336 est divisible par 2, par 3, par 5 ou par 9.
b. Quelles sont les trois cartes que Paul a en main ?

3 Joséphine a, elle aussi, trois cartes en main à la fin de la partie.
a. Faire la liste des cartes restantes du jeu.
b. Joséphine peut-elle avoir plus de points que Matis ?

Activité 4 — Effectuer une division décimale

OBJECTIF 2

Nathan hésite entre ces deux recettes de crêpes :

1 **a.** Pour la recette de grand-mère, calculer la quantité de chaque ingrédient correspondant à une personne.
b. Faire de même pour la recette de la voisine.
c. Comparer les quantités correspondant à une personne dans ces deux recettes.

2 Nathan choisit la recette la moins riche en beurre par personne.
Calculer les quantités nécessaires pour six personnes avec cette recette.

1 Effectuer une division euclidienne

OBJECTIF 1

DÉFINITION La **division euclidienne** d'un nombre entier (le **dividende**) par un autre nombre entier non nul (le **diviseur**) est l'opération qui consiste à calculer le **quotient entier** et le **reste entier** tels que :

dividende = **diviseur** × **quotient** + **reste** avec **reste** < **diviseur**

Exemples

1. Division euclidienne de 17 par 2 :
$17 = 2 \times 8 + 1$ avec $1 < 2$.
2. Division euclidienne de 589 par 100 :
$589 = 100 \times 5 + 89$ avec $89 < 100$.

DÉFINITION Lorsque le reste d'une division euclidienne est 0, on utilise le vocabulaire **multiple**, **diviseur** et **divisible par** pour décrire la relation entre le dividende et le diviseur de cette division.

Exemples

1. Division euclidienne de 15 par 5 : $15 = 5 \times 3 + 0$ avec $0 < 5$.

On dit que : 15 est un multiple de 5 ;
15 est divisible par 5 ;
5 est un diviseur de 15.

2. Division euclidienne de 15 par 2 : $15 = 2 \times 7 + 1$ avec $1 < 2$.

On dit que : 15 n'est pas un multiple de 2 ;
15 n'est pas divisible par 2 ;
2 n'est pas un diviseur de 15.

PROPRIÉTÉS

- Si un nombre a pour chiffre des unités 0 ; 2 ; 4 ; 6 ou 8, alors ce nombre est **divisible par 2**.
- Si un nombre a pour chiffre des unités 0 ou 5, alors ce nombre est **divisible par 5**.
- Si un nombre a pour chiffre des unités 0, alors ce nombre est **divisible par 10**.

Démonstration Site compagnon

Exemples

1. 114 ; 260 et 1 532 sont divisibles par 2.
2. 470 et 18 315 sont divisibles par 5.
3. 310 et 6 040 sont divisibles par 10.

PROPRIÉTÉS

- Si la somme des chiffres d'un nombre est divisible par 3, alors ce nombre est **divisible par 3**.
- Si la somme des chiffres d'un nombre est divisible par 9, alors ce nombre est **divisible par 9**.

Démonstration p. 78

Exemples

1. 114 ; 470 et 18 315 sont divisibles par 3 car :
$1 + 1 + 4 = 6$, $4 + 7 + 0 = 12$, $1 + 8 + 3 + 1 + 5 = 18$
et 6, 12 et 18 sont divisibles par 3.
2. 18 315 est divisible par 9 car $1 + 8 + 3 + 1 + 5 = 18$ et 18 est divisible par 9.

CARTE MENTALE
bordas.media/733775_020

2 Effectuer une division décimale

OBJECTIF 2

DÉFINITION La **division décimale** d'un nombre (le **dividende**) par un autre nombre non nul (le **diviseur**) est l'opération qui consiste à calculer le **quotient décimal** tel que :

dividende : diviseur = quotient ou **dividende = diviseur × quotient**

Exemples
1. Division décimale de 17 par 2 :
17 : 2 = 8,5 ou 17 = 2 × 8,5.
2. Division décimale de 589 par 100 :
589 : 100 = 5,89 ou 589 = 100 × 5,89.

PROPRIÉTÉ Quand on **divise un nombre par 10 ; par 100 ; par 1 000...**, chaque chiffre de ce nombre prend une valeur **10 fois ; 100 fois ; 1 000 fois... plus petite.**

Démonstration Site compagnon

Exemples
1. 36,5 : 10 = 3,65.
2. 36,5 : 100 = 0,365.
3. 36,5 : 1 000 = 0,0365.

Remarque : Dans certains cas, on ne peut pas déterminer une valeur exacte du quotient décimal, mais on obtient des **valeurs approchées** du quotient.

Exemple Division décimale de 10 par 3 :

```
10   | 3
-9   |3,333
 10  |
 -9  |
  10 |
  -9 |
   10|
   -9|
    1|
```

10 : 3 ≈ 3	3 est une valeur approchée **à l'unité près** ;
ou 10 : 3 ≈ 3,3	3,3 est une valeur approchée **au dixième près** ;
ou 10 : 3 ≈ 3,33	3,33 est une valeur approchée **au centième près** ;
ou 10 : 3 ≈ 3,333	3,333 est une valeur approchée **au millième près**.

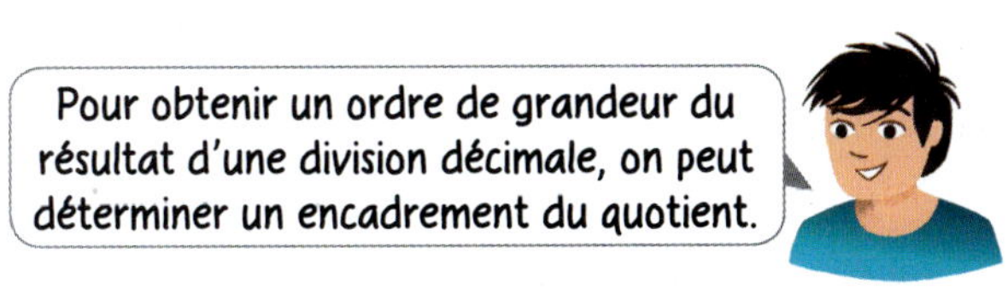

Exemple Division décimale de 38,9 par 7 :

5 < quotient décimal < 6 car $\underbrace{7 \times 5}_{35} < 38,9 < \underbrace{7 \times 6}_{42}$

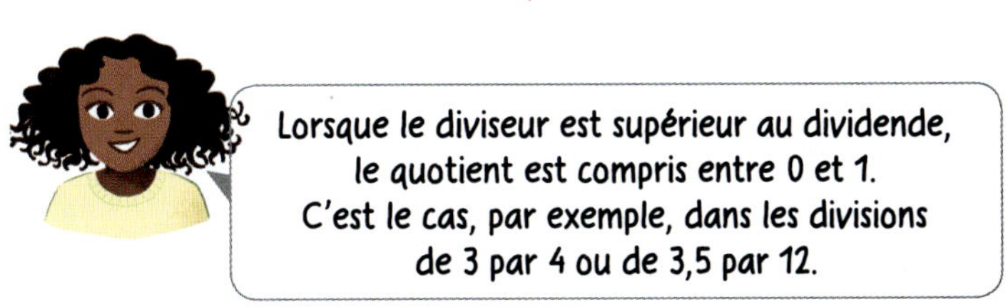

objectif 1 J'effectue une division

Je comprends

Voir la vidéo : bordas.media/733775_021

Poser et effectuer la division euclidienne de 236 par 5.

Exercice résolu

Étape 1. On ne peut pas diviser 2 centaines en 5 donc on considère **23 dizaines**.
23 dizaines peuvent être partagées en 5 paquets de **4 dizaines** et il en reste 3 à partager.

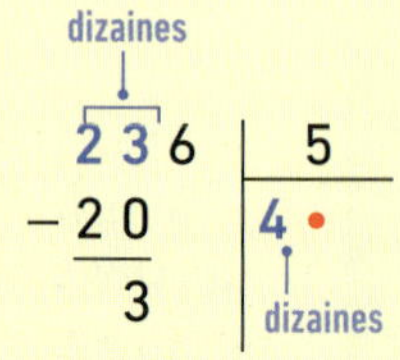

Tous les restes successifs doivent être inférieurs à 5.

Étape 2. On ajoute les 3 dizaines restantes aux 6 unités de 236, on obtient **36 unités**.
36 unités peuvent être partagées en 5 paquets de **7 unités** et il reste 1 unité.

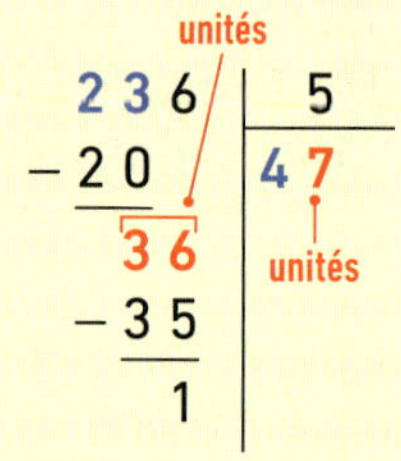

Étape 3. On conclut : $236 = 5 \times 47 + 1$.

Je m'échauffe

1 QUESTIONS FLASH

Déterminer mentalement le quotient entier et le reste des divisions euclidiennes :
a. de 657 par 100 ; **b.** de 357 par 50 ;
c. de 189 par 30 ; **d.** de 183 par 15.

2 Convertir : **a.** 192 min en h et min ;
b. 385 min en h et min ;
c. 467 s en min et s ;
d. 546 s en min et s.

3 Ces divisions n'ont pas été effectuées correctement. Retrouver les erreurs et les corriger.

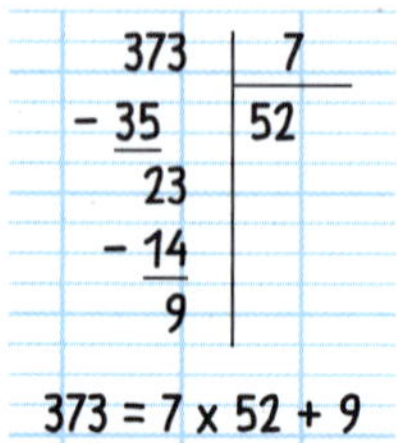

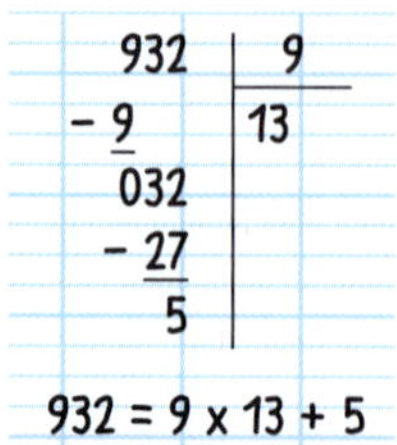

4 **a.** Citer tous les multiples de 15 entre 151 et 250.
b. Citer tous les multiples de 23 entre 461 et 600.

5 **1. a.** Encadrer 85 par deux multiples successifs de 11.
b. En déduire le quotient entier et le reste de la division euclidienne de 85 par 11.
2. a. Encadrer 92 par deux multiples successifs de 7.
b. En déduire le quotient entier et le reste de la division euclidienne de 92 par 7.

6 Effectuer les divisions euclidiennes :
a. de 156 par 6 ; **b.** de 753 par 9 ;
c. de 842 par 7 ; **d.** de 2 065 par 20.

7 Dans une division euclidienne par 8, quels sont tous les restes possibles ?

8 Recopier le tableau, puis compléter les cases par Oui ou Non :

Divisible	135	145	254	768	1 110
par 2					
par 3					
par 5					
par 9					
par 10					

Je m'entraîne 1

9 Effectuer les divisions euclidiennes :
a. de 374 par 15 ; b. de 501 par 12 ;
c. de 1 530 par 45 ; d. de 12 600 par 250.

10 **Vrai ou Faux ?**
Justifier les réponses.
a. 339 est divisible par 9.
b. 17 est un multiple de 34.
c. 3 est un diviseur de 213 mais pas de 312.
d. 435 est divisible par 3 et par 5.
e. 165 est un multiple de 15.

11 On considère le nombre 56• dont le chiffre des unités est inconnu.
Par quel chiffre faut-il remplacer le • pour que ce nombre soit divisible par 2 ? par 3 ? par 6 ?

12 Quelle formule peut-on saisir en **D2** pour obtenir le dividende de cette division ?

	A	B	C	D
1	diviseur	quotient	reste	dividende
2	34	12	19	

13

En effectuant la division euclidienne de 25 par un nombre, le reste est 3.
Quel est ce nombre ?

14 1. a. Combien y a-t-il de jours entiers dans 1 500 heures ? Combien reste-t-il d'heures ?
b. Combien y a-t-il de semaines entières dans 62 jours ? Combien reste-t-il de jours ?
c. En utilisant les résultats des questions précédentes, donner la conversion de 1 500 heures en semaines, jours et heures.
2. De même, combien font 609 heures en semaines, jours et heures ?

15 1. a. Combien y a-t-il de minutes entières dans 8 853 secondes ? Combien reste-t-il de secondes ?
b. Combien y a-t-il d'heures entières dans 147 minutes ? Combien reste-t-il de minutes ?
c. En utilisant les résultats des questions précédentes, donner la conversion de 8 853 s en heures, minutes et secondes.
2. De même, combien font 34 990 secondes en heures, minutes et secondes ?

Je m'entraîne 2

16 **Les maths autour de moi**
Julie a fait 134 truffes au chocolat et elle veut les répartir équitablement entre 6 de ses amis.
1. Combien de truffes recevra chaque ami ?
2. En restera-t-il après le partage ? Si oui, combien ?

17 **Les maths autour de moi**
Cette année, pour la fête de l'école, Marc veut acheter des gobelets réutilisables.
Combien de lots de 25 gobelets doit-il acheter sachant que 732 personnes sont attendues à cette fête ?

18 **Les maths autour de moi**
Hervé veut faire 34 cookies identiques. Après avoir mis 9 pépites sur 33 cookies, il lui manque 6 pépites pour le dernier.
Combien de pépites avait-il au départ ?

19 On sait que : $136 = 2 \times 2 \times 2 \times 17$;
$216 = 2 \times 2 \times 2 \times 3 \times 3 \times 3$;
$375 = 3 \times 5 \times 5 \times 5$;
$510 = 2 \times 3 \times 5 \times 17$.
1. Recopier le tableau, puis compléter les cases par Oui ou Non :

Divisible	136	216	375	510
par 6				
par 8				
par 12				
par 15				
par 25				

2. Donner trois diviseurs communs (différents de 1) :
a. de 136 et 216 ; b. de 136 et 510.

20 **TOP Chrono** 15 min
Les nombres proposés sont-ils divisibles par 13 ? Justifier les réponses.

52 70 333
133 533 1 313 338

objectif 2 J'effectue une division

Je comprends

Voir la vidéo : bordas.media/733775_022

Poser et effectuer la division décimale de 39,6 par 8.

Exercice résolu

Étape 1. On ne peut pas diviser 3 dizaines en 8, donc on considère **39 unités**.
39 unités peuvent être partagées en 8 paquets de **4 unités** et il en reste 7 à partager.

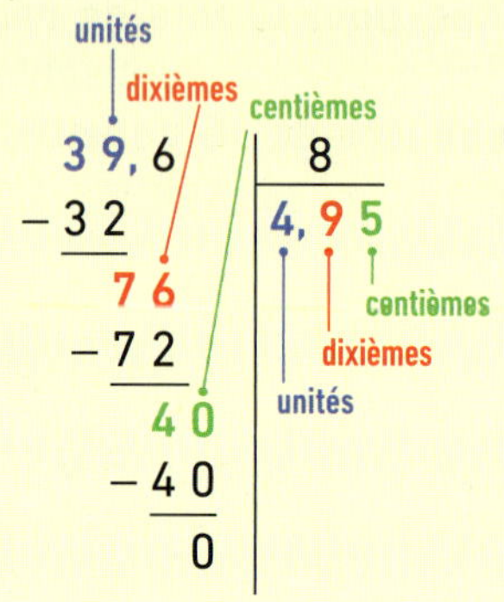

Étape 2. On ajoute ces 7 unités restantes aux 6 dixièmes de 39,6 ; on obtient **76 dixièmes**. 76 dixièmes peuvent être partagés en 8 paquets de **9 dixièmes** et il en reste 4 à partager.

Étape 3. On convertit les 4 dixièmes restants en **40 centièmes** qui peuvent être partagés en 8 paquets de **5 centièmes** et le reste est égal à 0.

Étape 4. On conclut :

$39{,}6 = 8 \times 4{,}95$ ou $39{,}6 : 8 = 4{,}95$.

Je m'échauffe

21 *QUESTIONS FLASH*

Calculer : **a.** le quart de 36, puis de 14 ;
b. la moitié de 17, puis de 8,5 ;
c. le tiers de 27, puis de 4,5.

22 Calculer : **a.** le dixième de 70, puis de 24 ;
b. le centième de 120, puis de 45 ;
c. le millième de 500, puis de 37.

23 Recopier et compléter les égalités suivantes :
a. 1 cm : ... = 1 mm **b.** 1 kg : ... = 1 g
c. ... m : 2 = 50 cm **d.** ... kg : 2 = 250 g

24 Sans calculer les divisions suivantes, dire quelles sont celles dont le quotient décimal est inférieur à 1. Expliquer.

34,01 : 19 5 : 7
54 : 12 1,9 : 2
71,98 : 146 10 : 8

25 Encadrer par deux entiers consécutifs le quotient décimal des divisions de :
a. 29 par 7 ; **b.** 74,9 par 15 ;
c. 3,5 par 9 ; **d.** 56,34 par 12.

26 Calculer :
a. 52 : 2 **b.** 102 : 3 **c.** 125 : 5
d. 9 : 4 **e.** 15 : 6 **f.** 28 : 8
g. 1,8 : 3 **h.** 3,6 : 6 **i.** 4,2 : 7
j. 1,3 : 2 **k.** 1,4 : 4 **l.** 4 : 5

27 Effectuer les divisions décimales suivantes :
a. 93 : 8 **b.** 2,7 : 5
c. 11,25 : 9 **d.** 186 : 15

28 Effectuer les divisions décimales suivantes, donner une valeur approchée des quotients au centième près :
a. 89 : 7 **b.** 3,1 : 3
c. 245 : 6 **d.** 6,7 : 11

29 Recopier et compléter par le nombre qui convient :
a. 56,8 : 10 = ... **b.** 45 621 : 10 000 = ...
c. 5 : ... = 0,05 **d.** 99 : ... = 9,90
e. ... : 100 = 15,2 **f.** ... : 1 000 = 81
g. 3,5 : 1 000 = ... **h.** 7 040 : ... = 70,4

Je m'entraîne 1

30 Effectuer les divisions décimales suivantes :
a. 170 : 25 b. 32,9 : 14
c. 14,88 : 32 d. 819 : 105

31

En divisant un nombre par 7, on obtient 12,8. Quel est ce nombre ?

En divisant 486 par un nombre, on obtient 36. Quel est ce nombre ?

32 Recopier et compléter par le nombre qui convient :
a. 6,3 : ... = 0,9 b. 1,21 = 3,63 : ...
c. ... : 11 = 0,7 d. 0,5 = ... : 4
e. 1,5 × ... = 9 f. 0,12 = 3 × ...
g. ... × 5 = 2 h. 10 = ... × 4

33 Dans chaque égalité, déterminer le nombre manquant. Écrire le calcul effectué pour trouver ce nombre.
a. ♠ × 4 = 7 b. 12 : ♥ = 5
c. 84 = 60 × ● d. 1,5 = ♣ : 9

34 Recopier et compléter :

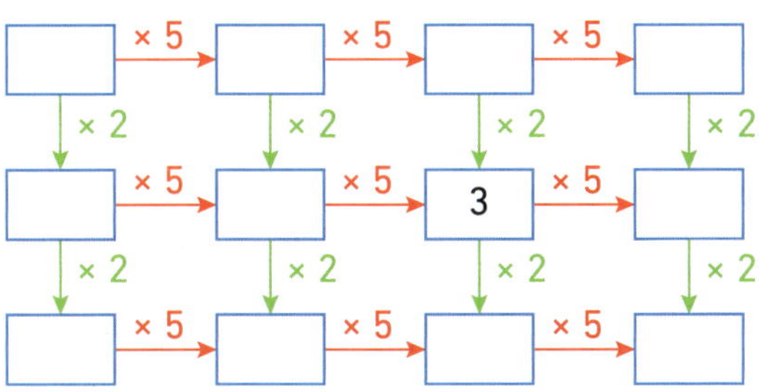

35 On considère la suite de calculs suivante :

Nombre de départ —× 3→ ... —+ 2→ ... —× 5→ Résultat final

1. Quel résultat obtient-on avec 4 comme nombre de départ ?
2. Déterminer le nombre de départ qui permet d'obtenir comme résultat final 25.
3. Déterminer le nombre de départ qui permet d'obtenir comme résultat final 19.

Trouve les opérations à effectuer pour obtenir le nombre de départ en partant du résultat final.

Je m'entraîne 2

36 **Les maths autour de moi**
Apollo a acheté 7 kg de pommes de terre : il a payé 11,83 €.
Quel est le prix d'un kg de pommes de terre ?

37 **Les maths autour de moi**
Myriam a dépensé 85,56 € en essence ce mois-ci.
Flora a dépensé trois fois moins qu'elle.
À combien s'élèvent les frais d'essence de Flora ?

38 **Les maths autour de moi**
Mardi il a plu 37 mm, c'est 5 fois plus que lundi.
Combien de millimètres a-t-il plu lundi ?

39 **Les maths autour de moi**
Jordan doit mettre 16,3 L de thé glacé dans des bouteilles de 75 cL.
1. Combien de centilitres de thé glacé a-t-il au total ?
2. Combien de bouteilles pourra-t-il remplir ?
3. Combien de centilitres lui restera-t-il ?

40 **TOP Chrono** 10 min

Quelle est la longueur des côtés de chacune des figures suivantes ?

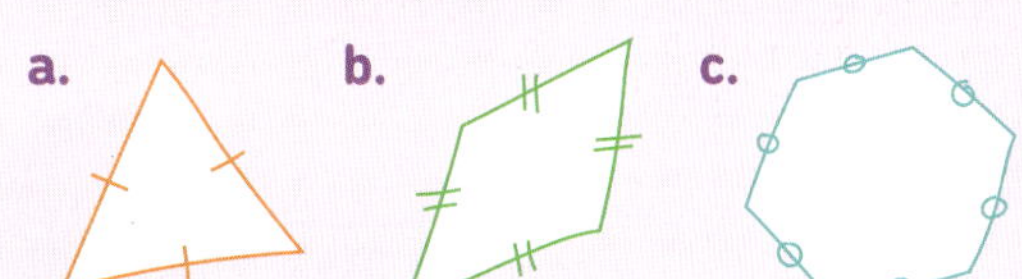

a. Périmètre de 42 cm
b. Périmètre de 45 cm
c. Périmètre de 1,26 m

je travaille seul(e) ou en Accompagnement personnalisé

Je fais le point sur mon cours

QCM de révision
Retrouve un autre QCM interactif : bordas.media/733775_023

	A	B	C
41 L'égalité $68 = 5 \times 12 + 8$ traduit la division euclidienne de :	68 par 5	68 par 12	68 par 8
42 D'après l'égalité $43 \times 67 = 2\,881$, on peut dire que :	2 881 est un diviseur de 43	2 881 est un multiple de 67	67 est divisible par 43
43 Le quotient décimal de la division de 3,5 par 8 est compris entre :	0 et 1	1 et 10	10 et 100
44 $15 : 9 \approx 1{,}666\,666...$ Une valeur approchée de ce résultat au centième près est :	1,67	1,666	1,667
45 L'opération qui permet de calculer le nombre manquant dans l'égalité $5 \times ... = 6$ est :	5×6	$5 : 6$	$6 : 5$

Je fais le point sur mes objectifs

OBJECTIF 1

J'effectue une division euclidienne

46 Recopier et compléter le tableau suivant en effectuant les calculs mentalement :

Dividende	Diviseur	Quotient	Reste
25	2		
237	10		
	11	4	7
56	9		
135		5	10
7	15		

47 Effectuer les divisions euclidiennes suivantes :
a. 157 par 5
b. 5 648 par 8
c. 634 par 11
d. 3 460 par 50

48 On sait que $17 \times 43 = 731$.
Écrire trois phrases en utilisant ces nombres et les expressions *diviseur*, *multiple* et *divisible par*.

49 **Vrai ou Faux ?**
Justifier.

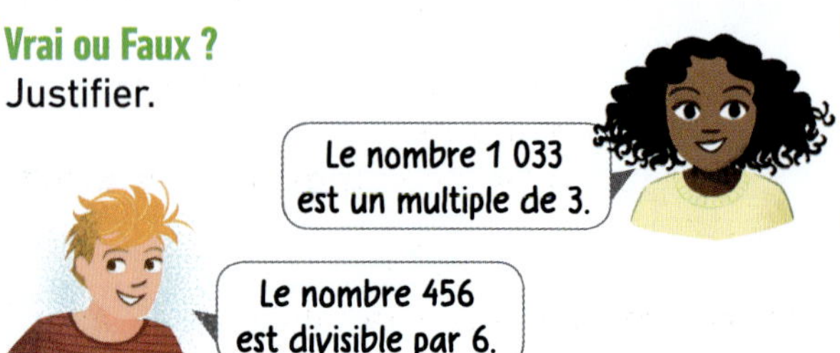

50 On considère les nombres suivants :

75 ; 126 ; 188 ; 245 ; 350 ; 504 ; 972 ; 987 ; 1 643 ; 8 125

Parmi ces nombres, citer :
1. les multiples de 5 qui ne sont pas des multiples de 10 ;
2. les multiples de 2 qui ne sont pas des multiples de 6 ;
3. les multiples de 3 qui ne sont pas des multiples de 9.

51 Un professeur des écoles veut partager équitablement 135 autocollants entre ses 23 élèves.
Combien d'autocollants va recevoir chaque élève ?

52 Juliette range 267 livres par carton de 30.
Combien de cartons vont être nécessaires pour emballer tous les livres ?

53 Jasper a participé à une course de vélo. Il a mis 822 secondes pour faire le parcours imposé.
Combien de temps, en minutes et secondes, a duré sa course ?

54 Plus que 9 200 minutes avant la fête d'anniversaire d'Adriana !
Combien de jours, heures et minutes doit-elle encore patienter ?

55 Dans le jeu vidéo favori de Sophia, elle gagne une vie à chaque fois qu'elle obtient 7 500 points. Son score est actuellement de 37 125 points.
1. Combien de vies a-t-elle gagnées ?
2. Combien de points lui manque-t-il pour avoir une vie supplémentaire ?

56 **Qui suis-je ?**
Je suis un multiple de 7 compris entre 40 et 100 dont la somme des chiffres est un multiple de 4.

57 Écrire un énoncé dont la solution amène à effectuer la division euclidienne de 100 par 7.

OBJECTIF 2

J'effectue une division décimale

58 Calculer :
a. 34 : 2 b. 22 : 4 c. 75 : 6
d. 2 : 4 e. 1 : 5 f. 2,4 : 6
g. 1,5 : 5 h. 0,12 : 4 i. 0,6 : 4

59 Associer chaque calcul à l'ordre de grandeur le plus proche de son résultat :

A. 150,6 : 13
B. 54 : 11
C. 15 : 31
D. 585,5 : 3
E. 14,5 : 16

1. 200
2. 10
3. 0,5
4. 1
5. 5

60 Effectuer les divisions décimales suivantes :
a. 58 : 5 b. 2,45 : 7
c. 8,2 : 8 d. 51 : 12

61 Recopier et compléter par le nombre qui convient :
a. 7 : 1 000 = ... b. 9,8 : 10 = ...
c. ... : 100 = 2 300 d. ... : 1 000 = 3,5
e. 56 : ... = 0,56 f. 430 : ... = 43

62 Recopier le tableau suivant, puis le compléter en utilisant une calculatrice :

	Valeur approchée		
	à l'unité	au dixième	au centième
75 : 13			
13 : 75			
6,5 : 11			

63 Par combien faut-il multiplier 12 pour obtenir 138 ?

64 Samuel partage un appartement avec trois colocataires. Le loyer mensuel est de 1 355 €.
Quelle est la part de loyer payée par Samuel chaque mois ?

65 Isa a récolté 1,5 kg de tomates cerises ; elle les répartit équitablement dans 8 barquettes.
Quelle masse de tomates contiendra chaque barquette ? Donner le résultat en kg, puis en g.

66 Lucy a parcouru 316 kilomètres en cinq heures.
1. Quelle a été la distance parcourue en moyenne en une heure sur ce trajet ?
2. À cette vitesse, combien de kilomètres parcourt Lucy en trois heures ?

67 Samy a acheté en gros 15 kg de pommes.
Il en garde 5 kg pour sa famille, puis partage le reste entre ses 8 voisins.
1. Quelle masse de pommes Samy va-t-il partager entre ses voisins ?
2. Quelle masse de pommes recevra chaque voisin ?

68 Écrire un énoncé dont la solution amène à effectuer la division décimale de 690 par 12.

Je résous des problèmes

OBJECTIF 1

J'effectue une division euclidienne

69 Les maths autour de moi

Lola organise une journée de rafting pour les employés de son entreprise. Chaque raft peut contenir un équipage de 8 personnes en plus du moniteur. Pour l'instant, 98 personnes se sont inscrites.

Est-ce qu'il est possible de former uniquement des équipages complets de 8 personnes ?
Si oui, combien ?
Si non, combien de personnes manque-t-il au minimum pour former des équipages complets ?

70 Rencontres sportives

Une salle de sport propose des cours de pilates tous les jours. Michelle s'y rend tous les 5 jours ; Giulia y participe tous les 3 jours. Aujourd'hui, elles suivent le cours toutes les deux.

1. Est-ce qu'elles se recroiseront au cours de pilates dans 7 jours ? dans 10 jours ? dans 30 jours ?
2. Dans combien de temps se retrouveront-elles pour la première fois ensemble à ce cours ?

71 La frise

Sybille réalise une frise de 57 carreaux en répétant le motif suivant :

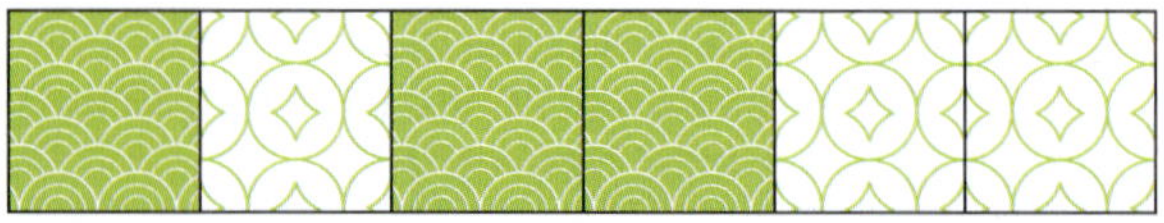

1. Combien de motifs complets va-t-elle répéter ?
2. Quelle sera la couleur du dernier carreau ?

72 Le lièvre et la tortue

Lors d'une course, le lièvre a couru pendant 9 157 s et la tortue pendant 854 min.

1. Convertir ces durées en heures, minutes et secondes.
2. Est-il vrai que le lièvre a mis entre 6 et 7 fois moins de temps que la tortue ?

73 L'écologie autour de moi

Une association organise des événements pour promouvoir l'utilisation du vélo. Lors du prochain événement, 18 personnes vont se relayer à vélo pendant une durée totale de 24 heures.

1. Convertir 24 heures en minutes.
2. Si les personnes roulent toutes la même durée, quelle sera cette durée en heure et minute ?

74 Sans poser l'opération

En utilisant le calcul $15 \times 23 = 345$, expliquer comment déterminer les quotients entiers et les restes des divisions euclidiennes de :

a. 350 par 23 b. 365 par 23
c. 340 par 15 d. 365 par 15

75 Le trésor

En cinq jours, le pirate Long John Silver a déposé 135 pièces d'or dans son coffre. Chaque jour, il a déposé sept pièces d'or de plus que le jour précédent.
Combien de pièces d'or avait-il déposées le premier jour ?

OBJECTIF 2

J'effectue une division décimale

76 La facture

Retrouver les nombres manquants :

Articles	Prix à l'unité	Quantité	Prix à payer
Lot de stylos	2,55 €	...	...... €
Post-it	...... €	10	12,40 €
Enveloppes	...... €	100	2,00 €
Agrafes	...... €	3	1,98 €
		Total	21,48 €

77 Drôles de graduations

Recopier, puis compléter les graduations par les nombres qui conviennent :

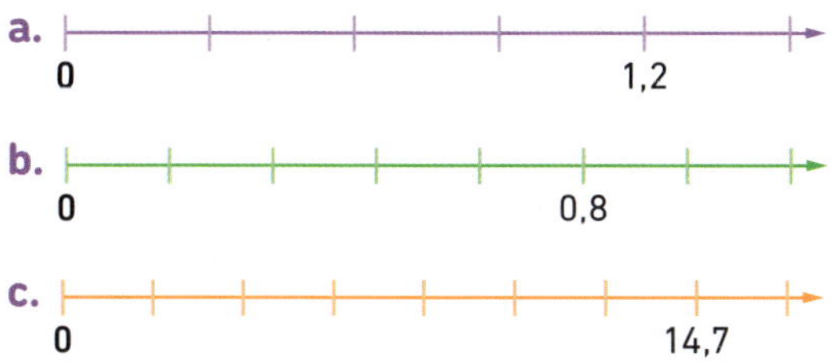

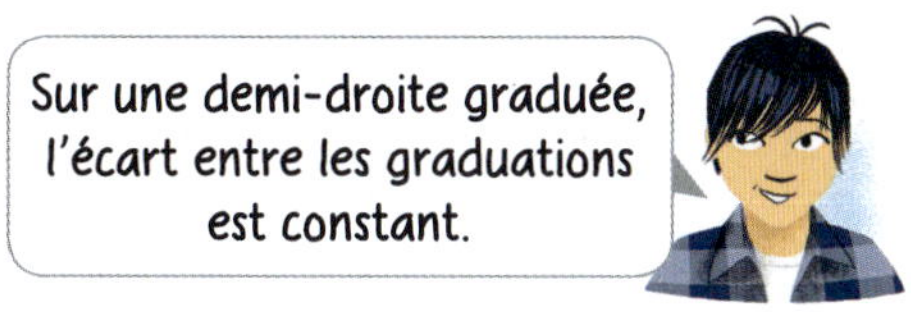

78 Un peu d'exercice

Un professeur de tennis achète sur Internet 16 raquettes à 8,50 € l'unité et 20 cerceaux.
Il paye au total 192 €.
Quel est le prix d'un cerceau ?

79 Et pas une goutte de plus !

Un pack de jus d'orange contient 6 bouteilles de 1,5 L.
Combien de gobelets de 20 cL, pleins à ras bord, peut-on espérer servir ?

80 Les maths autour de moi

Ellis hésite entre deux paquets de croquettes pour son chien.

1. Quel est le prix au kg des croquettes Happy Dog ? et des croquettes Waoufy ?
2. Quel article a le prix le plus intéressant ?

81 Pyramide de nombres

Recopier, puis compléter la pyramide suivante sachant que chaque nombre de la pyramide est obtenu en multipliant les deux nombres qui sont écrits au-dessous :

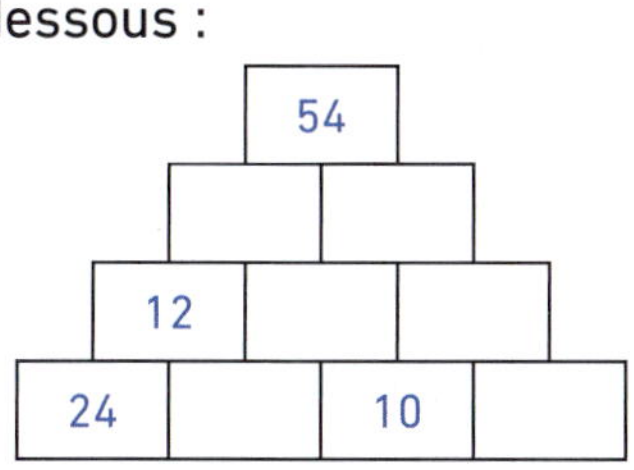

Par exemple, ici $42 = 6 \times 7$.

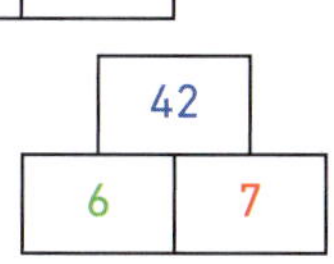

MULTI OBJECTIFS

82 Physique-Chimie Travaux pratiques

1. Les professeurs d'un collège veulent faire une expérience de chimie avec leurs classes de 3e ; celle-ci nécessite 6 mL d'acide chlorhydrique.
Dans le labo, il y a une bouteille d'acide chlorhydrique ouverte contenant 0,5 L.
a. Convertir 0,5 L en mL.
b. Combien d'échantillons de 6 mL peut-on obtenir avec 0,5 L d'acide chlorhydrique ?
2. Les élèves de 3e de chaque classe vont réaliser l'expérience par groupes de 3 maximum.
Voici les effectifs des classes de 3e du collège :

3e A	3e B	3e C	3e D	3e E
27	29	30	26	28

Combien de groupes vont être formés au minimum par classe ? et au total ?
3. Est-ce que le contenu de la bouteille ouverte sera suffisant pour réaliser cette expérience ?

83 Une semaine sportive !

Le compteur kilométrique de Karima indique qu'elle a fait du vélo pendant 293 minutes durant les 7 derniers jours.
1. Convertir cette durée en heure et minute.
2. Si on suppose que Karima a roulé la même durée tous les jours, déterminer une valeur approchée à une minute près de cette durée.

84 Les maths autour de moi

Paul organise un week-end familial pour 28 personnes. Le budget total pour le logement a été fixé à 1 450 € maximum pour une nuit.
1. Lors de ses recherches sur Internet, il a trouvé plusieurs sites intéressants proposant des locations de bungalows pour 8 personnes.
a. Combien de bungalows de 8 personnes sont nécessaires pour loger toute sa famille ?
b. Quel doit être le prix maximum d'un bungalow pour une nuit si Paul ne veut pas dépasser le budget fixé ?
2. Finalement, Paul se décide pour un site où des bungalows pour 6 personnes sont proposés à 255 € l'un pour une nuit.
a. Combien de bungalows Paul doit-il réserver ?
b. Quel est le montant total à payer ?
c. Combien va payer chaque personne pour une nuit, si le montant total est reparti équitablement entre tous les membres de la famille ?

je développe mes compétences

RAISONNER | REPRÉSENTER | COMMUNIQUER | CALCULER | CHERCHER | MODÉLISER

J'apprends à CALCULER

J'OBSERVE

85 Calculer mentalement :

a. $46 \times 0{,}5$ b. $24 \times 0{,}25$
c. $32 \times 0{,}75$ d. $35 \times 0{,}2$
e. $8 : 5$

EXERCICE RÉSOLU

• Multiplier un nombre par 0,5 revient à le diviser par 2 donc a. $46 \times 0{,}5 = 46 : 2 = 23$.

• Multiplier un nombre par 0,25 revient à le diviser par 4 donc b. $24 \times 0{,}25 = 24 : 4 = 6$.

• Multiplier un nombre par 0,75 revient à le diviser par 4, puis à multiplier le résultat par 3 donc c. $32 \times 0{,}75 = (32 : 4) \times 3 = 8 \times 3 = 24$.

• Multiplier un nombre par 0,2 revient à le diviser par 5 donc d. $35 \times 0{,}2 = 35 : 5 = 7$ et e. $8 : 5 = 8 \times 0{,}2 = 1{,}6$.

JE ME LANCE

86 Calculer mentalement :

a. $26 \times 0{,}25$ b. $150 \times 0{,}5$
c. $9 : 5$ d. $150 \times 0{,}2$
e. $24 \times 0{,}75$

87 Calculer mentalement :

a. $0{,}75 \times 0{,}8$ b. $0{,}25 \times 8{,}4$
c. $0{,}2 \times 500$ d. $0{,}5 \times 1{,}8$
e. $13 : 5$

88 Calculer mentalement :

a. $0{,}3 : 5$ b. $0{,}25 \times 1{,}2$
c. $0{,}75 \times 4{,}8$ d. $0{,}2 \times 2{,}5$
e. $0{,}5 \times 0{,}32$

J'apprends à CHERCHER

J'OBSERVE

89 Un rectangle a un périmètre de 17,5 cm et sa longueur mesure 5,25 cm.
Combien mesure sa largeur ?

EXERCICE RÉSOLU

Après avoir calculé la largeur, pour vérifier si la valeur est exacte, on ferait les calculs indiqués en vert :

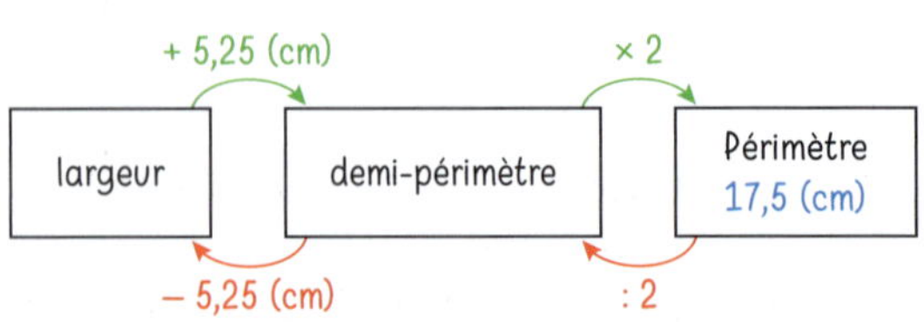

En lisant le schéma à l'envers (en suivant les flèches rouges), on obtient la démarche de résolution suivante :
comme le périmètre est de 17,5 cm, le demi-périmètre est de 8,75 cm car $17{,}5 : 2 = 8{,}75$;
la largeur mesure donc 3,5 cm car $8{,}75 - 5{,}25 = 3{,}5$.

JE ME LANCE

90 Entre début janvier et début février, les économies de Liam ont doublé et ainsi de suite chaque mois jusqu'à début juillet où elles ont atteint 784 €.
Quel était le montant des économies de Liam début janvier ?

91 Tom veut acheter une nouvelle télévision coûtant 699 €.
On lui propose de payer 149,40 € au moment de l'achat, puis de rembourser le reste en 12 mensualités égales.
Quel serait le montant d'une mensualité ?

92 Un carton de 20 pots de confiture pèse au total 10,9 kg.
Un pot de confiture vide pèse 180 g et le carton vide pèse 300 g.
Quelle masse de confiture y a-t-il dans chaque pot de confiture ?

93 La fête d'anniversaire

MODÉLISER • REPRÉSENTER • RAISONNER D1, 4 et 5

Corentin travaille 6 jours, puis il a 3 jours de libre, ensuite il travaille à nouveau 6 jours, etc. Aujourd'hui, nous sommes dimanche et Corentin a repris le travail.
Pourra-t-il assister à l'anniversaire de son ami Simon qui aura lieu dimanche midi dans 14 semaines ?

94 Dans le laboratoire de Merlin

CHERCHER • REPRÉSENTER • CALCULER D1 et 4

Dans son laboratoire, Merlin fait des expériences à l'aide de trois machines qu'il a inventées.
Quelles sont les mesures indiquées par les flèches sur les cadrans de ces machines ?

Machine 1. Unité utilisée : le luzzard

Machine 2. Unité utilisée : le mixon

Machine 3. Unité utilisée : l'ifral

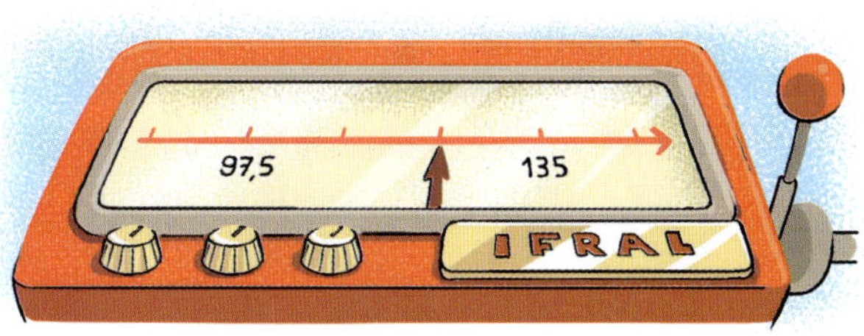

95 Abonnez-vous !

MODÉLISER • RAISONNER • CALCULER D1 et 4

Oscar s'est abonné pour un an à un magazine mensuel de sport, il a payé 71,40 €.
À l'unité, ce magazine se vend en kiosque 6,45 €.
Quelle est l'économie réalisée par Oscar sur un numéro ?

96 SVT Battements de cœur

MODÉLISER • CALCULER D1, 4 et 5

Le cœur humain bat environ 100 000 fois par jour.
Combien de battements cela fait-il par minute ?
Et par seconde ?

97 Modèle réduit

CHERCHER • REPRÉSENTER • CALCULER D1 et 4

La voiture que le frère de Jonathan rêve d'acheter a pour longueur 4,4 m ; pour largeur 1,75 m et pour hauteur 1,48 m.
Pour l'anniversaire de celui-ci, Jonathan décide de lui offrir un modèle réduit de cette voiture, 24 fois plus petit que la version réelle.
Quel(s) modèle(s) de carton Jonathan peut-il choisir pour emballer le cadeau de son frère ?

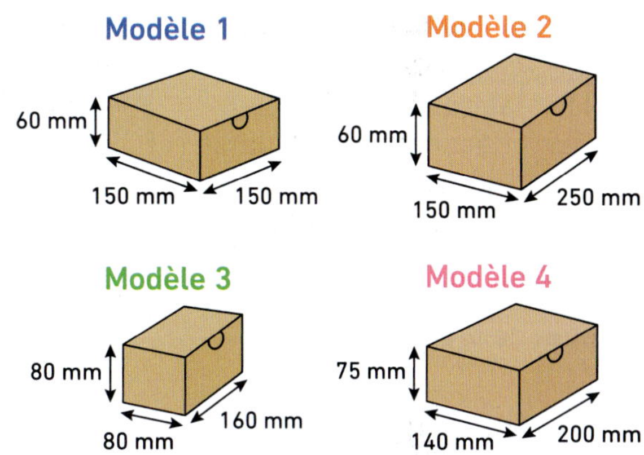

98 À la recherche des longueurs perdues

CHERCHER • REPRÉSENTER • CALCULER D1, 4 et 5

Voici un schéma d'une partie de la maison de Léa :

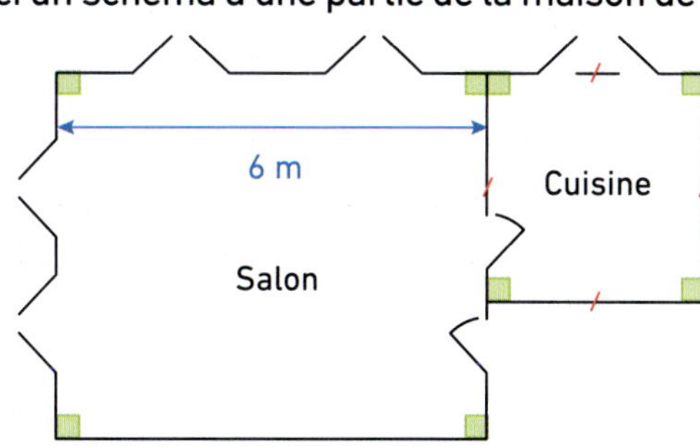

La cuisine a un périmètre de 16,6 m ; le salon a une aire de 34,2 m^2.
Faire un plan du salon et de la cuisine de Léa en représentant 1 m réel par 1 cm sur le dessin.

99 Collection complète ou presque

MODÉLISER • CALCULER D1 et 4

Karim souhaite acheter une collection de 8 bandes dessinées de même prix mais il lui manque 26 € pour acheter la collection complète à 96 €.
Combien de bandes dessinées Karim peut-il acheter ?

100 Pour éviter la panne sèche

CHERCHER • REPRÉSENTER • CALCULER D1 et 4

Voici les cadrans des réservoirs d'essence de deux voitures :

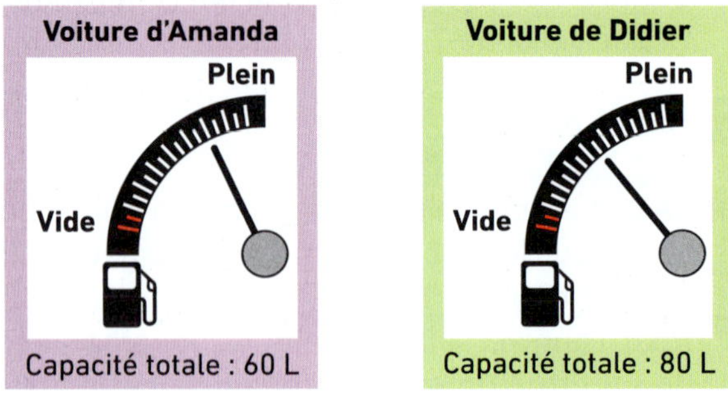

Quelle voiture Amanda et Didier ont-ils intérêt à utiliser s'ils veulent avoir le plus d'essence ?

101 En rouge et noir

CHERCHER • MODÉLISER • CALCULER D1 et 4

Malik fabrique des bracelets ; pour chacun d'eux, il utilise 12 perles noires et 6 perles rouges.

Combien de perles de chaque couleur lui restera-t-il s'il fabrique le maximum de bracelets ?

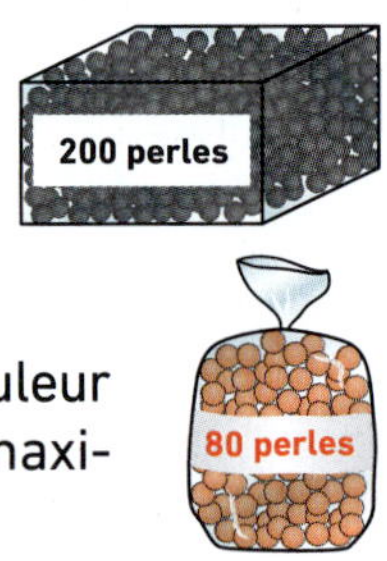

102 La douche

CHERCHER • REPRÉSENTER • RAISONNER D1, 4 et 5

Voici le plan d'une salle de bain :

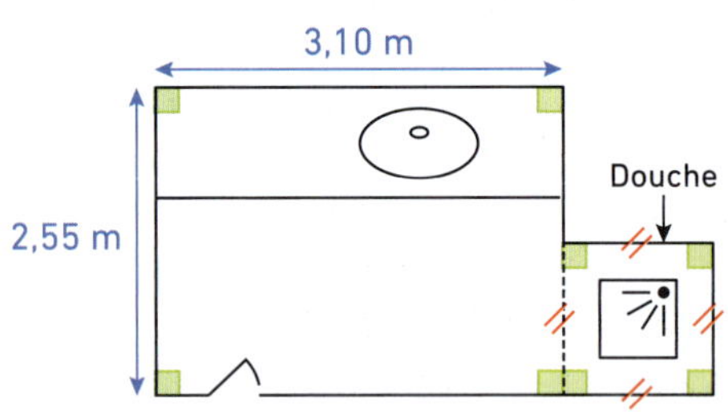

Le périmètre de la pièce (douche comprise) est de 13,54 m.

Quelles sont les dimensions de la douche ?

103 EPS Course de haies

REPRÉSENTER • MODÉLISER • CALCULER D1 et 4

Pour entraîner ses élèves à la course de haies sur 50 m, un professeur d'EPS planifie d'utiliser six haies d'une hauteur de 0,60 m.

Il prévoit de placer la première haie 10 m après la ligne de départ et la dernière 8 m avant la ligne d'arrivée.

Il souhaite que la distance entre deux haies successives soit comprise entre 6 et 7 m.

Est-ce le cas ?

104 Les pommiers

CHERCHER • RAISONNER • COMMUNIQUER D1, 3 et 4

Suzon a oublié combien de pommiers il y a dans le verger de son grand-père. En revanche, elle se souvient que ce nombre s'écrit avec les chiffres 2, 5 et 7, chacun utilisé une seule fois, et que les pommiers sont plantés par rangée de 17.

Est-ce que Suzon peut retrouver le nombre de pommiers avec ces informations ? Expliquer.

105 Anglais The best deal

CHERCHER • MODÉLISER • CALCULER D1 et 4

Spencer compares two deals on his favorite soda.
Which one is the best deal?

Le symbole « fl oz » correspond à une unité de volume utilisée dans les pays anglo-saxons. C'est une abréviation pour fluid ounce.
1 fl oz ≈ 30 mL

106 Je fais ma story

Préparer une présentation orale ou faire une vidéo dans laquelle ce problème est mis en scène et où ces propositions sont vérifiées ou rejetées.

Jeux mathématiques

107 **Jeu de Nim**

Ce jeu se joue à deux.
Avec un camarade, disposer 16 crayons, stylos ou feutres sur le bureau.

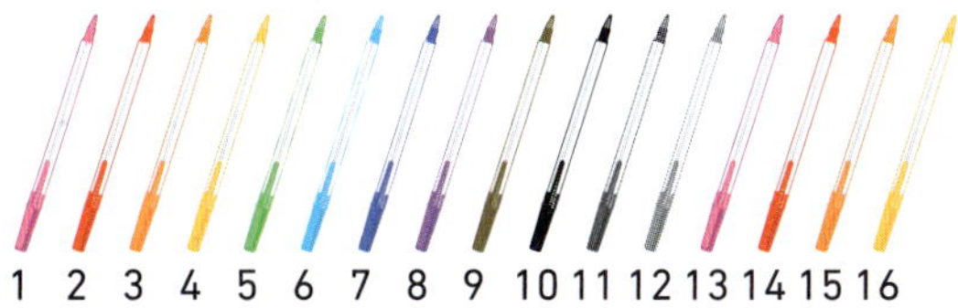

Chacun son tour, prendre 1, 2 ou 3 crayons.
Celui qui prend le dernier crayon a gagné !

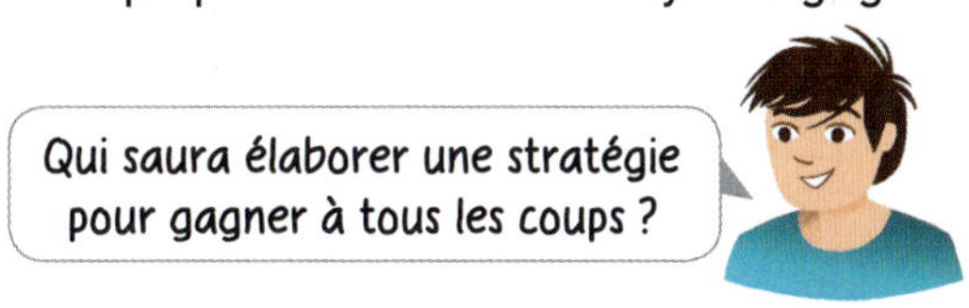

Variante : même règle avec 15 crayons.
On peut inventer une infinité de variantes. Par exemple : 47 crayons au départ et il est possible de prendre à chaque fois 1 à 6 crayons, etc.

108 **La cible**

Un jeu consiste à lancer 4 fléchettes sur une cible, puis à multiplier les nombres atteints pour obtenir le score du joueur.

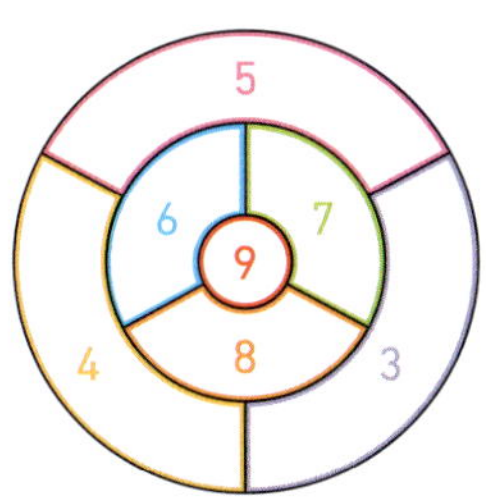

Sally a atteint 4 parties de la cible de valeurs différentes. Son score est de 540 points.
Dans quelles parties de la cible a-t-elle envoyé ces fléchettes ?

109 **Défi !**

Es-tu capable de déterminer la 100e décimale du quotient de la division de 45 par 13 ?

Énigme

110 Raphaël a entre 50 et 80 petites voitures.
S'il les dispose par rangées de 6, il lui en reste 4.
S'il les dispose par rangées de 7, il lui en reste 6.
Combien de petites voitures Raphaël a-t-il ?

devoirs à la maison

111 **Quel jour sera-t-on ?**

1. Après avoir fait des recherches sur Internet, écrire un paragraphe expliquant ce qu'est une année bissextile et comment déterminer si une année est bissextile.

2. a. Combien y a-t-il de semaines complètes dans une année non bissextile ?
Comment de jours faut-il ajouter à ces semaines pour avoir une année entière ?
b. Mêmes questions pour une année bissextile.

3. a. Noter la date d'aujourd'hui et le jour de la semaine (si c'est le 29 février, prendre la date de demain comme référence).
b. Quel jour de la semaine sera-t-on l'année prochaine à la même date ? Et dans 10 ans ? Expliquer les réponses.

112 **Le langage binaire**

Le binaire est une numération de base 2 utilisée comme langage de codage en informatique. Cette numération utilise seulement deux chiffres : 0 et 1.
Le tableau ci-contre présente le codage des premiers nombres entiers.

Base 10	Base 2
0	0
1	1
2	10
3	11
4	100
5	101
6	110

Une méthode pour traduire un nombre de base 10 en base 2 consiste à faire des divisions euclidiennes successives par 2 jusqu'à obtenir 0 comme quotient.
Le nombre en base 2 est la suite des restes obtenus, lus en commençant par le dernier.
Par exemple, le nombre 28 s'écrit 11100 en base 2.

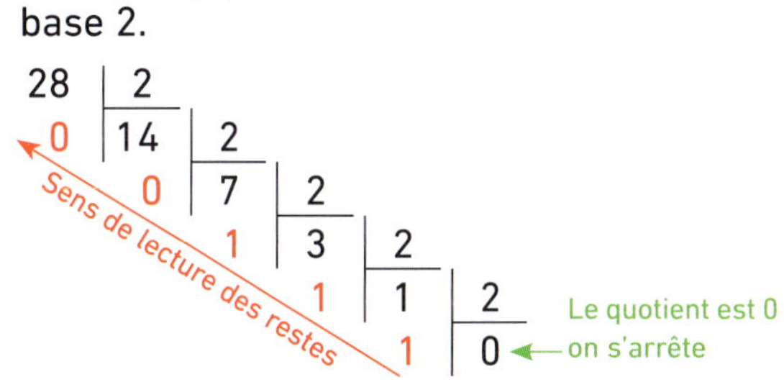

En appliquant cette méthode, déterminer l'écriture en base 2 des nombres entiers jusqu'à 20.

avec un logiciel

Pour faire ces activités, télécharge les fiches logiciel Géométrie et Tableur sur le site college.editions-bordas.fr.

1 Un convertisseur de durées

35′ Utiliser un tableur pour convertir des durées.

Difficulté mathématique Difficulté technique

1 Édouard a chronométré 467 secondes de trajet entre chez lui et son collège.
Télécharger le fichier sur le site compagnon pour convertir cette durée en minutes et secondes.

	A	B	C	D	E	F	G
1	Convertir des secondes en minutes et secondes						
2							
3				60			
4							
5							
6							
7							
8	0	secondes	égalent	0	minutes et	0	secondes
9							
10							
11	Convertir des minutes en heures et minutes						
12							
13				60			
14							
15							
16							
17							
18	0	minutes	égalent	0	heures et	0	minutes
19							

a. Dans la cellule **C3**, écrire le nombre 467.
b. Dans la cellule **D4**, écrire une formule permettant d'obtenir le quotient entier de la division de 467 par 60. Tableur 1

Pour calculer le quotient entier d'une division, on peut utiliser la fonction ENT() qui donne la partie entière d'un nombre. Par exemple, pour obtenir le quotient entier de la division euclidienne de 7 par 2, on écrirait : =ENT(7/2)

c. Dans la cellule **C5**, écrire une formule permettant d'obtenir le reste de la division euclidienne de 467 par 60.
d. Finalement, quelle est la durée, exprimée en minute et seconde, qu'Édouard a chronométrée entre sa maison et le collège ?

2 Édouard a aussi chronométré la durée du trajet entre chez lui et la maison de ses grands-parents. Il a obtenu 12 377 secondes.
a. Modifier la feuille de calcul précédente pour pouvoir exprimer cette durée en minutes et secondes.
b. Utiliser la deuxième partie de la feuille de calcul pour convertir le nombre de minutes obtenu précédemment en heures et minutes.
c. À combien d'heures, minutes et secondes correspondent 12 377 secondes ?

2 Les nombres parfaits

Utiliser un tableur pour déterminer tous les diviseurs d'un nombre.

35' — Difficulté mathématique — Difficulté technique

Un nombre qui est égal à la somme de ses diviseurs (autres que lui-même) est appelé un nombre parfait. Par exemple, 6 est un nombre parfait car ses diviseurs (autres que lui-même) sont 1 ; 2 ; 3 et 1 + 2 + 3 = 6.

1 **a.** Dans un tableur, ouvrir une feuille de calcul, puis, dans les cellules **A1**, **B1** et **C1**, écrire « dividende », « diviseur », « quotient décimal ».
b. Dans la cellule **A2**, saisir le nombre 6, puis le copier jusqu'à la cellule **A7**.
c. Dans les cellules **B2** à **B7**, faire afficher la liste des nombres entiers de 1 à 6. Tableur 3
d. Dans la cellule **C2**, écrire une formule donnant le quotient décimal de la division de 6 par 1, puis copier cette formule dans les cellules **C3** à **C7** pour avoir les quotients décimaux des divisions de 6 par les nombres entiers de 2 à 6. Tableur 1 et 2

	A	B	C
1	dividende	diviseur	quotient décimal
2	6	1	
3	6	2	
4	6	3	
5	6	4	
6	6	5	
7	6	6	

Pour calculer un quotient décimal, on utilise le symbole /.
Par exemple, pour calculer le quotient décimal de la division de 7 par 2, on écrirait : =7/2

e. Expliquer comment savoir si un nombre est ou n'est pas un diviseur de 6 en utilisant les valeurs de la colonne **C**.

2 **a.** En modifiant la feuille de calcul précédente, trouver tous les diviseurs de 7, puis tester si 7 est un nombre parfait.
b. En modifiant à nouveau la feuille de calcul, déterminer tous les nombres parfaits compris entre 8 et 30.

3 Le prochain nombre entier parfait est compris entre 495 et 500. Déterminer ce nombre.

3 Divisions par de grands nombres ALGO

Utiliser un programme pour calculer l'aire et le périmètre d'un rectangle.

25' — Difficulté mathématique — Difficulté technique

Chloé doit effectuer la division décimale de 826,2 par 17.
Pour cela, connaître la liste des premiers multiples de 17 lui serait bien utile.

1 **a.** Écrire le programme ci-dessous dans le logiciel Scratch :

b. Que permet d'obtenir ce programme ?
c. Compléter le programme pour obtenir les neuf premiers multiples de 17.

2 En utilisant le programme précédent, effectuer, sur papier, la division décimale de 826,2 par 17.

3 Modifier le programme précédent pour obtenir les neuf premiers multiples de 64, puis effectuer, sur papier, la division décimale de 508,8 par 64.

cherchons ensemble

Si tu ne comprends pas certains des mots utilisés ici, demande à ton enseignant ou consulte le *Dico des maths*, p. 12.

Activité 1 — Représenter des partages à l'aide de fractions

OBJECTIF 1

1 Dans chaque cas, préciser la fraction de l'aliment qui a été mangée :

	Gâteau	Tarte	Banane	Chocolat	Pizza
Avant					
Après			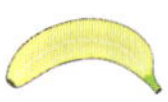		

2 Dans chacun des cas, écrire à l'aide d'une fraction combien il y a de parts d'une pizza. Comparer par rapport à 1 chaque fraction obtenue.

a.

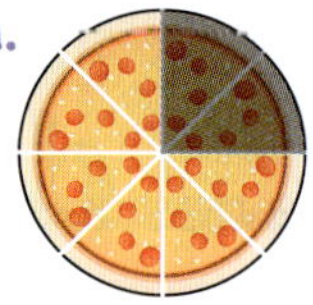

b.

3 **a.** Reproduire sur le cahier le segment gradué ci-dessous :

Vocabulaire : Sur une demi-droite graduée, un point est repéré par un nombre appelé abscisse.

b. En combien de parts égales est partagée une unité ?

c. Combien de graduations sont tracées jusqu'à la flèche ?

d. Écrire l'abscisse du point situé au-dessus de la flèche sous forme d'une fraction.

e. Placer les points A, B, C et D d'abscisses respectives $\frac{6}{12}$; $\frac{14}{12}$; $\frac{1}{2}$; $\frac{7}{6}$.

Que constate-t-on ?

Activité 2 — Modifier l'écriture d'une fraction

OBJECTIF 2

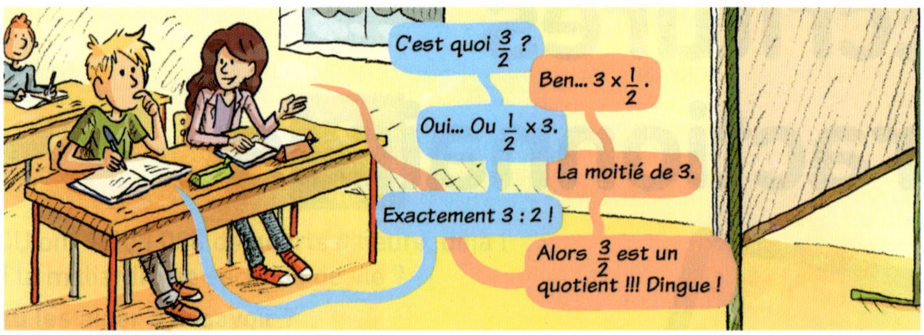

1 **a.** Après avoir lu le raisonnement des deux élèves, expliquer de la même manière pourquoi la fraction $\frac{5}{4}$ est un quotient.

b. En déduire une écriture décimale de la fraction $\frac{5}{4}$.

2 Peut-on trouver un nombre décimal égal à la fraction $\frac{1}{3}$? Expliquer.

Activité 3 — Écrire des fractions qui sont égales

OBJECTIF 2

1 a. Voici trois rectangles identiques découpés en parts égales :

rectangle 1 **rectangle 2** **rectangle 3**

Comparer pour chaque rectangle l'aire de la partie bleue à celle du rectangle entier.

b. Dans chaque cas, préciser quelle fraction du rectangle entier est coloriée en bleu.

2 a. Recopier et compléter ces égalités de fractions :

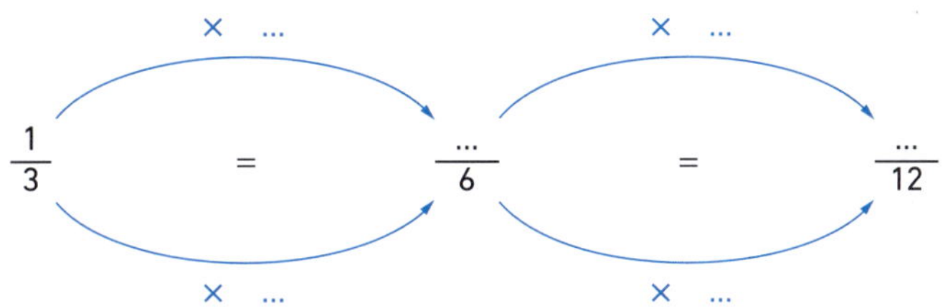

b. Comment peut-on modifier une fraction pour obtenir une fraction qui lui est égale ?

3 En déduire d'autres fractions égales à $\frac{1}{3}$.

Activité 4 — Calculer la fraction d'une quantité

OBJECTIF 3

Dans les Caraïbes, Barbe-Rousse est à la recherche d'un nouveau trésor. Il doit pour cela parcourir 80 km entre deux îles à bord de son navire.
Le premier jour, il parcourt le quart de son trajet.
Le deuxième jour, il lève l'ancre et parcourt les deux cinquièmes de son chemin.
Il arrive sur l'île le troisième jour.

1 Diviser 80 par 4 et utiliser le résultat pour trouver le nombre de kilomètres parcourus par Barbe-Rousse le premier jour.

Recopier et compléter : $\frac{1}{4} \times 80 = ...$

2 Diviser 80 par 5 et utiliser le résultat pour trouver le nombre de kilomètres parcourus par Barbe-Rousse le deuxième jour.
Trouver une multiplication avec une fraction qui permet de calculer la distance parcourue le deuxième jour.

3 Calculer le nombre de kilomètres parcourus le dernier jour.

4 Si Barbe-Rousse avait parcouru les trois dixièmes du trajet le premier jour et les deux cinquièmes le deuxième jour, combien lui en aurait-il resté à parcourir le dernier jour ?

COURS

1 Représenter des partages à l'aide de fractions

OBJECTIF 1

a) Fraction et partage

DÉFINITIONS • Dire que $\frac{a}{b}$ est une **fraction** signifie que a et b sont des nombres entiers (avec b non nul).
• Dans une fraction, le nombre situé **au-dessus** de la barre de fraction s'appelle le **numérateur**, celui situé **en dessous** s'appelle le **dénominateur**.

Exemple

Cette bande est partagée en sept morceaux égaux :

• Chaque morceau représente le septième de la bande, ce que l'on écrit $\frac{1}{7}$.
• **Trois morceaux** ont été colorés, soit **trois fois un septième** ou **trois septièmes**.
• La part des morceaux colorés de la bande représente les **trois septièmes** de la bande, ce que l'on écrit $\frac{3}{7}$.

$\frac{3}{7}$ **est une fraction**
- 3 est le numérateur (« le nombre de morceaux colorés de la bande »).
- 7 est le dénominateur (« en combien de morceaux est partagée la bande »).

b) Fraction et demi-droite graduée

Exemple : Sur la droite graduée ci-dessous, l'unité (la baguette de pain) est partagée en 5 parties égales.

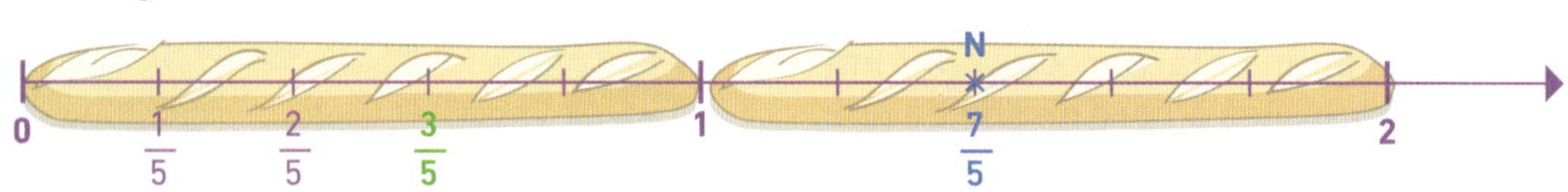

– Prendre 7 parts nécessite d'entamer la deuxième baguette.
– L'abscisse du point N est $\frac{7}{5}$.

c) Addition de fractions de même dénominateur

PROPRIÉTÉ Pour additionner deux fractions qui ont le **même dénominateur**, on additionne leurs numérateurs et on laisse le dénominateur inchangé.

Propriété Admise

Exemple

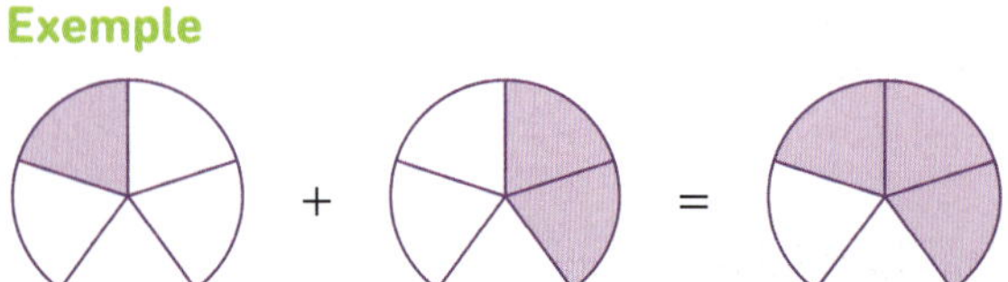

$$\frac{1}{5} + \frac{2}{5} = \frac{3}{5}$$

CARTE MENTALE
bordas.media/733775_026

2 Modifier l'écriture d'une fraction

OBJECTIF 2

a) Écriture fractionnaire d'un quotient

DÉFINITION Le **quotient** de deux nombres a et b (avec b non nul) est le nombre qui, multiplié par b, donne a.

Sous forme fractionnaire, le quotient de a par b s'écrit $\frac{a}{b}$ (avec $b \neq 0$).

Exemple

Par quel nombre faut-il multiplier 3 pour trouver 5 ?

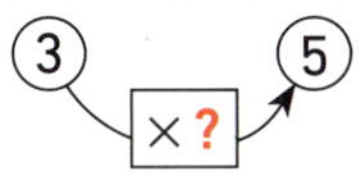

Soit $3 \times ? = 5$.

Le nombre cherché est le quotient de 5 par 3, soit $\frac{5}{3}$.

$\frac{5}{3}$ est le nombre qui, multiplié par 3, donne 5 : $3 \times \frac{5}{3} = 5$.

b) Quotients égaux

PROPRIÉTÉ Un quotient ne change pas quand on multiplie (ou divise) son numérateur et son dénominateur par un même nombre non nul.

Preuve p. 99

Exemples

1. $\frac{1,2}{8} = \frac{1,2 \times 10}{8 \times 10} = \frac{12}{80}$ donc les fractions $\frac{1,2}{8}$ et $\frac{12}{80}$ sont égales.
2. $\frac{12}{80} = \frac{12 : 4}{80 : 4} = \frac{3}{20}$. Ici, on dit que l'on a **simplifié par 4** la fraction $\frac{12}{80}$.

3 Calculer la fraction d'une quantité

OBJECTIF 3

PROPRIÉTÉ Prendre une fraction d'une quantité revient à multiplier cette quantité par la fraction.

Propriété Admise

Exemple

Combien font les trois quarts de 20 € ?

Chercher les trois quarts de 20 € revient à calculer : $20 \times \frac{3}{4}$.

- **Technique 1 : on calcule la fraction si c'est un nombre décimal.**

$20 \times \frac{3}{4} = 20 \times (3 : 4) = 20 \times 0,75 = 15.$

- **Technique 2 : on commence par la division.**

$20 \times \frac{3}{4} = (20 : 4) \times 3 = 5 \times 3 = 15.$

- **Technique 3 : on commence par la multiplication.**

$20 \times \frac{3}{4} = (20 \times 3) : 4 = 60 : 4 = 15.$

Les trois quarts de 20 € font 15 €.

objectif 1 Je représente des partages

Je comprends

Voir la vidéo : bordas.media/733775_027

1. Quelle fraction de la surface de la figure ci-dessous a été coloriée en bleu ?

2. Reproduire le rectangle ABCD, puis colorier en bleu les $\frac{4}{7}$ de sa surface.

Exercice résolu

1. Étape 1. On repère en **combien de parts égales la surface a été partagée** : ici, **12**.
Ce sera le **dénominateur** de la fraction.
Étape 2. On compte ensuite le **nombre de parts coloriées** : **5**.
Ce sera le **numérateur** de la fraction.
On a donc colorié $\frac{5}{12}$ de la surface.

2. Colorier les $\frac{4}{7}$ de la surface du rectangle ABCD revient à le partager en **7** parts égales et à colorier **4** parts.

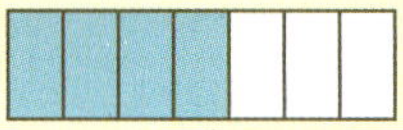

Je m'échauffe

S'entraîner avec Aplusix : bordas.media/733775_028

1 QUESTIONS FLASH

1. Écrire le nombre « dix-huit centièmes » sous la forme d'une fraction.

2. Écrire en toutes lettres la fraction $\frac{12}{5}$.

3. Six minutes représentent quelle fraction d'une heure ?

4. Quelle fraction représente l'aire de la partie colorée ? Préciser le numérateur et le dénominateur de cette fraction.

5. Donner, sous forme d'une fraction, l'abscisse de chacun des points A, B et C.

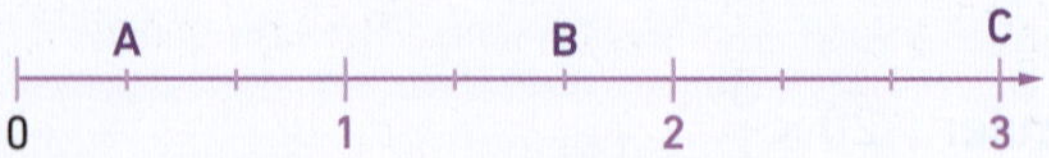

2

Quelle fraction du carré représente la partie colorée dans chaque dessin ?

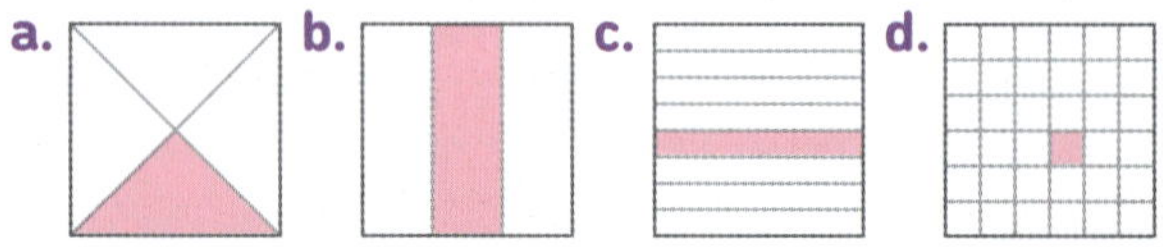

3 QCM

1. Dans quel(s) cas a-t-on colorié les $\frac{2}{3}$ du cercle ?

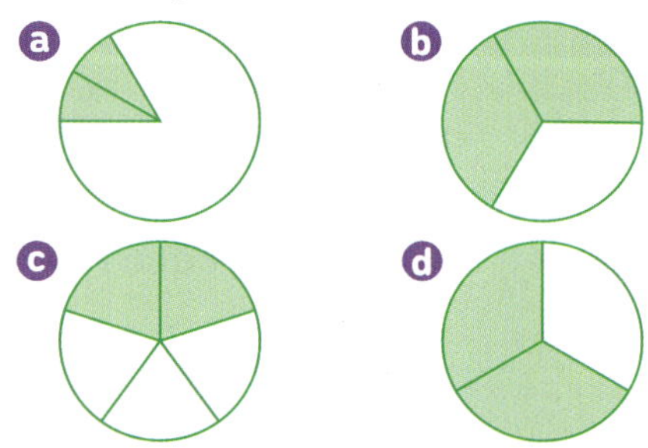

2. Dans quel(s) cas a-t-on colorié les $\frac{2}{3}$ du rectangle ?

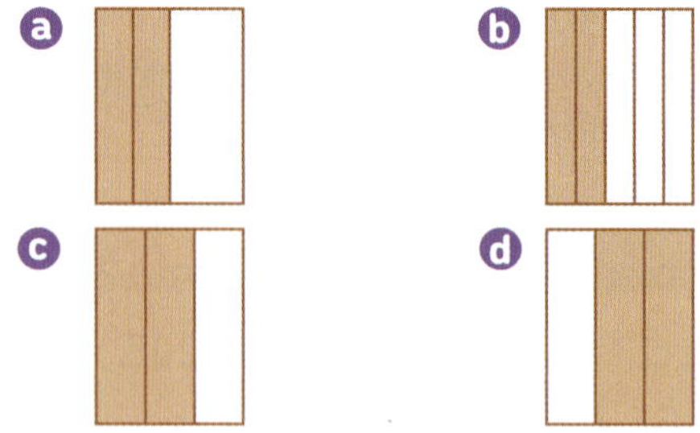

4

1. Quels sont les nombres compris entre 0 et 1 ?

$\frac{7}{4}$ $\frac{4}{7}$ $\frac{9}{10}$ $\frac{27}{20}$

2. Quels sont les nombres supérieurs à 1 ?

$\frac{14}{3}$ $\frac{18}{1000}$ $\frac{123}{45}$ $\frac{75}{100}$

Je m'entraîne 1

5 Dans chaque cas, indiquer la fraction du polygone qui a été colorée.

a. 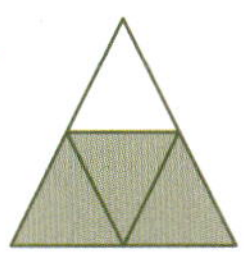

b. 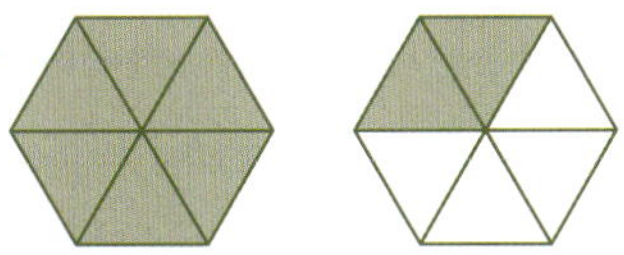

c. 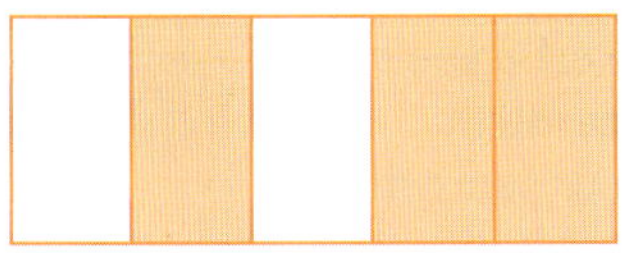

d. 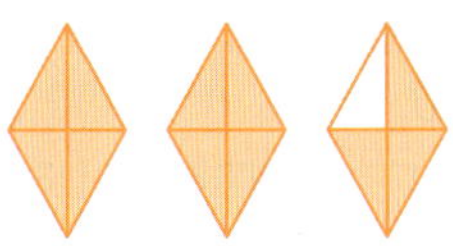

6 Associer chaque fraction au point qui a pour abscisse cette fraction :

$\frac{1}{4}$ $\frac{8}{4}$ $\frac{1}{2}$ $\frac{6}{8}$ $\frac{3}{2}$

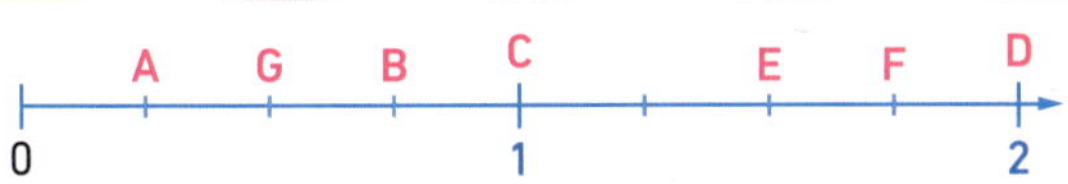

7 Préciser la fraction du cercle colorée à l'aide de deux fractions égales mais différentes.

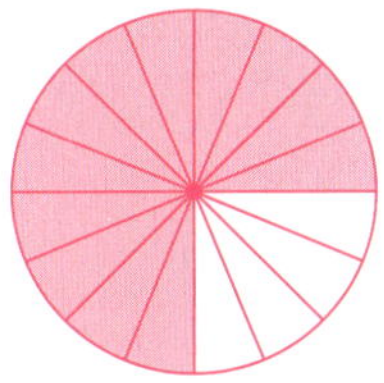

8 $\frac{17}{3} = \frac{15}{3} + \frac{2}{3} = 5 + \frac{2}{3}$ Somme d'un nombre entier et d'une fraction inférieure à 1.

Transformer les fractions suivantes de la même manière :

a. $\frac{22}{5}$ b. $\frac{15}{3}$ c. $\frac{45}{4}$ d. $\frac{38}{6}$

9 Quelle fraction d'une heure les durées suivantes représentent-elles ?

a. 20 minutes b. 40 minutes
c. 10 minutes d. 15 minutes
e. 24 minutes f. 100 minutes

10 Recopier les fractions comprises entre 1 et 2 :

$\frac{13}{10}$ $\frac{280}{100}$ $\frac{143}{100}$ $\frac{217}{10}$ $\frac{1554}{1000}$

Je m'entraîne 2

11 Réécrire sous forme d'une fraction et compléter en utilisant les symboles =, < ou > :
a. un demi ... un quart ;
b. deux demis ... deux quarts ;
c. trois cinquièmes ... cinq tiers ;
d. un demi ... deux quarts.

12 Déterminer quelle fraction du grand carré représente chaque couleur.

13 **Les maths autour de moi**
Élisa fait le tour du lac du Bourget à vélo avec ses parents. Elle doit rouler 50 km pour faire le tour du plus grand lac naturel de France.

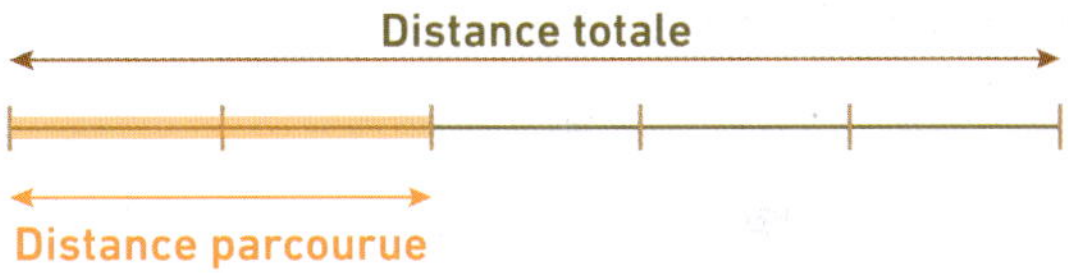

1. D'après le schéma, quelle est la proportion de la distance déjà parcourue par Élisa par rapport à la distance totale ?
2. Combien de kilomètres lui reste-t-il à parcourir ? Expliquer la démarche.

14 Effectuer les calculs suivants :

a. $\frac{3}{10} + \frac{4}{10}$ b. $\frac{7}{2} + \frac{3}{2}$

c. $\frac{31}{25} + \frac{43}{25}$ d. $\frac{26}{100} + \frac{31}{100} + \frac{43}{100}$

15 **TOP Chrono** 10 min

1. Tracer un segment [AB] de 12 cm.
Colorier en bleu $\frac{5}{6}$ de ce segment [AB].

2. Tracer un segment [CD] de 6 cm.
Colorier en vert $\frac{2}{3}$ du segment [CD].

Je comprends

Voir la vidéo : bordas.media/733775_029

1. Recopier et compléter l'égalité : $\dfrac{3}{25}=\dfrac{\dots}{100}$.
2. Écrire le quotient $\dfrac{220}{40}$ sous la forme d'une fraction la plus simple possible.

Exercice résolu

1. Étape 1. On cherche par quel nombre est multiplié le dénominateur :
$25 \times 4 = 100$.

Étape 2.

> Pour obtenir une fraction égale à une fraction choisie, on peut multiplier ou diviser le numérateur et le dénominateur de cette fraction par un même nombre entier (non nul).

Ainsi : $\dfrac{3}{25}=\dfrac{3\times 4}{25\times 4}=\dfrac{12}{100}$.

2. On doit diviser le numérateur et le dénominateur de la fraction $\dfrac{220}{40}$ par un même nombre pour la simplifier.

> Simplifier une fraction signifie trouver une fraction qui lui est égale mais avec un numérateur et un dénominateur plus petit.

On peut utiliser les critères de divisibilité : 220 et 40 sont divisibles par 10.
On obtient 22 et 4, qui sont des nombres pairs donc divisibles par 2.

Ainsi : $\dfrac{220}{40}=\dfrac{22:10}{40:10}=\dfrac{22}{4}=\dfrac{22:2}{4:2}=\dfrac{11}{2}$.

11 et 2 n'ont pas de diviseurs communs, on ne peut donc pas simplifier davantage cette fraction.

Je m'échauffe

S'entraîner avec Aplusix : bordas.media/733775_030

16 QUESTIONS FLASH

1. Recopier et compléter les égalités :
a. $\dfrac{4}{3}=\dfrac{\dots}{9}$ **b.** $\dfrac{6}{8}=\dfrac{\dots}{16}$ **c.** $\dfrac{5}{3}=\dfrac{15}{\dots}$
2. Simplifier au maximum la fraction $\dfrac{36}{60}$.
3. Les fractions $\dfrac{1}{9}$ et $\dfrac{3}{27}$ sont-elles égales ?
4. Comparer $\dfrac{12}{13}$, $\dfrac{24}{12}$ et 1.

17 Trouver les fractions $\dfrac{A}{B}$ et $\dfrac{C}{D}$:

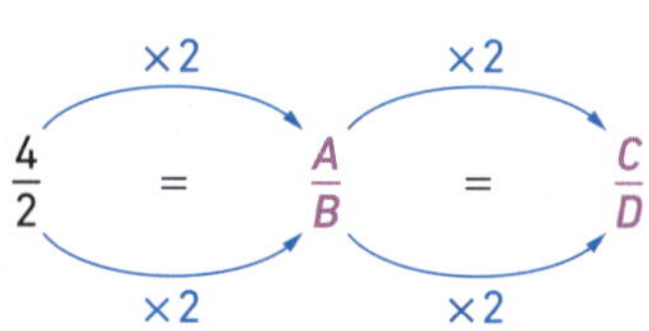

18 1. Effectuer les calculs suivants :
a. $\dfrac{2}{7}\times 7$ **b.** $\dfrac{15}{22}\times 22$ **c.** $\dfrac{31}{51}\times 51$

2. Recopier et compléter les égalités suivantes :
a. $4\times \dots = 8$ **b.** $4\times \dots = 10$ **c.** $4\times \dots = 11$

19 Recopier et compléter les égalités :
a. $\dfrac{2}{3}=\dfrac{\dots}{12}$ **b.** $\dfrac{3}{3}=\dfrac{\dots}{12}$ **c.** $\dfrac{2}{6}=\dfrac{\dots}{12}$
d. $\dfrac{1}{3}=\dfrac{\dots}{12}$ **e.** $\dfrac{4}{6}=\dfrac{\dots}{12}$

20 Dans la liste de fractions suivantes, identifier celles qui sont des nombres entiers :

$\dfrac{12}{3}$ $\dfrac{10}{4}$ $\dfrac{12}{5}$ $\dfrac{7}{10}$ $\dfrac{15}{5}$ $\dfrac{7}{14}$ $\dfrac{13}{9}$ $\dfrac{32}{8}$

21

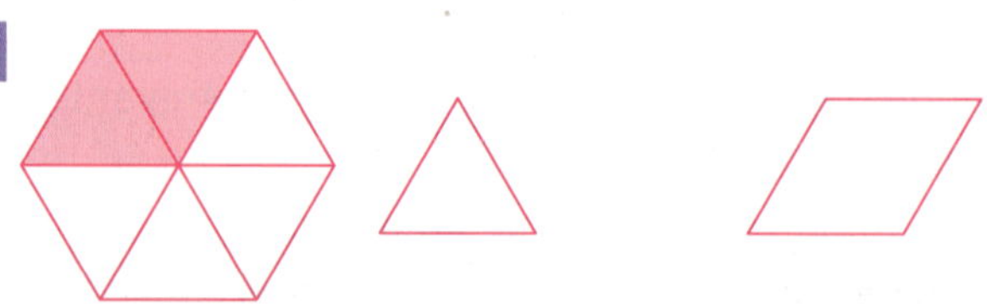

Hexagone Triangle Losange

1. L'hexagone est découpé en combien de triangles ? Parmi eux, combien sont coloriés ?
2. L'hexagone est découpé en combien de losanges ? Parmi eux, combien sont coloriés ?
3. En déduire deux fractions égales.

Je m'entraîne 1

22 **1.** Par quel nombre faut-il multiplier $\frac{3}{4}$ pour obtenir 3 ?
2. Par quelle fraction faut-il multiplier 7 pour obtenir 1 ?

23 Trouver les nombres A, B et C :

$$\frac{15}{6} = \frac{A}{18} = \frac{90}{B} = \frac{5}{C}$$

×3 (from $\frac{15}{6}$ to $\frac{A}{18}$) ; ×2 (from $\frac{A}{18}$ to $\frac{90}{B}$) ; : 18 (from $\frac{90}{B}$ to $\frac{5}{C}$) ; ×3 (from $\frac{5}{C}$ to $\frac{15}{6}$)

24 Recopier et compléter les égalités :

a. $\frac{8}{10} = \frac{4}{...} = \frac{...}{20}$ **b.** $\frac{9}{12} = \frac{3}{...}$ **c.** $\frac{8}{8} = \frac{16}{...}$

25 **Débat**

Série 1

$\frac{1}{2}$ $\frac{3}{6}$ $\frac{9}{15}$ $\frac{42}{84}$

Série 2

$\frac{3}{4}$ $\frac{9}{12}$ $\frac{9}{16}$ $\frac{15}{20}$

Qui a raison ?

26

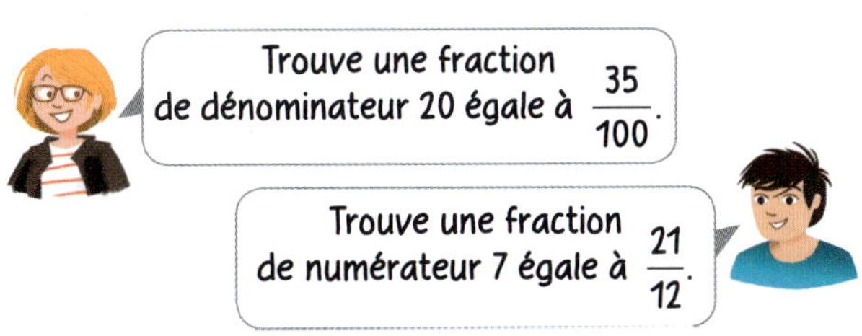

27 Recopier les fractions suivantes et entourer de la même couleur celles qui sont égales :

- $\frac{33}{44}$
- $\frac{28}{35}$
- $\frac{27}{54}$
- $\frac{24}{32}$
- $\frac{4}{5}$
- $\frac{1}{2}$
- $\frac{3}{4}$
- $\frac{20}{25}$

Je m'entraîne 2

28 Proposer cinq écritures différentes du nombre $\frac{7}{4}$.

29 Écrire sous forme fractionnaire :

1,82 — le quotient de 7 par 3 — le nombre qui permet d'obtenir 4 quand on le multiplie par 5

30 Simplifier au maximum les fractions suivantes :

a. $\frac{8}{12}$ **b.** $\frac{15}{35}$ **c.** $\frac{21}{15}$ **d.** $\frac{110}{10}$

31 Ordonner les fractions et nombres décimaux du plus petit au plus grand :

$\frac{25}{75}$ 0,6 $\frac{5}{8}$ 0,4

32 Soit $a = 10$, $b = 4$ et $c = 7$.
Donner la forme fractionnaire la plus simplifiée de :

- $A = \frac{a+b}{c}$
- $B = \frac{b \times c}{a}$

33 **Les maths autour de moi**

Steve et Julie jouent au même jeu vidéo MineSplash.
À la fin du weekend, d'après la barre d'avancement à l'écran,
Steve a atteint les $\frac{48}{56}$ de l'aventure et Julie les $\frac{72}{84}$.

Sont-ils arrivés au même niveau ? Justifier la réponse.

34 **TOP Chrono** 15 min

Quatre farfadets, très joyeux, se partagent leur récolte de myrtilles et de framboises de la journée.
Le premier en a ramassé les $\frac{9}{24}$, le deuxième les $\frac{3}{9}$, le troisième les $\frac{7}{36}$.
1. Écrire chacune des fractions avec un dénominateur égal à 72.
2. En déduire la proportion du nombre de fruits ramassés par le dernier farfadet.

objectif 3 Je calcule la fraction

Je comprends

Voir la vidéo : bordas.media/733775_031

Calculer :

a. les $\frac{8}{4}$ de 15 ;

b. les $\frac{5}{4}$ de 32 ;

c. les $\frac{3}{5}$ de 40.

Exercice résolu

a. $\frac{8}{4}\times15=(8:4)\times15=2\times15=30$ (technique 1 du cours p. 101) ;

b. $\frac{5}{4}\times32=5\times(32:4)=5\times8=40$ (technique 2 du cours p. 101) ;

c. $\frac{3}{5}\times40=(3\times40):5=120:5=24$ (technique 3 du cours p. 101).

Je m'échauffe

S'entraîner avec Aplusix : bordas.media/733775_032

35 QUESTIONS FLASH

1. Calculer $\frac{1}{4}$ de 16.
2. Que vaut un cinquième de quarante ?
3. Calculer : $\frac{3}{5}\times150$.
4. Jules dépense trois cinquièmes de 60 €. Combien a-t-il dépensé ?
5. Quelle somme possède-t-on si l'on a les $\frac{2}{7}$ de 21 € ?

36 Indiquer, en justifiant, la meilleure technique à utiliser pour faire les calculs suivants :

a. $\frac{7}{3}\times36$ b. $\frac{8}{3}\times7$ c. $\frac{10}{2}\times7$

37 Débat

Voici deux méthodes pour calculer $\frac{7}{8}\times48$:

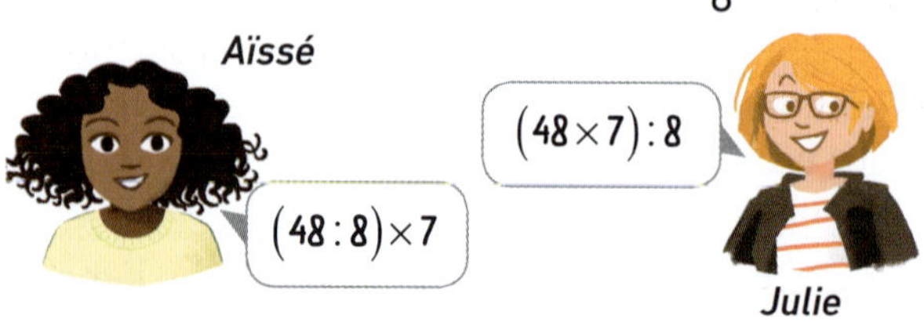

1. Quelle méthode est la plus rapide ?
2. Effectuer le calcul.

38 Vrai ou Faux ?

$$\frac{8}{5}\times15=21$$

39 Calculer les quantités suivantes :

a. $\frac{3}{10}$ de 20 mètres b. $\frac{9}{5}$ de 15 secondes

c. $\frac{4}{16}$ de 100 grammes d. $\frac{2}{3}$ de 33 €

e. $\frac{2}{3}$ de 81 kg f. $\frac{12}{6}$ de 50 Go

40 Calculer en appliquant des techniques astucieuses :

a. $10\times\frac{9}{2}$ b. $39\times\frac{4}{13}$ c. $1{,}2\times\frac{50}{5}$

d. $\frac{7}{5}\times6$ e. $\frac{7}{5}\times14$ f. $14\times\frac{8}{7}$

41 1. Tracer un segment [AB] de 15 cm, puis :

a. tracer un segment [MN] mesurant $\frac{1}{5}$ de [AB] ;

b. tracer un segment [OP] mesurant $\frac{6}{15}$ de [AB] ;

c. tracer un segment [ST] mesurant $\frac{3}{10}$ de [AB].

2. Calculer les longueurs de [MN], [OP] et [ST]. Les vérifier sur le dessin.

42 L'os d'un gigot représente $\frac{3}{20}$ de son poids total.
Lorenzo achète un gigot de 1 200 g.
Quel est le poids de l'os de ce gigot ?

Je m'entraîne 1

43 Calculer les quantités suivantes :

a. $\frac{5}{6}$ de 36 € b. $\frac{7}{5}$ de 45 minutes

c. $\frac{2}{9}$ de 81 kg d. $\frac{2}{5}$ de 35 cm

44 **Débat**

Qui a raison ?

45 Calculer en utilisant la technique 1 du cours :

a. $\frac{5}{10}\times 35$ b. $\frac{1}{10}\times 25$ c. $20\times\frac{27}{9}$

46 Calculer en utilisant la technique 2 du cours :

a. $\frac{3}{4}\times 200$ b. $\frac{2}{10}\times 25$ c. $27\times\frac{15}{9}$

47 Calculer en utilisant la technique 3 du cours :

a. $\frac{3}{2}\times 40$ b. $\frac{15}{6}\times 2$ c. $12\times\frac{2}{3}$

48 **L'écologie autour de moi**

La population mondiale au 1er janvier 2019 était de 7,5 milliards de personnes.

1. Les $\frac{4}{5}$ de ces personnes disposent de l'eau potable.
Combien de personnes cela représente-t-il ?

2. Les $\frac{9}{250}$ doivent se déplacer à plus de trente minutes aller-retour pour trouver le point d'eau potable le plus proche.
Combien de personnes cela représente-t-il ?

49 Lors de l'inscription en colonie de vacances à Pralognan-la-Vanoise :

- $\frac{2}{3}$ des jeunes ont choisi le canyoning ;
- les autres ont choisi le VTT.

Sur les 45 adolescents, combien y a-t-il d'inscrits pour chaque activité ?

Je m'entraîne 2

50 Calculer les produits suivants et donner le résultat sous la forme d'une fraction la plus simplifiée possible :

a. $10\times\frac{7}{22}$ b. $2\times\frac{36}{42}$ c. $\frac{75}{175}\times 28$

51 Calculer les produits suivants et donner le résultat sous la forme décimale :

a. $2{,}7\times\frac{15}{45}$ b. $110\times\frac{6{,}3}{77}$ c. $\frac{560}{42}\times 0{,}18$

52 Ajar possède un aquarium de capacité 360 L mais l'eau n'occupe que les trois quarts de ce volume. Quel volume d'eau, en litres, contient l'aquarium ?

53 **Les maths autour de moi**

Pour le goûter du club nautique, le maître-nageur achète des cakes.

Il envisage d'offrir $\frac{1}{8}$ de cake à chacun de ses 28 nageurs.

1. Combien doit-il acheter de cakes ?
2. Combien restera-t-il de parts quand tous les nageurs se seront servis ?

54 Lors d'un stage à la médiathèque de son village, Louise fait des recherches sur les 18 700 ouvrages présents dans tous les rayons.

	A	B
1	**Rayons**	**Proportion**
2	Livres	306/930
3	CD	81/465
4	DVD	75/465
5	BD	106/465
6	Periodique	10/93
7	Total	18600

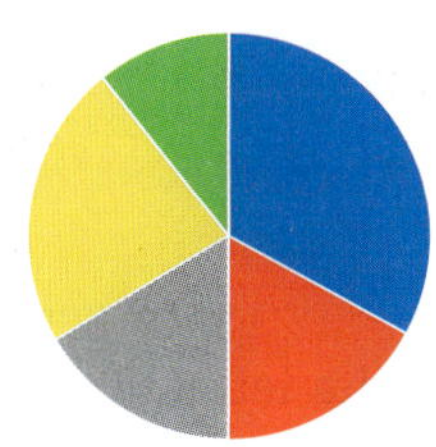

1. Calculer la quantité d'ouvrages présents dans tous les rayons.
2. Associer chaque couleur du diagramme à son rayon.

55 **TOP Chrono** 10 min

Thomas se rend de Paris à Grenoble (600 km) avec ses parents pour passer quelques jours de vacances.
Ils ont déjà effectué les deux tiers du parcours.
Quelle distance leur reste-t-il encore à parcourir ?

je travaille seul(e) ou en Accompagnement personnalisé

QCM de révision
Retrouve un autre QCM interactif : bordas.media/733775_033

Je fais le point sur mon cours

		A	B	C
56	Dans quel cas l'aire de la surface bleue est-elle égale à l'aire de la surface verte ? 	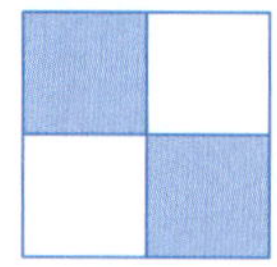		
57	$\frac{7}{8} - \frac{3}{8} = \ldots$:	$\frac{5}{8}$	$\frac{1}{2}$	$\frac{10}{8}$
58	Par quel nombre faut-il multiplier $\frac{7}{5}$ pour obtenir 7 ?	5	7	35
59	Trouver une autre écriture fractionnaire du nombre $\frac{12}{100}$:	$\frac{4}{25}$	$\frac{4}{50}$	$\frac{3}{25}$
60	Inès dépense les $\frac{2}{3}$ de ses économies s'élevant à 60 €. Combien dépense-t-elle ?	30 €	40 €	50 €

Je fais le point sur mes objectifs

OBJECTIF 1
Je représente des partages à l'aide de fractions

61 **1.** La lettre O représente quelle fraction du mot **cryptozoologie** ?
2. Dans le mot **otorhinolaryngologiste**, quelle fraction du mot représente la lettre O ?

Recherche une définition de ces deux mots.

62 **1.** Écrire les abscisses des points A, B, C et D de deux façons différentes :

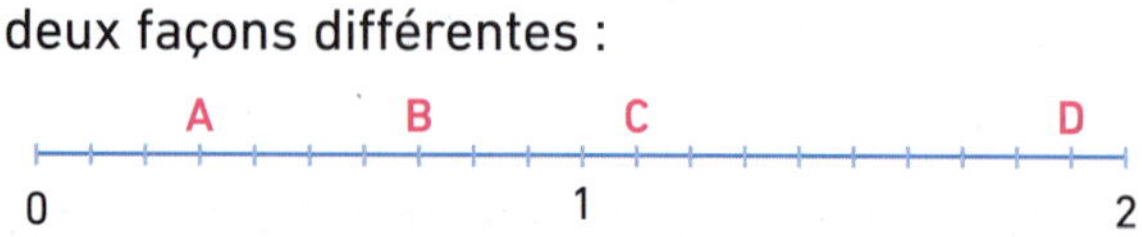

2. Recopier l'axe gradué et placer les points E et F d'abscisses respectives $\frac{1}{2}$ et $\frac{7}{5}$.

OBJECTIF 2
Je modifie l'écriture d'une fraction

63 Dans chaque cas, dire si les fractions sont égales ou non :
a. $\frac{4}{5}$ et $\frac{9}{5}$; **b.** $\frac{2}{3}$ et $\frac{4}{6}$; **c.** $\frac{14}{12}$ et $\frac{7}{6}$;
d. $\frac{14}{20}$ et $\frac{7}{4}$; **e.** $\frac{5}{8}$ et $\frac{15}{24}$; **f.** $\frac{1}{6}$ et $\frac{0}{4}$.

64 Qui est l'intrus ?

OBJECTIF 3

Je calcule la fraction d'une quantité

65 L'écologie autour de moi

L'Antarctique, appelé continent blanc, avec ses nombreux icebergs, fond à toute allure. Ce phénomène est la conséquence du changement climatique. Les icebergs sont un danger bien connu des marins.

Un iceberg a environ $\frac{87}{100}$ de sa masse au-dessous de sa ligne de flottaison.

La partie émergée (partie visible) ne représente que $\frac{1}{8}$ de la hauteur totale.

1. Combien mesure la partie immergée (sous l'eau) d'un iceberg de 70 m de hauteur totale ? Combien mesure sa partie émergée ?
2. Ce même iceberg a une masse de 180 000 tonnes. En déduire la masse de sa partie immergée et la masse de sa partie émergée.

66 Les maths autour de moi

Le train TER de la ligne Lyon-Valence Ville part à 11 h 20 de Lyon en affichant complet.
Il transporte alors 420 voyageurs.

11h20	**Lyon Part Dieu**	TER 17
11h40	Vienne	
11h53	Le Peage De Roussillon	
12h13	Tain	
12h25	**Valence Ville**	

Lors du 1er arrêt à Vienne, il repart aux $\frac{3}{4}$ plein.

Lors du 2e arrêt au péage de Roussillon, personne ne descend mais 35 personnes montent.
À l'arrêt suivant, aucun voyageur ne descend mais le nombre de voyageurs augmente de 10 %.

Combien y a-t-il de passagers dans le train en arrivant à Valence ?

67

Amandine loue un appartement de 99 m^2 qu'elle aimerait mieux aménager.

La salle de bains occupe les $\frac{2}{33}$ de la surface.

La cuisine occupe les $\frac{5}{33}$.

Calculer l'aire de la salle de bain, puis celle de la cuisine pour l'aider à réfléchir.

68 Les maths autour de moi

1. Par le passé, les téléviseurs respectaient le format $\frac{4}{3}$. Ce nombre désigne le rapport entre la longueur et la largeur de l'écran.
Quelle était la largeur d'un téléviseur de longueur 96 cm ?
2. Aujourd'hui, le format d'écran le plus répandu est $\frac{16}{9}$. Quelle est la largeur d'un téléviseur de longueur 96 cm ?

69

- Avec ses 143 000 km de diamètre, Jupiter est la plus grande planète du système solaire.
- Le diamètre de la planète aux anneaux, Saturne, est environ égal aux $\frac{5}{6}$ du diamètre de Jupiter.
- La planète Vénus, appelée également l'étoile du Berger, a un diamètre égal aux $\frac{9}{100}$ du diamètre de Jupiter.
- Mercure, planète la plus proche du Soleil, a un diamètre environ égal aux $\frac{2}{5}$ de celui de Vénus.

Saturne **Jupiter** **Vénus** **Mercure**

Calculer le diamètre de Saturne, Vénus et Mercure arrondi au millier de kilomètre près.

70

Lors de la Coupe du Monde de Rugby 2019, la France a joué les quarts de finale contre le Pays de Galles au Dôme de Oita au Japon.

Les $\frac{7}{8}$ des 40 000 places du stade étaient occupées.

Les $\frac{4}{5}$ des spectateurs avaient payé leur place, les autres bénéficiaient d'invitations.
Combien de spectateurs ont assisté gratuitement à ce match ?

je développe mes compétences

RAISONNER · REPRÉSENTER · COMMUNIQUER · CALCULER · CHERCHER · MODÉLISER

J'apprends à REPRÉSENTER

J'OBSERVE

90 Trois enfants participent à une course : chacun démarre au premier coup de sifflet et s'arrête au second.
Le gagnant de la course est celui qui est allé le plus loin.
Voici les positions d'arrivée des enfants :

- Lola : $\frac{16}{5}$
- Zoé : $3+\frac{2}{3}$
- Enzo : $2+\frac{1}{2}$

Quel est le classement final de cette course ?

EXERCICE RÉSOLU

On représente les positions de chacun sur des droites graduées afin de les comparer sachant que pour Lola : $\frac{16}{5}=3+\frac{1}{5}$.

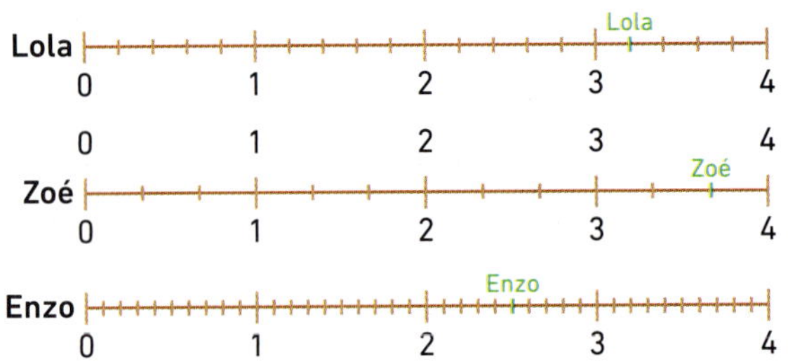

Le classement de cette course est : Zoé (première), Lola puis Enzo.

JE ME LANCE

91 Quatre enfants font une course.
Au bout d'une demi-heure, Théo a parcouru $\frac{7}{12}$ de tour. Romy a parcouru $\frac{3}{4}$ de tour. Yossr a parcouru deux-tiers de tour et Pablo a parcouru $\frac{5}{6}$ de tour.
Donner le classement de la course à cet instant.

92 Lisa a mangé les $\frac{2}{5}$ d'une galette des rois et Quentin les $\frac{3}{10}$.
Personne n'a trouvé la fève, elle se trouve donc dans la fraction de galette qui reste, mais quelle est cette fraction ?

93 Trois frères veulent acheter le dernier Marco Kart. Le premier possède les $\frac{2}{5}$ du prix de ce jeu vidéo, le deuxième en possède les $\frac{4}{15}$ et le troisième $\frac{1}{3}$.
Ont-ils assez d'argent pour acheter ensemble ce jeu vidéo ?

J'apprends à CALCULER

J'OBSERVE

94 Le réservoir d'essence d'une automobile, type berline, a une contenance de 72 litres.
Il est rempli aux $\frac{3}{4}$.
Combien de litres d'essence contient ce réservoir ?

EXERCICE RÉSOLU

$\frac{3}{4}\times 72=3\times(72:4)=3\times 18=54$.

Ce réservoir contient 54 litres d'essence.

JE ME LANCE

95 Le petit chaperon vert doit parcourir 15 km pour aller voir son grand-père.
Elle a déjà parcouru les $\frac{2}{5}$ de son trajet.
Quelle distance a-t-elle parcourue ?

96 240 élèves de sixième ont été interrogés sur leur lecture préférée :

- $\frac{1}{6}$ des élèves préfèrent les BD ;
- $\frac{5}{12}$ des élèves préfèrent lire des documentaires ;
- le reste des élèves préfèrent les mangas.

Calculer le nombre d'élèves dans chaque catégorie.

97 Carré bicolore

REPRÉSENTER D1.3 et 2

Le motif vert occupe-t-il plus d'un tiers du grand carré ? ou moins ?

98 Course de vitesse

RAISONNER • CALCULER D1.3 et 2

Le professeur d'EPS organise une épreuve de vitesse entre six élèves. Il s'agit de courir en ligne droite pendant trois minutes. Le vainqueur sera l'élève qui aura parcouru la plus grande distance.

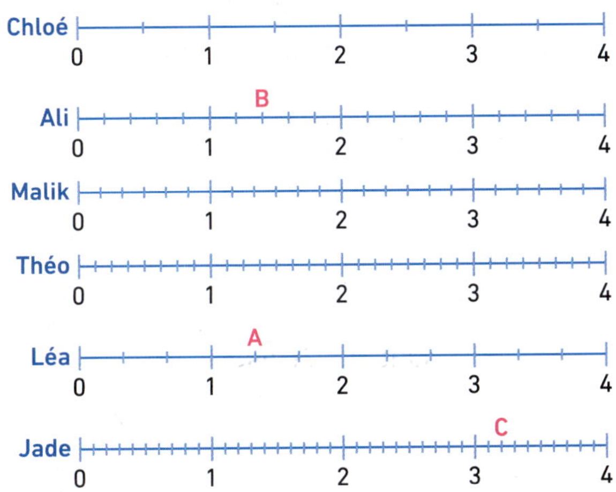

Voici les abscisses des points d'arrivée de chaque élève :

Chloé	Ali	Malik	Théo	Léa	Jade
$\frac{7}{2}$	$\frac{16}{5}$	$\frac{16}{6}$	$\frac{30}{8}$	$\frac{8}{3}$	$3+\frac{1}{2}$

1. Établir le classement de la course.

2. Que d'incidents ! Léa a refait ses lacets au point A, Ali a fait une chute au point B, Jade a perdu son dossard au point C.
Écrire l'abscisse de chacun de ces points.

3. Malik a eu un point de côté au point d'abscisse $\frac{10}{6}$. Encadrer cette abscisse entre deux nombres entiers consécutifs.

99 Un programme de calcul

RAISONNER D1.3 et 2

1. Tester ce programme pour $N = 4$, $N = 8$ et $N = 12$.

2. Écrire un programme, le plus court possible, qui fasse la même chose que le précédent mais plus rapidement. Vérifier avec $N = 4$, $N = 8$ et $N = 12$.

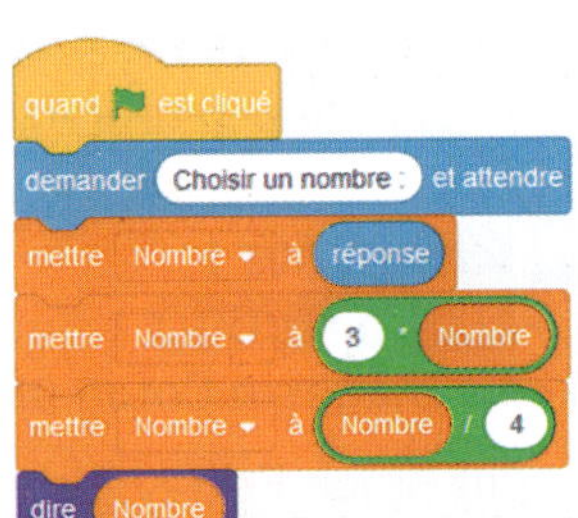

100 Vue d'en haut

CALCULER • COMMUNIQUER D1.3 et 2

1. La plus grande construction du monde est le gratte-ciel Burj Khalifa. Chercher dans quelle ville et dans quel pays se trouve ce gratte-ciel.

2. Sa hauteur mesure les $\frac{41}{16}$ de la hauteur de la tour Eiffel de Paris. Chercher la hauteur de la tour Eiffel. Quel calcul permet d'obtenir la hauteur du gratte-ciel Burj Khalifa ?
Effectuer ce calcul.

3. Le pilier du pont du Viaduc de Millau, situé dans l'Aveyron, se situe à une hauteur de 342 m. Quelle fraction de la hauteur de la tour Eiffel correspond à la hauteur de ce pilier ?

101 L'écologie autour de moi

CALCULER • COMMUNIQUER D1.3 et 2

Lionel, gérant d'une boulangerie, fabrique chaque mois 225 kg de pain. Il réalise une étude auprès de ses clients pour connaître leur pain préféré afin de réduire les invendus et donc le gaspillage : $\frac{1}{3}$ de ses clients préfèrent la baguette tradition, $\frac{2}{5}$ le pain de campagne, $\frac{2}{15}$ le pain au maïs et $\frac{2}{15}$ la fougasse.

Il rassemble ces résultats dans une feuille de calcul :

	A	B	C
1	Pains	Proportion	Masse (en kg)
2	Baguette tradition	1/3	
3	Pain de campagne	2/5	
4	Pain au maïs		
5	Fougasse		
6		total (en kg)	225

1. Que doit saisir Lionel dans les cellules **B4** et **B5** ?

2. Quelle formule doit-il saisir en **C2** ? Copier cette formule sur la colonne **C** pour calculer la masse à prévoir pour chaque type de pain.

3. Quelle masse de chaque type de pain doit-il prévoir chaque mois ?

102 Fraction de masse

CALCULER D1.3 et 2

Recopier et compléter ce tableau :

	200 g	250 g	500 g		800 g	
Fraction de kilogramme				3/4		3/2

103 Montée des eaux

MODÉLISER • REPRÉSENTER D1.3, 2 et 5

On convient d'appeler « hauteur de la marée » l'écart entre le niveau de la mer à marée basse et le niveau de la mer à marée haute.

En France, la mer ne monte pas à vitesse constante pendant les six heures de la marée montante.

Elle monte de $\frac{1}{12}$ de la hauteur de la marée la première heure, de $\frac{1}{6}$ la deuxième heure, de $\frac{1}{4}$ la troisième heure, de $\frac{1}{4}$ la quatrième heure et de $\frac{1}{6}$ la cinquième heure.

Elle descend dans les mêmes proportions à marée basse.

1. Au bout de deux heures, de quelle fraction de la hauteur de la marée la mer sera-t-elle montée ?
2. Au bout de combien d'heures la mer sera-t-elle montée des trois quarts de la hauteur de la marée ?

104 Une moto pour ses 20 ans

CALCULER D1.3 et 2

Le grand frère de Lucas achète une moto pour ses 20 ans valant 4 260 €.

Il verse d'abord un tiers de cette somme à la commande, puis, à la livraison, les trois quarts de ce qu'il devait encore. Pour fêter son anniversaire, il organise une fête et collecte de l'argent. Cette cagnotte lui permet de payer le reste du prix de la moto.

	A	B
1	Montant	4 260 €
2	Commande	
3	Livraison	
4	Cagnotte	

1. Quelle formule écrire en **B2** pour calculer le montant versé à la commande ? Calculer ce montant.
2. Quelle formule écrire en **B3** pour calculer le montant versé à la livraison ? Calculer ce montant.
3. Quelle formule écrire en **B4** pour calculer le montant minimum qu'il doit collecter lors de sa fête d'anniversaire ?

105 Anglais Water for the gardener

CALCULER • COMMUNIQUER D1.3 et 2

A gardener has a tank with a capacity of 2,500 L.
He uses 115 litres, then 3/5 of what remains.
How much water, in litres, did he use each time?
How much water is left in the tank?

106 Fraction de durée

CALCULER D1.3 et 2

Recopier et compléter ce tableau :

	6 h	8 h	12 h		18 h		48 h
Fraction de jour				2/3		3/2	

107 Question d'âge

CALCULER D1.3 et 2

Martine a 33 ans. L'âge de Nicolas est égal aux $\frac{7}{6}$ de celui de Martine. Quel est l'âge de Nicolas ?

108 L'Œil Oudjat

CHERCHER • CALCULER D1.3 et 2

Ce symbole représente l'Œil du dieu faucon, Horus. Il est nommé aussi l'Œil Oudjat.

À la mort d'Osiris, c'est son frère Seth qui reprend le pouvoir en Égypte. Voulant venger son père, Horus part en guerre contre son oncle. Au bout de nombreuses batailles, Seth est vaincu et Horus reprend le trône d'Égypte.

Cependant, pendant une bataille, Horus perd un œil. Ce dernier, brisé en six morceaux, est reconstitué par Thot et rendu à son propriétaire.

Chacun de ses morceaux symbolise une fraction de numérateur 1 et de dénominateurs 2, 4, 8, 16, 32 et 64.

1. Que suggère le programme Scratch ci-dessous ?

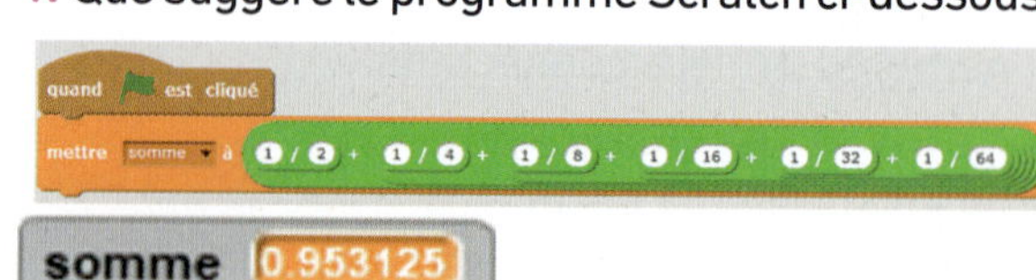

2. Quelle fraction de l'œil manque-t-il ?

109 Vendredi noir !

RAISONNER • CALCULER D1.3 et 2

Le magasin Coton propose $\frac{4}{9}$ de réduction lors du Black Friday. Un pull coûte 31,50 €.

1. Quelle est la réduction sur ce pull ?
2. Quel est son prix après réduction ?

Jeux mathématiques

110 Mots fractionnés

Recopier et compléter la grille à l'aide des indications.

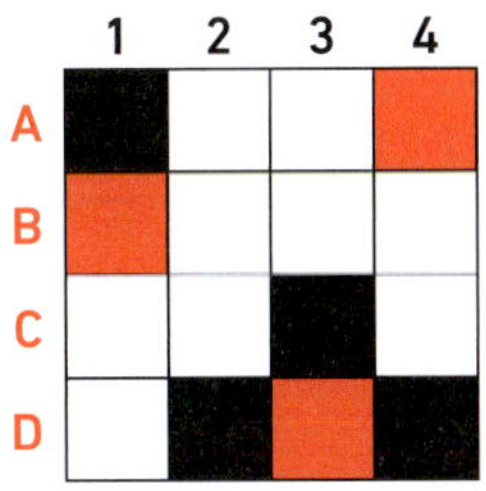

Horizontalement

A Nombre manquant dans l'égalité : $\frac{5}{11} = \frac{55}{...}$.

B Les $\frac{8}{3}$ de 1 794.

C $\frac{1}{3}$ du nombre de la *colonne* 4 – Écriture décimale d'un quotient dont le numérateur est égal au dénominateur.

D Chiffre pair – Chiffre impair.

Verticalement

1 Le double des $\frac{2}{3}$ de 333.

2 Nombre manquant dans l'égalité : $\frac{19}{59} = \frac{57}{...}$.

3 Nombre manquant dans l'égalité : $\frac{57}{2} = ... + \frac{1}{2}$ – Tiers de 15.

4 Dénominateur d'une fraction égale à $\frac{3}{47}$ dont le numérateur est 9.

2. Ranger dans l'ordre croissant les chiffres des trois cases rouges pour retrouver le code du coffre de Richard Worley, le pirate « faucon des mers ».

111 Défi !

Je pense à deux fractions.

- Le numérateur de la première est le double de son dénominateur.
- Le numérateur de la seconde est le triple de son dénominateur.

Es-tu capable de prévoir la somme de ces deux fractions ?

Énigme

112 Une étiquette n'est égale à aucune autre, laquelle ?

$3 + \frac{34}{100}$	$\frac{167}{50}$	1,75	1,125
$\frac{5}{4}$	$\frac{9}{8}$	$1 + \frac{1}{4}$	$1 + \frac{1}{8}$

devoirs à la maison

113 La vente de bois

En abattant un arbre, on obtient six stères de bois. Vincent, qui bénéfice d'un droit d'affouage dans sa commune, coupe 20 arbres et vend $\frac{7}{12}$ de son bois.

1. Quelle quantité de bois (en stères) lui reste-t-il pour sa propre consommation ?

2. Donner la définition d'un stère de bois et d'un affouage.

3. Combien de mètres cube de bois Vincent a-t-il vendus ?

4. Son voisin lui a acheté 14 m^3 de bois pour chauffer sa maison tout l'hiver.
Quelle proportion de la vente de Vincent cela représente-t-il ?

114 La cuisine au beurre

1. Pour réaliser un gâteau au chocolat, j'ai besoin des $\frac{3}{5}$ d'une plaquette de beurre de 250 g.
Quelle quantité de beurre vais-je utiliser ?

2. Pour une autre recette de cake au jambon, j'ai besoin de $\frac{6}{20}$ d'une plaquette de beurre. Dois-je acheter une deuxième plaquette de beurre ?

3.

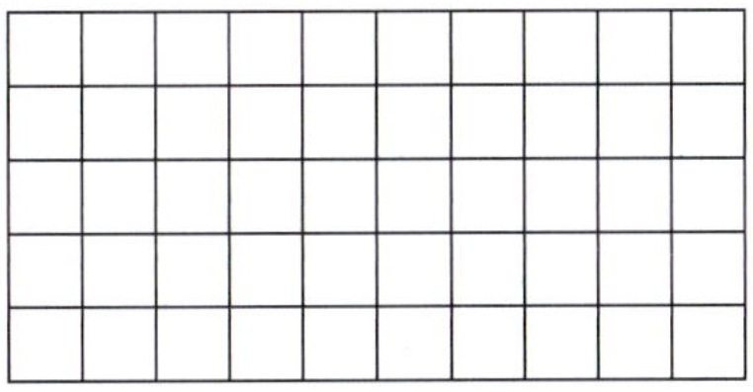

Reproduire la plaquette de beurre ci-dessus. Colorier en marron la part utilisée pour le gâteau au chocolat. Colorier en jaune la part utilisée pour le cake.

avec un logiciel

Pour faire ces activités, télécharge les fiches logiciel Géométrie et Tableur sur le site college.editions-bordas.fr.

1 Usages des smartphones en 2018

30'

Utiliser un tableur pour étudier tous les cas possibles.

Difficulté mathématique   Difficulté technique

Le tableau ci-dessous représente les différents usages des fonctionnalités des téléphones mobiles en France en 2018.
En France, 49,5 millions de personnes ont un smartphone ce qui représente 75 % de la population.

1 **a.** Reproduire ce tableau dans une feuille de calcul d'un tableur.

	A	B	C	D	E	F	G
1	**Usages**	**Naviguer sur Internet**	**Consulter les e-mails**	**Télécharger des applications**	**Regarder des vidéos**	**Echanger des messages textes**	**Téléphoner**
2	**Nombre (en millions)**	**32,2**	**29,7**	**27,2**	**20,8**	**22,3**	**14,9**
3	**Proportion**	**2/3**					

b. Représenter les données de ce tableau dans un diagramme circulaire présentant le type d'usage d'un smartphone. Tableur 4

Un diagramme circulaire est un cercle subdivisé en secteurs plus ou moins larges comme un gâteau circulaire que l'on découperait en parts. Pour le construire, sélectionne les données des deux premières lignes, puis, dans le menu Insertion, sélectionne le bon graphique.

c. Quelle formule faut-il entrer en **B3** pour faire apparaître la proportion de chaque usage (afficher le résultat en fraction) ? Tableur 1 et 8

d. Copier la formule dans les cellules **C3** à **G3** pour compléter le tableau. Tableur 2

2 En observant le diagramme ou le tableau, répondre par Vrai ou Faux aux affirmations suivantes :

a. Moins de la moitié de la population utilise son smartphone pour téléphoner.

b. Plus des $\frac{3}{4}$ de la population utilise son smartphone pour naviguer sur Internet.

c. Moins de $\frac{1}{6}$ de la population regarde des vidéos sur son smartphone.

d. Les $\frac{2}{3}$ environ de la population échange des messages textes.

2 Fraction d'un nombre ALGO

30' Utiliser un logiciel de programmation pour calculer la fraction d'un nombre.

Difficulté mathématique — Difficulté technique

1 Dans le programme ci-contre, à quoi correspond le nombre affiché à la fin ?

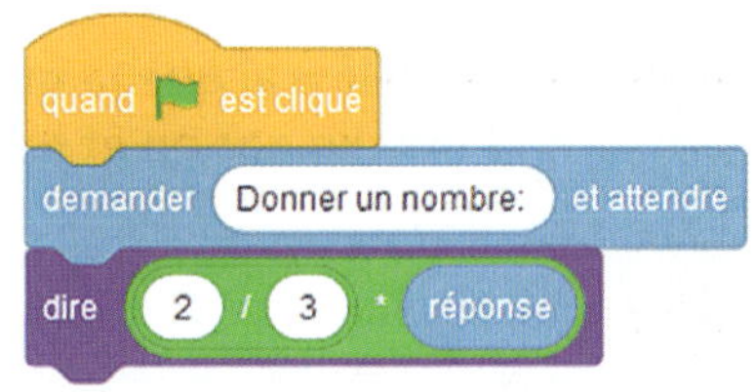

2 Saisir ce programme dans le logiciel Scratch et calculer :

a. $\frac{2}{3}\times 18$ **b.** $\frac{2}{3}\times 81$ **c.** $\frac{2}{3}\times 249$

3 Modifier le programme pour obtenir les résultats des calculs suivants :

a. $\frac{4}{7}\times 21$ **b.** $\frac{5}{6}\times 12$ **c.** $\frac{8}{127}\times 254$

4 Trouver un nombre plus grand que 5 000 tel que $\frac{127}{247}\times\ldots$ soit un nombre entier.

3 Quel téléviseur choisir ?

40' Utiliser un tableur pour calculer des mensualités en répondant à des contraintes.

Difficulté mathématique — Difficulté technique

Mathieu souhaite acheter un nouveau téléviseur pour regarder, en direct de Tokyo, les prochains JO d'été.
Mathieu se rend chez « Dartuff » car ce magasin propose un crédit à 0 % pour l'achat d'un téléviseur. Il hésite entre trois modèles, pour se décider, il construit rapidement une feuille de calcul de tableur sur son smartphone.

	A	B	C	D
1	Modèle	Prix (en €)	Prix de 9 mensualités	Prix de 12 mensualités
2	Téléviseur 75 pouces (189 cm en diagonal)	4896		
3	Téléviseur 65 pouces (165 cm en diagonal)	3492		
4	Téléviseur 55 pouces (140 cm en diagonal)	2 592		

1 Si Mathieu choisit de payer le téléviseur en neuf mensualités, quelle formule entrer en **C2** pour calculer le montant d'une mensualité ?

=B2*9 =B2/9 =A2/C1

2 Reproduire ce tableau dans une feuille de calcul d'un tableur et compléter les cinq cellules restantes.

3 Mathieu souhaite rembourser chaque mois entre 250 et 300 €. Quelles sont toutes ses possibilités ?

1 Le cycle des déchets

Chaque année en France, un habitant produit une grande quantité d'ordures ménagères, quantité qui représente une petite partie émergée de l'iceberg des déchets si l'on prend en compte les déchets professionnels (BTP, industrie, agriculture, activités de soin).

▶ **Est-il vrai que la quantité de déchets en 2018 engendré par les travaux dépasse les 3 000 kg par an et par habitant alors que les ménages et les entreprises produisent moins de 500 kg de déchets par an et par habitant ?**

DOC 1 La répartition des déchets

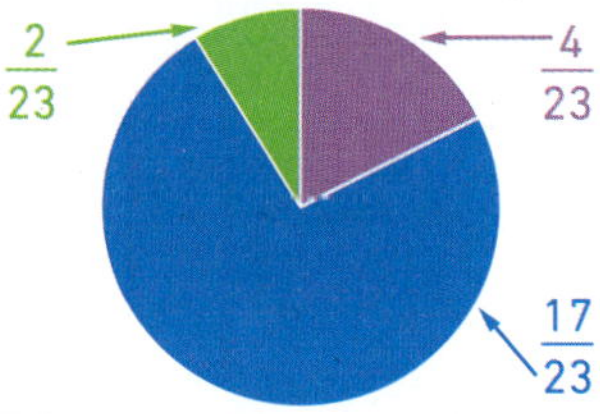

DOC 2 Les différents poids des déchets par habitant en France en 2018

DOC 3 Que deviennent tous les déchets ?

Les valeurs sont données par an et par habitant.

2 Les problèmes DUDU

Les DUDU s'essaient au cocktail et pas n'importe lequel : au Nash ! Et ça dérape, Arnaud met n'importe quoi en quantité de kiwi...

▶ **Peux-tu aider les deux frères ?**

Voir la vidéo : bordas.media/733775_034

chapitre 5

QCM de révision
Avant de commencer ce chapitre, fais le point sur tes connaissances : bordas.media/733775_035

Proportionnalité

objectifs

1 Je reconnais la proportionnalité

2 J'utilise la proportionnalité

3 J'applique un taux de pourcentage

EXEMPLES DE RÉUSSITE !

7 19 28 29 40 41 47 59 66

cherchons ensemble

Si tu ne comprends pas certains des mots utilisés ici, demande à ton enseignant ou consulte le *Dico des maths*, p. 12.

Activité 1

Reconnaître la proportionnalité

OBJECTIF 1

La photographie ① ci-dessous représente l'équipe de France de football féminin.

Quatre copies de cette photographie, numérotées de ② à ⑤, ont été réalisées dans des formats différents.
Le but de l'activité est de reconnaître les copies dont les dimensions (longueur et largeur) sont proportionnelles à celles de la photographie originale.

1 Observer ces images, puis indiquer pour chacune d'elles si elle semble être une copie bien proportionnée de la photographie originale ①.

2 a. Mesurer les dimensions de chaque photographie, puis compléter le tableau ci-dessous après l'avoir recopié :

Photographie	①	②	③	④	⑤
Longueur (en cm)					
Largeur (en cm)					
$\frac{\text{Longueur}}{\text{Largeur}}$					

b. Que remarque-t-on pour les quotients $\frac{\text{Longueur}}{\text{Largeur}}$?

c. Expliquer pourquoi cela permet de reconnaître les copies proportionnelles à la photographie ①.

Activité 2 — Utiliser la proportionnalité

OBJECTIF 2

1 Reproduire en vraie grandeur le puzzle représenté ci-contre.

2 Agrandir ce puzzle en respectant la consigne suivante : « Un segment qui mesure 4 cm sur le puzzle devra mesurer 5 cm sur le puzzle agrandi. »

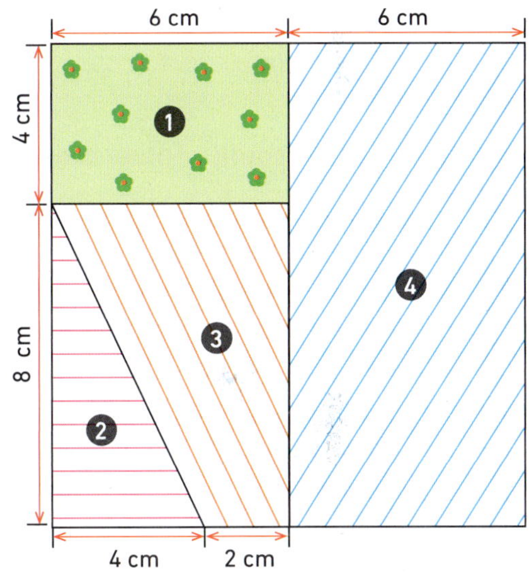

Activité 3 — Appliquer un taux de pourcentage

OBJECTIF 3

Alice vend du fromage blanc fermier contenant 20 % de matière grasse.

1 Noé veut acheter 350 g de fromage blanc et se demande quelle masse de matière grasse comporte ce fromage.

a. Recopier et compléter le tableau ci-dessous :

Masse de fromage blanc (en g)	100	350
Masse de matière grasse (en g)	20	

(× ...)

b. Recopier et compléter le calcul de Noé :

$$\frac{20}{100} \times 350 \text{ g} = \dots \times 350 \text{ g} = \dots \text{ g}$$

2 Raphaël achète 600 g de fromage blanc.
Quelle masse de matière grasse comporte la portion achetée par Raphaël ?

3 Emma veut acheter du fromage blanc contenant exactement 80 g de matière grasse.
Quelle quantité de fromage blanc doit-elle acheter ?

cours

1 Reconnaître la proportionnalité ▶ OBJECTIF 1

DÉFINITION Dire que deux grandeurs sont **proportionnelles** signifie que les valeurs de l'une s'obtiennent en multipliant (ou en divisant) les valeurs de l'autre par **un même nombre non nul**, appelé **coefficient de proportionnalité**.

Exemple d'une situation de proportionnalité : le prix des pommes par rapport à la masse achetée

Des pommes sont vendues au prix de 1,30 € le kg :
1 kg de pommes coûte 1,30 € ; 2 kg de pommes coûtent 2,60 € ; et ainsi de suite…
On remarque qu'acheter 2 fois plus de pommes coûte 2 fois plus cher.
Le prix ici est donc proportionnel à la masse.
On peut représenter cette situation de proportionnalité par un tableau :

Masse de pommes (en kg)	1	2	4	10
Prix à payer (en €)	1,30	2,60	5,20	13,00

× 1,3

Pour obtenir le prix des pommes, on multiplie toujours la masse par le même nombre 1,3.

1,3 est le coefficient de proportionnalité.

Exemple d'une situation de non-proportionnalité : la taille en fonction de l'âge

On a noté la taille de Caro à différents moments de sa vie. Elle mesurait :
60 cm à l'âge de 1 an ; 1 m à 5 ans ; 1,40 m à 10 ans et 1,70 m à 20 ans.
On remarque qu'à 20 ans, Caro ne mesure pas 2 fois la taille qu'elle mesurait à 10 ans.
La taille n'est donc pas proportionnelle à l'âge.

Âge de Caro (en années)	1	5	10	20
Taille de Caro (en m)	0,60	1	1,40	1,70

On remarque dans le tableau que l'on ne multiplie pas l'âge par un même nombre pour obtenir la taille.

2 Utiliser la proportionnalité ▶ OBJECTIF 2

Il existe plusieurs méthodes pour calculer une grandeur par proportionnalité.
Nous allons les découvrir à travers l'exemple du calcul d'une grandeur : le prix d'un jus d'orange selon la quantité achetée.

Exemple

4 litres de jus d'orange coûtent 7,20 €. Sachant que le prix est proportionnel à la quantité de jus d'orange, quel est le prix de 6 litres, de 8 litres et de 14 litres de jus d'orange ?

- **Calcul du prix de 8 L de jus d'orange à l'aide de la méthode multiplicative**

– On connaît le prix de 4 L de jus d'orange, on cherche celui de 8 litres.
– On remarque que 8 est le double de 4, en effet $4 \times 2 = 8$.
– On achète 2 fois plus de jus d'orange, on paye donc 2 fois plus cher.
– On calcule $7{,}20 \times 2 = 14{,}40$.

Volume de jus d'orange (en L)	4	8
Prix (en €)	7,20	**14,40**

× 2

Le prix de 8 litres de jus d'orange est donc de **14,40 €**.

CARTE MENTALE
bordas.media/733775_036

- **Calcul du prix de 6 L de jus d'orange à l'aide de la méthode du passage par l'unité (coefficient de proportionnalité)**

– On calcule combien coûte 1 litre de jus d'orange : 7,20 : 4 = 1,80.
On peut remplir la deuxième colonne du tableau de proportionnalité.

Volume de jus d'orange (en L)	4	1
Prix (en €)	7,20	1,80

1,8 est le coefficient de proportionnalité.

– On calcule le prix de 6 litres de jus d'orange : $6 \times 1{,}8 = 10{,}80$.
On peut remplir la troisième colonne du tableau de proportionnalité.

Volume de jus d'orange (en L)	4	1	6
Prix (en €)	7,20	1,80	10,80

Le prix de 6 litres de jus d'orange est donc de 10,80 €.

- **Calcul du prix de 14 L de jus d'orange à l'aide de la méthode additive**

On veut calculer le prix de 14 litres de jus d'orange.
On connaît le prix de 6 litres et 8 litres de jus.
On remarque que 14 est la somme de 6 et 8.
Le prix de 14 litres est donc égal à la somme du prix de 6 litres et du prix de 8 litres :
$10{,}80 + 14{,}40 = 25{,}20$.

Volume de jus d'orange (en L)	6	8	14
Prix (en €)	10,80	14,40	25,20

Le prix de 14 litres de jus d'orange est donc de 25,20 €.

3 Appliquer un taux de pourcentage

OBJECTIF 3

DÉFINITION Un **pourcentage** de t % traduit une situation de proportionnalité de coefficient $\frac{t}{100}$.

Donc appliquer un taux de t % à une quantité, c'est multiplier cette quantité par $\frac{t}{100}$.

Exemple

J'ai acheté une tablette de chocolat de 250 g, contenant 60 % de cacao.
Quelle masse de cacao contient ma tablette ?
Prendre 60 % de 250 g, c'est se demander : 60 g pour 100 g, c'est combien, dans la même proportion, pour 250 g ?

Calculer 60 % d'un nombre revient donc à multiplier ce nombre par $\frac{60}{100}$.

60 % de $250 = \frac{60}{100} \times 250 = 150$.

Masse de la tablette (en g)	100	250
Masse de cacao (en g)	60	150

(× 60/100)

Il y a donc 150 g de cacao dans ma tablette de chocolat de 250 g.

Je comprends

Voir la vidéo : bordas.media/733775_037

1. Léa allume son four. Au bout de 10 min, sa température est de 120 °C. Au bout de 15 min, sa température est de 150 °C.
Peut-on dire que la température du four est proportionnelle au temps de chauffe ?

2. Dans une même boulangerie :
– Izia achète 2 croissants pour 2,40 € ;
– Astrid achète 4 croissants pour 4,80 € ;
– Tao achète 6 croissants pour 7,20 €.
Peut-on dire que le prix semble être proportionnel au nombre de croissants achetés ?

Exercice résolu

1. Étape 1. On calcule les quotients des températures par les temps de chauffe :
$\frac{120}{10} = 12$ et $\frac{150}{15} = 10$.

Étape 2. On constate que les quotients sont différents donc la température du four n'est pas proportionnelle au temps de chauffe.

2. Étape 1. On calcule les quotients des prix par les nombres de croissants :
$\frac{2,40}{2} = 1,20$; $\frac{4,80}{4} = 1,20$ et $\frac{7,20}{6} = 1,20$.

Étape 2. On constate que les quotients sont tous égaux donc le prix semble bien être proportionnel au nombre de croissants achetés.

Je m'échauffe

1 QUESTIONS FLASH

1. Il a beaucoup plu ce mois-ci. Hier, il est tombé 20 mm d'eau. Peut-on calculer la quantité d'eau tombée au cours des 30 derniers jours ? Si oui, la donner.
2. Une fontaine débite 100 litres d'eau par heure. Peut-on calculer la quantité d'eau fournie en une journée ? Si oui, quelle est-elle ?
3. Si la taille d'un arbre augmente régulièrement de 30 centimètres par an, de combien de centimètres augmentera-t-elle en sept ans ?

2 Vrai ou Faux ?
Dans chaque situation, dire si l'affirmation est vraie ou fausse.
1. Simon participe à une compétition de saut en hauteur. Avec 10 m d'élan, Simon a passé une barre située à 1 m 80 de haut. Avec deux fois plus d'élan, il aurait pu sauter deux fois plus haut.
2. En buvant un verre de 20 cL de jus d'orange, Lucie absorbe 48 mg de vitamine C.
En buvant deux verres de 20 cL, elle absorbe le double de vitamine C.
3. Une tablette « Maxichoco » pèse 250 g donc trois tablettes « Maxichoco » pèsent 750 g.
4. Pour préparer l'examen de mathématiques du brevet des collèges, Lucie a révisé pendant 4 heures et a obtenu 40/100 donc si elle avait révisé pendant 8 heures, elle aurait obtenu 80/100.

3 À Nantes, un ticket de tram/bus coûte 1,70 €.
Le carnet de 10 tickets coûte 15,60 €.
Le prix à payer est-il proportionnel au nombre de tickets achetés ?

4 Le prix des fromages est-il proportionnel à leurs masses ?

5 Y a-t-il la même proportion de poissons rouges dans les deux bassins ?

Je m'entraîne 1

6 En prenant mon pouls ce matin, j'ai remarqué qu'en 30 secondes j'ai compté 34 pulsations et qu'en 1 minute, j'ai compté 75 pulsations.
Mon pouls est-il tout à fait régulier ?

7 Dire si les grandeurs du tableau ci-dessous sont proportionnelles. Justifier la réponse.

Nombre de tours de manège	1	2	3	4
Prix à payer (en €)	3	6	10	20

8 À partir des tableaux ci-dessous, dire pour chaque cinéma si le prix de la carte est proportionnel au nombre de places. Justifier.

Cartes abonnement du Cinépalace

Nombre de places	2	5	10	20
Prix à payer (en €)	15	30	50	80

Cartes abonnement du Royal-Ciné-Central

Nombre de places	2	5	10	20
Prix à payer (en €)	12	30	60	120

9 Le tableau suivant donne le prix de yaourts bios vendus par lot de 8, 12 ou 24.
Le prix du lot est-il proportionnel au nombre de yaourts ? Justifier la réponse.

Nombre de yaourts	8	12	24
Prix du lot (en €)	2,40	3,60	7,20

10 Le tableau suivant donne le prix de pots de mousse au chocolat vendus par lot de 4, 6 ou 10.
Le prix du lot est-il proportionnel au nombre de pots ? Justifier la réponse.

Nombre de pots	4	6	10
Prix du lot (en €)	2,20	3,30	5,00

11 **Les maths autour de moi**
Dans la cour de l'école, Nathan souhaite échanger des billes avec la règle suivante : 3 billes pépites valent 5 billes en terre.
Parmi les propositions de ses copains, quelles sont celles qui respectent cette règle ?
- Enzo : « Je te donne 6 pépites contre 10 terres » ;
- Noé : « Je te donne 5 pépites contre 7 terres » ;
- Lila : « Je te propose 10 terres contre 8 pépites » ;
- Hichem : « Je te propose 10 terres contre 6 pépites » ;
- Max : « Je souhaite 20 terres contre 12 pépites ».

Je m'entraîne 2

12 Un robinet ouvert au maximum peut remplir un seau de 15 L en 30 secondes. Peut-on savoir combien de temps il faudra pour remplir une piscine de 15 000 L avec le même robinet ?

13 Clara a quatre exercices à faire. Elle a mis cinq minutes pour faire le premier.
Peut-elle savoir combien de temps il lui faudra pour faire les trois autres ?

14 Dire en justifiant si les publicités suivantes traduisent des situations de proportionnalité.

15 **Les maths autour de moi**
Voici les tarifs 2020 de La Poste pour l'envoi d'une lettre prioritaire en France métropolitaine. Le tarif est-il proportionnel à la masse de la lettre ?

Poids jusqu'à...	Tarif net (en €)
20 g	1,16
100 g	2,32
250 g	4,64
500 g	6,96

16 **TOP Chrono** 10 min

Trouver la donnée à supprimer pour obtenir une situation de proportionnalité :

Recette du gâteau-choco
- 400 g de choco et 200 g de farine
- 600 g de choco et 300 g de farine
- 800 g de choco et 400 g de farine
- 300 g de choco et 100 g de farine
- 100 g de choco et 50 g de farine

Déplacement en voiture
- 60 km en 1 h
- 15 km en 15 min
- 200 km en 3 h 20 min
- 100 km en 1 h 30 min
- 120 km en 2 h

Je comprends

Voir la vidéo : bordas.media/733775_038

4 places de cinéma pour des jeunes de moins de 14 ans coûtent 20,00 €.
Quel est le prix à payer pour 6 jeunes de moins de 14 ans souhaitant aller au cinéma ?

Exercice résolu

Étape 1. La situation évoquée est une situation de proportionnalité car le prix à payer est proportionnel au nombre de places.

Étape 2. Pour calculer le prix demandé, plusieurs méthodes sont possibles.

▶ MÉTHODE 1

Étape 1. On cherche le prix pour 1 place :
20 : 4 = 5,00 € par place, c'est le coefficient de proportionnalité.

Étape 2. Ensuite, on calcule le prix de 6 places, qui est égal à 6 fois le prix d'une place :
$6 \times 5{,}00 = 30{,}00$.
Ainsi, le prix à payer est de 30,00 €.

▶ MÉTHODE 2

Étape 1. On peut remarquer que $6 = 4 \times 1{,}5$.

Étape 2. On calcule le prix de 6 places en multipliant le prix de 4 places par 1,5 :
$20{,}00 \times 1{,}5 = 30{,}00$.
Le prix à payer est de 30,00 €.

Remarque

Nombre de places	4	6
Prix (en €)	20,00	30,00

(× 1,5 de 4 à 6 ; × 5,00 des places au prix)

Il est possible de représenter la situation à l'aide d'un tableau dont 5 est le coefficient de proportionnalité.

Je m'échauffe

17 QUESTIONS FLASH

1. Je prends mon pouls. En 20 secondes, je compte 25 pulsations. En considérant que mon pouls est régulier, combien de pulsations devrais-je compter en une minute ?
2. Avec ma connexion internet haut débit, je peux télécharger 50 Mo de données en 10 s. Quelle quantité de données puis-je télécharger en 1 min ?
3. Avec ma voiture et à vitesse régulière, il me faut 3 min pour parcourir 6 km sur autoroute. Quelle distance vais-je parcourir en 5 min ?
4. Au camping, Marc vend des bouteilles de jus d'orange au prix de 1,20 € l'unité.
Quel est le prix de 3 bouteilles de jus d'orange ? de 9 bouteilles ? de 7 bouteilles ?

18 Le son parcourt 340 m en 1 seconde.
1. Quelle distance parcourt le son en 2 secondes ?
2. Quelle distance parcourt le son en 5 secondes ?

19 1. 10 objets identiques coûtent 22 €, combien coûtent 15 de ces objets ?
2. 10 objets identiques coûtent 40 €, combien coûtent 25 de ces objets ?

20 Yvan est un géant. Lorsqu'il marche, il fait des pas de 5 m. Recopier et compléter le tableau suivant :

Nombre de pas d'Yvan le géant	2	5	...	10	...
Distance parcourue (en m)	...	...	35	...	125

(× 5)

21 Recopier et compléter les tableaux de proportionnalité suivant :

Masse de cerises (kg)	2	3	4	...	...
Prix (€)	12	...	...	60	120

Nombre de doses	1	2	3	...	...
Masse de sel (g)	...	...	3,6	11,8	18

22 Pio a listé ci-contre les ingrédients dont il aura besoin pour réaliser un très bon gâteau au chocolat pour 4 personnes.

– 2 œufs
– 80 g de sucre
– 100 g de chocolat
– 50 g de beurre
– 40 g de farine

Quelles quantités doit-il prévoir pour 8 personnes ? pour 6 personnes ?

Je m'entraîne 1

23 Chez le pâtissier, le prix des éclairs au chocolat est proportionnel au nombre d'éclairs achetés.

Recopier et compléter le tableau suivant :

Nombre d'éclairs au chocolat	2	...	7	10	...
Prix à payer (en €)	3	4,5	...	...	45

24 Lisa enregistre des musiques au format MP3 sur sa clé USB. La taille du stockage occupé par les enregistrements est proportionnelle à la durée des morceaux de musique.
Lisa a remarqué qu'une minute de musique occupe un espace de stockage de 3 Mo (Mégaoctets).
Recopier, puis compléter le tableau ci-dessous :

Durée de la chanson (en min)	3	5	7	...	...
Espace de stockage (en Mo)	...	...	...	30	180

25 Pour remplir 4 aquariums identiques, 128 dm^3 d'eau sont nécessaires.
Quelle quantité d'eau faudrait-il pour remplir 10 aquariums de même volume que les précédents ?

26 Un robinet fuit et laisse échapper 15 L d'eau en 2 heures. Quel volume d'eau s'échappe du robinet en 6 h 30 min ?

27 Francky le jardinier veut semer du gazon.
En utilisant les informations inscrites sur le sac de semence, calculer la surface que Francky peut engazonner dans les cas suivants :

a. s'il utilise 5 kg de semence ;
b. s'il utilise 10 kg de semence ;
c. s'il utilise 25 kg de semence.

28 6 gâteaux coûtent 6,60 €. Sachant que ces gâteaux coûtent tous le même prix, combien coûtent 7 de ces gâteaux ? 9 de ces gâteaux ?
Combien de gâteaux peut-on acheter avec 33 € ?

29 8 oranges coûtent 4 €, 3 citrons coûtent 2 € et 7 poires coûtent 4 €.
1. Quel est le fruit le plus cher ?
2. Quel est le fruit le moins cher ?

Je m'entraîne 2

30 Au zoo, Emma utilise un plan à l'échelle 1/500.
Recopier et compléter le tableau suivant :

Distances réelles (en cm)	500	...	3 500	...
Distances sur le plan (en cm)	1	4,2	...	11,2

31 **Les maths autour de moi**
Il existe un site Internet où l'on peut télécharger des chansons au prix de 0,99 € l'unité.
Reproduire et compléter le tableau suivant :

Nombre de chansons	1	2	...	10	...
Prix à payer (en €)	...	...	4,95	...	99

32 La voiture de Mourad consomme en moyenne 6,5 L d'essence aux 100 km.
a. Combien de km pourra-t-il parcourir avec son plein de réservoir de 78 L ?
b. De quelle quantité d'essence a-t-il besoin pour parcourir 350 km ?

33 **TOP Chrono** 10 min

Olivier marche toujours à la même vitesse. La distance qu'il parcourt est proportionnelle à son temps de marche : il met 3 heures pour faire 18 km.
Combien de temps mettra-t-il (à la minute près) pour faire le tour de l'île d'Yeu (33 km environ) ?

Je comprends

Voir la vidéo : bordas.media/733775_039

Une paire de baskets coûte normalement 62 €. Pour les soldes, le magasin Décasport annonce une baisse de ses prix de 30 %. Quel est le nouveau prix des baskets ?

Exercice résolu

Étape 1. On commence par chercher à calculer le montant de la baisse pour avoir le nouveau prix.

On calcule 30 % de 62 : $62 \times \frac{30}{100} = 62 \times 0{,}30 = 18{,}60$.

Le montant de la baisse est donc de 18,60 €.

Calculer 30 % d'un nombre, c'est multiplier ce nombre par $\frac{30}{100}$.

Étape 2. On calcule ensuite le nouveau prix.
Ancien prix − montant de la baisse = nouveau prix :
$62 - 18{,}60 = 43{,}40$.
Le prix soldé des baskets est donc de **43,40 €**.

Je m'échauffe

34 QUESTIONS FLASH

1. Calculer les montants demandés :
a. 10 % de 30 € ; b. 30 % de 30 € ;
c. 70 % de 70 € ; d. 15 % de 300 €.
2. Calculer les quantités demandées :
a. 60 % de 30 élèves ; b. 75 % de 200 L ;
c. 45 % de 400 kg ; d. 95 % de 10 000 Mo.
3. Calculer mentalement :
a. 50 % de 120 élèves ; b. 25 % de 120 élèves ;
c. 10 % de 120 élèves ; d. 20 % de 120 élèves.

35 Pour chaque figure, dire quel pourcentage est colorié :

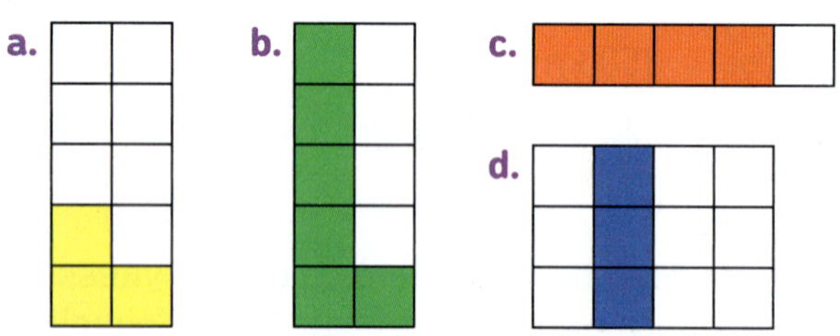

36 Recopier d'une même couleur les nombres égaux :

10 %	0,5	$\frac{1}{10}$	25 %
0,67	$\frac{67}{100}$	$\frac{50}{100}$	67 %
50 %	0,25	$\frac{1}{4}$	0,1

37 QCM

Choisir la bonne réponse parmi celles-ci :
ⓐ La tablette pèse 72 g.
ⓑ La tablette contient 72 g de cacao.
ⓒ La tablette contient 72 carreaux.
ⓓ Si je mange 100 g de cette tablette, je mange 72 g de cacao.

38 Prendre une étiquette de chaque couleur pour écrire des phrases correctes.

Prendre 25 % d'une quantité,	c'est en prendre la moitié.
Prendre 50 % d'une quantité,	c'est en prendre le double.
Prendre 75 % d'une quantité,	c'est en prendre le quart.
Prendre 100 % d'une quantité,	c'est en prendre les trois quarts.
Prendre 200 % d'une quantité,	c'est la prendre en entier.

Je m'entraîne 1

39 Calculer :
a. 10 % de 540 € ; b. 30 % de 540 € ;
c. 60 % de 540 € ; d. 3 % de 540 € ;
e. 20 % de 45 L ; f. 7 % de 120 L.

40 Donner un ordre de grandeur de 48 % de 60,45 €.

41 Dans la ferme de la mère Ducept, il y a 75 poules. 40 % d'entre elles sont des poules noires.
Combien y a-t-il de poules noires ?

42 Il y a 775 élèves dans le collège de Lino.
24 % des élèves sont externes.
Calculer le nombre d'élèves externes.

43 Avant les soldes, le prix d'une chemise était de 20 €. Le magasin annonce une baisse de 30 %.
Quel est le nouveau prix de la chemise ?

44 Recopier, puis compléter le tableau suivant :

Prix avant réduction (en €)	100	10	40	55	72
Prix après réduction de 25 % (en €)	...	...	...	...	...

45 Dans le collège de Lino, 66 % des 550 élèves sont demi-pensionnaires. Les autres sont externes.
1. Quel est le pourcentage d'élèves externes ?
2. Combien y a-t-il d'élèves dans chaque catégorie ?

46 Parmi les 3 000 personnes qui ont assisté au concert du groupe Shaka Ponk au festival de Poupet, 30 % des spectateurs étaient debout devant la scène.
Combien de spectateurs cela représente-t-il ?

Je m'entraîne 2

47 Calculer :
a. 20 % de 35 kg ; b. 50 % de 35 kg ;
c. 70 % de 35 kg ; c. 200 % de 35 kg ;
e. 13 % de 225 € ; f. 22 % de 175 €.

48 Dans le club de sport de Salomé, il y a 320 licenciés dont 40 % de filles.
Quel est le nombre de filles dans ce club ?

49 Le prix du dernier album du groupe Nak à Mourat était de 14,90 € à sa sortie. Un mois plus tard, il baisse de 20 %.
Quel est le nouveau prix de cet album ?

50 **Les maths autour de moi**
Sur son pot de confiture de fraises, Natacha lit : « Teneur en fruit : 60 % ».
Recopier et compléter le tableau ci-dessous :

Masse de confiture (en g)	20	...	32	...
Masse de fraises (en g)	...	16,5	...	23,1

51 **Les maths autour de moi**
En 1981, la France comptait 53 730 000 individus. En 40 ans, la population a augmenté de 21 %. Quel est le nombre de personnes vivant en France en 2021 ?

52 **TOP Chrono** 10 min

5 000 personnes ont voté lors des élections municipales de Mathéville. Voici les résultats pour les trois candidats qui se sont présentés :
– Mme Camille Honnête : 36 % des voix ;
– M. Clément Dibule : 55 % des voix ;
– M. Larry Golade : 9 % des voix.
1. Retrouver le nombre de voix obtenues par chaque candidat.
2. Qui est élu maire de Mathéville ?

je travaille seul(e)

ou en Accompagnement personnalisé

Je fais le point sur mon cours

QCM de révision
Retrouve un autre QCM interactif : bordas.media/733775_040

		A	B	C
53	Une boîte de bonbons est vendue 1,90 €. Quel est le prix de 3 boîtes de bonbons ?	3,90 €	4,80 €	5,70 €
54	6 kilogrammes de sucre coûtent 4 €. Combien coûtent 9 kilogrammes de sucre ?	5,40 €	6 €	7 €
55	Les oranges sont vendues au prix de 1,25 € le kg. Combien puis-je en acheter avec 20 € ?	20 kg	16 kg	25 kg
56	20 % de 12 € représentent :	24 €	14,40 €	2,40 €
57	Le prix d'une chemise était de 30 €. Il baisse de 10 %. Le nouveau prix est de :	3 €	20 €	27 €

Je fais le point sur mes objectifs

OBJECTIF 1

Je reconnais la proportionnalité

58 **Vrai ou Faux ?**
Dans chaque situation, dire sans justifier si l'affirmation est vraie ou fausse.
a. Une place de concert au festival Face et Si coûte 25 € donc quatre places de concert au festival Face et Si coûtent quatre fois plus cher.
b. Au camping « Beau Rivage » des Sables d'Olonne, la location d'un mobil-home pour 4 personnes coûte 750 € par semaine donc la location d'un mobil-home pour 8 personnes coûte 2 fois plus.
c. En buvant une canette de 33 cL de soda, Ali absorbe 35 g de sucre. En buvant deux canettes de 33 cL, il absorbe le double de sucre.

59 Voici les prix du pain dans une boulangerie :

Nombre de pains achetés	1	4	10
Prix (en €)	1,80	7	16,20

Le prix à payer est-il proportionnel au nombre de pains achetés ?

60 Un cycliste parcourt 100 km en 4 h le lundi et 90 km en 3 h le mardi.
1. Quelles sont les deux grandeurs qui interviennent dans cet énoncé ?
2. Ces grandeurs sont-elles proportionnelles ?

61 Un primeur propose des pommes au détail à 2,30 € le kg ou en filet de 5 kg à 11,50 €.
1. Quelles sont les deux grandeurs qui interviennent dans cet énoncé ?
2. Ces grandeurs sont-elles proportionnelles ?

62 Les tableaux suivants sont-ils des tableaux de proportionnalité ?

a.

2	3	5
8	12	20

b.

3	6	10
100	200	300

63 Dans chaque série, supprimer une des données pour obtenir une situation de proportionnalité.

1. **Recette de crêpes façon Mamimo**
- 250 g de farine et 0,5 L de lait
- 300 g de farine et 0,6 L de lait
- 400 g de farine et 0,7 L de lait
- 100 g de farine et 0,2 L de lait
- 50 g de farine et 0,1 L de lait

2. **Course à pied**
- 12 km en 1 h
- 3 km en 15 min
- 30 km en 2 h 30 min
- 40 km en 3 h 15 min
- 60 km en 5 h

OBJECTIF 2
J'utilise la proportionnalité

64 Répondre en utilisant la méthode la plus adaptée.
1. Au marché, Gillou achète 2 kg de cerises pour 6 €. Combien aurait-il payé pour 3 kg de ces cerises ?
2. Quelle masse de cerises peut-il acheter avec 7,50 € ?

65 Traduire l'énoncé par un tableau, le compléter, puis répondre aux questions posées.

En travaillant 5 jours, Victor a gagné 280 €.

1. Combien Victor gagnera-t-il en travaillant 11 jours ?
2. Combien de jours devra-t-il travailler pour gagner 1 000 € ?

66 Voici les ingrédients d'une recette de pâte à gaufres pour 4 personnes : 200 g de farine ; 4 œufs ; trois quarts de litre de lait ; 40 g de beurre ; 2 cuillerées à soupe de sucre.
1. Quelle quantité de farine est nécessaire pour 12 personnes ?
2. Pour 6 personnes, combien faut-il de cuillerées de sucre ?
3. Quelle quantité de beurre faut-il prévoir pour 7 personnes ?
4. Quelle quantité de lait faut-il prévoir pour 12 personnes ?

67 Yasmine loue des vélos sur le bord du canal du Midi. Les tarifs qu'elle propose sont proportionnels à la durée de location.
Sur son affiche, certaines des informations ont été masquées par des taches d'encre...
Recopier et compléter le tableau complet de ses tarifs :

Nombre de jours	1	2		7	
Prix à payer (en €)		24	60		120

OBJECTIF 3
J'applique un taux de pourcentage

68 **Vrai ou Faux ?**
a. Prendre 50 % d'un nombre, c'est prendre sa moitié.
b. Baisser un prix de 10 %, c'est enlever 10 €.
c. Augmenter un prix de 50 % revient à le doubler.
d. Augmenter de 200 % est impossible.
e. Enlever 75 % d'un lot, c'est en laisser $\frac{1}{4}$.

69 Calculer :
a. 70 % de 120 € ;
b. 40 % de 70 $;
c. 30 % de 180 £ ;
d. 5 % de 250 m ;
e. 12 % de 3 km ;
f. 21 % de 150 km.

70 Dans un collège de 500 élèves, 1 élève sur 4 a déjà joué au tennis.
Combien d'élèves cela représente-t-il ?
85 % des élèves de ce collège ont déjà joué à un jeu en ligne sur Internet.
Combien d'élèves cela représente-t-il ?

71 Au milieu des années 2000, une crise pétrolière a créé de fortes variations du prix du pétrole. Par exemple, le prix du baril était de 56 $ le 1er janvier 2007, il a ensuite augmenté de 150 % en 18 mois.
Quel était le prix du baril de pétrole au 1er juillet 2008 ?

72 Le père Martin partage un champ rectangulaire représenté par le quadrillage ci-dessous entre ses quatre fils :
– Gustave, l'aîné, hérite de 15 % du total ;
– Bruno, le deuxième, reçoit 40 % du champ ;
– Gaspard, le troisième, en reçoit 35 % ;
– René, le quatrième, reçoit le reste.
Recopier la figure et colorier :

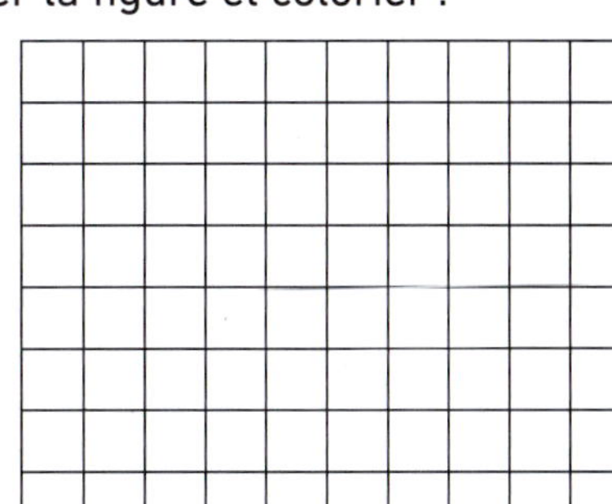

– en vert, la part de Gustave ;
– en rouge, la part de Bruno ;
– en bleu, la part de Gaspard ;
– en jaune, la part de René.

Je résous des problèmes

OBJECTIF 1

Je reconnais la proportionnalité

73 **L'écologie autour de moi**

Membre d'une association de sécurité routière, Nina veut démontrer l'impact de la vitesse sur la consommation d'essence.

Voici sa consommation d'essence lors de trajets de 100 km pour six vitesses moyennes différentes :

Vitesse (en km/h)	30	50	70	90	110	130
Consommation d'essence (en L)	3,4	3,9	4,6	5,9	7,6	9,9

1. La consommation d'essence est-elle proportionnelle à la vitesse ?

2. Est-il exact de dire que « plus une voiture roule vite, plus elle consomme d'essence » ?

74 **Au marché de la mer**

Au marché, quatre poissonniers proposent des crevettes roses :

Les prix proposés sont-ils équivalents ou certaines offres sont-elles plus intéressantes que d'autres ?

75 **Nos amis les bêtes**

Il existe un tableau pour connaître l'équivalent en « âge humain » des chats et des chiens.

Dire si les grandeurs du tableau ci-dessous sont proportionnelles. Justifier la réponse.

Âge réel de l'animal	0,5 AN	1 AN	2 AN	3 AN	4 AN	5 AN	6 AN	7 AN	8 AN	9 AN	10 AN	11 AN	12 AN	13 AN	14 AN	15 AN	16 AN	17 AN	18 AN	19 AN	20 AN	21 AN
Chats	18 AN	19 AN	24 AN	28 AN	32 AN	36 AN	40 AN	44 AN	48 AN	52 AN	56 AN	60 AN	66 AN	68 AN	72 AN	76 AN	80 AN	84 AN	86 AN	94 AN	100 AN	110 AN
Chiens de moins de 15 kg		20 AN	28 AN	32 AN	36 AN	40 AN	44 AN	48 AN	52 AN	56 AN	60 AN	64 AN	68 AN	72 AN	76 AN	80 AN	84 AN	88 AN	94 AN	100 AN	110 AN	
Chiens de 15 kg à 40 kg		18 AN	27 AN	33 AN	39 AN	45 AN	51 AN	57 AN	63 AN	69 AN	75 AN	80 AN	85 AN	90 AN	96 AN	102 AN	110 AN					
Chiens de plus de 40 kg		16 AN	22 AN	31 AN	40 AN	49 AN	58 AN	67 AN	76 AN	85 AN	96 AN	105 AN	112 AN	120 AN								

76 Dans le cadre de la semaine de l'éco-mobilité, Marie se déplace uniquement à vélo. Lundi, elle a fait 6 km en 20 min 30 s. Mardi, elle a fait 15 km en 51 min. Peut-on dire que la longueur des trajets est proportionnelle au temps ?

OBJECTIF 2

J'utilise la proportionnalité

77 **Équilibre alimentaire**

Recopier et compléter l'étiquette de cette boîte de céréales Chococrock :

	Pour 100 g	Pour 30 g (une portion)
Valeur énergétique	1 537 kJ	...
Glucides	75,8 g	...
dont sucre	...	6,0 g
Lipides	3,6 g	...
dont acides gras saturés	0,7 g	...
Fibres alimentaires	9,0 g	2,7 g
Sodium	0,28 g	...
Vitamines PP	...	4,6 mg
Fer	...	3,6 mg

78 **Attention à la fuite !**

Un robinet mal fermé laisse échapper 20 gouttes d'eau par minute. Une goutte d'eau a un volume de 0,050 mL.

Quelle quantité d'eau sera perdue en un mois ?

79 **Le Champ-de-Mars**

En utilisant l'échelle du plan ci-dessous, déterminer les dimensions du Champ-de-Mars :

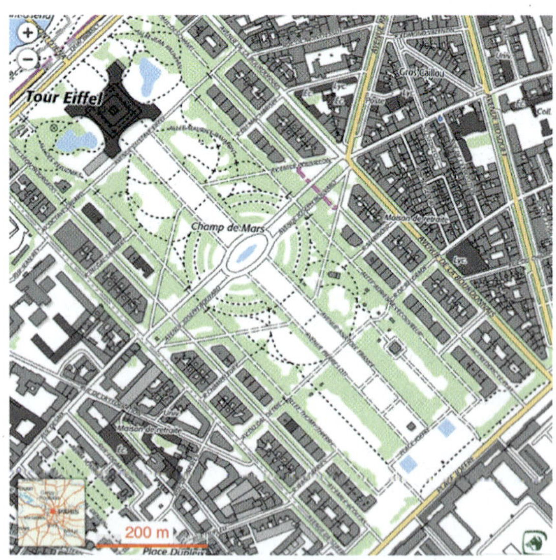

80 ***Un petit pas pour l'Homme...***

Hugo, 4 ans, marche dans la forêt avec son père. Hugo fait de tout petits pas de 40 cm. Son père fait de grands pas de 90 cm. Lors de sa promenade, Hugo compte ses pas : il en a fait 216. Combien de pas a fait le père d'Hugo ?

OBJECTIF 3

J'applique un taux de pourcentage

81 Stockage de données

Bill possède une clé USB pour stocker ses fichiers informatiques. La capacité totale de sa clé est de 2 Go (Gigaoctets). Elle est actuellement remplie à 85 %.

Bill a-t-il assez de place pour stocker un nouveau fichier de 250 Mo (Mégaoctets) ?

82 Club de basket

Dans ce club de basket, il y avait exactement 40 % de garçons. Six nouveaux garçons se sont inscrits : il y a maintenant autant de garçons que de filles.

Combien d'inscrits ce club compte-t-il maintenant au total (filles et garçons) ?

D'après championnat international de jeux mathématiques.

83 Géographie Pourcentages terrestres

La surface de la planète Terre est d'environ 510 000 000 km^2. Les mers et océans couvrent environ 71 % de cette surface.

1. Calculer la surface des continents terrestres.
2. Les déserts occupent environ 20 % des continents. Quelle surface cela représente-t-il ?

84 Bon anniversaire

Aujourd'hui, Vigo fête son anniversaire. Il a apporté au collège un paquet de bonbons qu'il souhaite partager avec ses amis.

Le matin, il distribue 20 % du paquet.

Le midi, il distribue 50 % de ce qu'il lui restait.

En sortant des cours, il distribue 50 % de ce qu'il lui restait.

En rentrant chez lui, il remarque qu'il y a encore 16 bonbons dans son paquet.

Combien y avait-il de bonbons dans le paquet de Vigo ce matin avant d'arriver au collège ?

MULTI OBJECTIFS

85 Physique-Chimie Une chambre bien aérée

Sachant que l'air contient 21 % de dioxygène, quel volume de dioxygène est contenu dans cette chambre ?

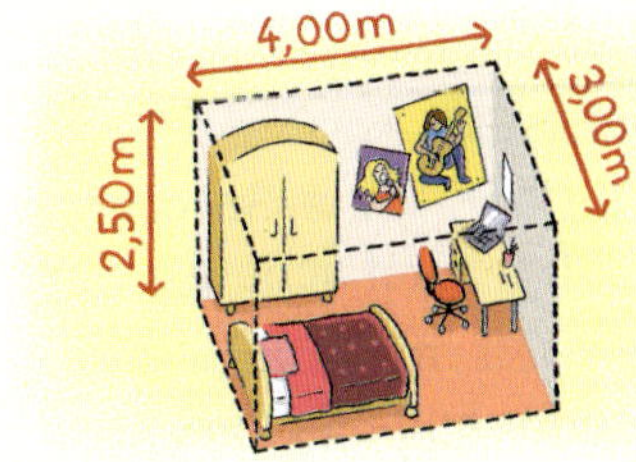

86 Photo numérique

Le smartphone de Naomi lui permet de prendre des photos au format 16/9. Le quotient entre la longueur et la largeur des photos est donc de 16/9. La qualité des photos dépend du nombre de pixels qui s'obtient en multipliant la longueur de l'image par sa largeur (exprimées en pixels).

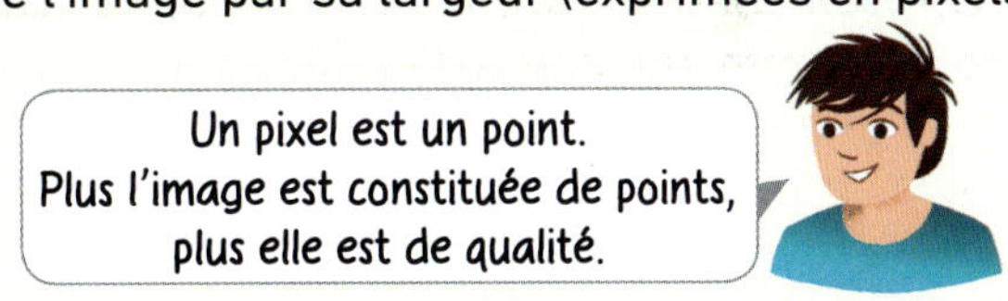

1. Si la largeur d'une photo est de 540 pixels, vérifier que sa longueur est 960 et que le nombre de pixels de l'image est de 518 400.
2. Naomi a une photo de largeur 720 pixels. Quel sera le nombre de pixels de l'image ?
3. Le smartphone de Naomi lui permet de prendre une photo de 9 000 000 pixels au total. Déterminer les dimensions d'une telle photo.

87 À toute vitesse

Avec son voilier, Olive part de St Hilaire-de-Riez à 8 h 30 et passe près de St Jean-de-Mont à 09 h 50. Il a prévu de naviguer ensuite vers l'île d'Yeu, puis vers Barbâtre sur l'île de Noirmoutier en suivant le parcours tracé ci-dessous :

1. Quelle sera la distance totale de son parcours ?
2. À quelle heure devrait-il arriver à destination ?

je développe mes compétences

RAISONNER · REPRÉSENTER · COMMUNIQUER · CALCULER · CHERCHER · MODÉLISER

J'apprends à RAISONNER

J'OBSERVE

88 Dans un bar, Anne-So commande 3 cafés pour 3,90 € ; Stef achète 4 cafés pour 5,20 €.
Peut-on déterminer le prix à payer par Peter qui a commandé 5 cafés ?

EXERCICE RÉSOLU

- On vérifie si le prix à payer est proportionnel au nombre de cafés :
$\frac{3,90}{3} = 1,30$ et $\frac{5,20}{4} = 1,30$.
- Les quotients sont égaux, donc le prix semble bien être proportionnel au nombre de cafés achetés. On peut donc calculer le prix à payer par Peter : $5 \times 1,30 = 6,50$ €.

JE ME LANCE

89 Au festival Accoustik, David commande deux sodas pour 5,00 € et Sabine commande trois sodas pour 7,50 €.
Peut-on déterminer le prix à payer par Titouan qui a commandé cinq sodas ?

90 Le pluviomètre de Michel lui permet de mesurer la quantité de pluie tombée.
En mars, Michel remarque qu'il est tombé 12 mm de pluie en une semaine.
En avril, Michel remarque qu'il est tombé 24 mm de pluie en deux semaines.
Michel peut-il prévoir combien de pluie va tomber lors des quatre semaines du mois de mai ?

J'apprends à COMMUNIQUER

J'OBSERVE

91 Francky a ouvert le système d'arrosage de son jardin pendant 15 min et a consommé 50 L d'eau.
Il demande à sa fille Lilou de chercher combien d'eau il va consommer en 2 h.
Lilou a fait ces calculs sur un brouillon :

2 h = 120 min

120 | 15
0 | 8

× 8

Temps (min)	15	120
Eau (L)	50	400

Aider Lilou à présenter la solution du problème à son père.

EXERCICE RÉSOLU

- On identifie le coefficient de proportionnalité : 2 h, c'est 8 fois plus long que 15 min.
- On applique cette proportionnalité au contexte : par proportionnalité entre le temps et la consommation d'eau, on peut déduire qu'on va consommer 8 fois plus d'eau.
- On calcule le résultat : $50 \times 8 = 400$ L, donc si on laisse le système ouvert pendant 2 h, on va consommer 400 L d'eau.

JE ME LANCE

92 Emma a récolté 8 caisses de pommes et décide de les vendre au marché.
Après quelques heures sur place, elle a vendu l'équivalent de 3 caisses et enregistré 72 € de recettes.
Elle se demande quelle recette elle peut espérer si elle vend la totalité de ses 8 caisses.
Pour le savoir, elle pose les calculs suivants :

72 | 3
12 | 24
0

Nb de caisses	3	8
Recettes (€)	72	192

× 24

Aider Emma à expliquer à ses amies le montant des recettes qu'elle peut espérer.

93 Le père de Noé souhaite remplir sa piscine de 20 m^3 avec son robinet de jardin qui a un débit de 30 L par minute.
Il voudrait savoir combien de temps il lui faudra pour cela.
Aider Noé à expliquer la solution de ce problème à son père.

94 Le berger

REPRÉSENTER • CALCULER D1 et 5

Sylvain Berger est éleveur de moutons. Il achète un terrain rectangulaire de 50 m de longueur et 30 m de largeur pour leur construire un enclos. Pour clore cet enclos, il veut planter des piquets séparés de 2 m et y accrocher un fil de clôture. Les piquets coûtent 2,50 € pièce et le fil de clôture 0,80 € le mètre. Sylvain recevra pour ses travaux une aide de l'Union Européenne s'élevant à 25 % du montant de sa facture.
Quelle somme restera à sa charge ?

95 Travaux de décoration

MODÉLISER • CALCULER D4

Medhi prévoit des travaux de peinture dans sa maison. Sur le pot de peinture, il y a une étiquette technique qui doit l'aider à estimer la quantité de peinture nécessaire pour ces travaux :

1. Combien de pots de peinture faut-il à Medhi au minimum pour peindre son salon dont la surface des murs est d'environ 60 m^2 ?
2. Medhi a reçu en cadeau du fournisseur un pot supplémentaire de 12 kg de cette peinture.
Avec les restes de peinture du salon et ce gros pot supplémentaire, pourra-t-il peindre les 32 m^2 des murs de sa cuisine ?

96 Week-end à Londres

RAISONNER • CALCULER D5

Aïssé est partie en week-end à Londres en Eurostar. À son arrivée à la gare anglaise, elle a échangé 100 € contre 90 £ (livre sterling).
Elle profite de son séjour pour faire des achats :

À son retour en France, elle souhaite échanger sa monnaie anglaise en euros.
Quelle somme (en euros) aura-t-elle si elle peut faire le change au même taux ?

97 Trottinette électrique

RAISONNER • CALCULER D1 et 5

Fanny roule à vitesse constante avec sa trottinette électrique.

Elle parcourt 10 m en 4 s.
1. En combien de temps parcourt-elle 1 km ?
2. Quelle distance parcourt-elle en 1 min ?

98 Anglais Speed reading

RAISONNER • CALCULER • COMMUNIQUER D1 et 5

Max and Lili both claim to be the fastest to read a book.
Max has read 25 pages in 10 minutes.
Lili has read 30 pages in 12 minutes.
Who is the fastest?

99 Format de feuille

REPRÉSENTER • CHERCHER • CALCULER D4

En 1922, Walter Porstmann a proposé une série de formats de feuille de papier appelée *Série des A*. On y passe d'un format à un autre plus petit en pliant la feuille en deux.

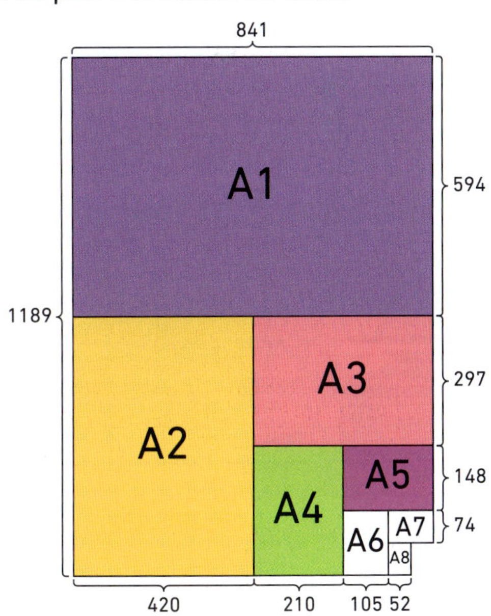

Les dimensions du schéma sont en mm.

1. Recopier, puis compléter ce tableau :

Format	A2	A3	A4	A5	A6	A7
Longueur (en cm)			29,7			
Largeur (en cm)			21,0			

2. Combien de feuilles A7 peut-on faire dans une feuille A0 ?

100 Placement financier

MODÉLISER • CALCULER • COMMUNIQUER D1 et 3

Harry reçoit une publicité pour une banque très spéciale : on lui propose d'ouvrir un compte et de placer une somme de départ. La banque s'engage ensuite à augmenter cette somme chaque mois de 1 %.

Harry dit : « 100 mois à 1 % d'augmentation donne + 100 %. Il me faudra donc attendre 100 mois pour doubler mon capital de départ ».

Expliquer pourquoi ce raisonnement est faux et montrer combien de mois il faut attendre pour doubler le capital de départ.

101 Fête de la Saint Valentin

RAISONNER • CALCULER D1 et 5

Pour la St Valentin, Louis veut acheter une bague à Irène, il a un budget de 93 €. Le bijoutier affiche des réductions dans son magasin :

15 % dès 110 € d'achat

25 % dès 120 € d'achat

10 % dès 100 € d'achat

Il hésite entre quatre bagues.

Laquelle ou lesquelles peut-il acheter pour Irène ?

102 Les kiwis

RAISONNER • CALCULER D1 et 5

Thaïs et Déborah veulent acheter des kiwis au marché. Il est indiqué :

1,60 € l'unité. Pour 15 kiwis achetés, 5 % de réduction sur l'ensemble.

– Thaïs : « Je vais en prendre 14, c'est suffisant. »

– Déborah : « On devrait en acheter 15, nous payerons moins cher. »

Déborah a-t-elle raison ?

103 Tétris

MODÉLISER • CALCULER D4

Tétris est un jeu de puzzle inventé en 1984 qui consiste à empiler des pièces, de différentes formes, composées de carrés colorés.

Dans une de ces variantes, le score obtenu est proportionnel au nombre de carrés colorés présents sur l'espace de jeu à la fin de la partie.

Marie a obtenu un score de 469 avec le puzzle de gauche.

Éric a réussi le puzzle de droite.

Quel est son score ?

Marie

Éric

104 Je fais ma story

Albane a lu une publication d'un de ses amis sur un réseau social.

Vive les pâtes et les études !
Avec mon coloc, on consomme chacun 40 % d'un paquet de pâtes de 800 g chaque semaine.

Préparer une présentation orale ou une courte vidéo expliquant quelle quantité de pâtes les deux étudiants colocataires vont consommer en un an.

Jeux mathématiques

105 Le barbecue

M. et Mme Cissé invitent un couple d'amis pour un barbecue. Au menu : trois côtes de bœuf.
Mais leur barbecue ne peut en cuire que deux à la fois. Sachant qu'il faut trois minutes de cuisson par face, quel est le temps minimum pour faire cuire les trois côtes de bœuf ?

106 Agar IO

Le jeu *Agar IO* est un jeu vidéo multijoueurs dans lequel chaque joueur contrôle un cercle coloré représentant une cellule.
Le but est de grossir le plus possible en absorbant des cellules plus petites sans être absorbé par des cellules plus grosses.
La force de chaque joueur est proportionnelle à la surface de sa cellule.
Voici les cellules de trois joueurs :

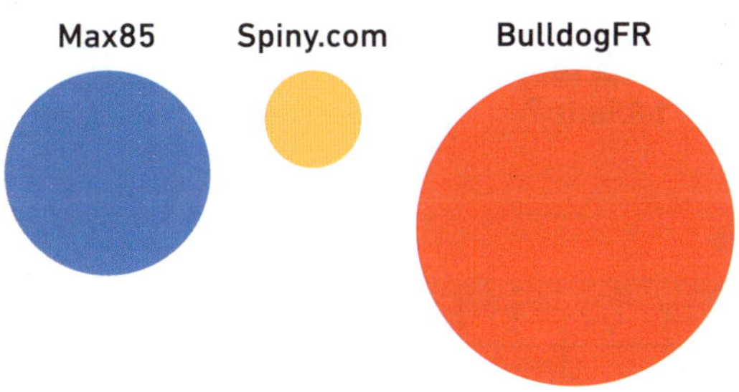

Sachant que le niveau de force de Max85 est de 156, estimer le niveau de force des deux autres joueurs.

107 Défi !

Ma montre est déréglée. Elle retarde de 12 minutes par jour. Peux-tu trouver de combien de minutes je dois l'avancer ce soir à 21 h si je veux qu'elle me donne l'heure exacte demain matin à 7 h ?

Énigme

108 Plus il y a de fous, moins il y a de riz...

30 joueurs de rugby mangent 30 kg de riz en 30 jours.
Combien de riz mangent 15 joueurs de rugby en 15 jours ?

devoirs à la maison

109 À toute vitesse

La Station spatiale internationale (ISS) se déplace autour de la Terre à une altitude d'environ 350 kilomètres. Son orbite est un grand cercle.
Chercher sur Internet la vitesse de la station ISS et calculer le temps qu'elle met pour faire un tour complet de la Terre.

Pour résoudre ce problème, il te faudra prendre des initiatives et chercher des informations sur Internet.

110 La chambre de Sarah

La chambre de Sarah est rectangulaire. Elle mesure 4 m de long et 3 m de large, en voici un plan à main levée :

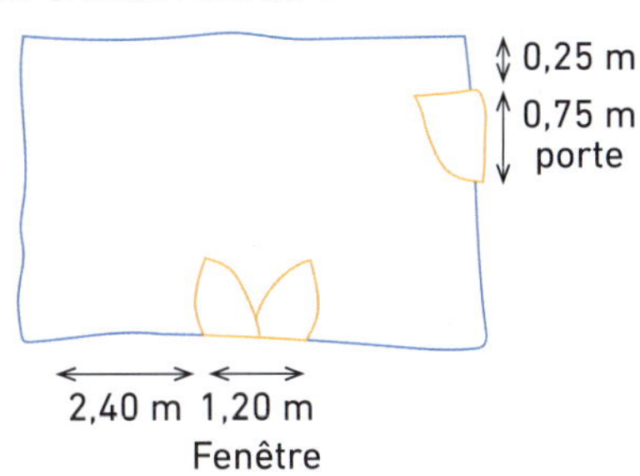

Sarah possède un bureau, un lit, une table de chevet et une armoire.
Sur une feuille de papier à dessin, réaliser un plan de la chambre (à l'échelle 1/20) en plaçant les quatre meubles de Sarah de façon judicieuse.

avec un logiciel

Pour faire ces activités, télécharge les fiches logiciel **Géométrie** et **Tableur** sur le site college.editions-bordas.fr.

1 Le périmètre et l'aire d'un carré

20'

Découvrir le tableur (premières formules) en construisant une table de conversion des chiffres romains.

Difficulté mathématique — Difficulté technique

A. Travail préalable

1 Sur une feuille libre, dessiner un carré de côté 5 cm.

2 Calculer son périmètre, puis son aire.

B. Étude du périmètre

3 Dans une feuille de calcul d'un tableur, créer le tableau ci-dessous :

	A	B	C	D	E	F	G	H	I
1	longueur du côté (cm)	2	3	4	5	7	10	15	27
2	périmètre du carré (cm)								

4 Saisir une formule dans la cellule **B2** pour calculer le périmètre du premier carré, puis la recopier sur toute la ligne. Tableurs 1 et 2

5 Pourquoi la longueur du côté d'un carré et son périmètre sont-ils proportionnels ?
Comment le vérifier en utilisant les possibilités de calcul du tableur ?

C. Étude de l'aire

6 Sur la même feuille de calcul, créer le tableau ci-dessous :

	A	B	C	D	E	F	G	H	I
1	longueur du côté (cm)	2	3	4	5	7	10	15	27
2	aire du carré (cm²)								

7 Saisir une formule dans la cellule **B2** pour calculer l'aire du premier carré, puis la recopier sur toute la ligne. Tableurs 1 et 2

8 Y a-t-il proportionnalité entre la longueur du côté d'un carré et son aire ?
Utiliser le tableau pour justifier la réponse.

2 La hausse des prix

15'

Employer le tableur pour utiliser des pourcentages dans un contexte économique.

Difficulté mathématique — Difficulté technique

Marc est boulanger. La hausse du prix des céréales le contraint à augmenter le prix de ses pains de 12 %.

1 Dans une feuille de calcul d'un tableur, reproduire le tableau ci-dessous :

	A	B	C	D	E	F
1		flûte	baguette	pain	gros pain	pain spécial
2	prix d'origine (en €)	0,60 €	0,85 €	1,12 €	1,40 €	1,82 €
3	pourcentage de hausse	12,00%	12,00%	12,00%	12,00%	12,00%
4	nouveau prix (en €)					

2 Dans la cellule **B4**, saisir une formule qui permet de calculer le nouveau prix d'une flûte. Tableur 1

3 Recopier cette formule sur toute la ligne **4**. Tableur 2

4 Quels sont les nouveaux prix des différents pains ?

3 La rentrée des classes

20'

Utiliser le tableur pour établir une facture en utilisant proportionnalité et pourcentages.

Difficulté mathématique   Difficulté technique

Pour sa rentrée au collège, Will doit acheter cinq cahiers, des crayons, deux classeurs, une équerre et un compas.
Sa mère lui demande de ne pas dépasser un budget de 30 € pour ses achats.

1 Reproduire le tableau ci-dessous dans une feuille de calcul. Tableur 1

	A	B	C	D
1	Articles	Prix unitaire (Hors Taxe)	Quantité	**Prix Total (Hors Taxe)**
2	Cahier	1,85 €		
3	Crayon	0,82 €		
4	Classeur	2,55 €		
5	Équerre	1,89 €		
6	Compas	3,12 €		
7			Total HT	
8			TVA (20%)	
9			**Prix à payer**	

2 Utiliser cette feuille de calcul pour savoir combien de crayons Will peut acheter sans dépasser son budget.

4 Le double et le triple ALGO

15'

Utiliser Scratch pour automatiser des calculs de proportions.

Difficulté mathématique   Difficulté technique

On souhaite construire un programme permettant de demander un nombre et d'annoncer, par calculs du programme, le double et le triple de ce nombre.

1 Reconstituer le programme en utilisant les morceaux ci-dessous :

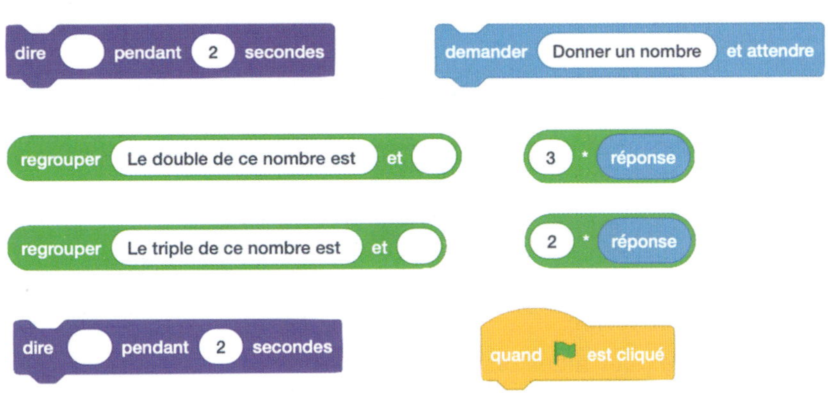

2 Tester le programme en vérifiant que pour le nombre 20, il annonce bien 40 comme double et 60 comme triple.

3 Déterminer le double et le triple de 387.

4 Compléter ce programme pour qu'il annonce également la moitié et le tiers du nombre de départ.

tâches complexes

1 Le club de foot

Le FC Nantes est un club de football professionnel de Ligue 1. Depuis 1984, ce club dispute ses matchs à domicile au stade de La Beaujoire. Chaque saison, le FC Nantes dispute 19 matchs à domicile. Pour chacun d'eux, les spectateurs peuvent acheter des places dont le prix dépend de la position autour du terrain.
Avant le début du nouveau championnat, Franck est chargé d'estimer les recettes que pourrait générer la vente de ces places sur toute la saison.

▶ **À l'aide des documents, aider Franck à remplir sa mission.**

DOC 1 Plan du stade

DOC 3 Taux prévisionnel de remplissage des tribunes

- Loire et Erdre : 95 % de remplissage
- Océane Haut et Bas : 75 % de remplissage
- Jules Verne et Présidentielles : 60 % de remplissage
- PMR : 90 % de remplissage
- Visiteurs : 40 % de remplissage

DOC 2 Tarifs et nombre de places par tribunes

Tribunes	Nombre de places	Prix possible par match
Loire	6 588	15,00 €
Erdre	6 148	15,00 €
Océane Haut	5 274	20,00 €
Océane Bas	3 883	25,00 €
Jules Verne	7 271	20,00 €
Présidentielle	4 531	27,00 €
PMR	113	15,00 €
Visiteurs	1 514	15,00 €

2 Les problèmes DUDU

Les DUDU sont en train de cuisiner, mais l'un des deux frères met trop de farine.

▶ **Comment faire pour aider les deux frères ?**

Voir la vidéo : bordas.media/733775_041

Comment les **tableaux d'horaires** permettent-ils de **planifier** nos **déplacements** en **bus** ?

Pour le savoir, rendez-vous en fin de chapitre

chapitre 6

QCM de révision
Avant de commencer ce chapitre, fais le point sur tes connaissances : bordas.media/733775_042

Gestion de données

objectifs

1 J'exploite ou je construis un tableau représentant des données

2 J'exploite ou je construis un graphique représentant des données

EXEMPLES DE RÉUSSITE !

14 15 26

cherchons ensemble

Si tu ne comprends pas certains des mots utilisés ici, demande à ton enseignant ou consulte le *Dico des maths*, p. 12.

Activité 1 — Exploiter un tableau

OBJECTIF 1

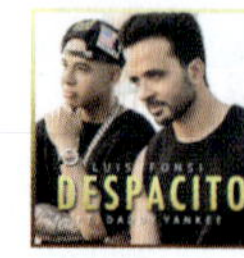

Créé en 2005, le service web YouTube permet l'hébergement et le partage de vidéos. Il est aujourd'hui mondialement connu : chaque seconde, près de 43 000 vidéos sont visionnées.

Voici les 10 vidéos les plus visionnées au 11 mai 2020 sur YouTube depuis sa création :

Rang	Titre	Artiste ou réalisateur	Nombre de vues au 11 mai 2020	Date de mise en ligne
1	*Despacito*	Luis Fonsi	6 757 775 866	12 janvier 2017
2	*Baby Shark*	Pinkfong	5 303 471 578	17 juin 2016
3	*Shape of You*	Ed Sheeran	4 772 100 249	30 janvier 2017
4	*See You Again*	Wiz Khalifa	4 540 079 031	6 avril 2015
5	*Masha and the bear*	Get Movies	4 266 868 599	31 janvier 2012
6	*Uptown Funk*	Mark Ronson	3 840 645 654	19 novembre 2014
7	*Gangnam Style*	Psy	3 609 554 148	15 juillet 2012
8	*Sorry*	Justin Bieber	3 283 334 972	22 octobre 2015

1 Quel titre est le plus visionné ?

2 Combien de vues a *Gangnam Style* ?

3 Quel artiste a publié la vidéo *Sorry* ?

4 Combien de vidéos dépassent les 4 milliards de vues ?

5 Refaire un tableau en présentant ces vidéos dans l'ordre chronologique de leur mise en ligne.

Activité 2 — Construire un tableau

OBJECTIF 1

Au cinéma Rose, on assure cinq séances dans chacune des quatre salles.
Voici le nombre de spectateurs venus au Rose le samedi 4 septembre 2021 :

	A	B	C	D	E
1	**nombre de spectateurs par salle et par séance**				
2	**salle**	**Salle 1**	**Salle 2**	**Salle 3**	**Salle 4**
3	*film*	*A venger la fin*	*Star who are z ?*	*Les Touch 4*	*moi, beau et gentil 3*
4	11h00	91	58	39	68
5	14h00	132	79	87	147
6	17h00	214	101	101	65
7	20h00	315	125	154	
8	22h30	124	105	126	
10	**Total**	**876**			

1 Combien de spectateurs ont assisté à la séance de 17 h 00 pour le film *Les Touch 4* ?

2 Quelle formule de calcul a permis de trouver le nombre de la cellule **B10** ?

3 Quel nombre devrait s'afficher dans la cellule **C10** ?

4 Recopier et compléter le tableau sachant que 700 spectateurs au total étaient présents au cinéma aux séances de 20 h 00 et qu'il y a eu 2 350 spectateurs au total ce samedi.

Activité 3 — Construire un diagramme

OBJECTIF 2

Ségo, chargée de développer l'usage des voitures électriques en ville, a réalisé une enquête dans une entreprise locale en demandant aux employés quel type de moteur équipe leurs voitures. Voici ses notes :

Moteur essence : ✓✓✓✓✓✓✓✓✓✓✓✓
Moteur diesel : ✓✓✓✓✓✓✓✓✓✓✓✓✓✓✓✓✓✓
Moteur 100 % électrique : ✓✓✓✓✓
Moteur hybride : ✓✓✓✓✓✓✓

1 Reproduire et compléter le tableau suivant :

Moteur	essence	diesel	100 % électrique	hybride
Effectif	12			

Ce tableau est une première façon de présenter les résultats de l'enquête de Ségo.

2 a. Reproduire et compléter le diagramme ci-contre en mesurant 1 carreau pour 2 personnes en ordonnée.

Vocabulaire : Ce diagramme est dit à « barres verticales ».

b. Colorier chaque barre d'une couleur différente.
Ce diagramme à barres est une deuxième façon de présenter les résultats de l'enquête de Ségo.

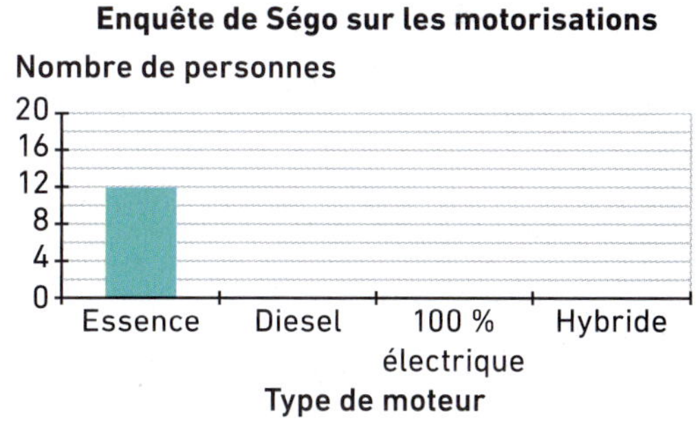

Activité 4 — Exploiter un graphique

OBJECTIF 2

Ce graphique cartésien présente l'évolution de la température mesurée au cours d'une journée du mois d'août 2021 à Biarritz (France) et à Tokyo (Japon).

1 Quelle est la température la plus haute enregistrée à Tokyo ?

2 À quelle heure la température a-t-elle été la plus basse à Biarritz ?

3 Quelle a été l'amplitude thermique de cette journée dans chacune des deux villes ?

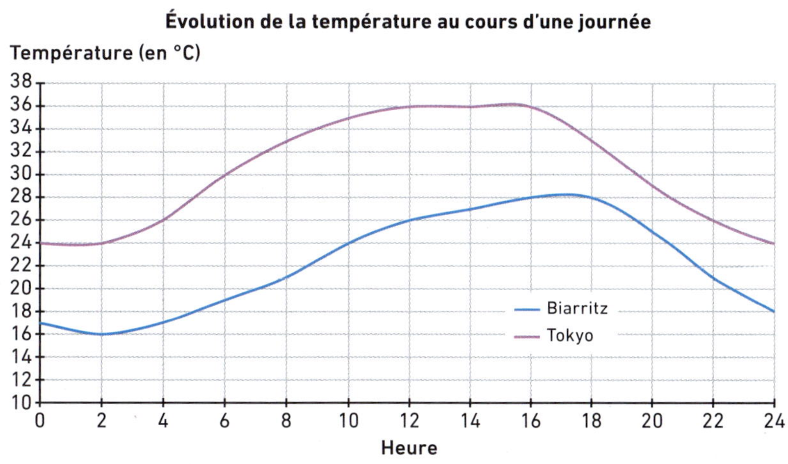

L'amplitude thermique est la différence entre la température la plus haute et la température la plus basse.

COURS

1 Exploiter ou construire un tableau pour présenter des données

OBJECTIF 1

a) Tableaux simples

Les tableaux permettent de rassembler un grand nombre de données et de les présenter de façon organisée.

Exemples

1. Léo a noté ses dépenses :

Jour	Dépenses
Jeudi	44,30 €
Vendredi	55,10 €
Samedi	12,00 €
Dimanche	21,50 €
Total	133,80 €

Cette ligne indique que Léo a dépensé 12,00 € le samedi.

2. On a relevé les effectifs d'un collège suivant trois catégories :

Catégorie	Externes	Demi-pensionnaires	Internes
Effectif	150	468	86

Cette colonne indique qu'il y a 150 externes dans ce collège.

b) Tableaux à double entrée

On peut aussi organiser des données dans des tableaux à double entrée.
Les logiciels tableurs peuvent être utiles pour réaliser de tels tableaux.

Exemple

Maxime, qui est céréalier, a récolté quatre céréales durant l'été.
Il a saisi sa production (en kg) dans un tableau réalisé sur un logiciel tableur :

	A	B	C	D	E
1		Blé	Maïs	Tournesol	Colza
2	Juillet	5 000	-	-	1 700
3	Août	8 100	7 300	5 400	4 500
4	Septembre	-	12 000	6 800	-
5	Total	13 100	19 300	12 200	6 200

Dans la cellule **C3**, on lit que Maxime a récolté 7 300 kg de maïs en août.

On dit que ce tableau est à double entrée car les informations sont positionnées au croisement d'une ligne et d'une colonne.

CARTE MENTALE

bordas.media/733775_043

2 Exploiter ou construire un graphique représentant des données

OBJECTIF 2

a) Diagramme en bâtons

Les diagrammes en bâtons permettent de comparer facilement des données.

Exemple

Le diagramme en bâtons ci-dessous représente le nombre d'habitants de la France et de ses pays voisins.

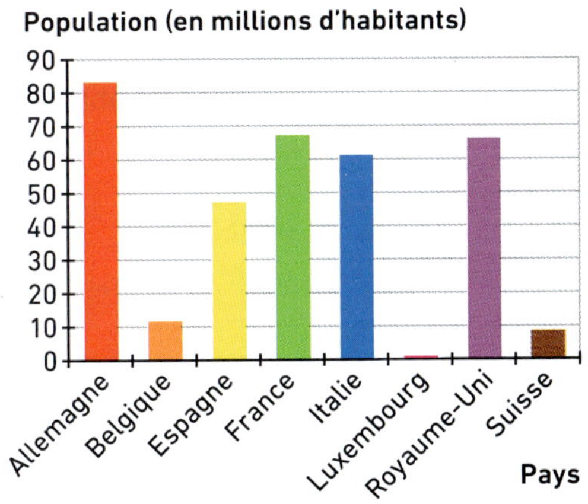

b) Diagramme circulaire ou semi-circulaire

Les diagrammes circulaires et semi-circulaires permettent de mettre en évidence la répartition de données suivant plusieurs catégories.

Exemple

Le diagramme ci-dessous présente la répartition de la population mondiale par continent.

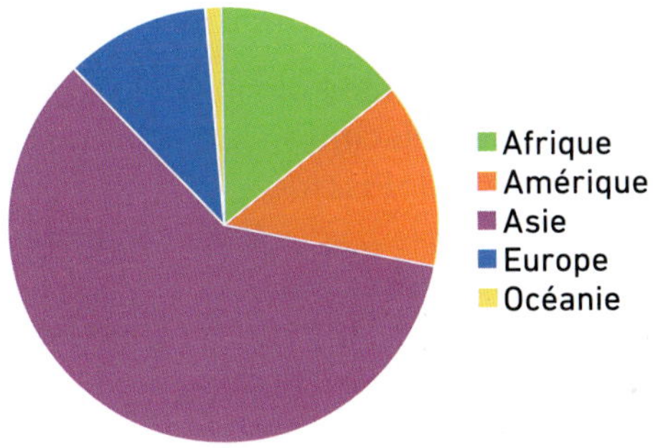

c) Graphique cartésien

Les graphiques cartésiens permettent de montrer l'évolution d'une grandeur en fonction d'une autre.

Exemple

Le graphique ci-dessous donne la courbe des températures enregistrées à Dublin au cours d'une journée de printemps en 2021.

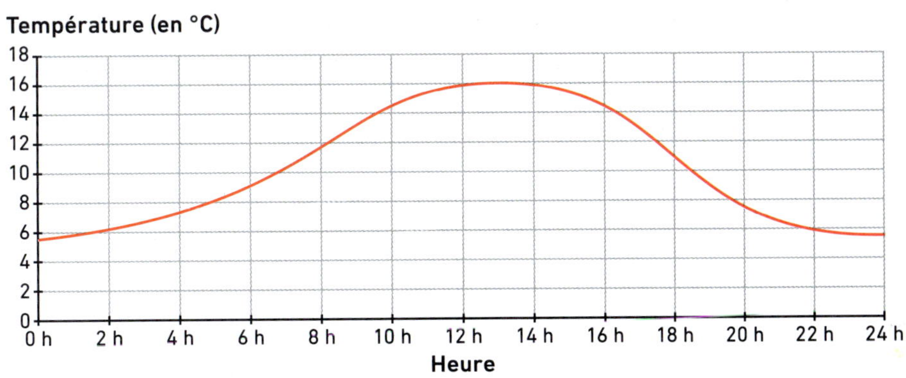

On peut lire sur ce graphique la température de chaque heure de la journée et suivre l'évolution de cette température en observant les variations de la courbe.

objectif 1 J'exploite ou je construis

Je comprends

Voir la vidéo : bordas.media/733775_044

Dans un camp de vacances, trois activités au choix sont proposées : piscine, golf ou escalade. Voici les réponses d'un groupe de jeunes : Piscine – Golf – Piscine – Escalade – Escalade – Piscine – Piscine – Golf – Golf – Piscine – Escalade – Golf – Piscine – Escalade – Piscine – Piscine – Escalade – Escalade – Piscine – Piscine.
Présenter ces réponses dans un tableau.

Exercice résolu

Étape 1. On prépare un tableau à deux colonnes :

	A	B
1	Activité	Nombre
2	Piscine	
3	Golf	
4	Escalade	

Étape 2. On compte combien de jeunes ont choisi la piscine : **Piscine** – **Golf** – **Piscine** – **Escalade** – **Escalade** – **Piscine** – **Piscine** – **Golf** – **Golf** – **Piscine** – **Escalade** – **Golf** – **Piscine** – **Escalade** – **Piscine** – **Piscine** – **Escalade** – **Escalade** – **Piscine** – **Piscine.** Il y a 10 réponses « **Piscine** ».

Étape 3. De même, on compte le nombre de réponses « **Golf** » et « **Escalade** ».
On obtient 4 réponses « **Golf** » et 6 réponses « **Escalade** ».

Étape 4. On complète le tableau :

	A	B
1	Activité	Nombre
2	Piscine	10
3	Golf	4
4	Escalade	6

Je m'échauffe

1 QUESTIONS FLASH

Recopier et compléter rapidement ce tableau donnant les effectifs d'un collège :

	Filles	Garçons	Total
6^e	48	60	
5^e	57		**102**
4^e		58	
3^e	57	52	
Total	**208**		

2 Le tableau suivant présente le stock du magasin de sport de Youssef :

Article	Paire de chaussures	Tee-shirt	Short	Survêtement
Nombre en stock	122	423	78	57

1. Quel type d'articles Youssef a-t-il le plus en stock ?
2. Combien y a-t-il d'articles au total dans le stock de Youssef ?

3 L'écologie autour de moi

Au conseil de vie collégienne, Émilie propose au vote trois actions pour lutter contre le gaspillage alimentaire :
– peser les déchets alimentaires (P) ;
– proposer l'entrée sous forme de buffet (B) ;
– faire réserver le repas sur Internet le matin (R).

Une seule action sera retenue pour la rentrée scolaire. Voici le résultat du vote :
P – P – B – B – R – P – P – P – R – R – R – P – P – P – R– P – P – R – B – B.

1. Reproduire et compléter le tableau ci-dessous :

Action	P : Pesée	B : Buffet	R : Réservation
Nombre de votes			

2. Quelle action sera retenue ?

Je m'entraîne 1

4 **Les maths autour de moi**

Pour ses joueurs de football préférés, Louis a dessiné un ballon par but marqué (saison 2020) :

- Cristiano Ronaldo (Juventus Turin-Italie)

- Lionel Messi (FC Barcelone-Espagne)

- Kylian MBappé (Paris SG-France)

1. Compter le nombre de buts inscrits par chaque joueur et présenter les résultats dans un tableau.
2. Combien de buts de plus que Kylian Mbappé Cristiano Ronaldo a-t-il marqués ?

5 Ce tableau construit dans une feuille de calcul tableur donne la répartition de la population française métropolitaine par âge et par sexe :

	A	B	C
1	classe d'âge	hommes	femmes
2	Moins de 20 ans	7 901 395	7 543 914
3	Entre 20 et 40 ans	7 583 723	7 757 771
4	Entre 40 et 60 ans	8 319 234	8 601 082
5	plus de 60 ans	7 557 087	9 547 846
6	TOTAL		

Source : Insee au 1er janvier 2019

1. Combien y a-t-il de jeunes de moins de 20 ans ?
2. Quelle était la population française totale au 1er janvier 2019 ?

6 Tom dit : « J'ai 4 canards mâles et 7 cochons femelles. J'ai autant de lapins que de lapines : 18 de chaque.
En tout, j'ai 80 animaux dont 52 femelles. »

Reproduire et compléter le tableau ci-dessous :

	Mâles	Femelles	TOTAL
Canards			
Cochons			
Lapins			
TOTAL			

Je m'entraîne 2

7 Le nombre π (pi) comporte une infinité de chiffres.
Voici les 50 premiers :
3,141 592 653 589 793 238 462 643 383 279 502 884 197 169 399 375 1

1. Construire un tableau présentant le nombre d'apparitions de chaque chiffre dans l'écriture ci-dessus.
2. Quel chiffre apparaît le plus souvent ?

8 **Les maths autour de moi**

Lisa habite Paris et veut rejoindre des amis en Vendée. Elle consulte un site Internet de covoiturage pour trouver un transport à un bon tarif :

Paris – Les Sables d'Olonne : jeudi 1er juillet 2021

Conducteur	Voiture	Départ	Arrivée	Tarif
Romain	Citroën C5	7 h 30	12 h 40	25,00 €
Freddy	Ford Fiesta	8 h 00	12 h 50	22,00 €
Isa	Peugeot 208	8 h 20	13 h 10	24,00 €
Séverine	Ford SMax	8 h 30	13 h 15	25,00 €
Éric	Fiat Bravo	8 h 40	13 h 30	26,00 €

1. Quel covoiturage serait le moins cher ?
2. Quel conducteur serait le plus rapide ?

9 **TOP Chrono** 10 min

Mimi vend des glaces sur la plage de St-Jean-de-Monts. Le tableau suivant présente le bilan de ses ventes de la journée :

Glace	Cornet 1 boule	Cornet 2 boules	Cornet 3 boules	MaxiPot 50 cL
Prix unitaire (en €)	2,50	3,50	4,50	7,00
Nombre de ventes	45	58	32	9

Quelle est la recette totale de la journée de Mimi ?

objectif 2 J'exploite ou je construis

Je comprends

Voir la vidéo : bordas.media/733775_045

Pascal a interrogé les élèves sur le mode de transport qu'ils utilisent pour venir en cours le matin.
Ce diagramme en bâtons présente leurs réponses :

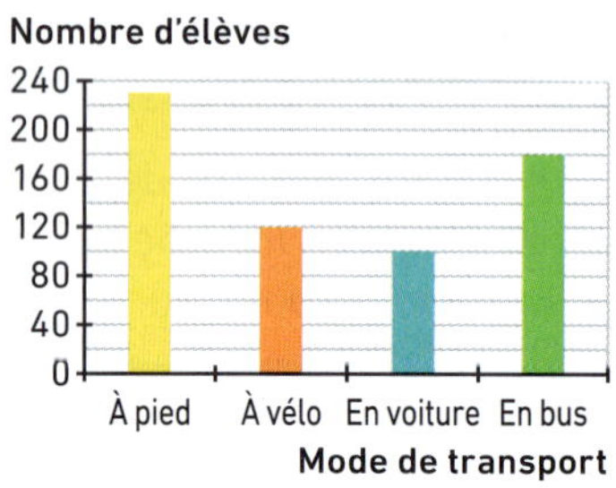

1. Quel mode de transport est le plus utilisé ?
2. Combien d'élèves prennent le bus ?
3. Combien d'élèves ont répondu au sondage ?

Exercice résolu

1. Le diagramme en bâtons permet de comparer facilement les réponses entre elles.
Le bâton le plus haut représente le nombre d'élèves venant à pied. C'est donc le mode de transport le plus utilisé.

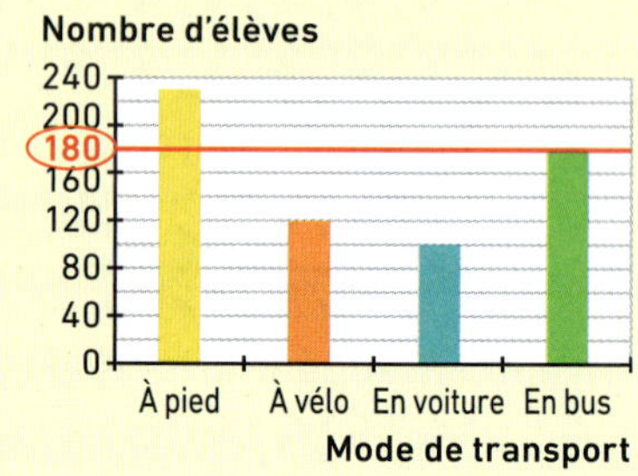

2. On cherche la hauteur du bâton représentant le nombre d'élèves venant en bus. On lit la réponse sur l'axe vertical : 180.
180 élèves prennent le bus pour venir le matin.
3. Pour connaître le nombre total d'élèves ayant répondu au sondage, il faut additionner :
– le nombre d'élèves venant à pied : 230 ;
– le nombre d'élèves venant à vélo : 120 ;
– le nombre d'élèves venant en voiture : 100 ;
– le nombre d'élèves venant en bus : 180.
On obtient : $230 + 120 + 100 + 180 = 630$.
630 élèves ont donc répondu au sondage.

Je m'échauffe

10 QUESTIONS FLASH

La répartition de la production d'une ferme sur cinq années est représentée.

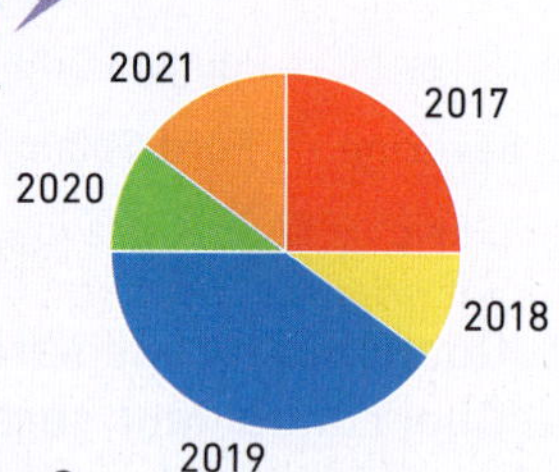

1. Quel pourcentage du total de la production est colorié en rouge ?
2. Quelle année représente la plus grande part dans cette répartition ?
3. En quelle année la production a-t-elle été la même qu'en 2020 ?

11 Le maire d'un village a organisé un sondage sur les travaux à effectuer en priorité.

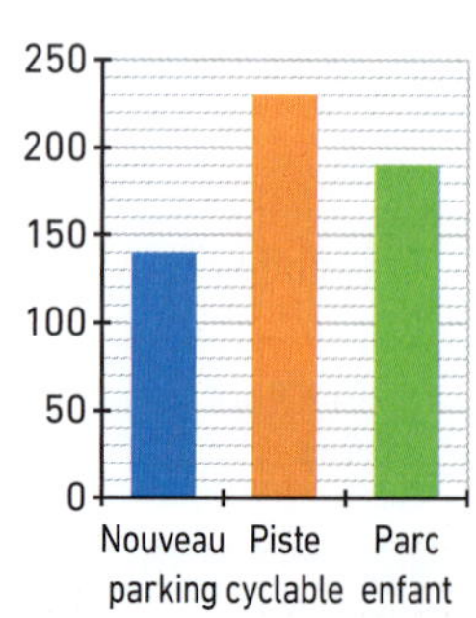

1. Combien de personnes ont répondu « nouveau parking » ?
2. Quel projet semble être la priorité du plus grand nombre d'habitants ?

12 L'écologie autour de moi

Le graphique ci-dessous montre l'évolution, entre 1970 et 2020, de la surface occupée par la forêt amazonienne brésilienne :

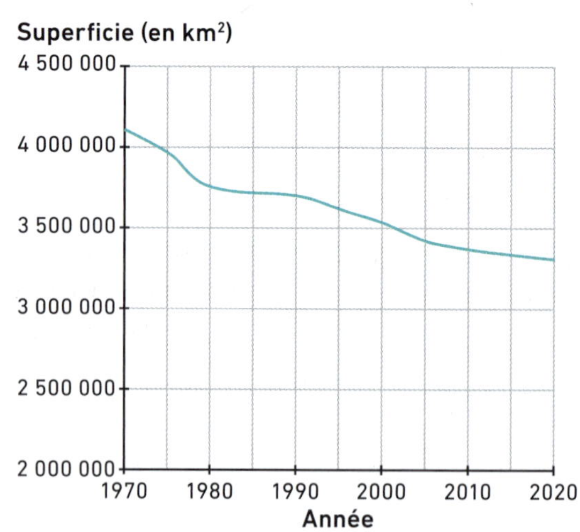

1. Quelle était la surface de la forêt amazonienne au Brésil en 1970 ? en 2020 ?
2. En quelle année cette surface est-elle devenue inférieure à 3 500 000 km^2 ?

Je m'entraîne 1

13 1. Recopier et compléter la phrase suivante :
« Le graphique ci-dessous montre l'évolution de .... en France entre ...... et 2020. »

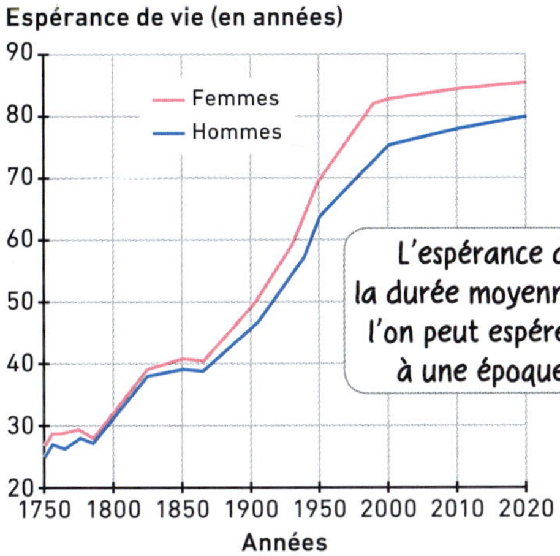

2. Quelle était en 1900 l'espérance de vie des femmes ? l'espérance de vie des hommes ?
3. Au cours du XXe siècle, de combien d'années l'espérance de vie a-t-elle augmenté en France pour les femmes ? et pour les hommes ?
4. À quelle époque l'écart entre l'espérance de vie des femmes et celle des hommes était-il le plus faible ?

14 Lors de l'élection des délégués de la classe quatre élèves se présentent. Voici les résultats :

	Jean	Salma	Chloé	Djibril
Nombre de voix	6	12	5	1

Représenter les données par un diagramme circulaire ou en bâtons.

15 **Vrai ou Faux ?**
Dire si l'affirmation suivante est vraie ou fausse à partir du graphique ci-dessous :

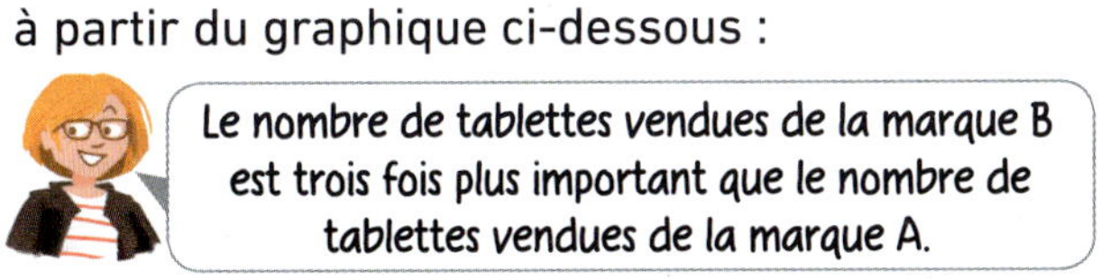

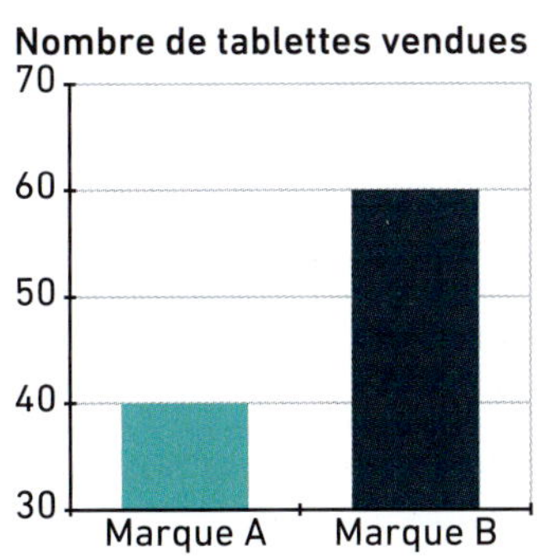

Je m'entraîne 2

16 **Les maths autour de moi**
Cette infographie présente des réseaux sociaux très utilisés en France et dans le monde en 2019.

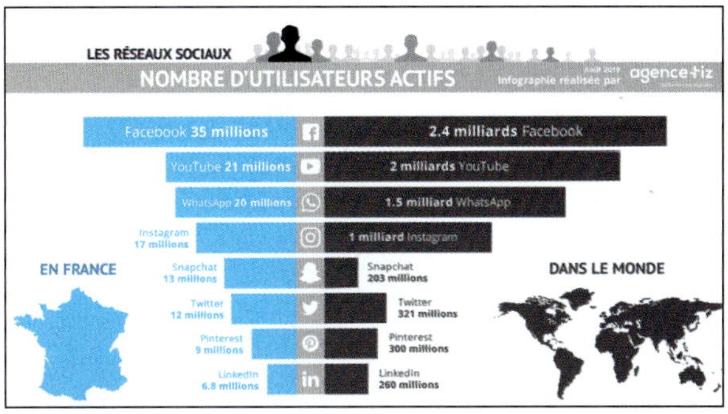

1. Combien de réseaux sociaux différents sont présentés ?
2. Le classement des réseaux sociaux les plus utilisés dans le monde est-il le même que celui des réseaux les plus utilisés en France ?

17 Construire trois courbes dans le même graphique cartésien illustrant l'évolution des populations des trois continents.

	Population (en millions)				
Continent	1900	1930	1960	1990	2020
Afrique	100	160	285	630	1300
Amérique	120	200	290	610	1015
Europe	420	500	605	723	750

18 **TOP Chrono** 10 min

Charly le chocolatier a vendu 8 000 boîtes de chocolat cette année.
Ce diagramme circulaire illustre la répartition de ses ventes par période :

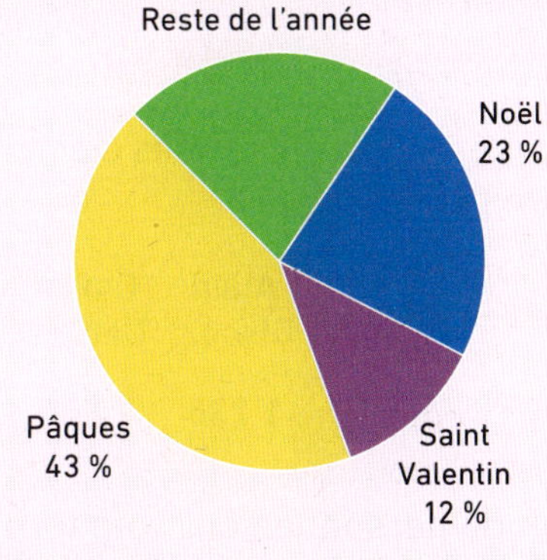

Calculer le nombre de boîtes de chocolat vendues dans chaque période.

je travaille seul(e)

ou en Accompagnement personnalisé

Je fais le point sur mon cours

QCM de révision
Retrouve un autre QCM interactif : bordas.media/733775_046

	A	B	C
19 Voici la fréquentation d'un cinéma : (voir tableau ci-dessous) Combien y avait-il de spectateurs au total ?	132	252	490
20 Quel diagramme en barres permet de représenter la fréquentation du cinéma de l'exercice **19** ?	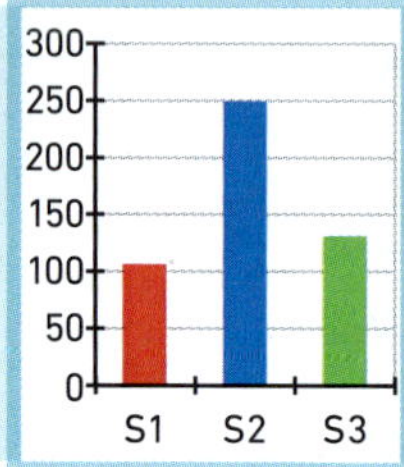	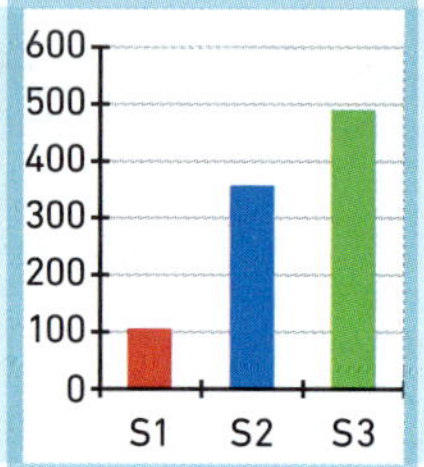	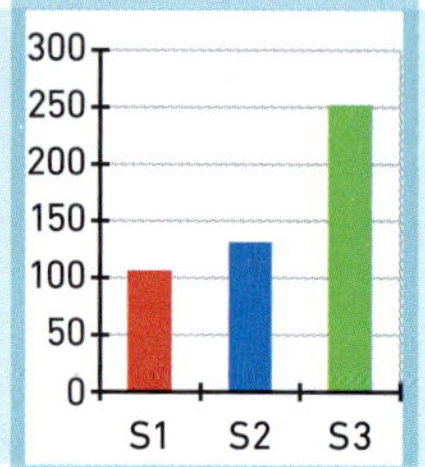
21 Voici les effectifs d'un club de basket : (voir tableau ci-dessous) Combien y a-t-il de garçons dans ce club ?	156	194	350
22 Quel diagramme circulaire permet de représenter la répartition des effectifs du club de l'exercice **21** ?	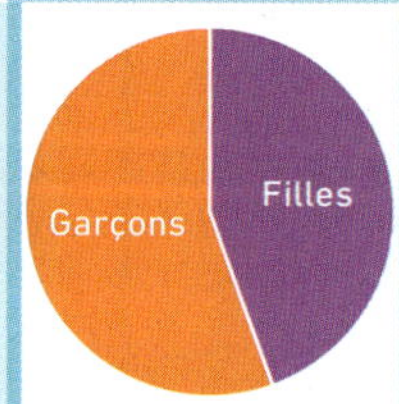	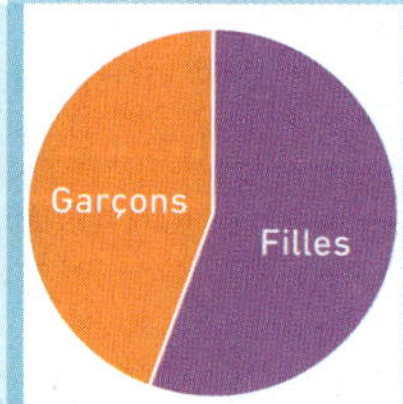	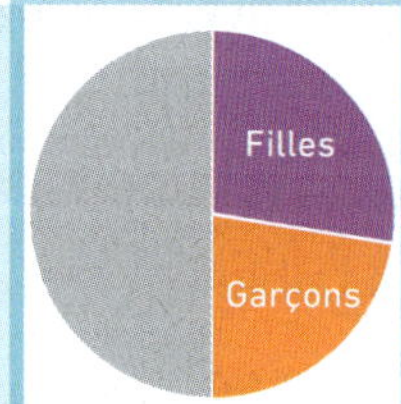
23 Dans le club de basket de l'exercice **21**, on peut dire qu'il y a :	moins de 50 % de filles.	exactement 50 % de filles.	plus de 50 % de filles.

Exercice 19 :

	Salle 1	Salle 2	Salle 3
Nombre de spectateurs	106	252	132

Exercice 21 :

	Filles	Garçons	Total
Effectif	194		350

Graphiques de l'exercice 20 :

Graphiques de l'exercice 22 :

Je fais le point sur mes objectifs

OBJECTIF 1

J'exploite ou je construis un tableau représentant des données

24 Ce tableau présente les votes des élections municipales d'un petit village :

Candidat	Laure Ajéclate	Alain Dissoir	Claire Delune	Élie Koptaire
Nombre de votes	450	1 235	2 665	510

1. Combien de personnes ont voté lors de cette élection ?
2. Quel candidat est devenu maire du village ?
3. Combien de personnes ont voté pour la candidate Laure Ajéclate ?

25 Les élèves de 6e d'un collège ont voté pour choisir le film qui sera projeté à la soirée de fin d'année :

	Votes 6e A	Votes 6e B	Votes 6e C	Votes 6e D
Avengers – Endgame	8	4	3	5
La famille Addams	4	5	6	4
La Reine des neiges 2	1	9	6	2
Spider-Man	5	4	10	4
Star Wars épisode IX	8	2	0	9

1. Combien d'élèves ont participé à ce vote ?
2. Combien d'élèves de 6e B ont voté pour le film *Spider-Man* ?
3. Combien d'élèves au total ont voté pour le film *Avengers-Endgame* ?
4. Donner le classement résultant de ce vote.

26 Au collège Renoir, les élèves ont le choix pour la langue vivante 2 : italien, allemand ou espagnol.
- En 5e A, il y a 25 élèves : 12 ont choisi espagnol, 6 allemand et les autres, italien.
- En 5e B, 13 élèves ont choisi espagnol et 5 élèves allemand.

Dans ces deux classes, 12 élèves au total ont choisi italien.
Présenter ces données dans un tableau à double entrée.

27 Ce tableau donne les horaires d'ouverture d'un musée :

ouvert (vert) — fermé (gris)

	lundi	mardi	mercredi	jeudi	vendredi	samedi	dimanche
9h00-12h00	fermé	ouvert	ouvert	ouvert	ouvert	ouvert	ouvert
12h00-14h00	fermé	fermé	fermé	fermé	ouvert	ouvert	ouvert
14h00-17h00	fermé	ouvert	ouvert	ouvert	ouvert	ouvert	ouvert
17h00-20h00	fermé	fermé	fermé	fermé	ouvert	ouvert	fermé

1. À quelle heure le musée ouvre-t-il le mardi ?
2. Quel jour de la semaine le musée est-il fermé ?
3. Quels jours de la semaine le musée est-il ouvert entre 12 h 00 et 14 h 00 ?
4. Combien d'heures par semaine le musée est-il ouvert au public ?

OBJECTIF 2

J'exploite ou je construis un graphique représentant des données

28 **Physique-Chimie** Répondre aux questions en utilisant le diagramme :

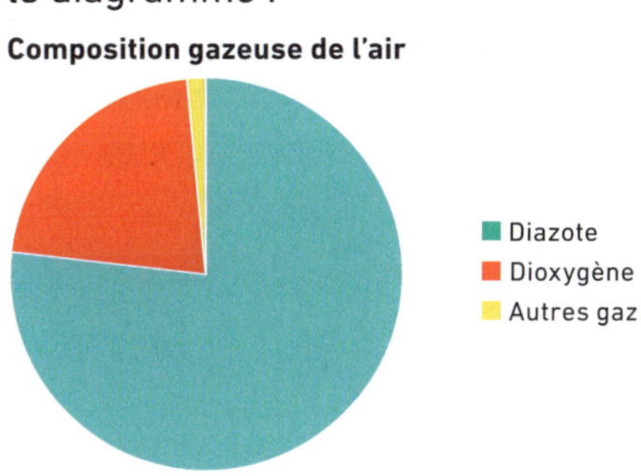

1. Quel est le composant principal de l'air ?
2. **QCM**
On peut dire que dans l'air, il y a :
ⓐ entre 20 et 25 % de dioxygène
ⓑ entre 40 et 50 % de dioxygène
ⓒ entre 70 et 80 % de dioxygène

29 L'infographie ci-dessous présente des informations sur l'utilisation de données mobiles (en Go – Gigaoctets) par des utilisateurs de smartphone dans différents pays.

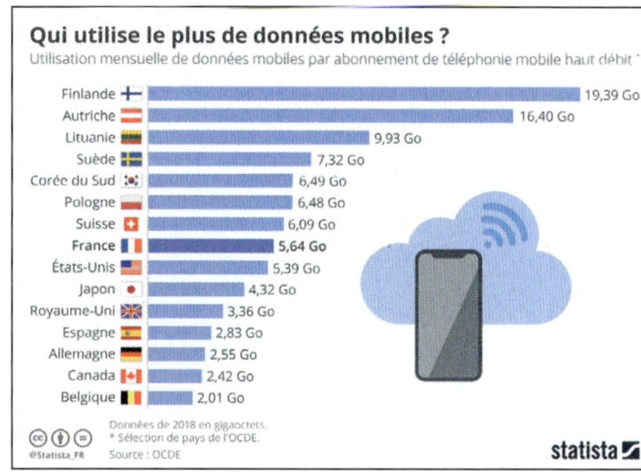

1. Dans quels pays les abonnés utilisent-ils le plus de données mobiles ?
2. D'après cette infographie, quelle quantité de données mensuelles utilise chaque Français en moyenne ?
3. Combien d'utilisateurs canadiens faut-il pour consommer autant qu'un utilisateur finlandais ?

30 Rémy lance 30 fois son dé. Il obtient les résultats suivants : 2 – 1 – 2 – 5 – 1 – 5 – 6 – 1 – 5 – 4 – 2 – 3 – 2 – 5 – 1 – 3 – 4 – 6 – 1 – 1 – 1 – 2 – 3 – 4 – 5 – 6 – 6 – 2 – 4 – 5.

Reproduire et compléter ce tableau :

Résultats	1	2	3	4	5	6
Nombre de fois						

31 **Histoire** Le graphique ci-dessous présente l'évolution de la population française au XXe siècle :

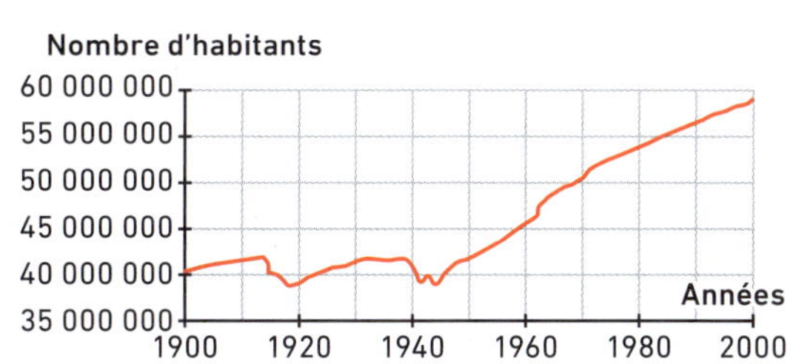

Source : Insee

1. Quelle était la population française en 1914 ?
2. En quelle année la population française est-elle devenue supérieure à 50 000 000 d'habitants ?
3. La population française a-t-elle toujours été en augmentation ? Pourquoi ?
4. En combien d'années la population française est-elle passée de 45 000 000 à 55 000 000 d'habitants ?

Je résous des problèmes

OBJECTIF 1

J'exploite ou je construis un tableau représentant des données

32 L'écologie autour de moi

Voici un tableau donnant les saisons de récolte de certains fruits :

	Janvier	Février	Mars	Avril	Mai	Juin	Juillet	Août	Septembre	Octobre	Novembre	Décembre
Abricot							☺	☺				
Cerise						☺	☺	☺				
Fraise						☺	☺	☺				
Framboise						☺	☺	☺	☺	☺		
Kiwi	☺	☺	☺									
Mûre				☺	☺	☺	☺	☺	☺	☺		
Orange	☺	☺	☺	☺							☺	☺
Poire	☺	☺	☺				☺	☺	☺	☺	☺	☺
Pomme	☺	☺	☺			☺	☺	☺	☺	☺	☺	☺
Pruneau								☺	☺			
Raisin									☺	☺		

1. Durant quels mois peut-on manger des cerises ?
2. Que peut-on manger en février ?
3. Durant quel(s) mois peut-on manger des mûres et des oranges ?
4. Durant quel(s) mois peut-on manger des pommes mais pas des poires ?
5. Durant quel(s) mois peut-on manger le plus de fruits différents ?

33 Les maths autour de moi

Le tableau ci-dessous donne des horaires de marée à Granville en juillet :

DATE	PLEINES MERS						BASSES MERS			
	Matin h mn	haut m	Coef	Soir h mn	haut m	Coef	Matin h mn	haut m	Soir h mn	haut m
M 1	07:20	11.60	79	19:42	12.10	83	02:02	2.60	14:29	2.50
J 2	08:05	12.05	87	20:26	12.55	90	02:54	2.10	15:18	2.05
V 3	08:49	12.45	93	21:09	12.90	94	03:43	1.75	16:05	1.75
S 4	09:33	12.70	95	21:52	13.00	96	04:31	1.45	16:50	1.60
D 5	10:18	12.75	95	22:37	12.90	93	05:16	1.35	17:34	1.65

1. À quelle heure était la marée haute du matin le 4 juillet ?
2. Quel jour la marée sera-t-elle basse à 16 h 05 ?
3. Quel est le coefficient de marée le plus important ?
4. Si je souhaite me baigner à marée haute le soir mais avant 20 h 00, est-ce possible ?
Si oui, quel(s) jour(s) ?

OBJECTIF 2

J'exploite ou je construis un graphique représentant des données

34 Les maths autour de moi

L'infographie ci-dessous présente le développement de la fibre optique dans plusieurs pays.

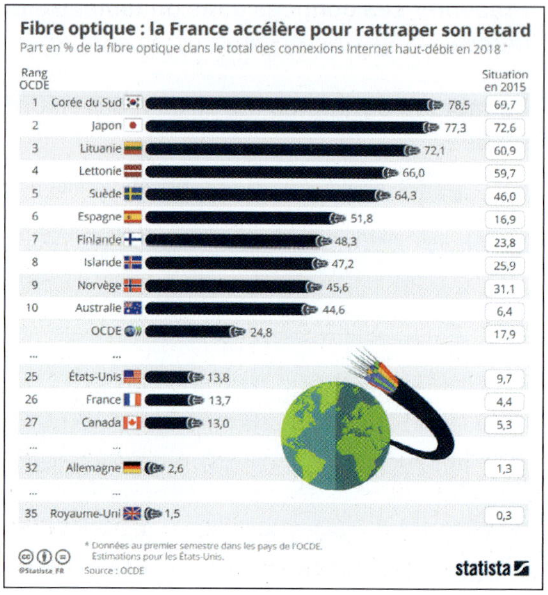

1. En 2015, quel pourcentage des connexions Internet en France était en fibre optique ?
2. Par combien ce nombre a-t-il été multiplié entre 2015 et 2018 ?
3. Parmi tous ces pays, quel est celui qui a le plus développé la fibre optique entre 2015 et 2018 ?

35 Éducation civique Le chômage

Ce graphique présente des informations sur le taux de chômage en France entre 2008 et 2019 :

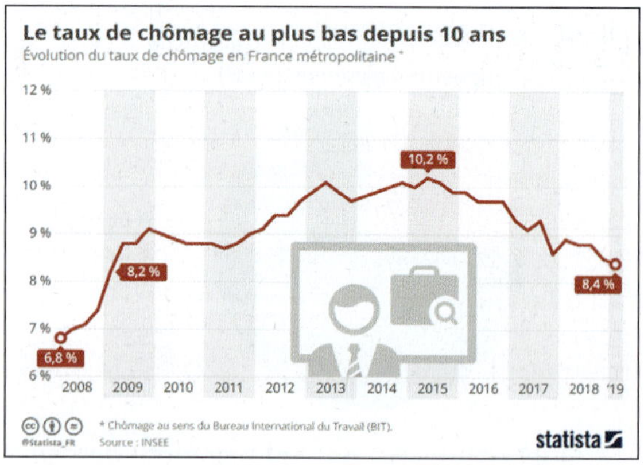

1. Quel était le taux de chômage début 2012 ?
2. En quelle année le taux de chômage était-il le plus élevé ? Quel était ce taux maximum ?
3. Expliquer le titre de l'infographie : « Le taux de chômage au plus bas depuis 10 ans ».

36 Émoji

> Émoji est un terme japonais qui désigne les pictogrammes utilisés dans les messages électroniques et les pages web.

L'infographie présente des informations sur l'apparition de nouveaux émojis chaque année.

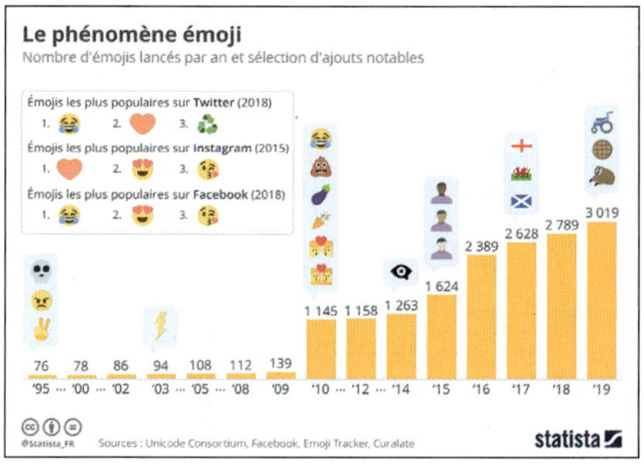

1. À partir de quelle année a-t-on lancé plus d'un millier d'émojis par an ?
2. Est-il exact de dire que depuis 5 ans, plus de 12 000 émojis ont été lancés ?

MULTI OBJECTIFS

37 L'écologie autour de moi

La présence de microplastiques dans les océans et les cours d'eau de notre planète est un problème majeur révélé par un grand nombre d'études scientifiques au début du XXIe siècle.

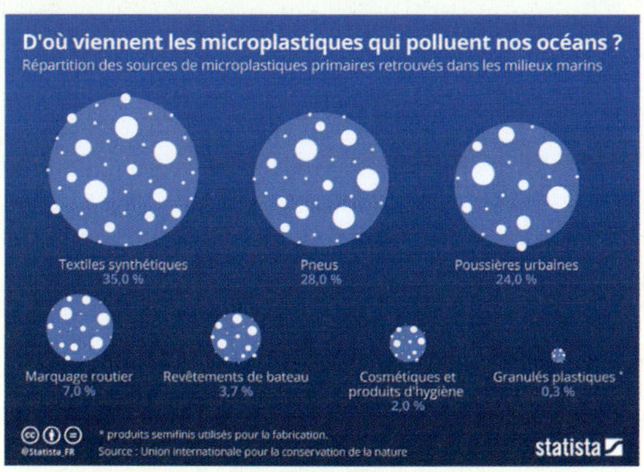

1. Quelles sont les deux principales sources de pollution microplastiques ?
2. Quel pourcentage des microplastiques proviennent de ces deux principales sources de pollution ?

38 Production de céréales

Dans sa ferme, Raymond produit chaque année quatre types de céréales. Sa production 2019 est résumée dans le tableau suivant :

Céréales	Colza	Tournesol	Maïs	Blé
Production en tonnes	56	110	215	103

La production 2020 de Raymond est résumée par le diagramme suivant :

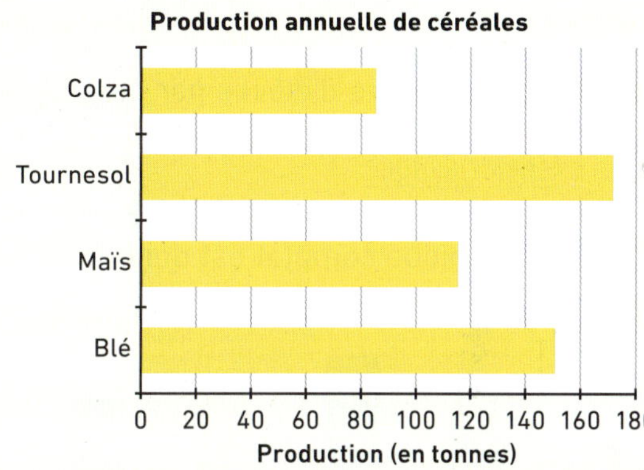

Entre 2019 et 2020, la production totale de Raymond a-t-elle augmenté ou diminué ?

39 Un sondage

On a interrogé les 500 élèves du collège Molière sur la première chose qu'ils faisaient en rentrant du collège le soir :

- 85 élèves ont répondu : « Regarder la télévision » ;
- 112 ont répondu : « Jouer à la console » ;
- 74 ont répondu : « Envoyer des messages avec mon smartphone » ;
- 120 ont répondu : « Faire du sport » ;
- 63 ont répondu : « Écouter ou jouer de la musique » ;
- 46 ont répondu : « Lire un livre ou une BD ».

1. Présenter ces réponses dans un tableau.
2. Illustrer ces données à l'aide d'un diagramme en bâtons.
3. Établir le classement des loisirs préférés des élèves du collège Molière.

je développe mes compétences

RAISONNER · REPRÉSENTER · COMMUNIQUER · CALCULER · CHERCHER · MODÉLISER

J'apprends à REPRÉSENTER

J'OBSERVE

40 Les 100 élèves de 6e du collège Albert Camus sont répartis dans quatre classes. Il y a 24 élèves en 6e A, 28 en 6e B et 23 en 6e D. Les autres vont en 6e C.
Construire un diagramme à barres illustrant le nombre d'élèves par classe.

EXERCICE RÉSOLU

Il y a $100 - 24 - 28 - 23 = 25$ élèves en 6e C.
Le graphique complet est donc :

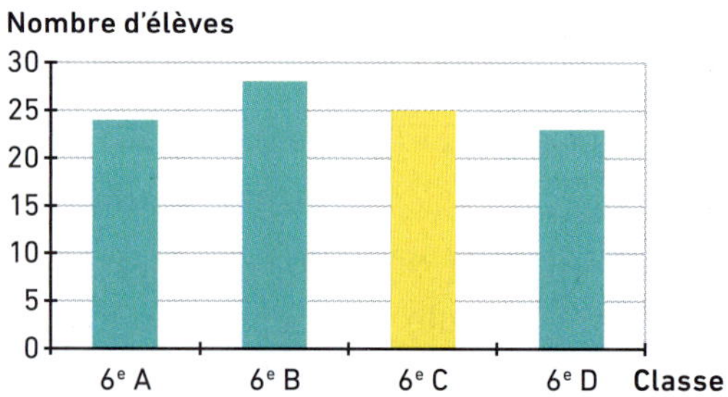

JE ME LANCE

41 Pour le planning de la cantine, la CPE étudie le temps de repas des élèves :

Temps	Moins de 10 min	De 10 à 20 min	De 20 à 30 min	De 30 à 40 min
Effectif	42	81	158	50

Construire un histogramme illustrant l'effectif pour chacun des quatre intervalles de temps.

42 Voici la fréquentation de quelques festivals musicaux français en 2018 :
– Fête de l'Humanité : 800 000 personnes ;
– Interceltique de Lorient : 750 000 personnes ;
– Les Vieilles Charrues : 280 000 personnes ;
– Jazz in Marciac : 242 000 personnes ;
– Hellfest : 180 000 personnes.

Représenter graphiquement ces données avec un diagramme adapté.

J'apprends à COMMUNIQUER

J'OBSERVE

43 Ce diagramme circulaire présente la répartition par type de culture de la surface agricole exploitée par Lucien dans sa ferme :

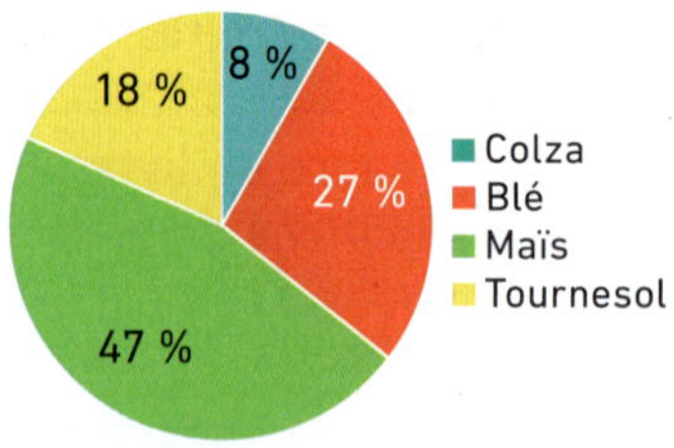

Rédiger un petit texte de deux ou trois lignes qui résume les renseignements donnés par ce diagramme.

EXERCICE RÉSOLU

« Dans la ferme de Lucien, près de la **moitié** de la surface agricole (**47 %**) est utilisée pour cultiver du maïs. Lucien cultive aussi du blé sur un peu plus d'**un quart** de sa surface (**27 %**), du tournesol et un peu de colza. »

JE ME LANCE

44 Décrire les températures de cette journée :

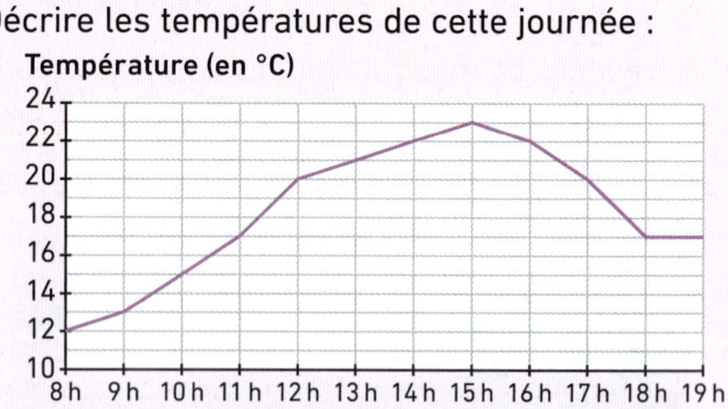

45 Voici une illustration de la composition de l'assemblée nationale française au 1er janvier 2020 :

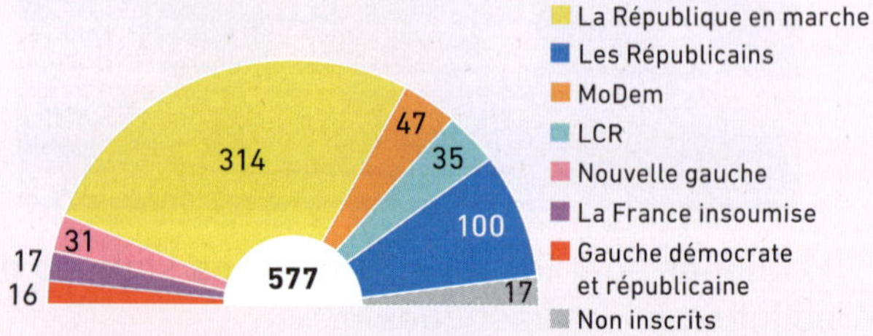

Rédiger un petit texte de deux ou trois lignes décrivant la composition de notre assemblée nationale.

46 À la piscine en famille

CHERCHER • CALCULER D5

À l'entrée de la piscine de Ploufville, deux tableaux sont affichés :

Tarifs de la piscine municipale	
Tarif normal	4,00 €
Tarif réduit (de 4 à 16 ans)	2,50 €
Tarif enfants de moins de 4 ans	gratuit
Abonnement	
10 entrées (tarif normal)	32,00 €
10 entrées (tarif réduit)	20,00 €

Horaires d'ouverture de la piscine municipale		
	Petit bassin	Grand bassin
Lundi au vendredi	9 h à 13 h	9 h à 13 h 30 et 15 h à 20 h
Samedi	9 h à 20 h	9 h à 20 h
Dimanche	9 h à 13 h	9 h à 13 h

Dans la famille Corsaire, Mathieu (37 ans) et Laëtitia (39 ans) ont deux enfants : Chloé (10 ans) et Hugo (7 ans). La famille décide d'aller à la piscine samedi prochain.
Chloé dit à ses parents : « Si on reste toute la journée, ça nous coûtera environ 30 centimes par heure et par personne ».
Justifier l'affirmation de Chloé.

47 Rentrée scolaire

REPRÉSENTER • COMMUNIQUER D2

La famille Dumont a fait le point sur le budget dépensé pour la rentrée scolaire.
Voici la répartition des dépenses :

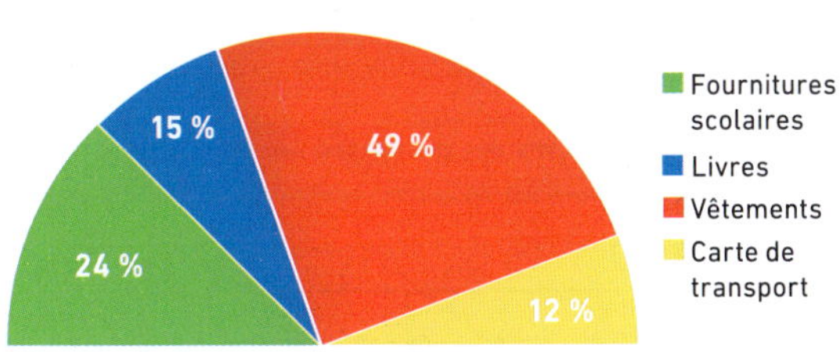

1. Quelle est la dépense la plus importante ?
2. Est-il vrai que le coût des fournitures scolaires est le double de celui de la carte de transport ? Justifier.

48 Vague de froid

REPRÉSENTER • COMMUNIQUER D4

Le document ci-dessous présente les périodes de grand froid en France depuis 1947 selon deux critères :
– la durée de l'événement (nombre de jours) ;
– la température moyenne de journée (en °C).

La surface des disques représentés témoigne de l'intensité globale de l'épisode enregistré.

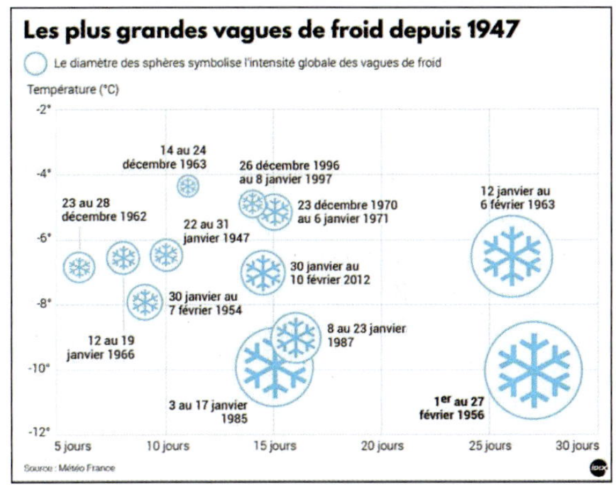

1. En quelle année, y a-t-il eu une période de froid de 11 jours ? la période de froid la plus longue ?
2. Quelle était la température moyenne de la vague de froid de 1947 ?
3. Quelle est la vague de froid la plus récente ? Quelles sont ses caractéristiques ?

49 L'écologie autour de moi

REPRÉSENTER • COMMUNIQUER D5

Voici le tableau donnant les périodes d'ouverture de la pêche dans le département du Cher (18) :

	Janvier	Février	Mars	Avril	Mai	Juin	Juillet	Août	Septembre	Octobre	Novembre	Décembre
Brochet	ouverte	fermée	fermée	fermée	ouverte	ouverte	ouverte	ouverte	ouverte	ouverte	ouverte	ouverte
Sandre	ouverte	fermée	fermée	fermée	ouverte	ouverte	ouverte	ouverte	ouverte	ouverte	ouverte	ouverte
Truite	fermée	fermée	ouverte	ouverte	ouverte	ouverte	ouverte	ouverte	ouverte	fermée	fermée	fermée
Ombre	fermée	fermée	fermée	fermée	ouverte	ouverte	ouverte	ouverte	ouverte	ouverte	ouverte	ouverte
Écrevisse	ouverte	ouverte	ouverte	ouverte	ouverte	ouverte	ouverte	ouverte	ouverte	ouverte	ouverte	ouverte
Grenouille	fermée	fermée	fermée	fermée	fermée	fermée	ouverte	ouverte	ouverte	fermée	fermée	fermée

Pêche ouverte — Pêche fermée

1. Durant quels mois peut-on pêcher la truite ?
2. Quels poissons peut-on pêcher en octobre ?
3. Durant quel(s) mois peut-on pêcher à la fois le brochet et la truite ?

50 Un road trip

CHERCHER • CALCULER D5

Tonio habite Nantes et aime prendre la route pour visiter de nouvelles régions. L'été prochain, il prévoit de faire un « tour de France ».
Pour organiser ses déplacements, il utilise un tableau donnant les distances routières (en kilomètres) entre plusieurs villes de France :

	Bordeaux	Brest	Dijon	La Rochelle	Lille	Lyon	Marseille	Montpellier	Nantes	Nice	Paris	Toulouse
Bordeaux		651	765	183	805	574	647	482	347	803	585	244
Brest	651		862	446	759	1 012	1 291	1 127	296	1 448	593	888
Dijon	765	862		651	500	194	506	494	638	775	314	767
La Rochelle	183	446	651		693	647	823	658	143	980	472	420
Lille	805	759	500	693		691	997	905	605	1 154	230	899
Lyon	574	112	194	647	691		316	303	761	472	466	539
Marseille	647	1 291	506	823	997	316		170	988	204	777	406
Montpellier	482	1 127	494	658	905	303	170		823	325	331	241
Nantes	347	296	638	143	605	761	988	823		1 145	385	585
Nice	803	1 488	775	980	1 154	472	204	325	1 145		825	562
Paris	585	593	314	472	230	466	777	331	385	825		678
Toulouse	244	888	767	420	899	539	406	241	585	562	678	562

1. Tonio dit à ses amis : « Je vais partir de chez moi et visiter dans l'ordre Brest, Paris, Lille, Dijon, Lyon, Marseille, Montpellier, Toulouse, Bordeaux et La Rochelle avant de rentrer à la maison. »
Quelle sera la distance totale de son road trip ?

2. Son ami Claudio lui répond : « Entre Lille et Dijon, tu devrais passer par Strasbourg car c'est une ville magnifique ! »

a. Rechercher sur Internet les distances manquantes pour permettre à Tonio de calculer son nouveau road trip.

b. Combien de kilomètres supplémentaires va-t-il effectuer ?

3. Pour protéger l'environnement et parce qu'il adore le sport, Tonio décide de faire ce long road trip à vélo. En moyenne, il lui faut 4 heures pour faire 100 km.
Combien de temps Tonio devra-t-il pédaler pour boucler son grand projet de tour de France ?

51 Le grand restaurant

Le guide gastronomique Michelin publie chaque année son avis sur les « meilleurs » restaurants du monde en leur attribuant jusqu'à 3 étoiles.

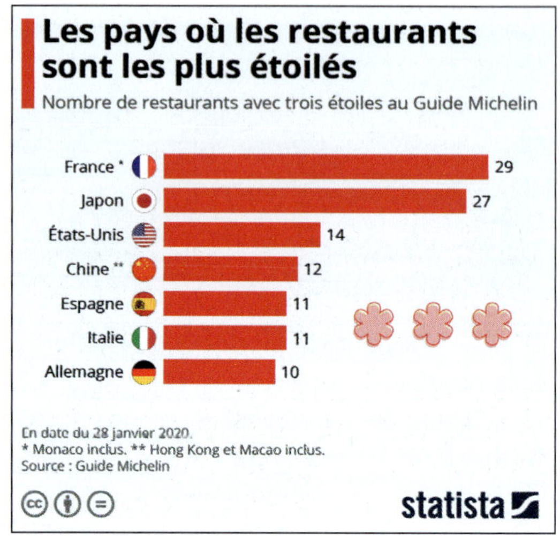

1. Combien de restaurants ont obtenu 3 étoiles au Japon ?

2. Quels pays possèdent 11 restaurants avec 3 étoiles ?

3. Est-il vrai qu'il y a plus de restaurants avec 3 étoiles en France et au Japon que dans les cinq autres pays de ce classement ?

52 Je fais ma story

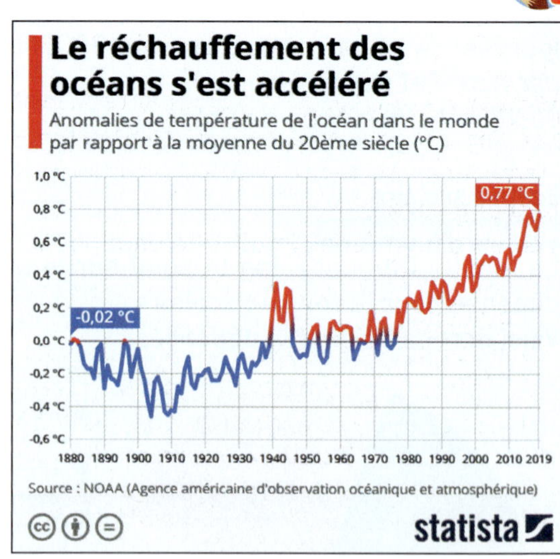

Préparer une présentation à l'oral ou une courte vidéo qui permet d'expliquer comment on peut estimer l'année à partir de laquelle l'anomalie de température pourrait atteindre + 1,0 °C.

Jeux mathématiques

53 Message codé

Pour coder un message :
– écrire l'alphabet dans l'ordre (sauf le Z) dans un carré de 25 cases repérées par les chiffres de 1 à 5 ;
– coder ensuite chaque lettre par un groupe de deux chiffres : celui de sa ligne et celui de sa colonne. **Exemple :** L est codé par 32.

	1	2	3	4	5
1	A	B	C	D	E
2	F	G	H	I	J
3	K	L	M	N	O
4	P	Q	R	S	T
5	U	V	W	X	Y

1. Quel message est codé ci-dessous ?
« 52 24 52 15 32 15 44 33 11 45 23 44 ! »
2. Échanger des messages codés avec un(e) camarade de classe et décoder les siens.

54 Défi !

Zoé décide d'aller faire des promenades dans la forêt près de chez elle. Voici un petit croquis des chemins qu'elle peut emprunter avec leurs longueurs en hectomètres :

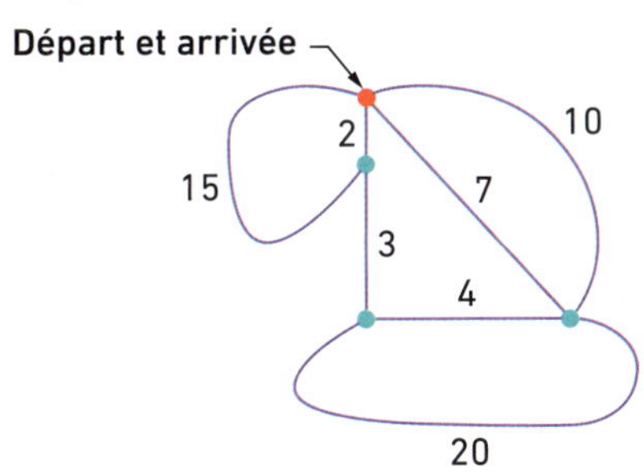

Elle désire faire des circuits sans repasser deux fois sur le même chemin mais elle ne parcourt pas forcément tous les chemins lors d'une sortie.
Au cours d'un même circuit, elle peut passer deux fois par un même carrefour, y compris celui du départ.
Si chaque jour elle désire parcourir une distance différente, combien de jours lui faudra-t-il pour épuiser toutes les possibilités ?

Source : Championnat FFJM 2020

Énigme

55 Nils affirme : « J'ai autant de frères que de sœurs. »
Sa sœur Lisa lui répond : « J'ai deux fois plus de frères que de sœurs ».
Combien y a-t-il d'enfants dans leur famille ?

devoirs à la maison

56 Salles de concert

Les Zénith sont des salles de concert. Il y en a dans plusieurs villes de France.

1. Rechercher sur Internet la capacité (nombre de places) des Zénith de France.
2. Construire sur tableur un tableau permettant de rassembler les données trouvées.
3. Construire sur tableur un diagramme à barres permettant de comparer visuellement les capacités de ces différentes salles.

57 L'écologie autour de moi

La carte ci-dessous a été réalisée début 2018.

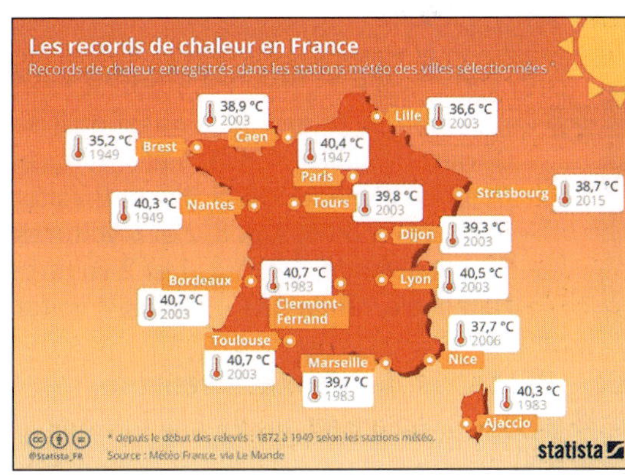

1. a. Combien de villes sont sur cette carte ?
b. Quelle est la température la plus élevée présentée sur cette carte ?
c. Dans quelles villes avait-elle été enregistrée ?
2. Depuis la réalisation de cette carte, plusieurs records de chaleur ont été battus.
a. Chercher sur Internet les records de chaleur de toutes les villes de cette carte.
b. Combien d'entre eux ont été battus par rapport à cette carte de 2018 ?
c. Réaliser une nouvelle carte des records de chaleur en France.

avec un logiciel

Pour faire ces activités, télécharge les fiches logiciel Géométrie et Tableur sur le site college.editions-bordas.fr.

1 Vente de voitures

25′

Construire un tableau à double entrée sur tableur et utiliser les formules tableur pour calculer les sommes des lignes et des colonnes.

Difficulté mathématique | Difficulté technique

Olivier, Béatrice, Abdul, Simon et Natacha sont vendeurs de voiture chez TOP AUTO 3000 .
Le directeur du magasin souhaite construire un tableau récapitulatif des ventes de la semaine passée pour voir combien de voitures ont été vendues chaque jour (du lundi au samedi) par chaque vendeur.

A. Construction d'un tableau à double entrée (7 lignes et 8 colonnes)

1 Dans une feuille de tableur, reproduire le tableau ci-dessous :

	A	B	C	D	E	F	G	H
1		lundi	mardi	mercredi	jeudi	vendredi	samedi	TOTAL
2	Olivier							
3	Béatrice							
4	Abdul							
5	Simon							
6	Natacha							
7	TOTAL							

Tu peux utiliser la recopie de cellule car le tableur connaît les jours de la semaine : on écrit « Lundi » en B1 et on « étire » la cellule vers la droite. Tableur 2

B	C	D	E	F	G
lundi					

B. Saisie des ventes de chaque vendeur

2 Compléter le tableau de la question **1** sachant que du lundi au samedi :
- Olivier a vendu 2, 4, 4, 1, 5 et 7 voitures ;
- Béatrice a vendu 3, 0, 5, 2, 0 et 9 voitures ;
- Abdul a vendu 6, 3, 3, 5, 2 et 6 voitures ;
- Simon a vendu 1, 1, 0, 1, 1 et 2 voitures ;
- Natacha a vendu 3, 3, 1, 2, 2 et 8 voitures.

C. Calcul du bilan des ventes

3 Dans la cellule **B7**, écrire une formule qui donne le total des ventes du lundi. Tableur 1

4 Compléter de même les cellules **C7**, **D7**, **E7**, **F7** et **G7** pour les autres jours de la semaine. Tableur 2

5 Dans la cellule **H2**, écrire une formule qui donne le total des ventes d'Olivier pour cette semaine. Tableur 1

6 Compléter de même les cellules **H3**, **H4**, **H5** et **H6** pour les autres vendeurs. Tableur 2

7 Compléter le tableau en écrivant dans la cellule **H7** une formule permettant de calculer le total des ventes du magasin pour toute la semaine. Tableur 1

D. Vérification des formules

Abdul a en réalité vendu 2 voitures de plus le mardi (elles n'avaient pas été comptabilisées dans le relevé de la question **2**).

8 Corriger dans le tableur le nombre de voitures vendues par Abdul le mardi.

9 Que se passe-t-il pour le total des ventes d'Abdul ? pour le total des ventes du magasin ?

2 Jeux sur Android

Utiliser le tableur pour comparer des données (tri, diagrammes).

25'

Difficulté mathématique — Difficulté technique

Le tableau ci-contre présente des renseignements sur les 10 jeux les plus téléchargés de l'histoire pour smartphone et tablette sur le Play Store (système Android – données au 31 mai 2019).
On souhaite établir le classement de ces jeux les plus téléchargés.

	A	B	C
1	Classement	Jeux	Nombre de téléchargements
2		8 ball Pool	512 683 904
3		Angry Birds Classic	499 736 416
4		Candy Crush Saga	928 604 864
5		Clash of Clans	528 021 088
6		Fruit Ninja	499 653 184
7		Hill Climb Racing	519 905 056
8		My Talking Tom	616 147 520
9		Pou	556 739 008
10		Subway surfers	1 167 507 072
11		Temple Run 2	571 545 984

A. Reproduction du tableau de données

1 **a.** Sur une feuille de calcul de tableur, reproduire ce tableau de renseignements ou le télécharger.
b. Calculer le total des téléchargements enregistrés pour ces 10 jeux. Tableur 1

B. Construction de diagramme

2 À partir du tableau de la question **1**, construire un diagramme en bâtons permettant de comparer le nombre de téléchargements de ces 10 jeux. Tableur 4

C. Comparaison et analyse des données

3 Trier les données de ce tableau pour obtenir le classement des jeux dans l'ordre décroissant du nombre de téléchargements. Tableur 5

4 Compléter la colonne **A** pour inscrire les positions de 1 à 10. Tableur 3

3 Un programme de calcul Scratch ALGO

Utiliser le logiciel de programmation Scratch pour afficher des nombres.

15'

Difficulté mathématique — Difficulté technique

Le programme ci-contre permet de construire un diagramme en forme de radar comportant 12 barres de longueurs (en pixels) égales aux effectifs données.
Il permet par exemple de représenter les précipitations des 12 mois de l'année.

1 Saisir ce programme dans le logiciel Scratch.

2 L'exécuter et saisir successivement les effectifs suivants :
133 ; 106 ; 96 ; 72 ; 71 ; 55 ; 47 ; 64 ; 85 ; 106 ; 125 ; 140.

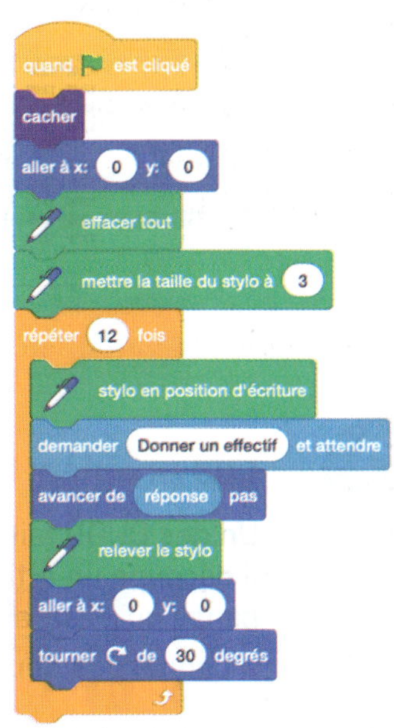

cherchons ensemble

Si tu ne comprends pas certains des mots utilisés ici, demande à ton enseignant ou consulte le *Dico des maths*, p. 12.

Activité 1 — Alignement de points

OBJECTIF 1

Avant de commencer cette activité, télécharger et imprimer la carte sur le site compagnon.

• Sur l'île de la Muerte, Barbader le pirate a caché mes trésors. Deux trésors sont alignés avec la source (S) et la grotte (G).
• Deux trésors sont alignés avec le port des pirates (P) et le cimetière des marins (C).
• Deux trésors sont alignés avec la source (S) et l'arbre (A).
• Deux trésors sont alignés avec la tour secrète (T) et le port royal (R).
• Un trésor est aligné avec l'arbre (A) et le port royal (R)et se trouve exactement à la même distance de ces deux endroits. En suivant ces indications, tu pourras trouver l'endroit précis où Barbader a enterré mes cinq trésors.

1 Placer le plus précisément possible l'emplacement des cinq trésors sur la carte.

2 Peut-on trouver un trésor qui :
a. appartient à la droite (RT) mais pas au segment [RT] ?
b. appartient au segment [SG] ?
c. appartient à la demi-droite [AS) ?
d. appartient à la demi-droite [SA) ?

3 Peut-on trouver un trésor qui est le milieu d'un segment ? Si oui, quel est ce trésor ?

Activité 2 — Programme de construction

OBJECTIF 1

Le professeur de la 6e 3 a donné à ses élèves le programme de construction ci-contre.

- Tracer un triangle ABC.
- Tracer la droite perpendiculaire à (BC) passant par A.
- Tracer la droite perpendiculaire à (AB) passant par B.
- Nommer D le point d'intersection de ces deux droites.

Voici ce qu'il a trouvé dans les cahiers de quatre élèves :

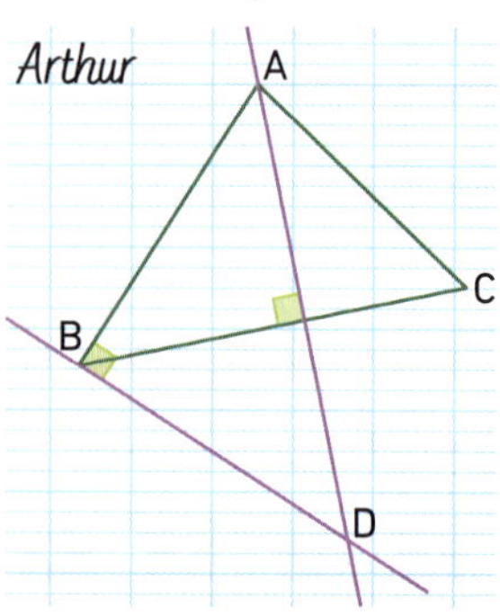

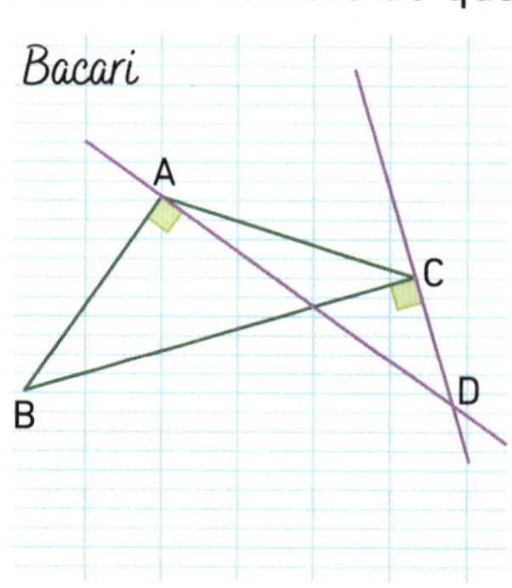

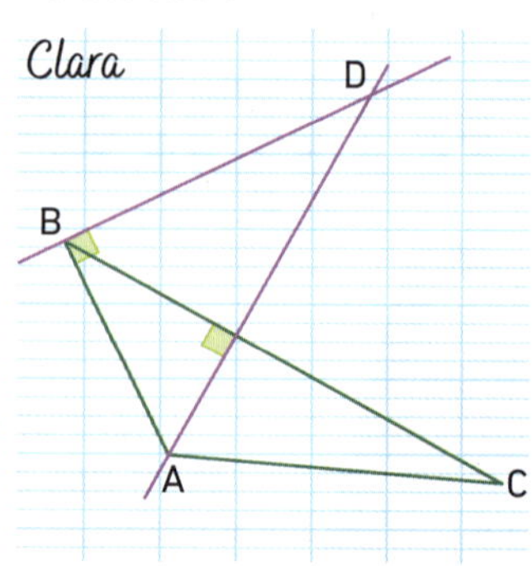

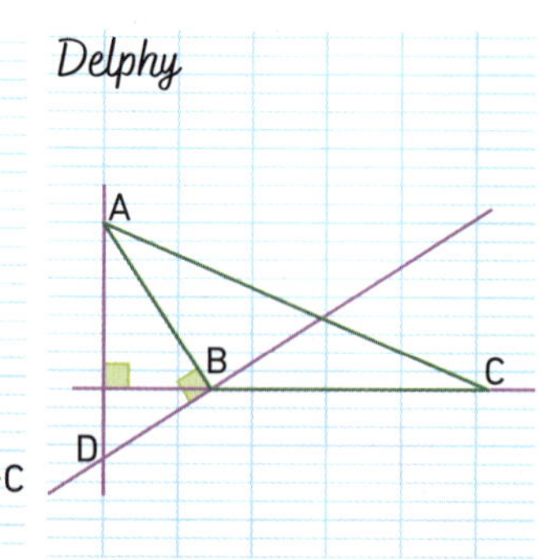

1 Parmi ces élèves, quels sont ceux qui ont correctement suivi le programme de construction ?

2 Rédiger un programme de construction pour toutes les figures qui ne correspondent pas au programme donné par le professeur.

Activité 3

Problèmes de distance

OBJECTIF 2

Avant de commencer cette activité, télécharger et imprimer le plan de la cour sur le site compagnon.

Lorenzo et Nawfel veulent faire une course. Le premier qui touchera le mur aura gagné !

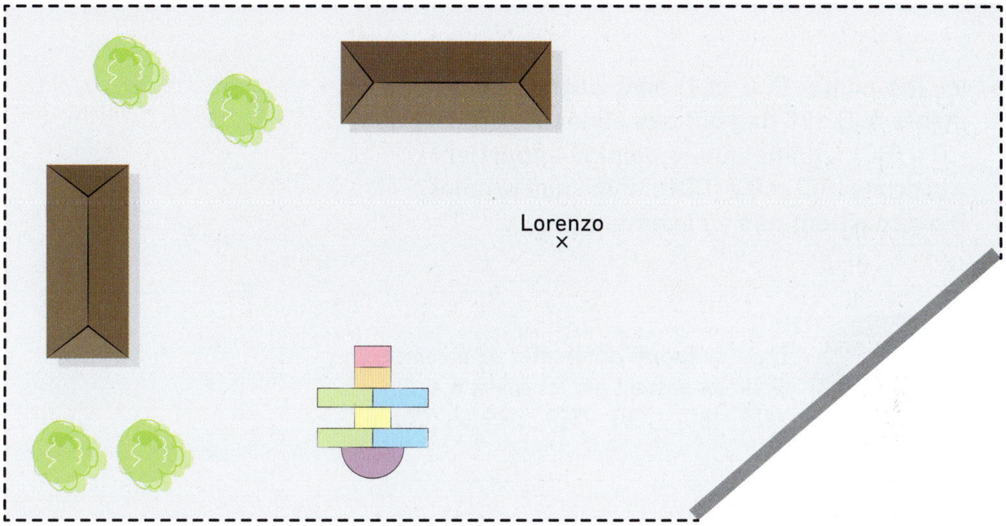

1 Tracer le chemin que Lorenzo doit emprunter pour avoir le moins de distance à parcourir. Écrire un texte qui explique comment on mesure la distance entre un point et une droite.

2 Placer sur la carte tous les endroits où Nawfel peut se placer au départ pour que la course soit équitable. Écrire un texte qui explique où sont placés les points qui sont à la même distance du mur que Lorenzo.

3 Tracer un grand triangle et pour chacun des sommets, mesurer la distance qui le sépare du côté opposé.

4 Tracer une droite (*d*) et trouver tous les points qui sont à 4 cm de cette droite.
Écrire un texte qui explique où sont placés les points qui sont à 4 cm de la droite (*d*).

Activité 4

Avec des cercles

OBJECTIF 3

Dans cette figure, tous les points utiles ont été nommés et tous les traits courbes sont des arcs de cercles.

1 Reproduire la figure de telle sorte que [AF] mesure 5 cm.

2 Rédiger un programme de construction de la figure en utilisant le vocabulaire suivant :

Centre — Rayon — Diamètre — Corde — Arc de cercle

3 Colorier la figure obtenue.

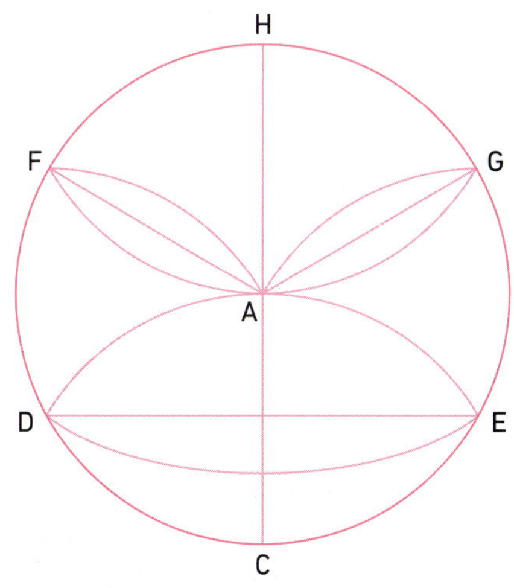

1 Alignement, droites sécantes et droites perpendiculaires

OBJECTIF 1

DÉFINITION Dire que des **points** sont **alignés** signifie qu'il existe une droite passant par tous ces points.

Exemple

Ici, les points B, C et D sont alignés et les points A, B et C ne sont pas alignés.

• **D ∈ (BC)** signifie que le point D **appartient** à la droite (BC) et **B ∉ [CD]** signifie que le point B **n'appartient pas** au segment [CD].

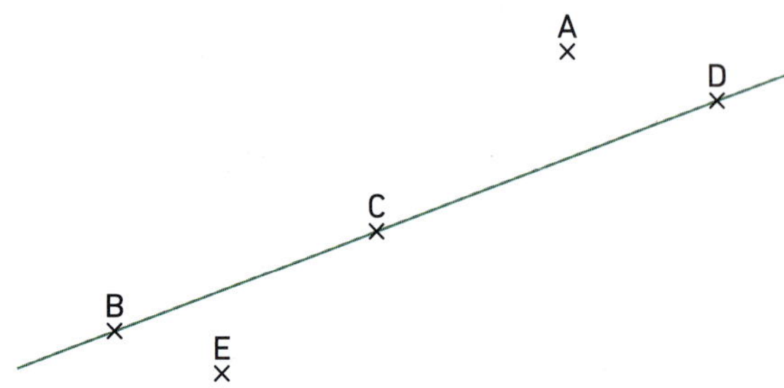

Il y a six façons différentes de nommer la droite passant par les points B, C, D : (BD) ; (BC) ; (CD) ; (DB) ; (DC) ou (CB).

DÉFINITION Dire que deux droites sont **sécantes** signifie qu'elles n'ont qu'un seul point commun. Ce point s'appelle le point d'intersection.

Exemple

Les droites (AE) et (DC) sont sécantes et C est le point d'intersection.

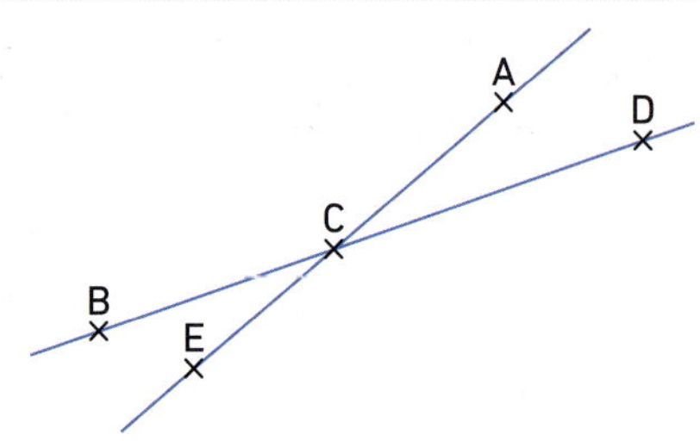

DÉFINITION Dire que deux droites sont **perpendiculaires** signifie qu'elles se coupent en formant un angle droit.

Exemple

Les droites (EF) et (GF) sont perpendiculaires.
On le note **(EF) ⊥ (GF)**.

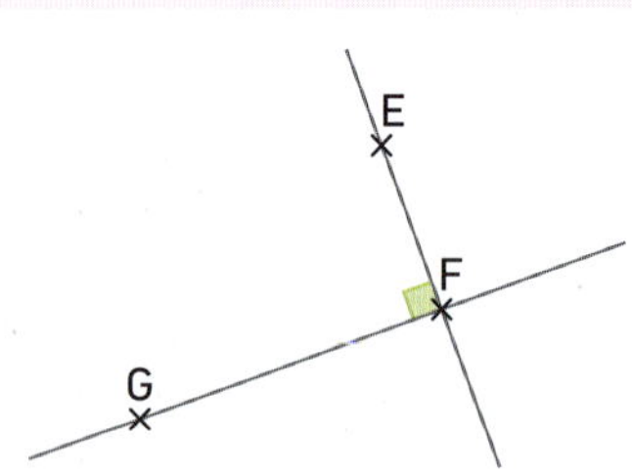

DÉFINITION La **distance** entre un point A et une droite (*d*) est la longueur du segment reliant le point A au point d'intersection de la droite (*d*) et de sa perpendiculaire passant par A.

Exemple

La distance entre le point A et la droite (*d*) est la longueur du segment [AD].
Ici, le point A est à 3,4 cm de la droite (*d*).

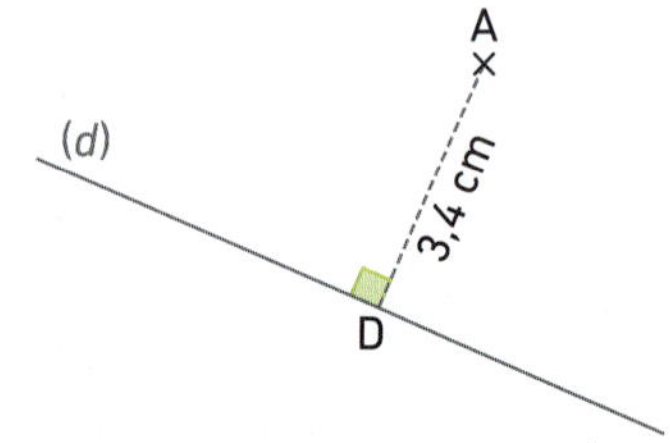

2 Droites parallèles

OBJECTIF 2

DÉFINITION Dire que des droites sont **parallèles** signifie qu'elles ne sont pas sécantes.

Exemple

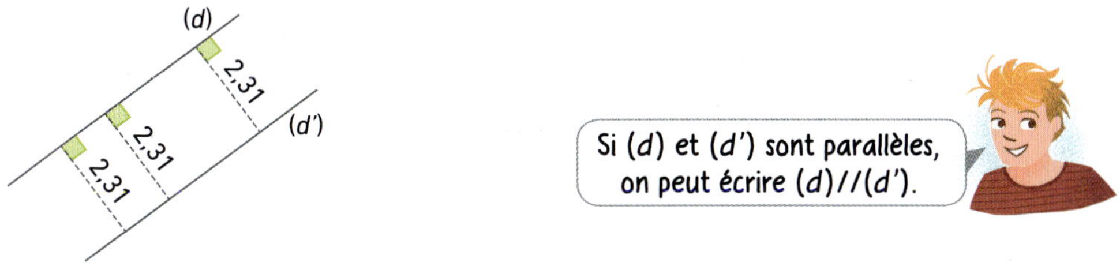

Remarque : Deux droites parallèles ont toujours le même écartement.

PROPRIÉTÉ Si deux droites sont perpendiculaires à une même troisième droite, alors ces deux droites sont parallèles.

Propriété Admise

Exemple

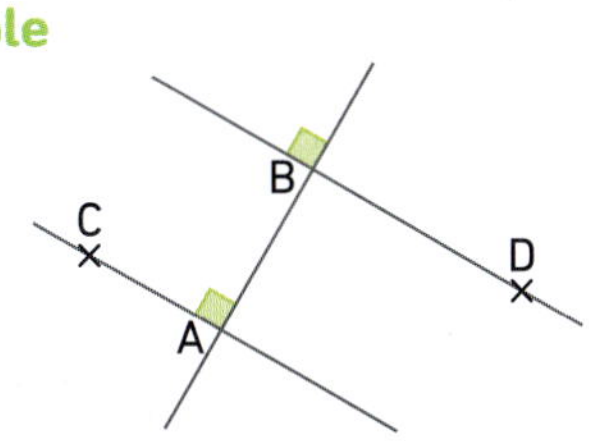

(AC) ⊥ (AB)
(BD) ⊥ (AB)
donc (AC) / / (BD).

PROPRIÉTÉ Si deux droites sont parallèles et qu'une troisième droite est perpendiculaire à l'une d'elles, alors cette troisième droite est aussi perpendiculaire à l'autre.

Propriété Admise

Exemple

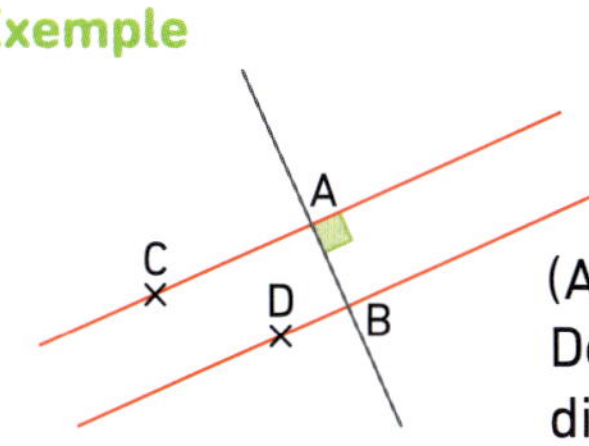

(AC) / / (BD) et (AC) ⊥ (AB).
Donc (AB) est aussi perpendiculaire à (BD).

3 Cercles et disques

OBJECTIF 3

DÉFINITIONS Soit un point O et une distance r :
- le **cercle** de centre O et de rayon r est l'ensemble des points qui sont à la distance r du point O ;
- le **disque** de centre O et de rayon r est l'ensemble des points qui sont à une distance inférieure ou égale à r du point O.

Vocabulaire associé au cercle

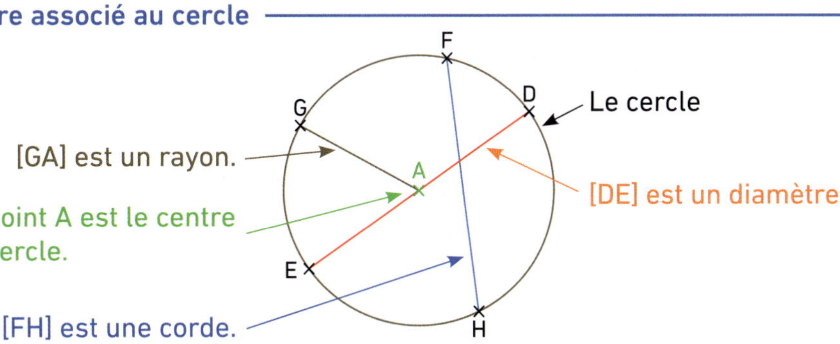

objectif 1 Je trace la perpendiculaire

Je comprends

Voir la vidéo : bordas.media/733775_050

Voir l'animation : bordas.media/733775_087

Tracer la droite perpendiculaire à (*d*) passant par A.

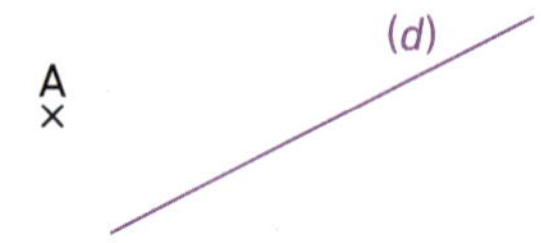

Exercice résolu

Étape 1. Imaginer la droite perpendiculaire demandée déjà tracée et si c'est nécessaire, prolonger la droite (*d*).

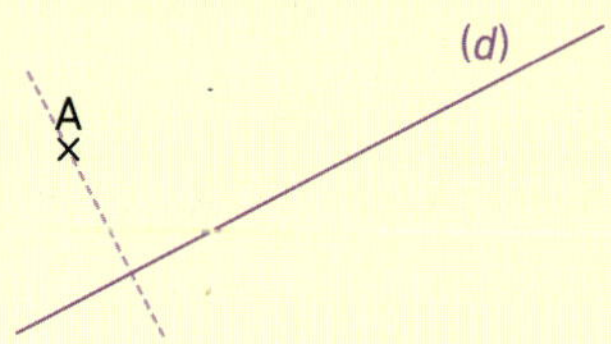

Étape 2. Placer un des côtés de l'angle droit de l'équerre sur la droite (*d*), puis faire glisser l'équerre jusqu'à ce que l'autre côté de l'angle droit soit aligné avec le point A.

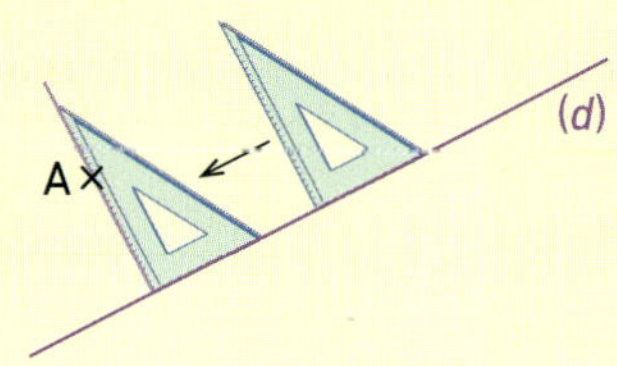

Je m'échauffe

Voir l'animation : bordas.media/733775_088

1 QUESTIONS FLASH

Dans cette figure, les points F, T, G et L appartiennent à la droite tracée.

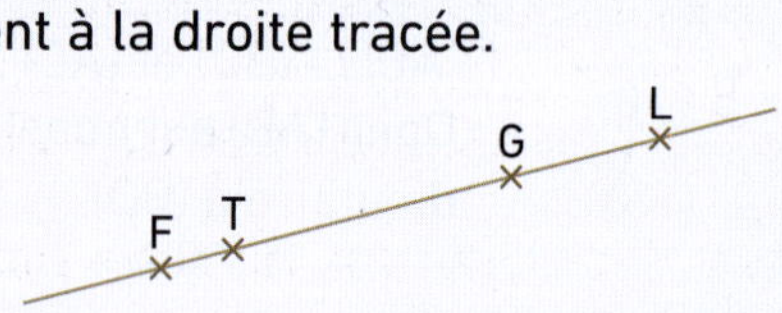

1. Nommer cette droite de quatre façons différentes.

2. Vrai ou Faux ?

a. T ∈ (LG) **b.** T ∈ [LG] **c.** T ∈ [LG]

d. T ∉ [GF] **e.** F ∉ [GT] **f.** F ∉ (GT)

g. G est le milieu de [TL].

2 Voici un programme de construction :

- Placer trois points non alignés A, B et C.
- Tracer (AC) et [BC].
- Placer un point D aligné avec A et B mais qui n'appartient pas à [AB].

1. Réaliser la figure proposée par ce programme.

2. Recopier et compléter le tableau à l'aide des symboles ∈ ou ∉.

D ... (AB)	C ... (AB)	D ... [AB]	B ... [DA]
A ... [BD]	B ... [AD)	A ... (BD)	D ... [BA)

3 **1.** Le point M est tel que MA = MB.
Est-on sûr que M est le milieu de [AB] ? Expliquer.

2. Le point M est le milieu de [AB].
Est-on sûr que MA = MB ?

3. Le point I est le milieu de [AB] avec AB = 4 cm.
Faire une figure avec le codage correspondant.

4 Dans la figure ci-dessous, quels sont les points qui sont alignés avec A et B ?

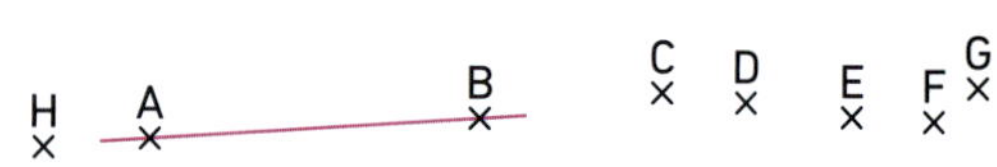

5 **1.** Peut-on placer quatre points qui ne sont pas alignés ? Si oui, faire une figure.

2. Peut-on placer deux points qui ne sont pas alignés ? Si oui, faire une figure.

6 **1.** Tracer un segment [AB] tel que AB = 7 cm. Placer le point K, milieu de [AB], puis coder la figure.

2. a. Sur la même figure, placer un point C tel que C ∉ (AB).

b. Placer un point D tel que B soit le milieu du segment [CD], puis coder la figure.

3. Sur la figure précédente, est-ce possible de placer le point E milieu de la droite (CA) ?
Si oui le placer, si non expliquer pourquoi.

Je m'entraîne 1

7 1. Reproduire la figure à l'aide des carreaux :

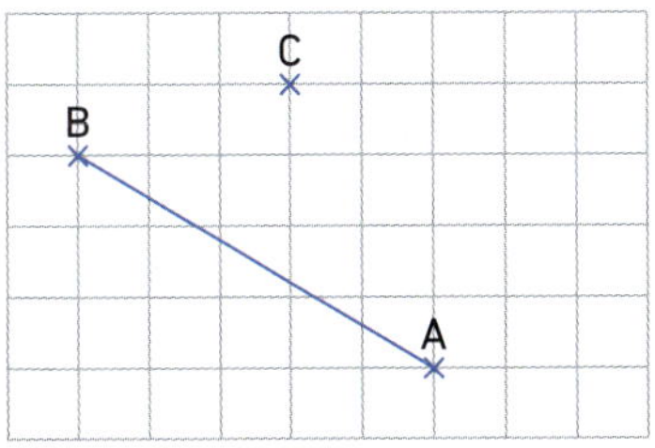

2. Mesurer la distance entre le point C et la droite (AB). Décrire la méthode utilisée.

8 1. Reproduire la figure à l'aide des carreaux :

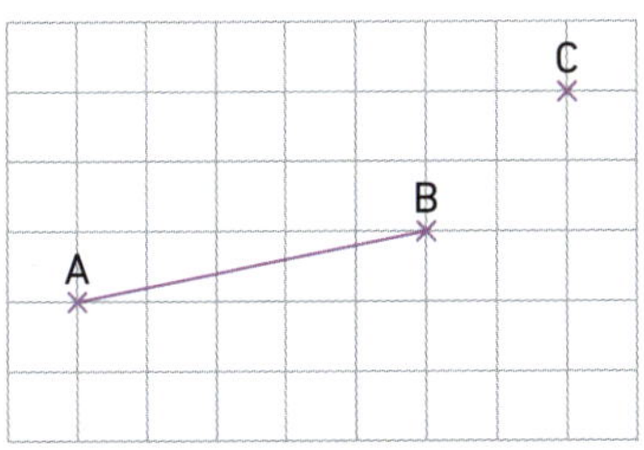

2. Mesurer la distance entre le point C et la droite (AB). Décrire la méthode utilisée.

9 Voici un programme de construction :

- Tracer un triangle ABC.
- Placer les points D, E et F, milieux respectifs des côtés [AB], [AC] et [BC].
- Tracer la droite (d_1) perpendiculaire à (AB) passant par D.
- Tracer la droite (d_2) perpendiculaire à (BC) passant par F.
- Tracer la droite (d_3) perpendiculaire à (AC) passant par E.

Construire la figure, puis coder les milieux et les angles droits.

10 Andy a tracé cette figure sur son cahier :

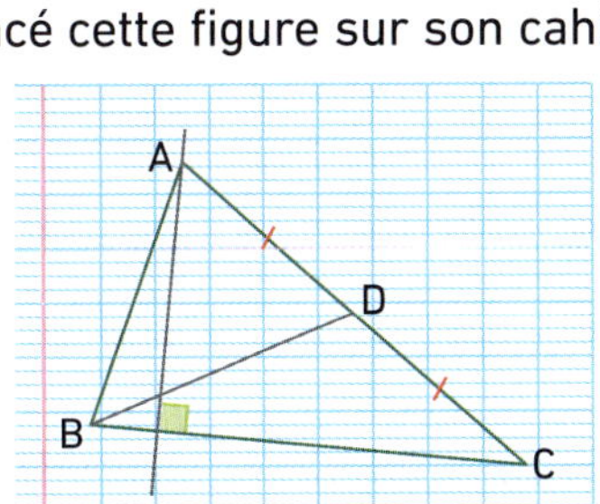

Rédiger un programme de construction permettant de construire une figure ayant toutes les propriétés de la figure d'Andy.

Je m'entraîne 2

11 **Les maths autour de moi**

La maison de Marion possède un toit végétal dont les côtés consécutifs sont perpendiculaires.

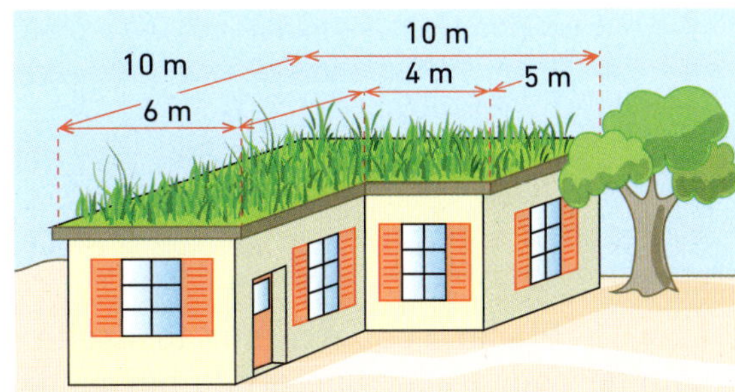

Dessiner sur papier uni une représentation de ce toit avec pour échelle : 1 cm pour 1 m.

12 Voici un programme de construction :

- Tracer un segment [AB] tel que AB = 6 cm.
- Placer le point M, milieu de [AB].
- Tracer la droite (d_1) perpendiculaire à (AB) en M.
- Placer le point N tel que $N \in (d_1)$ et NM = 2 cm.
- Tracer le triangle ABN.
- Tracer la droite (d_2) passant par B et perpendiculaire à (AN).
- Tracer la droite (d_3) perpendiculaire à (BN) passant par A.
- Nommer C le point d'intersection de (d_2) et (d_3).

1. Réaliser ce programme de construction et coder la figure.
2. Quelle semble être la nature du triangle ABC ?

13 **TOP Chrono** 10 min

Reproduire la figure suivante sachant que AB = 3 cm :

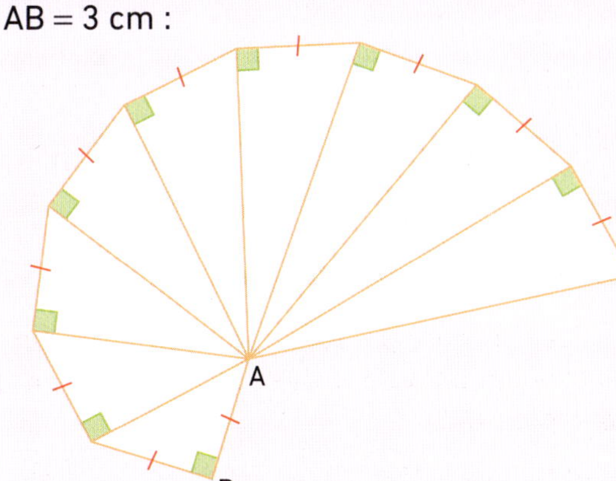

objectif 2 Je trace la parallèle à une droite

Je comprends

Voir la vidéo : bordas.media/733775_051

Voir l'animation : bordas.media/733775_089

Tracer la droite parallèle à (*d*) passant par A.

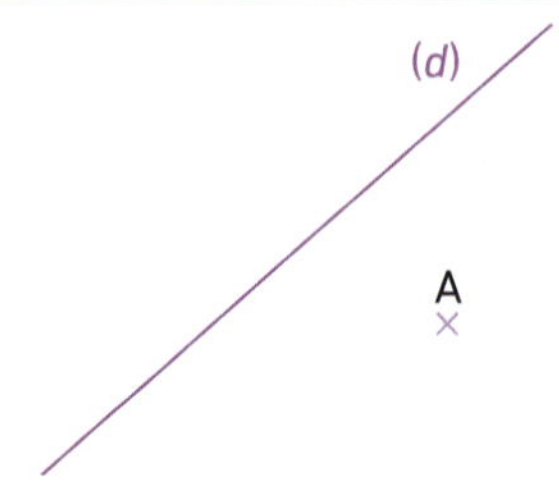

Exercice résolu

Étape 1. Placer l'équerre sur la droite (*d*) comme pour tracer une droite perpendiculaire à (*d*), puis placer une règle sur l'autre côté de l'angle droit.

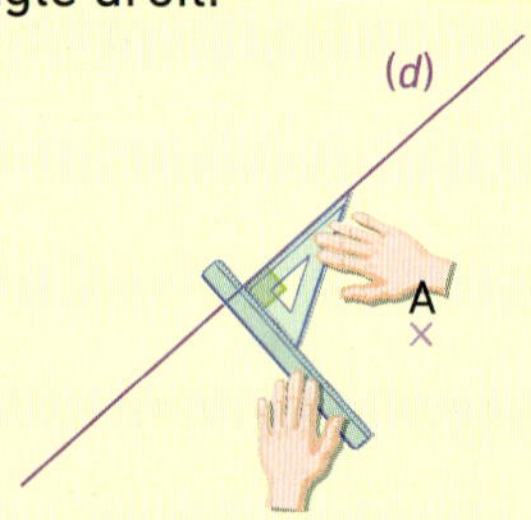

Étape 2. Faire glisser l'équerre le long de la règle jusqu'à ce que l'on puisse tracer une droite parallèle à (*d*) passant par A.

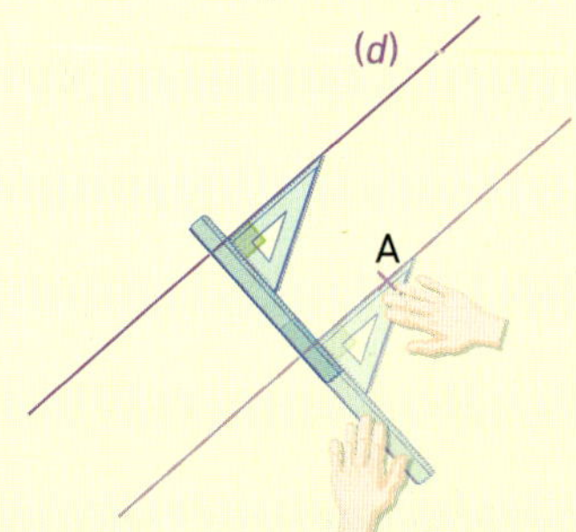

Je m'échauffe

Voir l'animation : bordas.media/733775_090

14 ***QUESTIONS FLASH***

Voici une figure réalisée à main levée :

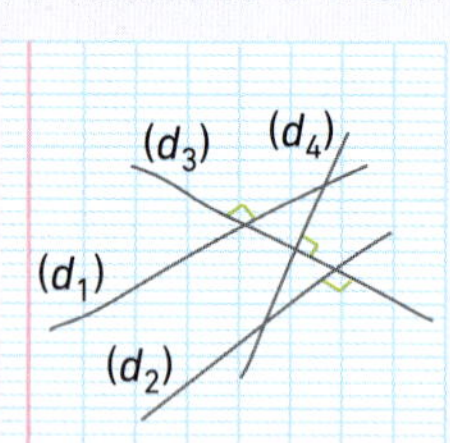

Que peut-on dire des droites suivantes :
a. (d_1) et (d_2) ? **b.** (d_1) et (d_3) ? **c.** (d_1) et (d_4) ?
d. (d_2) et (d_3) ? **e.** (d_2) et (d_4) ? **f.** (d_3) et (d_4) ?

15 **1.** Sur une feuille quadrillée, reproduire cette figure :

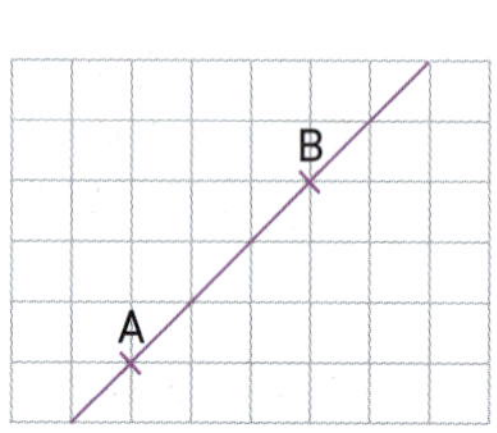

2. En utilisant le quadrillage, tracer trois droites parallèles à la droite (AB).

16 Tracer une droite (*d*) et placer un point A qui n'appartient pas à cette droite.
1. Quelle est la distance entre A et (*d*) ?
2. a. Placer cinq points à 3 cm de (*d*).
b. Que peut-on dire de ces cinq points ?

17 Voici un programme de construction :

- Tracer une droite (*d*) et placer un point A qui n'appartient pas à (*d*).
- Tracer la droite (*d'*) parallèle à (*d*) passant par A.

Réaliser ce programme de construction en choisissant trois situations très différentes pour la droite (*d*) et le point A.

18 **1. a.** Sur une feuille blanche, tracer une droite (*d*) et quatre droites perpendiculaires à (*d*), les nommer (d_1), (d_2), (d_3) et (d_4).
b. Que peut-on dire de ces quatre droites ? Justifier à l'aide d'une propriété.
2. Tracer une droite (d_5) perpendiculaire à (d_1). (d_5) est-elle perpendiculaire à (d_3) ? Justifier à l'aide d'une propriété.

Je m'entraîne 1

19 **1.** Tracer un triangle BEF ayant une forme proche de ce triangle :

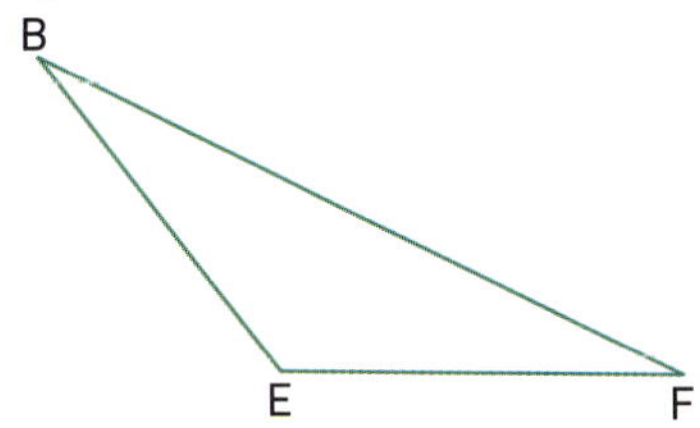

2. Trouver la distance entre :
a. E et (BF) **b.** B et (EF) **c.** F et (BE)
3. Trouver tous les points qui sont à la même distance de (EF) que B.

20 Dans la figure ci-dessous, (RA) / /(ZC) :

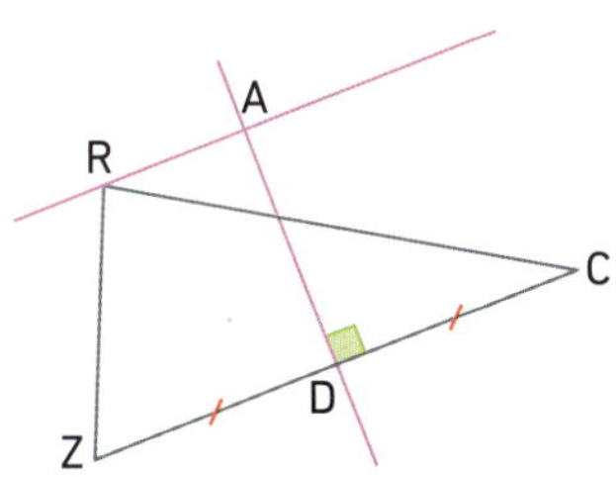

1. Écrire un programme de construction de la figure commençant par : « Tracer un triangle RZC... »
2. Construire une figure correspondant à ce programme.

21 Voici un programme de construction :

- Tracer une droite (AB), puis placer un point C qui n'appartient pas à cette droite.
- Tracer la droite (*d*), perpendiculaire à la droite (AB) et passant par le point C.
- Placer le point D tel que A soit le milieu du segment [CD].
- Tracer la droite (*d*'), perpendiculaire à (*d*) et passant par le point D.

1. Faire une figure à main levée et coder les angles droits.
2. Les droites (*d*') et (AB) sont-elles parallèles ? Justifier la réponse à l'aide d'une propriété.
3. Construire la figure avec les instruments.

22 **1. a.** Tracer un rectangle ABCD et placer E tel que A soit le milieu de [DE].
b. Tracer (*d*), la parallèle à (AB) passant par E.
2. Les droites (*d*) et (BC) sont-elles perpendiculaires ?
Justifier la réponse.

Je m'entraîne 2

23 **Les maths autour de moi**

Andréa vient d'acheter une parcelle de terrain pour y planter des oliviers. Deux rangées d'oliviers sont déjà plantées et toutes les rangées doivent être parallèles et régulièrement espacées.

Tracer l'emplacement de ces rangées sur le plan ci-dessus après l'avoir téléchargé sur le site compagnon.

24 **1.** Dans chacun des cas suivants, faire une figure, ou expliquer pourquoi c'est impossible.

Cas 1 Tracer un quadrilatère qui n'a aucun côté parallèle.

Cas 2 Tracer un quadrilatère qui a seulement deux côtés opposés parallèles.

Cas 3 Tracer un quadrilatère qui a ses côtés opposés parallèles deux à deux.

2. À l'aide des mots suivants, donner la nature des quadrilatères tracés en **1** :

Trapèze — Parallélogramme — Rectangle — Losange — Quelconque — Carré

25 **TOP Chrono** 15 min

Voici un programme de construction :

- Tracer un rectangle ABCD.
- Placer le point E, milieu du segment [AD].
- Tracer la droite (*d*) parallèle à la droite (AC) et passant par le point B.
- Tracer la droite (*d*') perpendiculaire à la droite (*d*) et passant par le point E.
- Nommer F le point d'intersection des droites (*d*) et (*d*').

1. Réaliser ce programme et coder la figure.
2. Les droites (AC) et (EF) sont-elles perpendiculaires ? Donner une preuve.

objectif 3

Je connais et j'utilise

Je comprends

Voir la vidéo : bordas.media/733775_052

Voir l'animation : bordas.media/733775_091

Placer deux points A et B tels que AB = 7 cm.
Trouver tous les points qui sont à 4 cm de A et à 5 cm de B.

Exercice résolu

Étape 1. Les points qui sont à 4 cm de A sont sur le cercle de centre A et de rayon 4 cm.

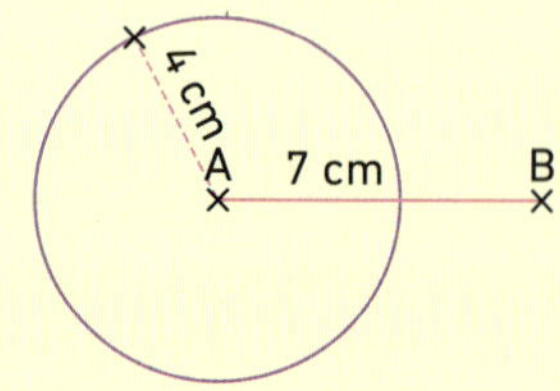

Étape 2. Les points qui sont à 5 cm de B sont sur le cercle de centre B et de rayon 5 cm.
Les points qui sont à la fois à 4 cm de A et à 5 cm de B sont donc les deux points d'intersection des deux cercles tracés.

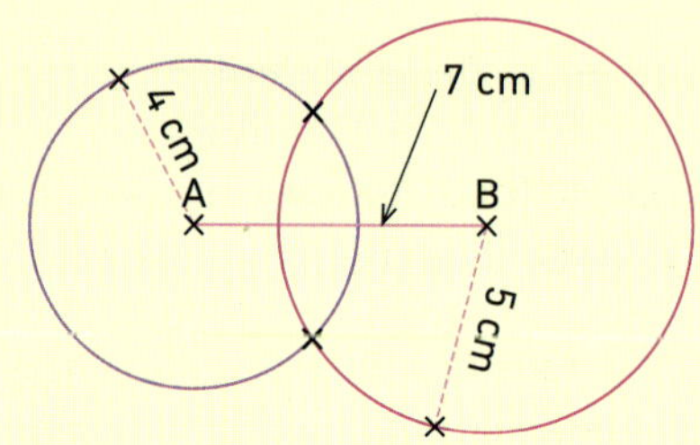

En utilisant cette méthode, on peut construire un triangle dont les côtés mesurent 4 cm, 5 cm et 7 cm.

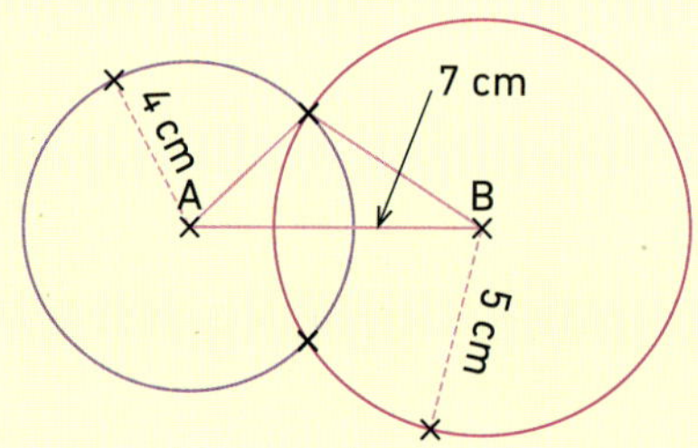

Je m'échauffe

Voir l'animation : bordas.media/733775_092

26 QUESTIONS FLASH

1. a. À main levée, tracer un cercle et marquer son centre O.
b. Tracer un diamètre [RP].
c. Tracer une corde [AP].
d. À l'aide des points déjà placés, tracer un rayon.

2. a. Sur la figure ci-contre, quels sont les points qui appartiennent au cercle de centre A passant par B ?
b. Quels sont les points qui appartiennent au cercle de centre C passant par D ?

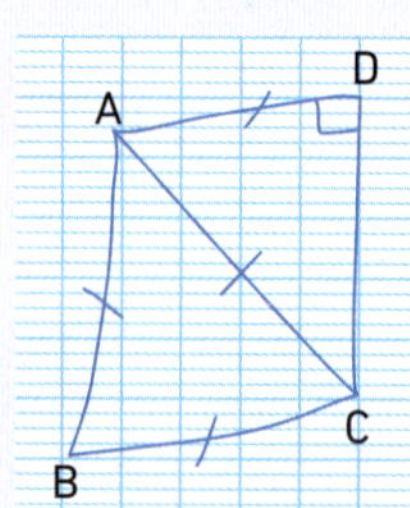

27 Pour chaque question, construire la figure.
1. Tracer un cercle de centre A et de rayon 4,5 cm.
2. Tracer un segment [BC], puis tracer le cercle de centre B passant par C.
3. Tracer un segment [DE] de longueur 5 cm, puis tracer le cercle de diamètre [DE].
Les constructions sont indépendantes les unes des autres.

28 Cette rosace a été construite à partir de cercles qui avaient tous un rayon de 3 cm.

Construire cette figure.

29 Tracer un cercle de centre O. Nommer ce cercle $\mathscr{C}$.
1. Placer un point A qui n'appartient pas au disque $\mathscr{C}$.
2. Placer un point B qui appartient au cercle $\mathscr{C}$.
3. Placer un point D qui appartient au disque $\mathscr{C}$ mais qui n'appartient pas au cercle $\mathscr{C}$.

30 **1.** Tracer un segment [AB] tel que AB = 4 cm.
2. Marquer en rouge tous les points qui sont à la fois à 5 cm de A et à 5 cm de B.
3. Marquer en bleu tous les points qui sont à la fois à 2 cm de A et à 3,5 cm de B.

La définition du cercle

Je m'entraîne 1

31 Dans cette figure, ABCD est un rectangle et le cercle est le cercle de centre B passant par C.

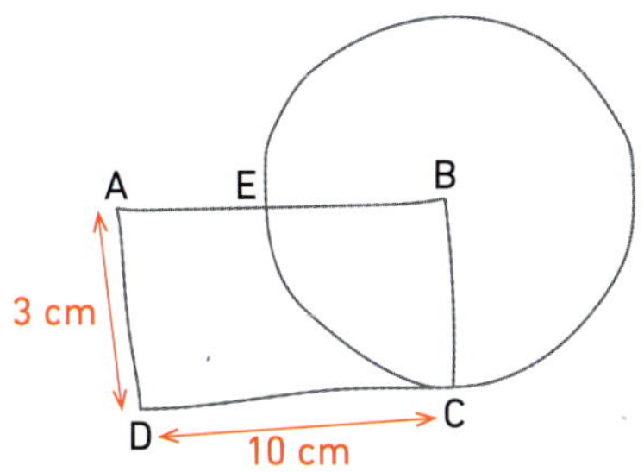

Sans construire la figure en vraie grandeur, déterminer la longueur AE. Justifier.

32 Dans la figure ci-dessous, les points A, B et C appartiennent tous à un ou plusieurs cercles tracés :

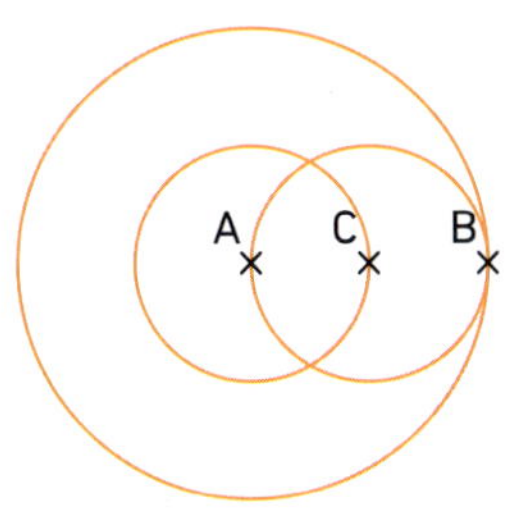

1. Construire cette figure en choisissant les dimensions librement.
2. Rédiger le programme de construction correspondant.

33 Dans la figure suivante, HK = 3 cm.

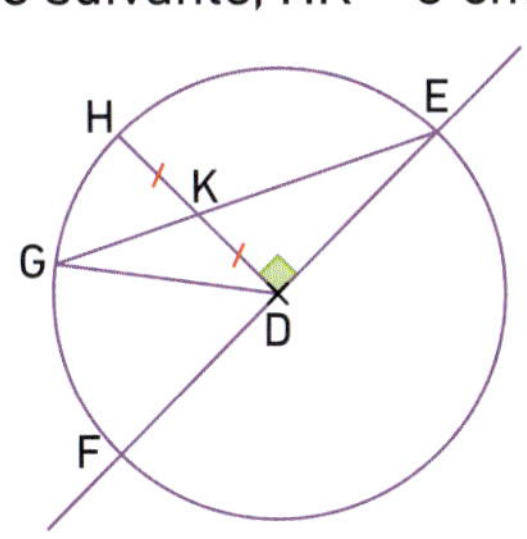

1. Construire la figure.
2. Rédiger un programme de construction.

34 Reproduire cette figure en choisissant librement ses dimensions :

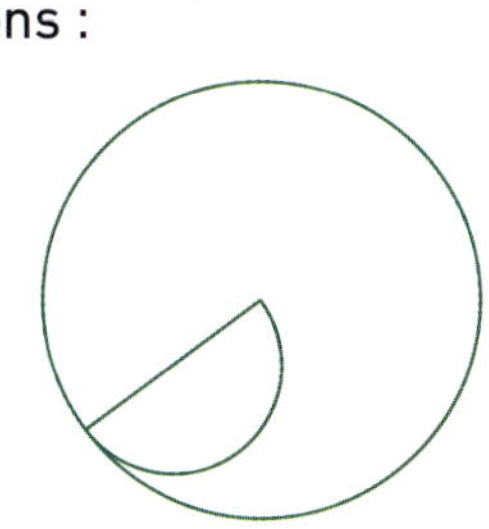

Je m'entraîne 2

35 Voici un programme de construction :

Soit [AB] un diamètre du cercle $\mathscr{C}$.
- $\mathscr{C}_1$ est le cercle de centre A et de rayon AB.
- $\mathscr{C}_2$ est le cercle de centre B et de rayon AB.
- Soit C et D les deux points d'intersection des cercles $\mathscr{C}_1$ et $\mathscr{C}_2$.
- Soit E un point tel que $E \in \mathscr{C}$ et $E \notin (CD)$.

1. Faire une figure.
2. Avec les instruments de géométrie, conjecturer tous les angles droits de la figure.

36 En prenant les mesures nécessaires, agrandir deux fois la figure ci-dessous :

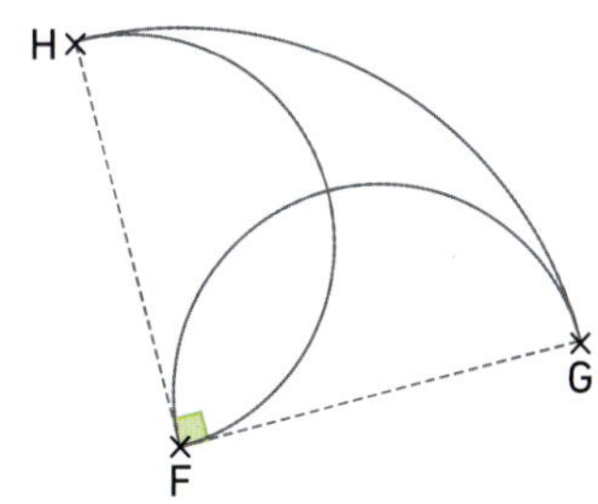

37 **Les maths autour de moi**
Pour son goûter, Félicia s'est acheté une tartelette au chocolat en forme de disque et voici ce qu'il lui reste.

Dessiner la part qu'elle a déjà mangée.

38 **TOP Chrono** 15 min

Rédiger un programme de construction de la figure ci-dessous :

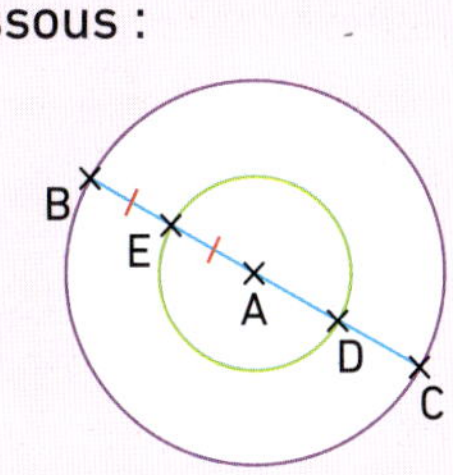

je travaille seul(e)

ou en Accompagnement personnalisé

Je fais le point sur mon cours

QCM de révision
Retrouve un autre QCM interactif : bordas.media/733775_053

		A	B	C
39	Le segment AB se note :	[AB]	[AB)	(AB)
40	À partir des informations codées sur la figure, on peut être certain que : 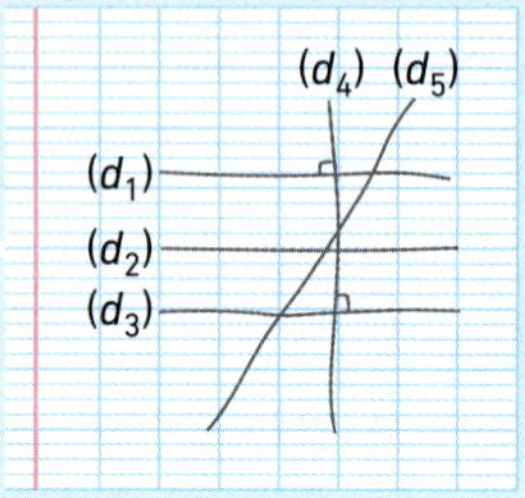	$(d_1) \perp (d_2)$	$(d_1) \perp (d_4)$	$(d_1) \perp (d_5)$
41	À partir des informations codées sur la figure, on peut dire que :	$(d_1) // (d_2)$	$(d_1) // (d_4)$	$(d_1) // (d_3)$
42	La distance entre C et (ED) est : 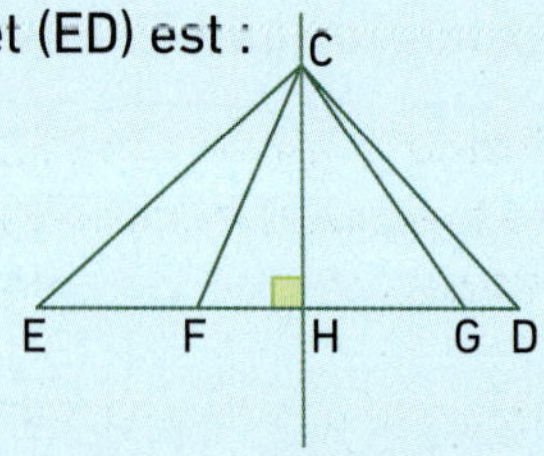	CD	CF	CH
43	Le cercle de centre B et de diamètre 4 cm coupe le cercle de centre C et de rayon 3 cm en A. Combien vaut AB ? Combien vaut AC ?	AB = 4 cm et AC = 3 cm	AB = 4 cm et AC = 6 cm	AB = 2 cm et AC = 3 cm

Je fais le point sur mes objectifs

OBJECTIF 1

Je trace la perpendiculaire à une droite passant par un point donné

44 **Débat**

Qui a raison ? Expliquer.

45 **1. a.** Tracer une droite (d).
b. Tracer une droite (d') perpendiculaire à la droite (d).
2. Placer un point A sur (d').
3. Mesurer la distance entre A et (d).

46 **1.** À l'aide des instruments de géométrie, identifier des propriétés que semble posséder la figure et qui permettront de la reproduire (alignements, angles droits, milieux, longueurs égales...).

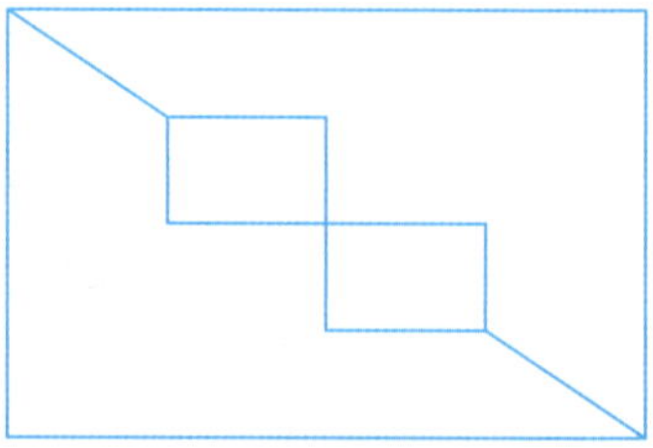

2. Construire cette figure de telle sorte que le grand rectangle ait ses côtés qui mesurent 8 cm et 4 cm.

OBJECTIF 2

Je trace la parallèle à une droite passant par un point donné

47

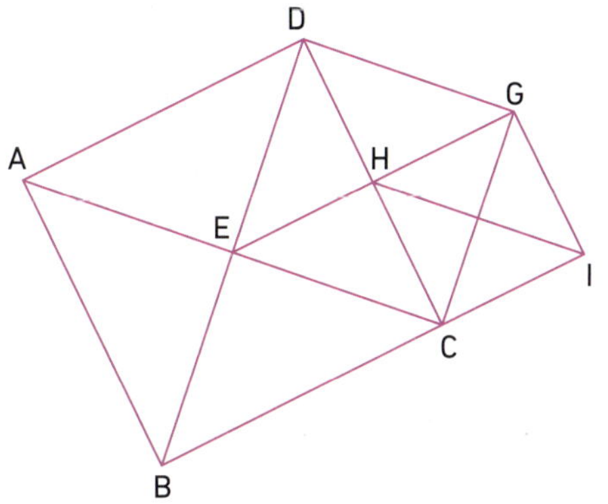

1. Trouver toutes les droites qui semblent être parallèles à (AB).
2. Trouver toutes les droites qui semblent être perpendiculaires à (GH).

48 *Les constructions ci-dessous sont indépendantes. Si possible, les réaliser sur une feuille blanche.*
1. Tracer une droite (*d*) et une droite (*d'*) parallèle à (*d*).
2. Tracer une droite (AB) et placer un point C qui n'appartient pas à (AB).
Tracer la droite parallèle à (AB) passant par C.

49 1. Tracer deux droites (d_1) et (d_2) sécantes en H et placer un point K qui n'appartient ni à (d_1), ni à (d_2).
2. Tracer la droite parallèle à la droite (d_1) et passant par le point K.
3. Tracer la droite perpendiculaire à la droite (d_2) et passant par le point K.

50 Dans cette figure, le point R est le milieu de [OP] et (RS) // (FP).

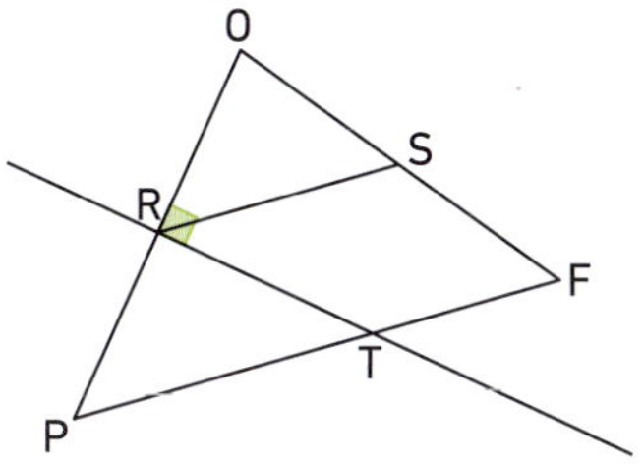

1. Écrire un programme de construction de la figure.
2. Construire la figure.
3. Sur cette figure, tracer la droite parallèle à la droite (PO) et passant par le point F.
Cette droite est-elle perpendiculaire à la droite (RT) ? Expliquer.

OBJECTIF 3

Je connais et j'utilise la définition du cercle

51 Dans la figure ci-dessous, les points I, E, H et J sont sur le cercle et les points H, F et E sont alignés.

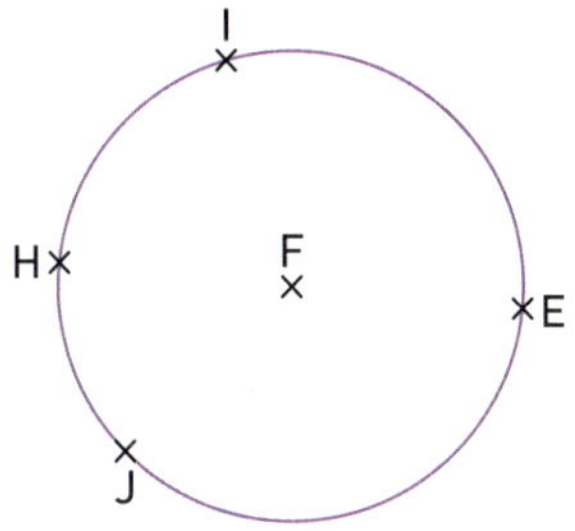

Trouver tous les rayons, toutes les cordes et tous les diamètres qu'il est possible de nommer à l'aide des points marqués F, I, E, H et J.

52 *Les constructions ci-dessous sont indépendantes.*
1. Placer un point A, puis colorier en rouge tous les points qui sont à 3,5 cm de A.
2. Tracer un cercle de centre B et de rayon 3,7 cm.
Tracer [RT] un diamètre de ce cercle.
Combien mesure [RT] ?
3. Tracer un demi-cercle de rayon 5 cm.
4. Tracer [ZE] tel que ZE = 7 cm.
Tracer le cercle de diamètre [ZE].

53 La figure ci-dessous a été construite à partir d'un carré (en pointillés ci-dessous) de 4,5 cm de côté.

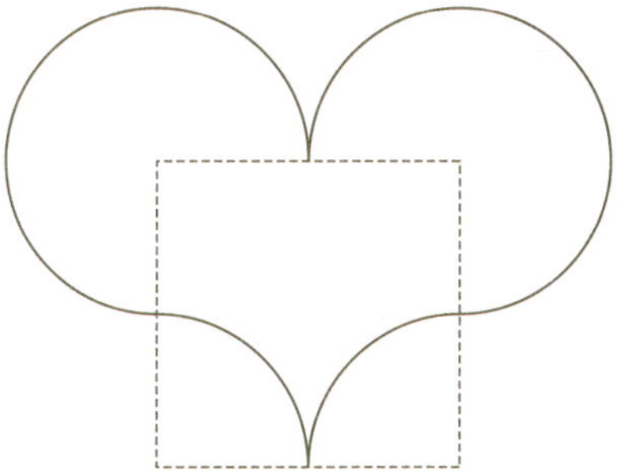

Construire cette figure.

54 Reproduire et poursuivre la frise suivante sur toute la longueur de la page du cahier :

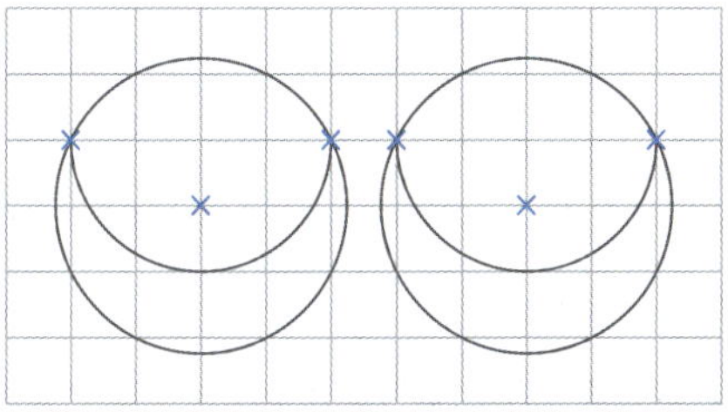

Je résous des problèmes

OBJECTIF 1

Je trace la perpendiculaire à une droite passant par un point donné

55 **Le diadème**

1. À l'aide des instruments de géométrie, identifier des propriétés que la figure semble posséder et qui permettront de la reproduire (alignements, angles droits, milieux, longueurs égales…).
2. Construire cette figure de façon à ce que le carré bleu ait un côté de 10 cm.

56 **Vrai ou Faux ?**

Pour chacune des affirmations suivantes, dire si elle est vraie ou fausse et donner une preuve.

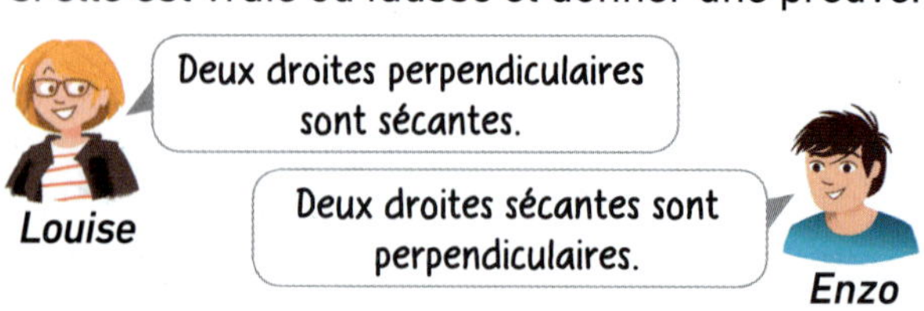

57 **Le même en plus grand**

Dans cette figure, ABCD est un rectangle :

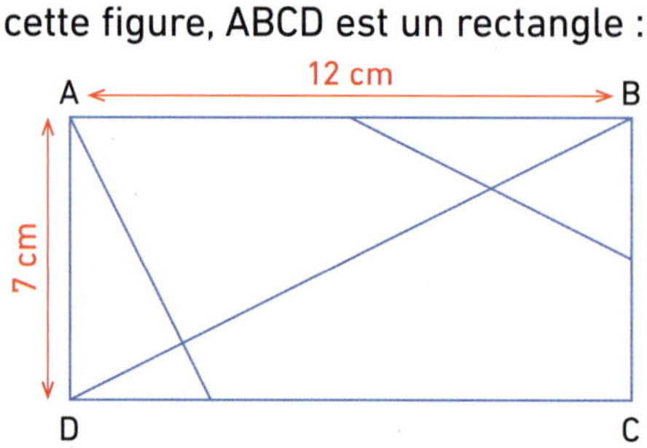

1. À l'aide des instruments de géométrie, identifier des propriétés qui permettront de construire la figure en vraie grandeur.
2. Écrire le programme de construction suivi.

OBJECTIF 2

Je trace la parallèle à une droite passant par un point donné

58 **Possible ou non, telle est la question**

1. Peut-on tracer un triangle qui a un angle droit et deux côtés égaux ? Si oui, faire une figure et la coder, sinon expliquer pourquoi.
2. Peut-on tracer un triangle qui a deux angles droits ? Si oui, faire une figure et la coder, sinon expliquer pourquoi.

59 **Si tu me dis parallèle, je le fais parallèle**

Voici un programme de construction :

- Tracer un triangle ABC rectangle en A.
- Tracer la droite parallèle à (AB) passant par C.
- Tracer la droite parallèle à (AC) passant par B.
- Tracer la droite parallèle à (BC) passant par A.

1. Réaliser la figure.
2. Les trois droites tracées forment un grand triangle. Quelle est la nature de ce triangle ? Donner une preuve.

60 **Anglais** **What did he say?**

"Two lines that are not parallel are perpendicular."
True or false? Justify the answer.

61 **Balle rebondissante**

Fred lance une balle dans un jeu en bois qui a la forme d'un triangle équilatéral. Quand elle touche un bord du jeu, la balle rebondit parallèlement à un des côtés du triangle comme sur le dessin ci-dessous, la balle ayant été lancée du point D.

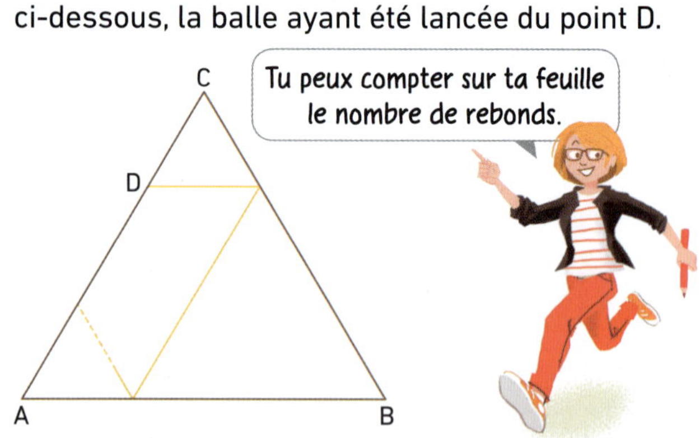

Tracer un triangle équilatéral de 12 cm de côté et placer le point D sur le segment [AC] à 3 cm de C (comme ci-dessus), puis tracer le trajet parcouru par la balle.
Revient-elle au point D au bout d'un moment ? Si oui, au bout de combien de rebonds ?

OBJECTIF 3

Je connais et j'utilise la définition du cercle

62 Les 4 fantastiques

Les disques ci-dessous ont tous le même rayon :

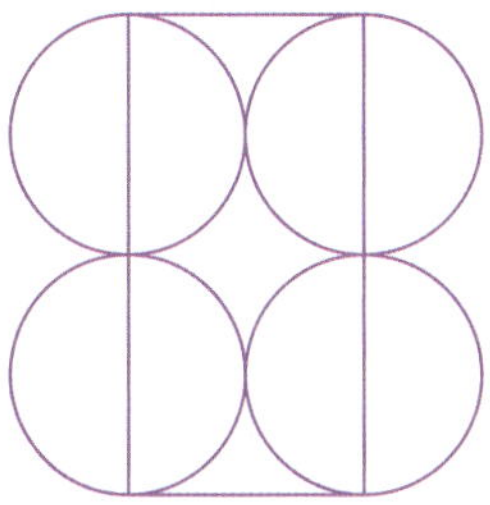

1. Reproduire cette figure en la construisant deux fois plus grande que celle ci-dessus.
2. Rédiger un programme de construction.

63 La frise

Voici le début d'une frise :

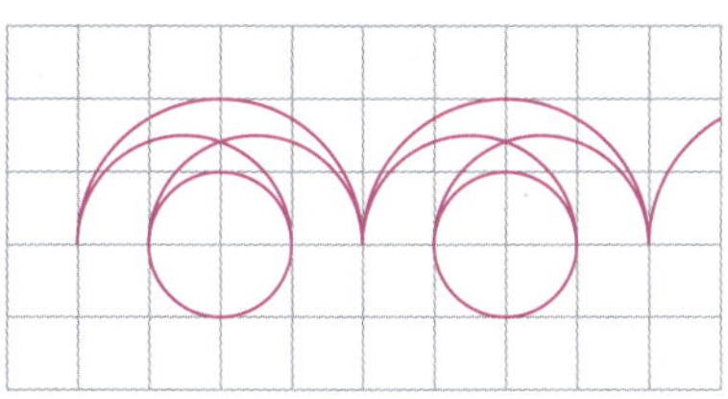

Reproduire cette frise sur toute la largeur du cahier en utilisant le quadrillage.

64 L'escargot

En prenant un diamètre de 16 cm pour le plus grand demi-cercle, reproduire la figure suivante :

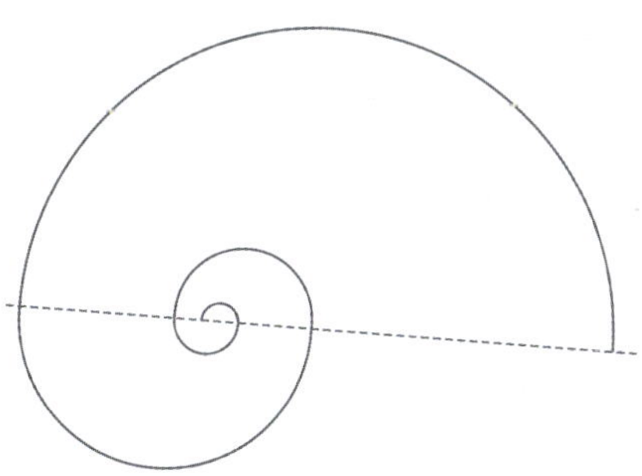

65 Les points perdus

Dans cette figure, H est le centre du cercle, [AB] est un diamètre du cercle, G est le milieu de [AH].
[DC] est une corde passant par G ; AE = EC et (EF) ⊥ (CD).
Reproduire à main levée cette figure et y placer chaque point utile.

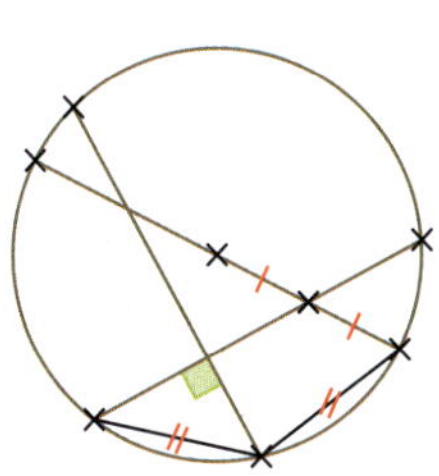

MULTI OBJECTIFS

66 Les maths autour de moi

Pour faire cet exercice, télécharger l'extrait du plan de New York sur le site compagnon.

1. Trouver et nommer trois rues parallèles à la 5th Avenue.
2. Trouver et nommer trois rues perpendiculaires à la 5th Avenue.
3. Expliquer comment se nomment les rues à New York.

67 Cap ou pas cap ?

Dans chacun des cas suivants, construire la figure ou expliquer pourquoi c'est impossible.

Cas 1 Construire un quadrilatère qui a deux angles droits seulement et deux côtés opposés parallèles.

Cas 2 Construire un quadrilatère qui a deux angles droits seulement et aucun de ses côtés parallèles.

Cas 3 Construire un quadrilatère qui a exactement trois angles droits.

68 L'écologie autour de moi

Dans un parc d'éoliennes *offshore* (en mer), les éoliennes doivent être installées parallèles et régulièrement espacées comme sur cette photo.

Voici le plan d'un nouveau champ d'éoliennes :

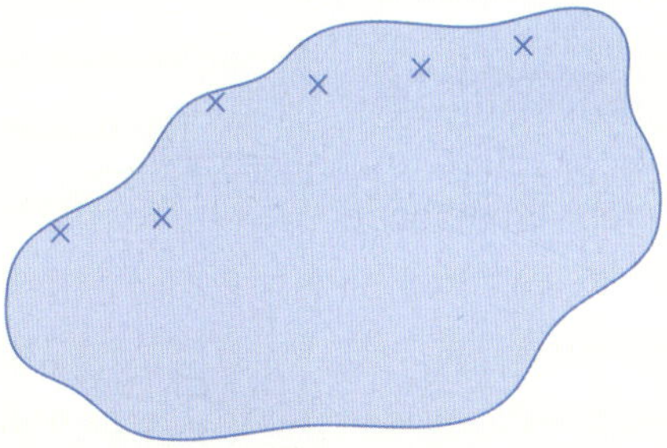

Certaines ont déjà été installées (×).
Décalquer le plan et y placer les emplacements des autres éoliennes.

je développe mes compétences

RAISONNER | REPRÉSENTER | COMMUNIQUER | CALCULER | CHERCHER | MODÉLISER

J'apprends à RAISONNER

Voir l'animation : bordas.media/733775_093

J'OBSERVE

69 Voici une technique utilisant une équerre et une règle permettant de tracer la droite parallèle à une droite (*d*) passant par un point C.

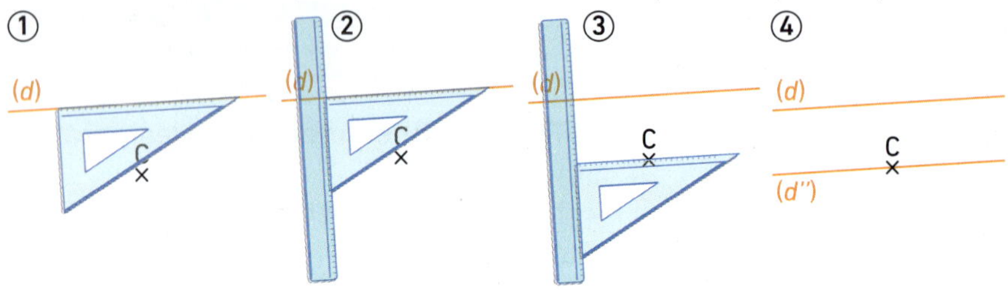

Prouver que les droites (*d*) et (*d''*) sont parallèles.

EXERCICE RÉSOLU

La règle forme une droite perpendiculaire à (*d*).
En faisant glisser l'équerre le long de la règle, on obtient donc deux droites, toutes les deux perpendiculaires à la règle.
Elles sont donc parallèles.

JE ME LANCE

70 Sur la figure ci-contre, ABFG et CDEF sont des rectangles.
1. Prouver que les droites (AG) et (DE) sont parallèles.
2. Prouver que les droites (DE) et (AB) sont perpendiculaires.

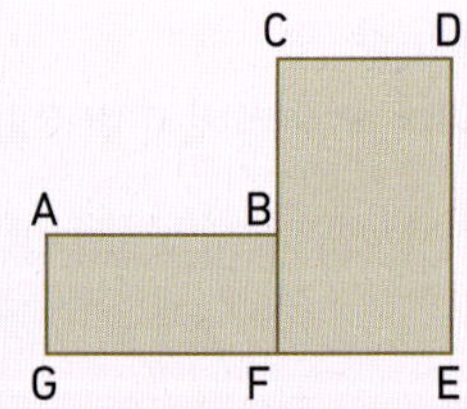

J'apprends à COMMUNIQUER

J'OBSERVE

71
- Tracer un cercle de centre A et placer les points B et C sur le cercle.
- Placer le point I milieu de [BC], puis tracer la droite perpendiculaire à (AB) passant par I.
- Tracer la parallèle à (AC) passant par B.

Faire la figure décrite et marquer le codage.

EXERCICE RÉSOLU

Après avoir fait la figure, on code les longueurs égales, les angles droits et on repère les droites parallèles.

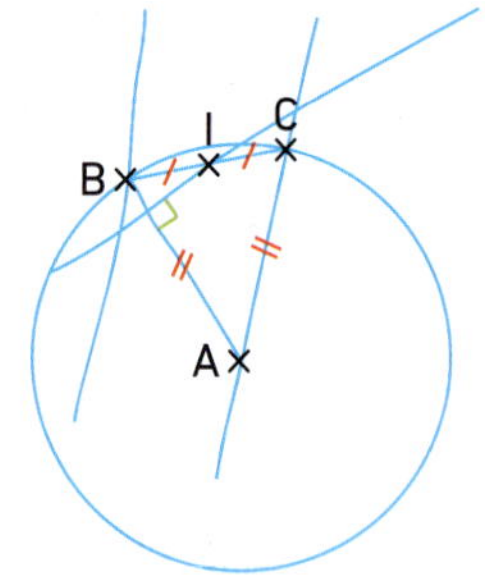

JE ME LANCE

72 Reproduire les figures suivantes à main levée, puis coder toutes les informations dont on dispose.

a.

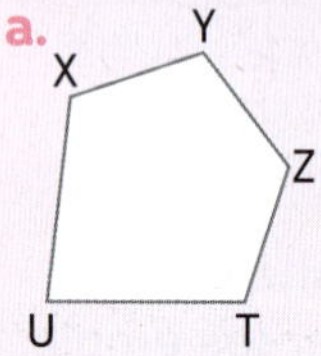

- XU = UT
- XY = YZ = ZT

b.

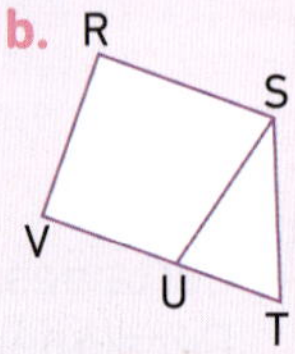

- RS = SU = ST
- (RV) ⊥ (VU)
- (SR) ⊥ (RV)

c.

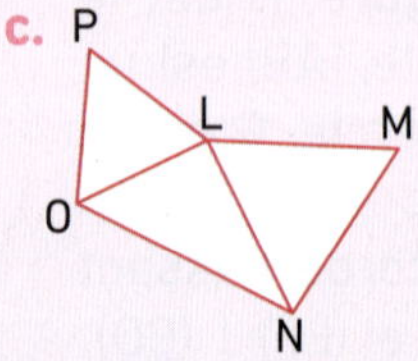

- PL = LO = OP
- LM = MN = NL
- (OL) ⊥ (LN)

73 Chromographie magique

CHERCHER • MODÉLISER • REPRÉSENTER D1.3 et 1.4

Voici une œuvre de Max Bill nommée *Chromographie magique* :

Reproduire cette figure de sorte que la longueur d'un côté du carré rouge soit égale à 5,5 cm.

Le reste devra être identique au tableau.

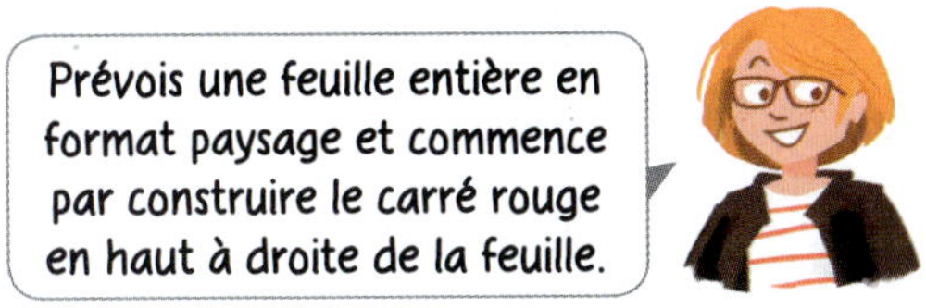

74 Intersections

CHERCHER • RAISONNER • REPRÉSENTER D1.3 et 4

Avec un rectangle et deux cercles, Marion a réussi à obtenir quatre points d'intersection.

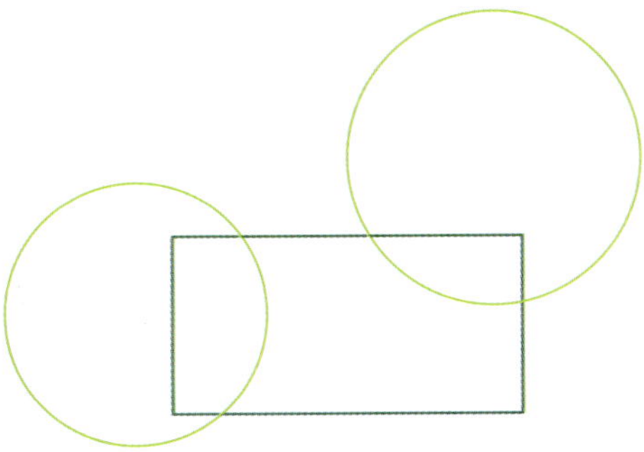

Combien peut-on en obtenir au maximum ? Réaliser la figure illustrant ce record.

75 Blanchette

MODÉLISER • CHERCHER • REPRÉSENTER • RAISONNER D1.3 et 4

Blanchette est une chèvre généreuse mais capricieuse. Dès que son propriétaire a le dos tourné, elle saute la barrière et se retrouve coincée, impossible pour elle de revenir dans l'enclos. Il est pourtant grand son enclos : un carré de 4 m de côté.

Elle est pourtant longue sa corde : 6 m de long attachée sur la clôture de l'enclos à un mètre d'un des sommets du carré. Mais c'est comme cela, l'herbe est toujours plus verte à l'extérieur !

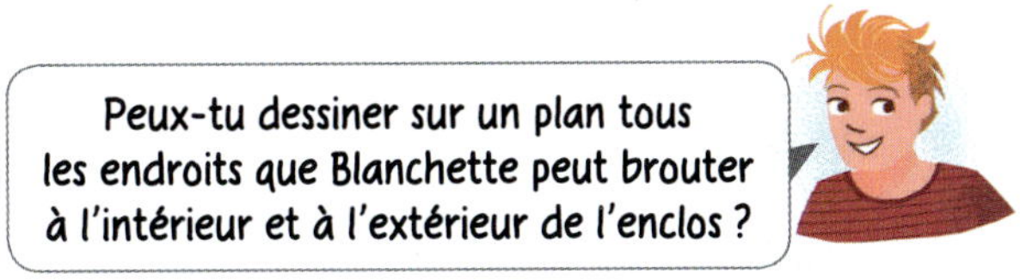

76 Drapeau du Maroc

MODÉLISER • REPRÉSENTER D1.3, 1.4 et 4

Voici les étapes de la construction d'un pentagone régulier nommé LEMNO :

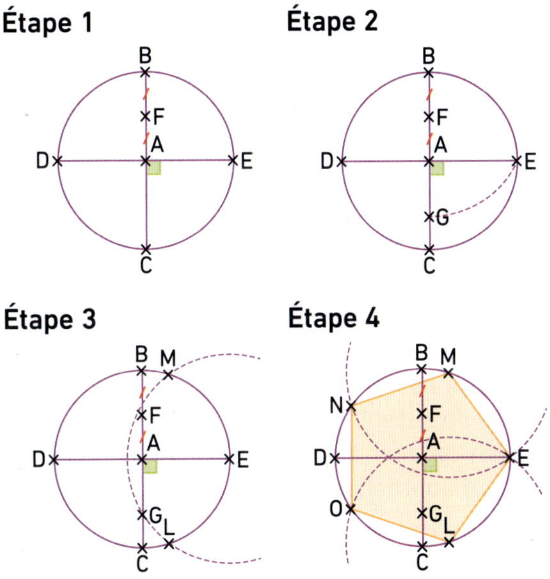

Utiliser cette construction pour construire l'étoile du drapeau du Maroc, grossie ci-dessous :

Pour cela, construire deux pentagones à partir de deux cercles de même centre, l'un de rayon 6 cm et l'autre de rayon 4 cm.

77 Un pavage de groupe

MODÉLISER • CHERCHER • REPRÉSENTER D1.3 et 1.4

1. Reproduire la figure ci-dessous à partir d'un carré de 8 cm de côté :

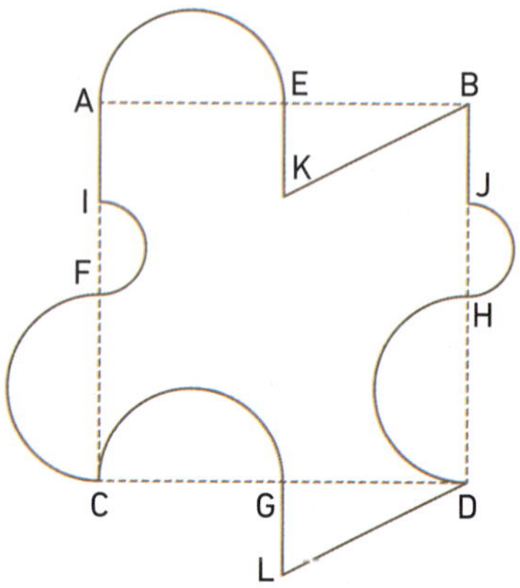

2. Découper et colorier la figure obtenue. En assemblant cette figure avec celles des autres élèves de la classe, on pourra réaliser un pavage comme celui-ci :

78 Au voleur !

MODÉLISER • CHERCHER • REPRÉSENTER D1.3 et 4

Arsène, le célèbre voleur, s'est mis en tête de dérober un fragment du sarcophage du roi Séthi. Lors de ses repérages, il a pu identifier le système de surveillance : impossible d'approcher à moins de trois mètres des points A et B et impossible d'approcher à moins d'un mètre du cercueil du roi Antef !

Sur le plan à l'échelle que l'on peut télécharger sur le site compagnon et sur lequel 1 cm représente 1 m, trouver le chemin qu'il doit emprunter pour dérober cette pièce de collection sans déclencher l'alarme.

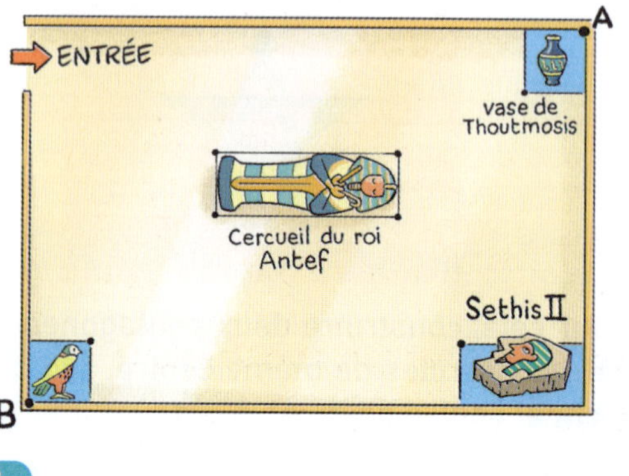

79 Le triangle de Penrose

MODÉLISER • CHERCHER • REPRÉSENTER D1.3, 1.4 et 2

Le triangle de Penrose est un objet impossible conçu par le mathématicien Roger Penrose dans les années 1950. Construire un agrandissement de cette figure sur le cahier puis, en téléchargeant le patron sur le site compagnon, construire un objet et le prendre en photo avec un angle de vue qui permettra de donner l'illusion que l'on a construit le triangle de Penrose.

80 Je fais ma story

Le principe des illusions d'optique est de donner à voir quelque chose qui s'avère très différent en réalité. En voici un très bel exemple réalisé par Banksy :

1. À partir d'une feuille A4 (ABCD), réaliser cette figure :

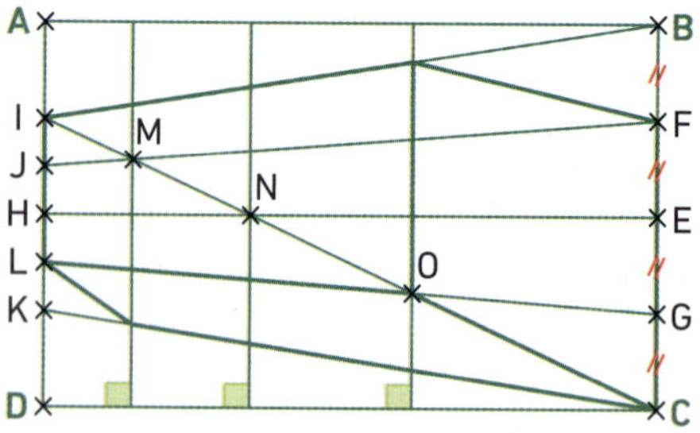

Le point H est le milieu de [AD], HI = BF et J est le milieu de [IH].

Les points M, N et O sont les points d'intersection de (IC) avec respectivement (JF), (HE) et (LG).

2. Découper la figure obtenue, colorier les faces, puis prendre des photos qui permettent de « voir » l'illusion du cube en 3D.

Si possible, faire une mise en scène avec des figurines diverses.

Jeux mathématiques

81 **Le lièvre et la tortue**

Ce jeu est prévu pour deux joueurs.
On avance à tour de rôle en partant du départ.
Au premier coup, on avance dans la direction que l'on veut. Ensuite, on doit avancer perpendiculairement au trajet précédent mais sans sortir de la piste.
Le premier qui franchit la ligne d'arrivée a gagné !

Exemple après quatre tours de jeu

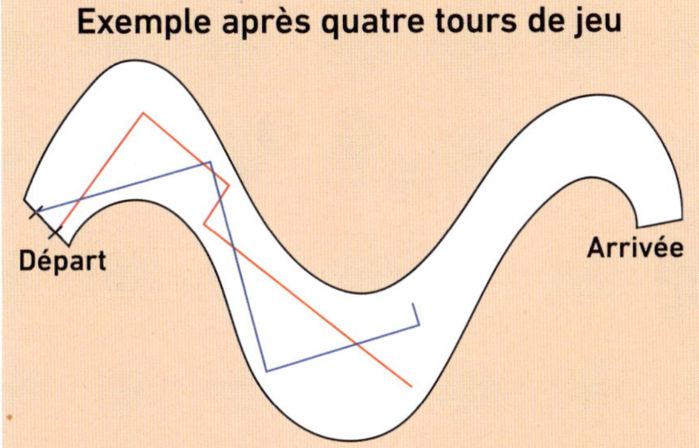

82 **Défi !**

Ce jeu se retrouve régulièrement dans les fêtes foraines :

Pour le fabriquer :
- trace un disque de 10 cm de rayon ;
- trace six disques de 5,6 cm de rayon.

Pour faciliter le jeu, colorie le grand disque en noir.
Pour gagner, il faut recouvrir entièrement le grand disque à l'aide des six petits.
Bonne chance !

Énigme

83 Avec quatre points, combien peut-on tracer de droites qui passent par au moins deux de ces points ? Combien y a-t-il de situations différentes ?

devoirs à la maison

84 **Chapeau l'artiste !**

Voici *Trames auto-tamponneuses n° 3* de l'artiste français François Morellet :

Réaliser un tableau sur le modèle de celui de François Morellet.

Attention, les droites parallèles doivent avoir le même écartement.

85 **Le tigre au compas**

Sur la figure ci-dessous, tous les traits tracés sont des arcs de cercle dont les rayons sont précisés sur la figure.
Les centres sont marqués par des points bleus. $F \in [OM]$ et $FM = 1$ cm. De même, $J \in [ON]$ et $JN = 1$ cm.
Enfin, O est le milieu de [CD] ; K et L sont les milieux respectifs de [FO] et [JO].

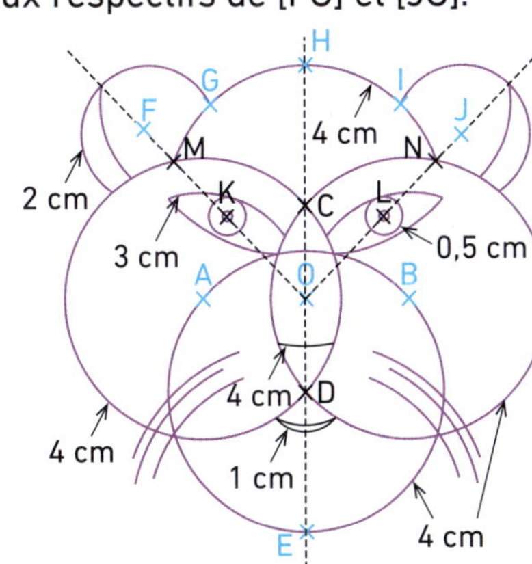

Construire le tigre, puis le colorier.

avec un logiciel

Pour faire ces activités, télécharge les fiches logiciel **Géométrie** et **Tableur** sur le site college.editions-bordas.fr.

1 Illusion optique

25'

Utiliser un logiciel de géométrie dynamique pour construire une figure avec précision.

Difficulté mathématique — Difficulté technique

Voici une illusion optique que l'on doit à Hermann Ebbinghaus :

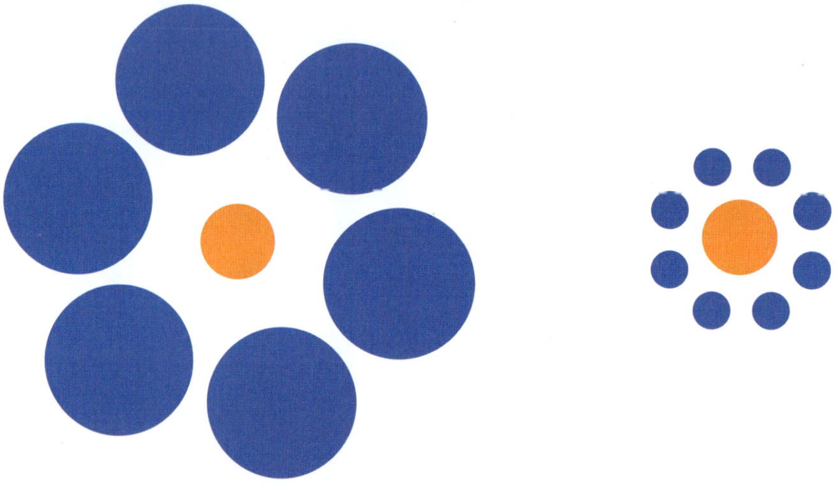

1 Expliquer ce qui est surprenant dans les deux figures ci-dessus.

2 **Reproduction de la figure de gauche**

Pour que l'illusion fonctionne bien, il faut :

– que les disques bleus soient bien répartis autour du disque orange ;

– que le rayon d'un grand disque bleu soit le double du rayon du disque orange qui sera lui-même le double du rayon d'un petit disque bleu.

Construire la figure à l'aide de ces indications.

Pour placer les disques bleus, il faut utiliser l'outil polygone régulier, puis faire afficher le centre pour placer le disque orange. Géométrie 29 et Géométrie 4

2 Ellipse

25'

Utiliser un logiciel de géométrie dynamique pour construire rapidement une figure.

Difficulté mathématique — Difficulté technique

Voici un programme de construction à réaliser avec un logiciel de géométrie dynamique :

- Tracer un cercle. Géométrie 12
- Placer un point A appartenant au disque mais ni au centre, ni sur le cercle. Géométrie 2
- Placer un point B sur le cercle. Tracer le segment [AB]. Géométrie 5
- Tracer la droite perpendiculaire à [AB] passant par B. Elle coupe le cercle en B et C. Géométrie 5

1 Réaliser la figure et ne faire afficher que le cercle et le segment [BC]. Géométrie 21

2 Activer la trace sur le segment [BC], puis déplacer le point B. Géométrie 20

3 La figure obtenue s'appelle une ellipse. Décrire cette figure.

4 Faire une recherche sur Internet et trouver des exemples de situations où l'on retrouve cette figure.

5 Désactiver la trace et déplacer le point A à l'extérieur du disque. Activer la trace de nouveau. Obtient-on encore une ellipse ?

3 Une autre illusion optique (ALGO)

Utiliser Scratch pour construire une figure répétitive.

45'

Difficulté mathématique ▮▮▮ Difficulté technique ▮▮▮

Cette œuvre est de Johann Karl Friedrich Zöllner :

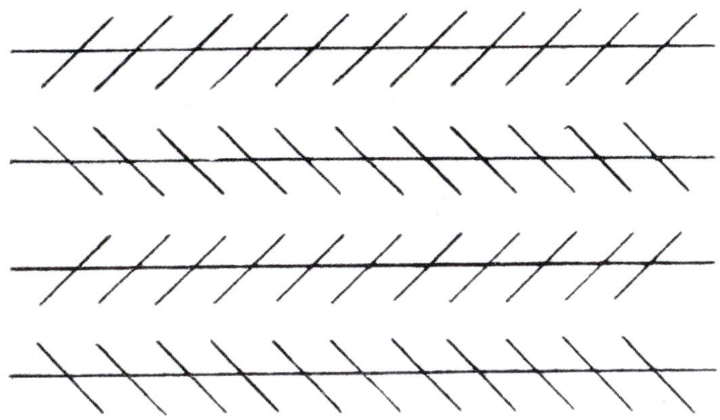

1 Expliquer ce qui est surprenant dans cette figure.

2 L'objectif de cette activité est de réaliser cette illusion à l'aide du logiciel Scratch.
On va réaliser la figure à partir des deux blocs suivants :

Bloc « Penché droite »

Bloc « Penché gauche »

```
définir Penché droite
stylo en position d'écriture
répéter 9 fois
    avancer de 25 pas
    tourner ↺ de 45 degrés
    avancer de 25 pas
    avancer de -50 pas
    avancer de 25 pas
    tourner ↻ de 45 degrés
    avancer de 25 pas
avancer de -450 pas
```

a. Créer le bloc « Penché droite », puis en s'inspirant de celui-ci, construire le programme du bloc « Penché gauche ».

b. À l'aide de ces deux blocs et du début de programme ci-contre, réaliser un programme permettant d'obtenir six droites espacées chacune de 50 pixels comme sur la figure de Johann Karl Friedrich Zöllner.

```
quand 🏴 est cliqué
effacer tout
aller à x: -270 y: 150
s'orienter en direction de 90
mettre la taille du stylo à 3
```

cherchons ensemble

Si tu ne comprends pas certains des mots utilisés ici, demande à ton enseignant ou consulte le *Dico des maths*, p. 12.

Activité 1 Découvrir le rapporteur

OBJECTIF 1

1 En observant le schéma ci-contre et sachant qu'un angle droit mesure 90°, trouver la mesure d'un angle plat, celle d'un tour complet et enfin, celle d'un trois-quart de tour.

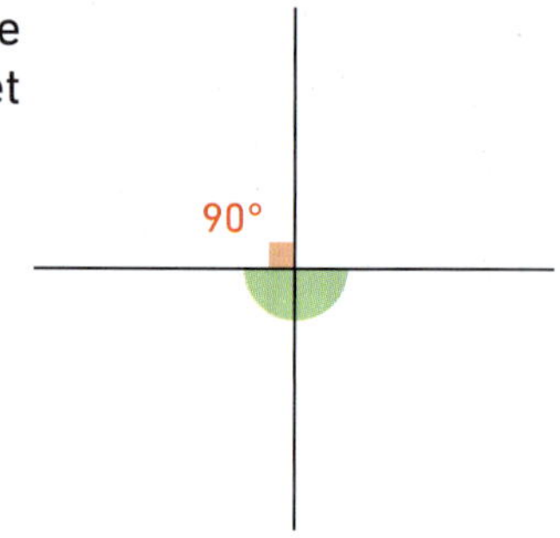

2 Un demi-disque a été partagé en 12 parts égales :

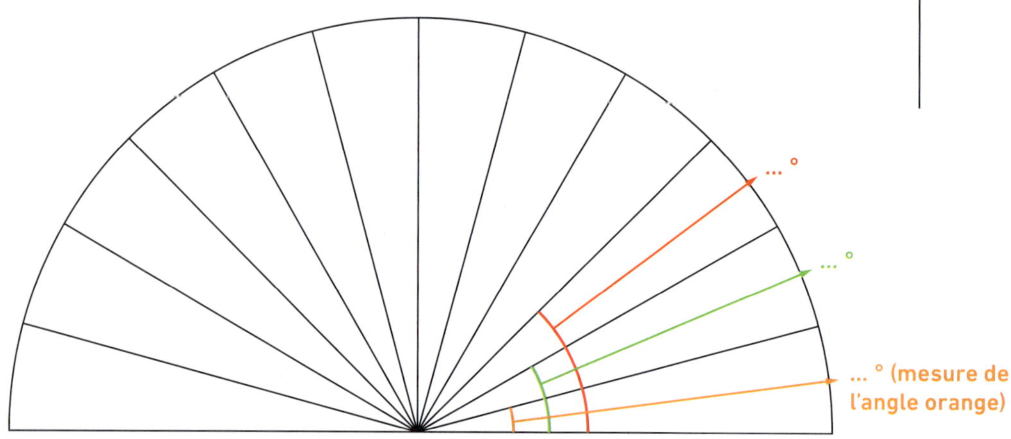

a. Calculer la mesure de l'angle orange, celle de l'angle vert, puis celle de l'angle rouge.
b. Décalquer ce demi-disque et reporter les mesures de ces angles sur le papier calque. Continuer à graduer ce demi-disque jusqu'à 180°.

3 **a.** Classer « à vue d'œil » ces angles par ordre de grandeur :

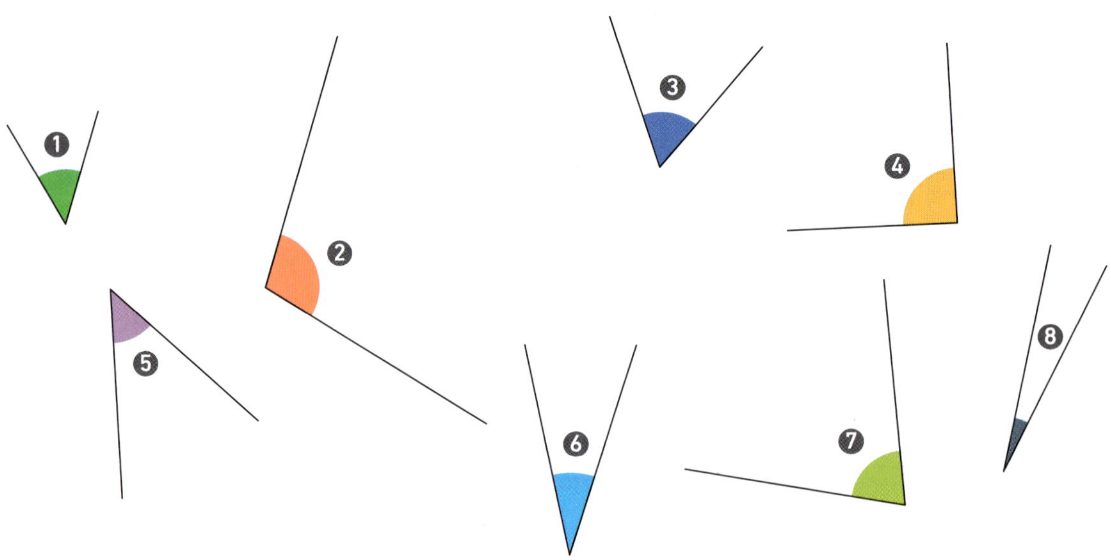

b. Utiliser le demi-disque décalqué en **2.b** pour trouver les mesures des angles ❷, ❸, ❹, ❺, ❻, ❼ et ❽.
c. À l'aide du demi-disque, donner une mesure approximative de l'angle ❶.
Que devrait-on faire pour obtenir une mesure plus précise ?

Activité 2 — Mesurer avec un rapporteur

OBJECTIF 1

1 a. Vérifier que la mesure de l'angle $\widehat{BCD}$ est égale à 16°.
b. Arthur et Clara ne sont pas d'accord à propos de la mesure de l'angle $\widehat{ACH}$.
Arthur dit qu'il mesure 152° alors que Clara pense qu'il mesure 28°. Qui a raison ? Expliquer.

2 a. Donner les mesures en degrés des angles $\widehat{BCE}$, $\widehat{BCF}$, $\widehat{BCG}$ et $\widehat{BCH}$.
b. Donner les mesures en degrés des angles $\widehat{ACG}$, $\widehat{ACF}$, $\widehat{ACE}$ et $\widehat{ACD}$.

3 Donner la mesure en degrés des angles $\widehat{HCG}$ et $\widehat{ECF}$.

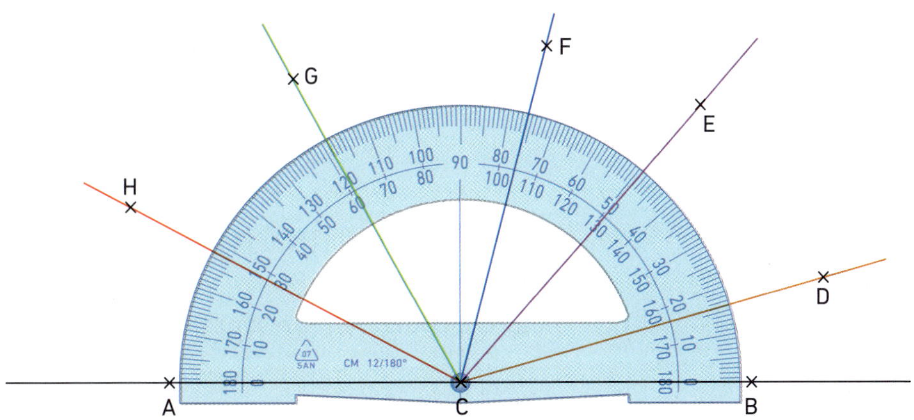

Activité 3 — Construire un angle à l'aide d'un rapporteur

OBJECTIF 2

1 a. Mahé voudrait construire un angle $\widehat{BCF}$ de 29°.
Par quelle marque numérotée de ❶ à ❺, la demi-droite [CF) devra-t-elle passer ?
b. De la même façon, il doit désormais construire un angle $\widehat{ACH}$ de 124°.
Par quelle marque numérotée de ❶ à ❺, la demi-droite [CH) devra-t-elle passer ?

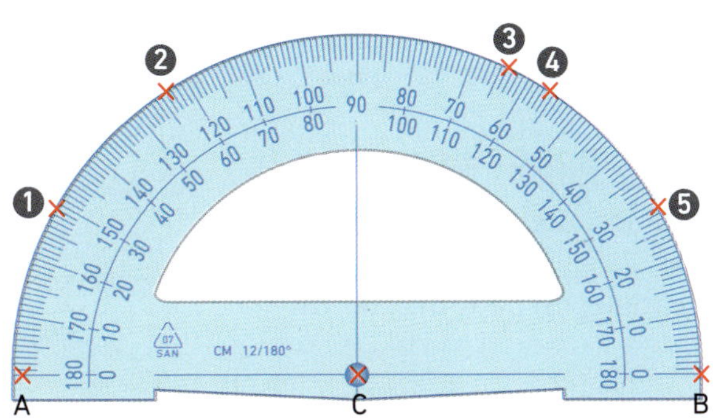

2 Tracer sur le cahier un angle $\widehat{ABC}$ de 48°, puis sur la même figure un angle $\widehat{CBD}$ de 114° extérieur au premier.
Vérifier à l'aide du rapporteur que l'angle $\widehat{ABD}$ mesure environ 162°.

1 Notion d'angle et rapporteur

OBJECTIF 1

a) Vocabulaire

DÉFINITION Un **angle** est une partie du plan délimitée par deux demi-droites de même origine.
Cette origine est appelée **sommet** et les demi-droites sont nommées **côtés** de l'angle.

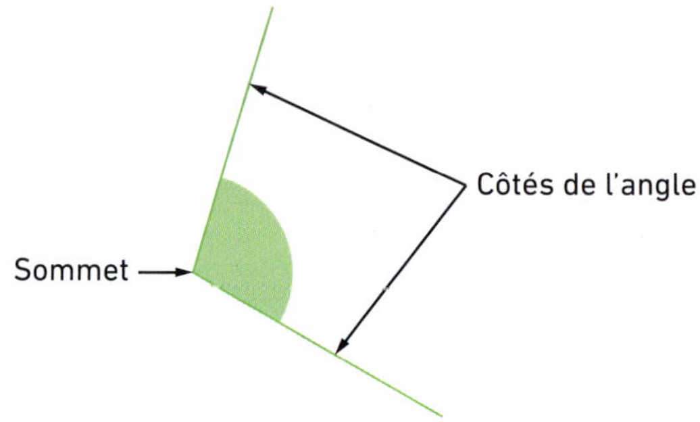

b) Notation

Dans la notation d'un angle, **la lettre centrale** représente toujours le sommet.

Exemple

Le sommet de cet angle est le point A. Cet angle peut donc se nommer $\widehat{BAC}$ ou $\widehat{CAB}$.

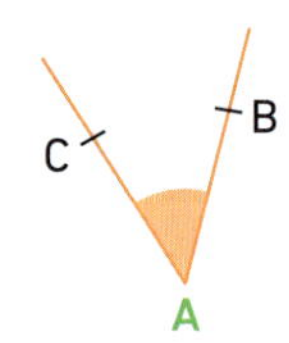

Remarque : Lorsqu'aucun point n'est placé sur les côtés de l'angle, on peut utiliser les demi-droites pour le désigner.

Exemple : Cet angle peut se nommer $\widehat{xOy}$ ou $\widehat{yOx}$.

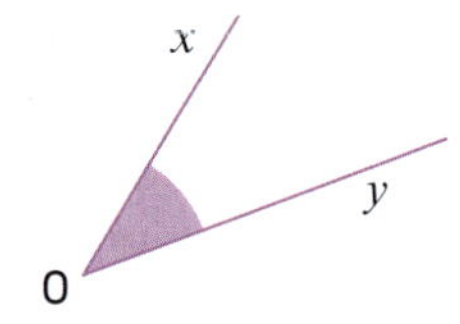

Remarque : Deux angles de même mesure sont codés par le **même symbole** (comme pour les longueurs).

Exemple : Ce codage // indique que la mesure de l'angle $\widehat{ABC}$ est égale à celle de l'angle $\widehat{FDE}$.

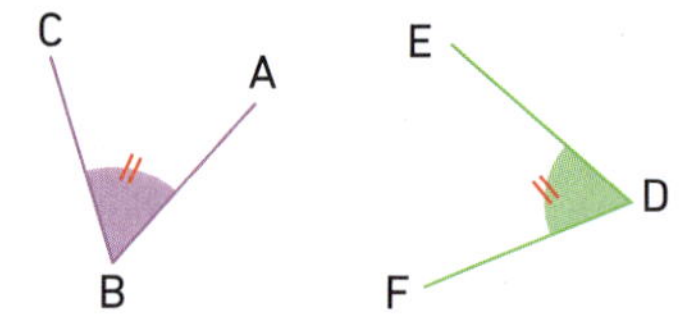

c) Utilisation du rapporteur

L'unité de mesure des angles est le degré.
Il se note °.
Pour mesurer un angle, on peut utiliser un rapporteur.

Exemple : $\widehat{ABC} = 40°$.

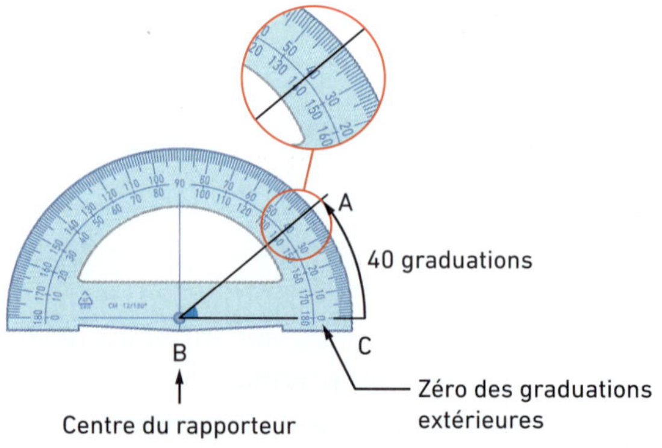

CARTE MENTALE
bordas.media/733775_056

d) Angles particuliers

	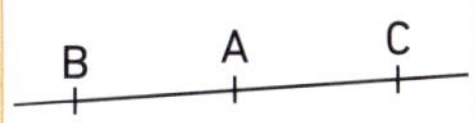	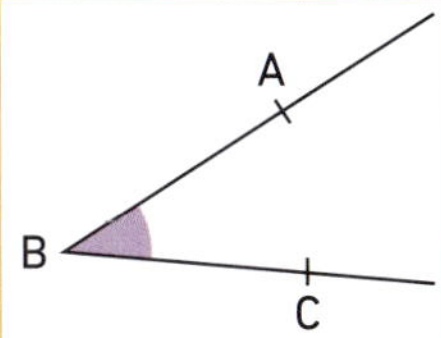	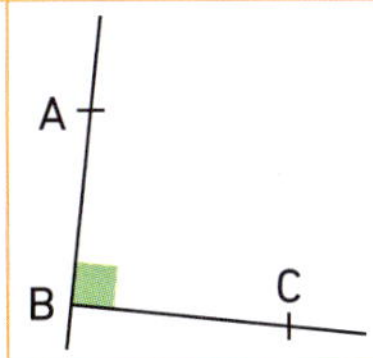	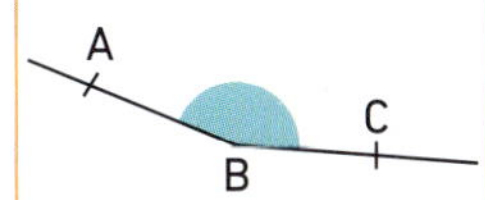	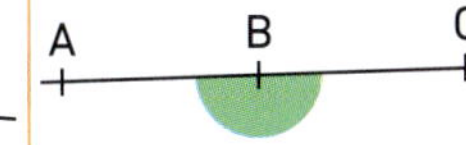
Angle $\widehat{ABC}$	Nul	Aigu	Droit	Obtus	Plat
Mesure de l'angle $\widehat{ABC}$	0°	Comprise entre 0° et 90°	90°	Comprise entre 90° et 180°	180°

2 Construction d'un angle avec un rapporteur

OBJECTIF 2
Voir l'animation : bordas.media/733775_094

Pour construire un angle de mesure connue, il suffit de tracer une demi-droite et d'utiliser son rapporteur.

Exemple

Traçons un angle $\widehat{xOy}$ de mesure 48°.

- On trace une demi-droite [Ox).
- On pose correctement le rapporteur sur cette demi-droite en superposant le sommet de l'angle et le centre du rapporteur et en faisant coïncider l'un des « zéros » avec la demi-droite tracée.

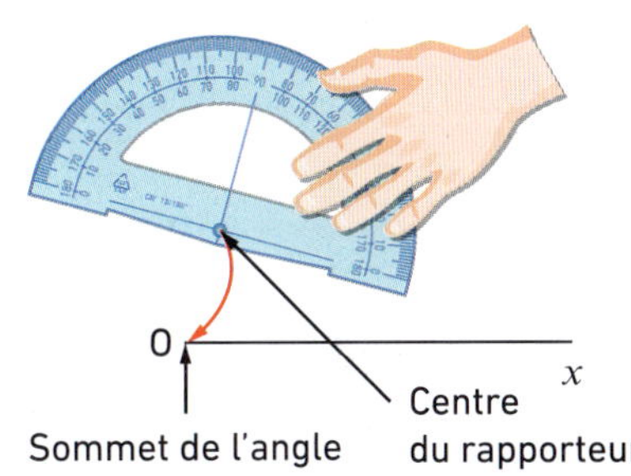

- On marque d'un petit trait-repère la mesure « 48° » en partant du zéro considéré.

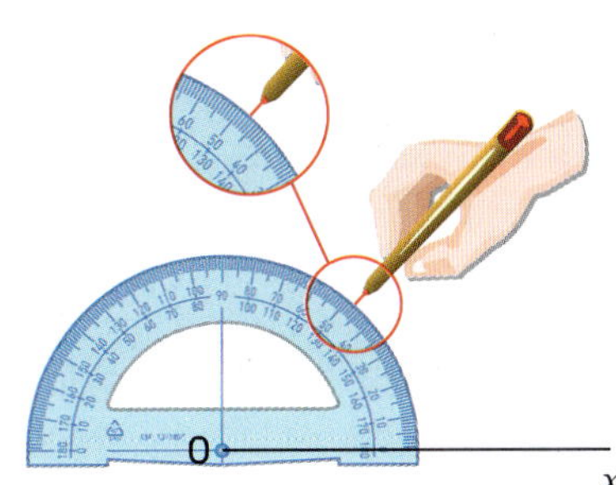

- On trace la demi-droite d'origine O passant par le trait-repère.

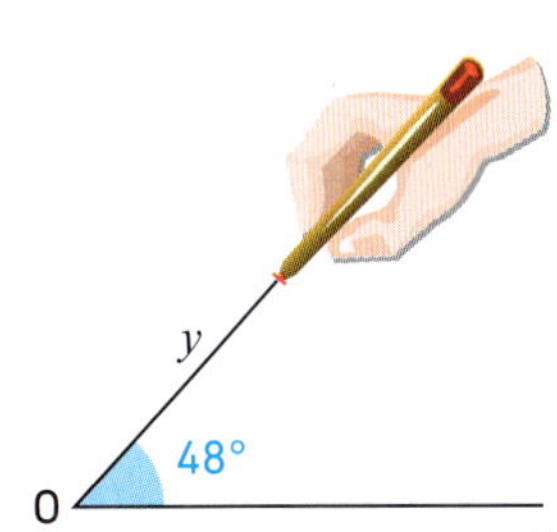

objectif 1 Je reconnais et je mesure

Je comprends

Voir la vidéo : bordas.media/733775_057

Voir l'animation : bordas.media/733775_095

Nommer et mesurer l'angle ci-dessous à l'aide du rapporteur :

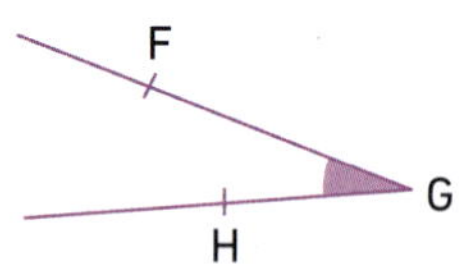

Exercice résolu

Étape 1

Je nomme l'angle.
G est le sommet donc l'angle violet se nomme $\widehat{FGH}$ ou $\widehat{HGF}$.

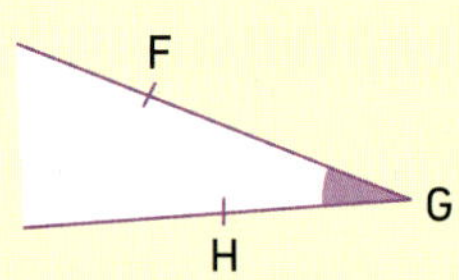

Étape 2

Je place le centre de mon rapporteur sur le sommet G de l'angle violet.

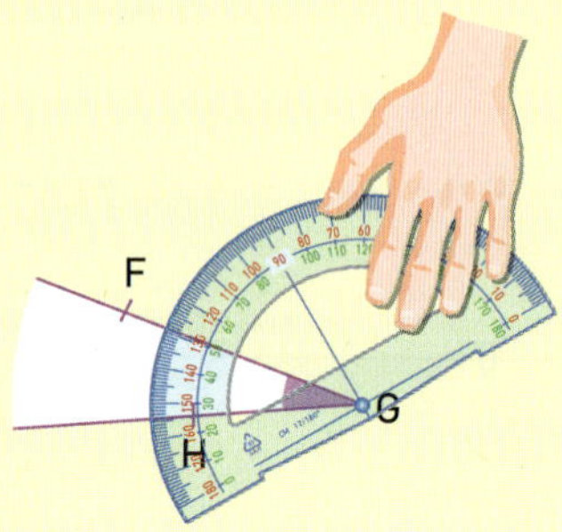

Étape 3

Je fais correspondre un « zéro » avec la demi-droite [GH).
Ici, il se trouve sur les **graduations intérieures** du rapporteur.

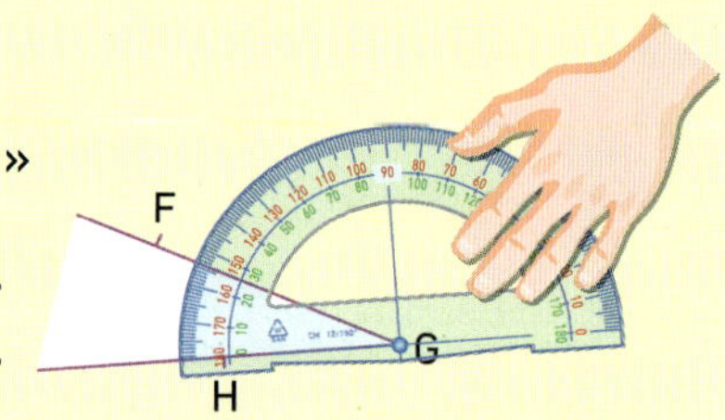

Étape 4

Je lis la mesure indiquée sur les **graduations intérieures** du rapporteur.
Je trouve et note $\widehat{FGH} = 26°$.

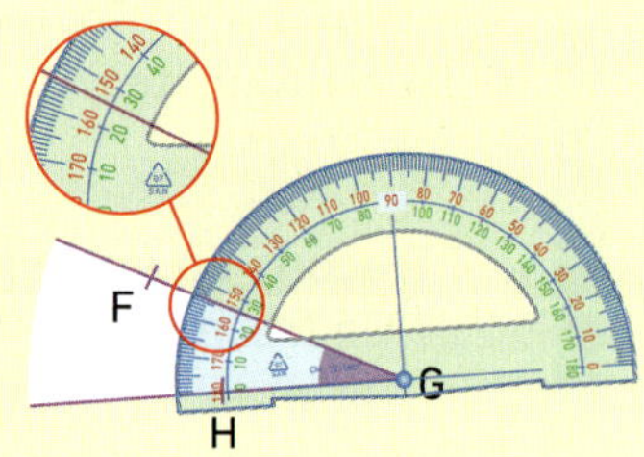

Je m'échauffe

1 ***QUESTIONS FLASH***

1. Trouver l'intrus.

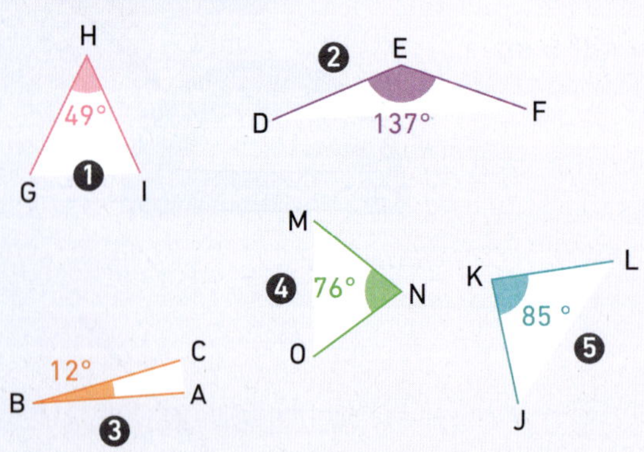

2. Ces angles sont-ils aigus ou obtus ?

35° + 60°

110° – 15°

180° – 25°

25° + 12°

2 **Vrai ou Faux ?**

Justifier les réponses.

a.

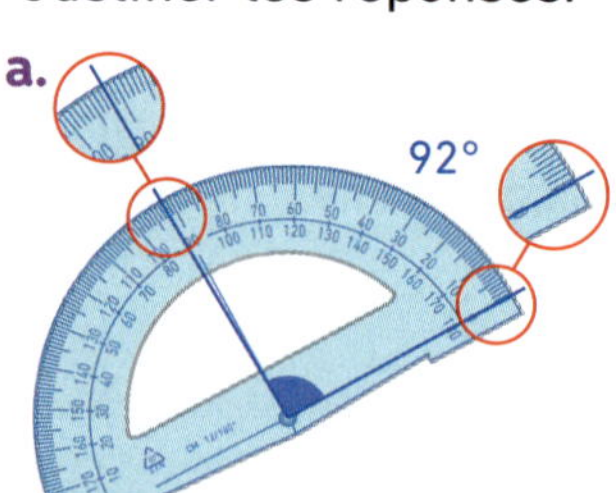

b.

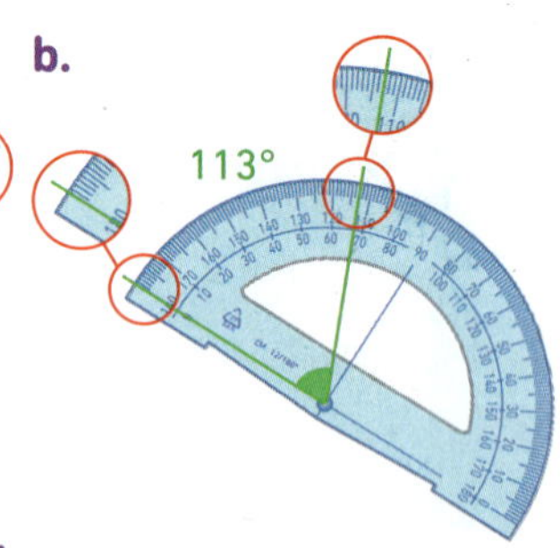

c.

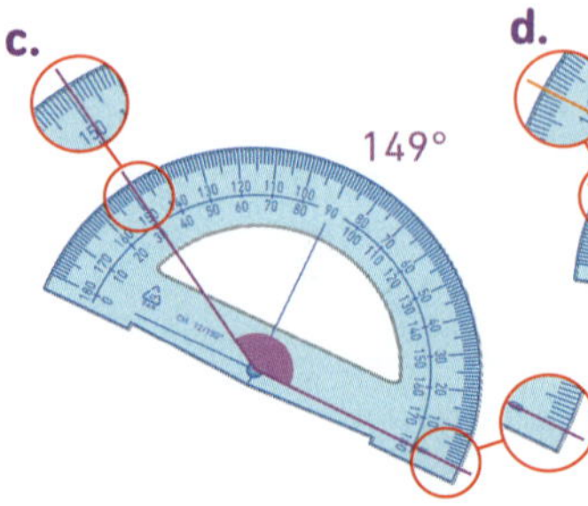

d.

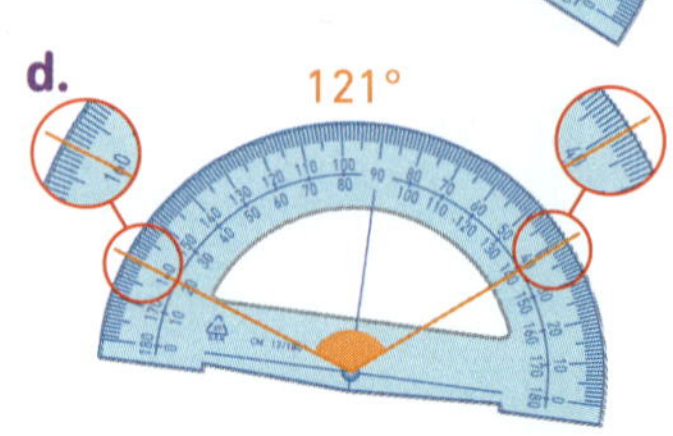

Je m'entraîne 1

3 Recopier et associer chaque angle à sa mesure :

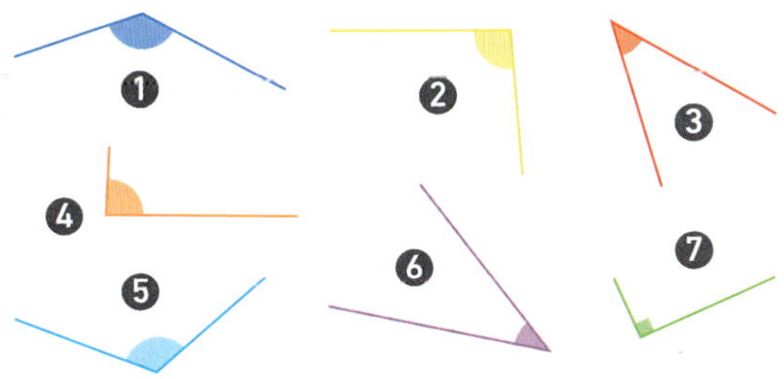

❶ • • 87°
❷ • • 90°
❸ • • 41°
❹ • • 44°
❺ • • 133°
❻ • • 94°
❼ • • 118°

Il n'est pas nécessaire de mesurer TOUS les angles. Sers-toi de ton équerre pour estimer la mesure de certains angles en les comparant à l'angle droit.

4 Nommer et mesurer les angles ci-dessous :

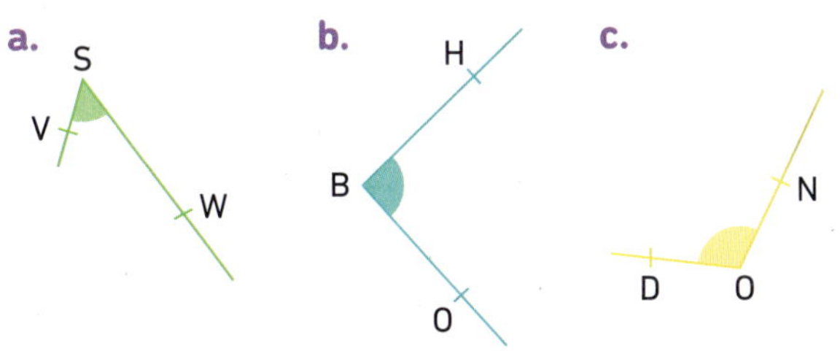

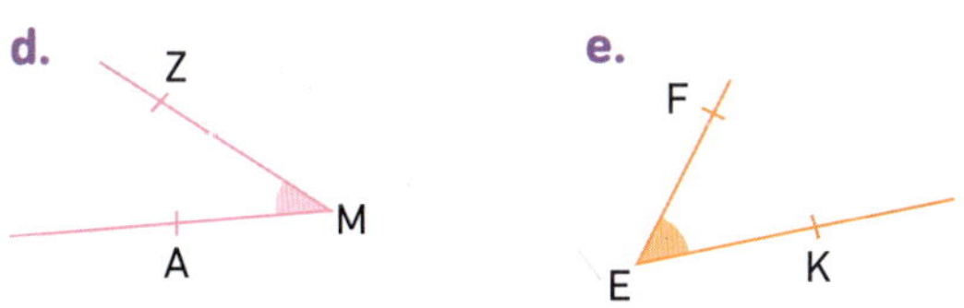

5 Classer ces angles du plus petit au plus grand :

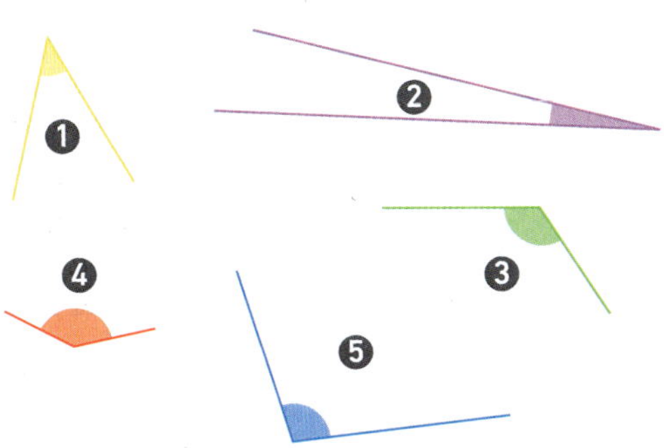

Je m'entraîne 2

6 **1.** Donner la mesure des angles $\widehat{ABC}$; $\widehat{ACB}$; $\widehat{yNO}$; $\widehat{xLB}$ et $\widehat{NLB}$.

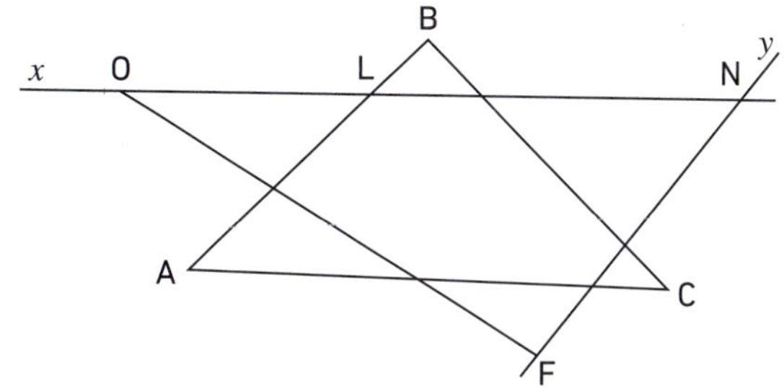

2. Effectuer la somme des angles $\widehat{xLB}$ et $\widehat{NLB}$. Que semble-t-on remarquer ?

7 **1.** Tracer un carré ABCD à l'aide du quadrillage du cahier.
2. Nommer O l'intersection des diagonales.
3. Mesurer les angles $\widehat{ABO}$, $\widehat{OBC}$, $\widehat{OCD}$, $\widehat{BCO}$, $\widehat{CDO}$, $\widehat{ODA}$, $\widehat{DAO}$ et $\widehat{BAO}$.
Que semble-t-on remarquer ?

8 Le triangle MNO est équilatéral. Que remarque-t-on lorsque l'on mesure chacun de ses trois angles ?

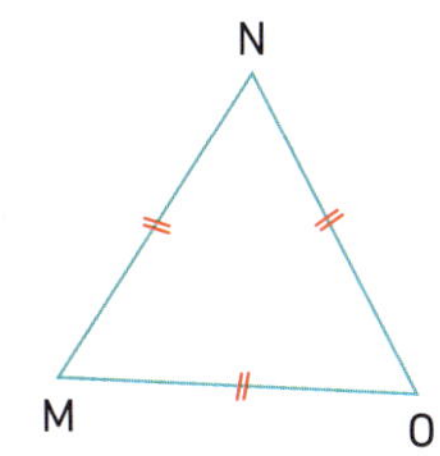

9 **TOP Chrono** 10 min

Reproduire le tableau ci-dessous et pour chaque angle, préciser sa nature, son nom et sa mesure.

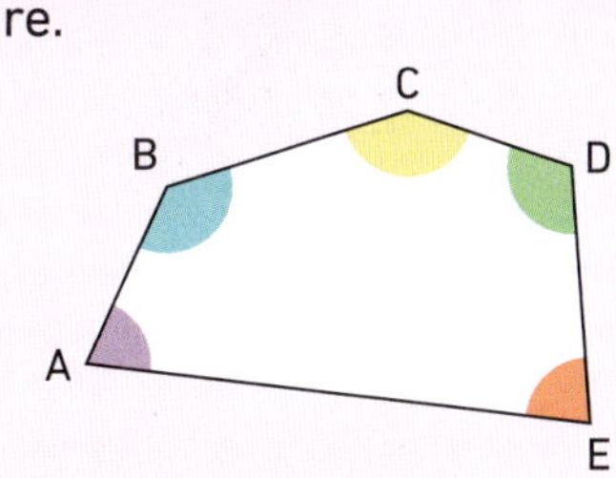

Couleur	Nature de l'angle	Nom de l'angle	Mesure de l'angle (en °)
Violet	Aigu	$\widehat{BAE}$	71°
		$\widehat{BCD}$	
Rouge			
			113°

objectif 2 Je construis un angle

Je comprends

Voir la vidéo : bordas.media/733775_058

Voir l'animation : bordas.media/733775_096

Construire un angle $\widehat{ABC}$ de mesure 61°.

Tu peux t'aider en réalisant une figure à main levée au brouillon !

Exercice résolu

Étape 1. On trace un segment [BA] de mesure quelconque.

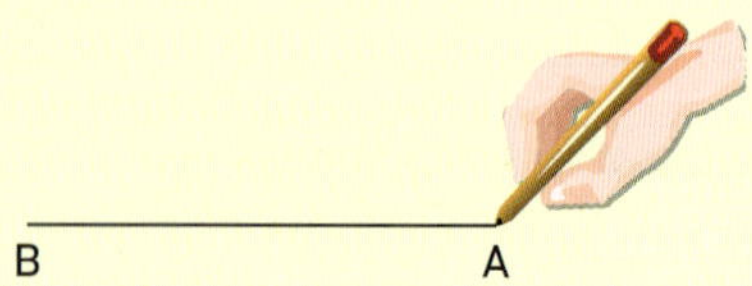

Étape 2. On place le centre du rapporteur en B (qui est le sommet de l'angle) et on fait coïncider un « zéro » des graduations du rapporteur avec le segment tracé.

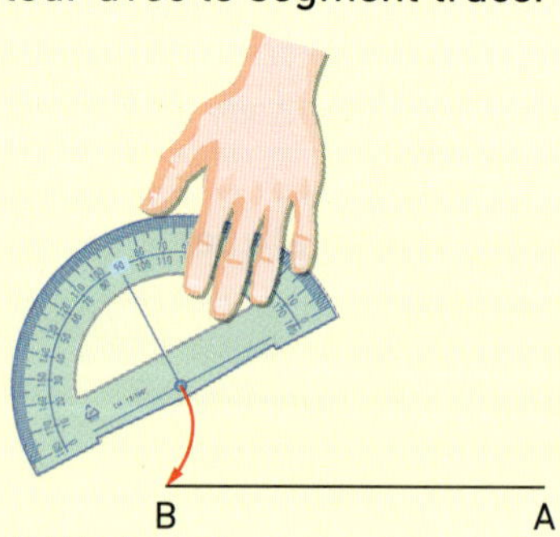

Étape 3. On part du « zéro » et on fait une petite marque-repère à la graduation 61°.

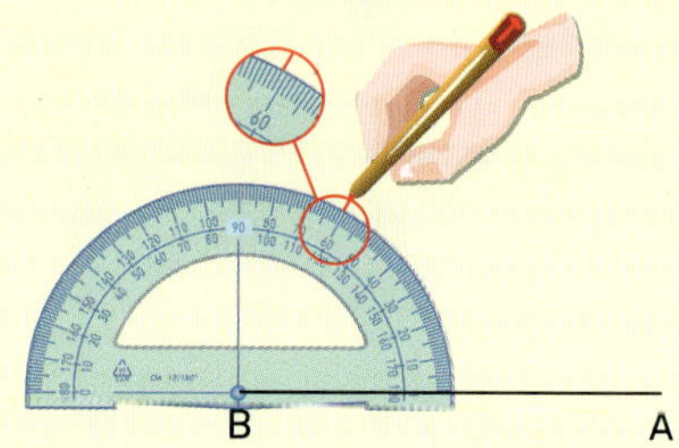

Étape 4. On trace la demi-droite d'origine B passant par le trait-repère.
On place sur cette demi-droite un point C.

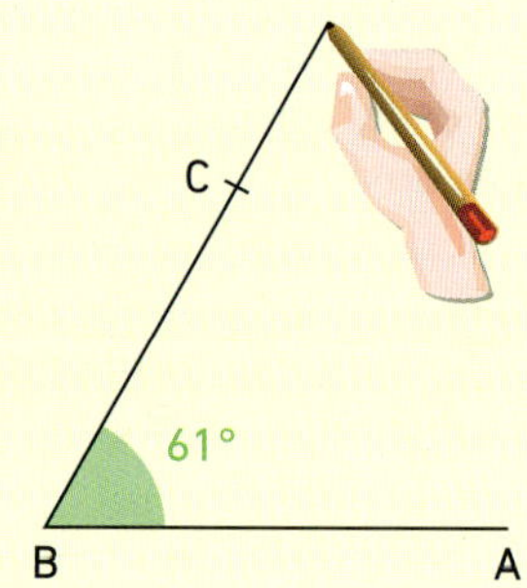

Je m'échauffe

Voir les animations : bordas.media/733775_097

10 QUESTIONS FLASH

Donner la mesure manquante :

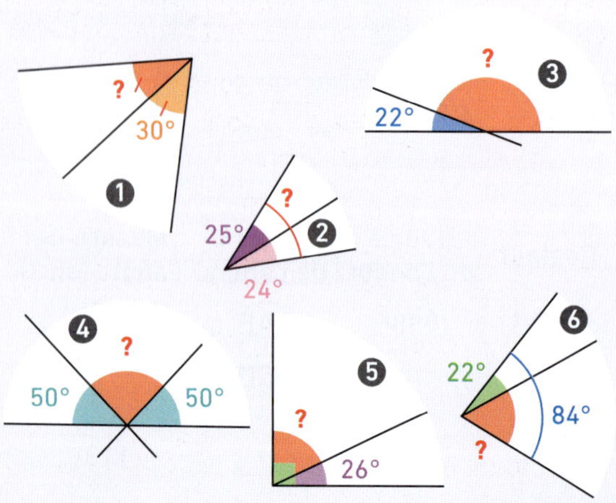

11 Reproduire les angles suivants :

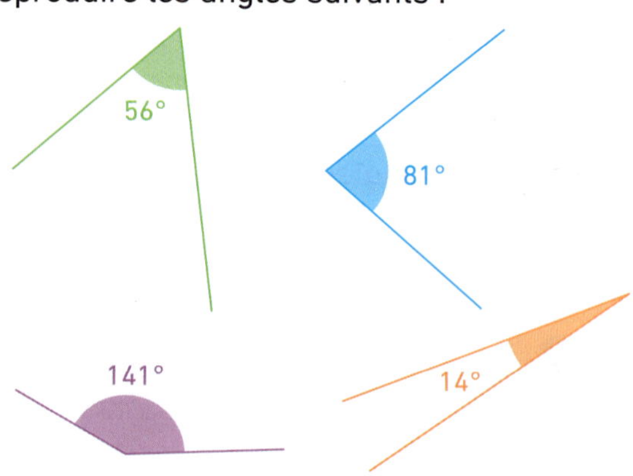

12 Tracer trois angles de sommets M, N et O et de mesures respectives 18°, 79° et 110°.

Je m'entraîne 1

13 Mesurer les angles ci-dessous et les reproduire :

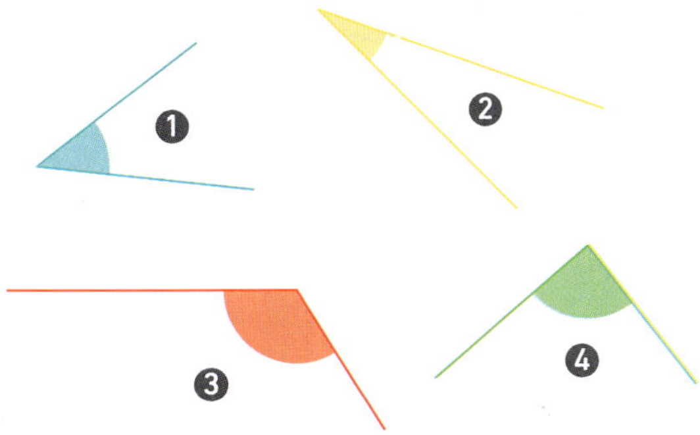

14 Construire chacun des angles suivants :

a. $\widehat{ABC} = 27°$ **b.** $\widehat{DEF} = 92°$ **c.** $\widehat{GHI} = 142°$
d. $\widehat{JKL} = 112°$ **e.** $\widehat{MNO} = 63°$ **f.** $\widehat{PQR} = 55°$

15 Reproduire les triangles suivants en vraie grandeur :

a.

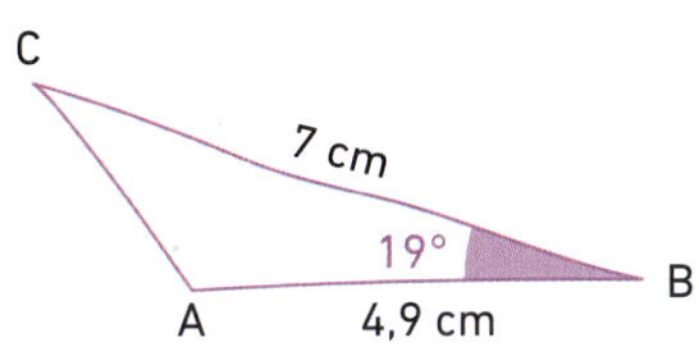

b.

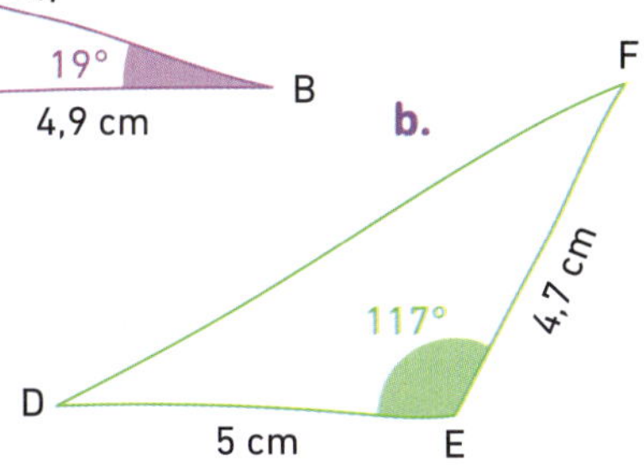

16 Construire un angle $\widehat{AOB}$ de mesure 70° et un angle $\widehat{COD}$ de mesure 150°.

17 À vue d'œil, estimer une mesure de chacun de ces angles, puis les mesurer et les reproduire à l'identique.

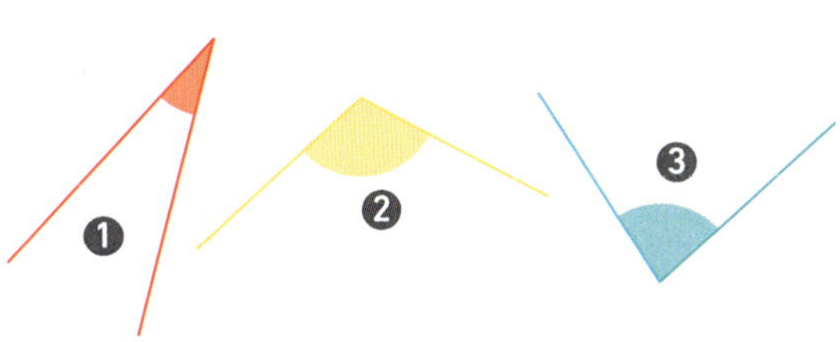

Tu peux comparer ces angles avec l'angle droit ! Aide-toi de ton équerre pour l'estimation.

Je m'entraîne 2

18 Construire un triangle MNO isocèle en O tel que MO = 4,8 cm et $\widehat{NOM} = 36°$.

Un triangle isocèle est un triangle qui a deux côtés de même longueur.

19 Construire un triangle JKL isocèle en J tel que JL = 5,2 cm et $\widehat{JLK} = 35°$.

20 **1. a.** Tracer un segment [FH] de 7,5 cm.
b. Construire le point G tel que $\widehat{HFG} = 16°$ et $\widehat{FHG} = 74°$.
c. Construire le point I, de l'autre côté du segment [FH], tel que $\widehat{HFI} = 73°$ et $\widehat{FHI} = 17°$.
2. Quelle semble être la nature du quadrilatère FGHI ?

21 Reproduire la figure ci-dessous en vraie grandeur :

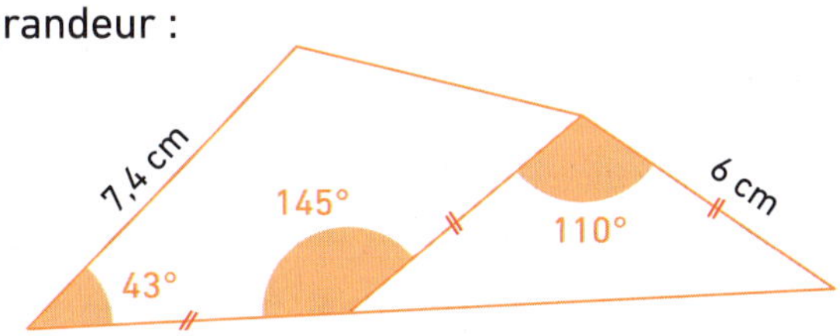

22 Reproduire la figure ci-dessous en vraie grandeur :

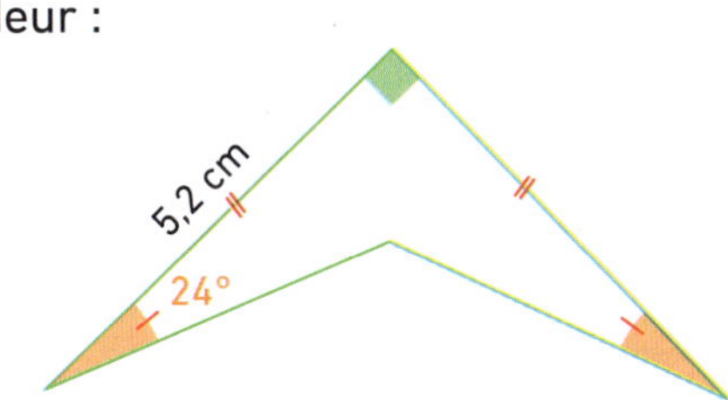

23 **TOP Chrono** 10 min

Reproduire la figure ci-dessous sachant que les points C, G, F et D, G, E sont alignés :

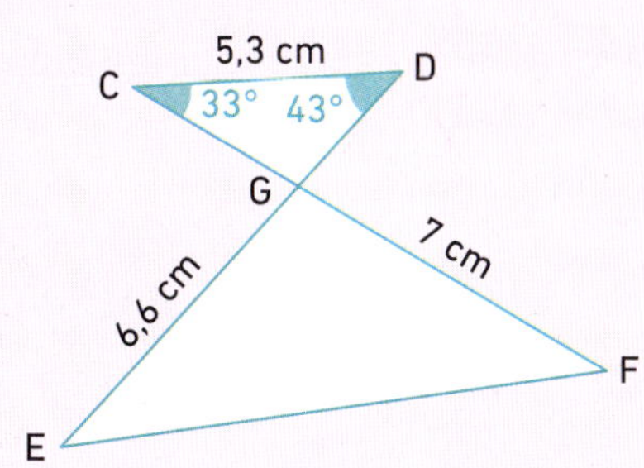

je travaille seul(e) ou en Accompagnement personnalisé

Je fais le point sur mon cours

QCM de révision
Retrouve un autre QCM interactif : bordas.media/733775_059

*Pour les exercices **24** et **25**, on utilisera la figure ci-contre.*

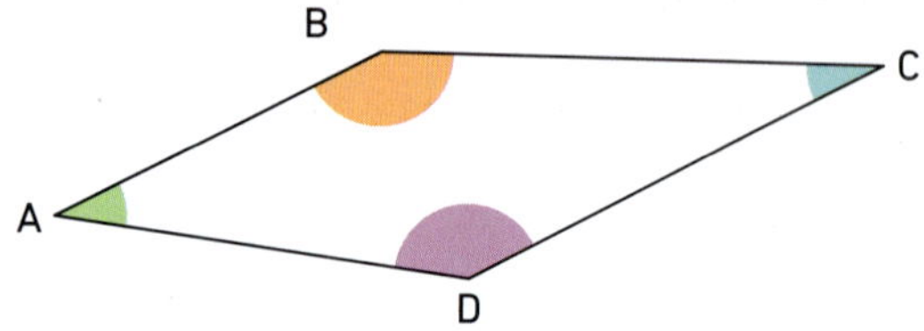

	A	B	C
24 Comment peut se nommer l'angle vert ?	$\widehat{BAD}$	$\widehat{ABC}$	$\widehat{ADC}$
25 Mesurer à l'aide du rapporteur l'angle $\widehat{BCD}$ sur la figure, quelle est sa mesure ?	29°	36°	151°
26 On lit sur le rapporteur que l'angle mesure : 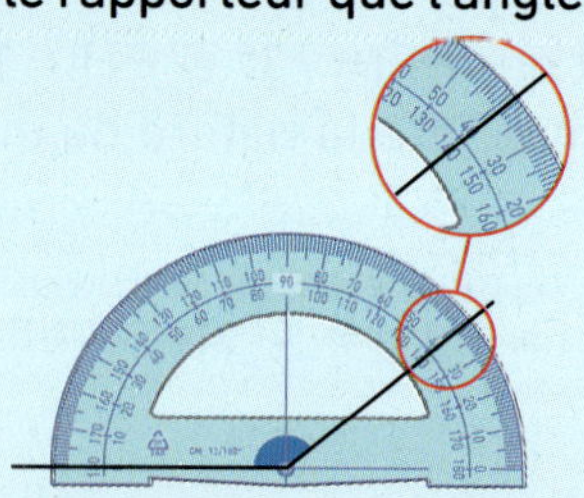	159°	39°	141°
27 Pour construire un angle $\widehat{IJK}$, je place le centre de mon rapporteur sur le point :	I	J	K
28 Pour construire un angle de 56°, je fais un petit trait-repère sur la marque : 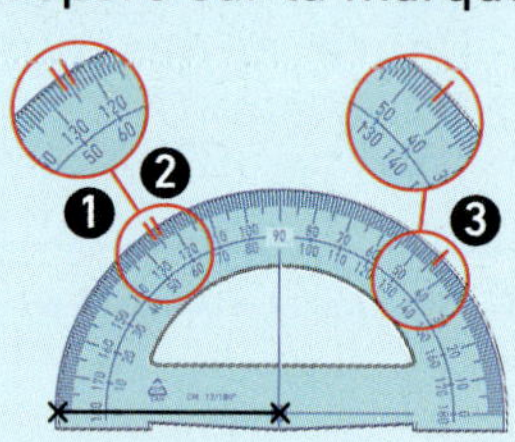	❶	❷	❸

Je fais le point sur mes objectifs

Voir l'animation : bordas.media/733775_098

OBJECTIF 1

Je reconnais et je mesure un angle

29 Donner la mesure des angles sur les rapporteurs.

a.

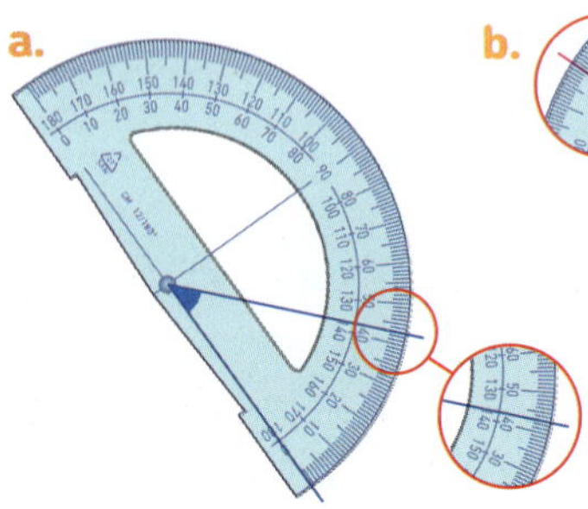

b.

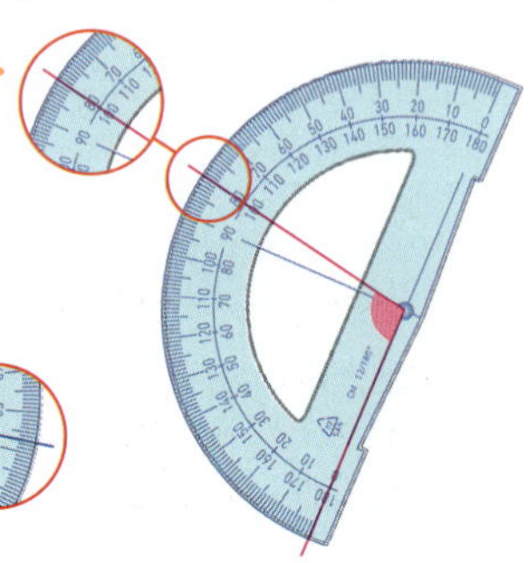

30 Nommer et mesurer les angles suivants :

a.

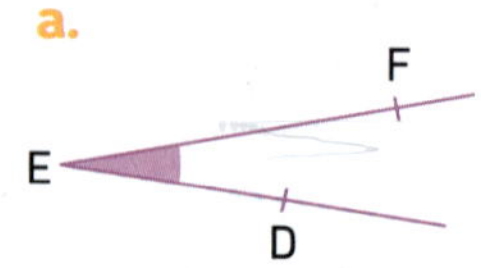

b.

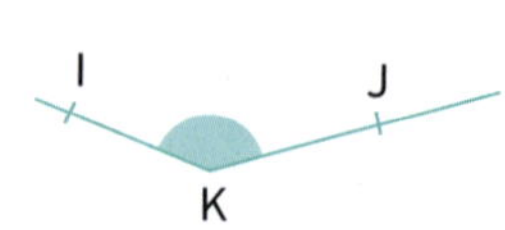

c.

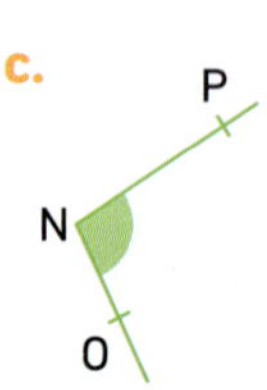

d.

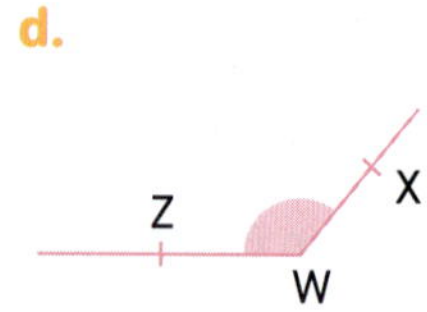

Exercices 24 à 42 corrigés p. 298

31 Dessiner trois triangles isocèles et mesurer chacun de leurs angles.
Que semble-t-on remarquer ?

32 Nommer chacun des angles de cette figure et donner leur nature :

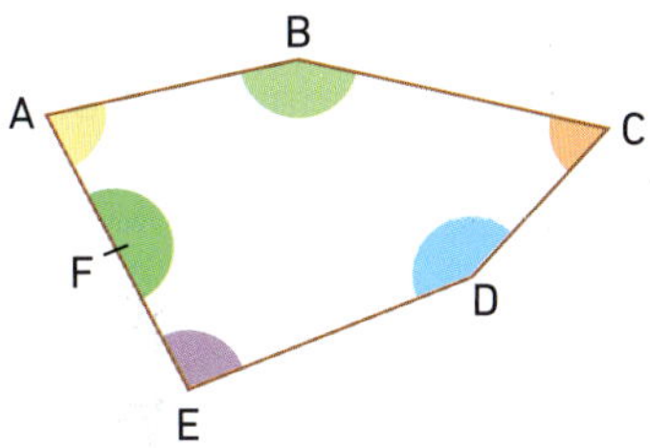

33 Mesurer les angles suivants :

a.

b.

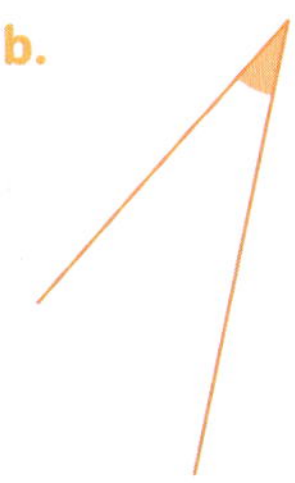

c.

OBJECTIF 2

Je construis un angle de mesure donnée

34 Tracer trois angles de sommets A, B et C et de mesures respectives 15°, 63°, 158°.

35 Reproduire les figures suivantes en vraie grandeur :

a.

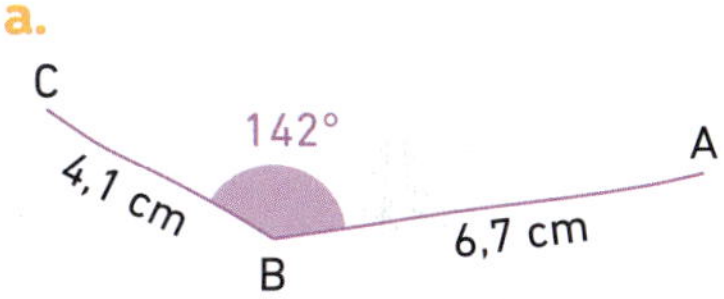

b.

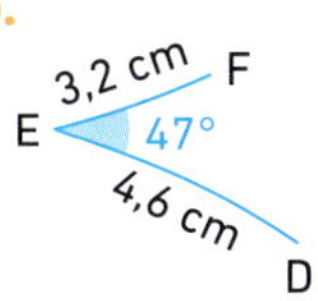

36 **1.** Placer les points A, B et C tels que $\widehat{ABC} = 124°$; AB = 1,9 cm et BC = 5,8 cm.
2. Placer les points D, E et F tels que $\widehat{DEF} = 86°$; ED = 5,4 cm et EF = 3,5 cm.

37 Reproduire le tracé de cette montagne à l'échelle.

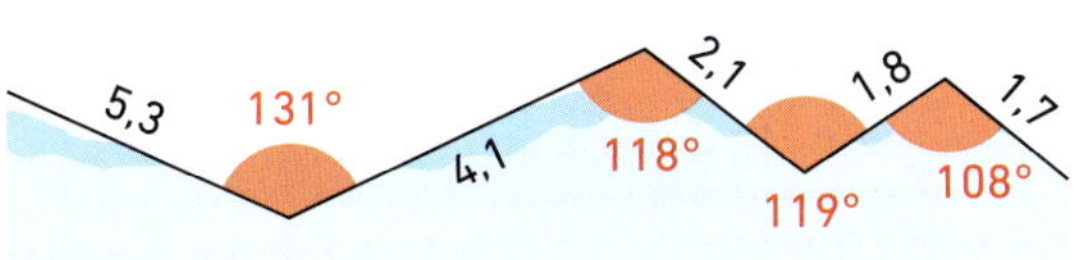

On prendra 1 cm pour 1 km.

38 **1.** Tracer un angle $\widehat{ABC}$ de 72°.
2. Placer un point D tel que la mesure de l'angle $\widehat{CBD}$ soit de 38°.
3. Combien y a-t-il de possibilités de tracés ? Les réaliser.

39 **1.** Construire un triangle IJK tel que $\widehat{IJK} = 67°$; JI = 2,9 cm et JK = 3,2 cm.
2. Construire un triangle MNO isocèle en M tel que $\widehat{NMO} = 48°$ et NM = 4,1 cm.
3. Construire un triangle PQR rectangle en R tel que RQ = 4,2 cm et RP = 3,4 cm.

40 Reproduire les triangles ci-dessous en vraie grandeur :

a.

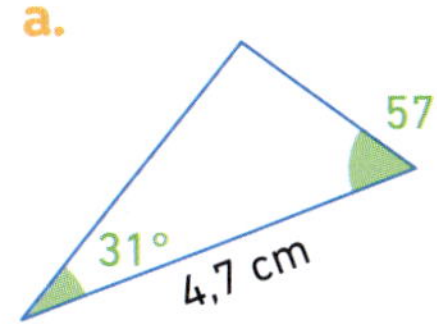

b.

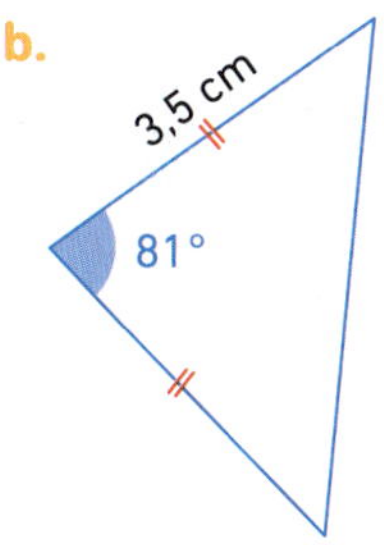

c.

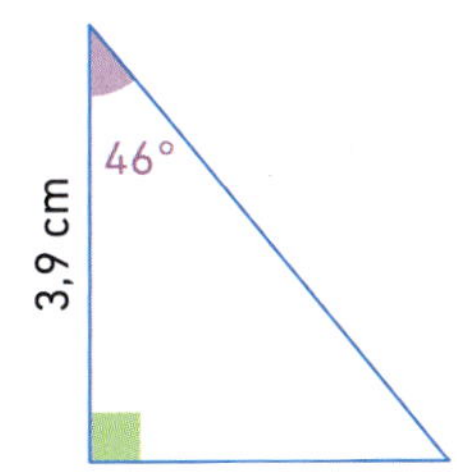

d.

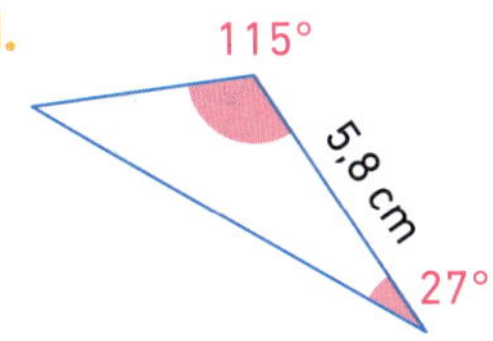

41 **1.** Reproduire le quadrilatère ci-dessous en vraie grandeur :

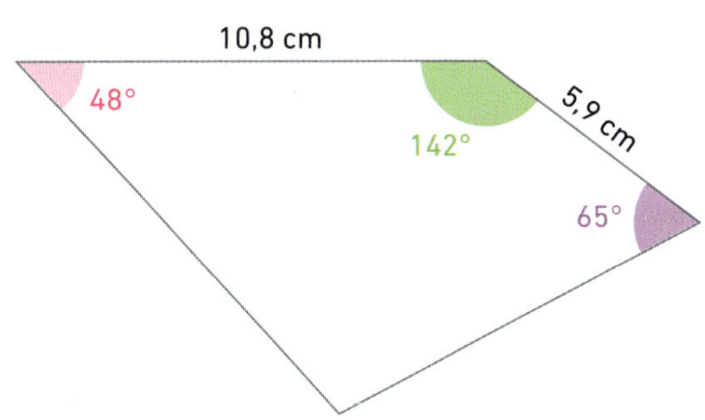

2. Donner une mesure approximative des deux longueurs manquantes.

42 **1.** Placer les points A, B et C tels que $\widehat{ABC} = 38°$; AB = 4,2 cm et BC = 3,8 cm.
2. Placer les points D, E et F tels que $\widehat{DEF} = 112°$; ED = 2,7 cm et EF = 6,4 cm.

Je résous des problèmes

OBJECTIF 1

Je reconnais et je mesure un angle

43 Une erreur ?

Flora a relevé ces mesures d'angles sur son cahier.

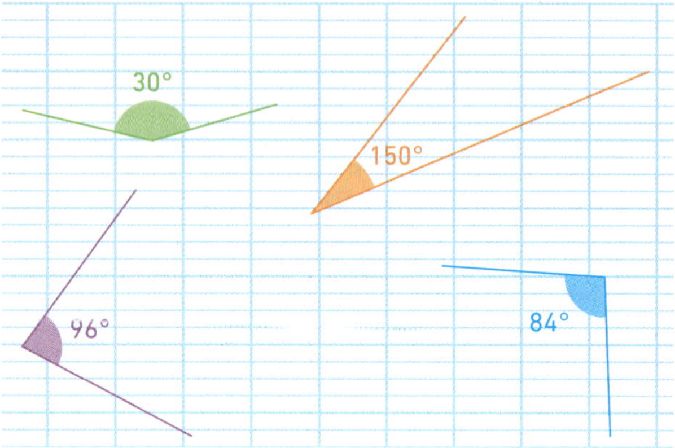

Nino, sans utiliser son rapporteur, lui dit que ses mesures sont fausses.
Nino a-t-il raison ?
Si oui, corriger les erreurs de Flora.

44 Les maths autour de moi

Lire la mesure observée sur le niveau d'angle par la bricoleuse.

45 Quelle heure est-il ?

Quelle est la mesure des angles marqués en vert sur les horloges suivantes ?

a.

b.

c.

d.

OBJECTIF 2

Je construis un angle de mesure donnée

46 Tangrams

Sacha a acheté un jeu de tangram composé uniquement de pièces triangulaires.

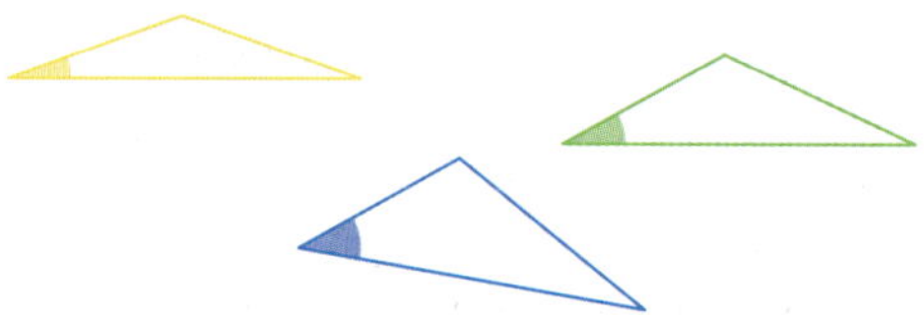

Quelle pièce devra-t-il choisir pour compléter exactement la forme qu'il est en train de construire ?

47 Programme de construction

Après avoir réalisé le programme de construction dicté par son professeur, Candice affirme : « Le triangle ABE semble être rectangle ».

– Tracer un segment [AB] de mesure 5 cm.
– Placer un point C tel que $\widehat{BAC} = 115°$.
– Placer un point D du même côté que C par rapport au segment [AB] tel que $\widehat{ABD} = 155°$.
– Nommer E l'intersection des droites (AC) et (BD).

Réaliser ce programme. Que peut-on alors en penser ?

48 La Jamaïque

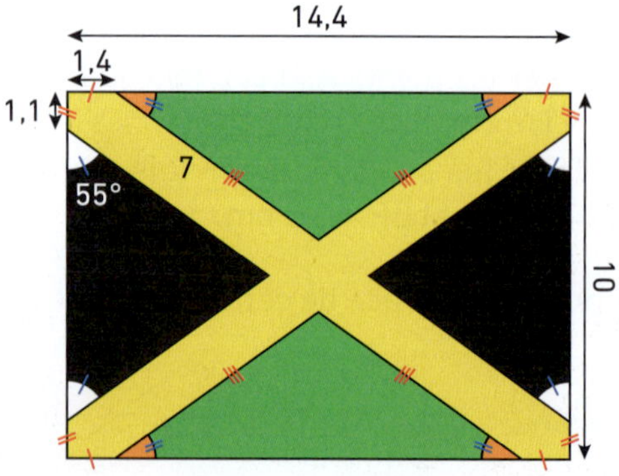

L'unité étant le centimètre, reproduire le drapeau de la Jamaïque.

MULTI OBJECTIFS

49 **Anglais** **The Pentagon**

The Pentagon is a building located near Washington in the United States. It houses the headquarters of the Department of Defense. Each of its five wings measures approximately 280 metres.

It owes its name to its pentagonal shape: the five lines of a pentagon form equal angles between them. It is the largest administrative building in the world, with five floors and 28 kilometres of corridors!

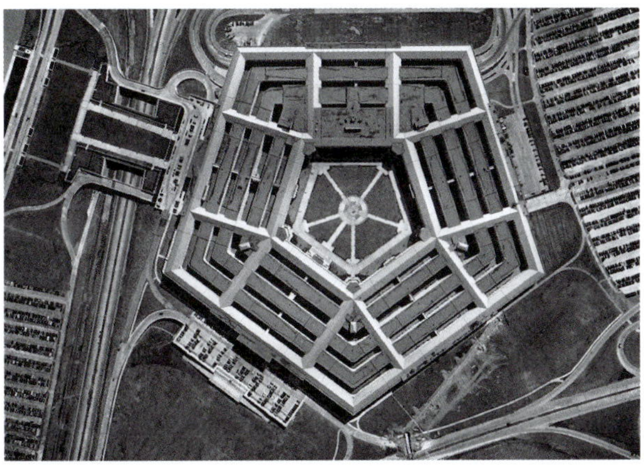

The Pentagon, satellite view.

Using the photo above and taking a scale of 1 cm to 28 m, make a construction of the Pentagon to the scale.

50 **Somme des angles d'un triangle**

- Sur le cahier de ton voisin, trace deux triangles. Il fera pareil sur le tien.
- Mesure les angles de chacun des triangles dessinés par ton camarade et additionne-les.
- Compare tes résultats en binôme, puis échange dans la classe.

Que sembles-tu constater ?

51 **Triangles isocèles**

- Sur le cahier de ton voisin, trace deux triangles ABC et DEF respectivement isocèles en A et E. Il fera pareil sur le tien.
- Mesure les angles $\widehat{ABC}$ et $\widehat{ACB}$, puis $\widehat{DEF}$ et $\widehat{DFE}$ de chacun des triangles dessinés par ton camarade.
- Compare tes résultats aux siens, puis à ceux des autres élèves de la classe.

Que sembles-tu constater ?

52 **Myriade**

Aaron propose de redynamiser le logo de la collection Myriade avec le dessin ci-dessous :

Reproduire ce logo à l'identique avec la règle graduée et le rapporteur en prenant les mesures nécessaires sur la figure.

53 **La randonnée**

Partis en randonnée, Lucas et Quentin affirment que les deux flancs de la montagne qu'ils observent forment un angle droit.

Afin de convaincre leurs amis, ils prennent cette photo. Que peut-on en penser ?

Reproduire l'angle formé par les deux flancs de la montagne sur le cahier.

je développe mes compétences

RAISONNER | REPRÉSENTER | COMMUNIQUER | CALCULER | CHERCHER | MODÉLISER

J'apprends à RAISONNER

Voir l'animation : bordas.media/733775_099

J'OBSERVE

54 Reproduire ce rectangle :

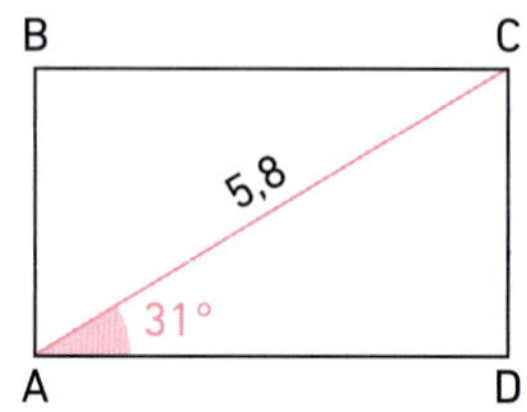

EXERCICE RÉSOLU

Étape 1. On trace un segment [AC] de longueur 5,8 cm.
Étape 2. On trace une demi-droite [Ax) telle que $\widehat{CAx} = 31°$.
Étape 3. On trace la droite perpendiculaire à [Ax) qui passe par C. Elle coupe [Ax) en D.
Étape 4. À l'aide d'un compas, on place de l'autre côté de [AC] le point B tel que AB = CD et CB = AD.

JE ME LANCE

55 Reproduire ce rectangle :

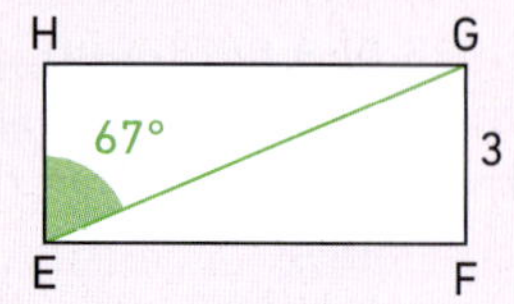

56 Reproduire ce rectangle :

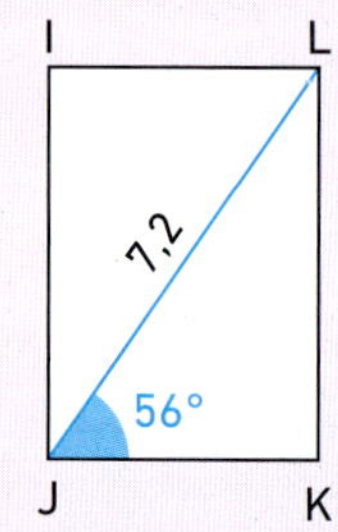

J'apprends à REPRÉSENTER

J'OBSERVE

57 Lisa veut estimer la hauteur d'un arbre. Une corde de 5,50 m est tendue du sommet de l'arbre jusqu'au sol. Lisa a ensuite mesuré la distance qui sépare le bout de la corde qui touche le sol du sommet de l'arbre. Avec un niveau d'angle, elle a estimé l'inclinaison de la corde avec le sol.
Peut-on donner une approximation de la hauteur de cet arbre ?

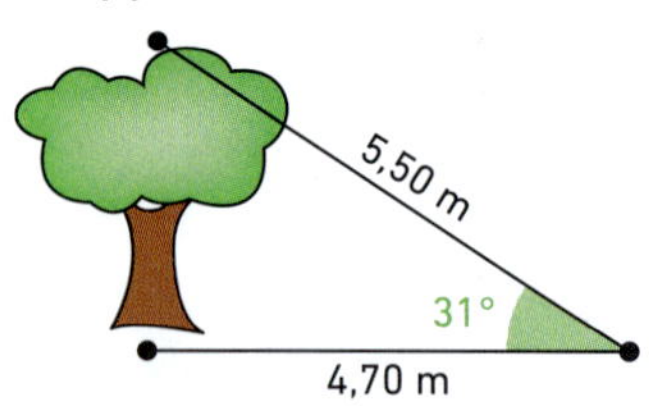

EXERCICE RÉSOLU

Pour déterminer la hauteur, on peut suivre les étapes suivantes :
– faire un schéma en choisissant comme échelle 1 cm pour 1 m par exemple ;
– mesurer la longueur du troisième côté du triangle obtenu ;
– convertir en utilisant l'échelle choisie pour estimer la hauteur de l'arbre.

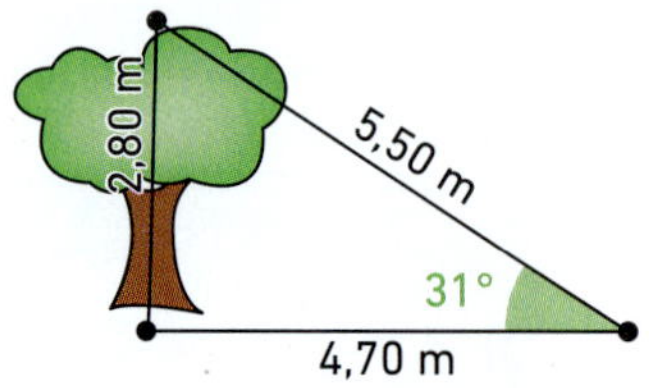

JE ME LANCE

58 En suivant le même raisonnement, estimer la longueur de la corde dans la situation ci-dessous.

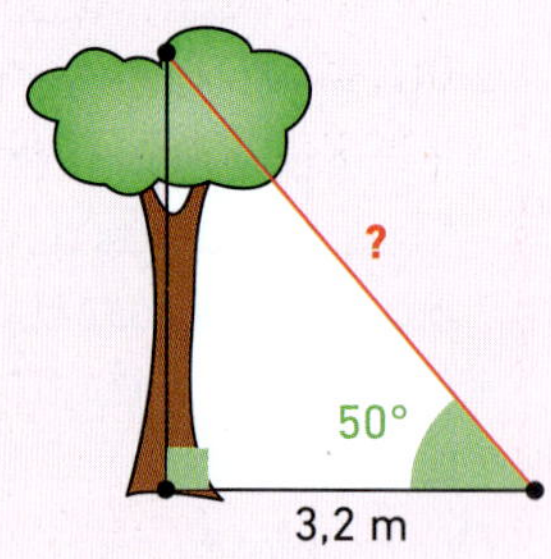

59 Estimer la mesure de l'angle formé par la corde et le sol dans cette situation :

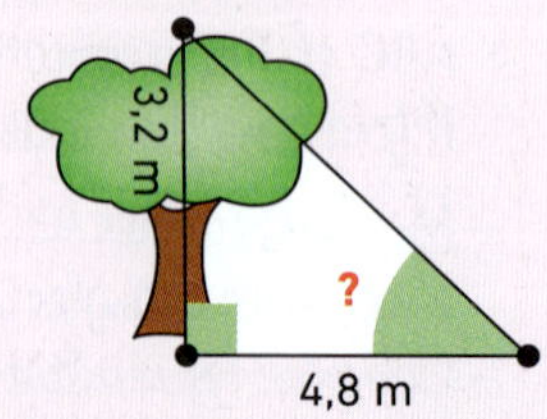

60 Walk of fame

MODÉLISER • REPRÉSENTER D1.3 et 4

La « Promenade de la célébrité » est un trottoir célèbre du quartier de Hollywood où figurent les noms de nombreuses célébrités...

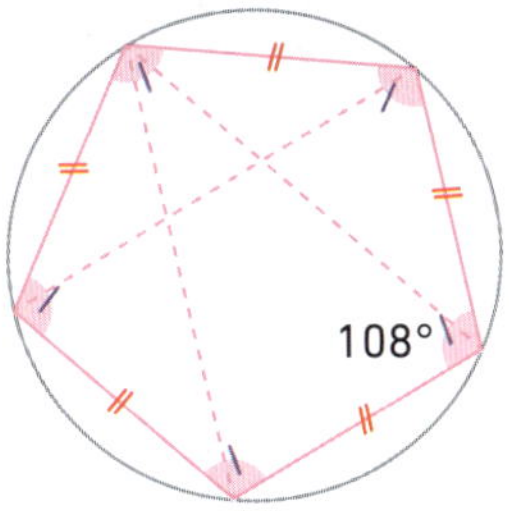

61 L'enclos

RAISONNER • MODÉLISER • REPRÉSENTER D1.3, 2 et 4

Erwann possède une immense propriété agricole. À l'intérieur de ce terrain, il souhaiterait installer un enclos grillagé pour ses animaux délimité par quatre arbres. Il sait depuis toujours que 100 mètres séparent deux de ces arbres.
Ne disposant que d'un niveau d'angle, il relève les mesures figurant sur le schéma mais il ne sait pas comment les utiliser...

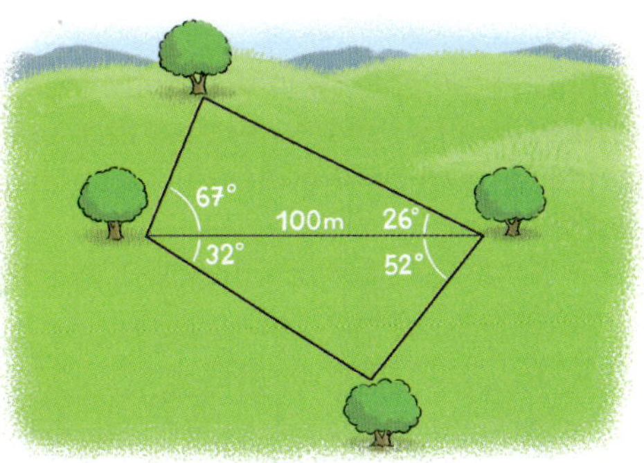

Aider Erwann à estimer la longueur de grillage nécessaire à l'installation.
La représentation en vue de dessus n'est pas à l'échelle.

62 Les maths autour de moi

REPRÉSENTER • COMMUNIQUER D1.3 et 4

Voici la partie de pétanque commencée par quatre amis, c'est maintenant au tour de Maelys...

La représentation en vue de dessus n'est pas à l'échelle.
Maelys lance sa boule de pétanque de centre E qui dépasse le cochonnet et se place de telle façon que $\widehat{BAE} = 41°$ et $\widehat{ABE} = 39°$.
Sachant qu'à la pétanque, la partie est gagnée par celui qui s'approche le plus du cochonnet, désigner le vainqueur de cette partie.

63 Il est l'heure !

RAISONNER D2 et 4

Sacha a bougé l'aiguille des minutes de cette horloge de 36°, puis celle des heures de 30°.
Déterminer toutes les heures que l'horloge peut alors afficher.

64 Programme Scratch

REPRÉSENTER D2 et 4

Réaliser sur le cahier le tracé effectué par le lutin avec le programme Scratch ci-contre en choisissant une échelle d'1 cm pour 25 pas.

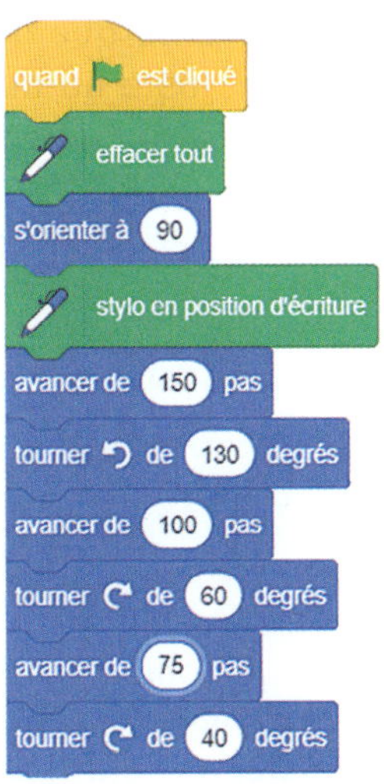

65 Somme des angles d'un quadrilatère

REPRÉSENTER D1.3

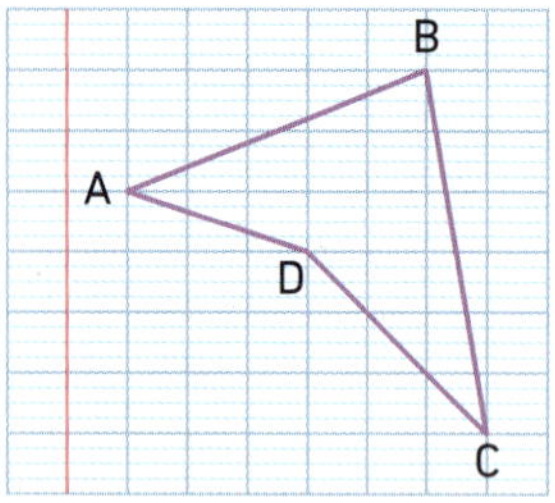

1. Reproduire cette figure sur le cahier en s'aidant des carreaux.
2. Coder et donner la mesure des angles suivants, intérieurs au quadrilatère :
$\widehat{ABC}$; $\widehat{BCD}$; $\widehat{ADC}$ et $\widehat{DAB}$.
3. À l'aide de la calculatrice, additionner la mesure de tous les angles intérieurs au quadrilatère.
Que remarque-t-on ?

66 Lumière !

CHERCHER • MODÉLISER • REPRÉSENTER D1.3 et 4

Margot a changé l'ampoule au plafond de son séjour mais elle trouve que l'éclairage n'est toujours pas suffisant. En lisant l'article ci-dessous, elle s'interroge sur l'angle de diffusion de son ampoule.

Angles de diffusion et applications
- **Entre 30° et 45°** – Éclairage directionnel, pour la mise en valeur d'un objet ou d'une zone particulière.
Convient à l'éclairage d'une vitrine.
- **Entre 45° et 60°** – Éclairage directionnel qui permet d'obtenir une intensité lumineuse qui ne soit pas trop large.
Convient à l'éclairage d'un plan de travail d'une cuisine.
- **Supérieur à 60°** – Éclairage général pour une diffusion de la lumière dans toute la pièce.
Convient à l'éclairage d'un séjour.

Elle remarque que l'ampoule, située verticalement juste au-dessus du milieu de son canapé éclaire parfaitement celui-ci.

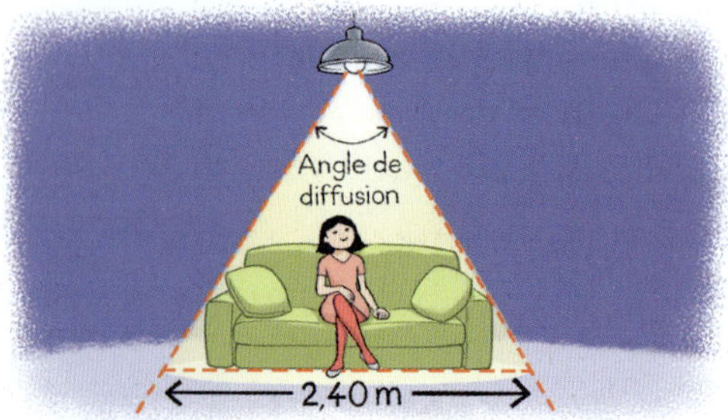

Le plafond a une hauteur de 2 m 50.
A-t-elle raison de penser que l'éclairage du séjour n'est pas suffisant ? Justifier.

67 Vélo looping

CHERCHER • CALCULER D2 et 4

Pénélope et Enoha font du « vélo-looping ». Pénélope, en retard sur son cousin, décide d'accélérer la cadence. Elle parcourt désormais un degré par seconde contrairement à Enoha, qui, plus petit, parcourt un degré toutes les deux secondes. Tous les deux ont des vitesses constantes.
Dans combien de temps Pénélope le rattrapera-t-elle ? Dessiner leurs positions sur un schéma.

68 Vrai ou Faux ?

RAISONNER • CHERCHER D2 et 4

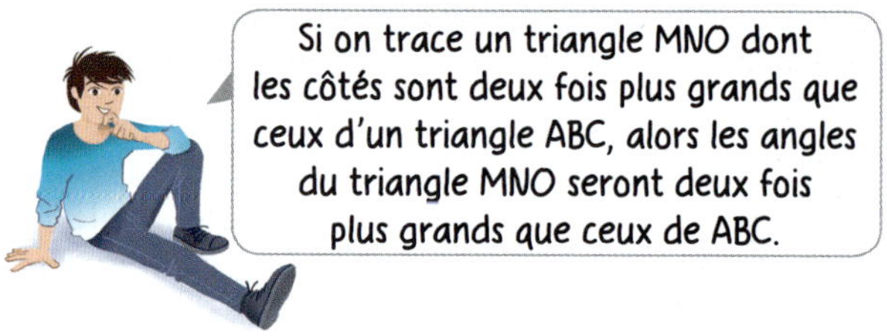

69 Je fais ma story

Valentin va au collège à vélo tous les jours.
Sa maman lui a recommandé d'être prudent sur la route et de faire attention aux « angles morts » des voitures.

1. Qu'est-ce que « l'angle mort » lorsque l'on conduit une voiture ?
2. Réaliser un exposé ou mettre en scène une courte vidéo pour expliquer le principe de l'angle mort en voiture. Illustrer avec des exemples concrets faisant intervenir des angles.

Jeux mathématiques

70 **Fabrication d'un jeu de memory**

– Découper une feuille A4 en 8 cartes égales.
– Dessiner sur chacune des 4 premières cartes un quadrilatère nommé ABCD.

Sur la première de ces cartes, colorier l'angle $\widehat{ABC}$ en jaune ; sur la seconde, colorier l'angle $\widehat{BCD}$ en bleu ; sur la troisième, colorier l'angle $\widehat{CDA}$ en rouge et sur la quatrième, colorier l'angle $\widehat{DAC}$ en vert.

Mesurer chacun des angles coloriés et inscrire leurs mesures sur chacune des 4 cartes restantes.

On a donc 8 cartes : 4 avec des angles coloriés et 4 avec leurs mesures.

Règle du jeu du memory

Toutes les cartes sont étalées faces cachées sur la table.

Un premier joueur retourne 2 cartes.

Si c'est un angle qui est associé à sa bonne mesure, le joueur gagne les cartes et en retourne à nouveau 2. On peut vérifier avec le rapporteur en cas de doute...

Si les 2 cartes ne vont pas ensemble, le joueur les replace face cachée à l'endroit exact où elles étaient et c'est le tour du joueur suivant.

Le gagnant est celui qui accumule le plus de paires.

71 **Défi !**

Retrouve six mots vus dans ce chapitre !

N	U	L	R	E	E	K	A	G
E	E	O	Y	L	R	S	V	H
T	T	A	I	G	U	Y	U	M
I	R	D	H	N	M	O	O	R
O	O	V	E	A	N	B	N	T
R	P	C	Ç	G	T	Y	C	A
D	P	J	S	U	R	I	X	L
Ç	A	C	S	V	J	E	S	P

Énigme

72 Je suis la mesure d'un angle obtus : mon chiffre des dizaines est le triple de mon chiffre des unités. Quand on fait la somme de mes chiffres, on obtient 5. Je suis...

devoirs à la maison

73 **La rose des vents**

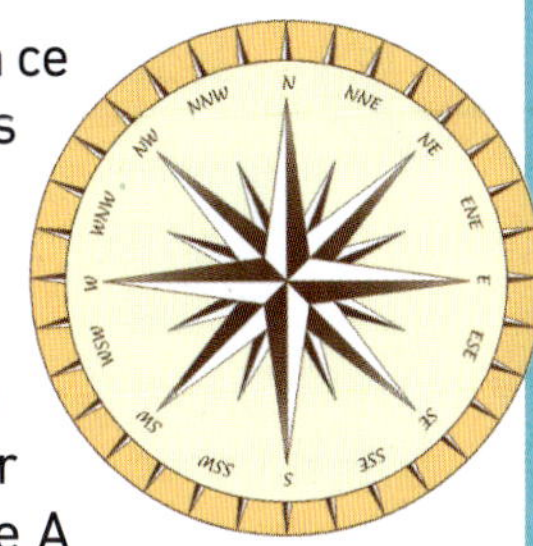

1. Rechercher à la maison ce qu'est une rose des vents et donner des exemples de son utilisation.

2. Construire une telle rose des vents sur son cahier en commençant par tracer un cercle de centre A et de diamètre 10 cm.

3. Placer les points N et S, diamétralement opposés, et O et E, diamétralement opposés tels que $\widehat{NAO}$ soit un angle droit.

4. Sachant que la droite (AO_2) partage l'angle $\widehat{NAO}$ en deux parties égales, justifier que la mesure de l'angle $\widehat{OAO_2}$ est égale à 45°.

Placer ainsi O_2 tel que $\widehat{OAO_2} = 45°$.

Faire de même pour les points N_2, E_2 et S_2.

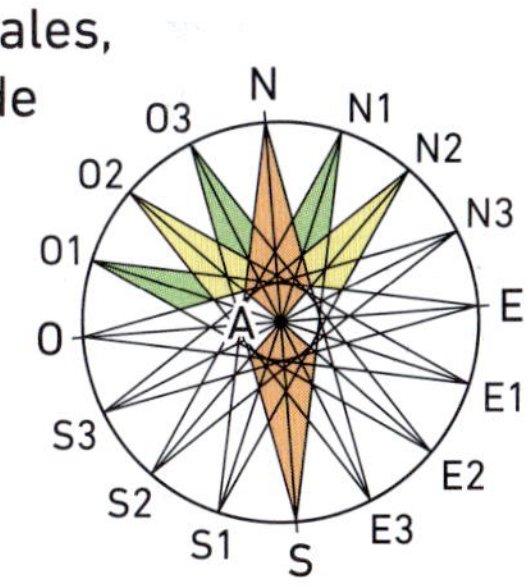

5. Tracer la droite qui partage l'angle $\widehat{OAO_2}$ en deux angles égaux. C'est la **bissectrice** de cet angle.

Pour la construire, on trace un arc de cercle de centre A qui coupe les deux demi-droites [AO) et $[AO_2)$ respectivement en M et P.

Puis on trace deux arcs de cercle de même rayon, l'un de centre M, l'autre de centre P.

Ces deux arcs de cercle se coupent en un point Q.

La demi-droite [AQ) est la bissectrice de l'angle $\widehat{OAO_2}$. Elle coupe le cercle en O_1 et E_1 (points diamétralement opposés).

6 Quelle est la valeur exacte de l'angle $\widehat{OAO_1}$?

7. De la même manière, tracer les bissectrices des angles $\widehat{O_2AN}$, $\widehat{NAN_2}$ et $\widehat{N_2AE}$ et obtenir respectivement les points O_3 et E_3, N_1 et S_1 puis N_3 et S_3.

8. Relier O_1 aux points E, E_1, E_2.

9. Faire de même pour tous les points du cercle afin de terminer la construction comme le schéma ci-dessus.

10. Colorier la rose des vents ainsi obtenue en utilisant des dégradés de couleur.

avec un logiciel

Pour faire ces activités, télécharge les fiches logiciel Géométrie et Tableur sur le site college.editions-bordas.fr.

1 Somme des angles d'un triangle

Conjecturer à l'aide d'un logiciel de géométrie dynamique.

10'

Difficulté mathématique ▮▮▯ Difficulté technique ▮▯▯

1. Tracer un triangle quelconque ABC. Géométrie 7
2. Mesurer l'angle $\widehat{CAB}$. Géométrie 14
3. Mesurer également les angles $\widehat{BCA}$ et $\widehat{CBA}$.

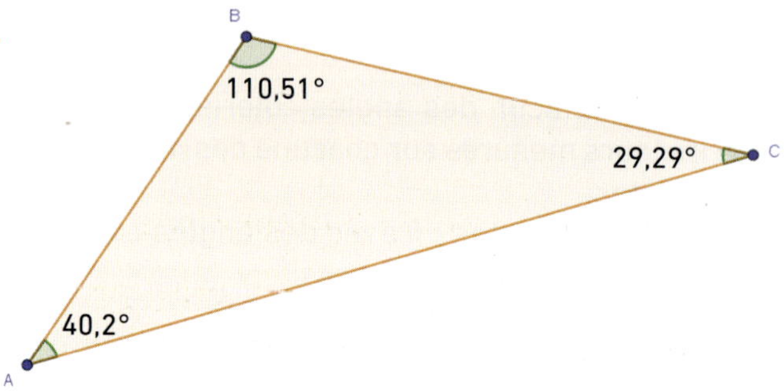

4. À l'aide d'une calculatrice, additionner ces mesures d'angles.
5. Déplacer les points A, B et C et recalculer la somme de ces angles. Géométrie 1
6. Quelle conjecture peut-on faire ?

2 Tracé d'un triangle ALGO

Programmer le tracé d'un triangle donné.

20'

Difficulté mathématique ▮▯▯ Difficulté technique ▮▮▯

Pour construire ce triangle, Mathieu, Noémie et Jérémy ont chacun rédigé un programme :

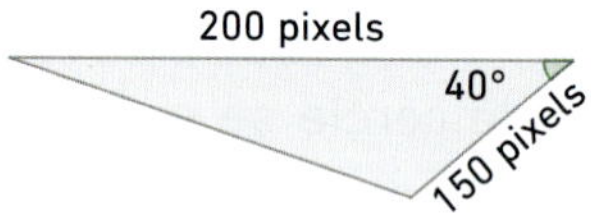

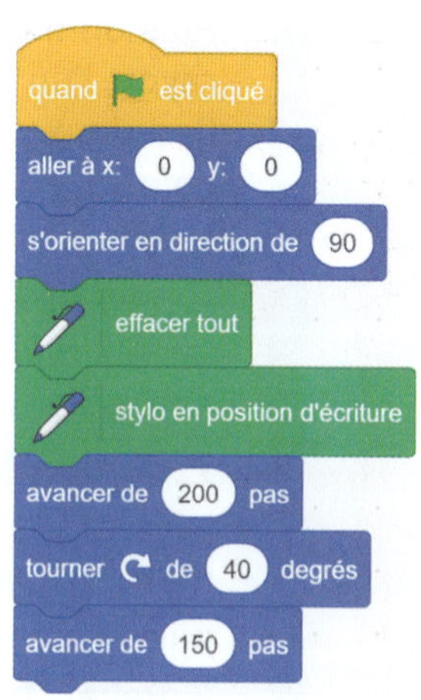

Mathieu

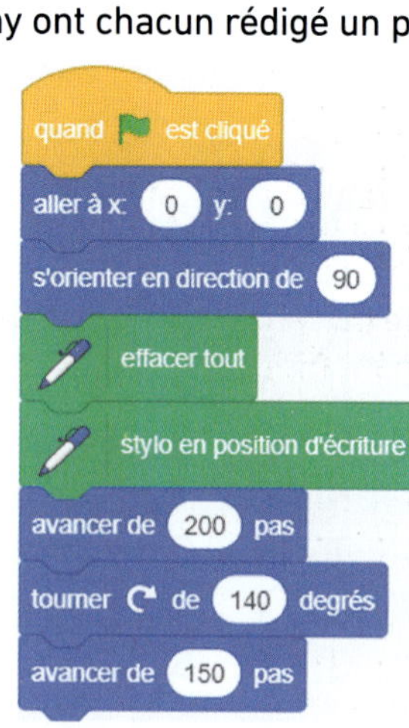

Noémie

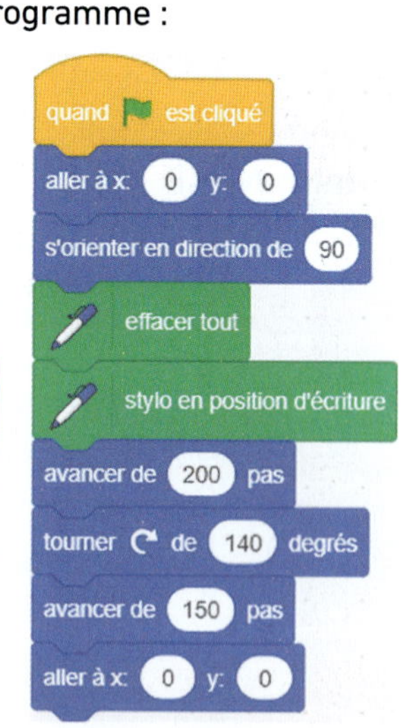

Jérémy

1. Saisir chacun de ces programmes et les exécuter. Lequel de ces trois élèves a raison ? Quelles sont les erreurs des deux autres ?
2. Quelle action est réalisée par l'instruction : aller à x: 0 y: 0 ?

3 La route infinie

Conjecturer à l'aide d'un logiciel de géométrie dynamique.

40'

Difficulté mathématique | Difficulté technique

A. La route

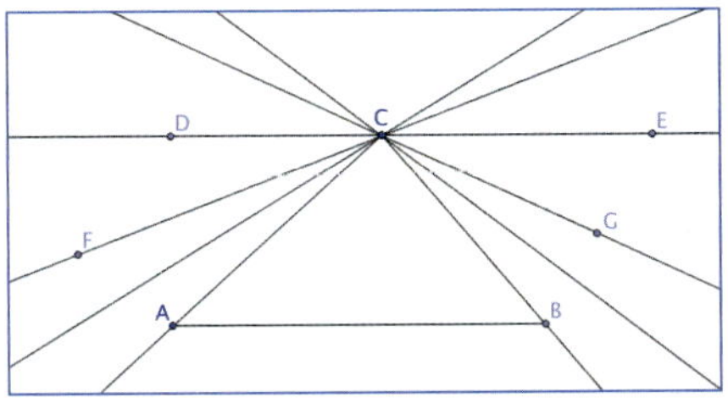

1 **a.** Tracer un segment [AB] « *horizontal* » de longueur 4 et un point C « *au-dessus* » de ce segment. Géométrie 5

b. Tracer les demi-droites [CA) et [CB). Géométrie 5

c. Tracer la parallèle à [AB] passant par C sur laquelle on place un point D « *à gauche* » de C et un point E « *à droite* » de C. Géométrie 9

d. Tracer les bissectrices des angles $\widehat{DCA}$ et $\widehat{BCE}$.
Sur la première, placer un point F et sur la deuxième, placer un point G. Géométrie 11

Vocabulaire : La **bissectrice** d'un angle est la demi-droite qui partage cet angle en deux angles de même mesure.

e. Tracer les bissectrices des angles $\widehat{FCA}$ et $\widehat{BCG}$. Géométrie 11

B. Les arbres

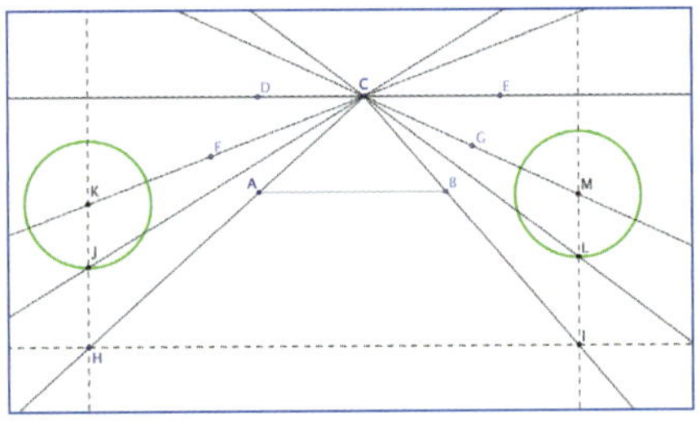

2 **a.** Placer un point H sur [CA).

b. Tracer la parallèle à [AB] passant par H. Elle coupe [CB) en I. Géométrie 9

c. Tracer la perpendiculaire à (HI) passant par H.
Elle coupe en K la droite (CF) et en J la bissectrice de l'angle $\widehat{FCA}$. Géométrie 3 et 8

d. Tracer le cercle de centre K passant par J. Géométrie 12

e. Tracer le segment [HJ]. Géométrie 5

f. De la même manière, tracer un cercle et un segment en partant de I.

C. La perspective finale

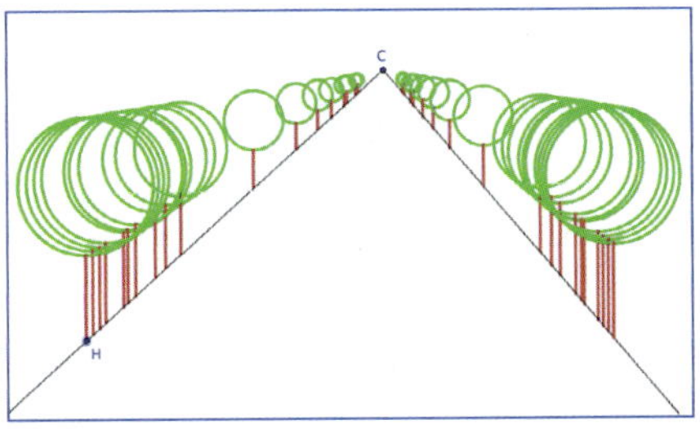

3 **a.** Cacher tous les segments, droites et demi-droites sauf [CA), [CB) [HJ] et [LI].
Cacher également tous les points sauf H et C. Géométrie 21

b. Mettre en vert les deux disques et en brun les deux segments.

c. Activer la trace des disques et des segments. Géométrie 20

d. Déplacer très rapidement le point H... et bonne route ! Géométrie 1

tâches complexes

1 La route pentue

Les habitants de Baldwin Street désireraient installer des panneaux routiers pour signaler l'inclinaison particulière de ce quartier.
Certains d'entre eux affirment qu'à certains endroits de la rue, la pente est supérieure à 30 %.

▶ **À l'aide d'une figure, estimer la mesure de cette pente de Baldwin Street et dire si les habitants semblent avoir raison ou non.**

DOC 1 **Baldwin Street**

Baldwin Street est une rue de la banlieue de Dunedin en Nouvelle-Zélande. Elle a la réputation d'être l'une des rues les plus pentues du monde.

Prise de vue parallèle au sol.

DOC 2 **Pente**

Sur les panneaux routiers, une pente de 15 % signifie que l'on descend (ou que l'on monte) de 15 mètres verticalement quand on parcourt 100 mètres horizontalement.

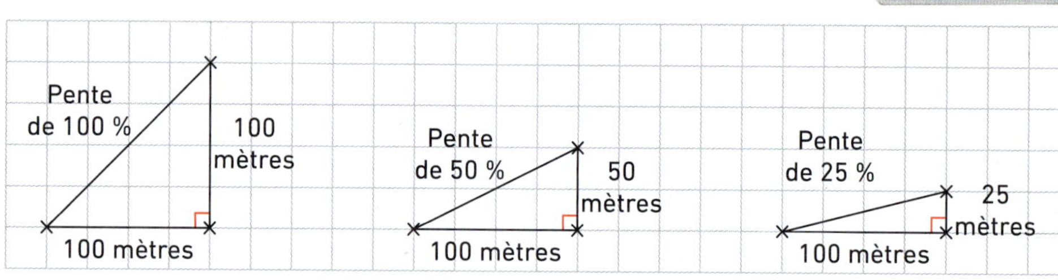

2 Les problèmes DUDU

Les Dudu cherchent à faire un angle précis avec des tuyaux en PVC mais cet angle n'existe pas...

▶ **Peux-tu les aider ?**

Voir la vidéo :
bordas.media/733775_060

Les **lambrequins** décorent les bords des toits des maisons de l'île de La Réunion.

Comment construire une **frise** avec des **motifs** qui ressemblent à des lambrequins ?

Pour le savoir, rendez-vous en fin de chapitre

chapitre 9

QCM de révision
Avant de commencer ce chapitre, fais le point sur tes connaissances : bordas.media/733775_061

Symétrie axiale

objectifs

1. Je construis le symétrique d'une figure par rapport à une droite
2. Je complète une figure à partir de ses axes de symétrie
3. Je connais et j'utilise les propriétés de la médiatrice d'un segment

EXEMPLES DE RÉUSSITE !

4 5 10 19 28 32 43 47 48 49

cherchons ensemble

Si tu ne comprends pas certains des mots utilisés ici, demande à ton enseignant ou consulte le *Dico des maths*, p. 12.

Activité 1 — Construire le symétrique d'une figure par rapport à une droite

OBJECTIF 1

Voir les animations : bordas.media/733775_105

A. Figures symétriques

Voici deux triangles ABC et A'B'C' et une droite (*D*) :

Si on plie cette figure le long de l'axe (*D*), les deux triangles se superposeront exactement. Ce sont donc deux figures symétriques par rapport à l'axe (*D*).

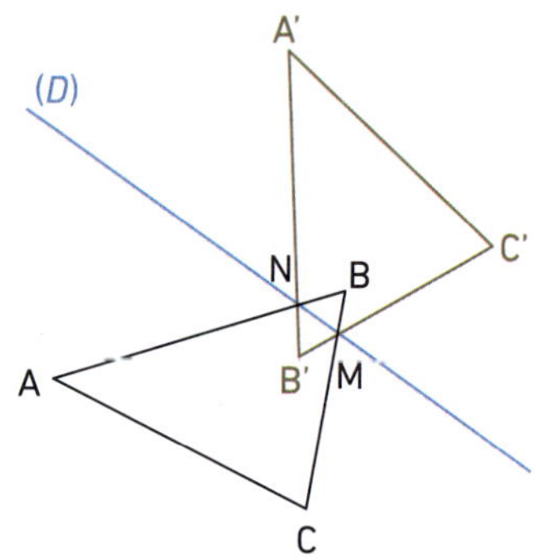

1 Recopier et compléter :

a. Le point .... est le symétrique du point A par rapport à (*D*) : quand on plie selon l'axe (*D*), ces deux points se superposent exactement.
b. Le point .... est le symétrique du point B par rapport à (*D*).
c. Le point C' est le symétrique du point .... par rapport à (*D*).
d. Quel est le symétrique du point M par rapport à (*D*) ? ....
e. Quel est le symétrique du point N par rapport à (*D*) ? ....

B. Construire le symétrique d'un point avec l'équerre

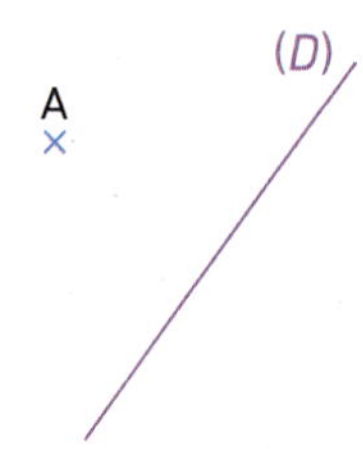

2 Reproduire la figure ci-contre.

3 Tracer en pointillés à l'équerre la droite perpendiculaire à (*D*) passant par A. Elle coupe (*D*) en H. Placer H.

Fais des traits de construction légers. N'oublie pas les codages !

4 Sur la droite (AH), placer le point A', distinct de A tel que HA' = HA.

Vocabulaire : Le point A' est le symétrique du point A par rapport à (*D*).

C. Construire le symétrique d'un point avec le compas

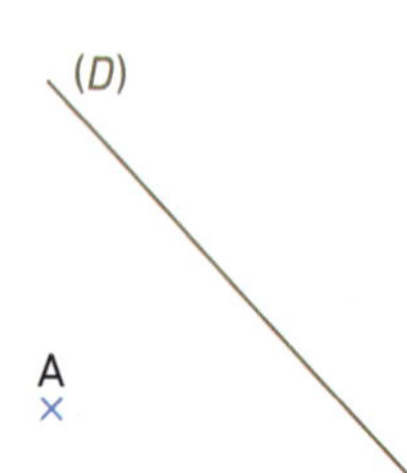

5 Reproduire la figure ci-contre.

6 Tracer un arc de cercle de centre A qui va couper (*D*) en deux points M et N. Placer M et N.

7 De l'autre côté de la droite (*D*), tracer deux arcs de même rayon qu'en **6**, l'un de centre M, l'autre de centre N.
Ces deux arcs vont se couper en un point que l'on nommera A'.

Vocabulaire : Les points A et A' sont symétriques par rapport à (*D*).

Activité 2 — Conjecturer les propriétés de la symétrie axiale ▶ OBJECTIF 1

1 **a.** Sur une feuille, décalquer la fleur, puis l'axe (*d*) et les points E, F, G.

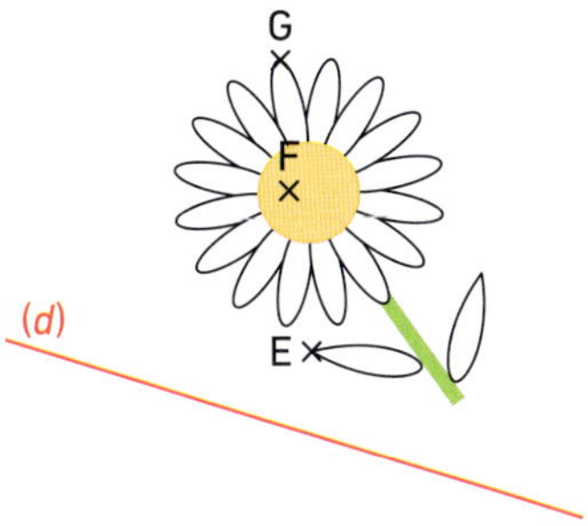

b. En utilisant le papier calque, construire le symétrique de la fleur par rapport à l'axe (*d*).

2 **a.** Que peut-on dire du symétrique du disque jaune ?
b. Que peut-on dire du symétrique du rectangle vert ?

3 **a.** Vérifier que les points E, F et G sont alignés.
Placer les points E', F' et G' symétriques respectivement des points E, F et G par rapport à l'axe (*d*).
b. Observer la position des points E', F' et G'. Quelle conjecture peut-on faire ?

Activité 3 — Reconnaître l'axe de symétrie d'une figure ▶ OBJECTIF 2

1 Décalquer, découper et plier le papillon de sorte que les points E et F, G et H, I et J, C et D se superposent.

2 Tracer l'axe de pliage du papillon (axe qui a permis de le plier).

3 Tracer les segments [EF], [GH], [IJ], [CD].
Que peut-on dire de chaque segment par rapport à l'axe de pliage ?

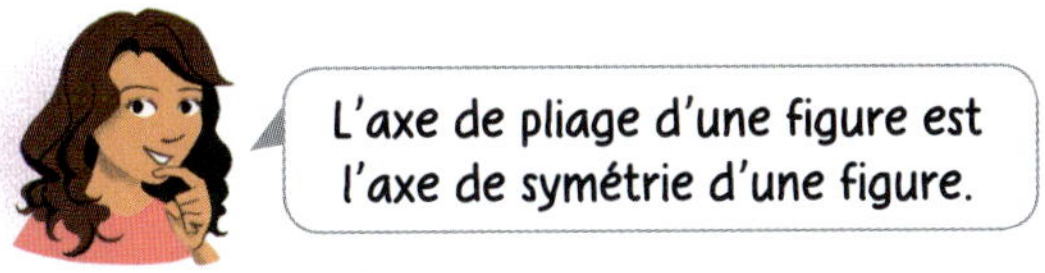

4 Marquer d'un point toutes les intersections entre l'axe de pliage et chacun des segments.
Que peut-on dire de la position de chacun de ces points par rapport au segment ?
En déduire une définition de l'axe de symétrie d'une figure.

Activité 4 — Découvrir la propriété de la médiatrice d'un segment ▶ OBJECTIF 3

1 Sur une feuille, placer deux points distincts A et B.

2 Construire la médiatrice (*d*) du segment [AB].

3 Que représente la droite (*d*) pour les points A et B ?

4 Placer quatre points distincts M_1, M_2, M_3 et M_4 sur l'axe (*d*).

5 Comparer AM_1 et BM_1, AM_2 et BM_2, AM_3 et BM_3, AM_4 et BM_4.
Que semblent vérifier tous les points de la droite (*d*) ?

6 Recopier et compléter la conjecture suivante :
« La médiatrice d'un segment est formée de tous les points situés …… ».

1 Symétrique d'une figure par rapport à une droite

OBJECTIF 1

DÉFINITION Dire que deux figures sont symétriques par rapport à une droite signifie qu'en pliant suivant cette droite ces figures se superposent.

PROPRIÉTÉ La symétrie axiale conserve l'alignement, les distances, les angles et les aires.

Propriété Admise

Exemple

Les points T et T' sont symétriques par rapport à la droite (*d*).
Il en est de même pour les points G et G', V et V', M et M'.
Les deux triangles TGV et T'G'V' sont donc symétriques par rapport à la droite (*d*) donc :

- les points T, M et V étant alignés, les points T', M' et V' le sont aussi ;
- les longueurs GV et G'V' sont égales ;
- les angles $\widehat{GVT}$ et $\widehat{G'V'T'}$ sont de même mesure ;
- les aires des triangles TGV et T'G'V' sont égales.

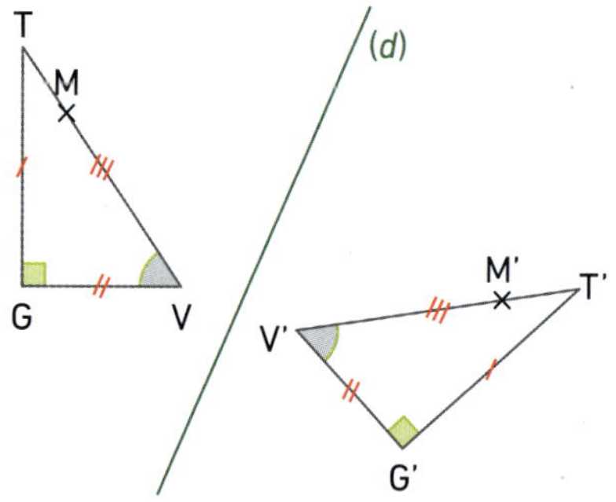

PROPRIÉTÉ Si deux points distincts sont symétriques par rapport à une droite, alors cette droite est la médiatrice du segment d'extrémités ces deux points.

Propriété Admise

Exemple

Les points M et M' sont symétriques par rapport à la droite (*d*) donc la droite (*d*) est la médiatrice du segment [MM'].

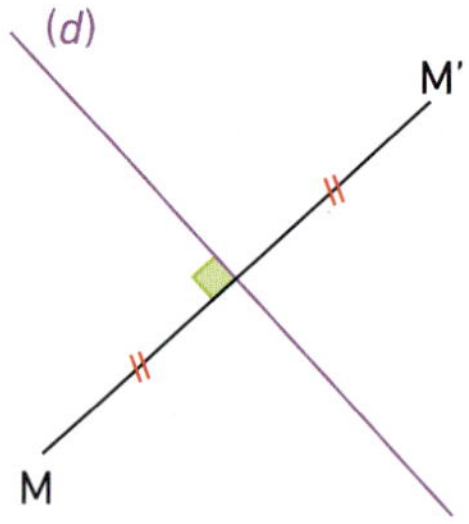

On peut en déduire que :
- les droites (*d*) et (MM') sont perpendiculaires ;
- le milieu du segment [MM'] appartient à la droite (*d*).

Cas particulier : Si M est un point de la droite (*d*), son symétrique M' par rapport à la droite (*d*) est confondu avec le point M.

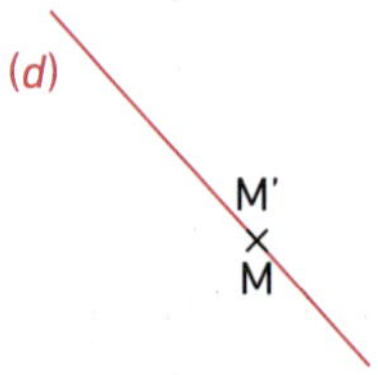

CARTE MENTALE

bordas.media/733775_062

2 Axe de symétrie d'une figure

OBJECTIF 2

DÉFINITION Dire qu'une droite est un **axe de symétrie** d'une figure signifie que cette figure et son symétrique par rapport à cette droite sont confondus.

Exemples

1. Un triangle isocèle a un axe de symétrie.

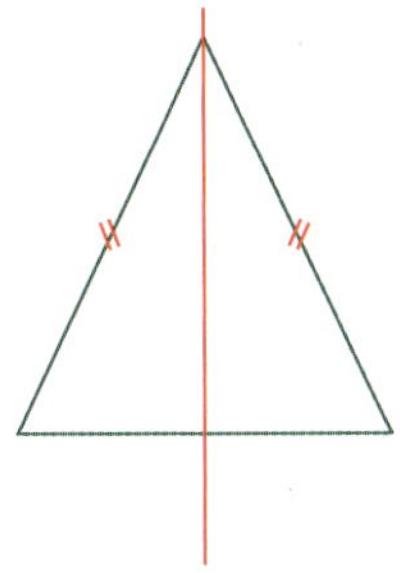

2. Un rectangle a deux axes de symétrie.

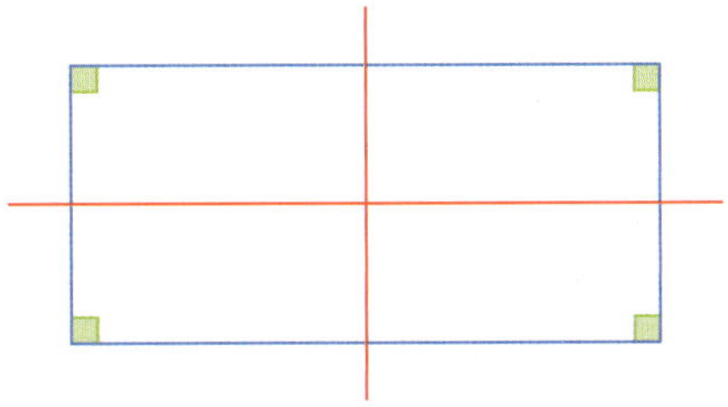

3. Un cercle possède une infinité d'axes de symétrie.

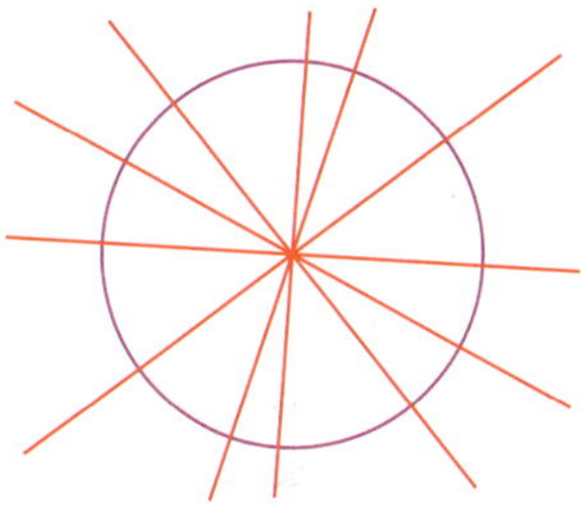

3 Propriétés de la médiatrice d'un segment

OBJECTIF 3

PROPRIÉTÉ La médiatrice d'un segment est un axe de symétrie de ce segment.

Propriété Admise

PROPRIÉTÉ Si un point appartient à la médiatrice d'un segment, alors il est à égale distance des extrémités de ce segment.

Propriété Admise

Exemple

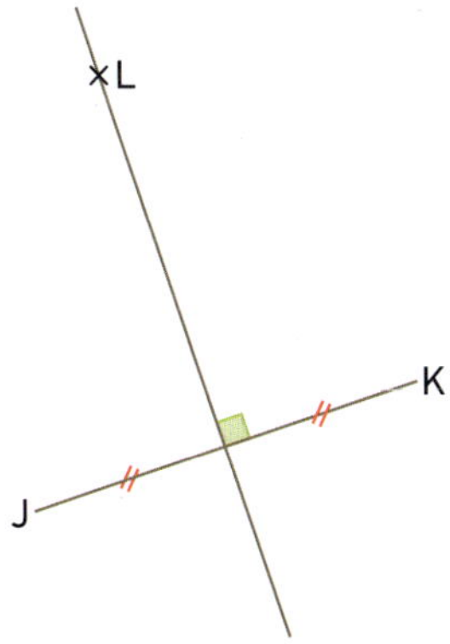

Le point L appartient à la médiatrice du segment [JK] donc LJ = LK. Le point L est équidistant des points J et K.

PROPRIÉTÉ Si un point est à égale distance des extrémités d'un segment, alors il appartient à la médiatrice de ce segment.

Propriété Admise

Exemple

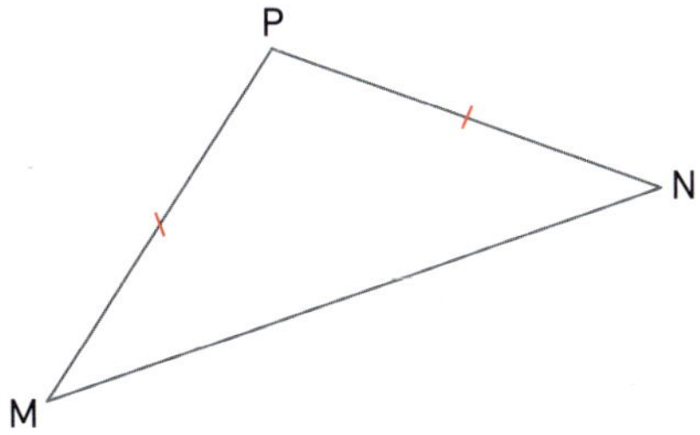

Dans ce triangle, PM = PN donc P appartient à la médiatrice du segment [MN].
Le point P est équidistant des extrémités du segment [MN].

objectif 1 Je construis le symétrique

Je comprends

Voir la vidéo : bordas.media/733775_063

Voir l'animation : bordas.media/733775_106

Construire le symétrique de la figure par rapport à la droite (*d*).
On donne BC = 2 cm ; AB = AC = 4,5 cm et (AC) // ((*d*).

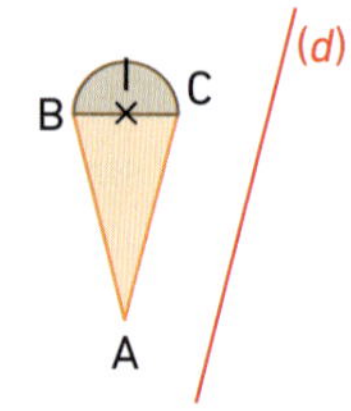

Exercice résolu

Étape 1. On construit les points A', B', C' symétriques des points A, B, C par rapport à la droite (*d*) ①, puis on trace le triangle A'B'C' ②.

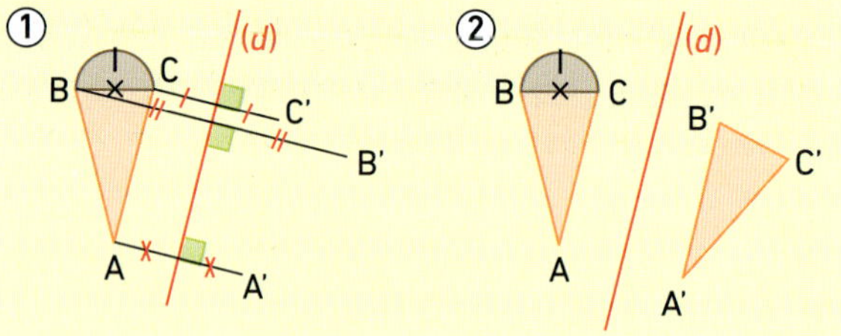

Étape 2. On construit I' le symétrique de I par rapport à la droite (*d*), puis on trace le demi-cercle de diamètre [B'C'] ③.

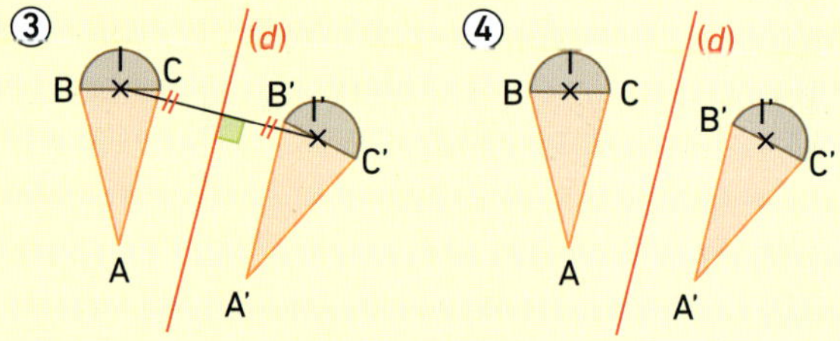

On obtient le symétrique recherché ④.

Je m'échauffe

1 QUESTIONS FLASH

1. Comment peut-on savoir si deux figures sont symétriques par rapport à une droite ?
2. Recopier et compléter cette propriété :
« La symétrie par rapport à une droite conserve les longueurs, l'alignement des points, ... »
3. Si A' est le symétrique de A par rapport à la droite (*d*), alors (AA') et (*d*) sont parallèles.
Vrai ou Faux ?

2 Dans chaque cas, dire si les deux figures sont symétriques par rapport à la droite rouge. Expliquer.

a.

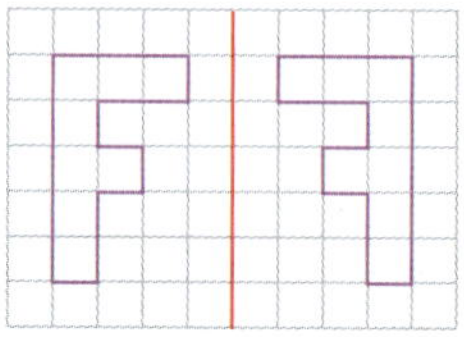

b.

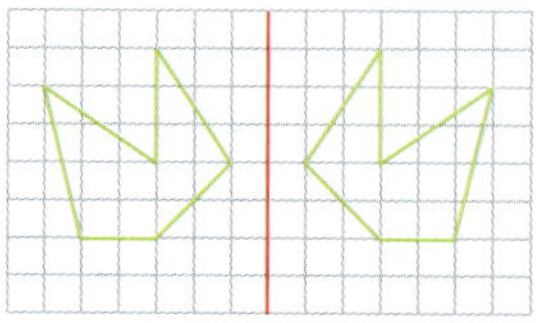

c.

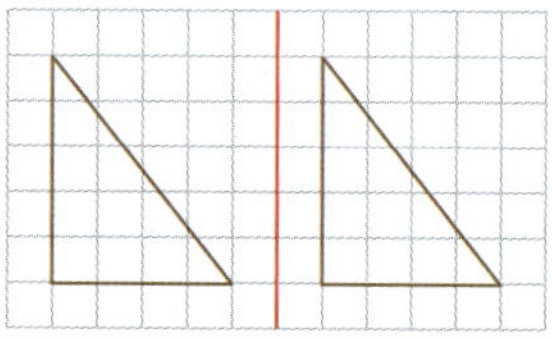

d.

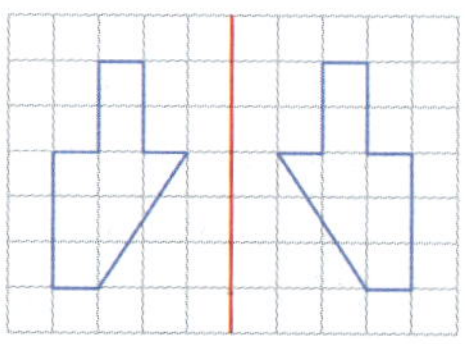

3 **1.** Construire un triangle ABC tel que AB = 6 cm, BC = 8 cm et AC = 5 cm.
2. Construire le symétrique du triangle ABC par rapport à la droite (AB).
3. Construire la droite (*d*) parallèle à (AB) passant par C.
4. Construire le symétrique du triangle ABC par rapport à la droite (*d*).

4 **1.** Reproduire cette figure.
2. Construire le symétrique du point C par la symétrie axiale d'axe (AB).
3. Expliquer les étapes de construction.

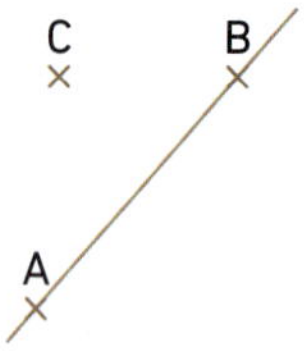

5 **1.** Reproduire approximativement cette figure :

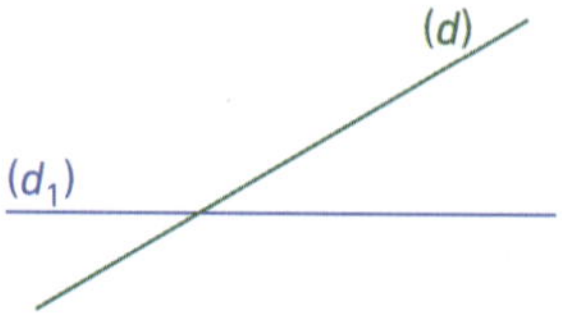

2. Construire la droite symétrique de la droite (d_1) par rapport à la droite (*d*).

d'une figure par rapport à une droite

Je m'entraîne 1

6 Dans chaque cas, dire si les deux figures sont symétriques par rapport à la droite en pointillés. Expliquer.

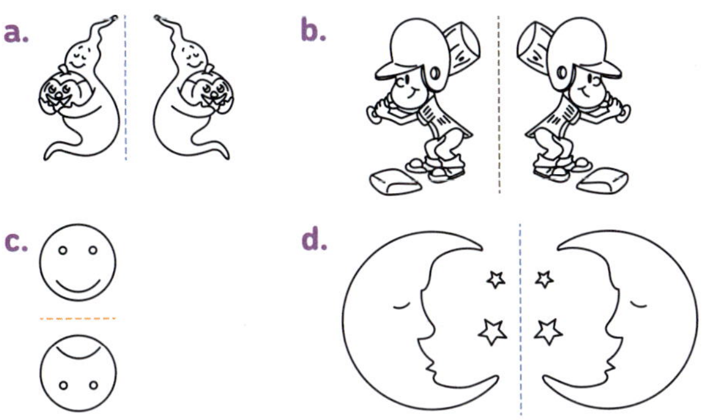

7 De quelle couleur est le symétrique du carré noir par rapport à la droite (*d*) ?

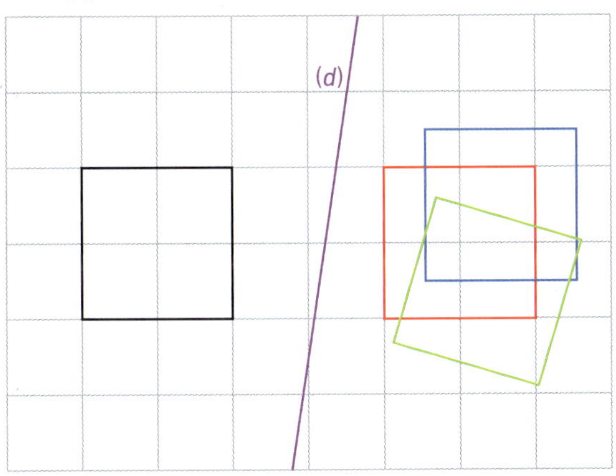

8 Dans chaque cas, reproduire la figure et construire son symétrique par rapport à la droite (*d*).

a.

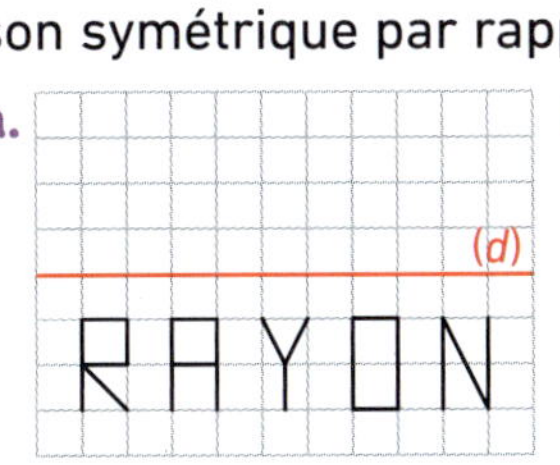

b.

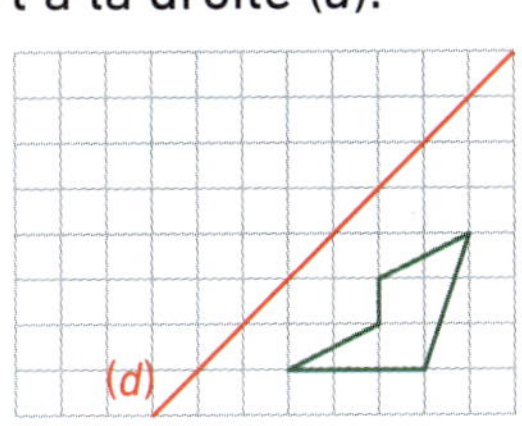

9 **1.** Reproduire cette figure et construire le quadrilatère EFGH, symétrique du carré ABCD par rapport à la droite (BM).

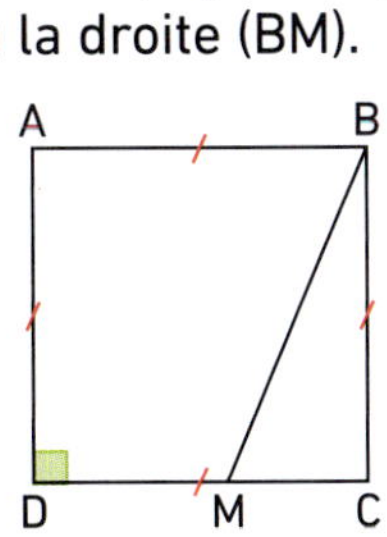

- AB = 4 cm
- CM = 1,5 cm

2. Quelle est la nature de EFGH ? Justifier.

Je m'entraîne 2

10 ABCD est un rectangle.
On donne AB = DE = 3 cm et BC = 2 cm.

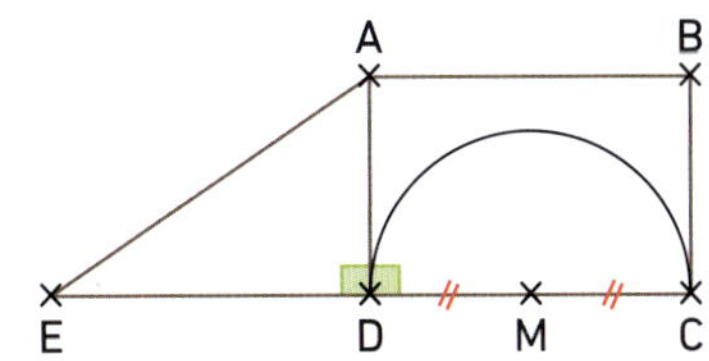

1. Construire cette figure où le demi-cercle a pour diamètre [CD].
2. Construire le symétrique de cette figure par rapport à la droite (EC).

11 Max participe tous les deux ans au mois de septembre au festival de cerf-volant de Dieppe.
Voici le croquis d'un de ses cerfs-volants :

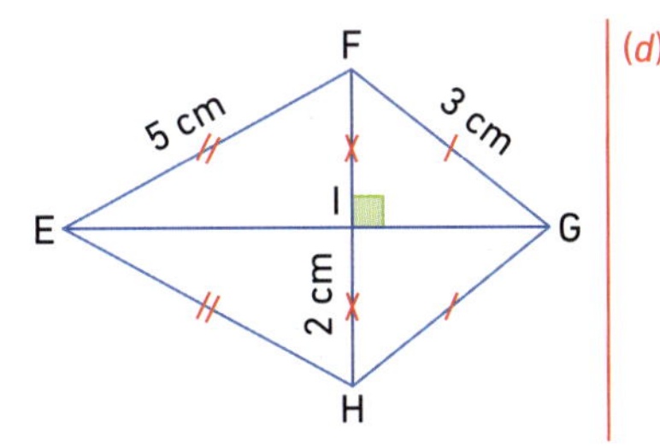

1. Reproduire cette figure et construire l'image E'F'G'H' du cerf-volant EFGH par la symétrie axiale d'axe (*d*).
2. Quelle est la mesure de l'ange $\widehat{F'I'G'}$?
Justifier la réponse.
3. Quelle est la longueur du segment [E'F'] ?
Justifier la réponse.

12 **TOP Chrono** 10 min

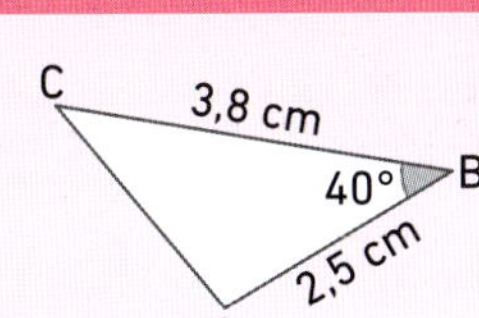

1. Reproduire la figure ci-dessus.
2. Construire A', le symétrique du point A par rapport à la droite (BC).
Tracer le symétrique du triangle ABC par rapport à la droite (BC).
3. Quelle est la longueur du segment [BA'] ?
Justifier la réponse.
4. Quelle est la mesure de l'angle $\widehat{ABA'}$?
Justifier la réponse.

objectif 2 — Je complète une figure

Je comprends

Voir la vidéo : bordas.media/733775_064

Recopier et compléter la figure pour que la droite rouge soit un axe de symétrie de celle-ci.

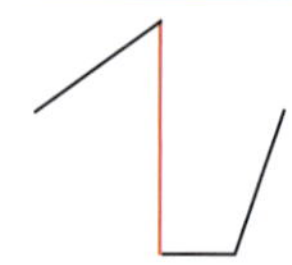

Exercice résolu

Étape 1.

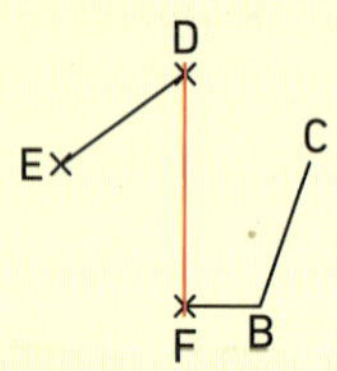

On place les points E, F, B, C, D comme ci-dessus.

Étape 2.

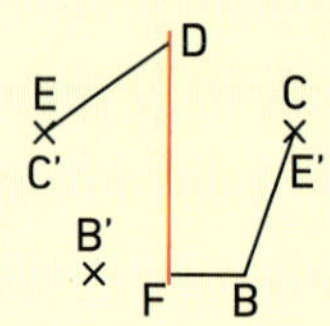

On construit E', C', B', les symétriques de E, C, B par rapport à la droite (DF). On constate que C'et E sont confondus, de même E' et C sont confondus.
De plus, D et F étant sur la droite rouge, leurs symétriques sont eux-mêmes.

Étape 3.

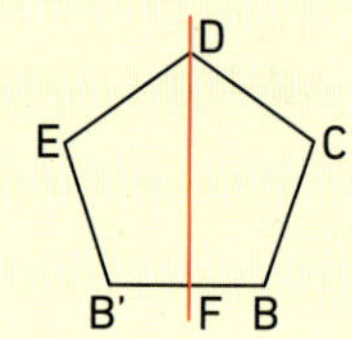

On relie les côtés du polygone EDCBB'.

Je m'échauffe

13 QUESTIONS FLASH

Vrai ou Faux ?

1. Un axe de symétrie partage une figure en deux parties non superposables.
2. La lettre **A** a un seul axe de symétrie.
3. La lettre **O** a deux axes de symétrie.

14 Quelle figure est symétrique par rapport à l'axe en pointillés ?

a.

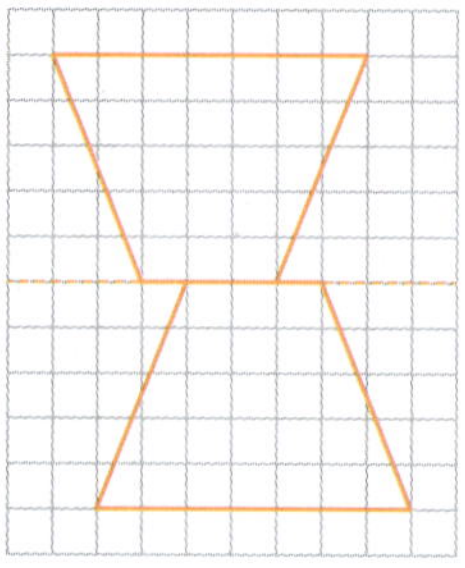

b.

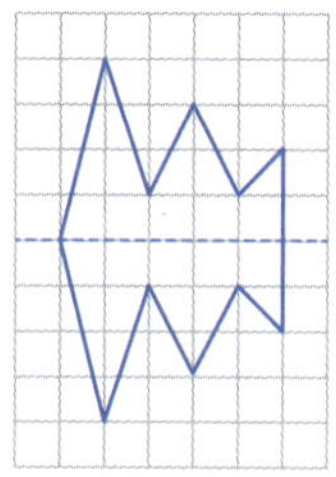

15 Voici des smileys très expressifs :

a.

b.

c.

d.

e.

f.

Lesquels admettent un axe de symétrie ?

16 Indiquer le nombre d'axes de symétrie de chaque figure s'ils existent.

a.

b.

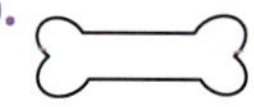

c.

17 **Débat**

Qui a raison ? Justifier la réponse.

18 Reproduire les figures sur une feuille quadrillée, puis les compléter pour que l'axe rouge en soit un axe de symétrie.

a.

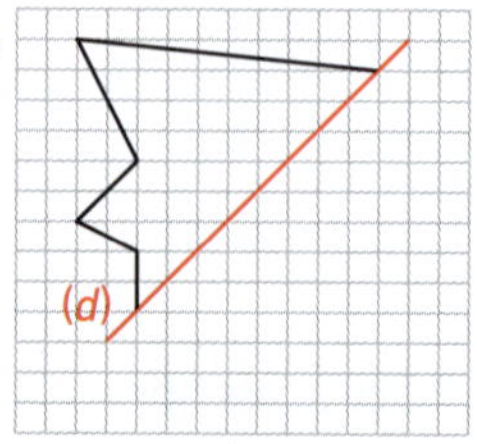

b.

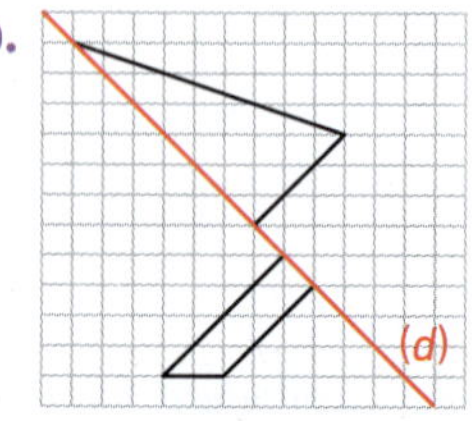

à partir de ses axes de symétrie

Je m'entraîne 1

19 **1.** Décalquer ces deux figures :

a.

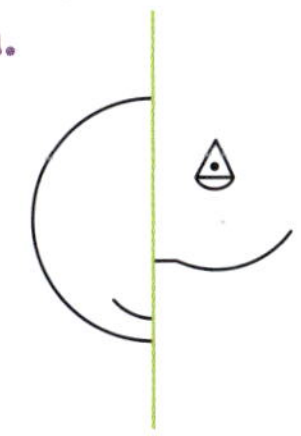

b.

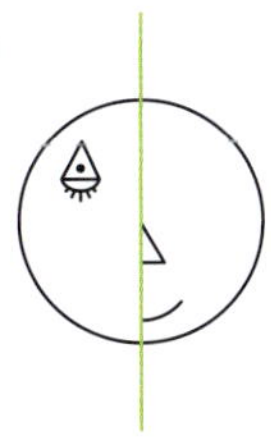

2. Compléter les deux figures pour que la droite verticale soit un axe de symétrie.

20 Recopier et compléter le tableau suivant en utilisant les figures :

	Pas d'axe de symétrie	Un axe de symétrie	Plusieurs axes de symétrie
Figure			

①  ② 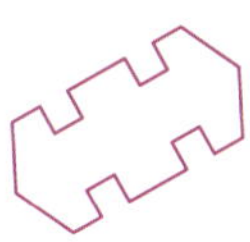 ③ 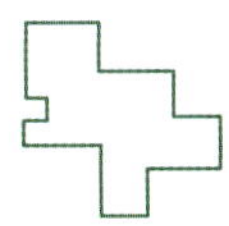

21 **Débat**

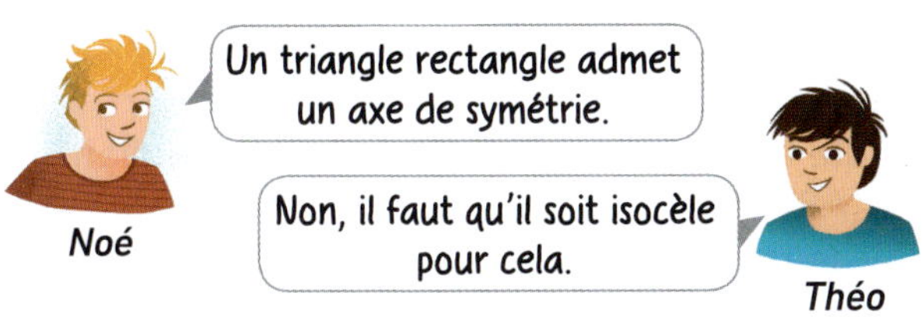

1. a. Construire un triangle ABC rectangle en A tel que AB = 4 cm et AC = 2 cm.
b. Ce triangle admet-il un axe de symétrie ?
Si oui, le tracer.
2. a. Construire un triangle MNP isocèle en N tel que NM = 5 cm.
b. Ce triangle admet-il un axe de symétrie ?
Si oui, le tracer.
3. Qui a raison, Noé ou Théo ? Expliquer.

22 **1.** Recopier et compléter la figure de façon à ce que (d_1) et (d_2) soient des axes de symétrie :

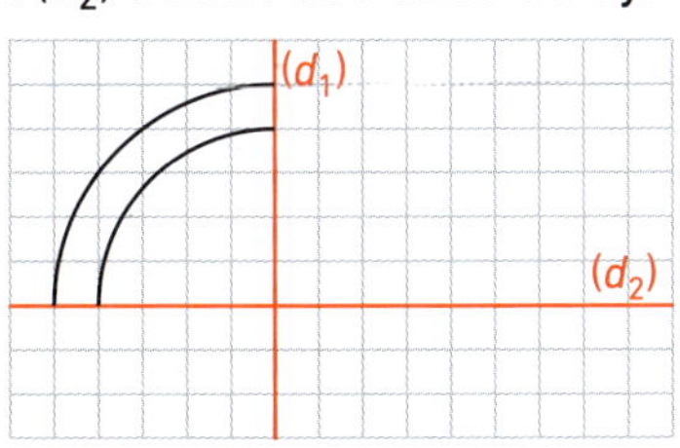

2. Tracer deux autres axes de symétrie de la figure obtenue.

Je m'entraîne 2

23 Combien y a-t-il d'axes de symétries dans chaque figure ?

a.  **b.**  **c.** 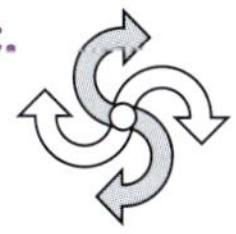 **d.** 

24 **1.** Reproduire cette figure :

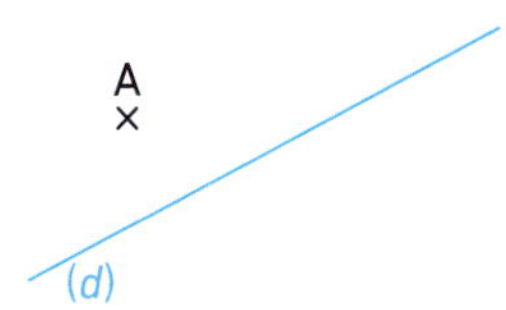

2. Construire les points B, C et D de telle sorte que :
– ABCD soit un rectangle ;
– (*d*) soit un axe de symétrie de ce rectangle.
3. Y a-t-il d'autre(s) axe(s) de symétrie ?
Si oui, le ou les tracer.

25 En coloriant le moins de carreaux possible, compléter la figure après l'avoir recopiée pour qu'elle soit symétrique par rapport aux deux droites vertes.

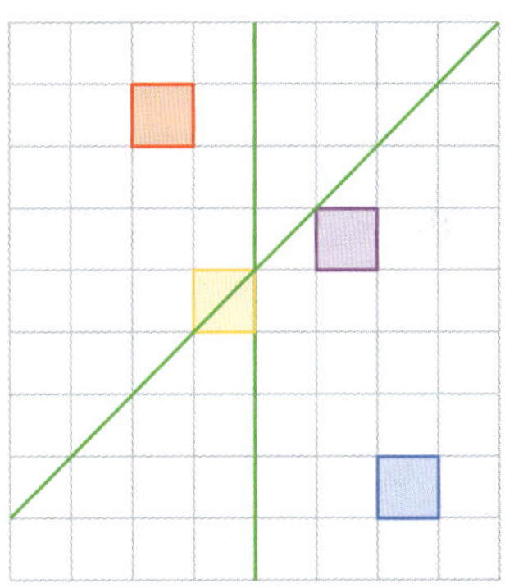

26 **TOP Chrono** 10 min

1. Recopier et compléter la figure afin que la droite (*d*) soit un axe de symétrie de la figure.

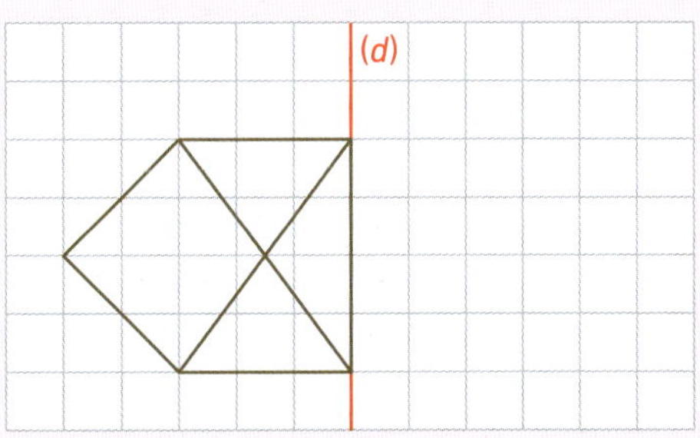

2. Tracer en vert le second axe de symétrie de la figure.

Je comprends

Voir la vidéo : bordas.media/733775_065

Voir l'animation : bordas.media/733775_107

Tracer la médiatrice (*d*) du segment [AB].

Exercice résolu

Si un point M est à égale distance de deux points A et B, alors M est sur la médiatrice de [AB]. D'après cette propriété, on a la construction au compas ci-contre.

Étape 1. On prend approximativement un écartement de compas supérieur à la moitié du segment [AB].

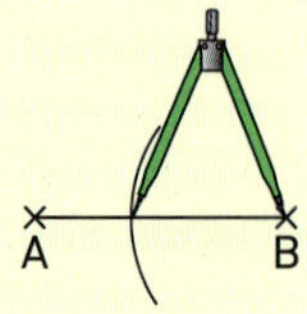

Étape 2. À partir de A puis de B, on reporte avec des arcs de cercle cet écartement de compas de part et d'autre du segment [AB].
On note M et N les deux points d'intersection des arcs de cercles.

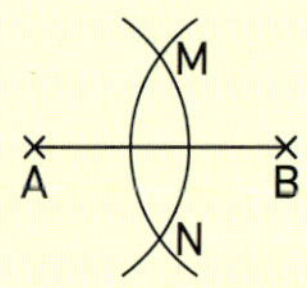

Étape 3. On trace la droite (MN), médiatrice du segment [AB].
On code le milieu I du segment [AB] ainsi que l'angle droit.

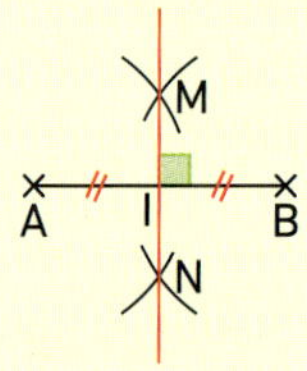

Je m'échauffe

27 QUESTIONS FLASH

1. La médiatrice d'un segment est son axe de symétrie. Vrai ou Faux ?

2. Si T est un point de la médiatrice du segment [AB], quelle est la nature du triangle ABT ?

3. PMK est un triangle isocèle en P.
Peut-on tracer la médiatrice du segment [MK] en utilisant seulement une règle graduée ?

4. Dans la figure ci-dessous, la droite (*d*) est la médiatrice du segment [AB] :

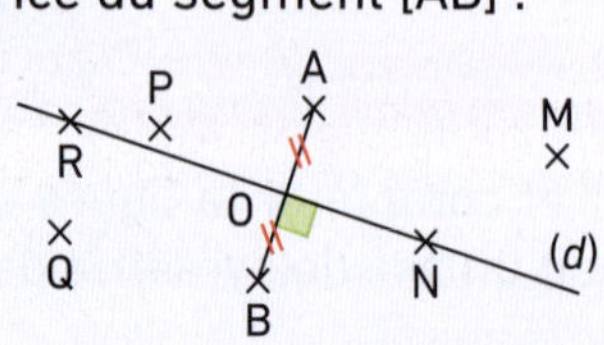

Citer tous les points de cette figure qui sont équidistants de A et de B.

« Équidistants » veut dire « qui sont à la même distance ».

28 Dans chaque cas, tracer un segment de longueur donné, puis construire sa médiatrice à l'aide d'un compas.
a. AB = 4 cm **b.** CD = 6,2 cm **c.** EF = 8 cm

29 « B est le symétrique de A par rapport à la droite (*d*) revient à dire que (*d*) est la médiatrice de [AB]. »
Sur le même modèle, recopier et compléter les phrases suivantes :
a. F est le symétrique de E par rapport à la droite (*d*) revient à dire que ...... est la médiatrice de ....
b. R est le symétrique de M par rapport à la droite (xy) revient à dire que ...... est la médiatrice de ....
c. ...... est le symétrique de J par rapport à la droite ...... revient à dire que (*d*) est la médiatrice de [IJ] .
d. ...... est le symétrique de D par rapport à la droite ...... revient à dire que (xy) est la médiatrice de [CD].

30 Dans cette figure, M est un point de la droite (*d*).

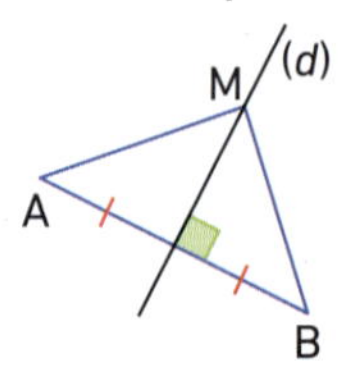

En utilisant le codage porté sur la figure, démontrer que MA = MB.

Je m'entraîne 1

31

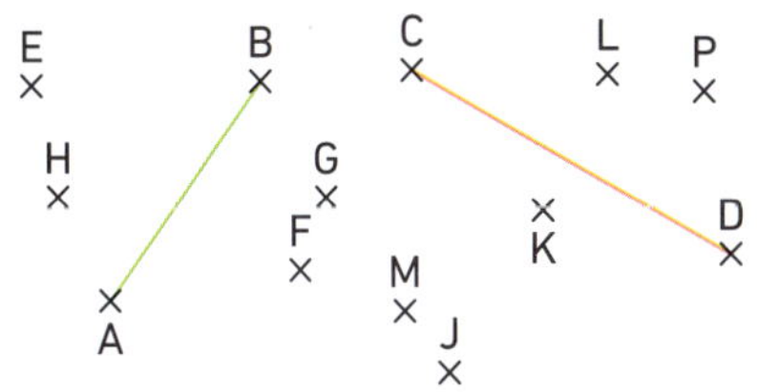

1. Repérer et indiquer les points qui sont sur la médiatrice du segment [AB] dans la figure.
2. Repérer et indiquer les points qui sont sur la médiatrice du segment [CD].
3. En utilisant les points de la figure, citer trois triangles isocèles ayant [AB] pour côté.

32

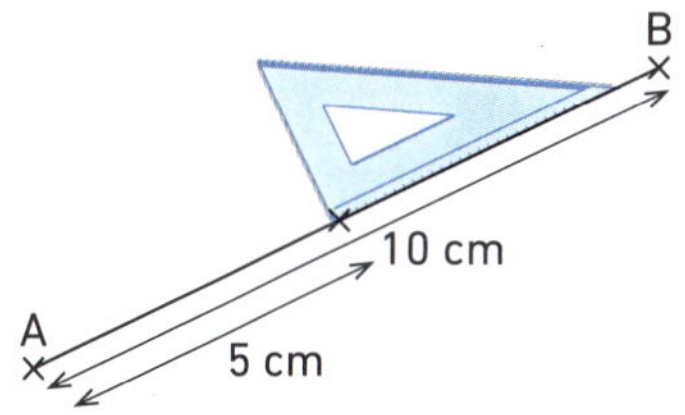

1. Reproduire le segment [AB] tel que AB = 10 cm.
2. En utilisant la méthode décrite sur le schéma, construire la médiatrice du segment [AB].

33 Débat

1. Reproduire la figure sur une feuille quadrillée.

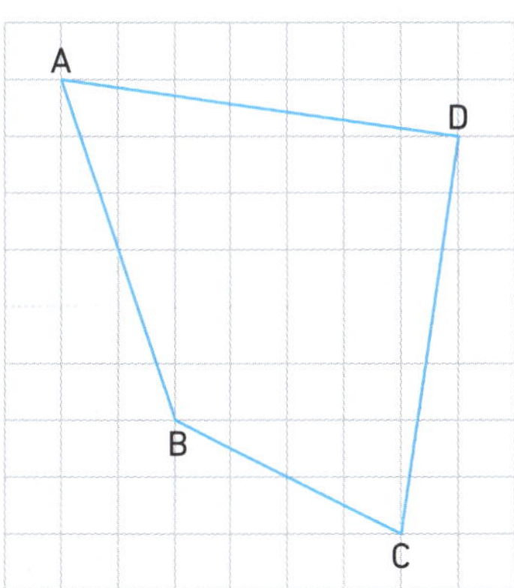

2. Construire la médiatrice du segment [AB], puis celle du segment [BC] à la règle, puis au compas.
3.

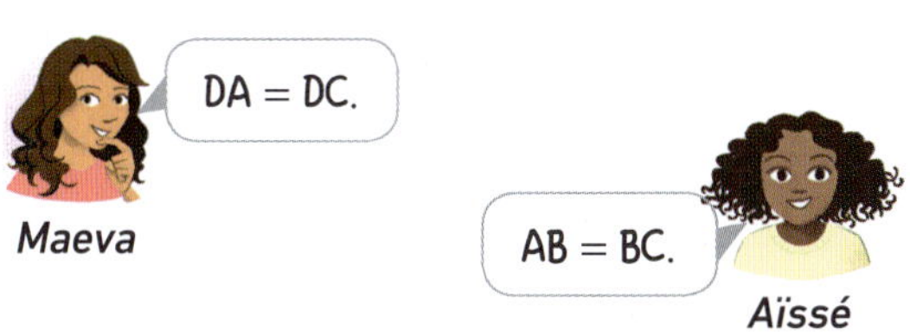

Qui a raison ? Justifier la réponse.
4. Écrire deux autres égalités de longueur vraies.

Je m'entraîne 2

34 Le professeur d'Emma lui a dit que les deux triangles ci-dessous étaient symétriques.
Il lui demande de retrouver l'axe de symétrie mais Emma lui dit qu'elle ne peut pas plier son livre en deux pour le retrouver...

Comment aider Emma ?

35 Sur cette carte de France, on a représenté les villes de Paris, Lyon, Marseille, Bordeaux, Strasbourg et Rennes par les points P, L, M, B, S et R.

1. Décalquer cette carte de France et les points P, L, M, B, S et R.
2. Colorier la région des points plus proches de Rennes que de Strasbourg mais à égale distance de Marseille et Paris.
3. Hachurer la région des points au sud de Paris, plus proches de Marseille que de Rennes et à égale distance de Lyon et Bordeaux.

36 TOP Chrono 10 min

Observer la figure ci-dessous :

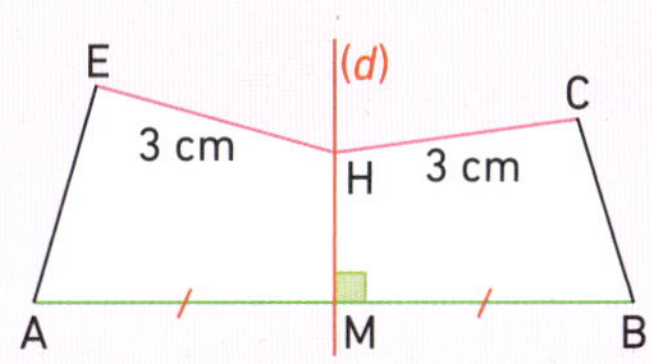

1. Démontrer que la droite (*d*) est la médiatrice du segment [AB].
2. Peut-on démontrer que la droite (*d*) est la médiatrice du segment [EC] ? Expliquer.

je travaille seul(e) ou en Accompagnement personnalisé

Je fais le point sur mon cours

QCM de révision
Retrouve un autre QCM interactif : bordas.media/733775_066

		A	B	C
37	Sur quelle figure est-on certain que les points A et B sont symétriques par rapport à la droite (*d*) ?	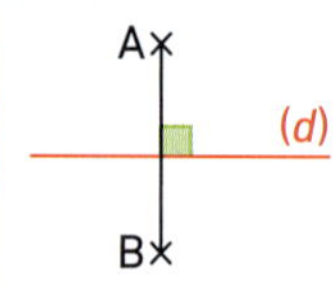	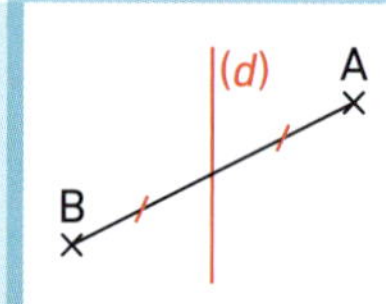	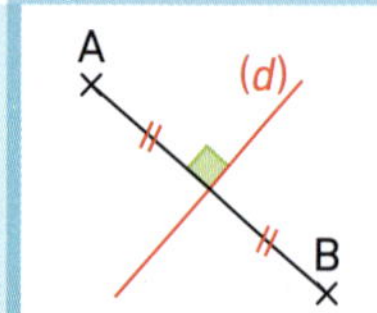
38	On donne AB = 5 cm. Les deux carrés sont symétriques. Quelle est l'aire du carré GHIJ ? 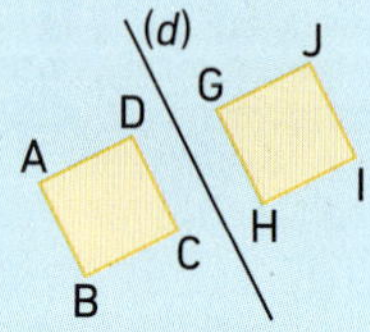	20 cm^2	25 cm^2	40 cm^2
39	Dans quel cas la figure admet-elle l'axe rouge comme axe de symétrie ?	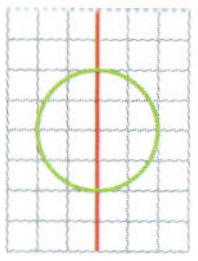	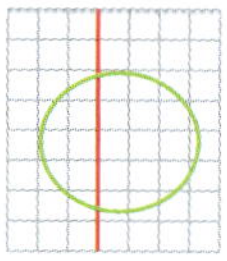	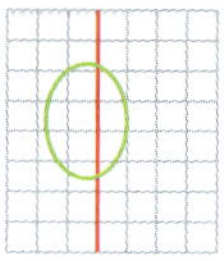
40	Combien d'axes de symétrie possède la figure suivante ? 	0	1	Une infinité
41	Dans quel cas la droite (CD) est-elle la médiatrice du segment [AB] ?	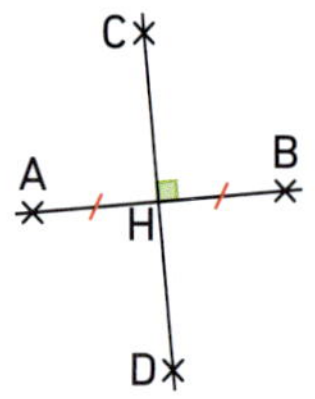	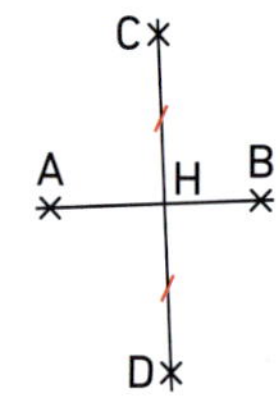	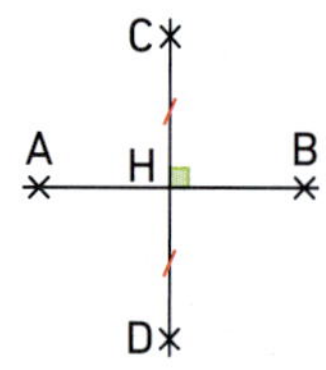

Je fais le point sur mes objectifs

OBJECTIF 1

Je construis le symétrique d'une figure par rapport à une droite

42 **1.** Reproduire la figure ci-dessous :

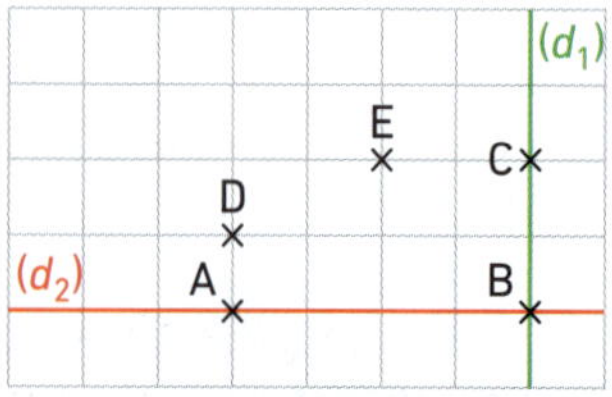

2. Construire en vert les symétriques des points A, B, C, D et E par rapport à la droite (d_1).

3. Construire en rouge les symétriques des points A, B, C, D et E par rapport à la droite (d_2).

43 **1.** Reproduire la figure ci-dessous :

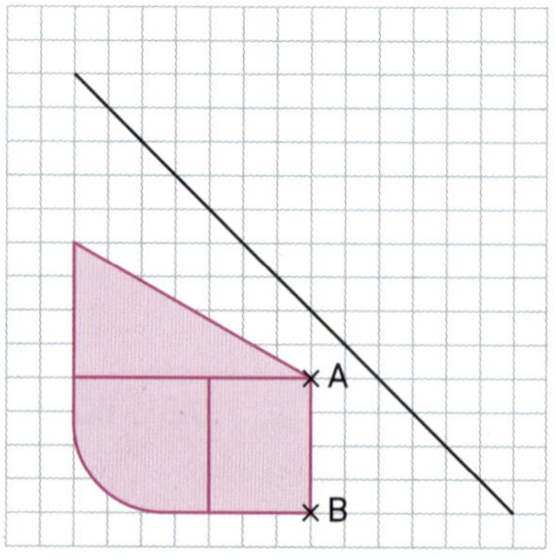

2. Construire le symétrique de la figure par rapport à la droite.

44 1. Construire un rectangle PAON tel que PA = 3 cm et AO = 5 cm.
2. Construire une droite (d) qui ne coupe pas le rectangle, puis construire le symétrique P'A'O'N' du rectangle PAON par rapport à la droite (d).

OBJECTIF 2

Je complète une figure à partir de ses axes de symétrie

45 Dans quel(s) cas les deux figures sont-elles symétriques par rapport à la droite en pointillés ?

a.
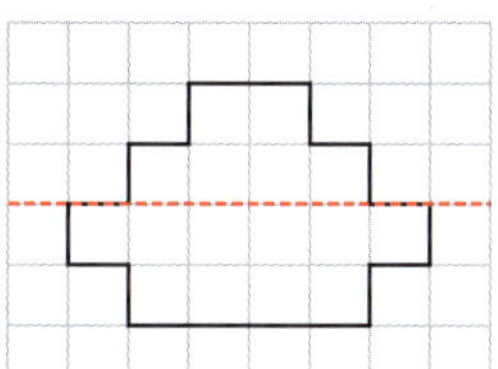

b.

c.

d.

46 Indiquer le nombre d'axes de symétrie, s'ils existent, des croix suivantes :

Croix de Lorraine

Croix occitane

Croix bretonne

47 Recopier et compléter la figure pour qu'elle soit symétrique par rapport à la droite (d).

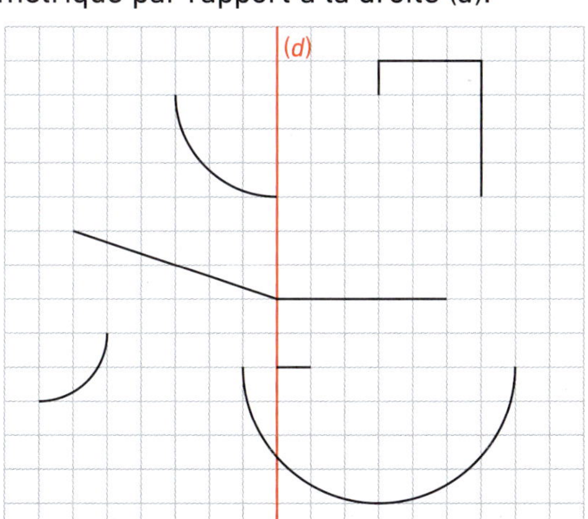

OBJECTIF 3

Je connais et j'utilise les propriétés de la médiatrice d'un segment

48 1. a. Construire un segment [AB].
b. Construire la médiatrice (d) du segment [AB] à la règle et au compas.
2. Placer un point M sur la médiatrice (d) tel que AM = 5 cm.
3. a. Quelle est la longueur du segment [BM] ?
b. Citer la propriété qui permet de déterminer cette longueur.

49 **Les maths autour de moi**
Après avoir plié trois fois un carré et avoir effectué quelques découpages, nous obtenons un joli napperon en papier. Il faut maintenant réaliser un deuxième napperon.

Doc. 1 : Le premier napperon (en trois étapes)

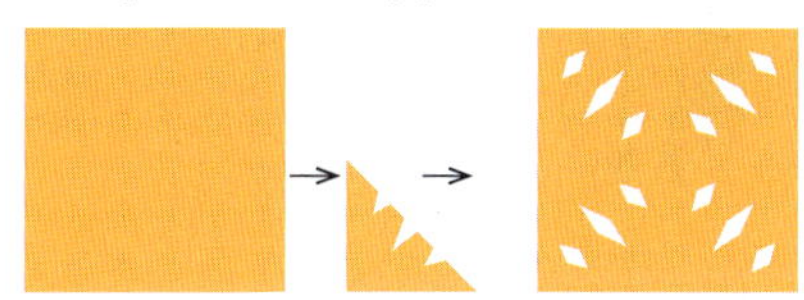

Doc. 2 : Le deuxième napperon

Comment doit-on découper le napperon vert à la deuxième étape ? Représenter le napperon plié.

50 Une chèvre et un mouton sont distants de 8,8 m. Leur position est fixe.

1. Représenter cette chèvre et ce mouton par deux points C et M.

2. Une brebis est à égale distance de la chèvre et du mouton. Colorier en bleu la zone où peut se trouver la brebis.
3. Un loup est plus éloigné ou à la même distance de la chèvre que du mouton. Colorier en rouge la zone où peut se trouver le loup.

Je résous des problèmes

OBJECTIF 1

Je construis le symétrique d'une figure par rapport à une droite

51 Histoire de jouets

Dans chaque cas, dire si les figures sont symétriques l'une de l'autre par symétrie axiale.

a.

b.

c.

52 Le bon choix

Pour chaque figure, lequel des points M_1, M_2 ou M_3 semble être le symétrique de M par rapport à (*d*) ?

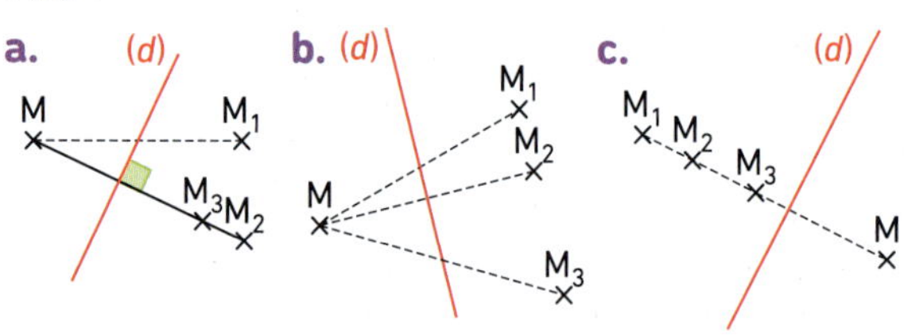

53 Propriétés de la symétrie

Les deux figures ci-dessous sont symétriques par rapport à une droite :

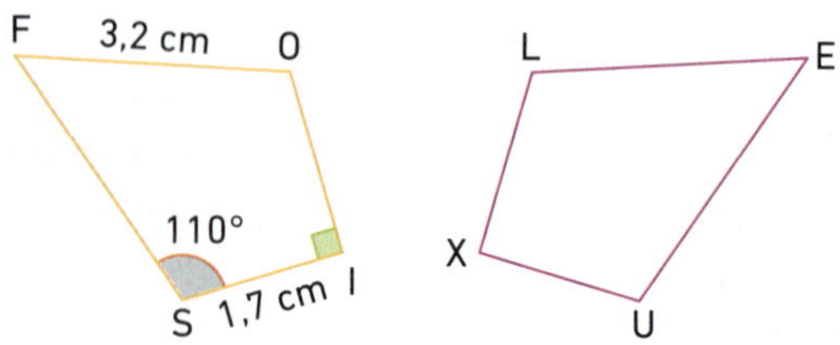

1. Recopier et compléter le tableau suivant :

Point	F	O	I	S
Symétrique				

2. Écrire deux égalités de longueurs. Justifier la réponse.

3. Écrire deux égalités de mesures d'angle. Justifier la réponse.

54 Les maths autour de moi

1. À partir de son motif initial, combien de symétries axiales doit-on effectuer au minimum pour construire cette frise ?

Motif initial d'une frise

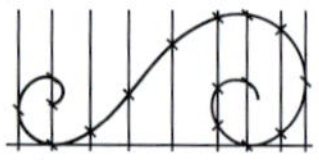

La frise

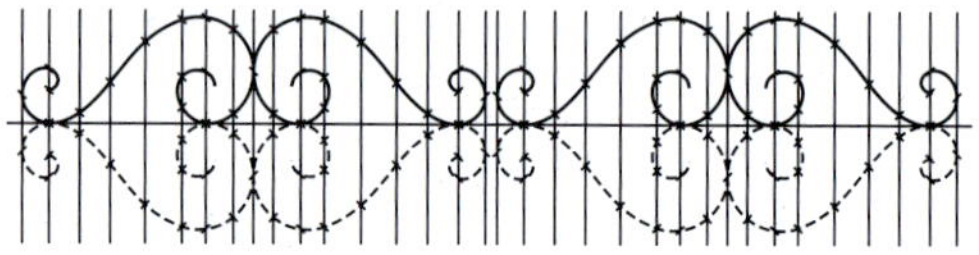

2. Donner un programme de construction de cette frise.

OBJECTIF 2

Je complète une figure à partir de ses axes de symétrie

55 Axe ou pas axe ?

Donner les figures qui sont symétriques par rapport à la droite (*d*).

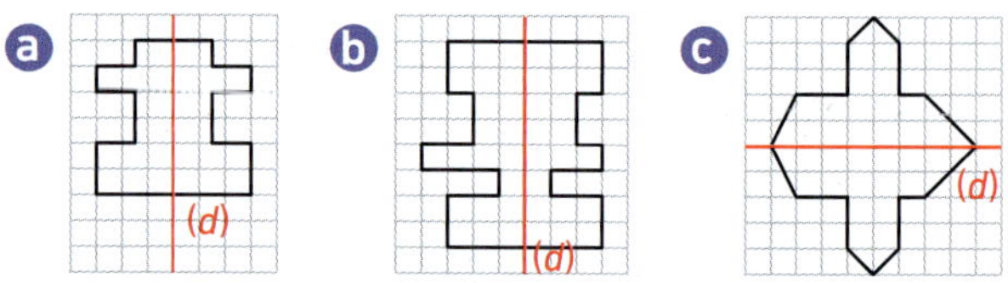

56 Symétrie de couleurs

ABCD est un carré de centre E et de côté 16 cm.
Les points F, G, H et I sont les milieux respectifs des segments [BC], [CD], [DA] et [AB].
Les points J, K, L et M sont les milieux respectifs des segments [CE], [EF], [CF] et [JE].

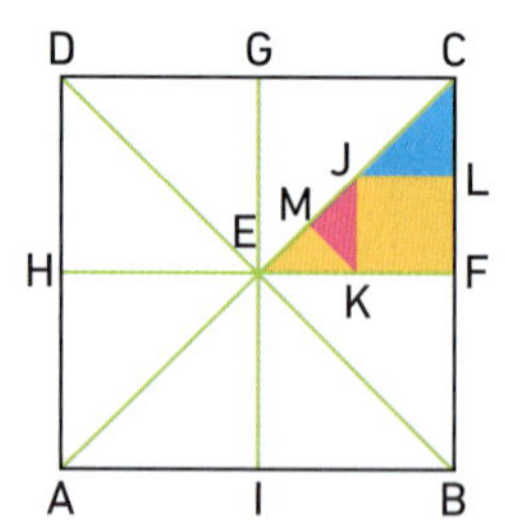

1. Sur une feuille ou avec un logiciel de géométrie dynamique, reproduire en vraie grandeur la figure en respectant les couleurs.

2. Colorier le carré ABCD pour que les quatre droites vertes soient des axes de symétrie de cette figure (en respectant les couleurs).

OBJECTIF 3

Je connais et j'utilise les propriétés de la médiatrice d'un segment

57 Une propriété bien utile

En utilisant le codage de la figure ci-dessous, démontrer que le point M appartient à la droite (*d*).

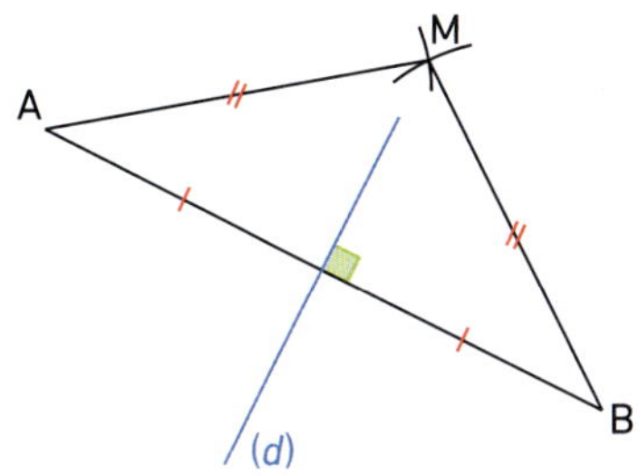

58 Les maths autour de moi

Paul doit percer un trou au centre d'un cercle tracé sur un mur pour accrocher un cadre.

1. Comment déterminer le centre de ce cercle sans mesurer de longueurs ?

2. Tracer un cercle et retrouver le centre en appliquant la démarche trouvée à la question précédente.

59 Soyez raisonnable !

À l'aide d'une propriété, déterminer la longueur du segment [AN].

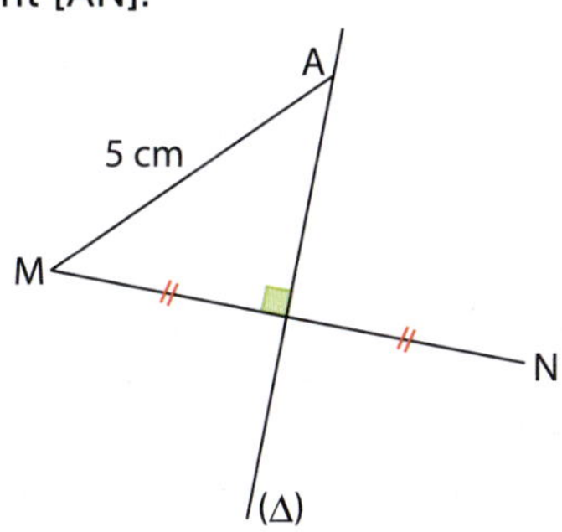

60 Qui suis-je ?

Je suis un point qui est plus près de B que de A, plus près de B que de C et à égale distance de C et de D. Qui suis-je ?

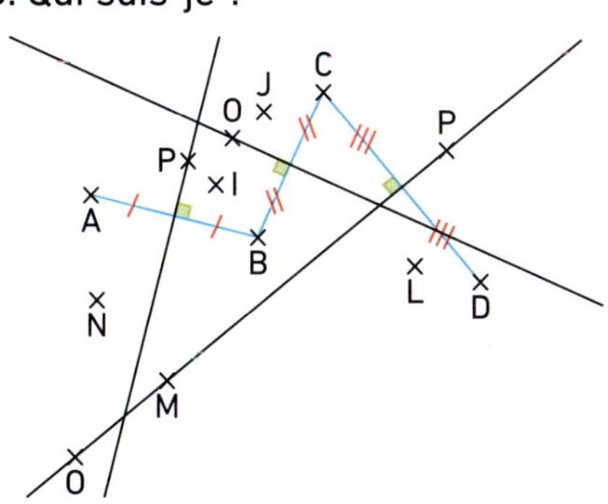

MULTI OBJECTIFS

61 La rosace

On veut construire une rosace à 12 branches en utilisant un logiciel de géométrie dynamique.

1. a. Tracer un triangle OAB isocèle en O tel que OA = 6 cm et $\widehat{AOB} = 30°$.

b. À l'extérieur du triangle, tracer le demi-cercle de diamètre [AB].
Colorier la figure en vert.

c. Construire le symétrique de la figure verte par rapport à la droite (OB). Le colorier en violet. Nommer C le symétrique du point A par rapport à (OB).

d. Construire le symétrique de la figure verte par rapport à la droite (OA). Le colorier en bleu. Nommer D le symétrique du point B par rapport à (OA).

e. Construire les symétriques des trois figures précédentes par rapport à (OD).

f. Construire le symétrique de toute la figure par rapport à (OC).

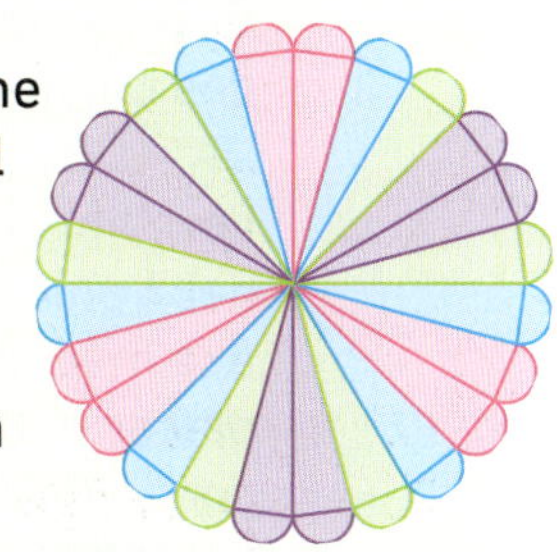

2. Si l'on veut construire une rosace à 24 branches, quel angle au centre doit-on prendre au départ ?

3. Combien d'axes de symétrie possède la rosace à 12 branches ?

62 L'écologie autour de moi

Trois petits cochons, sensibles à l'environnement, veulent se construire une nouvelle maison avec des matériaux biosourcés (fabriqués à partir de matières premières végétales ou animales).

- Le premier petit cochon se construit une maison de paille en bambou écologique.
- Le deuxième petit cochon se construit une maison écologique passive faite de bois.
- Le troisième petit cochon se construit une maison de briques en argile et béton de chanvre.

Ce dernier adore pêcher et voudrait donc avoir sa maison au bord de la rivière. Il aimerait aussi habiter à égale distance de chacun de ses frères.

1. Télécharger et imprimer le fichier « 3_petits_cochons_eleve ».

2. Expliquer la démarche permettant de trouver l'emplacement de la maison du troisième petit cochon.

3. Utiliser la règle graduée et le compas ou l'équerre pour positionner la maison du troisième petit cochon.

je développe mes compétences

RAISONNER | REPRÉSENTER | COMMUNIQUER | CALCULER | CHERCHER | MODÉLISER

J'apprends à CHERCHER

J'OBSERVE

63 Comment peut-on retrouver le centre de cette cible à partir des anneaux 8 et 9 ? Expliquer la démarche à suivre.

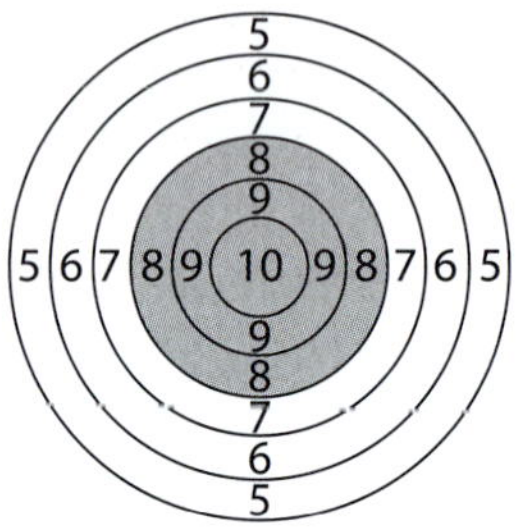

EXERCICE RÉSOLU

Si O est le centre de la cible et A et B des points du cercle de l'anneau 8, alors OA = OB.

Le point O est à égale distance de ces deux points du cercle donc il appartient à la médiatrice de [AB]. De même, on va placer deux autres points C et D sur le cercle de l'anneau 9 ainsi que la médiatrice du segment [CD].

Le point O (centre de la cible) appartient à l'intersection de ces deux médiatrices.

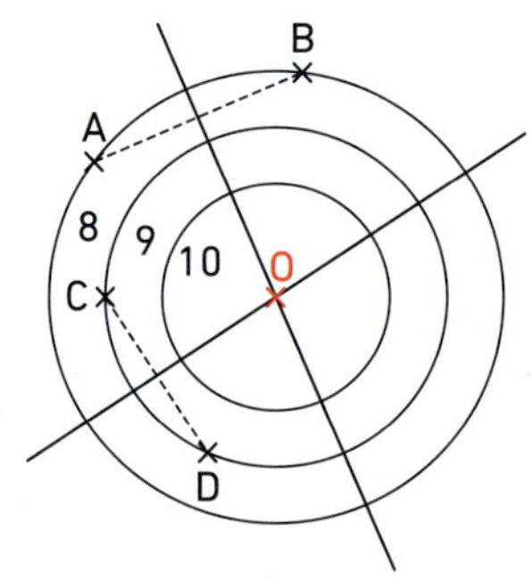

JE ME LANCE

64 Au parc, Chloé est sous un chêne, Mia est sous un magnolia et Éthan est sous un érable. Ils vont faire une course en partant chacun de leur arbre. L'arrivée de la course est matérialisée par un drapeau situé à la même distance des trois arbres.

1. Placer trois points C, M et E pour représenter le chêne, le magnolia et l'érable.

2. Déterminer toutes les positions possibles du drapeau. Justifier la réponse.

J'apprends à RAISONNER

J'OBSERVE

65 Un jardinier décide de construire un potager symétrique à celui représenté en vert ci-dessous par rapport à un tuyau d'arrosage automatique.

Une fontaine est modélisée par un cercle noir. Quelle sera l'aire totale de son nouveau potager (aire des deux potagers sans l'espace de la fontaine) ?

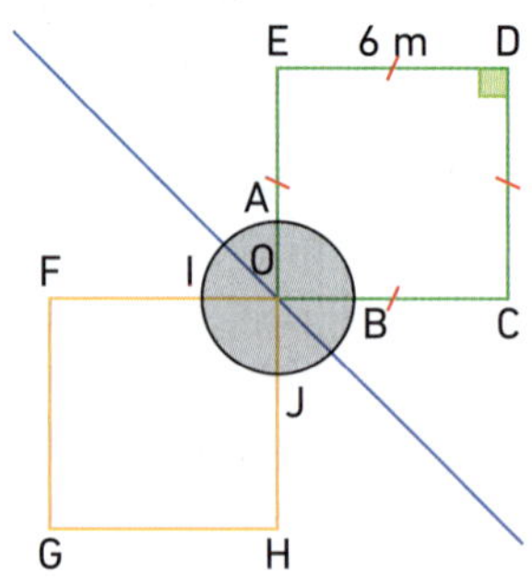

EXERCICE RÉSOLU

- $6 \times 6 = 36$ m^2.
- Le quart de cercle OIJ est le symétrique du quart de cercle OBA par rapport à l'axe bleu.
- Aire du quart de cercle OAB :

$$\frac{\pi \times 2^2}{4} = \pi \approx 3{,}14 \text{ m}^2.$$

- L'aire du potager vert est de :

$$36 - 3{,}14 = 32{,}86 \text{ m}^2.$$

Finalement, l'aire totale du potager est de $32{,}86 \times 2 = 65{,}72$ m^2.

JE ME LANCE

66 Expliquer comment terminer la construction du symétrique du carré ABCD par rapport à la droite (*d*).

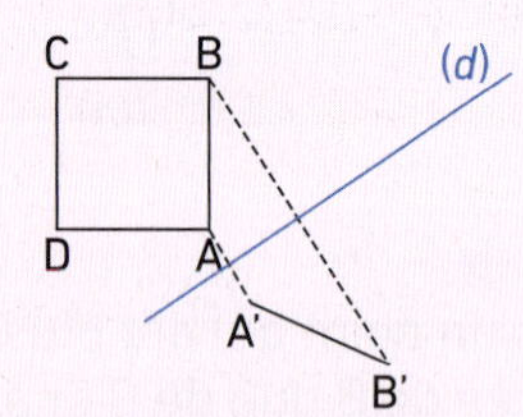

j'utilise mes compétences

67 Des cubes qui se répètent

REPRÉSENTER D1.3 et 4

Voici une « frise cube » :

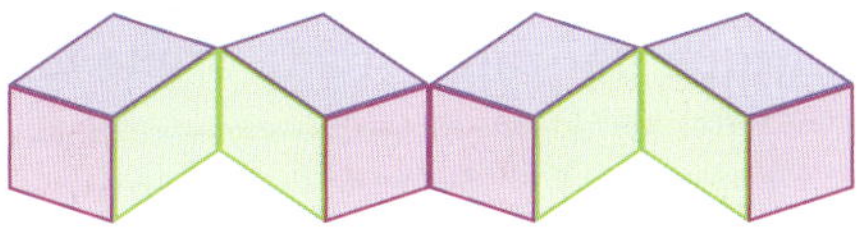

1. Tracer sur une feuille le motif initial qui permet d'obtenir la frise cube à l'aide de transformations.
2. Quelle transformation doit-on appliquer pour tracer un motif supplémentaire à droite ?

68 Anglais Property of axial symmetry

REPRÉSENTER D1.3 et 4

1. Construct FIN, a right angled triangle at point I where IF = 6 cm and IN = 4 cm.

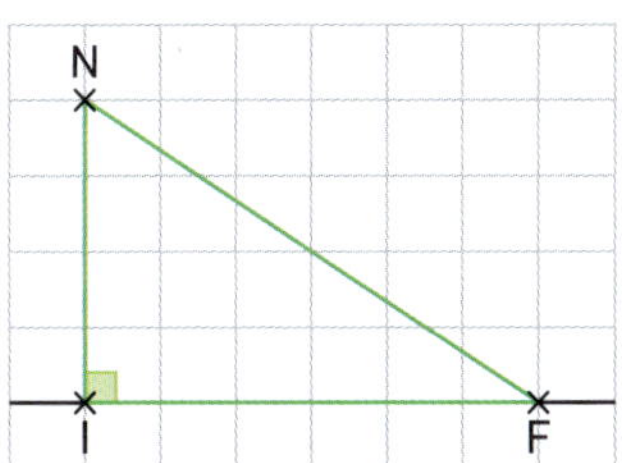

2. Construct the E point, symmetrical to the N point to the right (IF).
3. Are points N, I and E aligned? Justify the answer.

69 EPS La photo

REPRÉSENTER D1.3 et 4

Les joueurs d'une équipe de basket se composent d'un meneur de jeu, d'un pivot, d'un arrière, d'un ailier droit et d'un ailier gauche.

Un entraîneur souhaite placer les joueurs de son équipe symétriquement à ceux de l'équipe adverse pour la photo de début de match.

1. Retrouver les axes de symétrie de ce terrain, sans les joueurs.
2. Reproduire le schéma ci-dessus.

À l'aide de la symétrie d'axe la ligne médiane du terrain, construire en rouge la position de chaque joueur de l'équipe adverse.

70 Miroir, mon beau miroir...

RAISONNER D1.3 et 4

Yossr envoie ce message codé à sa copine Ajar :

RENDEZ-VOUS DEVANT L'INFIRMERIE

Pour décoder le message, Ajar doit le lire dans un miroir.

1. Décoder ce message.
2. Que remarque-t-on lorsque l'on place le M devant un miroir ? Quelle lettre est le symétrique de la lettre M par rapport à une droite ?
3. Trouver quatre autres lettres de l'alphabet vérifiant la même propriété que la lettre M.
4. Proposer deux autres mots qui seront identiques sur la feuille et dans le miroir.

71 Symétrie et rosace

REPRÉSENTER D1.3 et 2

1. Ouvrir le fichier « rosace_symetrie_eleve ».
2. Construire le symétrique du pétale (déjà tracé) par la symétrie d'axes (d_1) et (d_2).

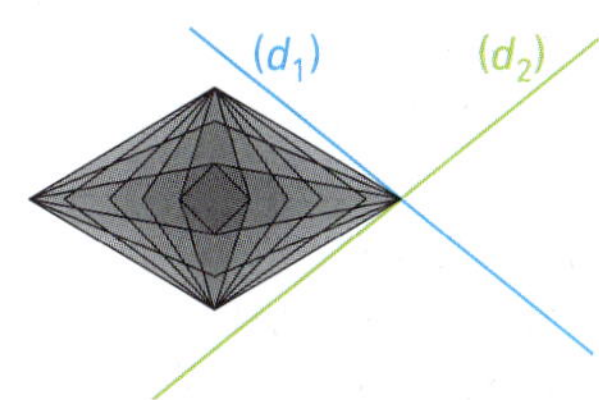

3. Comment tracer le quatrième pétale ?

72 Le réveil

RAISONNER D4

À quelle(s) heure(s) l'affichage d'un réveil digital a-t-il un ou plusieurs axes de symétrie ?

73 Les drapeaux

CHERCHER D1.3 et 5

1. Trouver dix drapeaux de pays étrangers ayant un ou plusieurs axes de symétrie.
2. Présenter ces drapeaux sur une feuille en notant le pays et le nombre d'axes de symétrie qu'ils admettent.

74 Une frise de rosaces

COMMUNIQUER D1.3 et 2

Ouvrir le fichier « frise_rosace_eleve » :

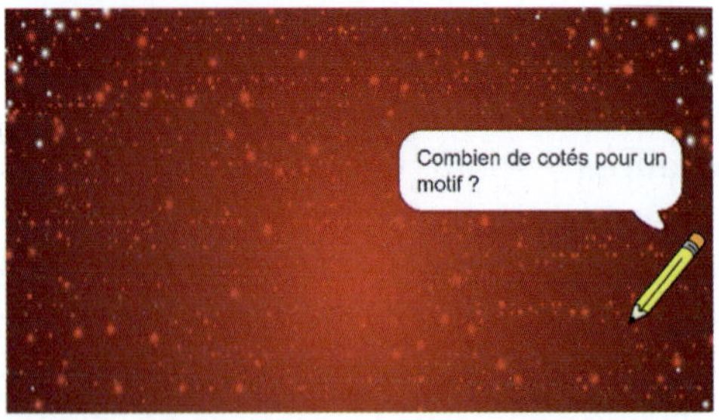

Étude du script

1. Exécuter le programme et choisir un motif à quatre, puis cinq, puis six côtés.
Observer les tracés effectués par le lutin .

2. Que fait le bloc Motif ?

3. Que fait le bloc Rosace ?

4. Que fait le programme principal commençant par quand [drapeau] est cliqué ?

5. Modifier le programme pour tracer une frise avec quatre rosaces.

Axe de symétries des rosaces

6. Reproduire sur une feuille des rosaces à trois côtés, puis quatre côtés.
Dans les deux cas, tracer les axes de symétrie éventuels.

7. Exécuter le programme pour tracer des rosaces à cinq ou six côtés. Dans les deux cas, compter les axes de symétrie éventuels.

8. Quelle conjecture peut-on faire sur le nombre d'axes de symétrie de ces rosaces ?

75 Calcul d'aire

CALCULER D1.3 et 4

La droite (*d*) est un axe de symétrie de la figure :

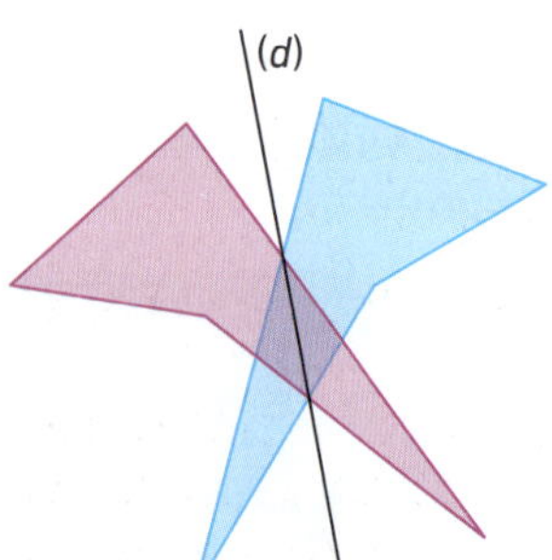

Le polygone rouge a pour aire 12 cm^2 et la partie commune aux deux quadrilatères a pour aire 2,5 cm^2. Quelle est l'aire totale de la figure ?

76 Une paire d'animaux

REPRÉSENTER D1.3 et 4

Reproduire à main levée, parmi les dessins proposés, un seul dessin et tracer à main levée son symétrique par rapport à la droite (*d*) :

Tu peux utiliser du papier calque si tu le souhaites.

77 Sécurité routière

CHERCHER D1.3 et 3

1. Chercher sur internet ou dans une encyclopédie les différents panneaux de signalisation routière.

2. Parmi ces panneaux, quels sont ceux qui ont un ou plusieurs axes de symétrie ?

78 Je fais ma story

Les points A' et B' sont les symétriques des points A et B par rapport à la droite (*d*).

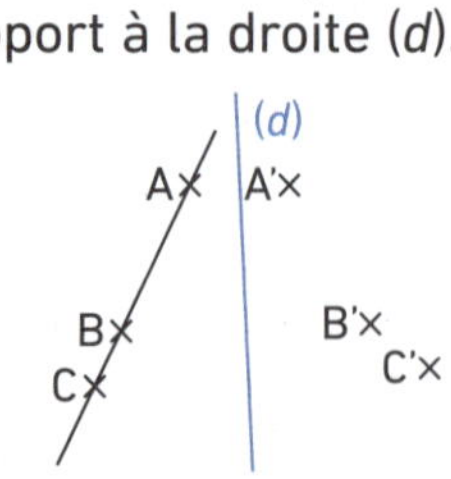

Julien affirme que C' est le symétrique du point C par rapport à la droite (*d*).
Kevin dit que Julien se trompe.
Expliquer à l'aide d'une courte vidéo qui a raison.

Jeux mathématiques

79 **La chasse au trésor**

Ouvrir le fichier « planisphere_eleve » pour trouver l'emplacement du trésor de Myriader.

1. Tracer la médiatrice (*d*) du segment [AD].

2. Placer le point I situé à l'intersection de la droite (*d*) et du segment [BD].

3. Soit E le milieu de [CD].
Construire la médiatrice (*d*′) du segment [CE].

4. Noter J le point d'intersection entre (*d*) et (*d*′).

5. Tracer T le symétrique de J par rapport à (IB). Dans quel pays se trouve le trésor T ?

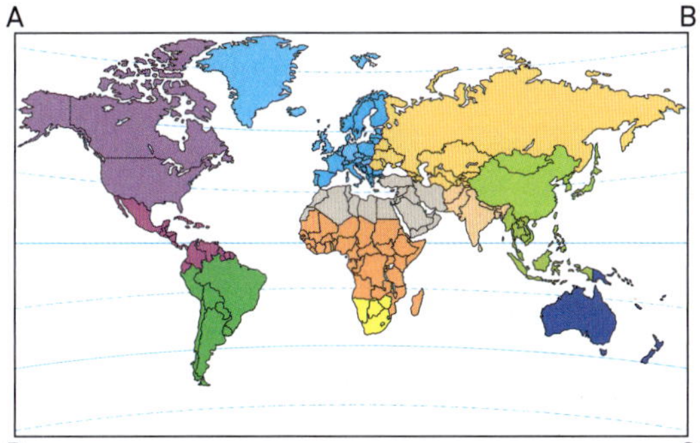

80 **Défi !**

On trace un rectangle DEFI de périmètre 36 cm. On trace D'E'F'I' le symétrique de ce rectangle par rapport à l'un de ses côtés. Quelles sont les dimensions possibles des deux rectangles ?

Énigme

81 **Pour découvrir le sport préféré de Louise, télécharger cette grille sur le site compagnon, l'observer puis assembler les lettres manquantes.**

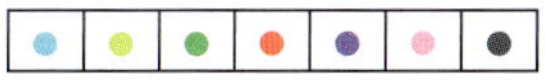

- (bleu clair) ... est le symétrique de I par rapport à (DJ).
- (vert clair) W est le symétrique de ... par rapport à (RX).
- (vert) G est le symétrique de ... par rapport à (BH).
- (orange) ... est le symétrique de P par rapport à (BV).
- (violet) ... est le symétrique de Q par rapport à (AY).
- (rose) O est le symétrique de ... par rapport à (DX).
- (noir) ... est le symétrique de Y par rapport à (MN).

devoirs à la maison

82 **À la recherche du pôle Sud**

D'après différents relevés menés par des scientifiques, les topographes ont remarqué que le pôle Sud est à égale distance du mont Ward, du mont Sabine et du pic Habermehl.

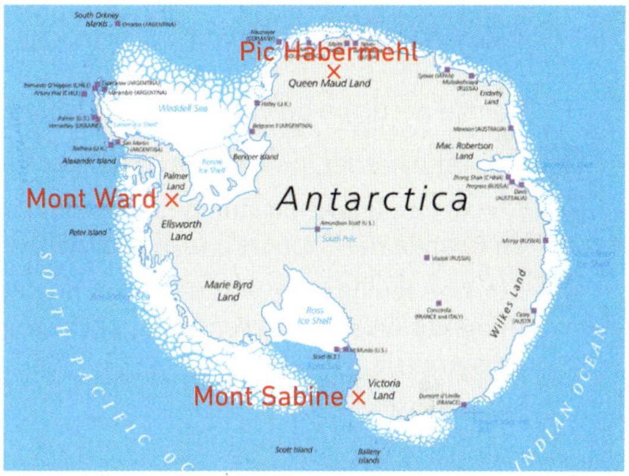

1. Chercher les altitudes du mont Ward, du mont Sabine et du pic Habermehl.

2. Décrire la construction permettant de placer le pôle Sud sur la carte.

3. a. Sur une feuille, construire un triangle WHS ayant pour dimensions WH = 4 cm, SH = 7 cm et SW = 6 cm.
Le triangle représente les trois sommets de la carte à l'échelle 1/50 000 000.

b. Tracer le pôle Sud en laissant apparaître les traits de construction.

c. En utilisant l'échelle de cette représentation, retrouver la distance (en km) séparant le mont Ward du pôle Sud.

L'échelle 1/50 000 000 signifie que 1 cm sur le dessin représente 50 000 000 cm en réalité.

83 **Propriétés de la symétrie axiale**

1. Construire un rectangle EFGH tel que EF = 4 cm et EH = 7 cm.

2. Placer le point M sur le segment [EG] tel que EM = 3 cm.

3. Construire les symétriques I, J et K des points E, F et G par rapport à la droite (HM).

4. Déterminer la mesure de l'angle $\widehat{HIJ}$.

5. Déterminer la longueur IJ.

6. Calculer le périmètre du polygone HIME.

avec un logiciel

Pour faire ces activités, télécharge les fiches logiciel Géométrie et Tableur sur le site college.editions-bordas.fr.

1 Création de logos

Utiliser un logiciel de géométrie dynamique pour construire le symétrique d'une figure par rapport à un axe.

25'

Difficulté mathématique — Difficulté technique

Louise participe au concours du meilleur logo pour son club de tennis.

1. Télécharger, puis ouvrir le fichier « logo_tennis_eleve ».
2. Construire le symétrique des éléments de la partie de gauche de la balle par rapport à la droite (AB).
3. Sur une feuille ou avec un logiciel de géométrie dynamique, imaginer un logo, de son sport préféré, possédant des axes de symétrie.

Sélectionne « Symétrie axiale », puis l'ensemble des éléments de gauche, clique ensuite sur l'axe (AB).

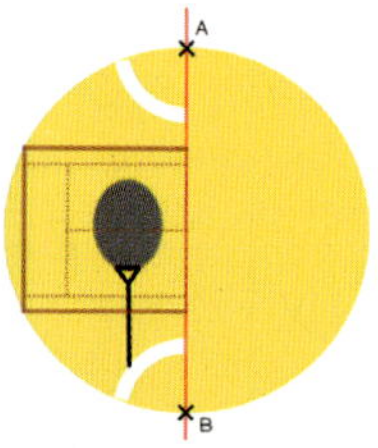

2 Création de frises

Réaliser des frises en utilisant la symétrie axiale.

25'

Difficulté mathématique — Difficulté technique

1. Tracer un segment et le partager en huit segments de même longueur en utilisant uniquement l'outil « MILIEU » du logiciel. Géométrie 4
2. Construire alors neuf droites perpendiculaires à ce segment passant par les points ainsi définis. Géométrie 8
3. Construire ensuite deux triangles comme sur le dessin ci-dessous et masquer tous les points de la figure. Géométrie 7 et 21

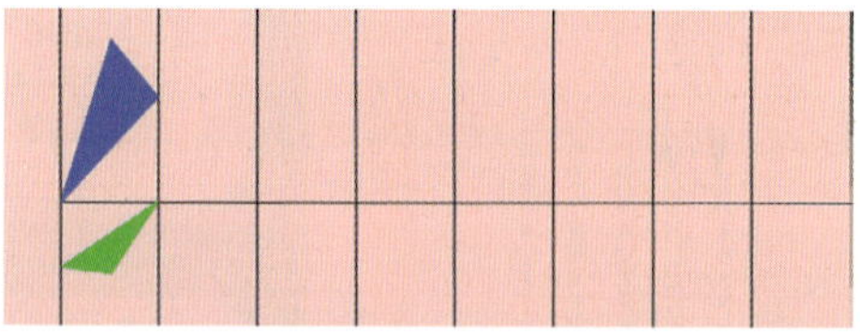

4. Construire une frise en utilisant l'outil « SYMETRIE AXIALE » du logiciel. Géométrie 18

On peut aussi masquer toutes les droites de la figure.

Tu peux construire une autre frise en laissant libre cours à ton imagination !

3 Des chiffres et des axes... ALGO

30'

Utiliser un logiciel de programmation pour construire des chiffres avec zéro, un ou deux axes de symétrie.

Difficulté mathématique | Difficulté technique

A. Nombre et axes de symétrie

Donner un exemple de nombres avec zéro, un ou deux axes de symétrie.

B. Programmation

On se propose de tracer des chiffres avec le logiciel Scratch.

1 **a.** Ouvrir le fichier « lettre_axes_symetrie_eleve.sb3 » et exécuter le script principal.
b. Quel chiffre obtient-on ? Combien d'axes de symétrie possède ce chiffre ?
Déplacer alors le contenu du script principal dans le bon bloc.

2 On se propose de demander à l'utilisateur de choisir entre un nombre possédant zéro, un ou deux axes de symétrie.
a. Déplacer le script ci-contre dans le script principal.
b. Tester le nouveau programme avec le chiffre précédent.
c. Compléter les blocs manquants.
d. Quels chiffres obtient-on dans chaque cas ?

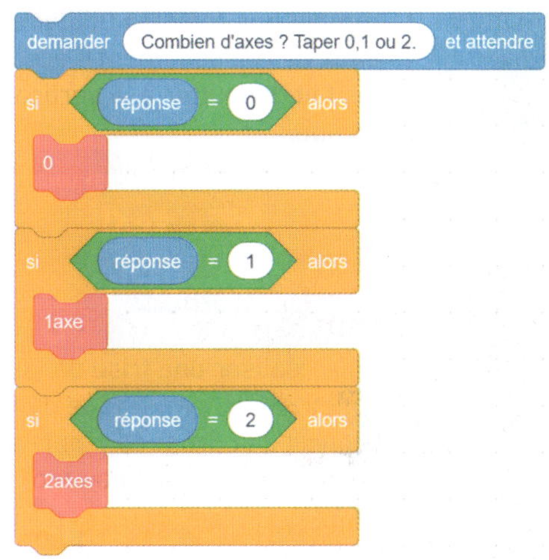

4 Symétries dans un polygone régulier

25'

Utiliser un logiciel de géométrie pour construire des polygones réguliers et conjecturer leur nombre d'axes de symétrie.

Difficulté mathématique | Difficulté technique

1 Créer un curseur n, entier variant de 3 à 10.

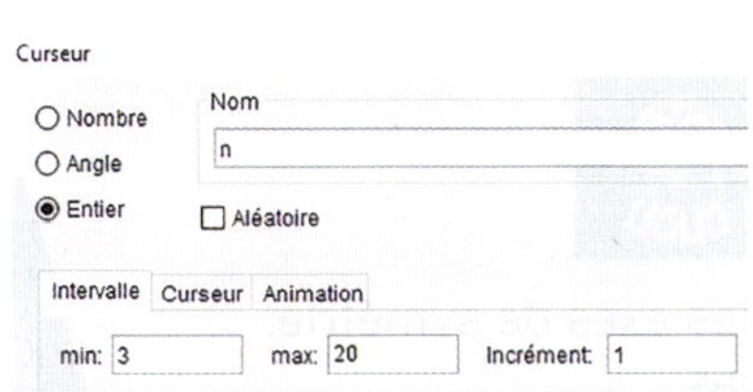

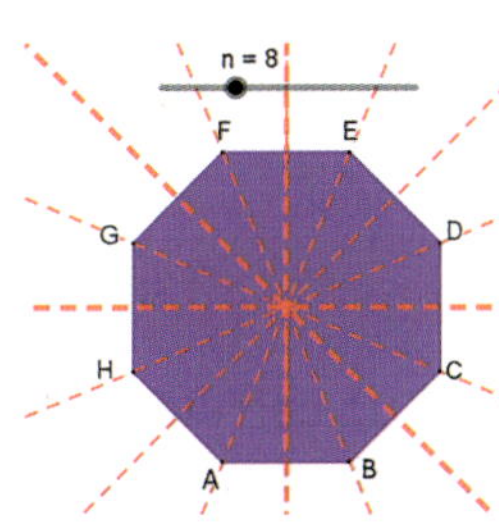

2 Mettre le curseur à $n = 3$. Construire deux points A et B.

3 Construire le polygone régulier de sommets A et B et de côté n.

4 Observer les axes de symétries des polygones lorsque l'on fait varier le curseur de $n = 3$ à 20.

5 Quelle conjecture peut-on faire ? Distinguer le cas où le nombre de côtés est pair et celui où le nombre de côtés est impair.

cherchons ensemble

Si tu ne comprends pas certains des mots utilisés ici, demande à ton enseignant ou consulte le *Dico des maths*, p. 12.

Activité 1 — Reconnaître un triangle

OBJECTIF 1

1 À l'aide des instruments de géométrie, nommer dans cette figure :
– un triangle quelconque ;
– un triangle isocèle ;
– un triangle rectangle ;
– un triangle équilatéral.

Dans chaque cas, préciser les propriétés qui permettent de donner la nature du triangle.

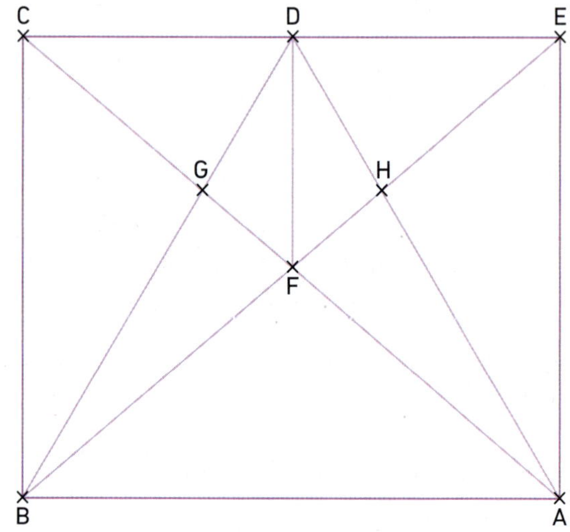

2 Combien de triangles peut-on voir sur cette figure ?
Les nommer tous et les classer selon leur nature.

Activité 2 — Construire un triangle

OBJECTIF 1

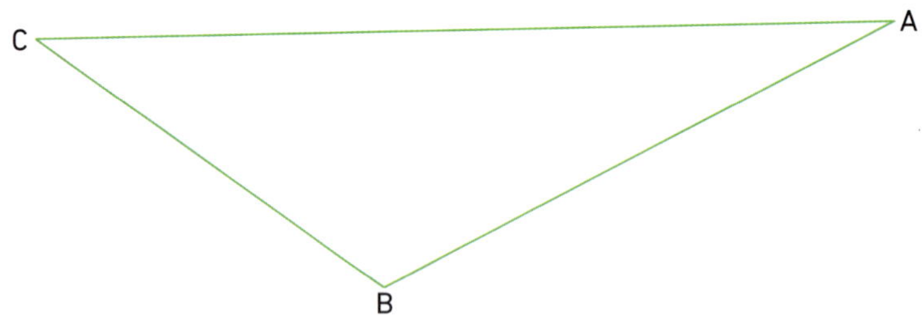

1 **a.** En prenant les dimensions sur la figure, construire un triangle superposable au triangle ABC.
b. Écrire un programme de construction de ce triangle.

2 Les triangles suivants sont dessinés à main levée.
Les construire en vraie grandeur, puis préciser quelle semble être leur nature en utilisant éventuellement les instruments.

a.

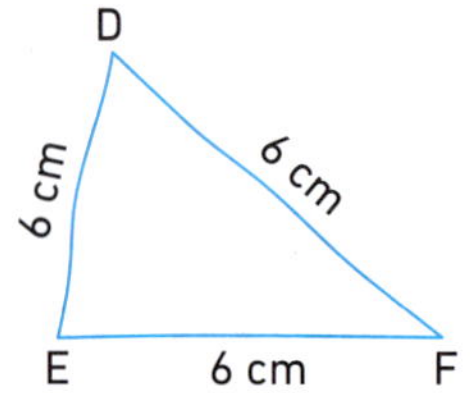

b.

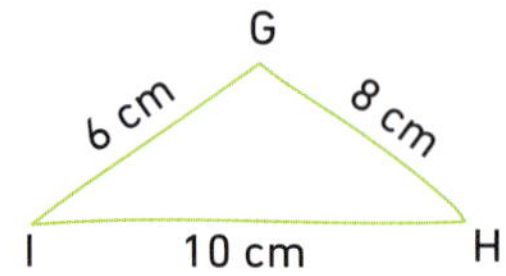

c.

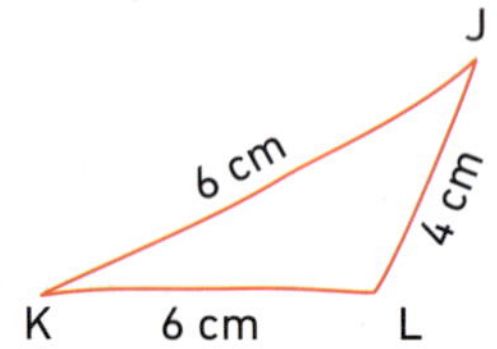

3 Les triangles précédents ont-ils des axes de symétrie ?
Si oui, tracer précisément ces axes de symétrie.

Activité 3

Les deux triangles

OBJECTIF 2

Sacha a construit deux triangles rectangles isocèles superposables. En les assemblant par deux côtés qui ont la même longueur, il a réussi à trouver deux quadrilatères différents.

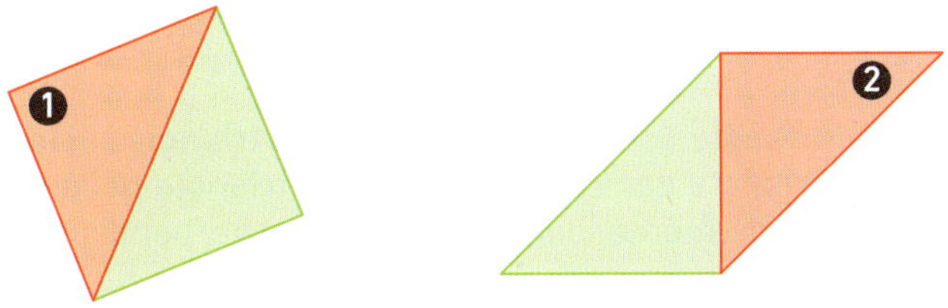

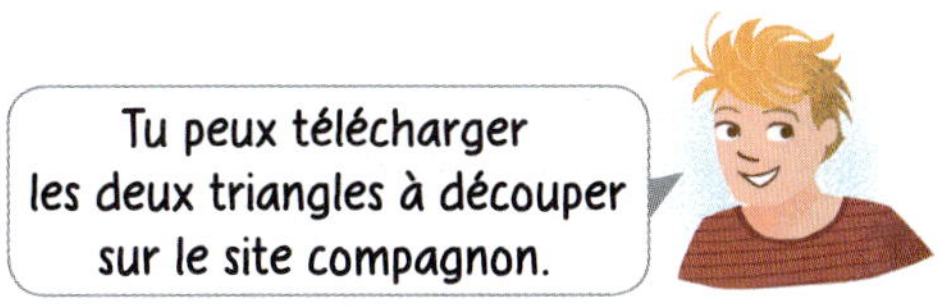

1 **a.** Pour chacun de ces quadrilatères, identifier à l'aide des instruments de géométrie des propriétés concernant les côtés, les angles, les diagonales et les axes de symétrie.

b. Déterminer la nature de chacun de ces quadrilatères.

2 **a.** Construire six fois le même triangle rectangle mais non isocèle.
Découper, assembler deux par deux et coller ces six triangles pour former trois quadrilatères différents.

b. Recommencer le travail de la question **1** pour chacun des trois quadrilatères ainsi formés.

3 Reprendre la question **2** en construisant au départ six fois le même triangle isocèle mais non rectangle.

Activité 4

Construction !

OBJECTIF 2

Sur son cahier, Inès a commencé à construire un rectangle ABCD, un carré ABCD et un losange ABCD.

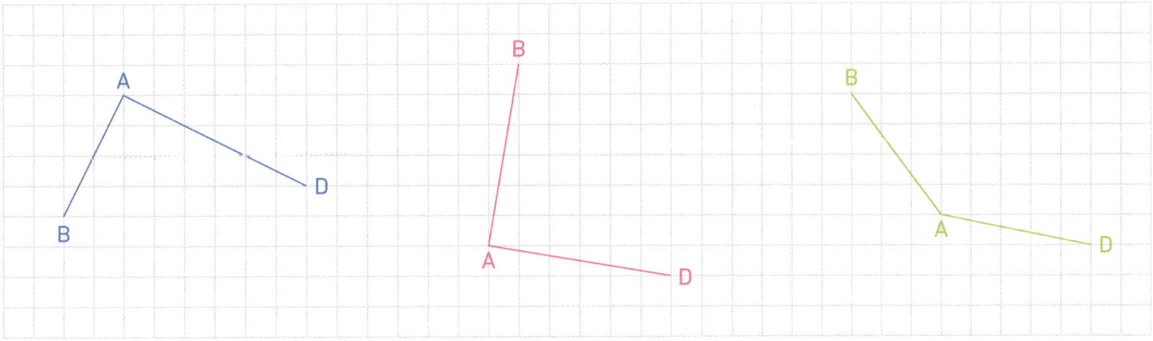

1 Reproduire le début du travail d'Inès à l'aide du quadrillage, puis terminer la construction des trois quadrilatères.

2 **a.** Voici un programme de construction qui a permis de terminer l'un des trois quadrilatères précédents. Quel est ce quadrilatère ?

- Tracer la droite (d) perpendiculaire à (AD) passant par D.
- Tracer le cercle de centre D passant par A, il coupe la droite (d) en C.
- Tracer les segments [BC] et [CD].

b. Pour chacun des deux autres quadrilatères, rédiger un programme de construction permettant de le terminer.

1 Triangles particuliers

OBJECTIF 1

DÉFINITION Un polygone qui a trois côtés s'appelle un **triangle**.

DÉFINITIONS

Un triangle **isocèle** est un triangle qui a deux côtés de même longueur.	Un triangle **équilatéral** est un triangle qui a ses trois côtés de même longueur.	Un triangle **rectangle** est un triangle qui a deux côtés perpendiculaires.
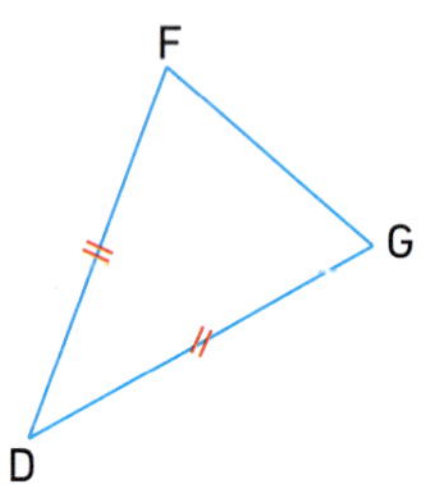	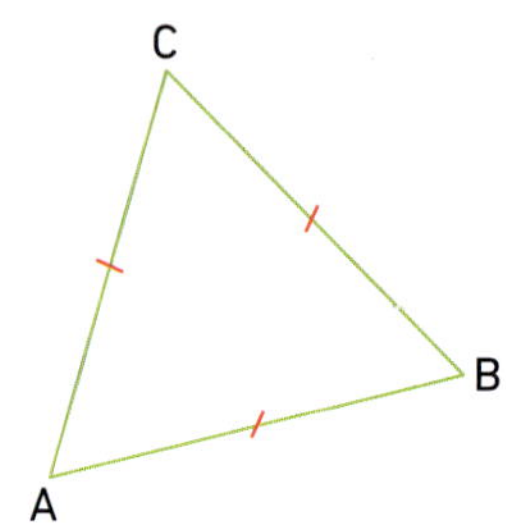	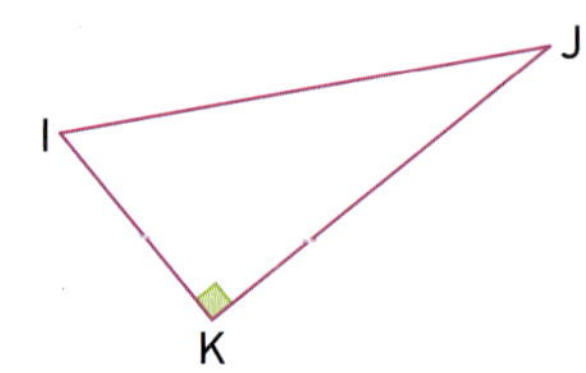
– Le triangle DFG est isocèle en D. – D est le sommet principal du triangle. – [FG] est la base du triangle.	Le triangle ABC est équilatéral.	– Le triangle IJK est rectangle en K. – [IJ] est l'hypoténuse du triangle.

Remarques

1. Un triangle peut être à la fois isocèle et rectangle.

2. Un triangle équilatéral est un triangle isocèle particulier.

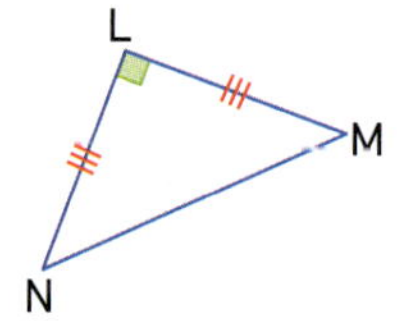

PROPRIÉTÉS

Dans un triangle **isocèle** : – les angles à la base ont la même mesure ; – les deux côtés issus du sommet principal sont de même longueur ; – la médiatrice de la base du triangle est un axe de symétrie de ce triangle.	Dans un triangle **équilatéral** : – les trois angles ont la même mesure : 60° ; – les trois côtés sont de même longueur ; – la médiatrice de chaque côté est un axe de symétrie du triangle.	Dans un triangle **rectangle**, l'un des angles est un angle droit.
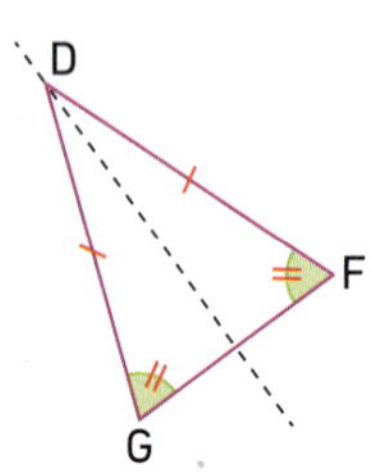	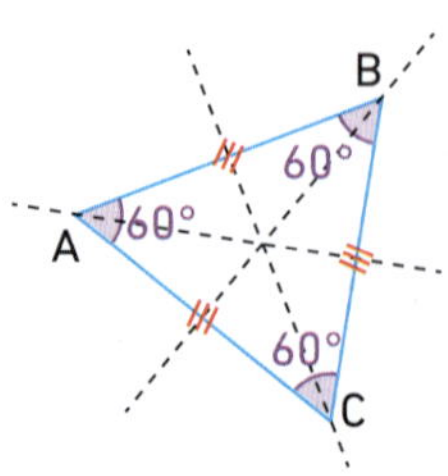	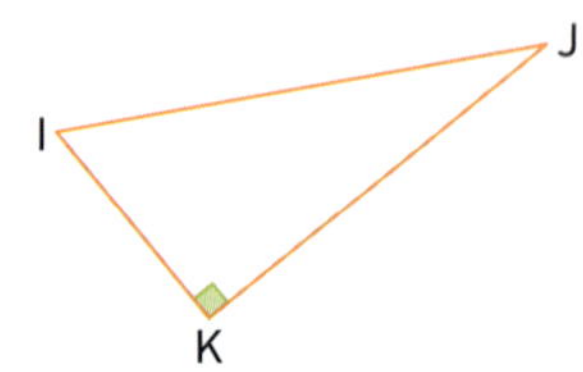

Propriétés Admises

2 Quadrilatères particuliers

OBJECTIF 2

DÉFINITIONS

Un **rectangle** est un quadrilatère qui a quatre angles droits.	Un **losange** est un quadrilatère qui a quatre côtés de la même longueur.	Un **carré** est un quadrilatère qui a quatre angles droits et quatre côtés de la même longueur.
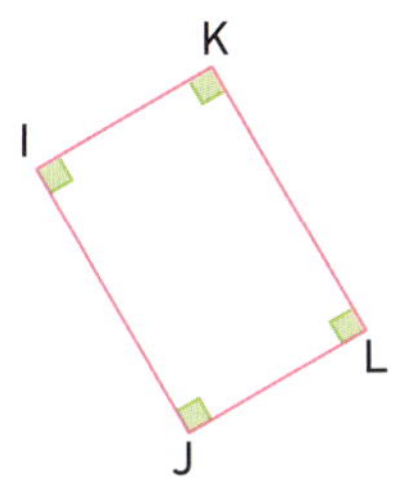 KLJI est un rectangle.	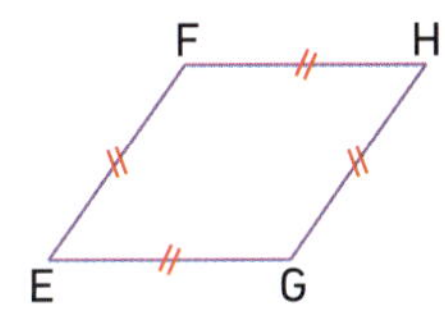 FHGE est un losange.	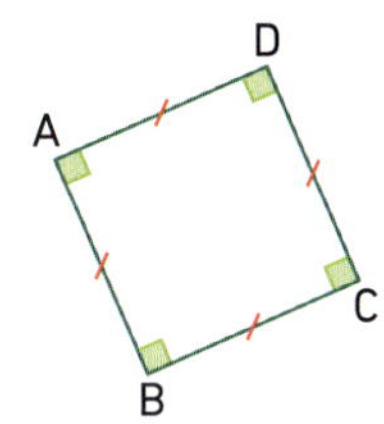 ADCB est un carré.

Remarques
1. Les carrés sont donc des rectangles particuliers puisqu'ils ont quatre angles droits.
2. Les carrés sont donc des losanges particuliers puisqu'ils ont quatre côtés de la même longueur.

PROPRIÉTÉS

Dans tous les **rectangles** : – les côtés opposés sont parallèles ; – les côtés opposés sont de même longueur ; – les diagonales ont la même longueur et elles se coupent en leur milieu.	Dans tous les **losanges** : – les côtés opposés sont parallèles ; – les angles opposés sont de même mesure ; – les diagonales sont perpendiculaires et elles se coupent en leur milieu.	Dans tous les **carrés** : – les côtés opposés sont parallèles ; – tous les côtés ont la même longueur ; – les diagonales sont perpendiculaires, de même longueur et elles se coupent en leur milieu.
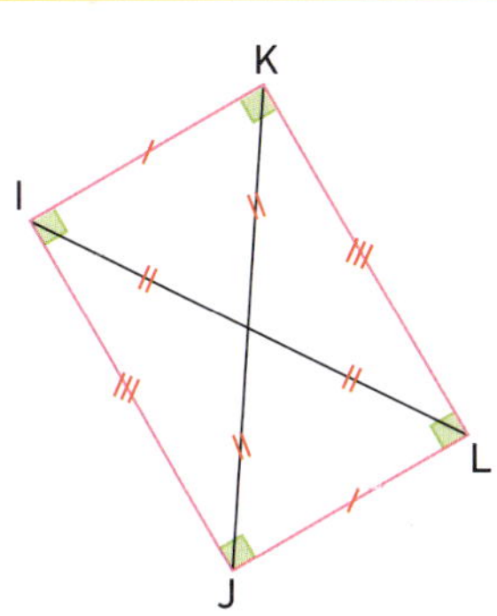	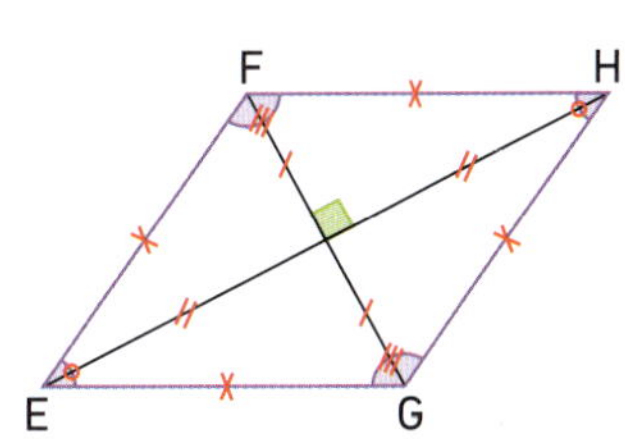	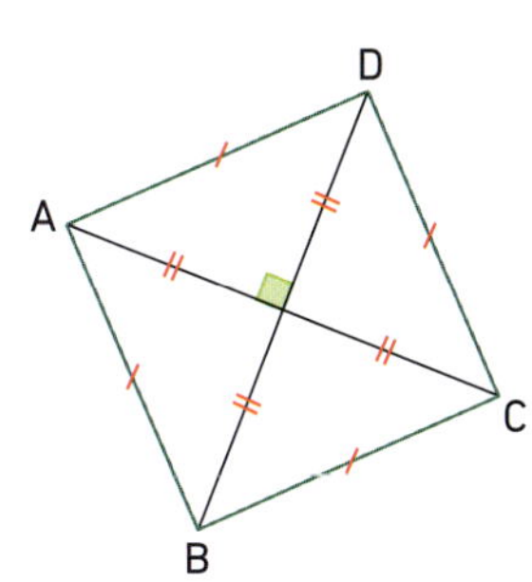

Propriétés Admises

Remarque : Comme le carré est à la fois un rectangle et un losange, il a toutes les propriétés du rectangle et toutes les propriétés du losange.

objectif 1

Je comprends

Voir la vidéo : bordas.media/733775_070

Voir l'animation : bordas.media/733775_100

Construire le triangle ABC tel que AB = 5 cm ; BC = 8 cm et AC = 10 cm.

Exercice résolu

Étape 1. On peut commencer par réaliser un dessin à main levée sur lequel on écrit toutes les informations de l'énoncé.

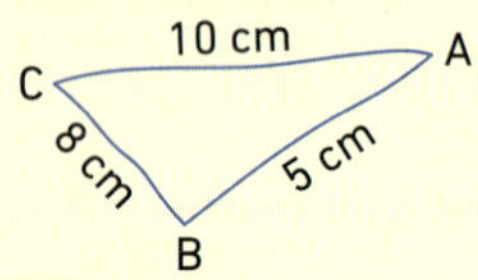

Étape 2. Pour construire le triangle ABC, on commence par tracer un côté, par exemple [BC], puis pour trouver A, on place tous les points qui sont à 5 cm de B.
Pour cela, on trace un cercle de centre B et de rayon 5 cm.

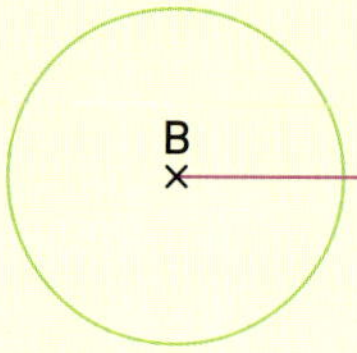

Étape 3. Le point A doit être à 10 cm du point C. On place les points qui sont à 10 cm du point C. Le point A est donc l'un des deux points d'intersection des deux cercles.

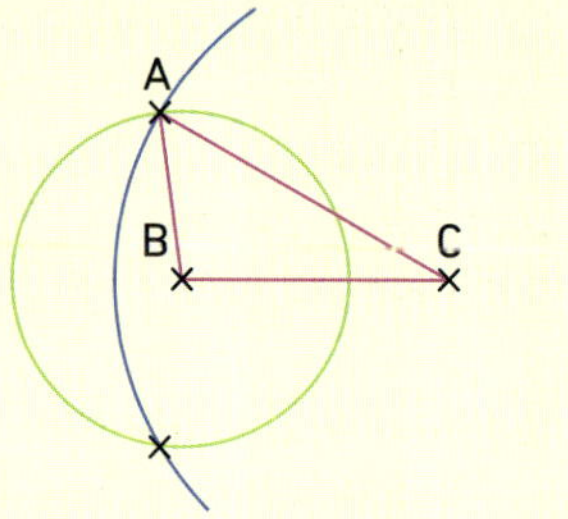

Je m'échauffe

Voir l'animation : bordas.media/733775_101

1 QUESTIONS FLASH

Dans chaque cas, donner la nature du triangle.

1. Je suis un triangle avec un angle droit.
2. Je suis un triangle avec trois côtés égaux.
3. Je suis un triangle avec un angle droit et deux côtés égaux.
4. Je suis un triangle avec deux côtés égaux.
5. Je suis un triangle dont les côtés mesurent 4 cm, 5 cm et 6 cm.

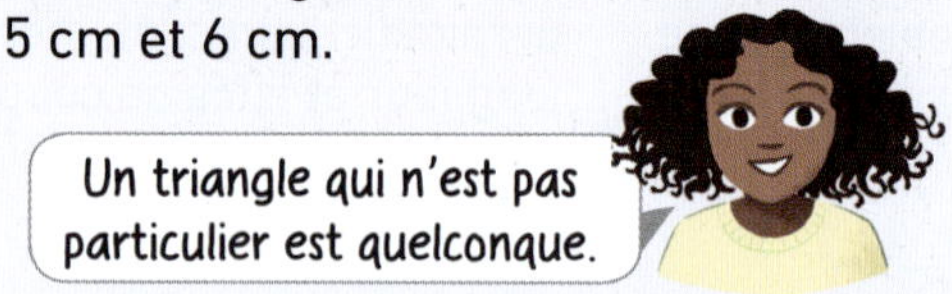

2 Dans chacun des cas ci-dessous, préciser la nature du triangle qui a été fait à main levée et codé.

a.

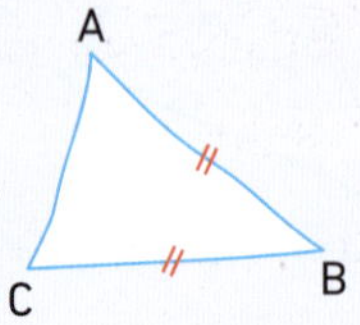

b.

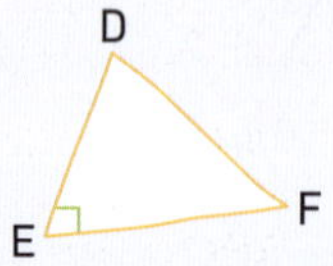

c.

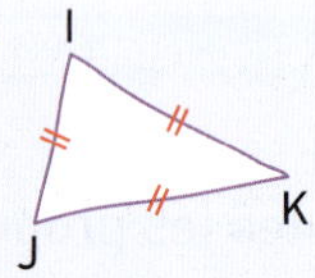

d.

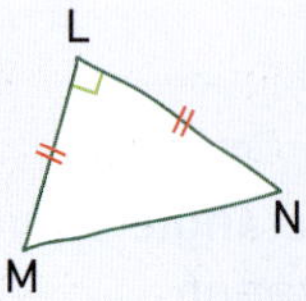

3 Dans chacun des cas suivants, tracer la figure demandée, puis la coder avec toutes ses propriétés.

a. Tracer un triangle ABC isocèle en B.
b. Tracer un triangle DEF équilatéral.
c. Tracer un triangle IJK rectangle en K.
d. Tracer un triangle LMN rectangle isocèle en L.
e. Tracer un triangle OPQ quelconque.

4 Construire les triangles suivants :

a. le triangle RST tel que RS = 11 cm ; ST = 6 cm et RT = 8 cm ;
b. le triangle DEF tel que DE = 7,5 cm ; DF = 6 cm ; EF = 6,5 cm ;
c. le triangle MLK tel que ML = 3,5 cm ; MK = 8 cm et LK = 6,5 cm.

5 **1.** Construire les triangles suivants :

a. le triangle ABE tel que AB = 5 cm ; AE = 5 cm et BE = 5 cm ;
b. le triangle HGT tel que HG = 4 cm ; HT = 6 cm et GT = 4 cm ;
c. le triangle SOP tel que SO = 8 cm ; SP = 6 cm et OP = 10 cm.

2. Donner la nature de chacun des triangles tracés.

Je m'entraîne 1

6

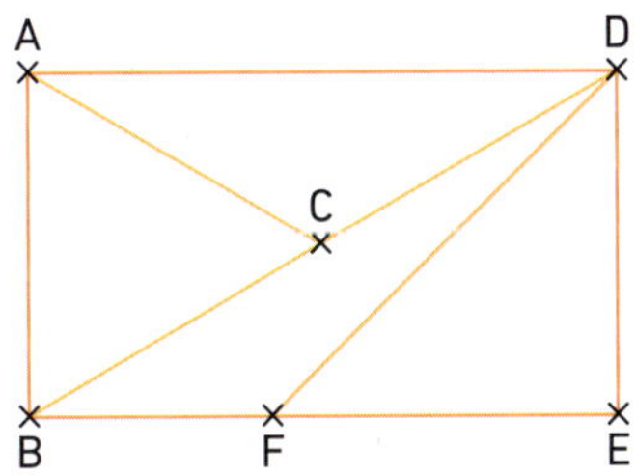

En utilisant les instruments de géométrie, trouver dans la figure ci-dessus :

a. un triangle quelconque ;
b. un triangle rectangle qui n'est pas isocèle ;
c. un triangle isocèle ;
d. un triangle équilatéral ;
e. un triangle rectangle isocèle.

7 Sachant que les points A, B et E sont alignés, nommer tous les triangles que l'on peut voir dans la figure ci-dessous en précisant la nature de chacun.

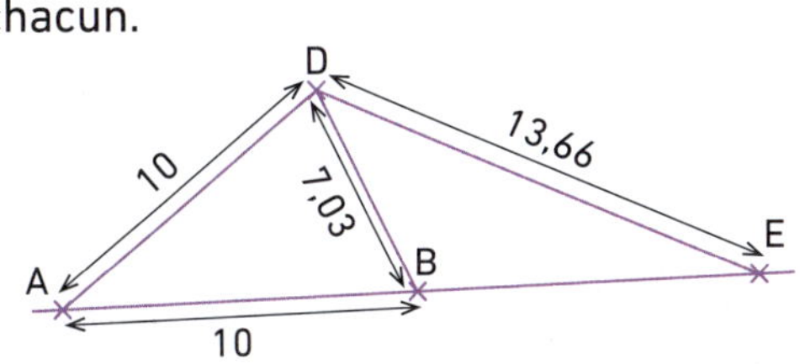

8 **1.** Tous ces triangles ont un périmètre de 21 cm. Retrouver la longueur manquante.

a.

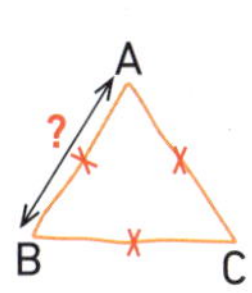

b.

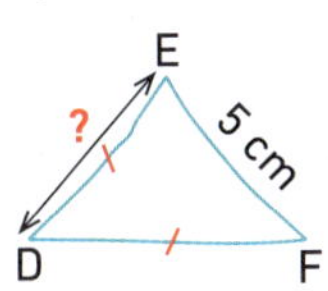

c.

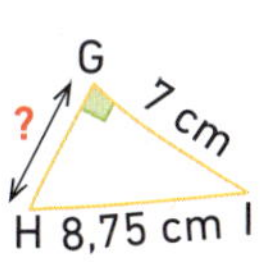

d.

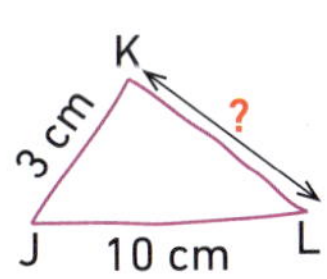

2. Quelle est la nature de chacun de ces triangles ?
3. Construire ces triangles.

9 **1.** Quelle est la nature de chacun des triangles ci-dessous ?

a.

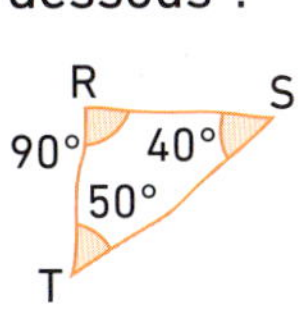

b.

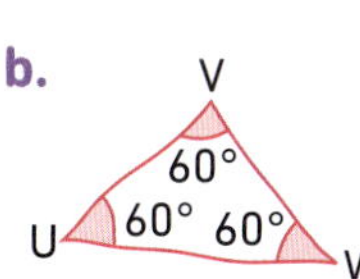

c.

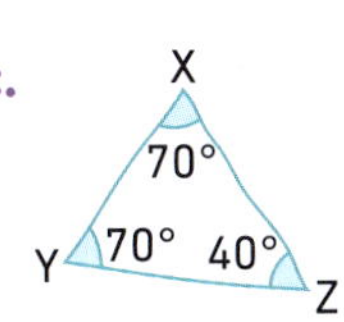

2. Pour chaque triangle, dire si certains côtés ont la même longueur.
Si oui, préciser lesquels.

Je m'entraîne 2

10 **1.** Construire un triangle RUM équilatéral tel que RU = 58 mm.
2. Construire un triangle OPM isocèle en O tel que MP = 0,3 dm et OP = 4,2 cm.
3. Construire un triangle KLM rectangle en L tel que LM = 6 cm et KM = 10 cm.

11

- Placer deux points A et B.
- Tracer le cercle de centre A passant par B.
- Placer un point C sur le cercle de façon à ce que [BC] ne soit pas un diamètre du cercle.

1. Faire une figure et tracer le triangle ABC.
2. Sans utiliser les instruments de géométrie, donner la nature du triangle ABC.
Justifier la réponse.

12 Construire la figure ci-dessous sachant que MJ = 5 cm, MI = 3 cm et M ∈ [LJ] :

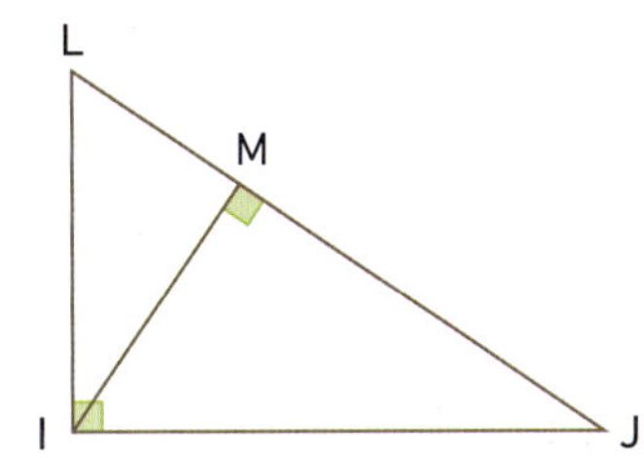

13 **Les maths autour de moi**

Une créatrice de bijoux envisage de faire des pendentifs comme celui ci-contre.
Son fabricant lui demande un plan pour se faire une idée. Ce plan sera un agrandissement du bijou et le grand triangle devra avoir un côté de 8 cm.
Réaliser ce plan après avoir mesuré sur le manuel.

14 **TOP Chrono** 20 min

1. Voici la description d'un triangle :

ABC est un triangle isocèle en B tel que AB = 6 cm et AC = 4 cm.

a. Faire un schéma à main levée.
b. Construire le triangle.

2. Construire un triangle DEF avec DE = 6,2 cm ; EF = 2,7 cm et DF = 4,1 cm.

Je comprends

Voir la vidéo : bordas.media/733775_071

Voir l'animation : bordas.media/733775_102

Construire un losange ABCD tel que AB = 4 cm et AC = 5 cm.

Exercice résolu

Étape 1. Faire un schéma à main levée de la figure.

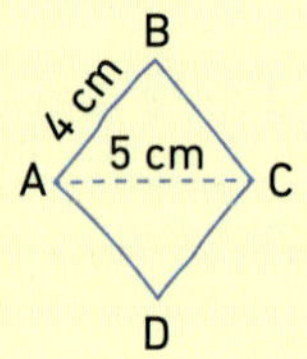

Étape 2. Chercher dans les propriétés du losange (diagonales, côtés, axes de symétrie, angles…) des informations qui permettront de construire la figure.

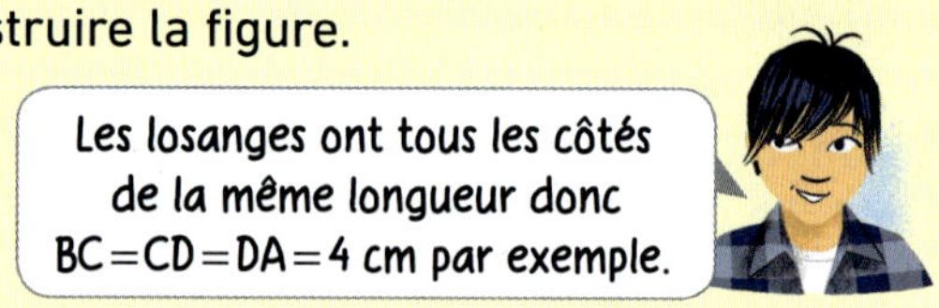

Étape 3. Tracer le triangle ABC.

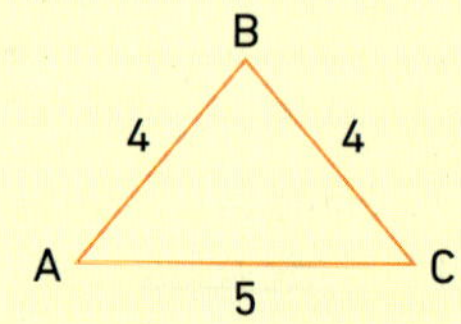

Étape 4. Tracer le triangle ACD pour terminer la construction.

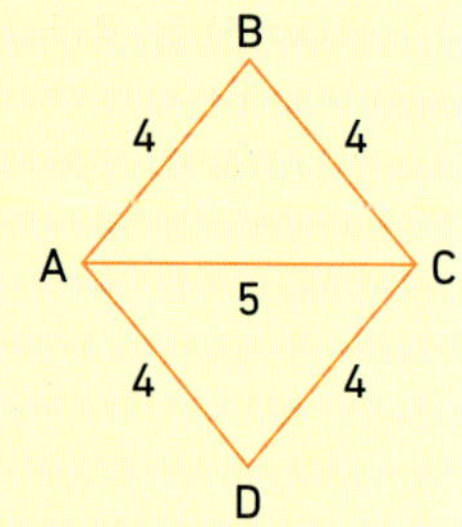

Je m'échauffe

Voir l'animation : bordas.media/733775_103

15 QUESTIONS FLASH

1. Que peut-on dire des diagonales d'un rectangle ?
2. Que peut-on dire des côtés d'un losange ?
3. Que peut-on dire des diagonales d'un losange ?
4. Les côtés d'un rectangle peuvent-ils être tous de la même longueur ?
5. Les angles d'un losange peuvent-ils être droits ?
6. Les carrés sont-ils des rectangles ?

16 Donner la nature des figures dessinées à main levée ci-dessous et justifier la réponse.

a. 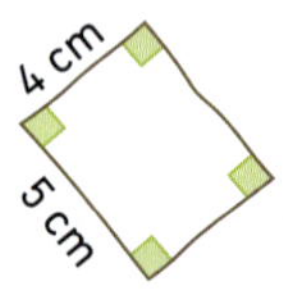

b. 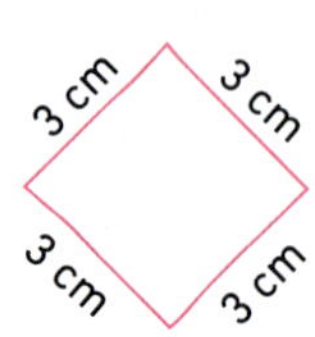

c. 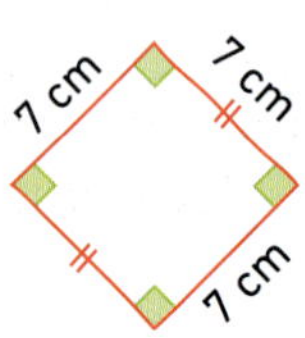

d. 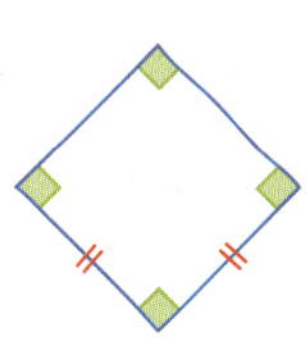

17 1. Tracer un rectangle, un losange et un carré.
2. Coder sur chaque figure :
a. les informations concernant les longueurs ;
b. les informations concernant les angles ;
c. les informations concernant les diagonales.

18 Construire les quadrilatères ci-dessous.
S'il y a plusieurs possibilités, en construire deux différentes.

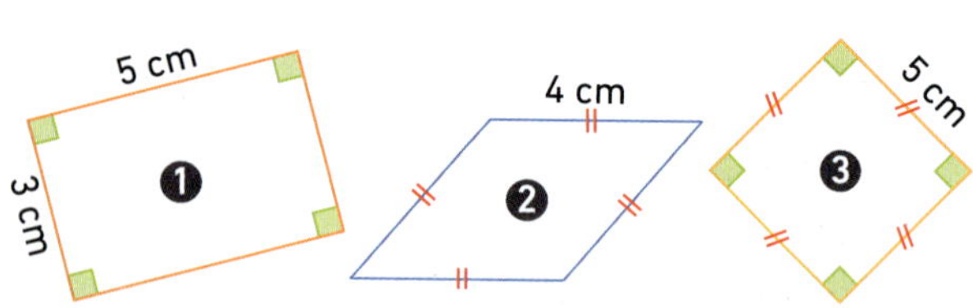

19 Dans chaque cas, construire la figure demandée. Si c'est impossible, expliquer pourquoi ; s'il y a plusieurs possibilités, en construire deux différentes.
1. Construire un rectangle dont les côtés mesurent 4,2 cm et 6,5 cm.
2. Construire un carré de côté 5,7 cm.
3. Construire un losange qui a un côté de 7 cm.
4. Construire un losange qui a un côté de 5 cm et une diagonale de 3 cm.

Je m'entraîne 1

20 Dans chacun des cas ci-dessous, construire la figure lorsque c'est possible. Si c'est impossible, expliquer pourquoi.
1. Construire un quadrilatère qui a un seul angle droit.
2. Construire un quadrilatère qui a deux angles droits consécutifs et seulement deux angles droits.
3. Construire un quadrilatère qui a exactement deux angles droits opposés.
4. Construire un quadrilatère qui a exactement trois angles droits.

21 Construire la figure ci-dessous :

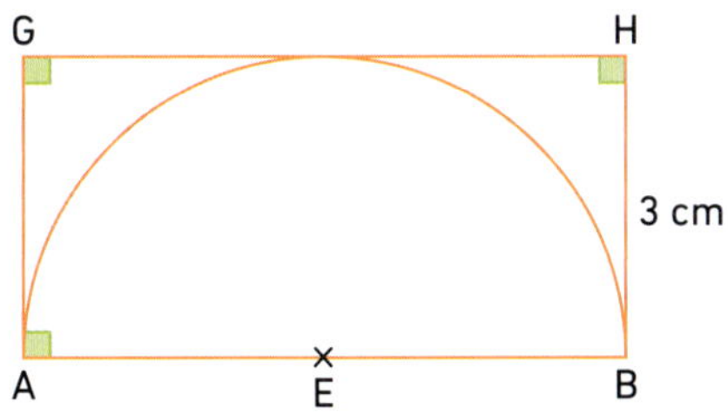

22 **1.** Construire un carré dont les diagonales mesurent 5 cm.
2. Construire un losange dont les diagonales mesurent 6,4 cm et 3 cm.

23 Construire un losange qui a un côté qui mesure 4 cm et une diagonale qui mesure 7 cm.

24 **1.** Placer un point D et un point P au stylo sur une feuille blanche non quadrillée.
2. Construire un carré DRPT.
3. Rédiger un programme de construction de ce carré.

25 Dans la figure ci-dessous, ABCD est un carré de côté 3,5 cm, EFGB est un rectangle et DHIA est un losange. D'autre part, E est le milieu de [AD], EF = 5 cm et HA = 2,5 cm.

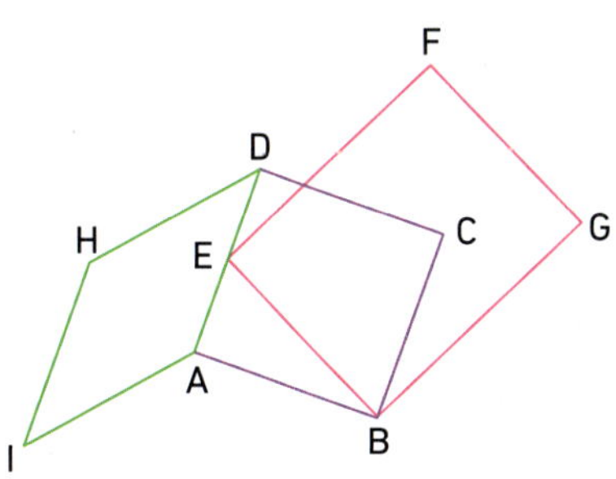

Construire cette figure.

Je m'entraîne 2

26 Voici un programme de construction :

- Construire un carré KLMO.
- Construire un triangle équilatéral KOP à l'intérieur du carré KLMO.
- Construire un triangle équilatéral OMN à l'extérieur du carré KLMO.

1. Construire la figure en prenant KL = 4 cm.
2. Refaire la construction en prenant KL = 7 cm.
3. Pédro dit : « Sur ma figure, les points L, P et N sont alignés. »
a. Est-ce le cas sur les deux figures précédentes ?
b. Est-ce une information sûre ? Expliquer.

27 **Les maths autour de moi**

Hamza veut fabriquer une boîte de chocolats personnalisée pour sa mère.
Pour cela, il a dessiné un patron à main levée avec le codage.

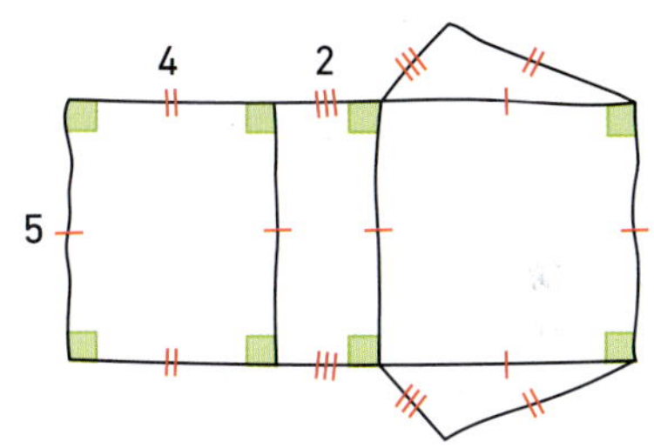

1. Quelle est la nature de chacune des faces du solide ?
2. Construire le patron en vraie grandeur sur une feuille.
3. Découper ce patron et assembler le solide.

28 **TOP Chrono** 15 min

1. a. Tracer un rectangle ABCD tel que AB = 8 cm et BC = 5 cm.
b. Tracer les diagonales du rectangle et nommer O leur point d'intersection.
c. Tracer le cercle de centre O passant par A.
2. À vue d'œil, il semblerait que le cercle passe par les points B, C et D.
En prenant appui sur des propriétés du rectangle, expliquer pourquoi on peut être certain que les points B, C et D sont effectivement sur le cercle.

je travaille seul(e) ou en Accompagnement personnalisé

Je fais le point sur mon cours

QCM de révision
Retrouve un autre QCM interactif : bordas.media/733775_072

		A	B	C
29	Un triangle qui a exactement deux côtés égaux est un triangle :	rectangle	isocèle	équilatéral
30	Un triangle qui a exactement trois côtés égaux est un triangle :	rectangle	isocèle	équilatéral
31	ABCD a ses quatre côtés égaux. On est donc certain que c'est un :	carré	rectangle	losange
32	ABCD a quatre angles droits. On est donc certain que c'est un :	carré	rectangle	losange
33	ABCD a ses diagonales perpendiculaires qui se coupent en leur milieu. On est donc certain que c'est un :	carré	rectangle	losange

Je fais le point sur mes objectifs

Voir l'animation : bordas.media/733775_104

OBJECTIF 1

Je sais reconnaître et construire un triangle

34 Construire les triangles ci-dessous :

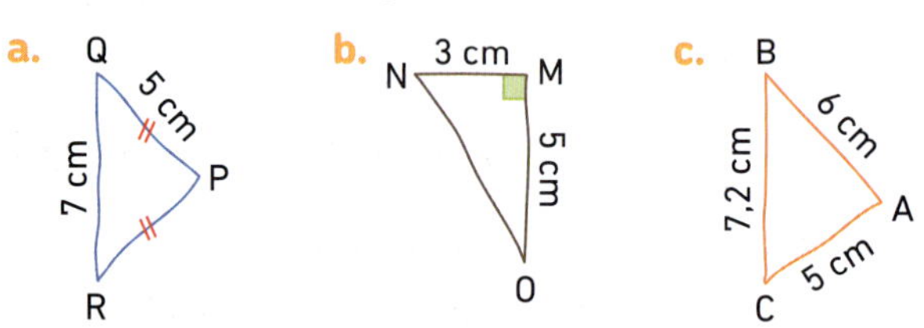

35 **1.** Tracer un triangle EGF tel que EF = 4 cm, EG = 2 cm et FG = 3 cm.
2. Tracer un triangle ABC tel que BC = 4,5 cm, AB = 3 cm et AC = 4 cm.
3. Tracer un triangle MNO tel que MN = 5 cm, MO = 6,6 cm et NO = 7,4 cm.

36 **1.** Construire un triangle TRE isocèle en E tel que TR = 2,5 cm et RE = 3,8 cm.
2. Construire un triangle DFG équilatéral tel que DF = 5,5 cm.
3. Tracer un triangle AZE rectangle en A tel que AZ = 4 cm et AE = 6 cm.

37 **1.** Tracer un triangle QSD tel que QS = 5,5 cm ; QD = 7 cm et SD = 8,5 cm.
2. Rédiger un programme de construction de ce triangle.

38 Construire les triangles suivants :

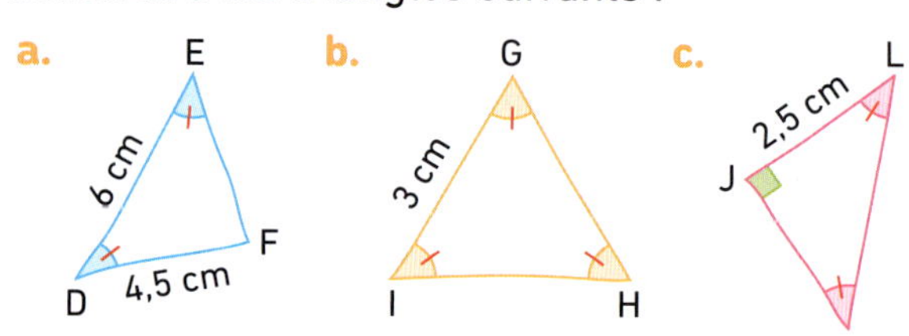

39 **1.** Tracer un triangle ERT rectangle en T tel que ET = 5 cm et ER = 10 cm.
2. Rédiger un programme de construction de ce triangle.

40 **1.** Tracer un triangle RAT tel que RA = 5,3 cm ; TA = 5,4 cm et RT = 5,5 cm.
2.

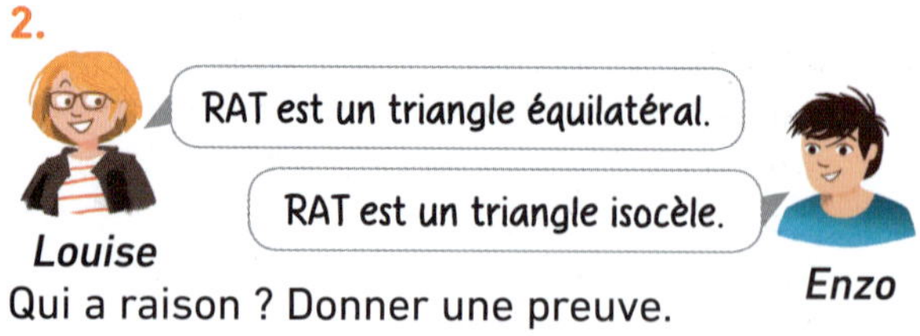

Qui a raison ? Donner une preuve.

41

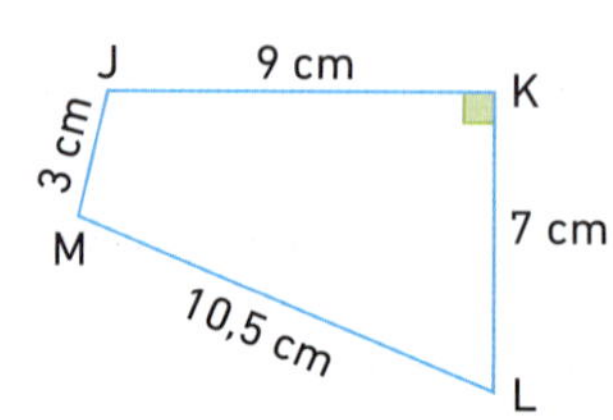

Construire cette figure.

42 Dans la figure ci-dessous, AB = 3 cm.

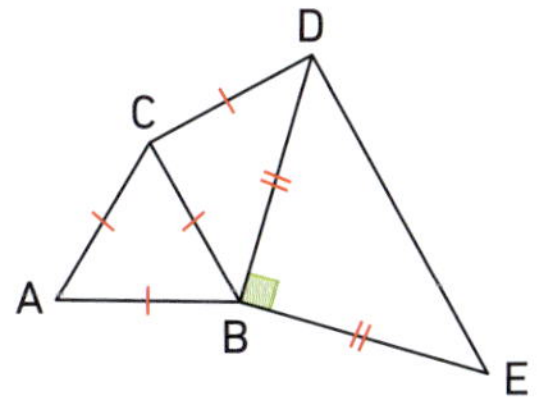

1. Construire la figure.
2. Quelle est la nature de chacun des triangles tracés ?
3. En utilisant la nature de chaque triangle, rédiger un programme de construction.

OBJECTIF 2

Je sais reconnaître et construire un quadrilatère particulier

43 Donner la nature des figures dessinées à main levée ci-dessous et justifier la réponse.

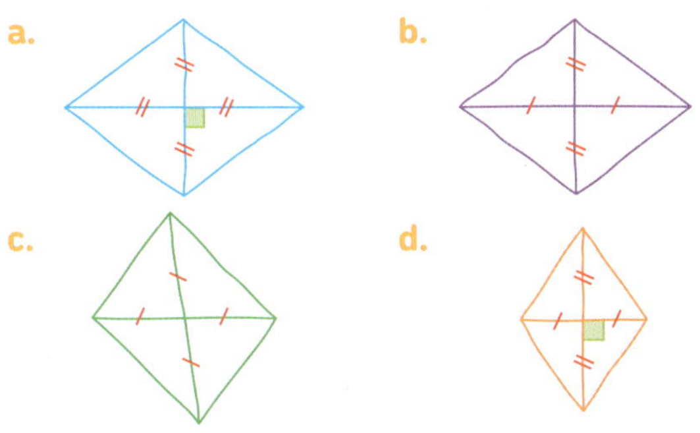

Pour les exercices 44 et 45, les constructions sont indépendantes les unes des autres.

44 1. Construire un carré de côté 6,5 cm.
2. Construire un rectangle dont les côtés mesurent 2 cm et 10 cm.
3. Construire un losange de côté 7 cm dont une des diagonales mesure 4 cm.

45 1. Construire un rectangle dont les diagonales mesurent 10 cm et un des côtés mesure 4 cm.
2. Construire un losange dont les diagonales mesurent 10 cm et 7 cm.
3. Construire un carré dont les diagonales mesurent 5 cm.

46 Un rectangle IJKL a un périmètre de 20 cm. Le côté IJ mesure 4,9 cm.
1. Faire un schéma à main levée de la figure et le coder.
2. Construire la figure.
3. Ce rectangle est-il un carré ? Donner une preuve.

47 Dans la figure ci-dessous, ABCD est un rectangle :

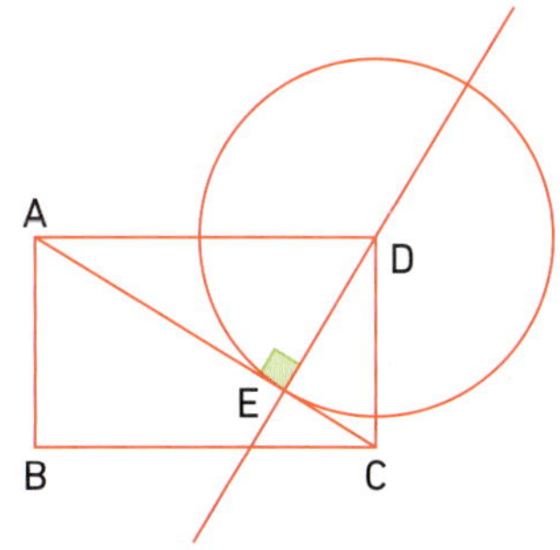

1. Construire la figure sachant que AB = 5 cm et AD = 10 cm.
2. Rédiger un programme de construction de la figure sans utiliser le mot *rectangle*.

48 Dans la figure ci-dessous, ADBC est un losange et (AE) est parallèle à (CD).

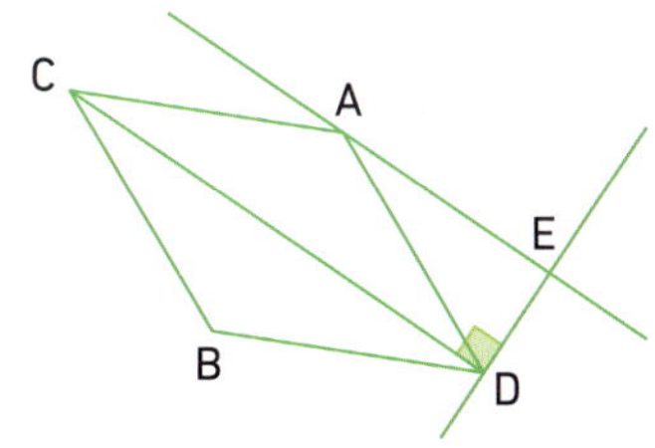

1. Construire la figure sachant que DC = 9 cm et AD = 6 cm.
2. Rédiger un programme de construction de la figure sans utiliser le mot *losange*.

49 Un trapèze est un quadrilatère qui a deux côtés parallèles.
1. Les rectangles sont-ils des trapèzes ?
2. Les losanges sont-ils des trapèzes ?
3. Tracer un quadrilatère qui n'est pas un trapèze.
4. En prenant les mesures nécessaires sur la figure ci-dessous, construire un agrandissement deux fois plus grand du trapèze NORQ.

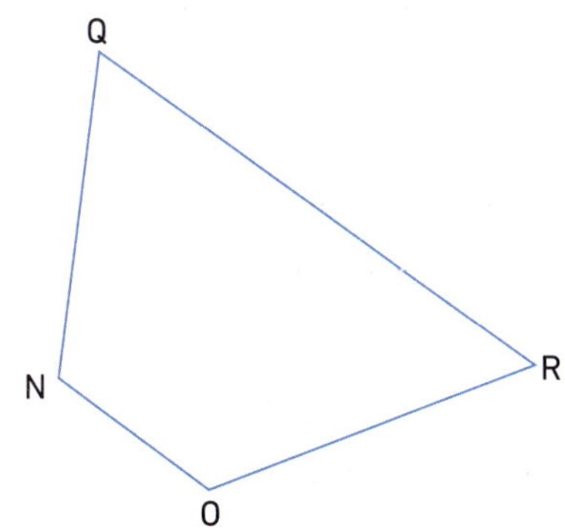

5. En traçant seulement deux segments, partager cette figure en un rectangle et deux triangles rectangles.

Je résous des problèmes

OBJECTIF 1

Je sais reconnaître et construire un triangle

50 Toujours droit ?

1. a. Placer deux points A et B.
b. Tracer le cercle de diamètre [AB].
Placer un point C sur le cercle de façon à ce que [BC] ne soit pas un diamètre du cercle.
2. À l'aide des instruments de géométrie, dire quelle semble être la nature du triangle ABC.

51 Beaucoup d'informations

Dans la figure ci-dessous, ABC est un triangle équilatéral, CDB est un triangle rectangle isocèle en C et BDE est un triangle isocèle en E.

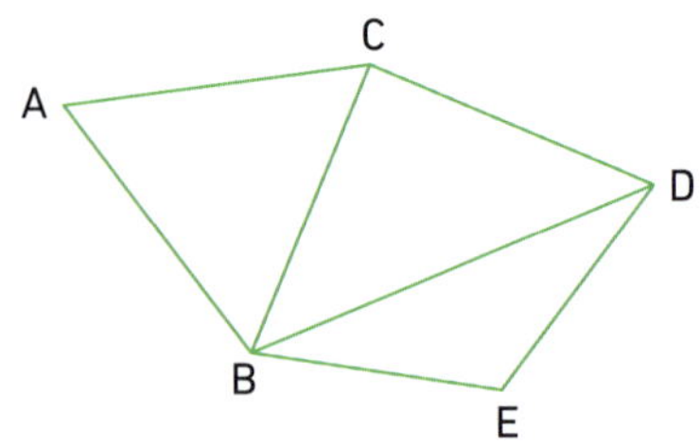

1. Faire une figure à main levée et la coder.
2. Sachant que AB = 5 cm et BE = 3,5 cm, construire cette figure.

52 Coupé en deux

En découpant mentalement la figure en deux triangles, reproduire le quadrilatère suivant.

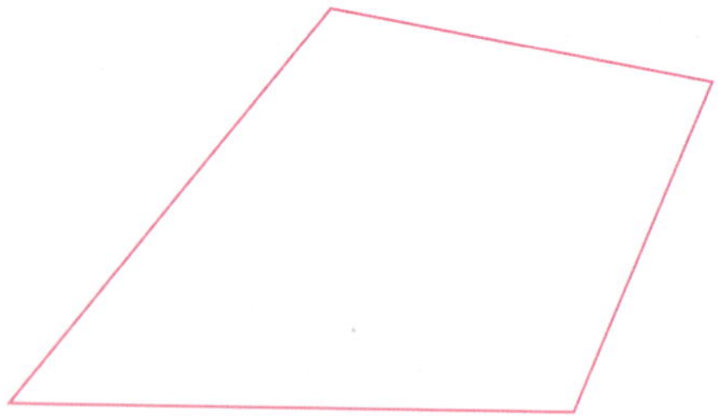

53 Le même en plus grand

1. Construire un triangle 1,5 fois plus grand que le triangle ci-dessous réalisé à main levée.

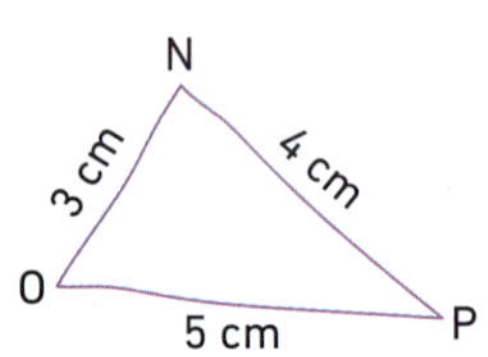

2. Placer le point M, milieu de [OP].
3. En utilisant les instruments de géométrie, dire quelles semblent être les natures des triangles ONP et NOM.

54 Les maths autour de moi

Le Guyana est un pays situé à côté du Brésil et du Suriname, non loin de la Guyane française. Son drapeau est le suivant :

Construire ce drapeau à partir d'un rectangle de 14 cm sur 9,3 cm.

55 Figure mystère

Je suis un triangle rectangle et mes côtés mesurent un nombre entier de centimètres. Mon périmètre est 12 cm. Il faut maintenant me dessiner…

OBJECTIF 2

Je sais reconnaître et construire un quadrilatère particulier

56 Il y en a trop

1. Nommer tous les carrés que l'on peut voir dans cette figure.
2. Nommer tous les rectangles que l'on peut voir dans cette figure et qui ne sont pas des carrés.

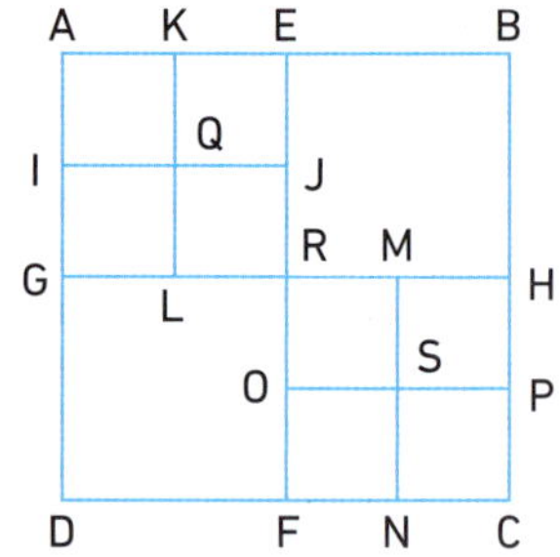

57 Les maths autour de moi

Voici une partie du fond de la nouvelle fontaine publique de la ville :

Reproduire cet assemblage en prenant 3 cm pour le côté du losange.

58 Losange et carré

Sur un carré DCBA de côté 4 cm, on construit un losange DFBG de côté 7 cm comme sur la figure ci-dessous :

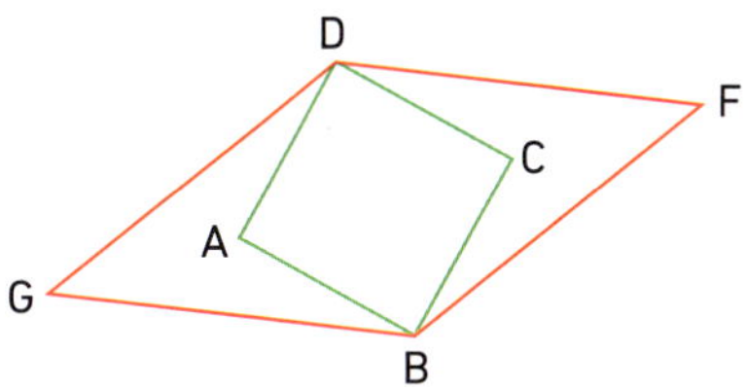

Construire cette figure.

59 Par ici le programme !

1. Construire la figure ci-dessous :

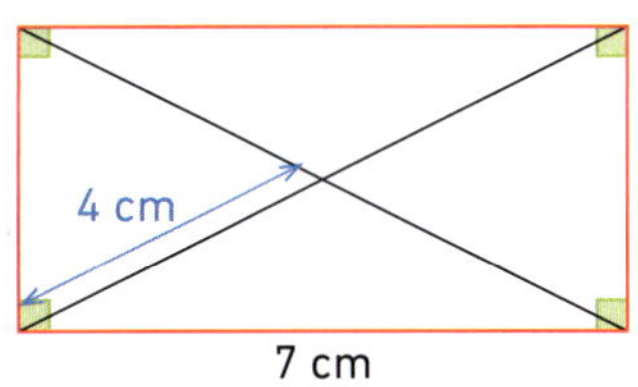

2. Quelles propriétés ont été utilisées pour construire ce quadrilatère ?
3. Rédiger un programme de construction de ce quadrilatère qui n'utilise pas le mot *rectangle*.

60 Qui est-ce ?

Voici deux algorithmes programmés avec le logiciel Scratch :

①

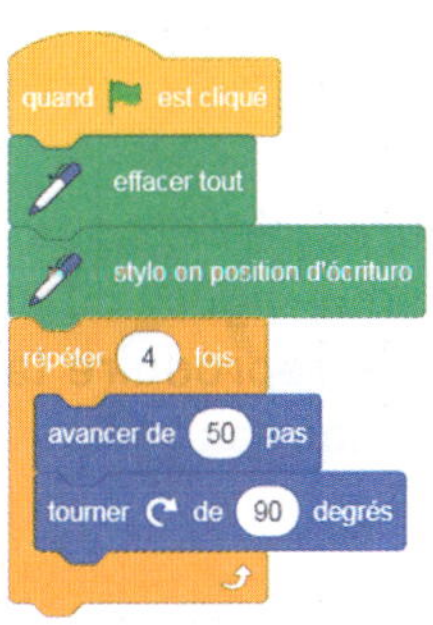

②

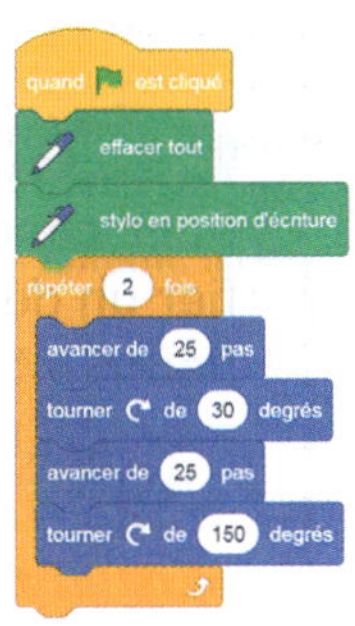

1. Tracer la figure obtenue avec chacun des programmes en prenant 1 cm pour 5 pas.
On marquera précisément le point de départ de la construction.
2. Quelle est, dans chaque cas, la nature du quadrilatère obtenu ?

61 Certes ! Mais pourquoi ?

1. Tracer un cercle et deux diamètres perpendiculaires de ce cercle que l'on nommera [AB] et [CD].
2. Quelle est la nature du quadrilatère ACBD ? Donner une preuve.

MULTI OBJECTIFS

62 Encore un rectangle

DEFG est un rectangle tel que DE = 6 cm et DF = 8 cm.
1. Faire un schéma à main levée de la figure.
2. Construire le rectangle DEFG.

63 Triangles et quadrilatères

1. ABCD est un rectangle de centre E. Quelle est la nature du triangle ABE ? Justifier la réponse.
2. FGHI est un losange de centre J. Quelle est la nature du triangle FGJ ? Justifier la réponse.
3. KLMN est un carré de centre O. Quelle est la nature du triangle KLO ? Justifier la réponse.

64 Décrire et construire

Elliot doit rédiger un programme de construction de la figure ci-dessous :

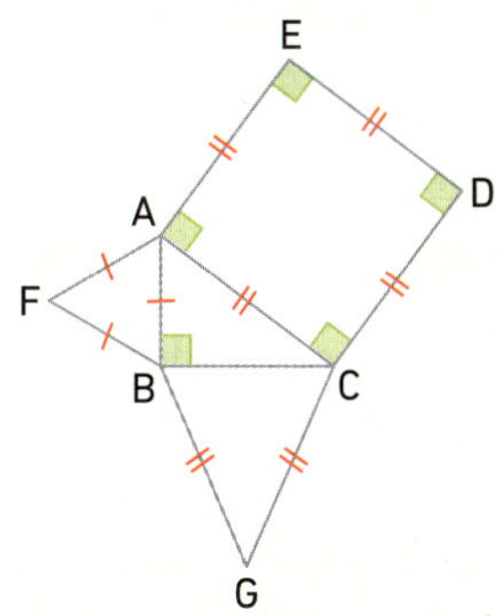

1. Voici le début de son travail :

« Tracer un triangle ABC rectangle en B… »

Terminer sa rédaction du programme.
2. Sachant que le triangle ABC est tel que AB = 3 cm, BC = 4 cm et AC = 5 cm, construire la figure.

65 Rectangle dans un triangle

Dans la figure ci-dessous, on a inscrit un rectangle dans un triangle ce qui signifie que les sommets du rectangle (les points A, B, C et D) sont sur les côtés du triangle :

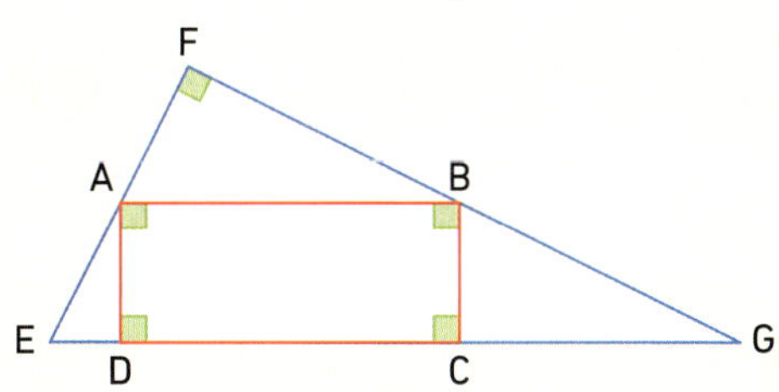

1. Construire la figure sachant que ED = 1 cm, DC = 5 cm et BC = 2 cm.
2. Rédiger un programme de construction de la figure.

75 Les sept triangles

CHERCHER D1.3 et 4

Voici un problème proposé à Aïssé et Thomas :

Avec des segments de 4 cm, 5 cm, 6 cm et 7 cm, fabriquer des triangles.

Peut-on tracer sept triangles différents ?

76 Losange ou pas ?

REPRÉSENTER • RAISONNER D1.3, 4 et 5

1. Construire le quadrilatère EFGH ci-dessous :

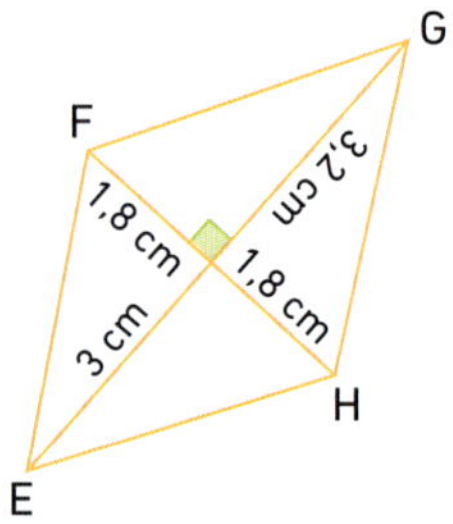

2. Elian affirme : « EFGH est un losange ».
Vrai ou Faux ? Donner une preuve.

77 Peut-on répondre ?

RAISONNER • COMMUNIQUER D1.3, 4 et 5

Dans la figure ci-dessous, DE = 6,2 cm :

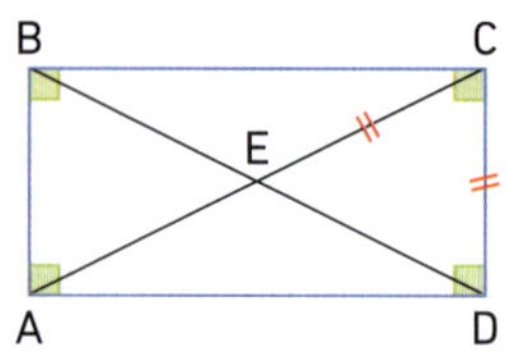

1. Construire la figure.
2. Tania affirme que le triangle BEA est un triangle équilatéral. A-t-elle raison ?
Justifier la réponse.

78 Von Aubel

COMMUNIQUER • REPRÉSENTER • RAISONNER D1.3 et 4

1. Tracer un losange ABCD, puis tracer à l'extérieur de ce losange des carrés ABEF, BCGH, CDTO et DAPM.
2. Nommer I, J, K et L les centres respectifs des carrés ABEF, BCGH, CDTO et DAPM.
3. Quelle est la nature du quadrilatère IJKL ?
4. Réaliser cette figure avec GeoGebra. IJKL change-t-il de nature quand on déplace les points ?

79 L'écologie autour de moi

CHERCHER • REPRÉSENTER D1.3 et 4

Sur un toit rectangulaire de 5 m sur 7 m, on veut installer des panneaux solaires qui mesurent 2 m sur 1 m.
Pour des raisons de sécurité, il faut prévoir au moins 80 cm entre le bord du toit et le panneau solaire.

1. Combien de panneaux solaires pourra-t-on placer au maximum sur ce toit ?
2. Réaliser un plan 50 fois plus petit que la réalité qui montre comment disposer les panneaux solaires sur ce toit.

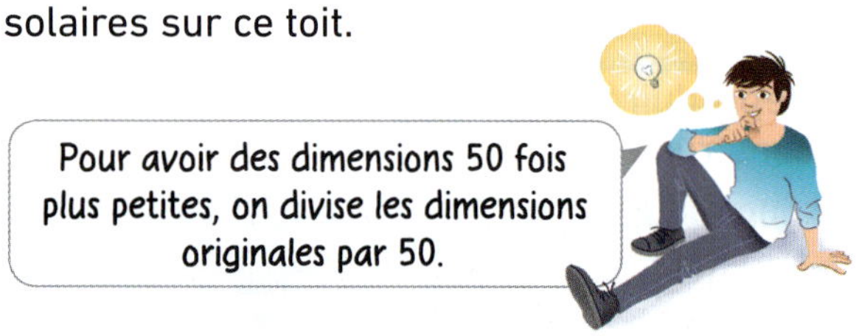

80 Un triangle bi-rectangle

CHERCHER • RAISONNER • COMMUNIQUER D1.3 et 5

Peut-on construire un triangle qui a deux angles droits ? Si oui le tracer, si non donner une preuve.

81 Je fais ma story

Faire une recherche sur internet et visionner une vidéo des danseurs Sadeck et Ammar appelée *Géométrie variable*.
Évidemment, ce sont des danseurs professionnels et il sera très difficile d'être aussi performant. En s'inspirant de leurs travaux, réaliser et filmer une petite chorégraphie dans laquelle on verrait des polygones particuliers formés avec les bras ou les jambes ou prendre des photos dans une position fixe et en faire un diaporama pour montrer les figures réalisées.

Jeux mathématiques

82 Mots croisés

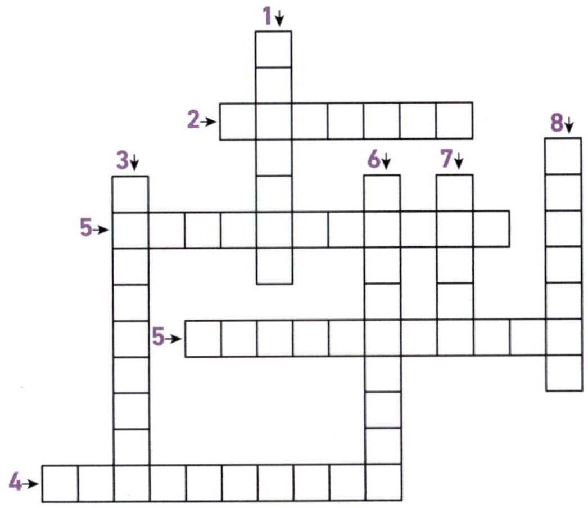

1. Triangle qui a un seul axe de symétrie.
2. Les diagonales sont perpendiculaires et se coupent en leur milieu.
3. Triangle qui a un angle droit.
4. Triangle dont les côtés mesurent 3 cm ; 4 cm et 6 cm.
5. Tous les angles sont égaux.
6. Les diagonales se coupent en leur milieu et ont la même longueur.
7. Un losange rectangle ou un rectangle losange.
8. Trois côtés et deux angles égaux.

83 Défi !

1. En prenant les mesures nécessaires sur la figure, reproduis-la en trois fois plus grand.
2. Sans faire de construction en dehors du cadre, peux-tu construire la portion de droite de (EH) qui rentre dans le cadre sachant que EGHF est un losange ?

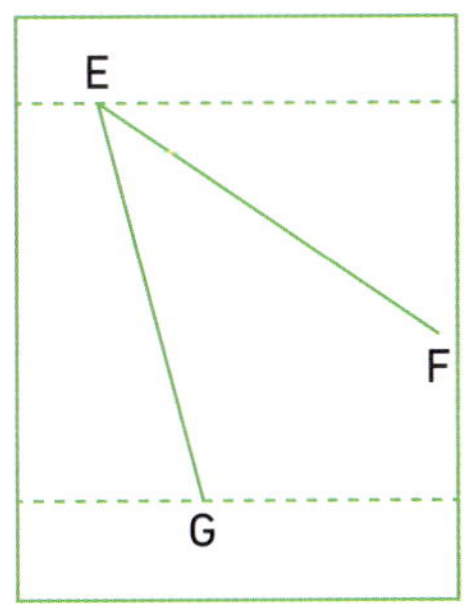

Énigme

84 Mes diagonales sont perpendiculaires et de la même longueur, pourtant je ne suis pas un carré. Peux-tu me dessiner ?

devoirs à la maison

85 Léonard de Vinci

Voici un extrait de la page 1 040 du *Codex atlanticus* de Léonard de Vinci :

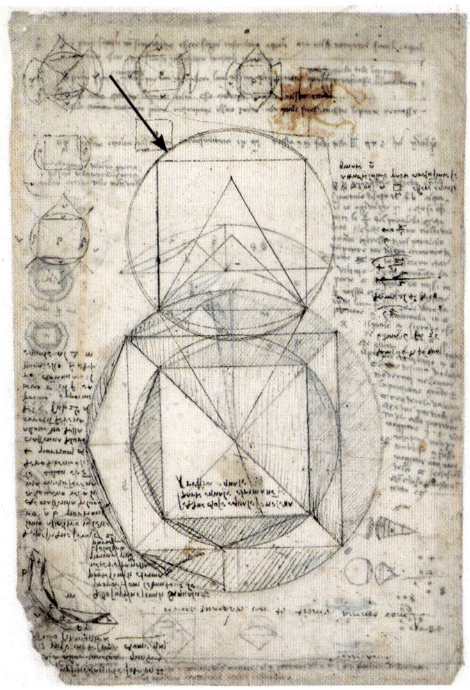

1. Quels polygones retrouve-t-on dans la figure désignée par une flèche ?
2. Réaliser la construction de cette figure de telle sorte que le cercle ait un rayon de 7 cm.

86 Jeu, set et match !

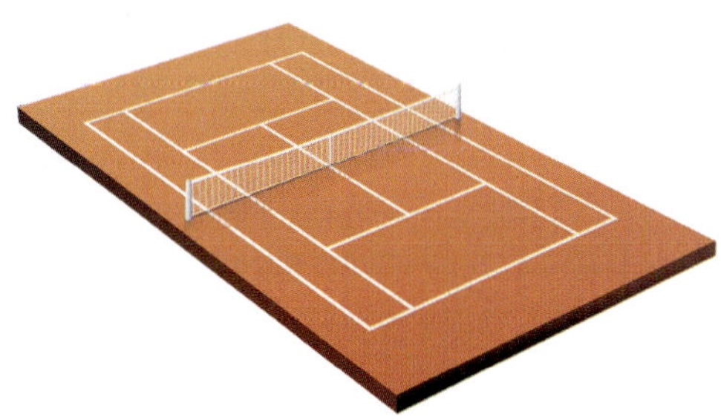

1. Chercher les dimensions d'un terrain de tennis.
2. Construire un plan d'un terrain de tennis 200 fois plus petit que la réalité.

avec un logiciel

Pour faire ces activités, télécharge les fiches logiciel Géométrie et Tableur sur le site college.editions-bordas.fr.

1 Une figure à reproduire

45'

Utiliser un logiciel de géométrie dynamique pour reproduire une figure.

Difficulté mathématique · Difficulté technique

A. Sur le cahier

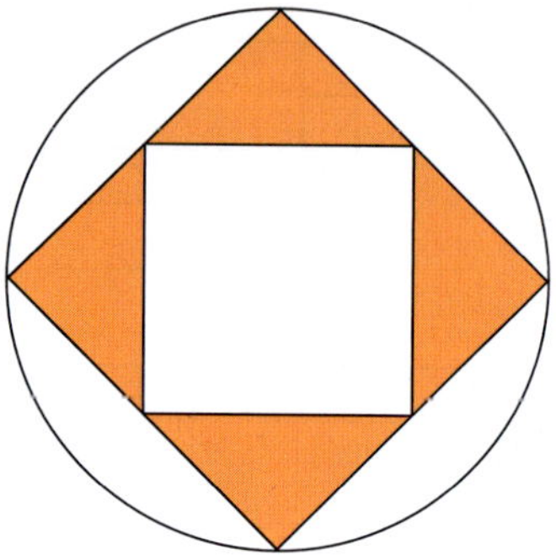

1 Reproduire cette figure en prenant les informations nécessaires avec les instruments de géométrie.

2 Quelles sont les propriétés de la figure qui ont été utilisées pour cette reproduction ?

Cherche des angles droits, des milieux, des parallèles, des alignements...

B. Dans un logiciel de géométrie dynamique

3 Reproduire cette figure en commençant par construire le carré marron. Géométrie 29, 4, 7, 6 et 12

4 Dans une autre feuille, reproduire cette figure en commençant par construire le carré blanc.

5 Dans une autre feuille, reproduire cette figure en commençant par construire le cercle.

Pour ces trois questions, il faut que la figure change de taille ou d'orientation mais garde toutes ses propriétés lorsqu'on fait bouger un point avec la souris.

2 Programme de construction

45'

Utiliser un logiciel de géométrie dynamique pour identifier les propriétés d'une figure.

Difficulté mathématique · Difficulté technique

Télécharger les fichiers TICE2-Fichier_1, TICE2-Fichier_2, TICE2-Fichier_3 sur le site compagnon.
Lorsqu'on ouvre les différents fichiers, on voit la même figure à l'écran.

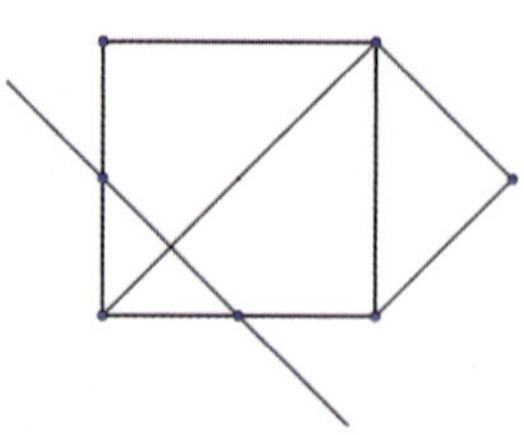

Pourtant, les programmes de construction permettant de les réaliser ne sont pas les mêmes. Il faut les retrouver.

1 **a.** Ouvrir le premier fichier, puis déplacer les points de la figure. Géométrie 1
b. Identifier des propriétés de la figure (milieux, perpendiculaires, parallèles, alignements, nature des polygones...), puis rédiger un programme de construction permettant de la construire.

2 Recommencer le travail de la question précédente avec les deux autres fichiers.

3 Réaliser une rosace (ALGO)

Utiliser un logiciel de programmation pour réaliser une rosace.

45' — Difficulté mathématique — Difficulté technique

L'objectif de cette activité est de réaliser une rosace comme celle-ci avec le logiciel Scratch :

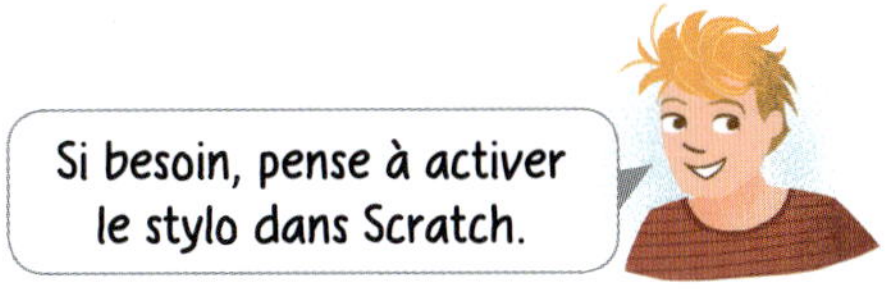

1 Cette rosace est construite à partir d'un losange constitué de deux triangles équilatéraux accolés.

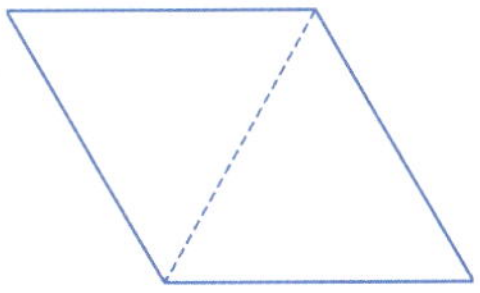

a. Par calcul, déterminer les mesures des quatre angles de ce losange.
b. Créer un bloc nommé « Losange » qui permet de tracer ce losange et de revenir dans la position initiale avec la même orientation.

2 Utiliser le bloc pour réaliser une rosace du même type que celle présentée ci-dessus.

4 Réaliser un pavage (ALGO)

Utiliser un logiciel de programmation pour réaliser un pavage.

45' — Difficulté mathématique — Difficulté technique

L'objectif de cette activité est de réaliser un pavage comme celui-ci avec le logiciel Scratch :

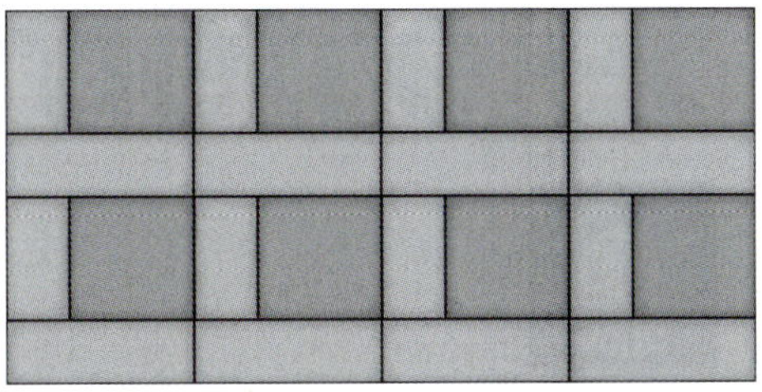

1 Créer un bloc appelé « motif » qui permet de réaliser la figure suivante :

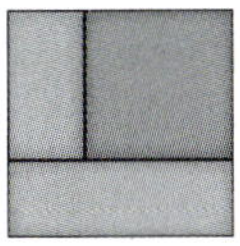

Le grand carré formé par le petit carré et les deux rectangles devra faire 90 pixels de côté et le petit carré devra faire 60 pixels de côté.

2 Faire commencer le lutin en haut à gauche de la feuille et réaliser un pavage en mettant cinq fois le bloc « motif » en largeur et quatre fois en hauteur.

cherchons ensemble

Si tu ne comprends pas certains des mots utilisés ici, demande à ton enseignant ou consulte le *Dico des maths*, p. 12.

Activité 1 — Calculer la longueur d'un cercle

OBJECTIF 1

Travail préliminaire à la maison

- Choisir un objet cylindrique.

Les bases d'un objet cylindrique sont deux cercles identiques.

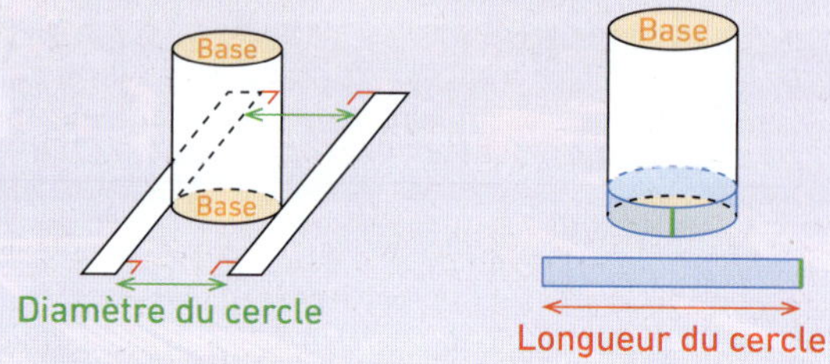

- Mesurer le diamètre et la longueur des bases de l'objet en procédant comme présenté ci-contre.
- Noter ces valeurs pour pouvoir les utiliser en classe.

Travail en classe

1 Avec un groupe de camarades, mettre en commun les données mesurées à la maison ; puis, en observant ces valeurs, faire une conjecture sur la relation entre le diamètre d'un cercle et la longueur de ce cercle.

2 Arthur a lu dans un magazine qu'à partir de la fin du XVIIIe siècle, le diamètre des pistes de cirque a été fixé à 13 m, ce qui correspond à une circonférence d'environ 40,84 m.
La conjecture faite en **1.** permet-elle de retrouver la circonférence d'une piste de cirque ?

La circonférence d'un cercle est la longueur de ce cercle.

Activité 2 — Calculer l'aire de triangles quelconques

OBJECTIF 2

1 Que peut-on dire des segments représentés en rouge dans chacun des triangles ?

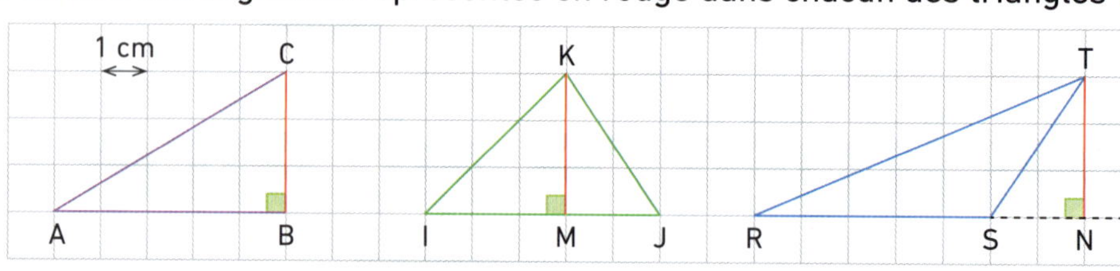

2 **a.** Construire le triangle ABC en vraie grandeur, puis placer le point D pour que le quadrilatère ABCD soit un rectangle.
b. Calculer l'aire du rectangle ABCD, puis en déduire l'aire du triangle ABC.

3 **a.** Sur une feuille, construire le triangle IJK en vraie grandeur ainsi qu'un rectangle de dimensions IJ et KM.
b. Découper ces deux polygones, puis comparer leurs aires. Justifier la réponse.
c. En déduire l'aire du triangle IJK.

4 Calculer les aires des triangles RNT et SNT, puis en déduire l'aire du triangle RST.

5 **a.** Que remarque-t-on concernant les aires de ces trois triangles ?
b. Quelles sont les dimensions que ces trois triangles ont en commun ?
c. À partir de ces observations, proposer une méthode de calcul permettant d'obtenir l'aire d'un triangle quelconque.

Activité 3 — Calculer l'aire d'un disque

OBJECTIF 2

1 À partir d'un disque de rayon 4 cm (figure ①), on réalise une frise (figure ④) :

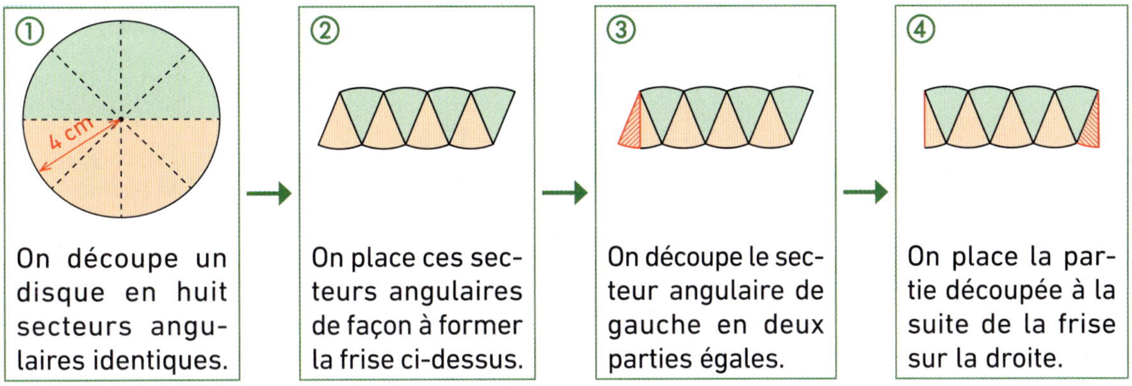

Que peut-on dire de l'aire du disque de départ et de l'aire de la figure ④ ?

2 Pour obtenir un ordre de grandeur de l'aire de la figure ④, on considère que cette figure a une aire proche de celle d'un rectangle.

a. Comment choisir la largeur et la longueur de ce rectangle pour que celui-ci ait une aire proche de celle de la figure ④ ?

b. Calculer une valeur approchée de l'aire de la figure ④.

3 Déduire des questions précédentes une méthode d'évaluation de l'aire d'un disque.

Activité 4 — Convertir des unités d'aire

OBJECTIF 3

1 Sonia veut carreler le sol de sa douche qui a la forme d'un carré de 1 m de côté, soit une aire de 1 m^2.

Elle a choisi des carreaux carrés de 1 dm de côté, donc ayant chacun une aire de 1 dm^2.

a. Combien de carreaux de 1 dm de côté sont nécessaires pour recouvrir le sol de la douche ?

b. Recopier et compléter l'égalité suivante : 1 m^2 = **...** dm^2.

2 Finalement, Sonia préfère des carreaux carrés de 1 cm de côté, donc ayant chacun une aire de 1 cm^2.

a. Combien de carreaux de 1 cm de côté sont nécessaires pour recouvrir le sol de la douche ?

b. Recopier et compléter alors l'égalité suivante : 1 m^2 = **...** cm^2.

3 Sonia veut mettre les mêmes carreaux carrés de 1 cm de côté sur les deux parois verticales de la douche. Ces carreaux se vendent uniquement par paquet d'un mètre carré.

Elle a calculé que l'aire totale des deux parois est de 36 400 cm^2.

Convertir 36 400 cm^2 en m^2 pour savoir combien de paquets de carreaux Sonia doit acheter pour carreler les parois de sa douche.

COURS

1 Calculer le périmètre de polygones et la longueur de cercles

OBJECTIF 1

DÉFINITION Le **périmètre** d'une figure plane est la **longueur de son contour**.

Exemple

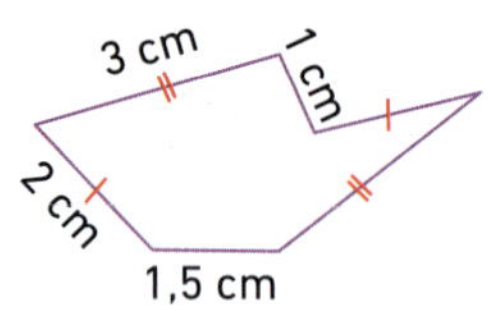

$3 + 1 + 2 + 3 + 1,5 + 2 = 12,5$.
Ce polygone a un périmètre de 12,5 cm.

PROPRIÉTÉ La **longueur (ou circonférence) d'un cercle** est égale à son diamètre multiplié par le nombre π.

$$\text{Longueur} = \pi \times D = 2 \times \pi \times R$$

où D est le diamètre du cercle, R est le rayon du cercle, et π un nombre dont une valeur approchée est 3,14.

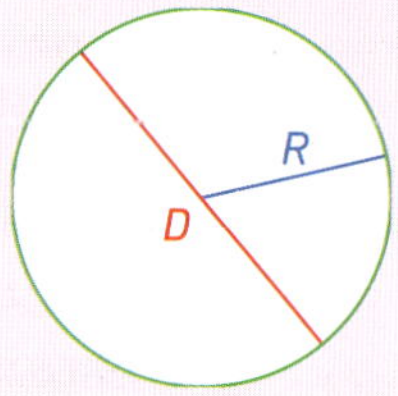

Propriété Admise

Exemple

La longueur d'un cercle de rayon 3 cm est d'environ 18,84 cm car $2 \times 3,14 \times 3 = 18,84$.

2 Calculer l'aire d'un rectangle, d'un triangle et d'un disque

OBJECTIF 2

DÉFINITION L'**aire** d'une figure est la **mesure de sa surface**.

PROPRIÉTÉS

Aire d'un rectangle	Aire d'un carré	Aire d'un triangle rectangle
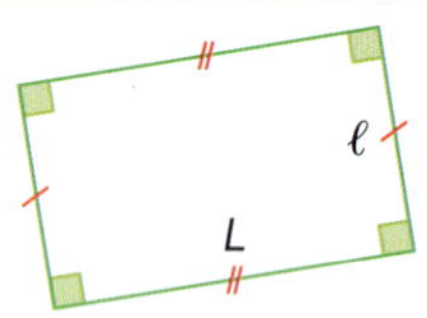 Aire $= L \times \ell$ où L et ℓ sont les deux dimensions (longueur et largeur) du rectangle.	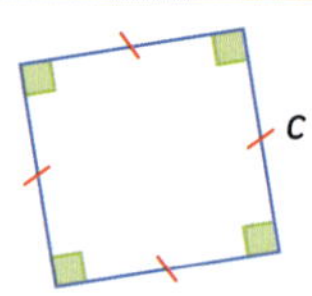 Aire $= c \times c = c^2$ où c est la longueur du côté du carré.	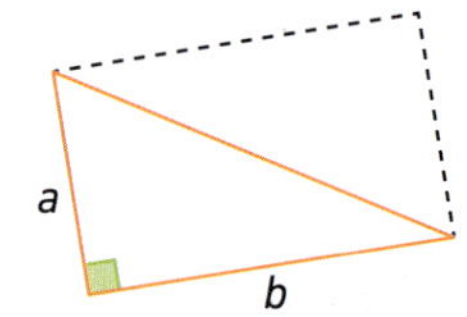 Aire $= (a \times b) : 2$ où a et b sont les longueurs des deux côtés de l'angle droit.

Aire d'un triangle quelconque

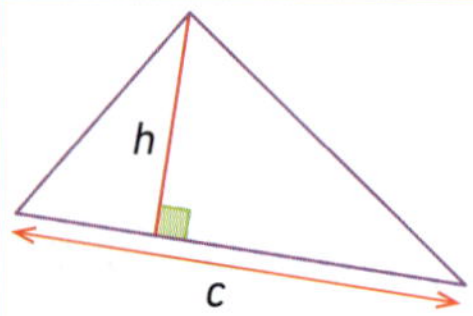

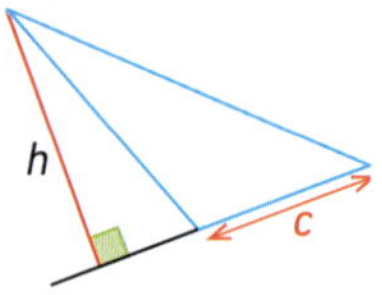

Aire $= (c \times h) : 2$
où c est la longueur d'un des côtés du triangle et h est la hauteur du triangle relative à ce côté.

Démonstration Site compagnon

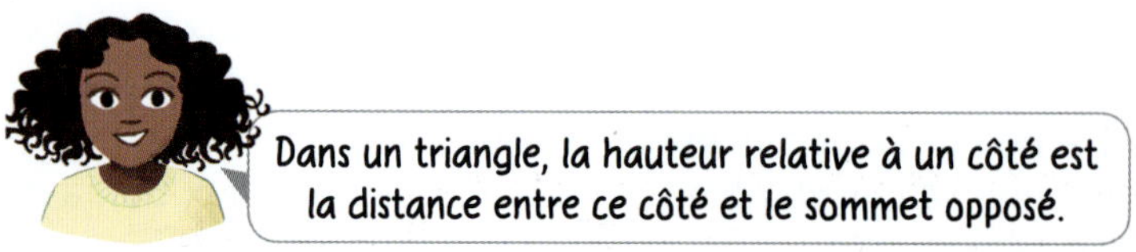

CARTE MENTALE
bordas.media/733775_075

PROPRIÉTÉ L'**aire d'un disque** est égale au nombre π multiplié par le rayon au carré.

$$\text{Aire} = \pi \times R \times R = \pi \times R^2$$

où R est le rayon du disque et $\pi \approx 3{,}14$.

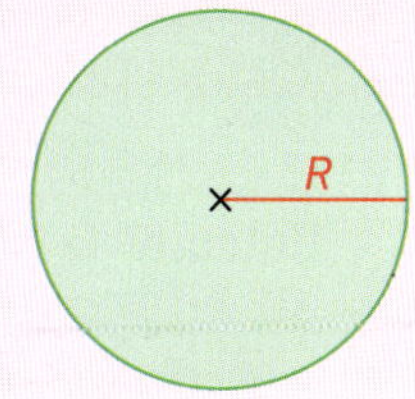

Démonstration p. 247

Exemple

L'aire d'un disque de rayon 3 cm est d'environ 28,26 cm² car $3{,}14 \times 3 \times 3 = 28{,}26$.

Attention, ne confonds pas $2 \times R$ et $R \times R$, ici $2 \times 3 \neq 3 \times 3$.

3 Maîtriser les unités de longueur et d'aire

OBJECTIF 3

a) Unités de longueur

DÉFINITIONS
- L'unité usuelle de **longueur** est le **mètre**, noté « **m** ».
- Les multiples et sous-multiples du mètre sont, dans l'ordre décroissant :

km ; **hm** ; **dam** ; **m** ; **dm** ; **cm** ; **mm**.

Remarque : Deux unités de longueur consécutives sont **10 fois plus grandes** ou **10 fois plus petites** les unes par rapport aux autres.

Exemple

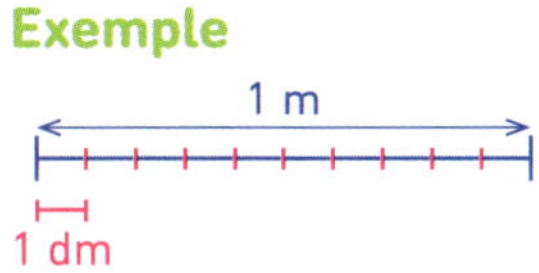

1 m = 10 dm et 1 dm = $\frac{1}{10}$ m = 0,1 m

De même : 1 dm = 10 cm et 1 cm = 0,1 dm ; 1 km = 10 hm et 1 hm = 0,1 km ; etc.

b) Unités d'aire

DÉFINITIONS
- L'unité usuelle d'**aire** est le **mètre carré**, noté « **m²** ».
- 1 mètre carré correspond à une surface équivalente à celle d'un carré de 1 m de côté.
- Les multiples et sous-multiples du mètre carré sont, dans l'ordre décroissant :

km² ; **hm²** ; **dam²** ; **m²** ; **dm²** ; **cm²** ; **mm²**.

Remarque : Deux unités d'aire consécutives sont **100 fois plus grandes** ou **100 fois plus petites** les unes par rapport aux autres.

Exemple

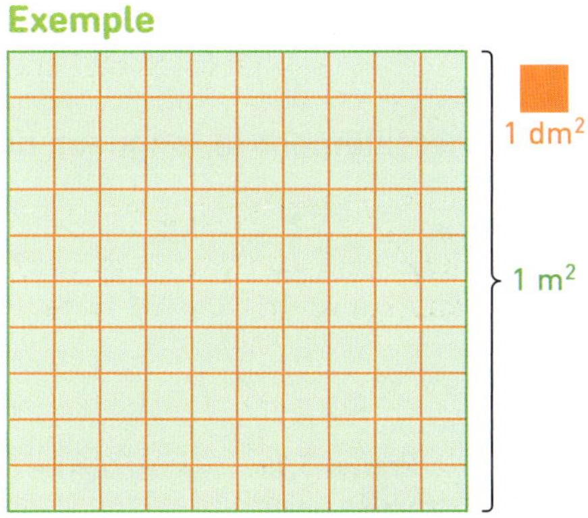

1 m² = 100 dm² et 1 dm² = $\frac{1}{100}$ m² = 0,01 m²

De même :
- 1 cm² = 100 mm² et 1 mm² = 0,01 cm² ;
- 1 dam² = 100 m² et 1 m² = 0,01 dam² ;

etc.

Pour les grandes surfaces, on utilise aussi les **ares** (**a**) et les **hectares** (**ha**) :

1 a = 100 m² = 1 dam² et 1 ha = 100 a = 10 000 m² = 1 hm².

objectif 1 Je calcule le périmètre

Je comprends

Voir la vidéo : bordas.media/733775_076

Calculer le périmètre de cette figure :

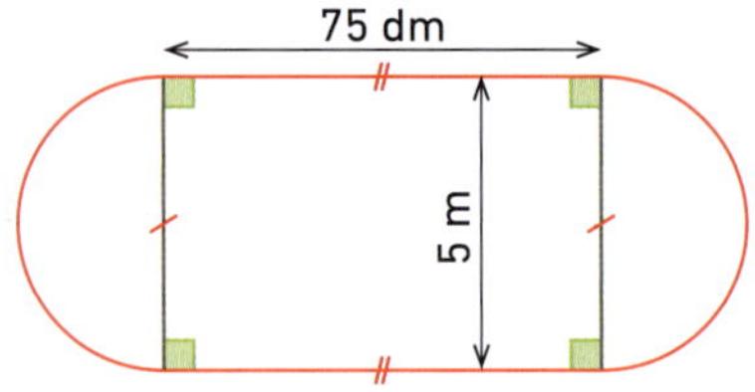

Exercice résolu

Étape 1. Il faut calculer la somme des longueurs qui composent le contour de la figure. Ici, le contour (en rouge sur la figure) est composé de deux demi-cercles de même diamètre donc d'un cercle et de deux segments.

Étape 2. Pour additionner des longueurs, celles-ci doivent être exprimées dans la même unité donc il faut parfois effectuer des conversions. Ici, 75 dm = 7,5 m.

Étape 3. On calcule la longueur du cercle de diamètre 5 m en prenant $\pi \approx 3{,}14$.
Longueur = $D \times \pi$
Longueur $\approx 5 \times 3{,}14 = 15{,}7$.
La longueur du cercle est d'environ 15,7 m.

Étape 4. On calcule la somme des longueurs composant le contour de la figure :
$15{,}7 + (2 \times 7{,}5) = 15{,}7 + 15 = 30{,}7$.
Le périmètre de cette figure est d'environ 30,7 m.

Je m'échauffe

1 *QUESTIONS FLASH*

Quelle est la longueur du côté d'un carré de périmètre :
a. 28 m ? **b.** 10 mm ?
c. 52 cm ? **d.** 9 dm ?

2 Donner un ordre de grandeur de :
a. la longueur d'un cercle de diamètre 4 km ;
b. la longueur d'un demi-cercle de diamètre 2 m ;
c. la longueur d'un cercle de rayon 5,9 mm ;
d. la longueur d'un demi-cercle de rayon 3,2 cm.

3 Classer les périmètres de ces polygones dans l'ordre croissant :

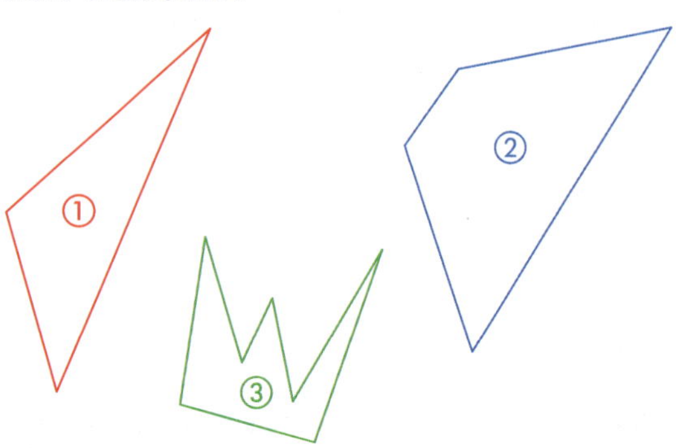

4 Calculer les périmètres des figures suivantes :

a.
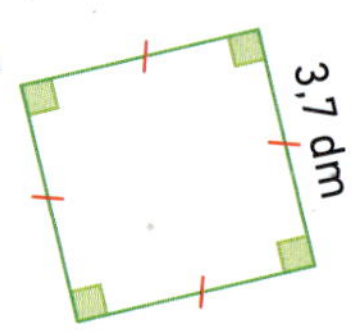

b.
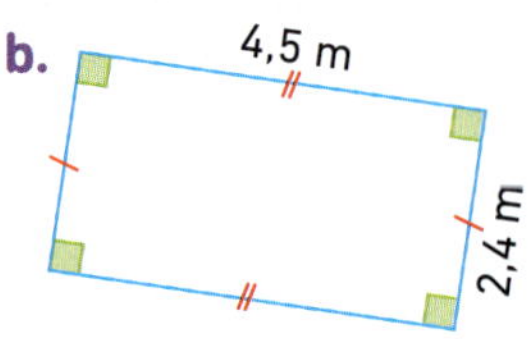

c.
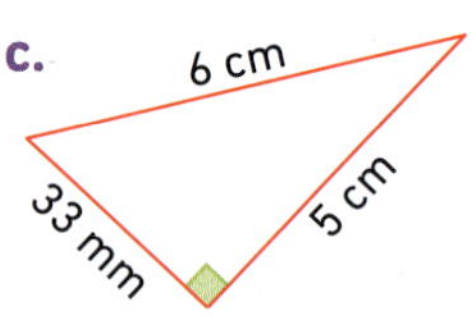

d.
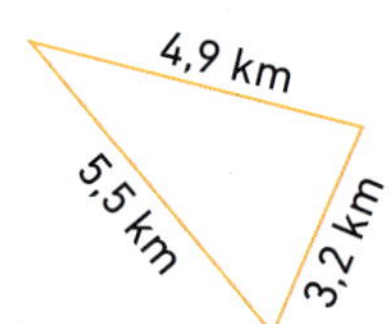

e.
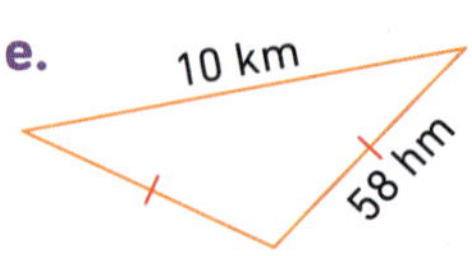

f.
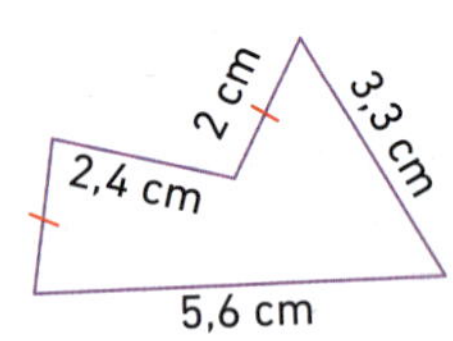

5 Calculer mentalement la longueur des cercles suivants :

a.
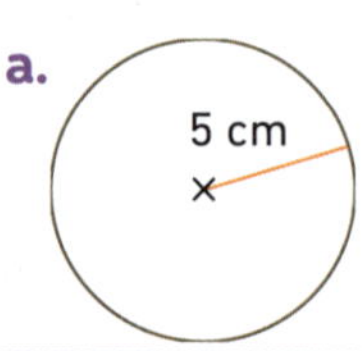

b.
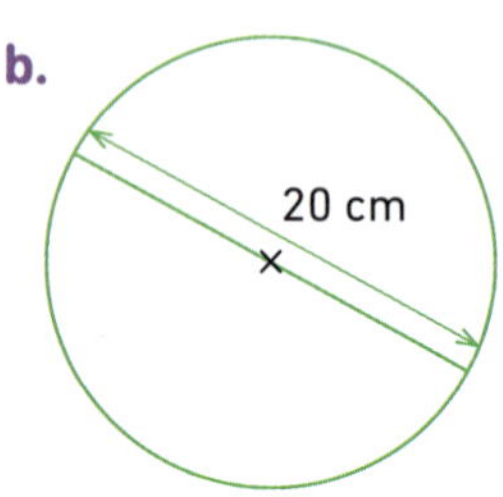

Prends 3,14 comme valeur approchée de π.

Je m'entraîne 1

6 Reproduire et compléter le tableau :

Rectangle	n° 1	n° 2	n° 3
Longueur	3,5 m	?	2,8 cm
Largeur	8,5 m	5,2 dm	?
Demi-périmètre	?	11,5 dm	?
Périmètre	?	?	7,5 cm

7 Reproduire et compléter le tableau :

Triangle	n° 1	n° 2	n° 3	n° 4
Côté 1	5 m	1 km	5,4 dm	?
Côté 2	4,5 m	750 m	2,3 dm	5 cm
Côté 3	2 m	?	?	65 mm
Périmètre	?	3 km	10 dm	150 mm

8 Reproduire et compléter le tableau :

Cercle	n° 1	n° 2	n° 3	n° 4
Rayon	3 cm	?	?	?
Diamètre	?	7,5 dm	12 m	?
Longueur	?	?	?	62,8 dm

On prendra $\pi \approx 3{,}14$.

9 Calculer le périmètre des triangles suivants :
a. ABC équilatéral tel que AB = 3,7 mm ;
b. DEF isocèle en E tel que DE = 2,3 m et DF = 1,7 m ;
c. GHI isocèle en H tel que GI = 17 cm et HI = 25 cm.

Coup de pouce
Faire un schéma à main levée avec les informations de l'énoncé avant de faire les calculs.

10 **1.** Quelle est la longueur du côté d'un triangle équilatéral de périmètre 15 cm ? et de périmètre 8,7 cm ?
2. Quelle est la longueur du côté d'un carré de périmètre 18 m ? et de périmètre 23,2 m ?

11 Calculer les périmètres de ce demi-cercle et de ce quart de cercle en prenant $\pi \approx 3{,}14$.

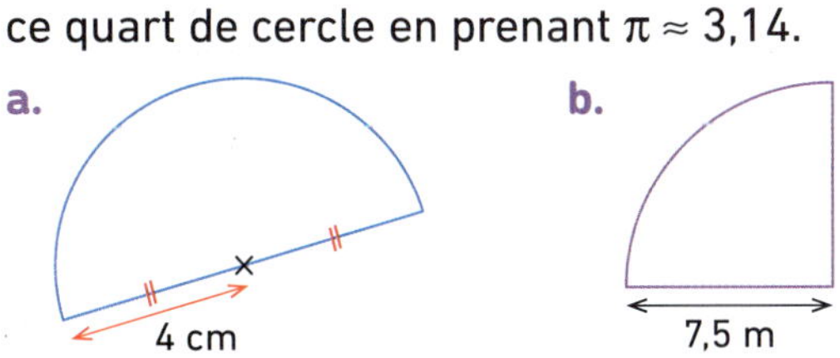

Pense bien à prendre en compte tout le contour de la figure dans le calcul du périmètre.

Je m'entraîne 2

12 **Les maths autour de moi**
Suzon a utilisé 680 m de grillage pour clôturer un terrain rectangulaire qui a une largeur de 140 m.
Quelle est la longueur de ce terrain ?

13 **Les maths autour de moi**
L'équateur est un cercle imaginaire à la surface de la Terre, son rayon est d'environ 6 371 km.
Quelle est la longueur de l'équateur ?

14 Sachant que le périmètre des deux triangles suivants est de 9,8 cm, déterminer les longueurs de tous les côtés de ces deux triangles :

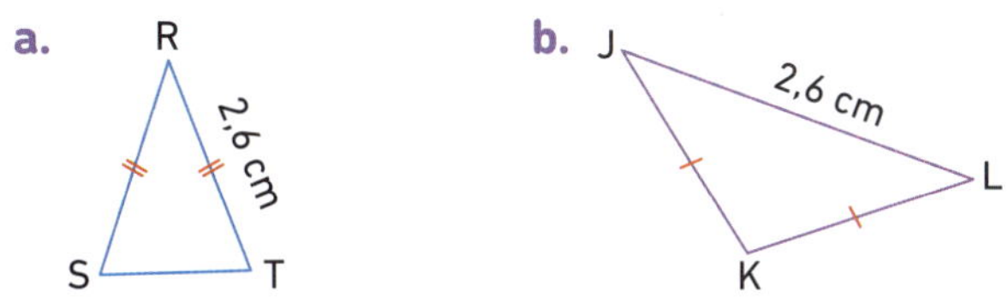

15 Calculer les périmètres :
a. du rectangle LMNP ;
b. du triangle NOP ;
c. du pentagone LMNOP.

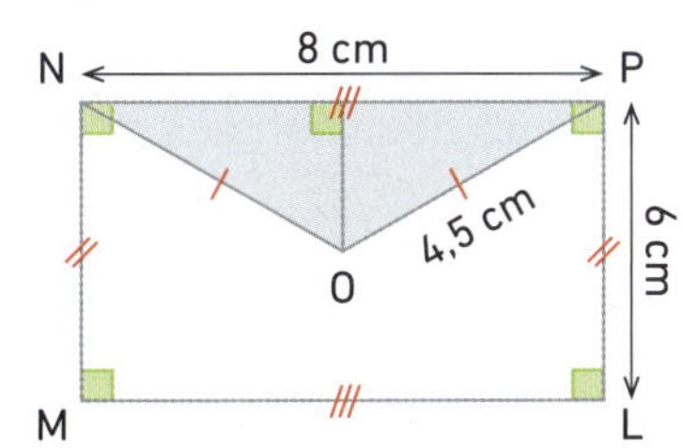

16 **TOP Chrono** 10 min

Dans la figure ci-dessous :
– le rectangle ABCD a pour périmètre 37 m ;
– la longueur AB est égale à 13 m ;
– le cercle a pour centre C et pour rayon [BC].

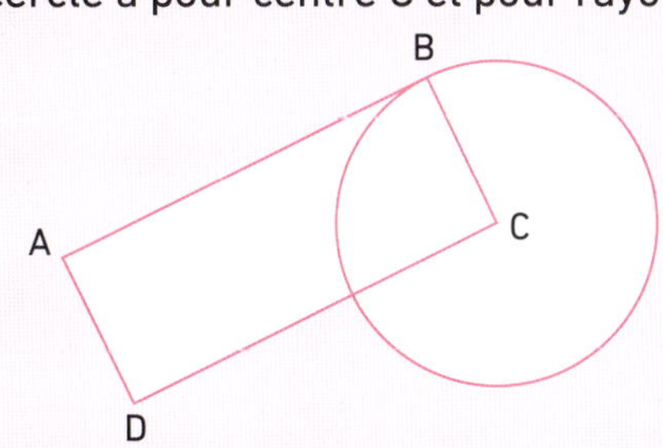

Calculer le rayon du cercle, puis son périmètre.

objectif 2 Je calcule l'aire d'un rectangle,

Je comprends

Voir la vidéo : bordas.media/733775_077

Calculer l'aire de cette figure :

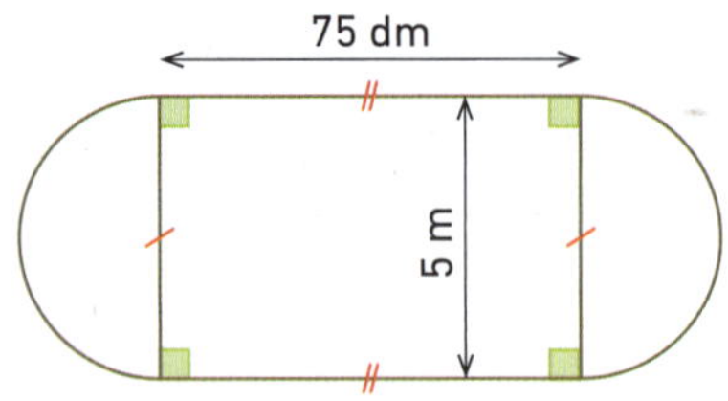

Exercice résolu

Étape 1. On décompose la figure :

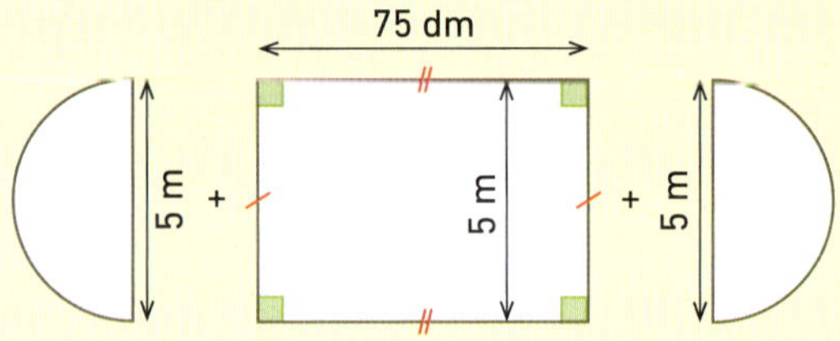

Étape 2. On exprime toutes les longueurs dans la même unité, ici le mètre :
75 dm = 7,5 m.

Étape 3. On calcule l'aire du rectangle :
$\text{aire}_{\text{Rectangle}} = 7{,}5 \times 5 = 37{,}5$.
L'aire du rectangle est de 37,5 m².

Étape 4. On calcule l'aire du disque (assemblage des deux demi-disques) de diamètre 5 m, donc de rayon 2,5 m :
$\text{aire}_{\text{Disque}} = \pi \times R \times R$;
$\text{aire}_{\text{Disque}} \approx 3{,}14 \times 2{,}5 \times 2{,}5 = 19{,}625$.
L'aire du disque est d'environ 19,625 m².

Étape 5. On calcule la somme des aires :
$19{,}625 + 37{,}5 = 57{,}125$.
L'aire de cette figure est donc d'environ 57,125 m².

Je m'échauffe

17 QUESTIONS FLASH

Quelle est la longueur du côté d'un carré d'aire :
a. 9 mm² ? **b.** 36 cm² ? **c.** 49 dm² ? **d.** 400 m² ?

18 Calculer les aires des triangles suivants :

	Base	Hauteur
a.	6 m	5 m
b.	4 dm	1,5 dm
c.	7 mm	8 mm
d.	5 cm	7 cm

19 Évaluer les aires des figures en utilisant l'unité indiquée.

a.

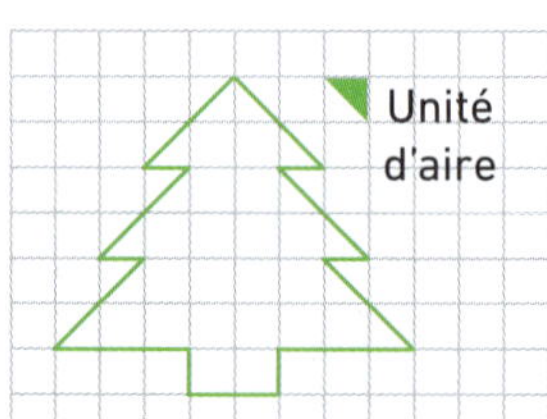

b.

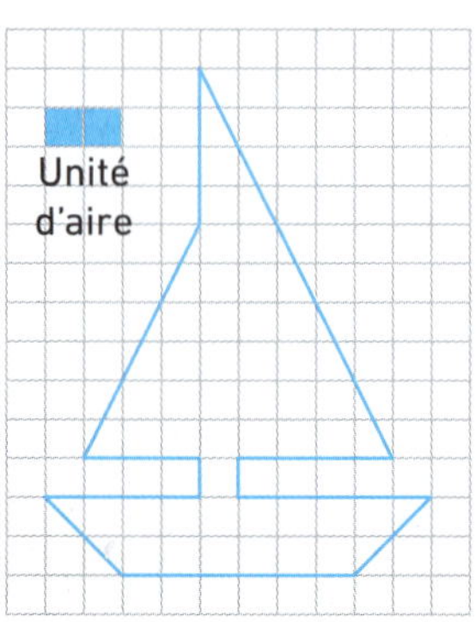

c.

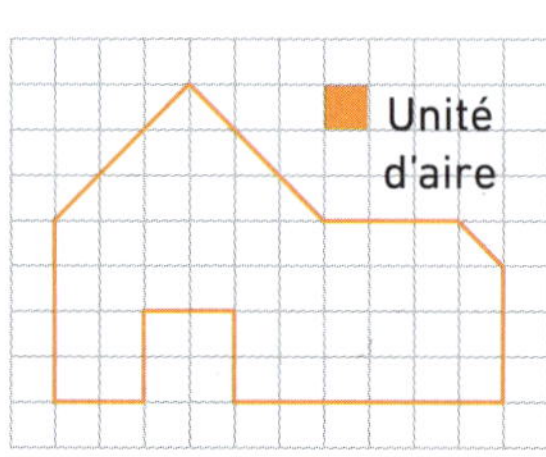

20 Calculer les aires des rectangles suivants :

a.

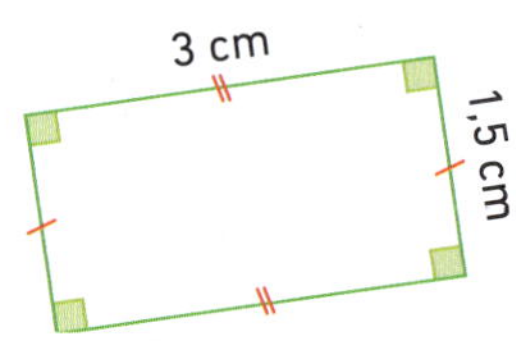

b.

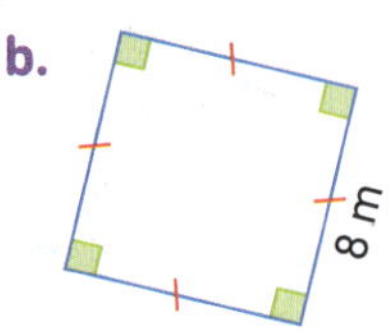

21 Calculer les aires des triangles suivants :

a.

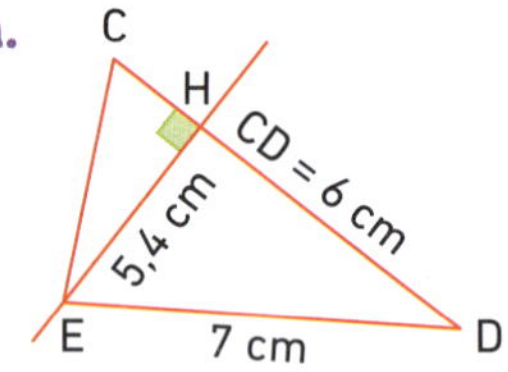

b.

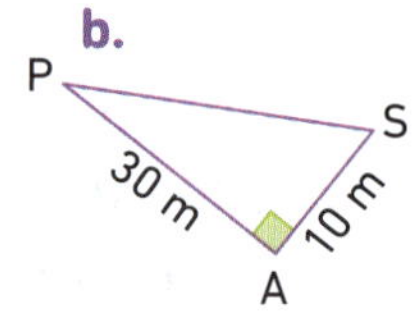

c.

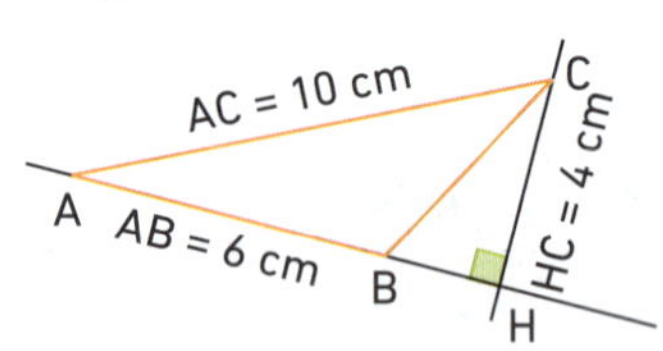

22 Calculer les aires des disques suivants :

a.

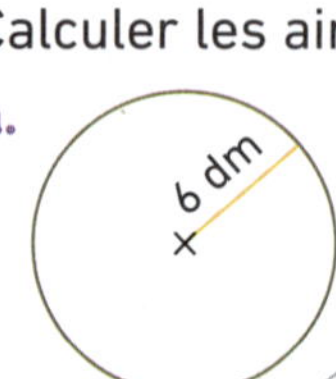

b.

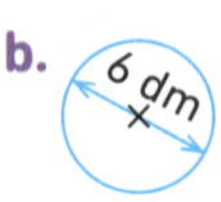

Je m'entraîne 1

23 Recopier et compléter le tableau :

Rectangle	n° 1	n° 2	n° 3	n° 4
Largeur	2,5 m	15 mm	?	5 cm
Longueur	5 m	10 cm	2 cm	?
Aire	?	?	7 cm^2	25 cm^2

24 Recopier et compléter le tableau :

Triangle	n° 1	n° 2	n° 3	n° 4
Base	5 cm	7,5 mm	?	6 m
Hauteur	9 cm	3 mm	10 cm	?
Aire	?	?	20 cm^2	9 m^2

25 Recopier et compléter le tableau :

Disque	n° 1	n° 2	n° 3	n° 4
Rayon	5 cm	3,6 m	?	?
Diamètre	?	?	7 mm	2,5 m
Aire	?	?	?	?

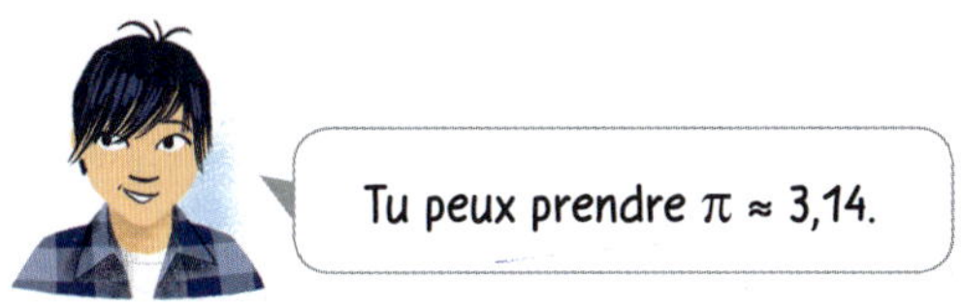

26 Dans la figure suivante, réalisée à l'aide d'un logiciel de géométrie dynamique, la droite *d* a été construite comme étant parallèle à (BC).
A est un point de cette droite. On a ensuite construit le triangle ABC et mesuré son aire.

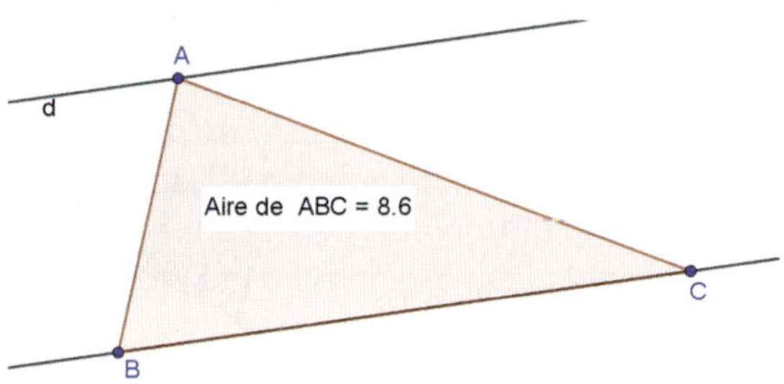

Comment évolue l'aire du triangle ABC lorsque l'on déplace le point A sur la droite *d* ?

27 Calculer l'aire du demi-disque, du quart de disque et du trois-quarts de disque en prenant $\pi \approx 3{,}14$.

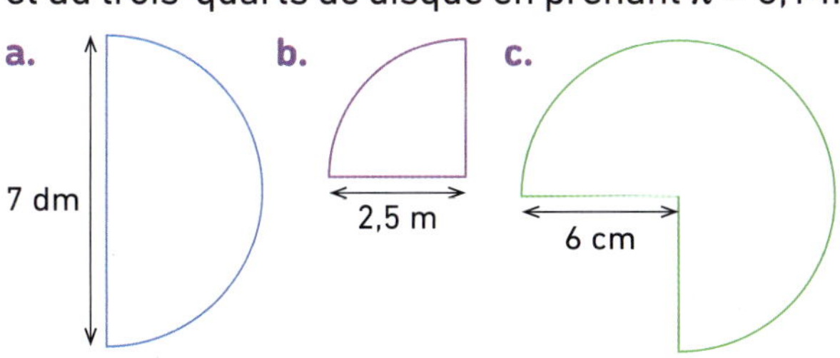

Je m'entraîne 2

28 **Les maths autour de moi**

1. Quelles sont les dimensions d'un terrain de tennis ?
2. Quelle est l'aire d'un terrain de tennis ?

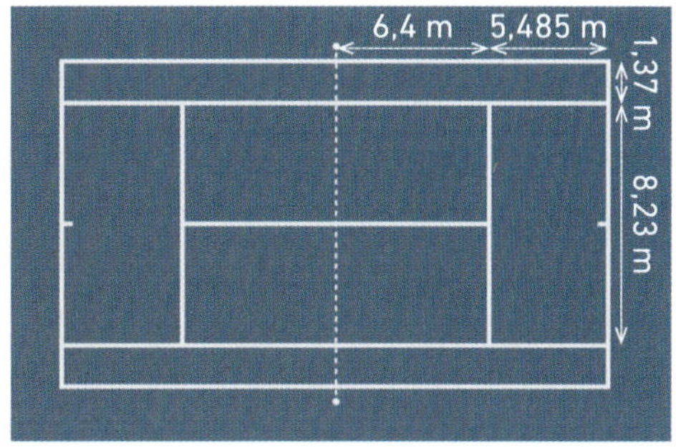

29 **Les maths autour de moi**

Alexandra souhaite décorer le couvercle de ses pots de confiture avec un disque de tissu.

Les pots de confiture font 8 cm de diamètre et Alexandra veut que le tissu dépasse de 3 cm.

1. Quel doit être le rayon du disque de tissu ?
2. Quelle sera l'aire du disque de tissu ?

30 Dans chaque cas, calculer les aires :

a. du rectangle ABCD ;
b. du triangle ABE ;
c. de la figure coloriée.

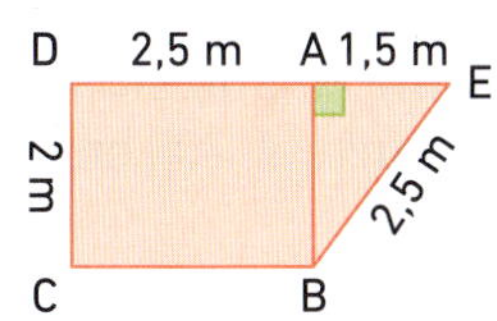

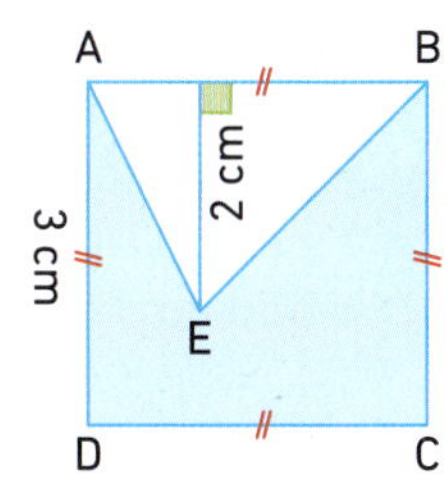

31 **TOP Chrono** 10 min

Le rectangle RSTU a pour aire 108 m^2.
La longueur TU est égale à 12 m.
Le disque a pour diamètre [ST].
Calculer le diamètre, puis l'aire du disque.

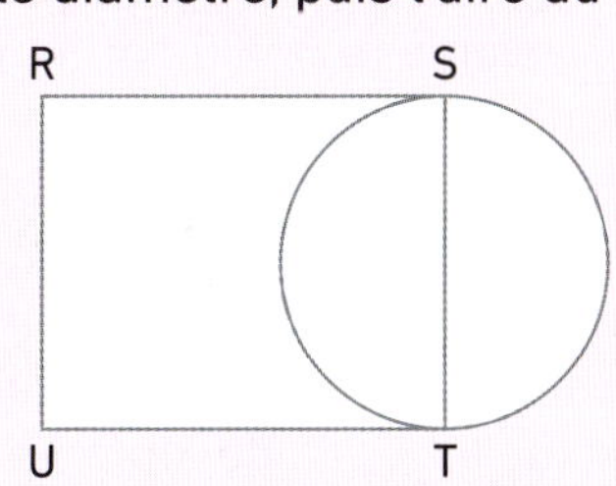

objectif 3

Je maîtrise les unités

Je comprends

Voir les vidéos : bordas.media/733775_078

1. Convertir 956 m en km. **2.** Convertir 8,5 m² en cm².

Exercice résolu

1. Pour convertir une longueur, on multiplie (ou on divise) successivement le nombre utilisé pour la longueur par 10 à chaque fois que l'on passe à l'unité 10 fois plus petite (ou 10 fois plus grande).

: 10   : 10   : 10

km	hm	dam	m
	9	5	6

956 m = 95,6 dam = 9,56 hm = 0,956 km

2. Pour convertir une aire, on multiplie (ou on divise) successivement le nombre utilisé pour l'aire par 100 à chaque fois que l'on passe à l'unité 100 fois plus petite (ou 100 fois plus grande).

× 100   × 100

m²		dm²		cm²	
	8	5			

8,5 m² = 850 dm² = 85 000 cm²

Je m'échauffe

32 *QUESTIONS* FLASH

Recopier et compléter par le nombre qui convient :

a. 34 cm + ... cm = 1 m
b. 7,5 cm − ... cm = 15 mm
c. 200 m + ... m = 1,25 km
d. ... dm − 10 dm = 8 cm

33 Comparer les aires suivantes en recopiant, puis en complétant par >, < ou = :

a. 15 cm² ... 150 mm² **b.** 7 dm² ... 650 cm²
c. 6 000 cm² ... 1 m² **d.** 42 km² ... 4 200 hm²

34 Recopier et compléter les phrases suivantes par *plus grand(e)* ou *plus petit(e)* :

1. Si on convertit une longueur de m en cm, l'unité utilisée devient ... donc le nombre utilisé devient ....

2. Si on convertit une longueur de m en km, l'unité utilisée devient ... donc le nombre utilisé devient ....

35 Dans la conversion 5 m = 500 cm, le nombre utilisé a été multiplié par 100.
De même, dire quelle opération il faut faire pour effectuer les conversions suivantes :

a. de m en dm **b.** de dm en m
c. de km en hm **d.** de m en hm
e. de mm en m **f.** de km en m
g. de cm en km **h.** de dam en dm

Tu peux t'aider de l'exercice 35 pour faire le 36 et de l'exercice 38 pour faire le 39.

36 Recopier et compléter les conversions suivantes :

a. 17 m = ... dm **b.** 932 dm = ... m
c. 9 km = ... hm **d.** 150 m = ... hm
e. 76 mm = ... m **f.** 34 km = ... m
g. 1 050 cm = ... km **h.** 500 dam = ... dm

37 Recopier et compléter les phrases suivantes par *plus grand(e)* ou *plus petit(e)* :

1. Si on convertit une aire de dm² en dam², l'unité utilisée devient ... donc le nombre utilisé devient ....

2. Si on convertit une aire de m² en mm², l'unité utilisée devient ... donc le nombre utilisé devient ....

38 Dans la conversion 5 m² = 50 000 cm², le nombre utilisé a été multiplié par 10 000.
De même, dire quelle opération il faut faire pour effectuer les conversions suivantes :

a. de m² en dm² **b.** de dm² en m²
c. de km² en hm² **d.** de m² en hm²
e. de mm² en m² **f.** de km² en m²
g. de cm² en km² **h.** de dam² en dm²

39 Recopier et compléter les conversions suivantes :

a. 17 m² = ... dm² **b.** 932 dm² = ... m²
c. 9 km² = ... hm² **d.** 150 m² = ... hm²
e. 76 mm² = ... m² **f.** 34 km² = ... m²
g. 1 050 cm² = ... km² **h.** 500 dam² = ... dm²

Je m'entraîne 1

40 Décomposer chaque grandeur comme dans cet exemple :

45,67 m = 4 dam + 5 m + 6 dm + 7 cm.

a. 842 cm
b. 6,89 km
c. 12,08 dam
d. 0,097 m

41 Recopier et compléter les conversions suivantes :

a. 3,4 dm = ... cm
b. 10,5 m = ... cm
c. 518,9 cm = ... m
d. 3,25 cm = ... mm
e. 410 mm = ... cm
f. 654 m = ... km
g. 6,7 km = ... m
h. 980 cm = ... dam

42 Décomposer chaque grandeur comme dans cet exemple :

145,67 m^2 = 1 dam^2 + 45 m^2 + 67 dm^2.

a. 607 cm^2
b. 8,92 km^2
c. 13,7 dm^2
d. 4,085 m^2

43 Recopier et compléter les conversions suivantes :

a. 5,63 m^2 = ... dm^2
b. 112,2 mm^2 = ... cm^2
c. 8,5 cm^2 = ... dm^2
d. 0,827 km^2 = ... hm^2
e. 94,6 cm^2 = ... mm^2
f. 7,3 dam^2 = ... dm^2
g. 12 500 cm^2 = ... m^2
h. 990 dam^2 = ... km^2

44 Recopier et compléter les conversions suivantes :

a. 4 ha = ... a
b. 167 a = ... ha
c. 8,2 a = ... hm^2
d. 0,55 ha = ... dam^2
e. 70,8 m^2 = ... a
f. 2,9 km^2 = ... ha
g. 3 ha = ... km^2
h. 5 670 a = ... m^2

45 Recopier et compléter par les unités qui conviennent :

a. 1 500 m = 1,5 ...
b. 0,45 m = 45 ...
c. 320 mm = 3,2 ...
d. 5,9 km = 590 ...
e. 6 m + 520 mm = 65 ... + 2 ...

46 Recopier et compléter par les unités qui conviennent :

a. 5 m^2 = 500 ...
b. 30 m^2 = 0,3 ...
c. 72 000 cm^2 = 7,2 ...
d. 0,344 dm^2 = 3 440 ...
e. 814 dm^2 + 200 mm^2 = 8 ... + 1 402 ...

47 Recopier et compléter les égalités suivantes :

a. 2 m + 12 dm + 122 cm = ... m
b. 3,5 km + ... m = 5 900 m
c. 6,4 m − ... mm = 67,5 cm

48 Recopier et compléter les égalités suivantes :

a. ... ha − 29 a = 23 a
b. 4 m^2 + ... dm^2 = 980 dm^2
c. 953 dam^2 + 6 hm^2 + 7,1 km^2 = ... km^2

Je m'entraîne 2

49 **Géographie**

Voici les longueurs de quelques fleuves européens :

Le Danube	2,85 milliers de km
Le Rhin	1 233 km
La Seine	7 770 hm
Le Tage	100 700 000 cm
La Tamise	346 000 m
La Volga	353 000 dam

Ranger ces fleuves par ordre croissant de leur longueur.

La Volga en Russie

50 **Les maths autour de moi**

Associer chaque surface à l'une des aires proposées :

A. Un terrain de football
B. Un terrain de volley-ball
C. Une feuille format A4
D. Un timbre
E. Une chambre
F. Un drap pour lit simple

1. 1,62 dam^2
2. 0,12 dam^2
3. 0,726 6 hm^2
4. 625 cm^2
5. 200 dm^2
6. 500 mm^2

51 **TOP Chrono** 15 min

Quatre terrains sont représentés. Classer dans l'ordre croissant leurs périmètres, puis leurs aires.

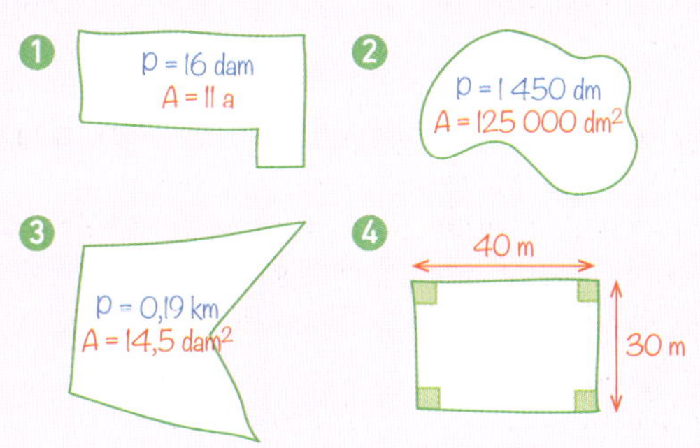

Je fais le point sur mon cours

QCM de révision
Retrouve un autre QCM interactif : bordas.media/733775_079

		A	B	C
52	Si on modifie une figure pour augmenter son périmètre, alors :	l'aire de cette figure augmente.	l'aire de cette figure diminue.	on ne peut rien conclure sur son aire.
53	L'aire du triangle ABC est : 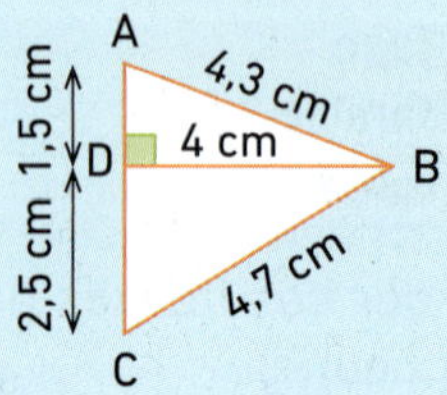	8 cm²	13 cm²	17 cm²
54	Le périmètre en cm d'un cercle de diamètre 3 cm est obtenu en calculant :	$3 \times 2 \times \pi$	$3 \times 3 \times \pi$	$3 \times \pi$
55	L'aire en cm² d'un disque de rayon 3 cm est obtenue en calculant :	$3 \times 2 \times \pi$	$3 \times 3 \times \pi$	$3 \times \pi$
56	Dans 1 cm², il y a :	10 mm²	100 mm²	1 000 mm²

Je fais le point sur mes objectifs

OBJECTIF 1

Je calcule le périmètre de polygones et la longueur de cercles

57 Calculer, en utilisant $\pi \approx 3{,}14$:
a. le périmètre d'un cercle de rayon 7,8 dm ;
b. le périmètre d'un cercle de diamètre 9,6 m.

58 Calculer le périmètre de chacune des figures suivantes :

a.
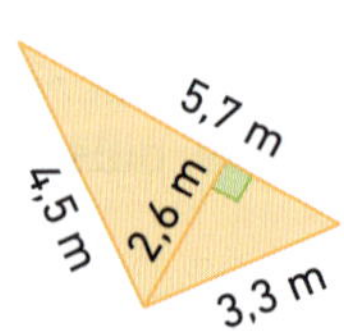

b.
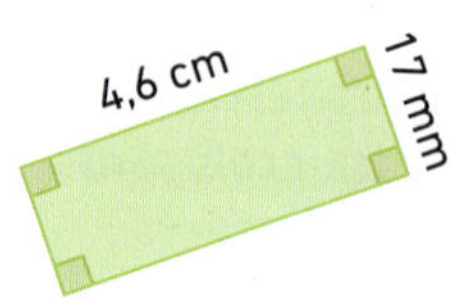

c.
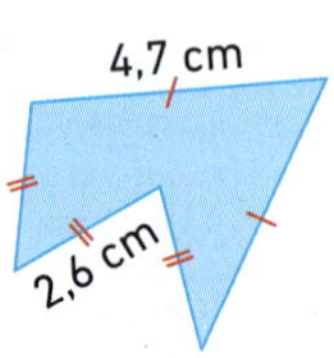

d.
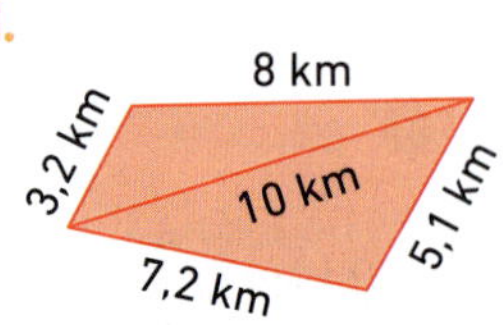

59 Sur une feuille ou un cahier, tracer :
a. un carré de périmètre 8 cm ;
b. un rectangle de périmètre 15 cm ;
c. un triangle quelconque de périmètre 75 mm ;
d. un triangle isocèle de périmètre 10 cm.

60 1. Le quadrilatère ABCD a un périmètre de 22 km. Combien mesure le côté [AB] ?

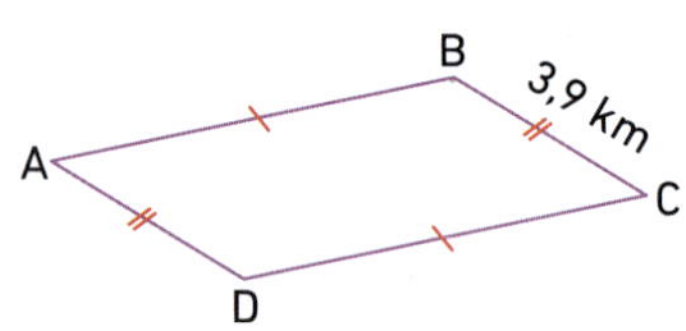

2. Le triangle RST a un périmètre de 17,5 m. Combien mesure le côté [RT] ?

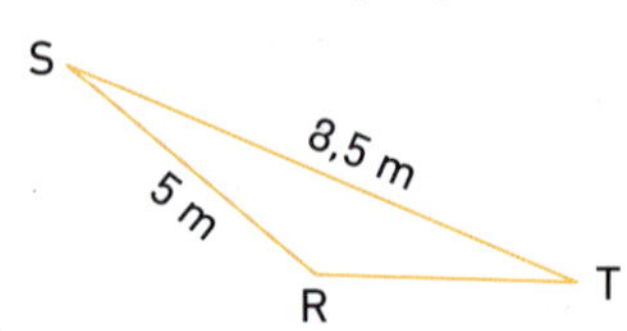

61 Un rectangle a une longueur de 4 cm et le même périmètre qu'un triangle équilatéral de côté 5 cm. Combien mesure la largeur de ce rectangle ?

OBJECTIF 2

Je calcule l'aire d'un rectangle, d'un triangle et d'un disque

62 Calculer, en utilisant $\pi \approx 3{,}14$:
a. l'aire d'un disque de rayon 15 km ;
b. l'aire d'un disque de diamètre 9 m.

63 Calculer l'aire de chacune des figures suivantes :

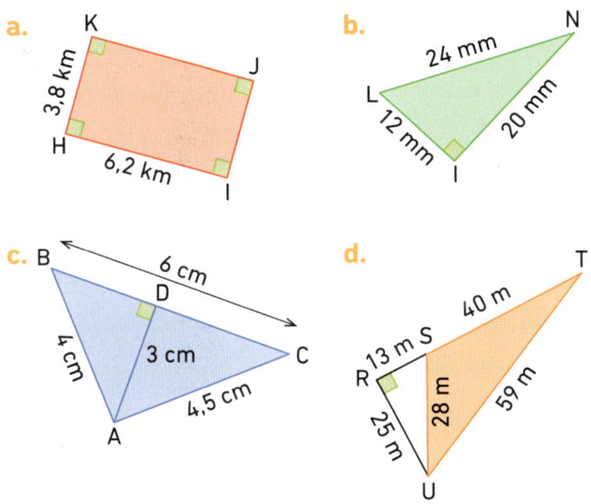

64 Sur une feuille ou un cahier, tracer :
a. un carré d'aire 36 cm^2 ;
b. un rectangle d'aire 3 cm^2 ;
c. un triangle rectangle d'aire 10 cm^2 ;
d. un triangle quelconque d'aire 6 cm^2.

65 Calculer l'aire de cette figure :

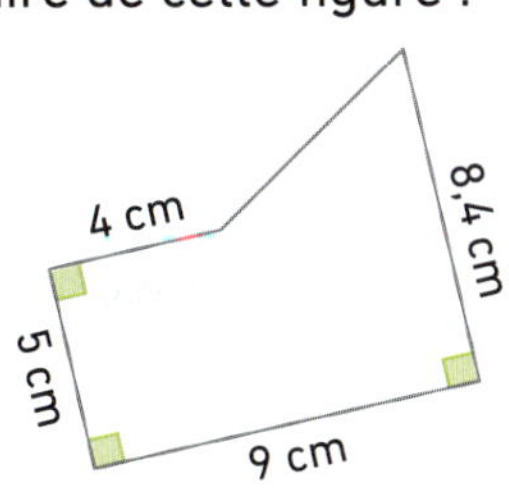

66 Calculer l'aire de la surface grisée de la figure ci-contre, sachant que le rayon d'un disque blanc est de 4 cm.

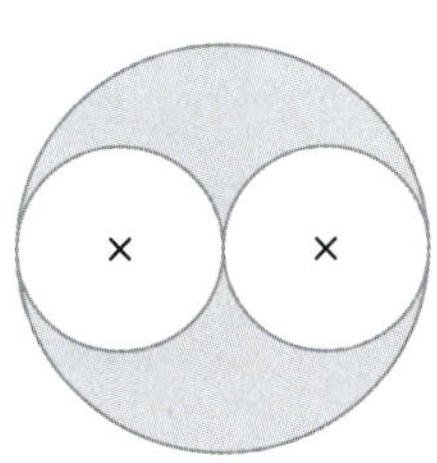

67 Quelle est la longueur du côté d'un terrain carré d'aire 25 cm^2 ?

68 Un rectangle a une largeur de 4 cm et la même aire qu'un carré de côté 7 cm.
Combien mesure la longueur de ce rectangle ?

OBJECTIF 3

Je maîtrise les unités de longueur et d'aire

69 Recopier la phrase suivante et la compléter à l'aide des six étiquettes proposées :
« La figure ci-dessous a un périmètre ... à ... ... et une aire ... à ... . »

24 — inférieur(e) — mètres carrés — 36 — supérieur(e) — mètres

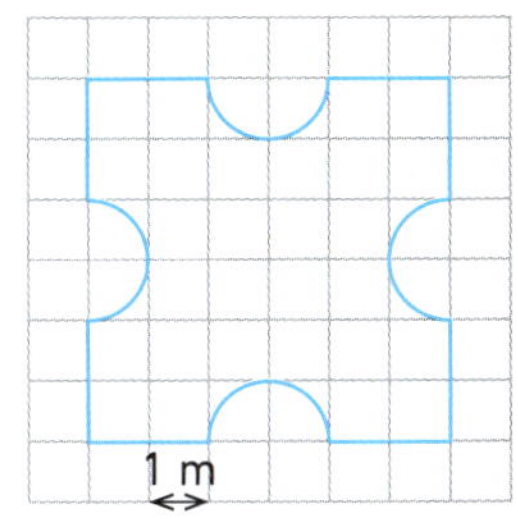

70 a. Sur une feuille à petits carreaux, tracer une figure qui n'est ni un triangle, ni un quadrilatère et qui a un périmètre de 10 cm.
b. Même consigne avec une aire de 10 cm^2.

71 Recopier et compléter les égalités suivantes :

a. 1,5 km = ... m	b. 1,5 km^2 = ... m^2
c. 10 m = ... dam	d. 10 m^2 = ... dam^2
e. 45 cm = ... m	f. 45 cm^2 = ... m^2
g. 25 mm = ... cm	h. 25 mm^2 = ... cm^2
i. 3,12 dm = ... cm	j. 3,12 dm^2 = ... cm^2

72 Ranger les longueurs suivantes dans l'ordre croissant :

5 m — 67 dm — 0,3 km — 7 000 mm — 1,1 dam — 92,5 cm

73 Ranger les aires suivantes dans l'ordre croissant :

32 dam^2 — 45 000 cm^2 — 0,2 hm^2 — 110 dm^2 — 77 m^2 — 0,1 dam^2

74 Vrai ou Faux ?

Je résous des problèmes

OBJECTIF 1

Je calcule le périmètre de polygones et la longueur de cercles

75 Les maths autour de moi

Lucien veut mettre des plinthes dans la pièce principale de sa maison dont voici le plan :

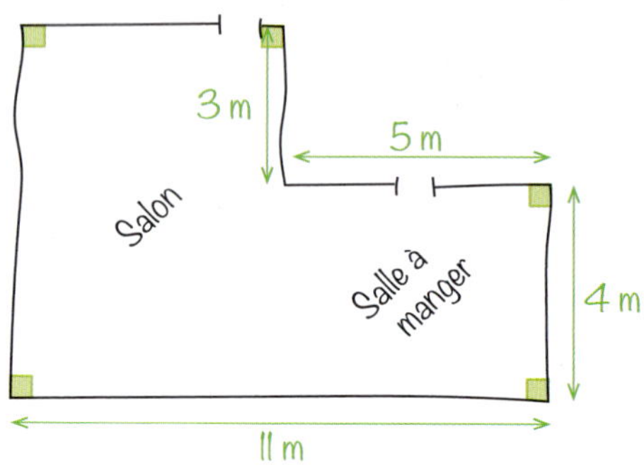

- Les portes mesurent 83 cm de large.
- Les plinthes coûtent 9,50 € le mètre.

1. Quelles sont les dimensions de la partie rectangulaire correspondant au salon ?

2. Quel est le périmètre de la pièce principale (salon + salle à manger) ?

3. Quelle est la longueur de plinthes à acheter ?

4. Combien va dépenser Lucien pour l'achat des plinthes ?

76 Comme un lion en cage

Hector, le lion, tourne en rond dans sa cage.
Il parcourt environ 100 cercles par jour, chacun de 2,5 m de rayon.
Quelle distance parcourt Hector en un jour lorsqu'il tourne en rond ?

77 Carnaval

Sophia est en train de fabriquer un masque de chat, composé d'un demi-disque de diamètre 10 cm et de deux triangles équilatéraux. Elle veut mettre une bande de ruban adhésif noir tout autour du masque.

1. Quelle est la longueur des côtés des triangles ?

2. Quelle longueur de ruban va être nécessaire ?

OBJECTIF 2

Je calcule l'aire d'un rectangle, d'un triangle et d'un disque

78 Arts plastiques La façade

La façade du bâtiment représentée ci-contre doit être repeinte en blanc pour que les élèves de 6e 1 puissent peindre une fresque élaborée en cours d'arts plastiques.

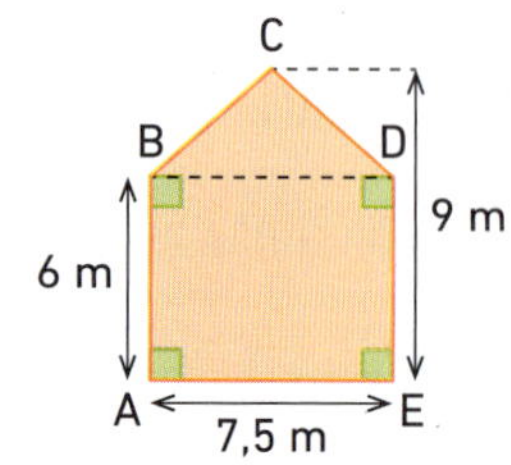

Un pot de peinture permet de couvrir 24 m^2.

1. Quelle est l'aire de cette façade ?

2. Combien de pots de peinture seront nécessaires ?

79 Anneaux de jonglage

Un anneau de jonglage pour adulte de diamètre extérieur 32 cm a été schématisé ci-contre.

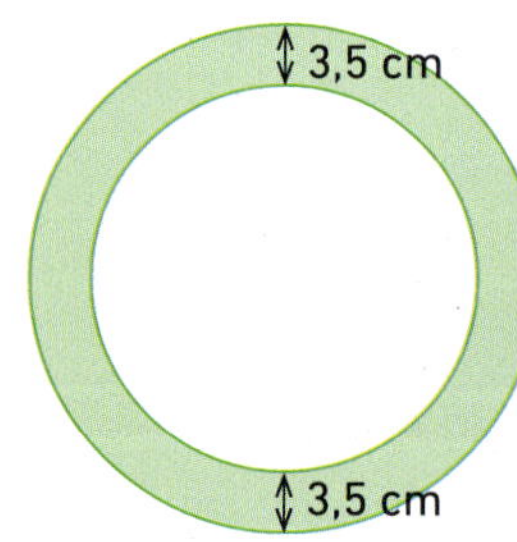

1. Quel est le diamètre intérieur de l'anneau ?

2. Quelle est l'aire d'une des faces de cet anneau ?

80 L'écologie autour de moi

Carole veut faire installer des panneaux solaires sur le toit rectangulaire de sa maison. Celui-ci mesure 10 m de long et 4 m de large. Pour permettre la pose et l'entretien des panneaux, il est recommandé de laisser 50 cm de toit libre tout autour d'eux.

1. Quelles sont les dimensions et l'aire de la partie du toit disponible pour l'installation des panneaux solaires ?

2. La surface d'un panneau solaire est de 1,8 m^2. En utilisant la calculatrice, donner le nombre maximum de panneaux solaires que Carole pourra installer sur son toit.

OBJECTIF 3

Je maîtrise les unités de longueur et d'aire

81 Les maths autour de moi

Recopier le texte ci-dessous en le complétant par les nombres suivants :

0,1 — 0,64 — 3 — 10 — 80 — 320

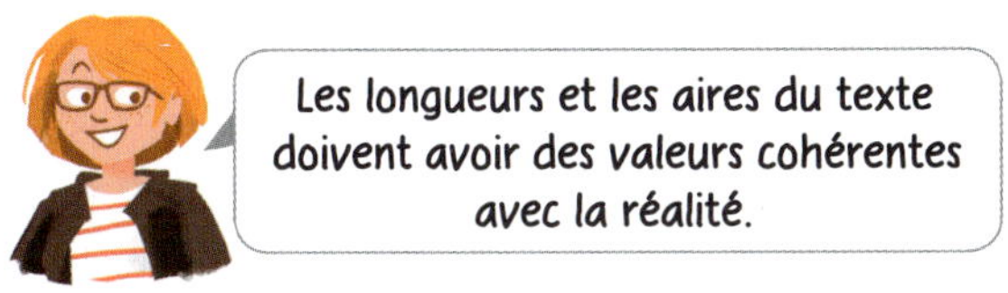

Mathilde part à vélo de chez elle et parcourt les ... km qui la séparent du centre-ville en 10 min. Elle laisse son vélo, puis parcourt ... m pour traverser la rue et arrive sur une petite place de ... ha. Elle rentre dans un café, s'installe à une table individuelle de ... m^2. Elle ouvre le journal et lit les annonces immobilières. Une offre l'intéresse : un appartement ancien de ... m^2 avec une hauteur sous plafond de ... cm.

82 EPS Les tours de terrain

Ce matin, en EPS, Rayan a couru pendant une demi-heure à la vitesse moyenne de 8 km par heure.

Il a fait plusieurs fois le tour du terrain de sport du collège qui a un périmètre de 250 m.

1. Combien de mètres Rayan a-t-il parcourus pendant cette demi-heure ?

2. Combien de tours du terrain de sport a-t-il faits ?

83 Les maths autour de moi

Un terrain agricole de 3,5 ha est vendu au prix de 0,45 € le mètre carré. Sylvain décide de l'acheter si le prix final est inférieur à 15 000 €.

1. Quelle est la superficie de ce terrain en mètre carré ?

2. Quel est le prix final de ce terrain ? Sylvain va-t-il l'acheter ?

MULTI OBJECTIFS

84 Variations

1. Sur une feuille à carreaux, recopier cette figure, puis la modifier pour avoir un périmètre plus grand et une aire plus petite :

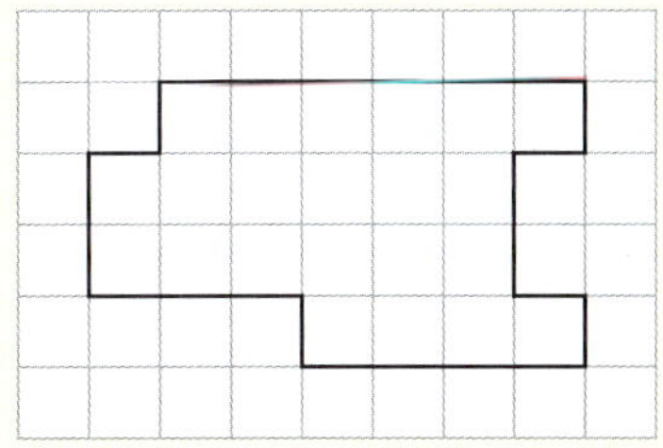

2. Recopier une nouvelle fois la figure, puis la modifier pour avoir une aire plus grande tout en conservant le même périmètre.

85 Des rectangles, encore des rectangles

1. a. Construire trois rectangles différents d'aire 12 cm^2.

b. Calculer le périmètre de chaque rectangle, puis classer ces périmètres dans l'ordre croissant.

2. a. Construire trois autres rectangles différents et de périmètre 10 cm.

b. Calculer l'aire de chaque rectangle, puis classer ces aires dans l'ordre croissant.

86 Le choix judicieux

Lors d'un jeu télévisé, un candidat peut choisir de gagner un terrain carré de 81 m^2 ou un terrain carré de 81 m de périmètre.

Lequel a-t-il intérêt à choisir ?

87 À table !

Une table rectangulaire d'aire 2,25 m^2 a une largeur de 90 cm.

1. Quelle est la longueur de cette table ?

2. De quelle longueur totale dispose-t-on autour de la table pour s'asseoir ?

88 Plouf !

Sofiane mesure le périmètre de sa piscine circulaire : il trouve 11 m.

1. Quel est le diamètre de la piscine ?

2. Quelle est l'aire de la surface au sol de la piscine ?

je développe mes compétences

RAISONNER · REPRÉSENTER · COMMUNIQUER · CALCULER · CHERCHER · MODÉLISER

J'apprends à RAISONNER

J'OBSERVE

89 Calculer l'aire de la surface coloriée sachant que le rectangle ABCD a pour dimensions 6 m sur 10 m.

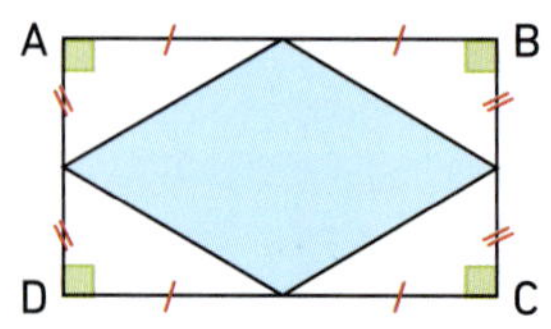

EXERCICE RÉSOLU

La surface coloriée correspond à un rectangle auquel on a enlevé quatre triangles rectangles identiques.

L'aire du rectangle de dimensions 6 m sur 10 m est 60 m^2 car $6 \times 10 = 60$.

Les côtés de l'angle droit des triangles mesurent 3 m et 5 m car, d'après les codages, ils mesurent la moitié des côtés du rectangle.
L'aire d'un de ces triangles rectangles est 7,5 m^2 car $(3 \times 5) : 2 = 15 : 2 = 7{,}5$.

L'aire de la surface coloriée est donc de 30 m^2 car $60 - (4 \times 7{,}5) = 60 - 30 = 30$.

JE ME LANCE

90 Calculer l'aire de la surface coloriée sachant que le côté du carré mesure 15 cm.

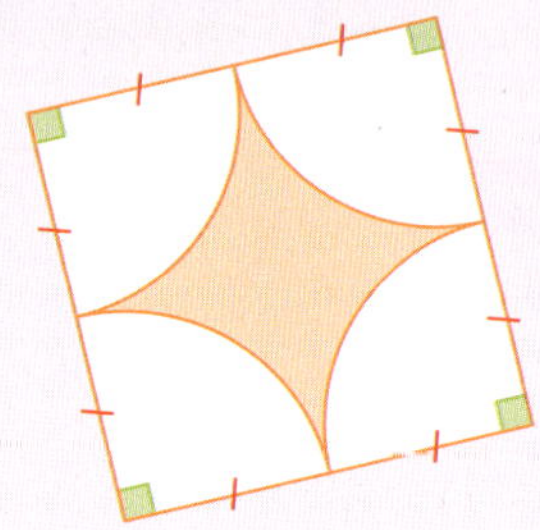

91 Calculer l'aire de la surface coloriée.

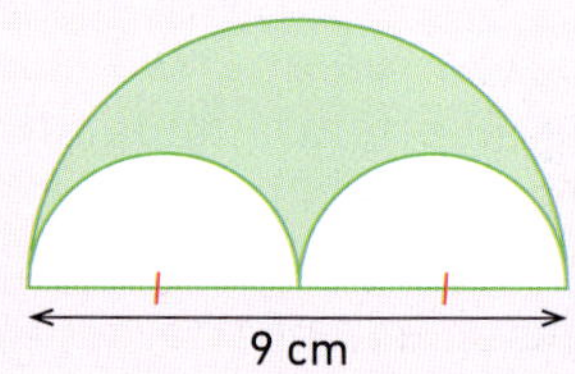

J'apprends à CALCULER

J'OBSERVE

92 Donner un encadrement de l'aire de cette figure :

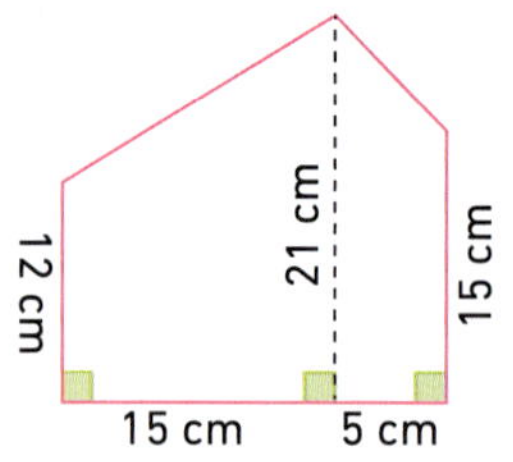

EXERCICE RÉSOLU

L'aire de la figure est comprise entre l'aire du rectangle bleu de dimensions 12 cm sur 20 cm et l'aire du rectangle vert de dimensions 21 cm sur 20 cm.

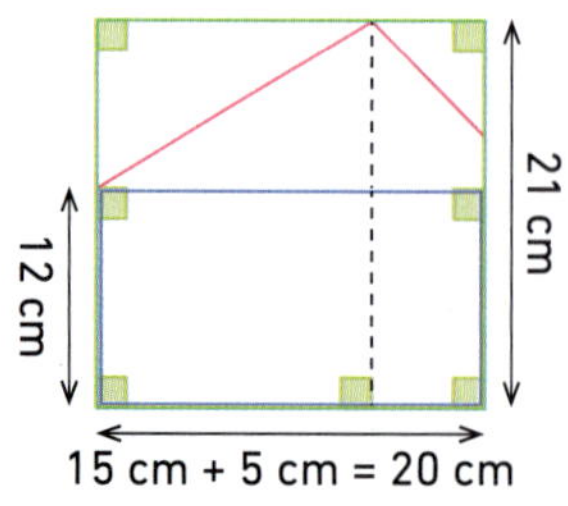

$12 \times 20 = 240$ et $21 \times 20 = 420$
donc l'aire de la figure est comprise entre 240 et 420 cm^2.

JE ME LANCE

93 Donner un encadrement de l'aire de cette figure :

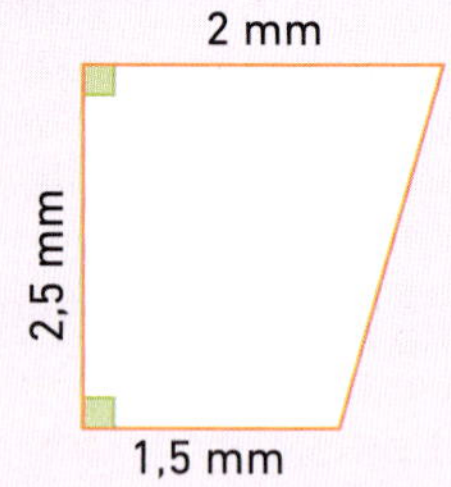

94 Donner un encadrement de l'aire de la figure ci-dessous.

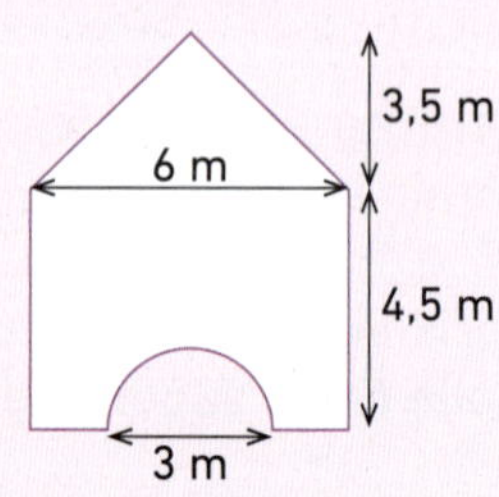

95 La toile de tente

MODÉLISER • REPRÉSENTER • CALCULER D1, 4 et 5

Lana vient d'acheter une nouvelle tente.

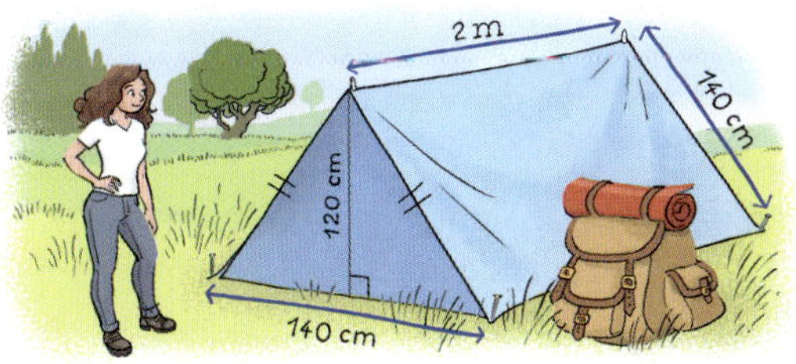

La toile de tente est composée de cinq faces comme présenté sur le patron ci-contre.
Quelle est l'aire totale de la toile de tente de Lana ?

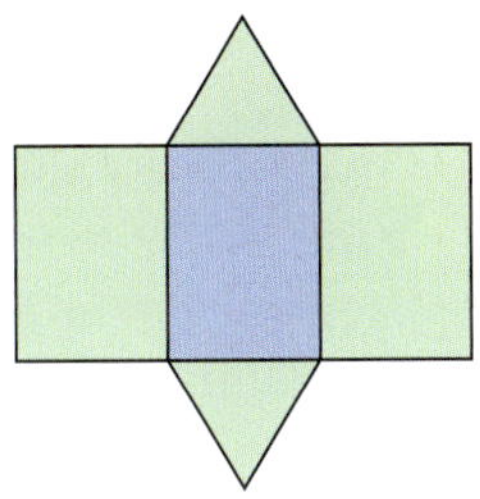

96 Un budget à respecter

MODÉLISER • RAISONNER • CALCULER D1 et 4

Karim dispose de 560 € pour carreler une pièce rectangulaire de 4 m sur 3,50 m.
Jusqu'à quel prix du mètre carré peut-il acheter son carrelage pour respecter son budget ?

97 Le podium

MODÉLISER • REPRÉSENTER D1 et 4

Elsa veut repeindre la face avant d'un podium. La plus haute marche est à 45 cm du sol et les trois marches ont la même largeur.

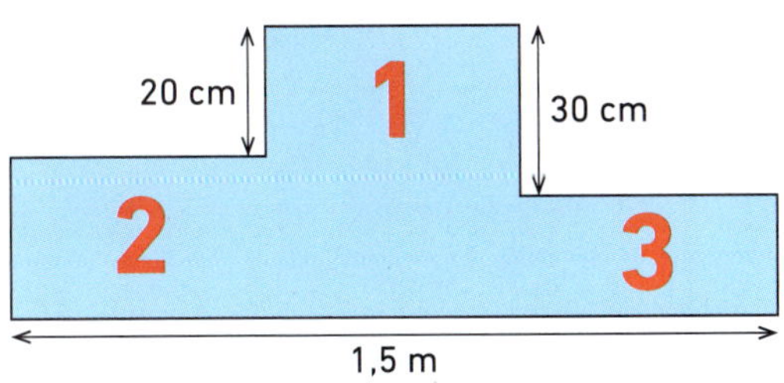

Quelle est l'aire de la surface à peindre ?

98 Les fanions

CHERCHER • MODÉLISER • CALCULER D1 et 4

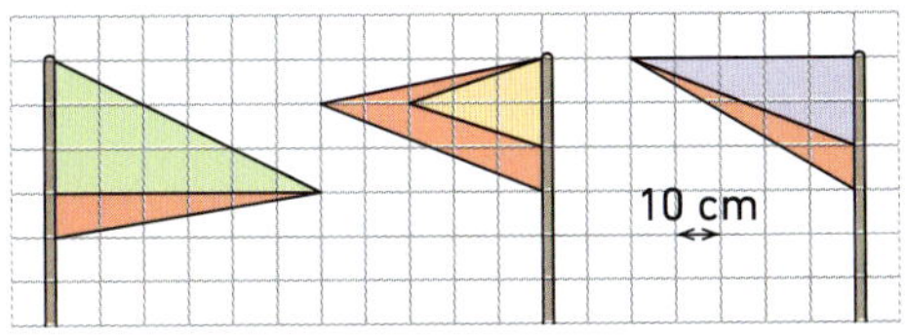

Sur quel fanion y a-t-il le plus d'orange ?

99 Devinettes

CHERCHER • MODÉLISER • RAISONNER D1 et 4

Résoudre ces deux problèmes.

P1 Un rectangle a pour périmètre 26 cm. Sa longueur est 3 fois plus grande que sa largeur.
Quelles sont les dimensions de ce rectangle ?

P2 Un rectangle a pour aire 15 cm^2. Sa longueur mesure 3,5 cm de plus que sa largeur.
Quelles sont les dimensions de ce rectangle ?

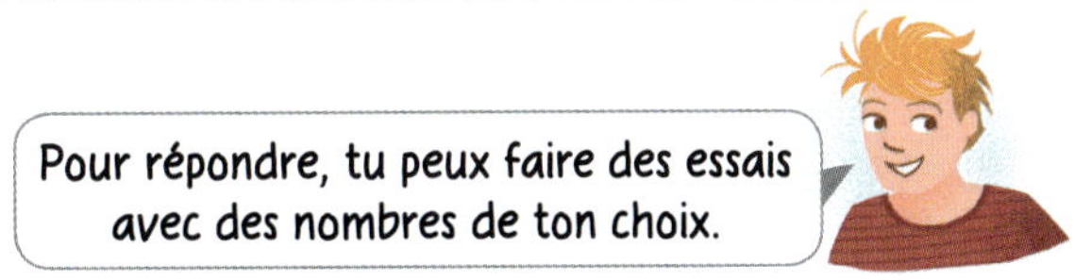

100 Le marathon de Félix

MODÉLISER • RAISONNER • COMMUNIQUER D1, 3 et 4

Félix le hamster court dans une roue de 16 cm de diamètre. Il fait, en moyenne, 3 tours de roue par seconde.
Que penser des affirmations suivantes ?

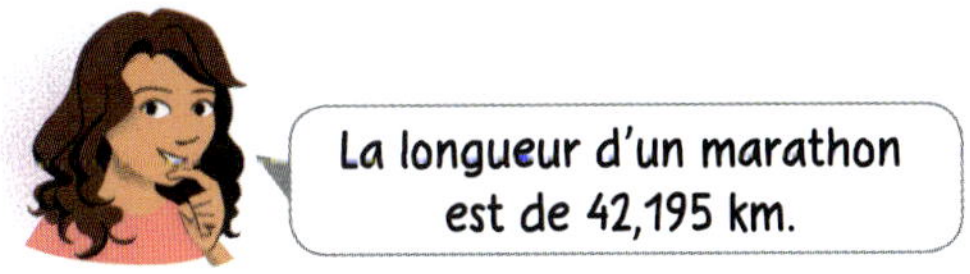

101 En attendant...

CHERCHER • MODÉLISER • REPRÉSENTER D1, 4 et 5

Pendant que son maître fait des courses, Nougat est accroché à l'angle extérieur d'un local avec une laisse de 4 m de long.
Quelle est l'aire de la surface qui lui permet de se dégourdir les pattes ?

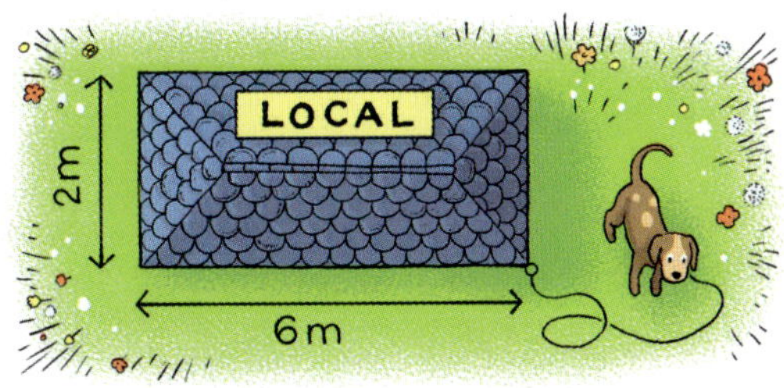

102 Plan sans échelle

CHERCHER • REPRÉSENTER • RAISONNER D1, 4 et 5

Voici le plan d'une maison et de son terrain :

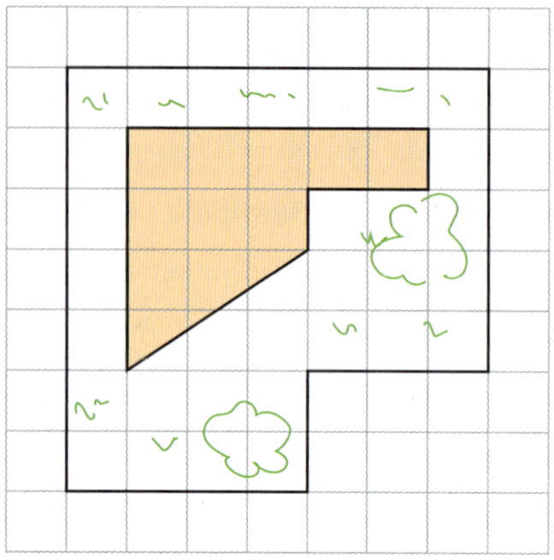

Sachant que le périmètre du terrain est de 84 m, quelle est la superficie au sol de la maison ?

103 Répétition

MODÉLISER • REPRÉSENTER • RAISONNER D1 et 4

Voici une frise :

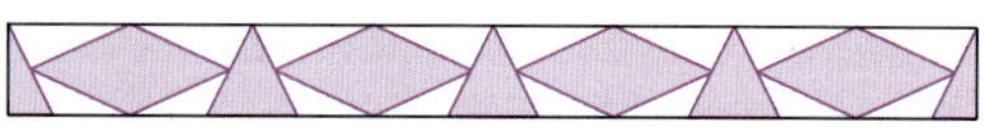

Cette frise est composée de motifs qui se répètent. Voici le détail et les dimensions d'un motif :

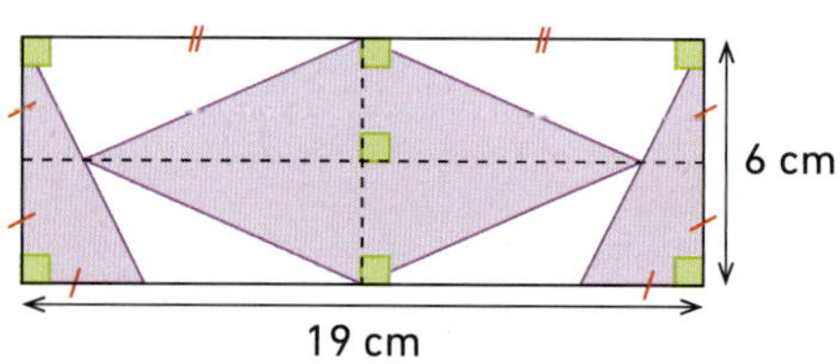

Quelle est l'aire de la partie violette de la frise ci-dessus ?

104 Des triangles dans un rectangle

MODÉLISER • REPRÉSENTER • COMMUNIQUER D1 et 4

Ce rectangle a été partagé en quatre parties distinctes :

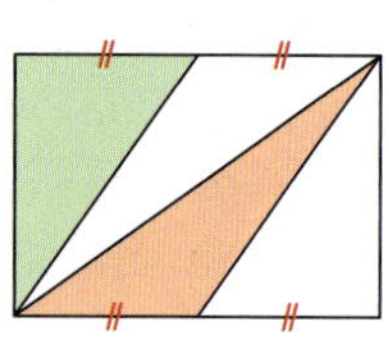

Le triangle vert a une aire de 6 cm^2.
Expliquer comment obtenir l'aire du triangle rose.

Donne des noms aux points de la figure pour faciliter tes explications.

105 Arts plastiques Les baguettes

CHERCHER • RAISONNER • CALCULER D1, 3 et 4

Dylan est chargé d'aller chercher dans la réserve d'arts plastiques des baguettes pour encadrer une œuvre réalisée par sa classe.
Il se souvient que la réalisation est un rectangle de 1 m^2. Il trouve deux baguettes de 240 cm de longueur chacune.
Est-ce suffisant pour faire le cadre ?

106 Anglais Big Ben

MODÉLISER • CALCULER D1 et 4

The most famous clock in the world is Big Ben.
The hour hand is 2,7 m long; the minute hand is 4,2 m long.
How far do the tips of each of these hands travel in a day?

107 Je fais ma story

1. Par groupe, se documenter sur les trois points suivants :

- **Les anciennes unités de longueur utilisées en France avant le mètre** : en citer au moins 5, donner leurs correspondances en mètre, préciser le contexte de leur utilisation, …
- **L'origine du système métrique** : se renseigner sur le contexte historique, l'origine, les raisons, …

- **Les différentes unités de longueurs utilisées aujourd'hui dans le monde** : citer ces différentes unités, leurs correspondances en mètre, les pays dans lesquels elles sont utilisées, …

2. Présenter le résultat des recherches à l'aide d'un diaporama ou d'une courte vidéo.
Insérer des photographies, des cartes et des dessins ; expliquer le vocabulaire spécifique utilisé, …

Jeux mathématiques

108 **Le coloriage**

La grille à colorier est téléchargeable sur le site compagnon.

On considère qu'un carreau du quadrillage correspond à une unité d'aire.
Suivant la valeur de leur aire, colorier les polygones de la couleur indiquée :

- rouge : 1 unité d'aire
- noir : 2 unités d'aire
- jaune : 3 unités d'aire
- vert : 4 unités d'aire
- bleu : 5 unités d'aire
- blanc : 6 unités d'aire

109 **Défi !**

Peux-tu créer un puzzle à quatre pièces rectangulaires d'aires 6, 8, 10 et 12 cm^2 de manière à ce que les quatre rectangles réunis forment un carré ?

Énigme

110 **Il y a plusieurs rectangles d'aire 600 cm^2 dont la largeur et la longueur sont des nombres entiers. Quel est celui qui a le plus petit périmètre ?**

devoirs à la maison

111 **Le continent plastique**

Pour répondre aux questions, fais les recherches nécessaires sur Internet ou ailleurs.

1. Expliquer ce qu'est le « continent plastique », préciser où il se trouve et donner sa superficie.

2. Citer un pays qui a environ la même superficie que le continent plastique et un pays qui a une superficie environ deux fois plus petite que le continent plastique.

3. Que peut-on dire de la superficie de la France métropolitaine par rapport à celle du continent plastique ?

112 **Une ronde**

Les séquoias sont des arbres connus pour atteindre des hauteurs spectaculaires. Chercher la hauteur et le diamètre du plus grand séquoia du monde.

Combien de personnes ayant la même envergure que toi faudrait-il au minimum pour faire le tour du plus grand séquoia du monde ?

Vocabulaire : **l'envergure** d'une personne est la distance maximale entre les extrémités de ses doigts lorsque celle-ci a les bras écartés.

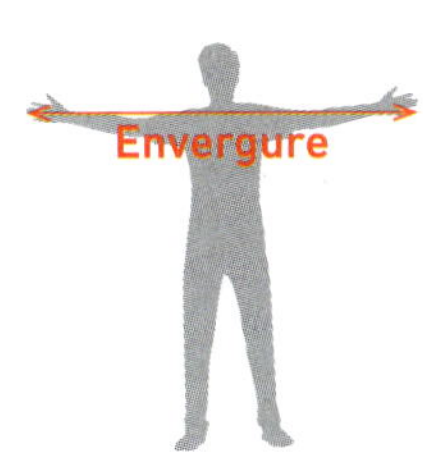

avec un logiciel

Pour faire ces activités, télécharge les fiches logiciel Géométrie et Tableur sur le site college.editions-bordas.fr.

1 Un convertisseur de longueurs

Utiliser un tableur pour convertir des longueurs.

30' — Difficulté mathématique — Difficulté technique

1 Dans un tableur, ouvrir une feuille de calcul, puis écrire les unités de km à mm dans les cellules **A1** à **G1** pour créer un tableau de conversion.
Les cellules **A2** à **G2** vont être utilisées pour écrire la longueur à convertir, comme dans l'exemple ci-dessous avec la longueur 1 205 cm.

	A	B	C	D	E	F	G	H
1	km	hm	dam	m	dm	cm	mm	
2			1	2	0	5		
3								

2 **a.** Que permet de calculer la formule =A2*1000+B2*100+C2*10+D2+E2*0,1+F2*0,01+G2*0,001 ?

b. Vérifier la réponse en saisissant cette formule dans la cellule **D5** et en observant le nombre obtenu pour 1 205 cm. Tableur 1

3 **a.** Dans la cellule **F5**, saisir une formule (sur le modèle de celle la question **2.**) permettant de convertir une longueur en cm.
b. Dans la cellule **A5**, saisir une formule permettant de convertir une longueur en km.

4 En utilisant le convertisseur, déterminer combien de pas (entre 50 et 80 cm de long selon les personnes) sont nécessaires pour parcourir la Grande Muraille de Chine qui mesure 8 851,8 km de long.

2 Le rayon perdu

Utiliser un tableur pour résoudre un problème en faisant des essais.

30' — Difficulté mathématique — Difficulté technique

1 **a.** Dans un tableur, ouvrir une feuille de calcul, puis écrire « rayon » et « aire » dans les cellules **A1** et **B1**.

	A	B	C
1	rayon	aire	
2	1		
3			

b. Dans la cellule **A2**, entrer le nombre 1 ; puis dans la cellule **B2**, saisir une formule permettant de calculer l'aire d'un disque de rayon égal au nombre contenu dans **A2**. Tableur 1
On utilisera la valeur approchée 3,14 pour le nombre π.

Pour la formule en B2, il faut utiliser le contenu de la cellule A2 et pas le nombre 1.

c. Dans les cellules **A3** à **A11**, afficher la liste des nombres entiers de 2 à 10 ; puis copier la formule de la cellule **B2** pour obtenir les aires des disques correspondant à ces rayons. Tableur 2 et 3

Géoglyphes vus du ciel au Moyen-Orient.

2 Modifier le contenu des cellules **A2** à **A11** pour afficher les aires des disques de rayons compris entre 100 et 109 unités de longueur.

3 En modifiant à nouveau le contenu des cellules **A2** à **A11**, déterminer un encadrement au mètre près du rayon d'un géoglyphe ayant une aire de 2 000 m^2.

3 Si la France était un hexagone…

45'

Utiliser un logiciel de géométrie dynamique pour obtenir des aires de figures complexes.

Difficulté mathématique | Difficulté technique

1 **a.** Dans un logiciel de géométrie dynamique, ouvrir une nouvelle feuille et créer un curseur de nom « AB » pouvant prendre toutes les valeurs entières entre 1 et 10. Géométrie 27
b. Tracer un segment [AB] qui a pour longueur la valeur de ce curseur. Géométrie 6
c. Tracer un hexagone régulier dont un des côtés est le segment [AB]. Géométrie 29
d. Faire afficher la valeur de l'aire de cet hexagone. Géométrie 17

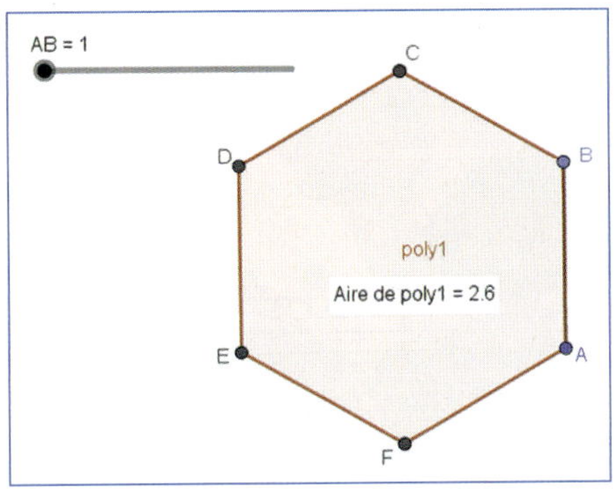

2 En utilisant le curseur, répondre aux questions suivantes.
a. Quelle est l'aire d'un hexagone dont les côtés mesurent 4 unités de longueur ?
b. Donner une valeur approchée, à une unité de longueur près, de la longueur du côté d'un hexagone régulier ayant une aire égale à 100 unités d'aire.

3 La France métropolitaine a une superficie d'environ 550 000 km^2 et sa forme est souvent assimilée à un hexagone régulier.
En modifiant les valeurs minimale et maximale du curseur, déterminer une valeur approchée du côté de cet hexagone.

4 La Terre et la Lune ALGO

20'

Utiliser un programme pour calculer la longueur de cercles.

Difficulté mathématique | Difficulté technique

1 Saisir le programme ci-dessous dans le logiciel Scratch :

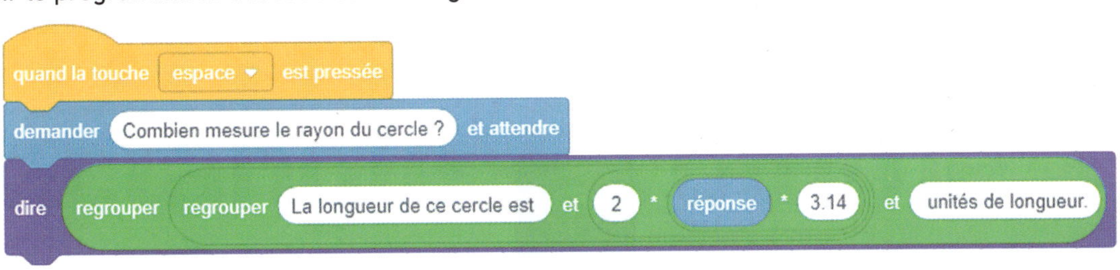

2 Utiliser ce programme pour calculer la longueur de l'équateur sachant que la Terre a un rayon d'environ 6 370 km.

3 **a.** Modifier le programme pour que celui-ci demande la longueur d'un cercle, puis calcule la longueur de son rayon.
b. Utiliser ce programme pour calculer le rayon de la Lune sachant que l'« équateur lunaire » a une longueur d'environ 21 800 km.

cherchons ensemble

Si tu ne comprends pas certains des mots utilisés ici, demande à ton enseignant ou consulte le *Dico des maths*, p. 12.

Activité 1 — Reconnaître un parallélépipède rectangle ▸ OBJECTIF 1

1 **Vocabulaire** : Un **prisme** est un solide dont toutes les faces sont des polygones et qui a deux faces identiques parallèles entre elles.
Parmi les solides suivants, lesquels ne sont pas des prismes ? Comment les appelle-t-on ?

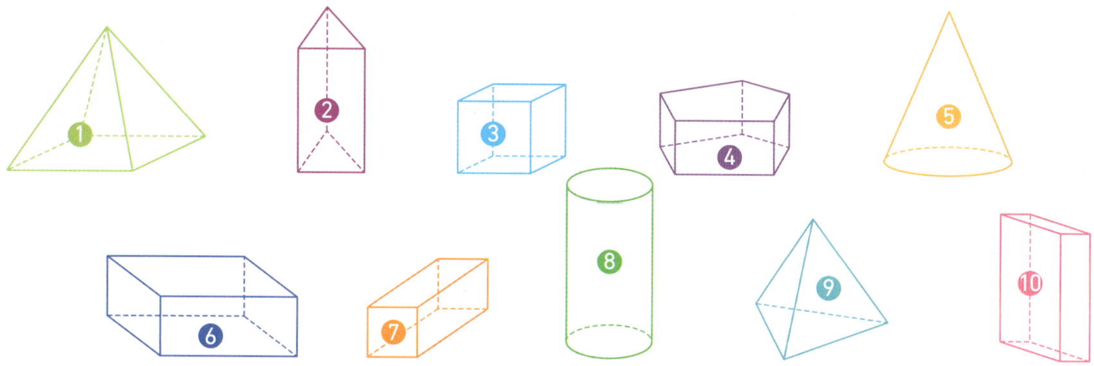

2 Pour les solides qui sont des prismes, donner :
a. le nombre de faces ; **b.** le nombre de sommets ; **c.** le nombre d'arêtes ; **d.** la nature des faces.

3 Les solides ③, ⑥, ⑦ et ⑩ sont appelés des parallélépipèdes rectangles ou des pavés droits.
Quelles sont les caractéristiques communes de ces parallélépipèdes rectangles ?

Activité 2 — Représenter et fabriquer un parallélépipède rectangle ▸ OBJECTIF 1

1 Tracer sur une feuille deux rectangles de dimensions 2 cm sur 4 cm et deux autres rectangles de dimensions 2 cm sur 7 cm, puis les découper.

2 On veut utiliser ces quatre rectangles pour fabriquer un pavé droit.
a. Combien de faces doit-on ajouter pour y parvenir ?
b. Quelles sont la nature et les dimensions de ces faces ?

3 Tracer et découper les faces manquantes, puis assembler toutes les faces pour fabriquer le pavé droit.

4 Reproduire les deux représentations en perspective cavalière de pavés droits proposées ci-dessous et y indiquer les trois dimensions correspondant à celles du pavé droit fabriqué à la question **3**.

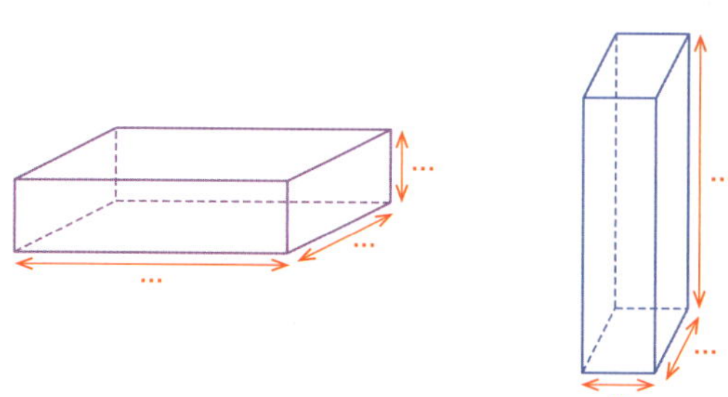

Activité 3 Utiliser les unités de volume et de contenance

OBJECTIF 2

1 • Un centimètre cube (notation cm^3) correspond au volume d'un cube de 1 cm d'arête.

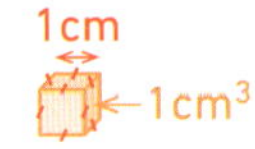

• Le volume d'un solide en cm^3 correspond au nombre de cubes de 1 cm d'arête nécessaires pour le remplir.

a. Combien y a-t-il de cm^3 sur une des dix couches du cube ci-contre ?

b. Quel est le volume en cm^3 de ce cube ?

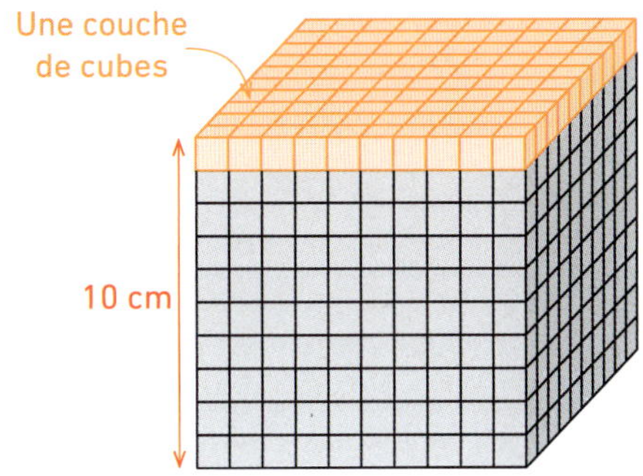

2 Un décimètre cube (notation dm^3) correspond au volume d'un cube de 1 dm d'arête.

a. Quel est le volume en dm^3 du cube ci-contre ?

b. Recopier et compléter l'égalité :

Volume du cube = ... cm^3 = ... dm^3.

3 Recopier les égalités suivantes, puis les compléter en utilisant les constatations faites précédemment :

a. 1 cm^3 = ... dm^3 b. 1 m^3 = ... dm^3

c. 1 dm^3 = ... m^3 d. 1 m^3 = ... cm^3

e. 1 cm^3 = ... m^3

4 Un cube d'arête 1 dm a une contenance de 1 litre. On a 1 dm^3 = 1 L.
Recopier et compléter les égalités suivantes :

a. 1 m^3 = ... L b. 1 cm^3 = ... L c. 1 L = ... m^3 d. 1 L = ... cm^3

Activité 4 Déterminer le volume d'un pavé droit

OBJECTIF 2

1 Le pavé droit n° 1 est composé de cubes de 1 cm d'arête.

a. Quelles sont les dimensions en cm de ce pavé droit ?

b. Quel est son volume en cm^3 ?

c. Quel calcul permet d'obtenir ce volume ?

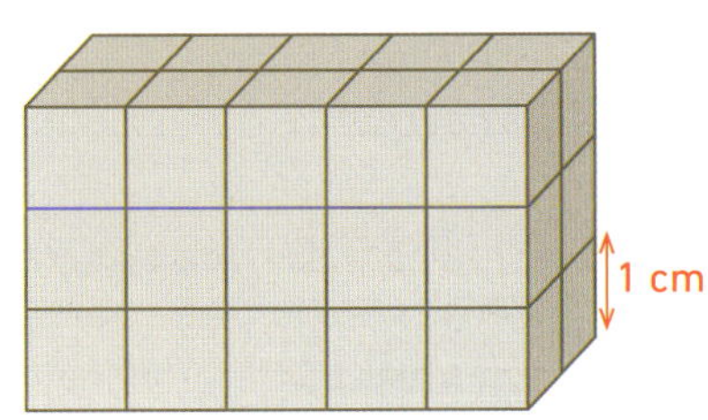

Pavé droit n° 1

2 Un millimètre cube (notation mm^3) correspond au volume d'un cube de 1 mm d'arête.

a. Quelles sont les dimensions en mm du pavé droit n° 2 ?

b. Quel est le volume en mm^3 de ce pavé droit ?

c. Recopier et compléter :

Volume pavé droit n° 2 = ... mm^3 = ... cm^3

d. Retrouver le volume en cm^3 de ce pavé droit en utilisant ses dimensions en cm et en appliquant la méthode de calcul de la question 1.c.

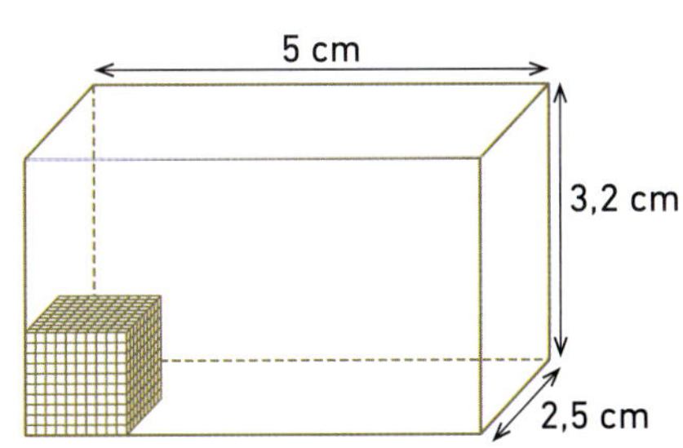

Pavé droit n° 2

COURS

1 Représentation et patron d'un parallélépipède rectangle

OBJECTIF 1

Voir l'animation : bordas.media/733775_110

a) Caractéristiques et représentation

DÉFINITIONS • Un **parallélépipède rectangle** ou **pavé droit** est un solide qui a six faces rectangulaires.

• Un **cube** est un pavé droit particulier dont toutes les faces sont des carrés.

Exemples

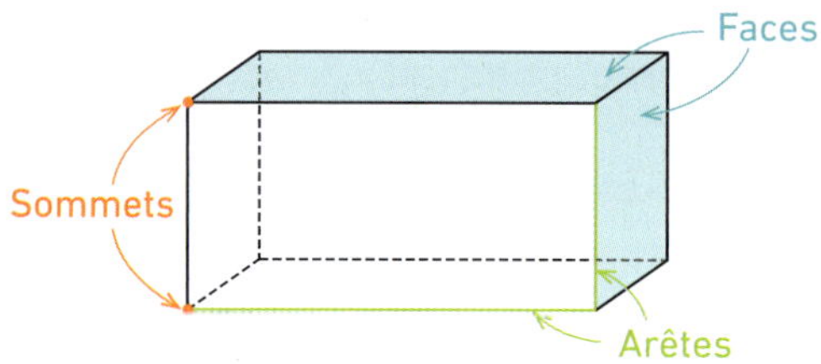

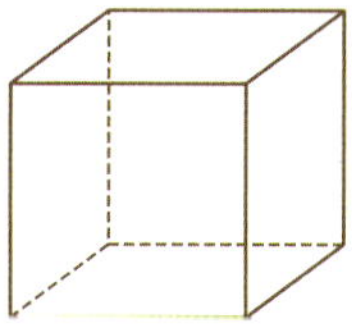

PROPRIÉTÉS

• Les **faces** opposées d'un pavé droit sont superposables et parallèles deux à deux.

• Un parallélépipède rectangle a huit **sommets**.

• Un parallélépipède rectangle a douze **arêtes** ; ces douze arêtes sont quatre par quatre parallèles entre elles et de même longueur.

Propriétés Admises

DÉFINITION Les trois longueurs des différentes arêtes d'un parallélépipède rectangle sont appelées les trois **dimensions** du parallélépipède rectangle.

Exemple

Les trois dimensions de ce pavé droit sont **6 cm** ; **1,5 cm** et **2 cm**.

Par rapport à la représentation ci-contre, on les nomme respectivement la **longueur**, la **largeur** et la **hauteur** du pavé droit.

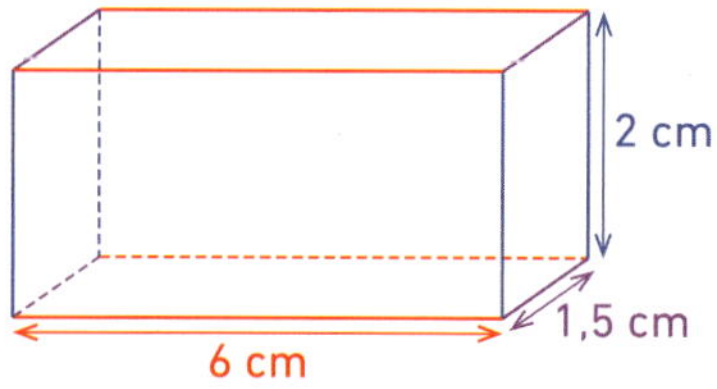

Remarque : Pour un cube, on appelle **côté** la longueur commune des arêtes.

CONVENTIONS Dans la **représentation en perspective cavalière** d'un pavé droit :

– les faces avant et arrière sont des rectangles (en vraie grandeur ou à l'échelle) ;

– les arêtes parallèles et de même longueur sont représentées par des segments parallèles et de même longueur ;

– les trois arêtes cachées sont représentées en pointillé.

b) Patron

DÉFINITION Un **patron** d'un solide est une surface plane qui permet de fabriquer ce solide par pliage.

Exemple

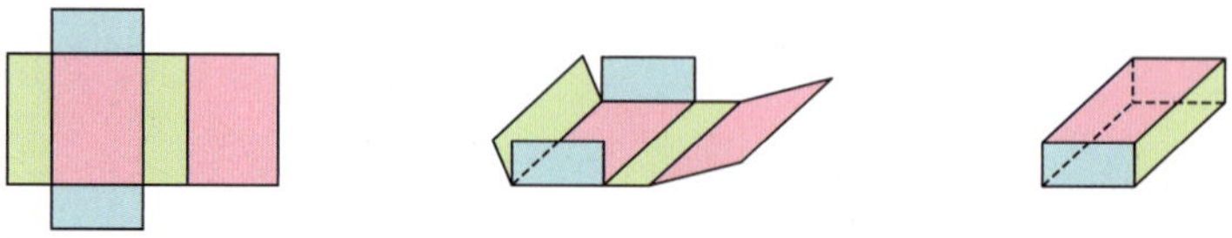

Remarque : Le patron d'un pavé droit est composé de six rectangles, deux à deux identiques.

CARTE MENTALE
bordas.media/733775_082

2 Détermination du volume d'un parallélépipède rectangle OBJECTIF 2

a) Unités de volume et de contenance

DÉFINITION L'unité usuelle de **volume** est le **mètre cube**, noté « m^3 ».
Les multiples et sous-multiples du mètre cube sont, dans l'ordre décroissant :

km^3 ; hm^3 ; dam^3 ; m^3 ; dm^3 ; cm^3 ; mm^3.

Un mètre cube correspond au volume d'un cube de 1 m de côté.

PROPRIÉTÉS Deux unités de volume consécutives sont **1 000 fois plus grandes** ou **1 000 fois plus petites** les unes par rapport aux autres.

Démonstration p. 269

Exemple

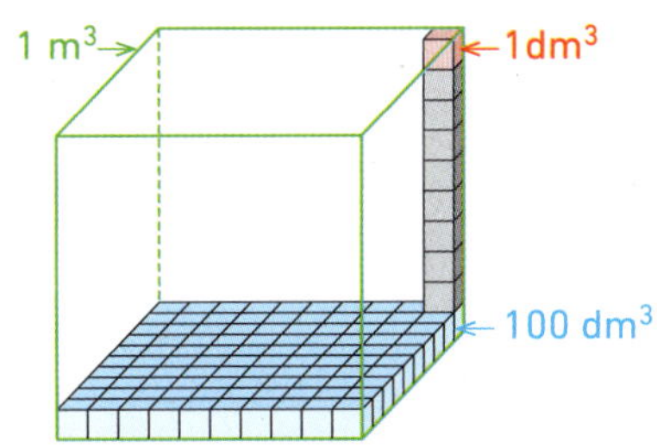

- $1\ m^3 = 1\ 000\ dm^3$
- $1\ dm^3 = \frac{1}{1000}\ m^3 = 0{,}001\ m^3$

De même : $1\ dm^3 = 1\ 000\ cm^3$ et $1\ cm^3 = 0{,}001\ dm^3$;
$1\ km^3 = 1\ 000\ hm^3$ et $1\ hm^3 = 0{,}001\ km^3$; etc.

DÉFINITION Le **litre** est une **unité de contenance** égale à $1\ dm^3$.

- $1\ L = 1\ dm^3$
- $1\ 000\ L = 1\ m^3$

b) Calcul du volume d'un pavé droit

DÉFINITION Le **volume** d'un solide est la **mesure de l'espace occupé** par ce solide.

Exemple

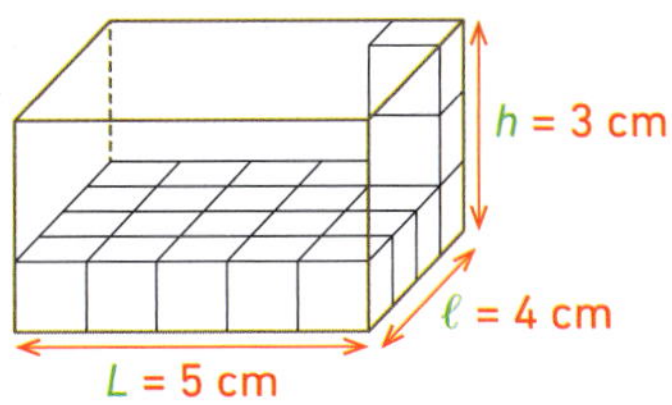

Ce pavé droit a un volume de $60\ cm^3$.
L'espace occupé est l'équivalent de 60 cubes de $1\ cm^3$.

PROPRIÉTÉS Le **volume** d'un pavé droit de longueur L, de largeur ℓ et de hauteur h est égal au **produit de ses trois dimensions.**

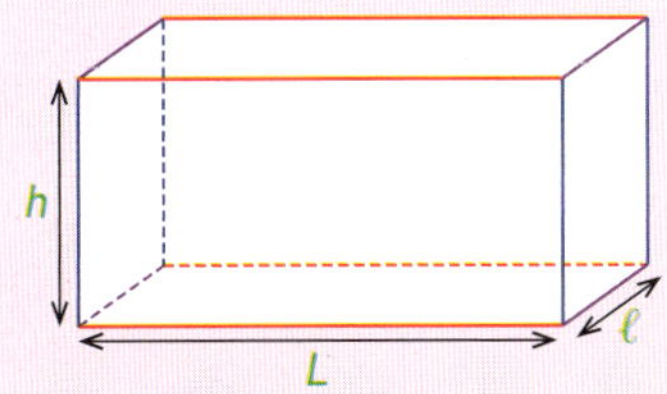

On écrit : volume pavé droit = $\ell \times L \times h$.

Pour un cube, on a : volume cube = $c \times c \times c = c^3$.

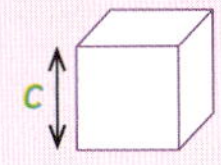

Démonstration p. 269

objectif 1 Je représente et je construis

Je comprends

Voir la vidéo : bordas.media/733775_083

Voir l'animation : bordas.media/733775_111

Construire le patron d'un parallélépipède rectangle de dimensions 2 cm, 3 cm et 6 cm.

Exercice résolu

Étape 1. Le patron va être composé de six faces rectangulaires, deux à deux identiques :
- deux rectangles de dimensions 2 cm et 3 cm ;
- deux rectangles de dimensions 2 cm et 6 cm ;
- deux rectangles de dimensions 3 cm et 6 cm.

Étape 2. On trace ces six rectangles en les disposant de façon à ce que les rectangles identiques deviennent, par pliage, des faces opposées du pavé droit.

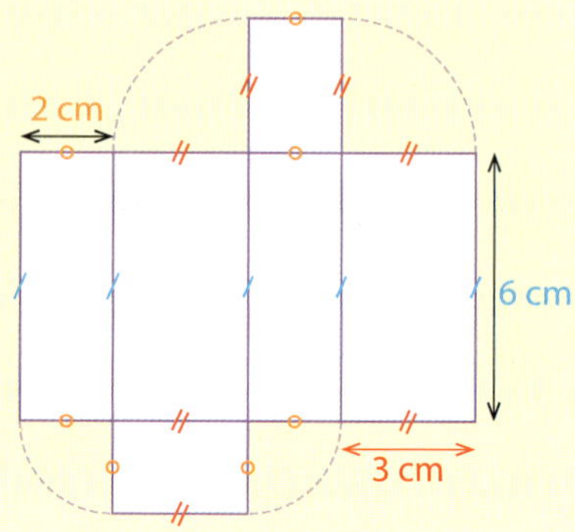

Je m'échauffe

1 QUESTIONS FLASH

Combien de faces, de sommets et d'arêtes possède chaque solide ?

a.

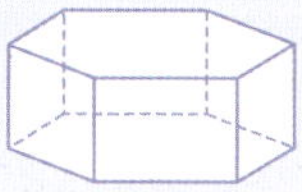

b.

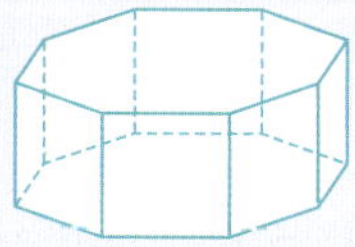

c.

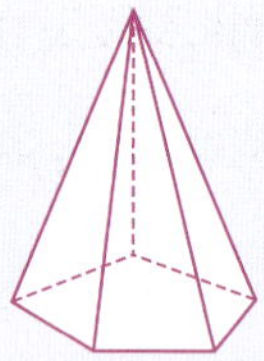

d.

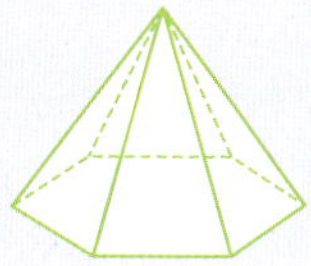

2 Calculer la longueur totale des arêtes :
a. d'un cube de côté 5 cm ;
b. d'un pavé droit de dimensions 1, 3 et 5 cm ;
c. d'un pavé droit ayant une base carrée de côté 3,5 cm et une hauteur de 7 cm.

3 En observant le pavé droit, citer :
a. la face parallèle à la face ADHE ;
b. la face opposée à la face DCGH ;
c. les trois arêtes parallèles à l'arête [FG] ;
d. les trois arêtes de même longueur que l'arête [DC].

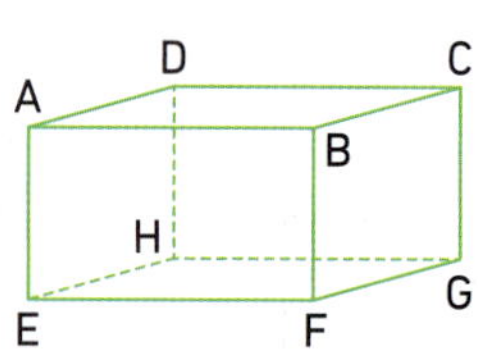

4 Représenter un pavé droit en perspective cavalière, puis nommer ses sommets pour avoir :
- la face IJKL parallèle à la face MNOP ;
- les arêtes [IO], [JN], [KM] et [LP] parallèles entre elles.

5 **1.** Aucun des patrons suivants ne permet de fabriquer un parallélépipède rectangle. Pourquoi ?

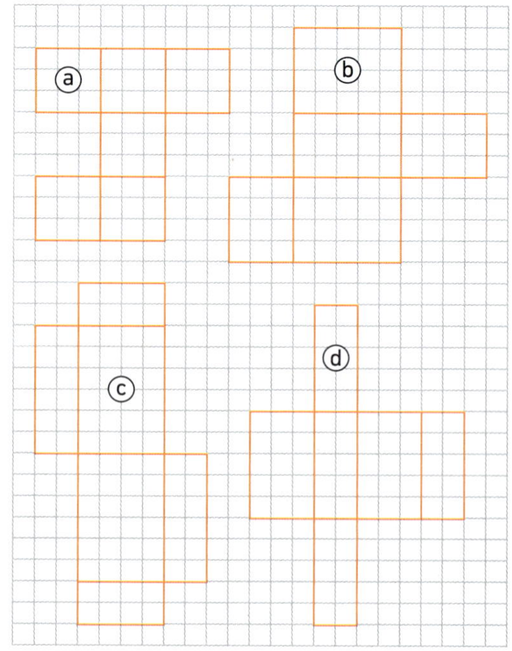

2. Sur papier quadrillé, construire une version corrigée de chacun de ces patrons.

Je m'entraîne 1

6 **1.** Reproduire ce patron à main levée sans respecter les vraies grandeurs.
2. Sur le patron dessiné, coder toutes les longueurs égales.

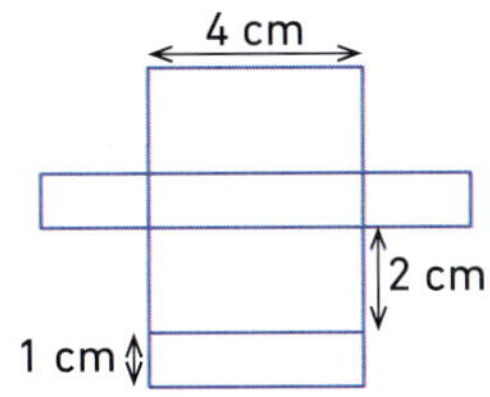

3. À main levée, représenter en perspective cavalière le parallélépipède rectangle que ce patron permet de construire et indiquer les valeurs des trois dimensions.
4. Sur papier blanc, construire le patron en vraie grandeur.

7 Sur papier quadrillé, recopier, puis compléter les patrons des parallélépipèdes rectangles commencés.

a.

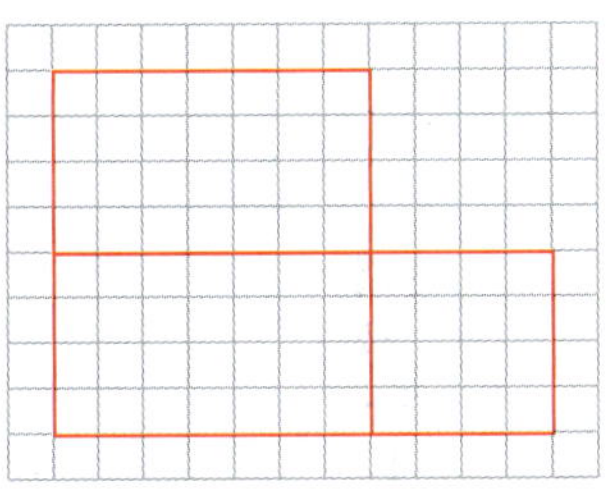

b.

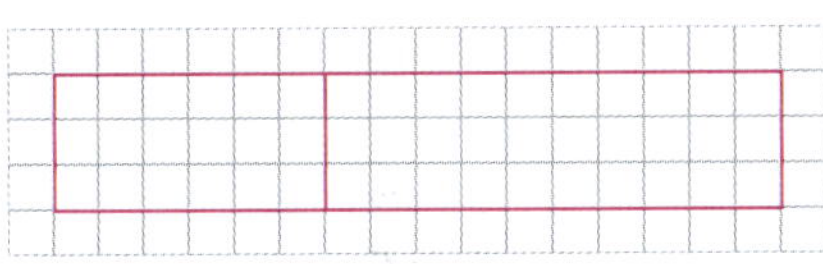

8 Sur papier blanc, construire un patron de chacun des pavés droits représentés ci-dessous.

a.

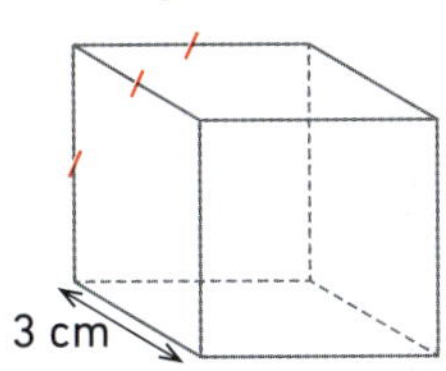

b.

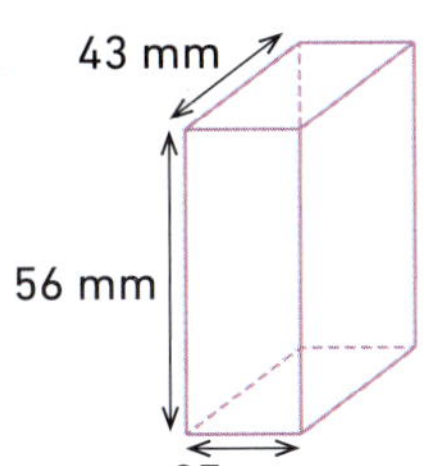

Attention ! Quand on ne te demande pas un dessin à main levée, tu dois en faire un en vraie grandeur avec des instruments de géométrie.

9 Calculer l'aire d'un patron de ce parallélépipède rectangle :

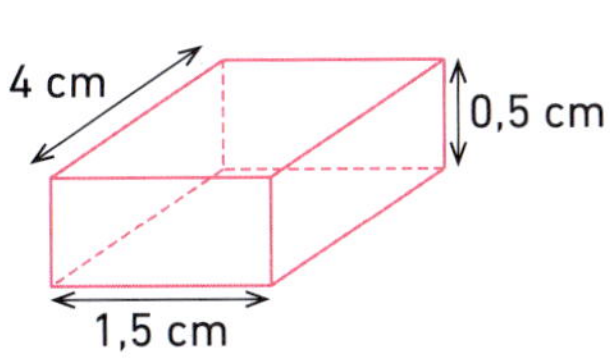

Je m'entraîne 2

10 **Les maths autour de moi**
Construire le patron d'une boîte parallélépipédique pouvant contenir au choix soit un éclair au chocolat, soit une tartelette au citron (prévoir de laisser au moins un centimètre entre la pâtisserie et la paroi de la boîte).

- Longueur : 16 cm
- Largeur : 4 cm
- Hauteur : 3,5 cm

- Diamètre : 10 cm
- Hauteur : 2,5 cm

11 Voici le patron d'un parallélépipède rectangle :

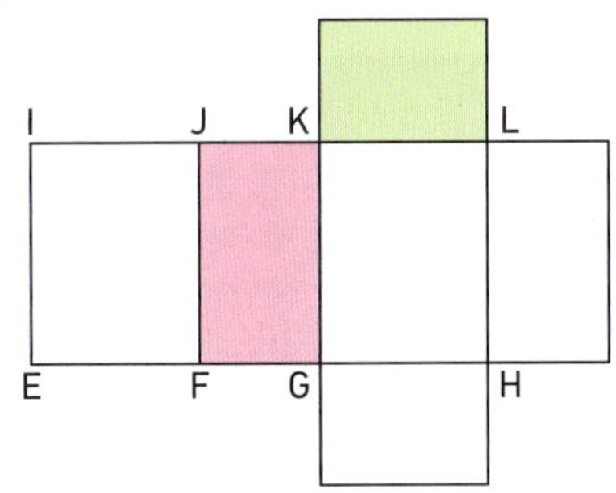

Dans chaque cas, représenter en perspective cavalière ce pavé droit en y indiquant le nom des sommets :
a. en prenant la face rose comme face avant et l'arête [HL] comme hauteur ;
b. en prenant la face verte comme face avant et l'arête [KJ] comme hauteur.

12 **TOP Chrono** 15 min

Une boîte en carton a la forme d'un pavé droit de hauteur 3,5 cm, de longueur 20 cm et de largeur 5 cm.

1. À main levée, faire une représentation en perspective cavalière de cette boîte en y indiquant les trois dimensions.
2. Construire un patron permettant de fabriquer cette boîte.

objectif 2 — Je détermine le volume

Je comprends

Voir la vidéo : bordas.media/733775_084

Un parallélépipède rectangle a pour dimensions 2 m, 4 m et 35 dm.
1. Quel est son volume en m^3 ? **2.** Quelle est sa contenance en L ?

Exercice résolu

1. Étape 1. On exprime toutes les dimensions dans la même unité pour calculer le volume. Si on exprime les longueurs en m, on obtient le volume en m^3 : 35 dm = 3,5 m.

Étape 2. On utilise la formule :

$$\text{volume} = \ell \times L \times h.$$

Ici, volume $= 2 \times 4 \times 3{,}5 = 28$.
Le volume de ce parallélépipède rectangle est de 28 m^3.

2. 28 m^3 = 28 000 dm^3 = 28 000 L.
La contenance de ce parallélépipède rectangle est de 28 000 L.

On utilise la correspondance 1 L = 1 dm^3.
1 litre de lait par exemple est contenu dans un cube d'arête 1 dm.

Je m'échauffe

13 QUESTIONS FLASH
Déterminer mentalement le nombre manquant :
a. $3 \times 7 \times ... = 63$ **b.** $... \times 2 \times 6 = 18$
c. $5 \times ... \times 10 = 35$ **d.** $4 \times 3{,}5 \times ... = 42$

14 Comparer :
a. 10 L et la contenance d'un cube de 1 dm d'arête ;
b. 20 L et la contenance d'un cube de 2 dm d'arête ;
c. 30 L et la contenance d'un cube de 3 dm d'arête ;
d. 40 L et la contenance d'un cube de 4 dm d'arête.

15 **1.** Dans la conversion 2 cm^3 = 2 000 mm^3, le nombre a été multiplié par 1 000.
De même, dire quelle opération il faut faire pour effectuer les conversions suivantes :
a. de m^3 en dm^3 **b.** de dm^3 en m^3
c. de dm^3 en mm^3 **d.** de cm^3 en m^3
2. Même question pour les conversions suivantes :
a. de L en cL **b.** de dL en L
c. de mL en L **d.** de hL en L

Tu peux t'aider de l'exercice 15 pour faire les exercices 16 et 17.

16 Recopier et compléter les conversions suivantes :
a. 8 m^3 = ... dm^3 **b.** 950 dm^3 = ... m^3
c. 34 dm^3 = ... mm^3 **d.** 12 000 cm^3 = ... m^3

17 Recopier et compléter les conversions suivantes :
a. 2 L = ... cL **b.** 35 dL = ... L
c. 750 mL = ... L **d.** 6 hL = ... L

18 Recopier et compléter les conversions suivantes :
a. 2 dm^3 = ... L **b.** 7 m^3 = ... L
c. 125 cm^3 = ... mL **d.** 35 L = ... m^3
e. 800 mL = ... dm^3 **f.** 70 cL = ... cm^3

19 Déterminer les volumes des pavés droits suivants :

a.

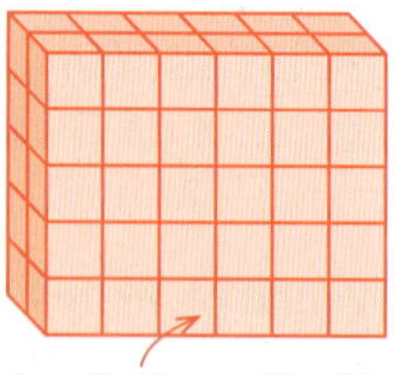

b.

c.

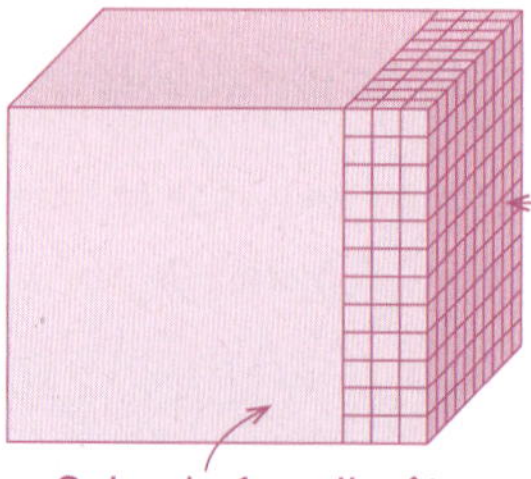

d'un parallélépipède rectangle

Je m'entraîne 1

20 Recopier et compléter les conversions suivantes :

a. $7{,}7\ m^3 = ...\ dm^3$
b. $0{,}827\ dm^3 = ...\ cm^3$
c. $18{,}5\ cm^3 = ...\ dm^3$
d. $30{,}6\ mL = ...\ cL$
e. $6{,}3\ L = ...\ mL$
f. $6{,}3\ L = ...\ cm^3$
g. $9{,}44\ dm^3 = ...\ dL$
h. $8{,}25\ m^3 = ...\ L$

21 Quelle est l'unité la mieux adaptée pour exprimer le volume :

a. d'une armoire ?
b. d'un tiroir ?
c. d'une gomme ?
d. d'une salle de classe ?

22 Recopier et compléter le tableau suivant :

Longueur	50 cm	... mm
Largeur	... cm	... mm
Hauteur	... cm	150 mm
Volume	... cm^3	... mm^3
Contenance	... cL	... mL

23 Déterminer les valeurs manquantes du tableau :

Pavé droit	n° 1	n° 2	n° 3	n° 4
Longueur	7 m	5 cm	3 cm	2,5 cm
Largeur	2 m	...	1,3 dm	40 mm
Hauteur	3 m	2 cm	10 dm	...
Volume	...	60 cm^3	...	100 cm^3

24 Dans chaque cas, déterminer le volume :

a. du parallélépipède rectangle ABCDEFGH ;
b. du parallélépipède rectangle IJKLMNOP ;
c. du solide colorié.

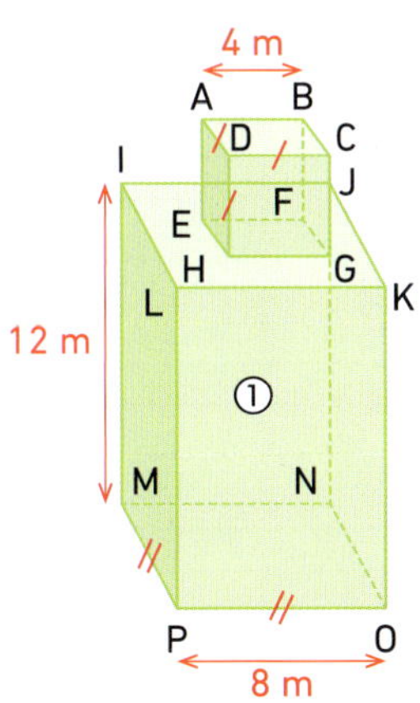

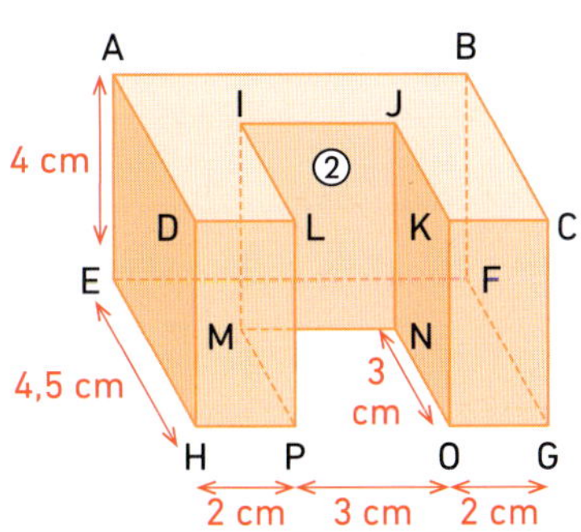

Je m'entraîne 2

25 **Les maths autour de moi**

Une piscine olympique a pour largeur 25 m et pour longueur 50 m. Sa profondeur moyenne est de 2,50 m.

1. Quel est le volume, en m^3, de cette piscine ?
2. Quelle est la contenance, en L, de cette piscine ?

26 Dans la feuille d'un tableur, on a saisi les trois dimensions d'un parallélépipède rectangle dans les cellules **A2**, **B2** et **C2** :

	A	B	C	D	E	F
1	Longueur	Largeur	Hauteur	Volume	Aire des faces	Somme des arêtes
2	3,7	2,5	5,1			
3						

1. Quelle formule doit-on saisir en **D2** pour obtenir le volume de ce solide ?
2. Parmi les formules ci-dessous, lesquelles faut-il saisir :
a. en **E2** pour obtenir l'aire totale des faces du pavé droit ?
b. en **F2** pour obtenir la somme totale des arêtes du pavé droit ?

① = 2*A2*B2+2*A2*C2+2*B2*C2

② = 2*A2*B2*C2

③ = 4*(A2+B2+C2)

④ = A2+B2+C2

27 **TOP Chrono** 10 min

Calculer les volumes des deux parallélépipèdes rectangles, puis ranger les trois récipients dans l'ordre croissant de leurs volumes.

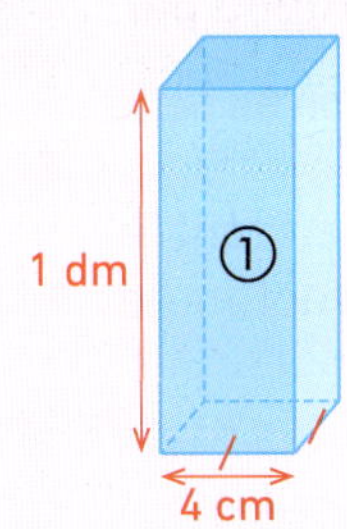

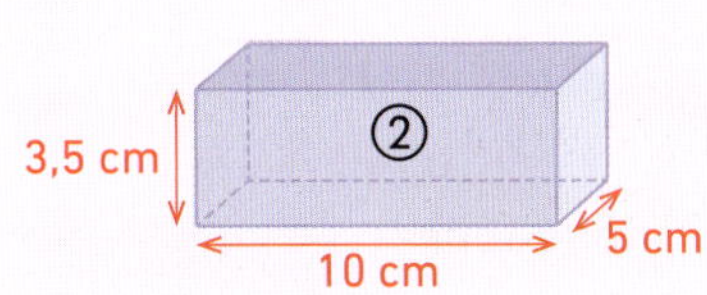

je travaille seul(e)

ou en Accompagnement personnalisé

Je fais le point sur mon cours

QCM de révision
Retrouve un autre QCM interactif : bordas.media/733775_085

		A	B	C
28	L'aire de la face inférieure est égale à 10 m². 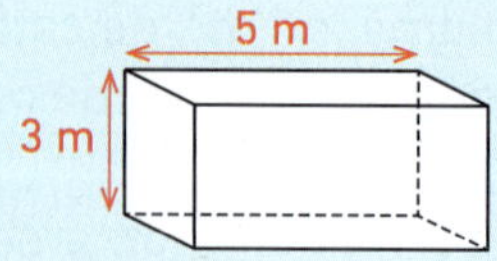 Les trois dimensions du parallélépipède rectangle sont donc :	3 ; 5 et 10 m	2 ; 3 et 5 m	3 ; 5 et 5 m
29	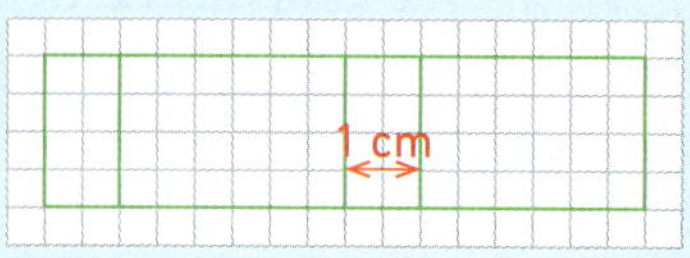 Pour compléter le patron du pavé droit, il faut lui ajouter :	deux rectangles de dimensions 1 cm et 2 cm	deux rectangles de dimensions 2 cm et 3 cm	deux rectangles de dimensions 1 cm et 3 cm
30	Un cube d'arête 1 m a pour contenance :	10 litres	100 litres	1 000 litres
31	Une seule égalité est vraie. Laquelle ?	1 mm^3 = 1 mL	1 cm^3 = 1 cL	1 cm^3 = 1 mL
32	Le volume en cm^3 d'un pavé droit de dimensions 2 ; 3,5 et 5 cm est :	10,5	21	35

Je fais le point sur mes objectifs

OBJECTIF 1

Je représente et je construis le patron d'un parallélépipède rectangle

33 **1.** Comment appelle-t-on les solides, coloriés en violet ou en vert, qui composent le solide ci-contre ?
2. Pour le solide vert, quel nom donne-t-on au point D ?
Quel nom donne-t-on au segment [DA] ?

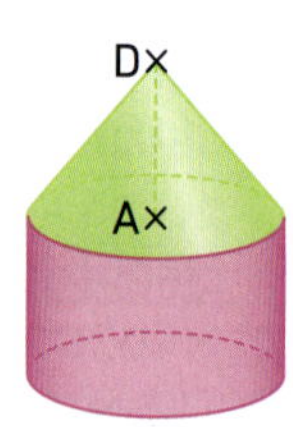

34 Écrire un texte décrivant le parallélépipède rectangle ci-contre.
Pour cela, utiliser les mots de vocabulaire suivants :

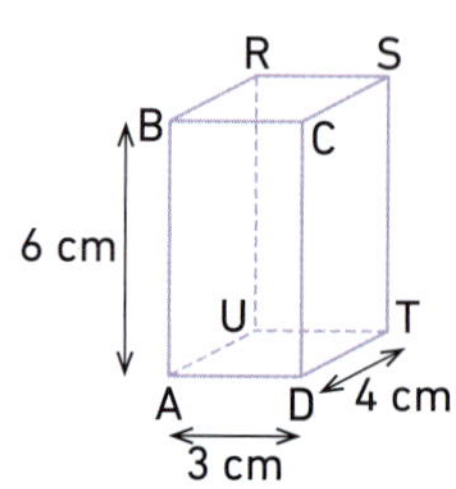

arête(s) — face(s) — sommet(s) — longueur — largeur — dimensions — rectangle — hauteur

35 Les patrons suivants permettent-ils de fabriquer un pavé droit ?
Si oui, les reproduire pour vérifier ; si non, expliquer pourquoi.

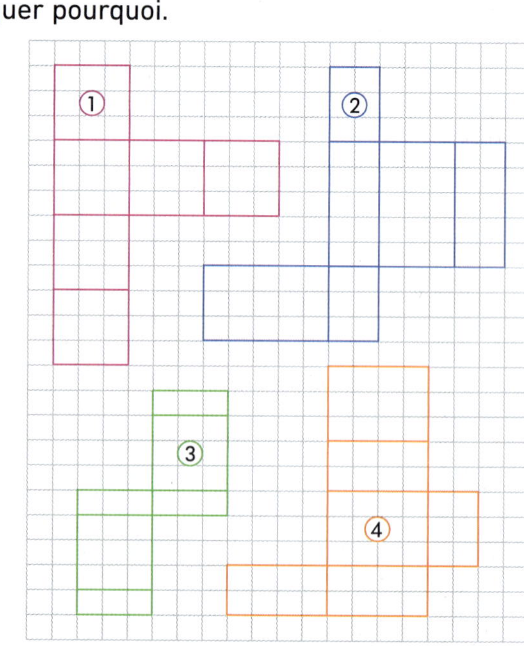

36 Représenter un morceau de sucre en perspective cavalière sur papier quadrillé.

37 Sur papier blanc, construire un patron du pavé droit dont les dimensions sont 2 cm, 3 cm et 4 cm.

38 Voici le début de deux patrons :

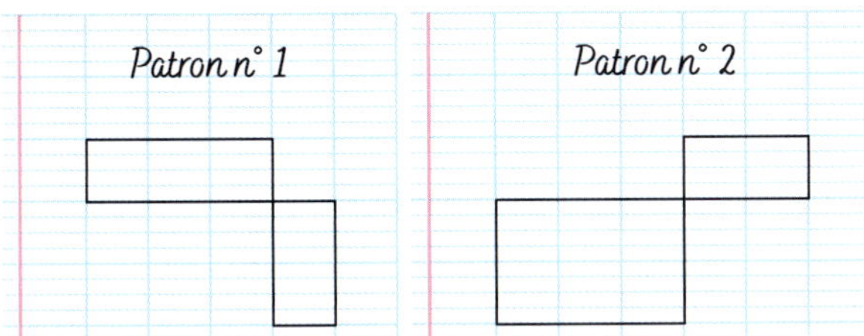

Les recopier et les compléter pour qu'ils permettent par pliage de fabriquer des parallélépipèdes rectangles.

OBJECTIF 2

Je détermine le volume d'un parallélépipède rectangle

39 1. Sur une feuille à grands carreaux et en utilisant comme unité de volume le cube ci-contre, représenter en perspective cavalière un pavé droit ayant pour volume 3 unités de volume.

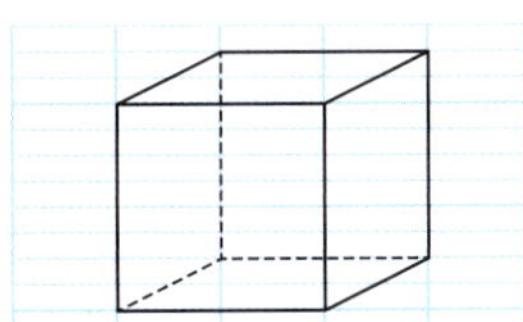

2. Même consigne avec 4, puis 8, puis 2,5 unités de volume.

40 Ranger les volumes suivants dans l'ordre croissant :

0,003 m^3	44 000 mm^3	7 cm^3
1 280 cm^3	156 dm^3	0,95 dm^3

41 Associer chaque solide à l'un des volumes proposés :

A. Un matelas	1. 12 000 dm^3
B. Une boîte de céréales	2. 1 331 mm^3
C. Un gymnase	3. 7,2 dam^3
D. Une camionnette	4. 0,3 m^3
E. Un dé à jouer	5. 4 dm^3

42 Recopier, puis associer chaque volume à la contenance qui lui est égale :

170 cm^3 •	• 17 000 L
17 m^3 •	• 170 cL
17 cm^3 •	• 170 mL
1,7 dm^3 •	• 1,7 cL

43 Un pavé droit a pour longueur 30 cm, pour largeur 25 cm et pour hauteur 15 cm.
Calculer son volume en cm^3, puis en dm^3.

44 Le pavé droit ci-contre est constitué de cubes d'arête 1,5 cm.

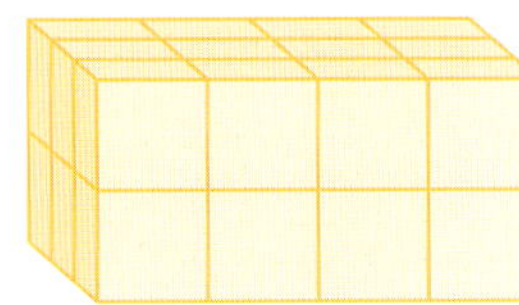

1. Quel est le volume d'un cube ?
2. Quelles sont les dimensions du pavé droit ?
3. Calculer de deux façons différentes le volume de ce pavé droit.

45 1. Pierre plonge un premier cube fermé de 15 cm de côté dans une bassine remplie d'eau à ras bord. Indiquer, en L, la quantité d'eau qui sera récupérée hors de la bassine.
2. Pierre remplit à nouveau la bassine à ras bord et plonge cette fois-ci un cube de 2,5 cm de côté. Indiquer, en mL, la quantité d'eau récupérée hors de la bassine.

46 Toutes les faces en couleur de ce solide sont des rectangles.

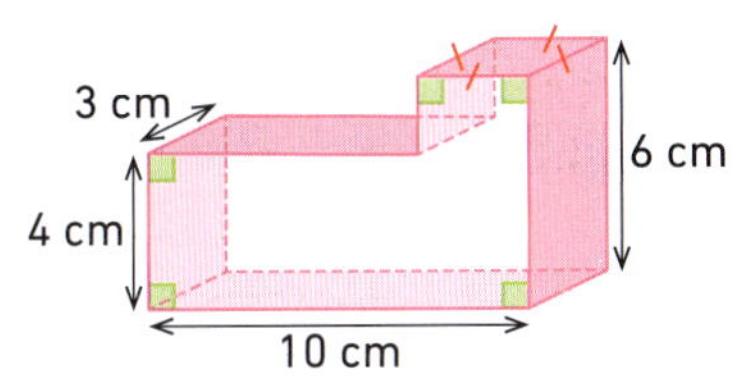

Calculer de deux façons différentes son volume.

47 Un parallélépipède rectangle a une longueur de 16 cm et une largeur de 2,5 cm ; il a le même volume qu'un cube d'arête 5 cm.
Quelle est la hauteur de ce parallélépipède rectangle ?

Je résous des problèmes

OBJECTIF 1

Je représente et je construis le patron d'un parallélépipède rectangle

48 Une arche en papier

Pour son parcours de petites voitures, Romano construit une arche en papier à l'aide de trois pavés droits.
Il a déjà fabriqué les deux piliers identiques, il doit maintenant faire la partie supérieure.

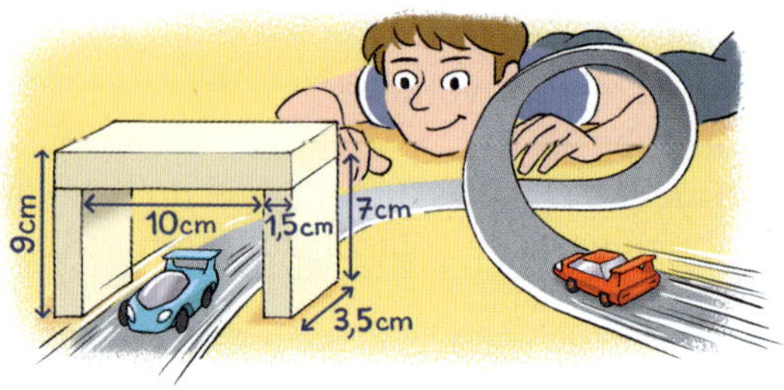

1. Quelles sont les dimensions de la partie supérieure de l'arche ?
2. Construire un patron permettant de fabriquer cette partie.

49 Dé arlequin

Représenter en perspective cavalière deux vues différentes du cube dont le patron est dessiné ci-contre sans le fabriquer.
Colorier les motifs sur chacune des faces visibles.

50 Décoration factice

Marysa vend des chocolats. Pour les fêtes, elle souhaite proposer à ses clients une boîte en forme de pavé droit sur laquelle est imprimée une ligne violette, comme si un ruban décorait la boîte.
Cette ligne passe par le milieu des arêtes.

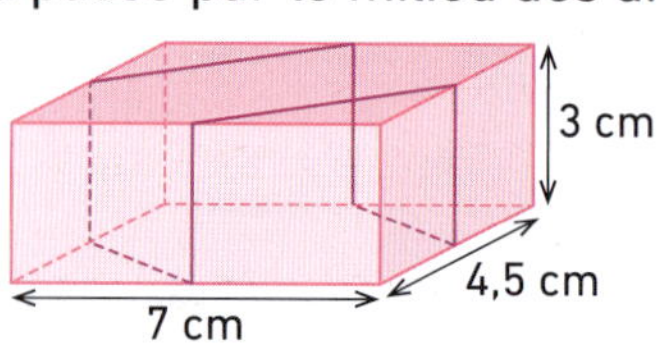

1. Sur papier blanc, construire un patron de la boîte.
2. Sur ce patron, dessiner la ligne violette qui décore la boîte de chocolats.
3. Évaluer la longueur de cette ligne.

51 Arts plastiques Opposés et complémentaires

Reproduire les patrons de cubes, puis colorier leurs faces en utilisant les six couleurs ci-contre sachant que deux faces opposées doivent avoir des couleurs complémentaires.

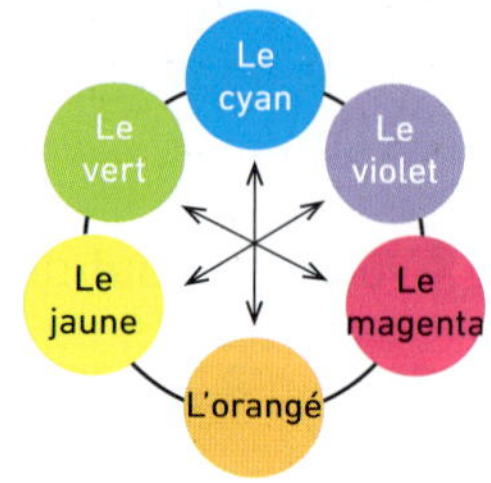

a.

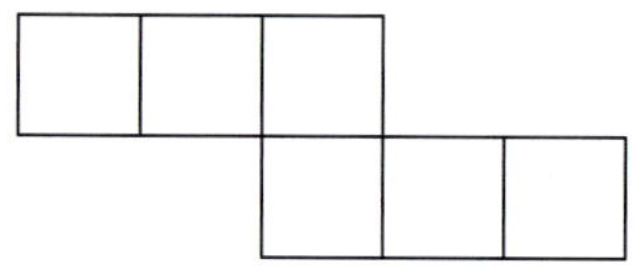

b.

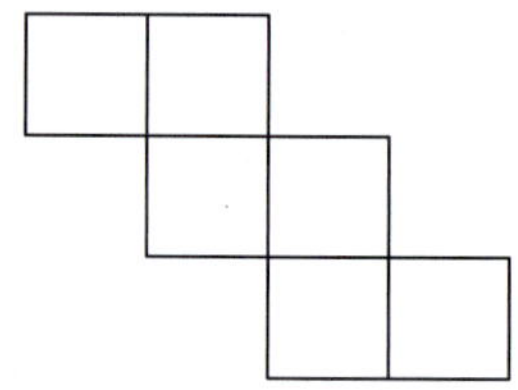

Cet exercice est à faire sans découpage ni pliage !
Deux couleurs reliées par une flèche sur le schéma sont complémentaires !

OBJECTIF 2

Je détermine le volume d'un parallélépipède rectangle

52 Espace intérieur

Un coffre à jouets a la forme d'un pavé droit. Ses dimensions extérieures sont 35 cm de hauteur, 70 cm de longueur et 40 cm de profondeur.

L'épaisseur de ses parois est de 15 mm.
1. Quelles sont les dimensions intérieures du coffre ?
2. Quel est le volume intérieur de ce coffre ?

53 Physique Immersion

On plonge un objet dans un récipient gradué rempli d'eau :

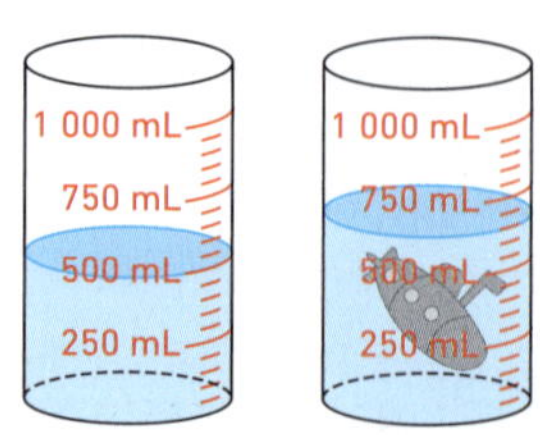

1. Quelle est la variation du niveau d'eau en mL ? et en L ?
2. Quel est, en cm^3, le volume de l'objet plongé dans l'eau ?

MULTI OBJECTIFS

54 Un immeuble en forme d'escalier

L'immeuble représenté est constitué de 10 appartements de mêmes dimensions. Cet immeuble a pour dimensions au sol 16 m (de façade) sur 10 m (de profondeur) ; sa hauteur totale est de 12 m.

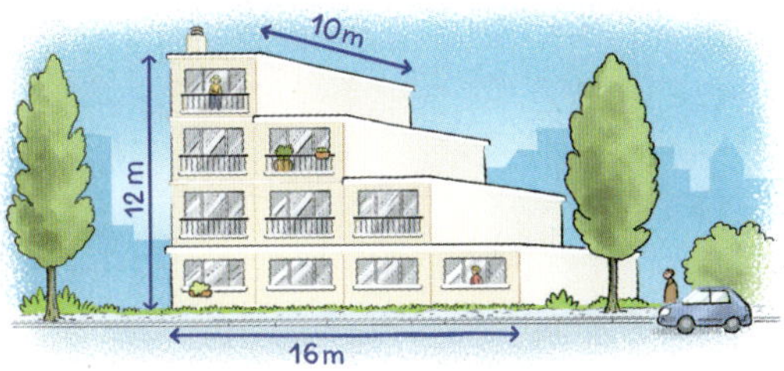

1. Quels sont les dimensions et le volume du niveau supérieur ?
2. Même question pour les trois autres niveaux.
3. En déduire le volume total de l'immeuble.

55 Les maths autour de moi

Voici le plan d'une chambre d'hôtel et de sa salle de bains.
Les dimensions sont données en centimètres.
La hauteur sous plafond est de 2,60 m.

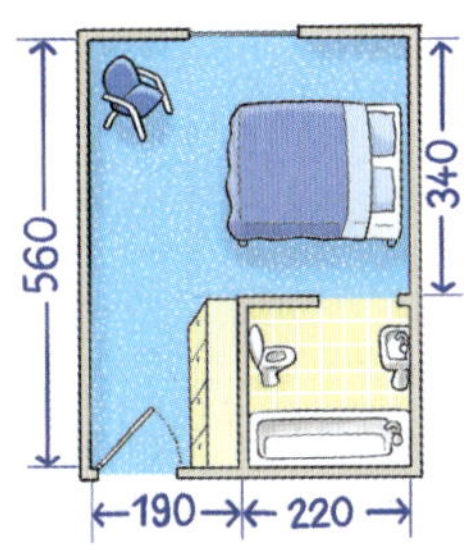

1. a. Quelles sont les dimensions de la salle de bains en mètres ? Et son volume en mètres cube ?
b. Quelles sont les dimensions de l'ensemble en mètres ? Et le volume total en mètres cube ?
c. En déduire le volume de la chambre en mètres cube.
2. Un purificateur d'air a un débit de 95 m^3 par heure.
L'air de cette chambre peut-il être purifié en moins de 30 minutes ?

56 Un vase, des verres

Rachida a vidé 10 verres de 12,5 cL chacun dans un vase à base carrée et ayant la formation d'un pavé droit.

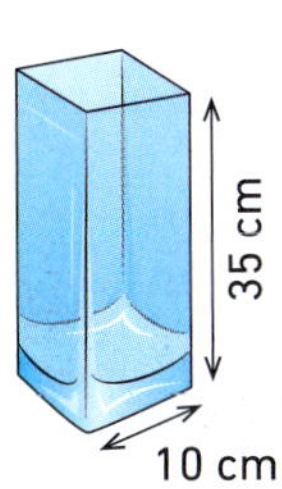

1. Quelle quantité d'eau a-t-elle versée dans le vase ?
À quel volume correspond cette quantité ?
2. Quelle est la hauteur de l'eau dans le vase ?
3. Quel est le volume du vase ? et sa contenance ?
4. Combien de verres Rachida pourrait-elle encore ajouter avant que l'eau ne déborde ?

57 Le podium

Un podium est composé de deux parties ayant la forme de pavés droits :

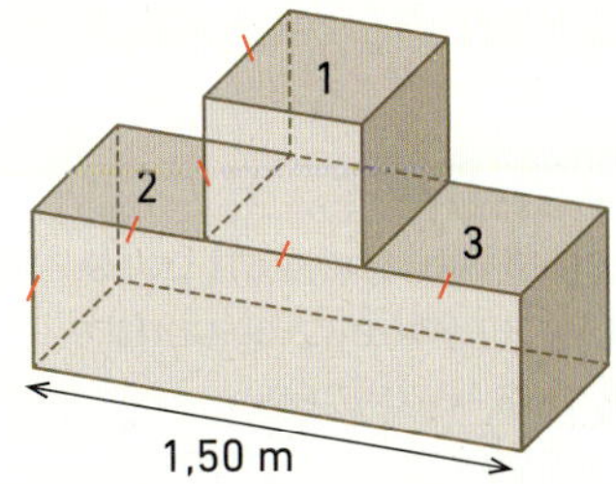

1. Quelles sont les dimensions de chaque partie du podium ?
2. Construire un patron de chacune des parties à l'échelle 1:20, puis découper et assembler chaque patron.

L'échelle 1 : 20 signifie que 1 cm du modèle réduit représente 20 cm en réalité.

3. Quel est le volume, dans la réalité, de chacune des parties du podium ? et le volume total du podium ?

58 Les maths autour de moi

Les dimensions maximales d'un bagage à main autorisé par une compagnie aérienne sont indiquées ci-contre.

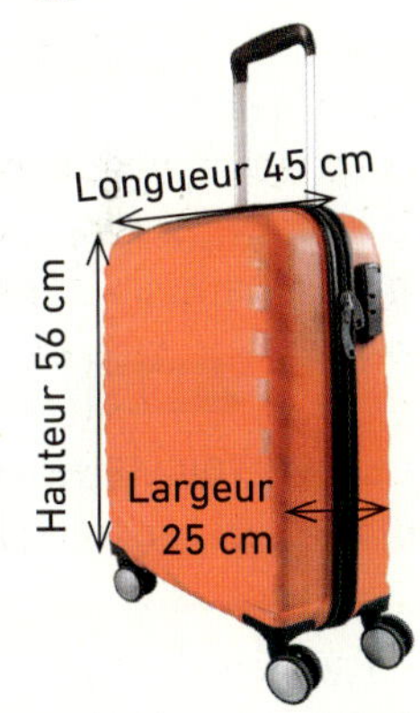

1. a. Quel est le volume maximum du bagage à main autorisé ?
b. Sami pense que la contenance de ce bagage est inférieure à celle de son sac à dos de 60 L. A-t-il raison ?
2. a. Si on souhaite faire un patron de ce bagage avec des longueurs 5 fois plus petites que la réalité, quelles vont être les dimensions de chacune des faces du patron ?
b. Réaliser un patron de ce bagage sur un papier blanc de dimensions adaptées.

59 Une trousse en boîte

1. Mesurer la longueur d'une trousse, puis sa largeur et sa hauteur.
Écrire ces mesures sur la représentation en perspective cavalière d'un pavé droit.
2. Construire un patron d'un pavé droit pouvant contenir cette trousse sans trop d'espace autour, puis fabriquer ce pavé droit.
3. Déterminer une valeur approchée du volume de cette trousse.

je développe mes compétences

RAISONNER | REPRÉSENTER | COMMUNIQUER | CALCULER | CHERCHER | MODÉLISER

J'apprends à REPRÉSENTER

J'OBSERVE

60 La représentation en perspective cavalière ci-contre n'est pas terminée.
La recopier, puis la compléter pour qu'elle représente un pavé droit.

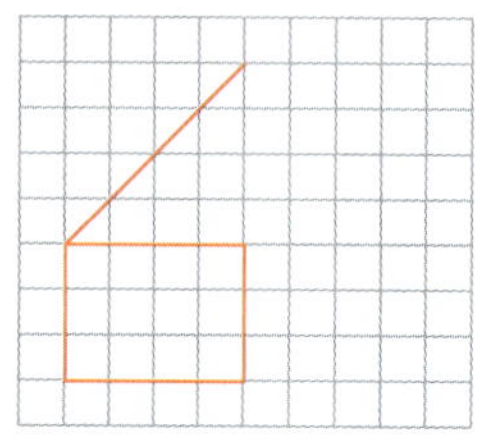

EXERCICE RÉSOLU

On sait que les faces avant et arrière d'un pavé droit sont deux rectangles superposables.

Les quatre arêtes fuyantes sont parallèles et de même longueur.

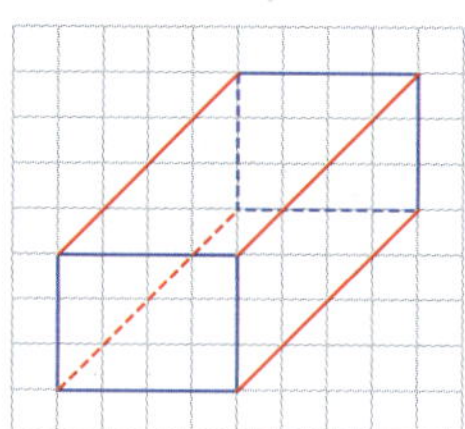

Les trois arêtes cachées sont représentées en pointillé.

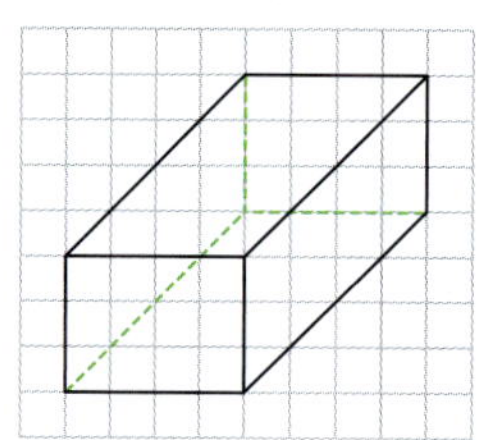

JE ME LANCE

61 Recopier, puis compléter la représentation en perspective cavalière des pavés droits.

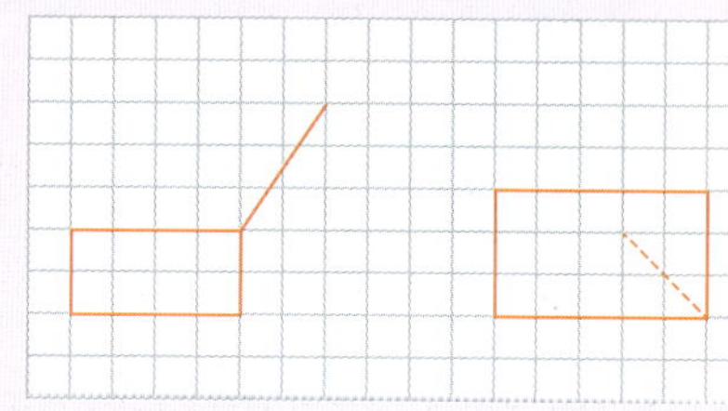

62 Recopier, puis compléter la représentation en perspective cavalière des pavés droits.

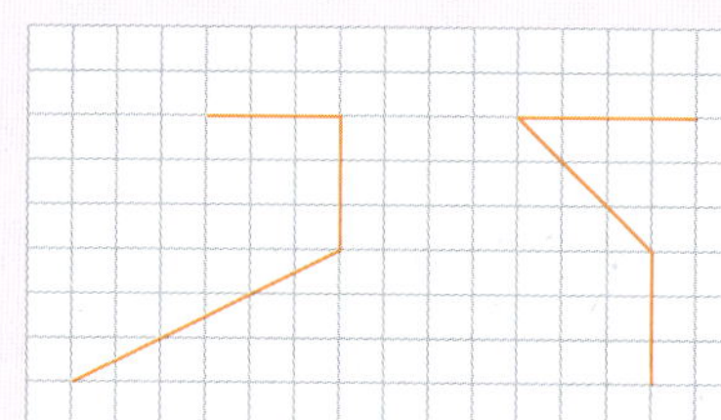

J'apprends à COMMUNIQUER

J'OBSERVE

63 Voici le dessin en perspective cavalière d'un podium :

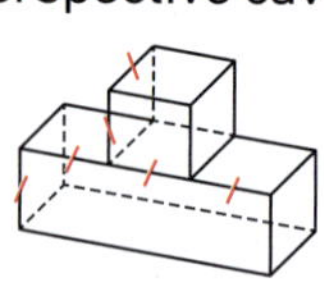

Décrire ce solide le plus précisément possible en utilisant le vocabulaire approprié.

EXERCICE RÉSOLU

Ce podium est un *solide* qui semble être constitué de deux *parallélépipèdes rectangles*.
En ce qui concerne le *pavé droit* inférieur, la *largeur* et la *hauteur* sont les mêmes ; la *face* inférieure est un *rectangle* dont la *longueur* est trois fois plus grande que la *largeur*.
En ce qui concerne le *pavé droit* supérieur, les trois *dimensions* sont identiques, c'est donc un *cube*.
Les deux *pavés droits* ont la même *largeur* et la même *hauteur*.

JE ME LANCE

64 Voici les schémas de deux verres :

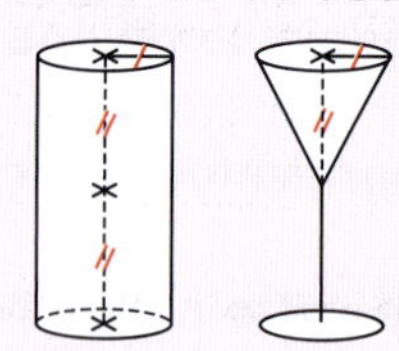

Décrire ces solides le plus précisément possible en utilisant le vocabulaire approprié.

65 On a dessiné ci-contre une maison en perspective cavalière.
Décrire ce solide le plus précisément possible en utilisant le vocabulaire approprié.

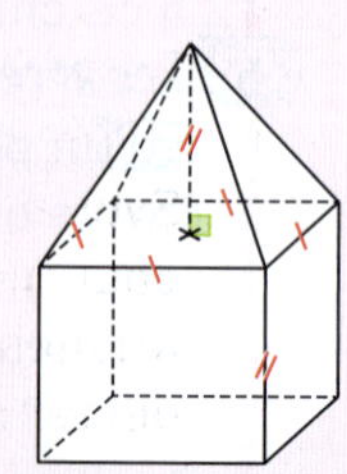

j'utilise mes compétences

66 Le socle en marbre

MODÉLISER • CALCULER D1 et 4

Le socle d'une colonne est un pavé droit en marbre.
Sa base est un carré de côté 45 cm ; sa hauteur est de 20 cm.
Sachant que 1 m^3 de marbre a une masse de 2 700 kg, quelle est la masse de ce bloc de marbre ?

67 Technologie La bonne température

MODÉLISER • REPRÉSENTER • CALCULER D1, 3 et 4

Une salle de lecture vient d'être rénovée.
Voici une vue en perspective de cette pièce, les dimensions sont données en centimètres :

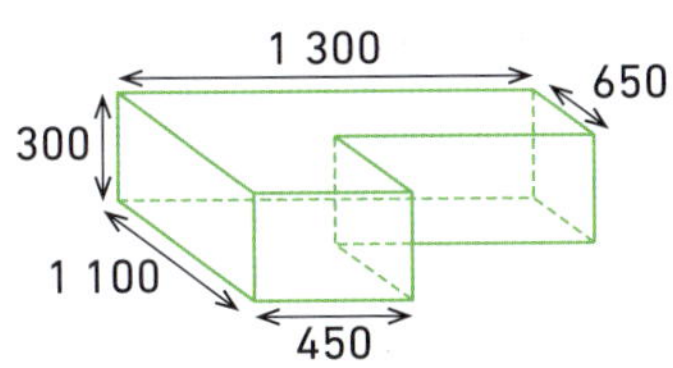

Les radiateurs qui doivent y être installés permettent de chauffer chacun 40 m^3.
Combien de radiateurs faut-il installer pour que la pièce soit convenablement chauffée ?

68 Une date historique

REPRÉSENTER D1, 3 et 5

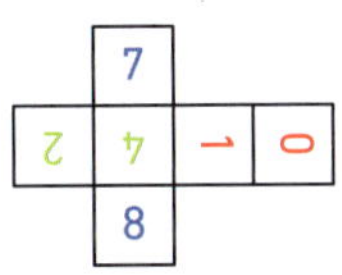

Le professeur Mathétic a fabriqué huit dés identiques à l'aide du patron ci-contre.
Il dispose ces dés de la façon suivante devant lui :

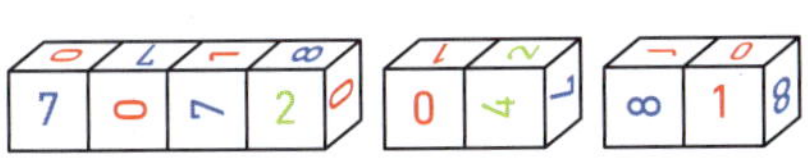

Dessiner, en perspective cavalière, ce que voient les élèves de l'autre côté du bureau.
Quelle date peut-on lire ?
L'orientation de l'écriture des chiffres n'a pas d'importance.

69 Les bacs à fleurs

CHERCHER • MODÉLISER • CALCULER D1 et 4

Sylvestre doit dimensionner deux bacs à fleurs pour qu'ils aient une contenance de 125 L.
Quelles doivent être leurs dimensions pour respecter cette contrainte ?

70 Les aquariums

REPRÉSENTER • MODÉLISER • CALCULER D1 et 4

Lilo veut transvaser l'eau de son ancien aquarium dans son nouvel aquarium.
Combien de litres d'eau devra-t-il ajouter pour remplir ce dernier à ras bord ?

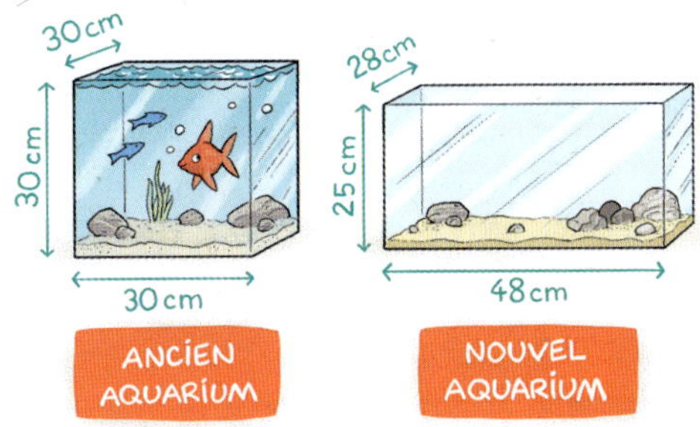

71 Les fourmis

REPRÉSENTER • DOMAINES D1, 4 et 5

Voici les trajets quotidiens d'une fourmi rouge et d'une fourmi verte sur les murs d'une pièce :

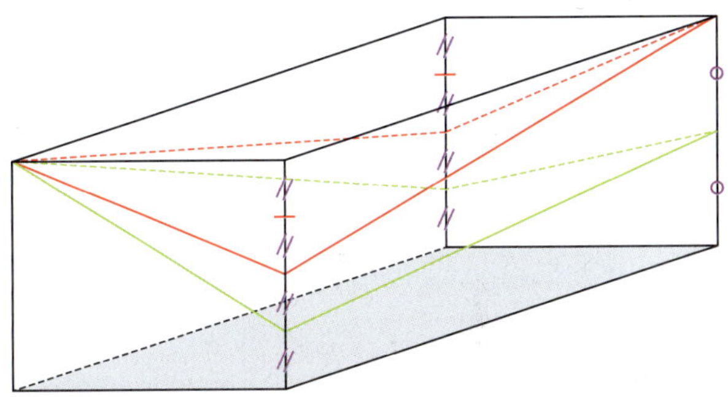

La pièce a pour dimensions au sol 3 m sur 8 m, et a pour hauteur 2,40 m.
Quelle fourmi parcourt le plus long trajet ?

72 L'écologie autour de moi

MODÉLISER • REPRÉSENTER • CALCULER D1, 3 et 4

La douche de Sylvia consomme environ 15 L par minute et voici les dimensions de sa baignoire :

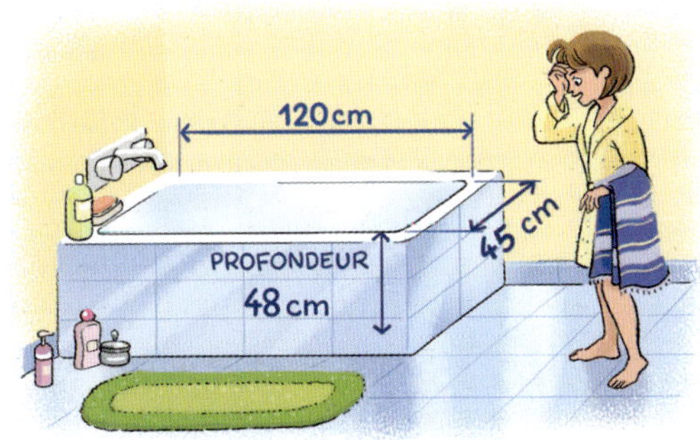

Dans quel cas Sylvia utilise-t-elle le moins d'eau : si elle prend une douche de 10 minutes ou un bain dans une baignoire à moitié remplie ?

73 Le bassin

MODÉLISER • REPRÉSENTER • CALCULER D1 et 4

Pierre veut ajouter quatre pots de plantes identiques dans le bassin de son jardin.
Celui-ci est rempli d'eau jusqu'à 3 cm du bord.
Cet ajout va-t-il faire déborder le bassin ?

74 Aménagement

CHERCHER • MODÉLISER • REPRÉSENTER D1

Suzanne vient d'emménager dans un nouvel appartement. Elle souhaite placer des étagères déjà vissées ensemble contre le mur du fond de son dressing.
Est-ce possible ?

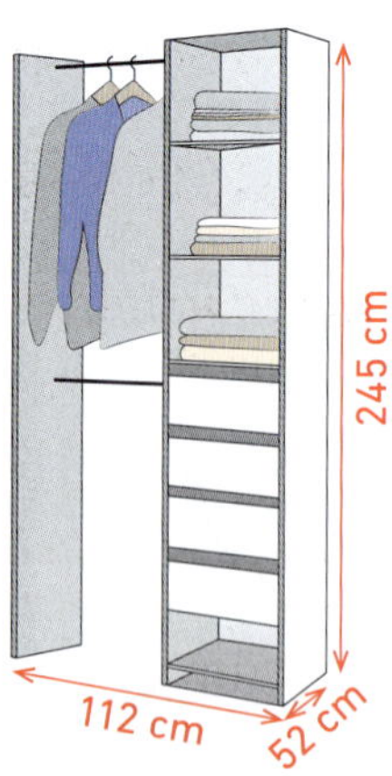

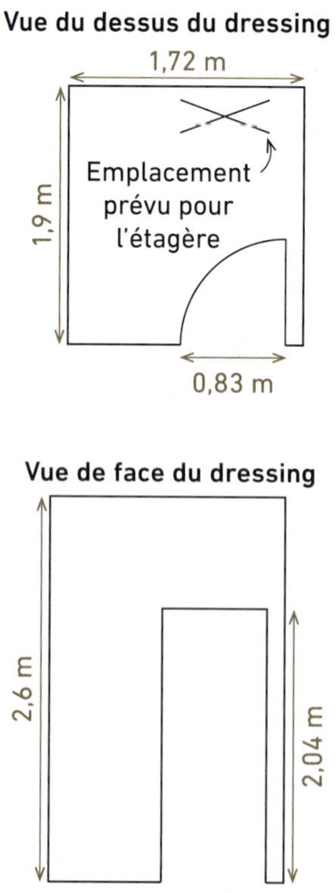

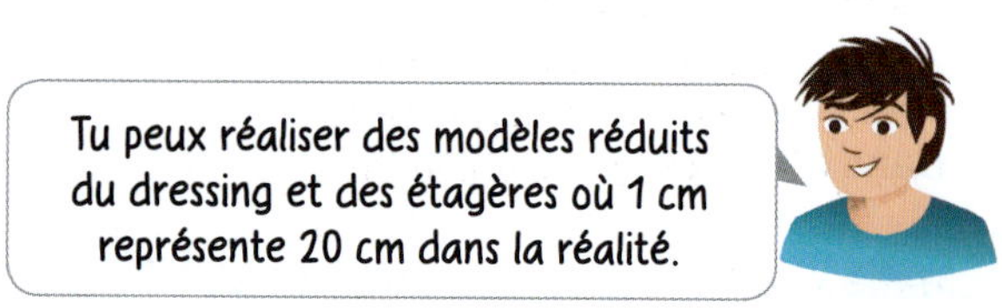

75 Géographie Précipitations

CHERCHER • MODÉLISER • CALCULER D1 et 4

Dans la ville de Nantes, il pleut en moyenne 788 mm d'eau par an et il y a environ 118 jours de pluie par an.
Un bassin a un fond rectangulaire de dimensions 10 m sur 5 m et une profondeur de 1 m.
Combien de litres d'eau va-t-on récupérer en moyenne dans ce bassin en trois jours de pluie ?

76 Anglais Three conditions

CHERCHER • RAISONNER • COMMUNIQUER D1 et 4

A rectangular parallelepiped must meet the following three conditions:
- it must have a volume of 60 cm^3;
- the length, width and height must be whole numbers;
- the area of the geometry net should be as small as possible.

What are the three dimensions (length, width and height) of this rectangular parallelepiped?

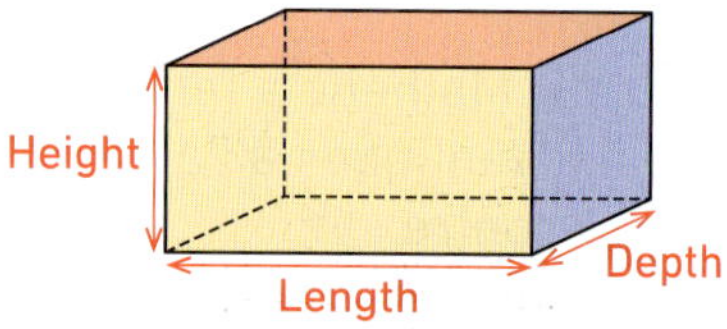

77 Je fais ma story

Marine adore le jus de mangue et a beaucoup d'imagination : elle rêve que la piscine de son quartier soit remplie de son jus de fruit favori.

Dans une présentation orale ou dans une vidéo, expliquer pourquoi Marine ne pourra jamais boire tout le contenu de la piscine.

Jeux mathématiques

78 **Un dessin à découvrir**

Sur un papier quadrillé, recopier les points A, B, C, etc., puis les relier dans l'ordre croissant des volumes auxquels ils sont associés.

- A = 0,7 L
- B = 125 cL
- C = 6,6 L
- D = 52 cL
- E = 8 000 cm^3
- F = 3 dm^3
- G = 10 mL
- H = 1,1 cL
- I = 3 700 mm^3
- J = 1,2 mL
- K = 0,089 m^3
- L = 140 dL
- M = 0,2 m^3
- N = 400 dm^3
- O = 7 600 dL
- P = 0,9 cm^3
- Q = 5 mm^3

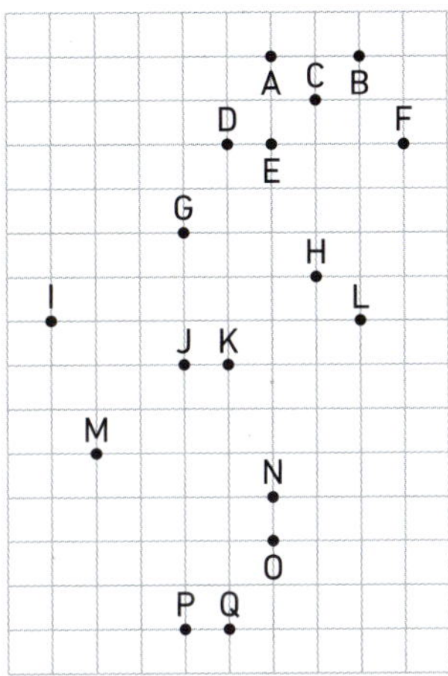

79 **Défi !**

1. Un cube est composé d'un empilement de petits cubes noirs ou blancs. Voici la composition commune de toutes les faces de ce cube :

Les couleurs sont également alternées à l'intérieur du cube.
Combien de petits cubes de chaque couleur composent ce cube de hauteur 5 petits cubes ?

2. Même question avec un cube de hauteur 101 petits cubes (les 8 petits cubes situés au niveau des sommets sont noirs).

Énigme

80 On dispose de 456 cubes de 3 cm d'arête.
Quel est le volume du plus grand cube que l'on peut former en utilisant les cubes à disposition ?

devoirs à la maison

81 **L'écologie autour de moi**

1. Rechercher sur Internet, pour l'année dernière :
– la consommation moyenne annuelle d'eau d'un Français ;
– la consommation moyenne annuelle de pétrole d'un Français.

2.

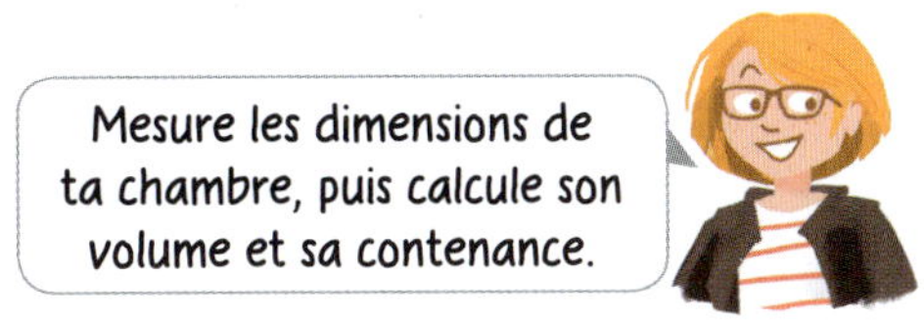

3. a.

b. Même question pour la consommation de pétrole.

82 **De l'air**

1. L'air est composé d'azote, d'oxygène et d'autres gaz en faibles quantités.
a. Rechercher la répartition de ces différents gaz dans l'air.
b. Dans 1 dm^3, quel est le volume d'azote ? et celui d'oxygène ? et des autres gaz ?

2. a.

b.

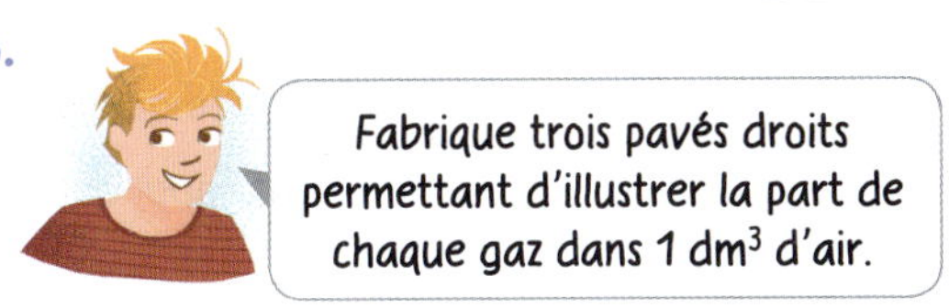

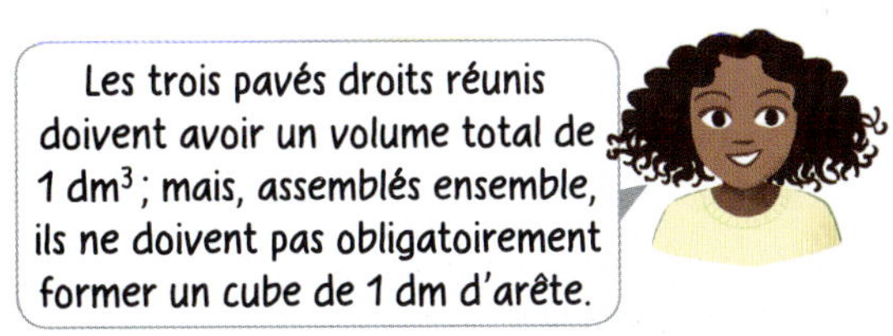

avec un logiciel

Pour faire ces activités, télécharge les fiches logiciel Géométrie et Tableur sur le site college.editions-bordas.fr.

1 La relation d'Euler

45'

Utiliser un tableur pour faire une conjecture.

Difficulté mathématique ▮▮▮ Difficulté technique ▮▮▮

Voici les représentations de huit solides en perspective cavalière :

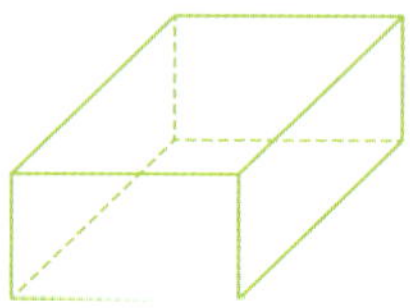

Solide 1

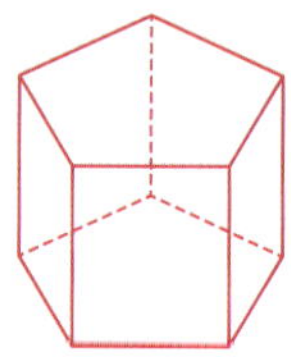

Solide 2

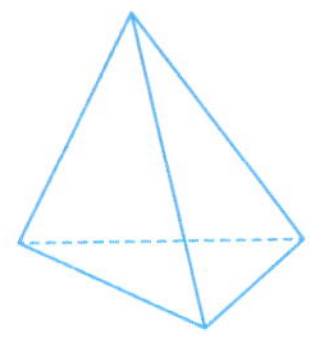

Solide 3

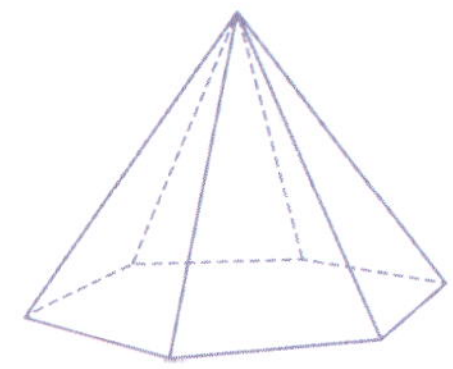

Solide 4

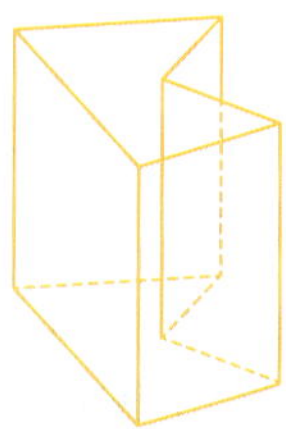

Solide 5

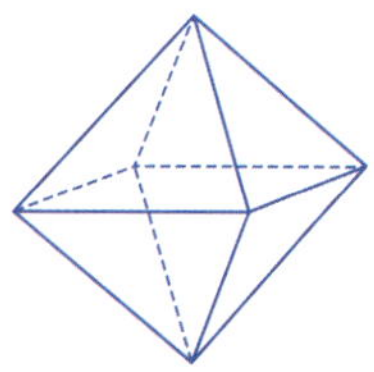

Solide 6

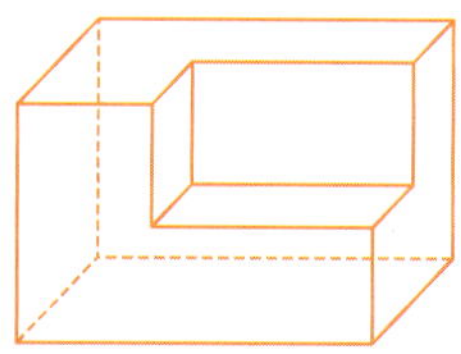

Solide 7

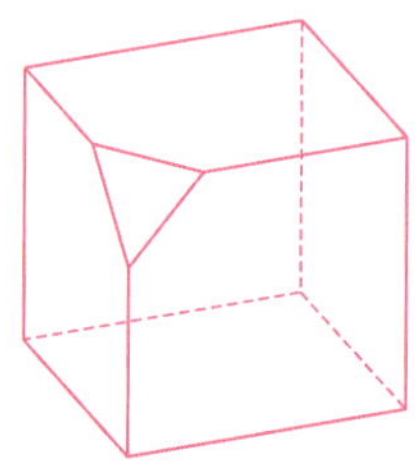

Solide 8

1 **a.** Ouvrir une feuille de calcul dans un tableur, puis reproduire le tableau ci-dessous :

	A	B	C	D	E
1	Numéro du solide	Nombre de sommets	Nombre de faces	Nombre d'arêtes	Résultat du calcul
2	1				
3	2				
4	3				
5	4				
6	5				
7	6				
8	7				
9	8				
10					

b. Compléter les trois colonnes « Nombre de sommets », « Nombre de faces » et « Nombre d'arêtes » à partir des représentations des huit solides.

2 **a.** Dans la cellule **E2**, saisir une formule permettant d'obtenir, pour le Solide 1, le résultat du calcul suivant :

(Nombre de sommets + Nombre de faces) – Nombre d'arêtes

b. Copier cette formule pour appliquer ce calcul aux autres solides.
c. Quelle remarque peut-on faire ?

3 Cette relation est connue sous le nom de relation d'Euler. Elle est vraie pour tous les solides ayant comme faces des polygones.
En utilisant la feuille de tableur précédente, déterminer combien de faces possède un tel solide ayant 8 sommets et 15 arêtes.

Leonhard Euler est un mathématicien et un physicien suisse du XVIIIe siècle. On lui doit de nombreuses découvertes et avancées dans ces deux domaines.

2 Une construction précise ALGO

Programmer pour construire un patron de parallélépipède rectangle.

45'

Difficulté mathématique

Difficulté technique

1 Stanislas veut construire une boîte qui a la forme d'un parallélépipède rectangle, mais sans couvercle.
Il a remarqué que pour construire le patron d'une telle boîte, il suffit de tracer deux rectangles.
Ici, il a tracé l'un de ces rectangles en vert et l'autre en rouge.
Quelles sont les dimensions de ces deux rectangles ?

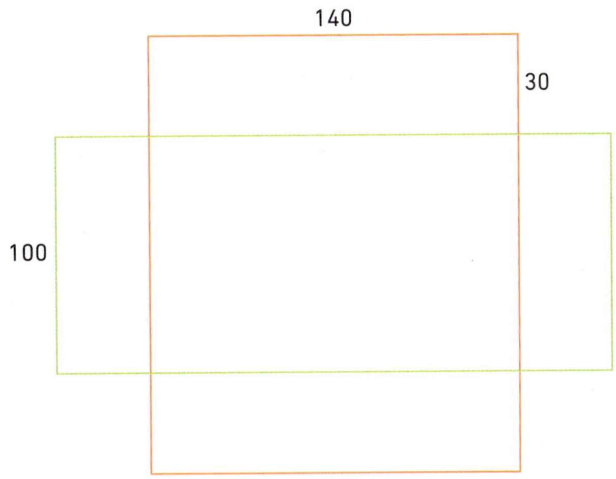

2 Dans le logiciel Scratch, recopier le programme principal que Stanislas a écrit :

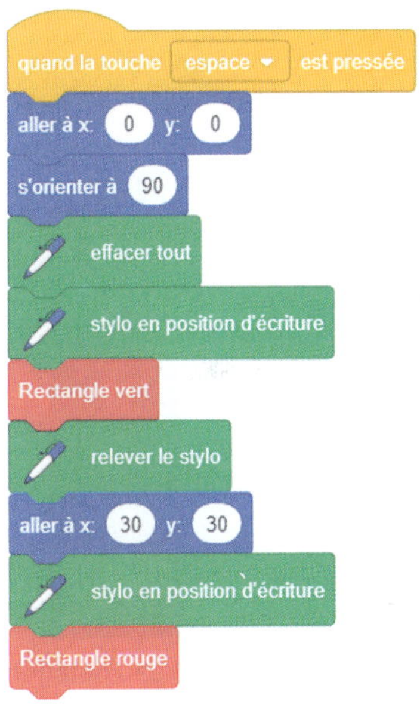

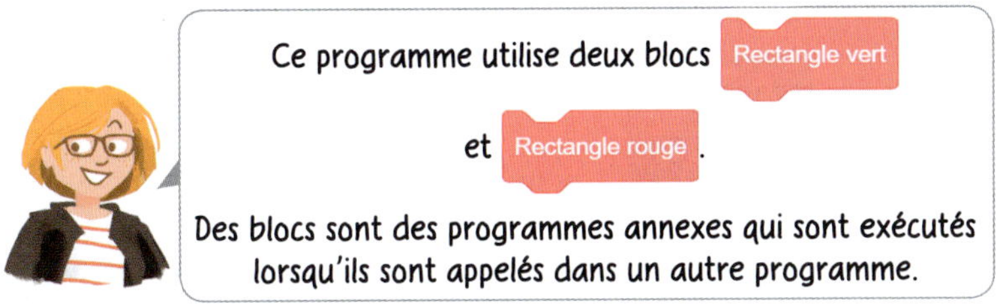

3 **a.** Reconstituer le bloc « Rectangle vert » qui permet de tracer le rectangle vert à partir du sommet qui se trouve en haut à gauche. Pour cela, remettre les instructions ci-contre dans l'ordre (les instructions peuvent être utilisées plusieurs fois).

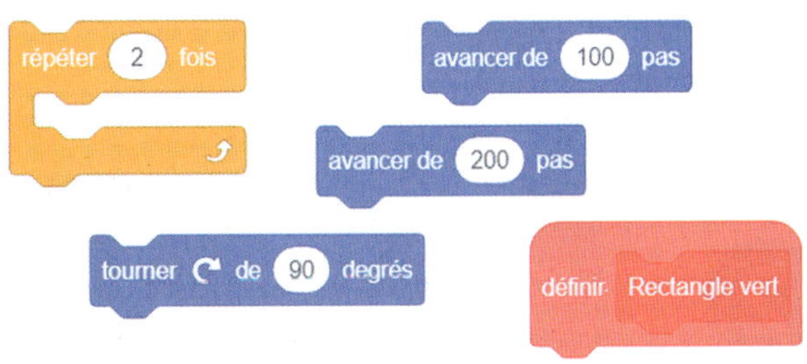

b. Écrire un bloc « Rectangle rouge » sur le même modèle que le bloc « Rectangle vert » pour obtenir le tracé du rectangle rouge à partir du sommet qui se trouve en haut à gauche.

4 Compléter le programme pour tracer une sixième face et ainsi obtenir un couvercle pour cette boîte.

1 Le mini-potager

Cette année, Charlotte veut cultiver un potager hors sol sur son balcon.
Elle vient d'acheter un bac en bois et il lui faut maintenant le remplir de terre.
Elle voudrait, si possible, ne pas avoir de reste de terre et acheter le moins de sacs possible.

▶ **Quels sacs doit-elle choisir et en quelle quantité ?**

DOC 1 Schéma du bac en bois

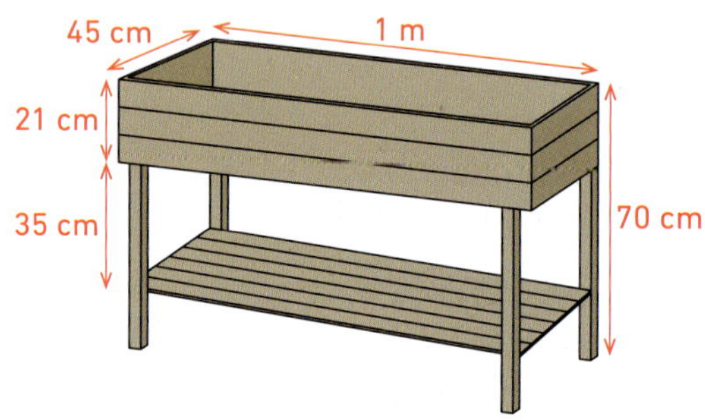

DOC 2 Sacs de terreau disponibles

Terreau potager
20 L ou 50 L

Terreau pour plantes aromatiques
10 L

Terre végétale
25 L

2 Les problèmes DUDU

Julien déménage ! Ses DVD doivent tenir dans trois cartons...

▶ **Peux-tu aider Julien ?**

Voir la vidéo :
bordas.media/733775_086

Les étapes pour résoudre un problème

Je résous des problèmes

Pour commencer

1 La princesse Clara demande à son jardinier de lui confectionner 12 bouquets de 13 roses pour décorer la salle où aura lieu le bal masqué du château.
Combien de roses le jardinier devra-t-il couper ?

2 La flotte intergalactique du célèbre capitaine Spik est composée de 19 cuirassés, 18 croiseurs, 75 patrouilleurs et 26 frégates.
Le capitaine Spik commande près de 5 500 hommes, répartis sur ces différents vaisseaux de guerre.

Combien de vaisseaux composent la flotte du capitaine Spik ?

3 Le père Lapaille, éleveur de poules, souhaite étendre son élevage. Pour cela, il a acheté 49 poules au prix de 3 € chacune à son voisin le père Lamotte.
Son élevage compte maintenant 96 cocottes !
Combien de poules le père Lapaille possédait-il avant d'agrandir son élevage ?

4 Ma plus grande fille me dit qu'elle a 3 fois l'âge de sa petite sœur et que j'ai 3 fois son âge.
Sachant que sa petite sœur a 3 ans, calculer mon âge.

5 Françoise est pâtissière depuis l'âge de 16 ans. Un client lui commande 750 petits fours pour le mariage de sa fille. « En 35 ans de métier, je n'ai jamais eu une aussi belle commande », dit-elle.
Calculer l'âge de Françoise.

6 Mon père n'est pas content car j'ai un peu trop téléphoné pendant les vacances d'été. En juillet, j'ai consommé 14,60 € de communications. En août, j'ai téléphoné pour 3,90 € de plus qu'en juillet.
À combien ma facture de téléphone s'élève-t-elle pour les deux mois ?

7 Philippe a besoin d'argent pour partir en vacances en Chine. Il décide de publier une petite annonce sur Internet pour revendre sa vieille moto qu'il avait achetée 4 538 €.
Il reçoit par mail une proposition : « Je vous rachète votre moto 8 fois moins que son prix d'achat. »
Quel est le montant de cette proposition ?

8 José est un tapissier reconnu qui a 40 ans de métier. Il commande 80 m de tissu matelassé pour réaliser des canapés. Pour confectionner un canapé, il utilise 3 m de tissu.
Combien de canapés José pourra-t-il réaliser avec le tissu commandé ?

9 Élia, Florie et leur maman jouent ensemble au jeu de fléchettes. Chaque joueuse lance 3 fléchettes à chaque tour. Élia, la première à jouer, a marqué 19 points au total au premier tour. Florie a marqué 20 points. Leur maman a marqué 25 points.
Au deuxième tour, Élia a marqué 27 points, Florie 23 points et leur maman 16 points.
Quelle joueuse est en tête ?

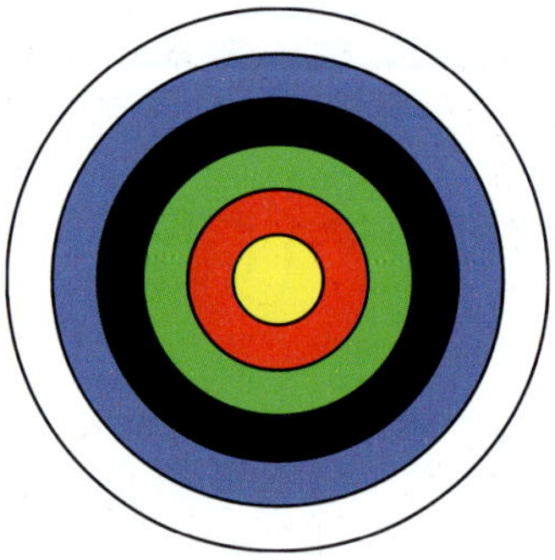

10 Dans un magasin de musique, on vend des pupitres en bois à 53 €, des pupitres en aluminium à 14,70 € et des petits pupitres pour débutant à 8 €. Stéphane, le directeur d'une école de musique, achète 42 pupitres en aluminium pour ses élèves.
Combien va-t-il payer ?

11 Depuis trois ans, Sophie et Fabien restaurent une maison. Ils vont maintenant s'occuper du crépi. Fabien se rend chez son fournisseur habituel et achète 6 sacs de 35 kg de crépi. Chaque sac coûte 24,90 €.
À Bricohouf, Sophie achète le petit matériel : 2 truelles à 4,40 € l'une, 4 raclettes à 3,90 € l'une et 2 pots d'enduit pour les finitions.
Les deux bricoleurs ont dépensé au total 189,40 €.
Calculer le prix d'un pot d'enduit.

Pour s'exercer

12 Mon village accueille chaque année 350 nouveaux habitants alors que 200 personnes s'en vont.
À ce rythme, dans cinq ans, mon village pourra compter 3 250 habitants.
Combien y a-t-il d'habitants dans mon village aujourd'hui ?

13 Le roi Babahl Ier, part avec son armée de 150 guerriers, à la conquête de nouveaux territoires. 28 jours leur seront nécessaires pour rejoindre la région de l'Alphap. De là, ils mettront 2 fois plus de temps pour se rendre à Betap. La suite du périple les mènera à Gammap après 137 jours de voyage.
Combien de jours faut-il pour aller de Betap à Gammap ?

14 Jimmy Laflambe a travaillé toute une semaine comme garçon de café et vient de toucher sa paie, qui s'élève à 255 €. Pour fêter cela, il invite au restaurant Paulo et Frédo, ses meilleurs copains, et offre une somptueuse bague en or à sa petite amie Selina.
L'addition du restaurant s'élève à 68,30 €. La facture du bijoutier est bien plus importante !
Sachant qu'il ne reste à Jimmy que 39,45 € de sa paie, calculer le prix de la bague offerte à Selina.

15 Le camion de Jojo pèse 1 340 kg à vide et 2 420 kg chargé. Jojo transporte 15 caisses qui contiennent chacune 120 boîtes identiques.
Combien une boîte pèse-t-elle ?

16 Pour construire un enclos de forme carrée, le père Lapaille doit acheter du grillage. Sur chaque côté de l'enclos, il posera une porte en bois de 90 cm de largeur, comme représenté sur la figure :

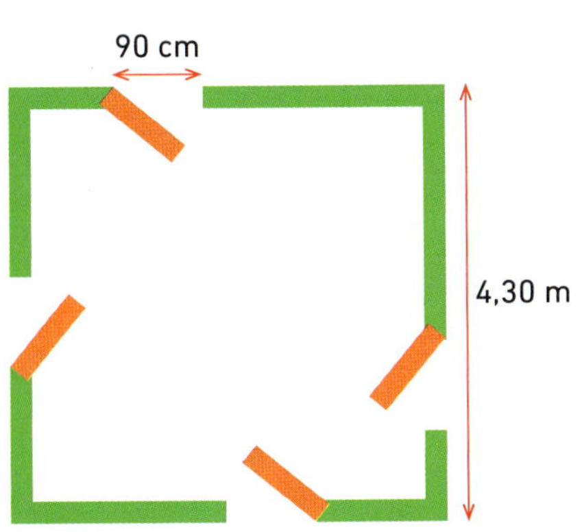

Sachant qu'un côté de l'enclos mesure 4,30 m, quelle longueur de grillage devra-t-il acheter ?

17 Aux abords de la rivière Mipississi, on trouve 100 fois plus de crapauds que de ratons laveurs, 10 fois plus de ratons laveurs que de castors et 5 fois plus de castors que de loutres. Dernièrement, on a recensé 3 400 ratons laveurs. Combien y a-t-il de crapauds, de castors et de loutres aux abords de la rivière Mipississi ?

18 C'est l'heure du repas chez les sept nains ! Ce n'est pas facile pour Blanche-Neige de contenter tout ce petit monde !
Pour Grincheux, Dormeur et Prof, elle a préparé pour chacun un bon steak et 210 g de purée de carottes.
Simplet et Atchoum, qui préfèrent le poisson, mangeront chacun une belle truite et 230 g de purée de carottes. Les deux nains restants n'ont pas faim et se contentent d'un quignon de pain.
Le gros pot en terre qui contenait 1,250 kg de purée de carottes avant le déjeuner est maintenant vide.
Quelle quantité de purée Blanche-Neige a-t-elle mangée ?

19 Le jeune Pierrot Lachance vient de gagner la supercagnotte du loto, soit 13 860 000 €.
1. En supposant qu'il lui reste 60 ans à vivre, combien pourra-t-il dépenser chaque année ?
2. Combien pourra-t-il dépenser chaque jour ?
Donner un arrondi de la somme au centime d'euro près.

20 Sandrine et Didier projettent de partir en vacances en Corse. Leur budget ne pourra pas dépasser 1 300 €.
Didier a calculé que les dépenses pour le transport seront de 370 €. Sandrine dit qu'il faut encore prévoir 70 € par jour pour le camping, la nourriture et les dépenses diverses.
Combien de jours les vacances de Sandrine et Didier pourront-elles durer sans dépasser le budget fixé ?

21 Un ensemble composé d'une table et de quatre chaises coûte 689,90 €. Une cliente choisit la table mais demande au vendeur de remplacer les chaises par d'autres. Il lui en coûtera 103,20 € de plus.
Quel est le prix d'une de ces nouvelles chaises, sachant que la table seule coûte 276,50 € ?

22 Pour la rentrée, Dédé La frime s'achète 1 blouson en cuir à 54,80 €, des bottes noires à 39,75 €, 3 casquettes à 12,60 € l'une et 37 peignes à 1,23 € l'unité !
Combien a-t-il dépensé en tout ?

Tâches complexes

Pour résoudre les tâches qui suivent, tu devras prendre des initiatives, sélectionner des informations, en éliminer d'autres, résoudre des problèmes intermédiaires, etc.

C'est toi le maître du jeu !

Sommaire

tâches complexes

1 La foudre

Aujourd'hui, à Dax, la monitrice du centre aéré a expliqué pourquoi on voit un éclair avant de l'entendre et comment déterminer approximativement à quelle distance la foudre est tombée. Le soir même, vers 21 h, un orage éclate. C'est l'occasion de mettre en pratique ses explications. Chacun à sa fenêtre, Amalia, Naomi, Pablo et Raphaël aperçoivent le même éclair. Pablo entend le coup de tonnerre 6 secondes plus tard et Raphaël 7 secondes après l'avoir vu. Amalia et Naomi ont compté toutes les deux le même nombre de secondes.

▶ **Déterminer ce nombre et la zone approximative où la foudre est tombée.**

DOC 1 Explication de la monitrice

Par exemple, si on a compté jusqu'à 5, comme $5 \times 340 = 1\ 700$, on se trouve à 1 700 m de l'éclair !

DOC 2 Carte des alentours de Dax

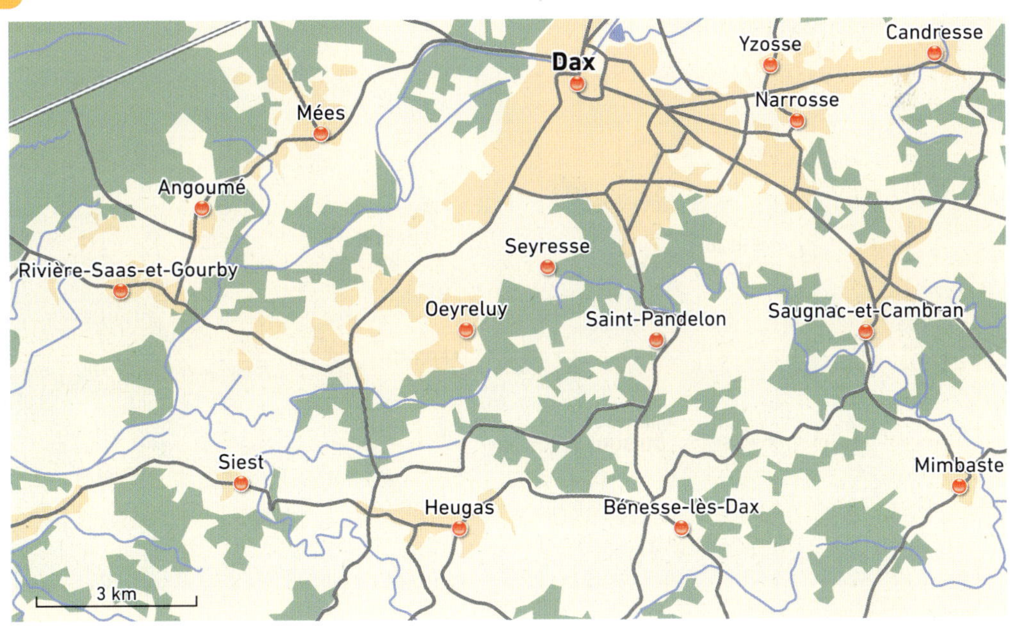

Le fichier GeoGebra **M6_TC_carte.ggb** est mis à disposition sur **college.editions-bordas.fr**

DOC 3 Extrait du registre du centre aéré

Prénom	Ville
Amalia	Seyresse
Naomi	Saint-Pandelon

Prénom	Ville
Pablo	Oeyreluy
Raphaël	Heugas

2 Le stage de fin d'études

Chloé et Juliette partent faire leur stage de fin d'études à l'étranger.
Comme leur départ est prévu le même jour, plus ou moins à la même heure, elles se demandent qui arrivera en premier à destination. De plus, avant de partir, elles aimeraient se mettre d'accord sur les créneaux horaires durant lesquels elles pourront s'appeler (entre 8 h et 22 h).

► **En s'appuyant sur ces documents, aider Chloé et Juliette à répondre à ces questions.**

DOC 1 Détails du vol de Chloé

Départ	**Vendredi 1er avril à 10:45**	
	Terminal : 2F Charles de Gaulle (CDG)	Ville : Paris (France)
Arrivée	**Vendredi 1er avril à 12:00**	
	Terminal : Schiphol (AMS)	Ville : Amsterdam (Pays-Bas)
Durée de l'escale : 1 h 00		
Départ	**Vendredi 1er avril à 13:00**	
	Terminal : Schiphol (AMS)	Ville : Amsterdam (Pays-Bas)
Arrivée	**Vendredi 1er avril à 19:45**	
	Terminal : 1 Rio de Janeiro International Airport (GIG)	Ville : Rio de Janeiro (Brésil)

DOC 2 Détails du vol de Juliette

Départ	**Vendredi 1er avril à 10:30**	
	Terminal : 1 Charles de Gaulle (CDG)	Ville : Paris (France)
Arrivée	**Vendredi 1er avril à 11:50**	
	Terminal : Zurich (ZRH)	Ville : Zurich (Suisse)
Durée de l'escale : 1 h 30		
Départ	**Vendredi 1er avril à 13:20**	
	Terminal : Zurich (Suisse)	Ville : Zurich (ZRH)
Arrivée	**Samedi 2 avril à 5:15**	
	Terminal : 3 Capital Apt (PEK)	Ville : Pékin (Chine)

DOC 3 Fuseaux horaires

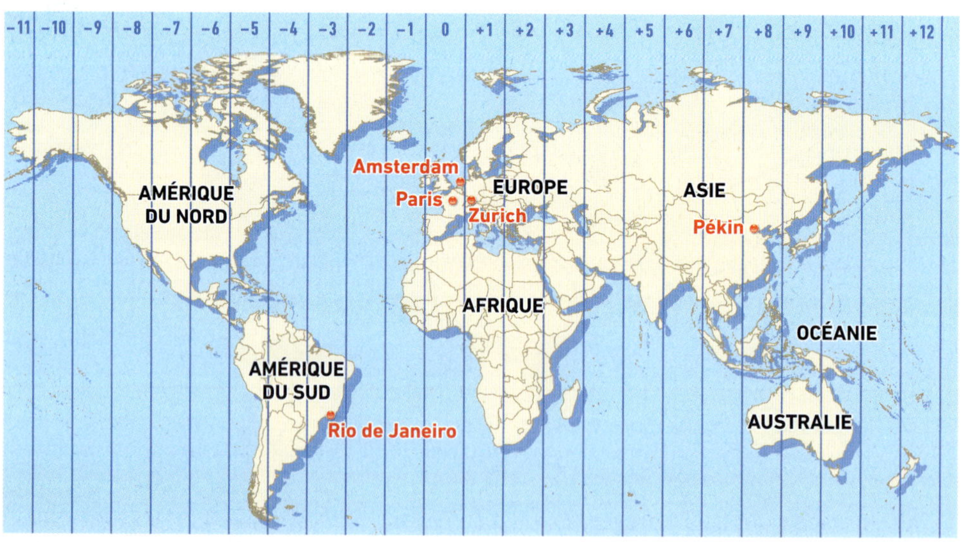

DOC 4 Heure d'été/heure d'hiver

L'**heure d'hiver** correspond à l'heure du fuseau horaire.

L'**heure d'été** est l'heure du fuseau horaire augmentée d'une heure.

En **France**, on vit à l'heure d'été du dernier weekend de mars jusqu'au dernier weekend d'octobre.

Dans la moitié sud du **Brésil**, on vit à l'heure d'été du dernier weekend d'octobre jusqu'au dernier weekend de février.

La **Chine** ne procède à aucun changement d'heure.

3 La piscine

Carine et Sylvain ont vidé leur piscine pour la repeindre. Ils voudraient finir rapidement les travaux pour qu'elle soit de nouveau opérationnelle le 6 juillet, pour l'anniversaire de leur fille, à partir de 14 h.

▶ **Combien cette rénovation va-t-elle leur coûter (en comptant la remise en eau) ?**

▶ **Quand devront-ils, au plus tard, commencer le remplissage de la piscine ?**

DOC 1 Dimensions de la piscine

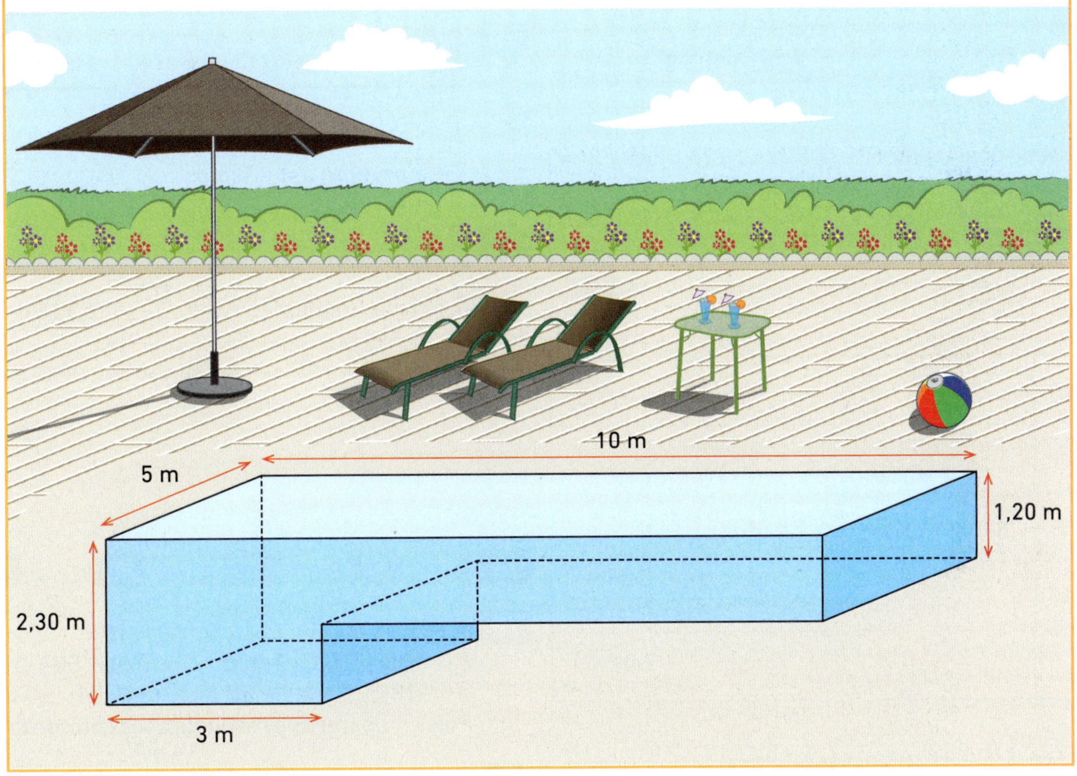

DOC 2 Caractéristiques de la peinture pour piscine

Sur l'un des pots de peinture choisis par Sylvain, on peut lire les informations techniques suivantes :

Couleur	Bleu
Contenance	2,5 L
Aspect	Satin
Nombre de couches	2
Rendement	10 m^2 avec 1 L
Temps de séchage au toucher	2 h
Temps de séchage entre 2 couches	8 h
Temps de séchage complet	24 h
Prix	64,20 €

DOC 3 Mise en eau

Carine a fait un test avec un seau de 10 L : elle a chronométré 16 s pour qu'il se remplisse.

La piscine doit être remplie jusqu'à 10 cm du bord.

Le prix de 1 m^3 d'eau s'élève à 3,48 €.

je travaille seul(e)

Ces corrigés correspondent à la rubrique « Je travaille seul(e) » des chapitres.

CHAPITRE 1

49 B **50** C **51** B **52** A **53** C

54 a. 25 000 b. 38,02 c. 8 750,8
d. 7 180 e. 15 f. 7 800

55 a. Le chiffre des dizaines est **8**.
b. Le chiffre des dixièmes est **3**.
c. 5 est le chiffre des **centaines**.
d. 2 est le chiffre des **centièmes**.

56 a. 1 872,059 b. 1 201 210,25
c. 1,2521514 ou 1 252,1514

57 Vingt-sept possibilités : 222 ; 224 ; 226 ; 242 ; 244 ; 246 ; 262 ; 264 ; 266 ; 422 ; 424 ; 426 ; 442 ; 444 ; 446 ; 462 ; 464 ; 466 ; 622 ; 624 ; 626 ; 642 ; 644 ; 646 ; 662 ; 664 ; 666.

58 Je suis 370,73.

59

15,42	$15+\frac{4}{10}+\frac{2}{100}$	$15+\frac{42}{100}$	$\frac{1542}{100}$
9,048	$9+\frac{4}{100}+\frac{8}{1000}$	$9+\frac{48}{1000}$	$\frac{9048}{1000}$
8,315	$8+\frac{3}{10}+\frac{1}{100}+\frac{5}{1000}$	$8+\frac{315}{1000}$	$\frac{8315}{1000}$
81,025	$81+\frac{2}{100}+\frac{5}{1000}$	$81+\frac{25}{1000}$	$\frac{81025}{1000}$
385,3	$385+\frac{3}{10}$	$385+\frac{3}{10}$	$\frac{3853}{10}$

60 a. 12 233 175 089 b. 98 503 171 223

61 Le nombre caché est : 2,5842.

62 a. $42 < 45$; b. $54 > 45$; c. $19 > 18{,}9$;
d. $17{,}8 > 17{,}64$; e. $24{,}5 > 24{,}497$; f. $47{,}65 > 47{,}605$.

63 a. $13 < 31$ b. $47 > 43$ c. $78{,}59 > 59{,}78$
d. $6{,}32 > 6{,}302$ e. $16{,}1 > 16{,}08$ f. $33{,}33 = 33{,}330$

64 Par exemple :
a. $4{,}3 < 6 < 8{,}7$ b. $58{,}2 < 70 < 98{,}3$
c. $37{,}7 < 38 < 38{,}2$ d. $45{,}6 < 46 < 46{,}6$

65 Par exemple :
a. $12 < 20{,}5 < 25$ b. $23{,}25 < 23{,}6 < 24{,}3$
c. $26{,}7 < 26{,}8 < 26{,}9$ d. $35{,}7 < 35{,}75 < 35{,}8$

66 Cathédrale Notre Dame de Rouen (151 m) ; Tour Part-Dieu à Lyon (165 m) ; Tour Montparnasse (210 m) ; Pont de Normandie (236 m) ; Tour Eiffel (324 m) ; Viaduc de Millau (343 m).

67 a. $28 < 28{,}4597 < 29$ b. $28{,}4 < 28{,}4597 < 28{,}5$
c. $28{,}45 < 28{,}4597 < 28{,}46$
d. $28{,}459 < 28{,}4597 < 28{,}460$

68 a. $378 < 378{,}6792 < 379$ b. $378{,}6 < 378{,}6792 < 378{,}7$
c. $378{,}67 < 378{,}6792 < 378{,}68$
d. $378{,}679 < 378{,}6792 < 378{,}680$

69 2. G(14) ; I(40) et L(78).
3.

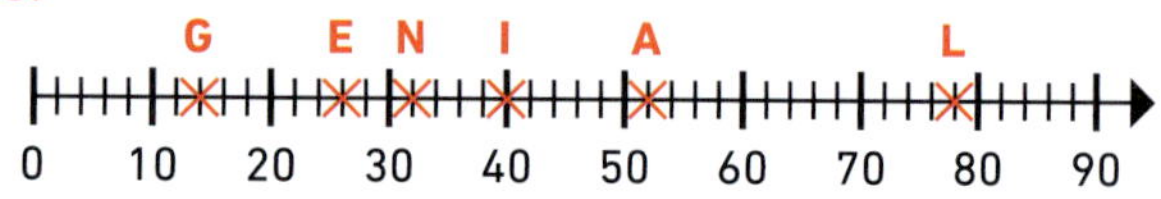

70 1. et 2.

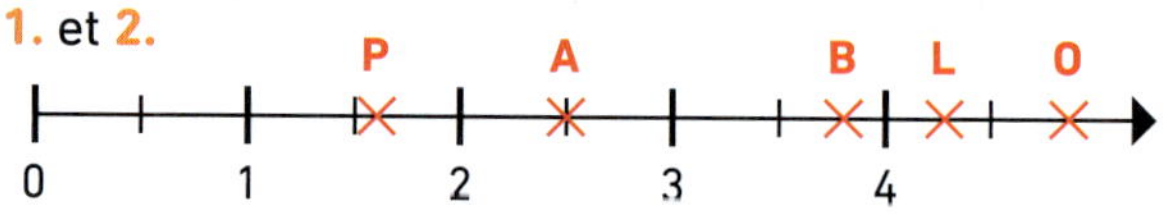

3. Le prénom est : Pablo.

71 $\frac{6101}{10\,000} < \frac{6}{10}+\frac{1}{100}+\frac{1}{1000} <$ six cent onze millièmes $<$
6 111 dix-millièmes $< 6+\frac{101}{1000} < 6{,}1111$

72 A(8,7518) **73** 339,16

CHAPITRE 2

73 A **74** B **75** A **76** C **77** A

78 1. Par exemple : a. $24 + 160 = 184$ b. $45 - 13 = 32$
c. $1\,100 + 750 = 1\,850$ d. $170 - 50 = 120$
2. a. 182,27 b. 32,37 c. 1 844,01 d. 117,96
Puis comparer ces résultats avec ceux de la question 1.

79 a. $(17{,}5 + 2{,}5) + (34 + 16) = 70$
b. $(0{,}3 + 27{,}7) + (12{,}9 + 8) = 48{,}9$
c. $(3{,}75 + 0{,}25) + (22{,}8 + 114) = 140{,}8$

80 a. $17 + 46 = 63$ b. $83 - 27 = 56$
c. $53 - 26 = 27$ d. $4{,}65 + 8{,}35 = 13$

81 Question à poser : Combien d'eau y avait-il au départ dans la citerne ?
Ordre de grandeur à calculer : $260 + 160 = 420$.
Il y avait environ 420 L d'eau au départ.

82 Question à poser : Combien de personnes ont déjà répondu à l'invitation de Lucas ?
Ordre de grandeur à calculer : $150 - 20 = 130$.
Environ 130 personnes ont déjà répondu à Lucas.

83 Question à poser : Combien Samuel a-t-il d'argent pour acheter le manteau ?
Ordre de grandeur à calculer : $95 - 21 = 74$.
Il dispose déjà d'environ 74 €.

84 Question à poser : Quelle est la hauteur de l'échelle métallique ?
Ordre de grandeur à calculer :
49 cm ≈ 0,50 m ; 3,80 + 0,50 = 4,30.
L'échelle métallique mesure environ 4,30 m.

85 1. Par exemple : a. $4 \times 9 = 36$ b. $12 \times 7 = 84$
c. $0,5 \times 23 = 11,5$ d. $20 \times 8 = 160$
2. a. 33,93 b. 85 c. 11,04 d. 146,624
Puis comparer ces résultats avec ceux de la question 1.

86 a. $10 \times 0,5 = 5$ b. $5101 \times 0,01 = 51,01$
c. $7,2 \times 100 = 720$ d. $0,1 \times 8,9 = 0,89$
e. $1000 \times 7,37 = 7\ 370$ f. $6,4 \times 0,001 = 0,006\ 4$
g. $100 \times 0,038\ 2 = 3,82$ h. $0,33 \times 0,1 = 0,033$

87 a. $1,3 \times 3 = 3,9$ b. $9 \times 0,8 = 7,2$
c. $0,4 \times 0,6 = 0,24$ d. $1,4 \times 3 = 4,2$
e. $1,1 \times 0,2 = 0,22$ f. $340 \times 0,2 = 68$
g. $0,7 \times 0,5 = 0,35$ h. $0,5 \times 30 = 15$
i. $2,6 \times 0,5 = 1,3$

88 a. $(2,5 \times 4) \times (0,24 \times 3) = 7,2$ b. $(0,2 \times 5) \times (42 \times 0,5) = 21$
c. $(0,06 \times 100) \times (0,003 \times 1\ 000) = 18$

89 La bonne réponse est **488,376** car $9,52 \times 51,3 \approx 9 \times 50 = 450$ et le résultat a trois décimales dont la dernière décimale est 6 ($2 \times 3 = 6$).

90 • **P1.** $6,85 \times 26 = 178,10$. Les revues vont coûter 178,10 €.
• **P2.** $685 \times 26 = 17\ 810$. Hier, l'apiculteur a mis en pots 17 810 g de miel, soit 17,81 kg.
• **P3.** $6,85 \times 2,6 = 17,810$. Élise va payer les fraises 17,81 €.

91 $1,6 \times 3,25 = 5,2 > 5$ donc je n'aurai pas assez d'argent.

92 Par exemple : a. $3 \times 9 + 4 = 31$ b. $200 + 50 \times 5 = 450$
c. $10 \times (7 + 110) = 1170$ d. $20 - 0,1 \times (25 + 50) = 12,5$

93 a. $12 - (6 + 3) = 3$ b. $(1 + 4) \times 8 - 6 = 34$
c. $7 + 3 \times 4 = 19$ d. $25 + 15 \times 5 + 4 = 104$
e. $6 \times 3 - 14 = 4$ f. $(6 + 3 \times 4) \times (8 - 2) = 108$

94
- $20 \times (17 + 3)$ — 20×20
- $(20 - 1) \times 20$ — $400 - 20$
- $20 \times 13 - 20 \times 3$ — 20×10
- $20 \times 20 + 10 \times 20$ — 30×20

95 Le montant total des achats d'Éli est égal à :
$24,99 + 3 \times 4,55 + 2 \times 12,99$.

96 450 g = 0,45 kg. La masse de pommes restante est égale à $10 - (2 \times 0,450 + 3)$.

97 a. $2 \times 7 + 3 \times 6,5$ b. $3 \times (17 - 4)$
c. $15 - 2 \times 5,5$ d. $100 \times (0,2 + 0,95)$

98 a. 4 h = 240 min b. 3 jours = 72 h
c. 420 min = 7 h d. 180 s = 3 min
e. 1 jour = 1 440 min f. 10 h = 36 000 s

99 a. 6 h 49 min b. 8 h 07 min c. 1 h 37 min
d. 7 h 31 min e. 5 h 40 min f. 1 h 35 s

100 1. Par exemple :
• **S1.** 10 h 10 min − 7 h 40 min = 2 h 30 min.
La durée du trajet est d'environ 2 h 30 min.
• **S2.** 8×1 h = 8 h.
La durée totale de la saison est d'environ 8 h.
• **S3.** 20 h − 20 min = 19 h 40 min.
Joseph doit partir à environ 19 h 40.
2. • **S1.** 2 h 32 min
• **S2.** 7 h 36 min
• **S3.** 19 h 37 min
Puis comparer ces résultats avec ceux de la question 1.

CHAPITRE 3

41 B **42** B **43** A **44** A **45** C

46

Dividende	Diviseur	Quotient	Reste
25	2	12	1
237	10	23	7
51	11	4	7
56	9	6	2
135	25	5	10
7	15	0	7

47 a. $157 = 5 \times 31 + 2$ b. $5\ 648 = 8 \times 706 + 0$
c. $634 = 11 \times 57 + 7$ d. $3\ 460 = 50 \times 69 + 10$

48 Par exemple : 17 est un **diviseur** de 731. 731 est un **multiple** de 17. 731 est **divisible par** 43.

49 Faux, car 1 + 0 + 3 + 3 = 7 et 7 n'est pas divisible par 3.
Vrai, car 4 + 5 + 6 = 15 et 15 est divisible par 3 et 456 est aussi divisible par 2 (le chiffre des unités est 6).

50 1. Multiples de 5 qui ne sont pas des multiples de 10 : 75 ; 245 ; 8 125.
2. Multiples de 2 qui ne sont pas des multiples de 6 : 188 ; 350.
3. Multiples de 3 qui ne sont pas des multiples de 9 : 75 ; 987.

51 $135 = 23 \times 5 + 20$. Chaque élève va recevoir 5 autocollants.

52 $267 = 30 \times 8 + 27$, 8 + 1 = 9.
Juliette aura besoin de 9 cartons pour emballer tous les livres.

53 $822 = 60 \times 13 + 42$. La course de Jasper a duré 13 min 42 s.

54 $9\,200 = 60 \times 153 + 20$, $153 = 24 \times 6 + 9$.
Adriana doit encore patienter 6 jours, 9 heures et 20 minutes.

55 **1.** $37\,125 = 7\,500 \times 4 + 7\,125$. Sophia a gagné 4 vies.
2. $7\,500 - 7\,125 = 375$. Il lui manque 375 points pour avoir une vie supplémentaire.

56 Je suis 84.
Les multiples de 7 compris entre 40 et 100 sont : 42 ; 49 ; 56 ; 63 ; 70 ; 77 ; 84 ; 91 ; 98.
Seul 84 a la somme de ses chiffres égale à un multiple de 4 ($8 + 4 = 12$).

57 Un énoncé possible : On dispose de 100 roses pour faire des bouquets de 7 roses. Combien de bouquets peut-on faire ?

58 **a.** $34 : 2 = 17$ **b.** $22 : 4 = 5{,}5$ **c.** $75 : 6 = 12{,}5$
d. $2 : 4 = 0{,}5$ **e.** $1 : 5 = 0{,}2$ **f.** $2{,}4 : 6 = 0{,}4$
g. $1{,}5 : 5 = 0{,}3$ **h.** $0{,}12 : 4 = 0{,}03$ **i.** $0{,}6 : 4 = 0{,}15$

59 • A-2 • B-5 • C-3 • D-1 • E-4

60 **a.** $58 : 5 = 11{,}6$ **b.** $2{,}45 : 7 = 0{,}35$
c. $8{,}2 : 8 = 1{,}025$ **d.** $51 : 12 = 4{,}25$

61 **a.** $7 : 1\,000 = 0{,}007$ **b.** $9{,}8 : 10 = 0{,}98$
c. $230\,000 : 100 = 2\,300$ **d.** $3\,500 : 1\,000 = 3{,}5$
e. $56 : 100 = 0{,}56$ **f.** $430 : 10 = 43$

62

	Valeur approchée		
	à l'unité	au dixième	au centième
75 : 13	5 ou 6	5,7 ou 5,8	5,76 ou 5,77
13 : 75	0 ou 1	0,1 ou 0,2	0,17 ou 0,18
6,5 : 11	0 ou 1	0,5 ou 0,6	0,59 ou 0,60

63 On cherche un nombre tel que $12 \times \text{nombre} = 138$.
Ce nombre est 11,5 car $138 : 12 = 11{,}5$.

64 $1\,355 : 4 = 338{,}75$. La part de loyer payée par Samuel chaque mois est 338,75 €.

65 $1{,}5 : 8 = 0{,}1875$. Chaque barquette contiendra 0,1875 kg, soit 187,5 g.

66 **1.** $316 : 5 = 63{,}2$. La distance moyenne parcourue en une heure sur ce trajet est 63,2 km.
2. $63{,}2 \times 3 = 189{,}6$. À cette vitesse, Lucy parcourt 189,6 km en 3 heures.

67 **1.** $15 - 5 = 10$.
Samy va partager 10 kg de pommes entre ses voisins.
2. $10 : 8 = 1{,}25$.
Chaque voisin recevra 1,25 kg de pommes.

68 Un énoncé possible : Harry veut s'acheter un VTT d'une valeur de 690 €. Il décide d'économiser pendant un an pour se l'acheter. Combien doit-il économiser chaque mois ?

CHAPITRE 4

56 A **57** B **58** A **59** C **60** B

61 **1.** $\frac{4}{14} = \frac{2}{7}$

Cryptozoologie : Étude d'animaux dont l'existence n'est pas attestée.

2. $\frac{5}{22}$

Otorhinolaryngologiste, ou ORL : médecin spécialisé des affections de la « sphère » oreilles-nez- gorge-larynx (voies aériennes supérieures).

62 **1.** $A\left(\frac{3}{10}\right)$ ou $A\left(1-\frac{7}{10}\right)$; $B\left(\frac{7}{10}\right)$ ou $B\left(1-\frac{3}{10}\right)$;
$C\left(\frac{11}{10}\right)$ ou $C\left(1+\frac{1}{10}\right)$; $D\left(\frac{19}{10}\right)$ ou $D\left(1+\frac{9}{10}\right)$.

2.

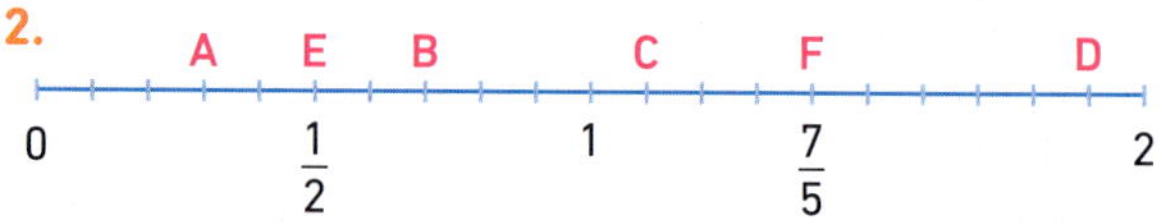

63 Fractions égales : **b**, **c**, **e**.

64 L'intrus est $\frac{81}{64}$ car $\frac{9}{8} = 1{,}125 = \frac{4{,}5}{4} = \frac{99}{88} = \frac{27}{24} = 9 : 8$

mais $\frac{81}{64} \neq 1{,}125$.

65 **1.** Partie immergée (sous l'eau) d'un iceberg de 70 m de hauteur totale : $\frac{7}{8} \times 70 = 61{,}25$ m.
Partie émergée (partie visible) : $70 - 61{,}25 = 8{,}75$ m.
2. Masse de sa partie immergée :
$180\,000 \times \frac{87}{100} = 156\,600$ tonnes.
Masse de sa partie émergée :
$180\,000 \times \frac{13}{100} = 23\,400$ tonnes.

66 $420 \times \frac{3}{4} = 315$; $315 + 35 = 350$;
$350 + 350 \times \frac{10}{100} = 385$ voyageurs arrivent à Valence.

67 Aire de la salle de bain : $99 \times \frac{2}{33} = 6$ m^2 ;

Aire de la cuisine : $\frac{5}{33} \times 99 = 15$ m^2.

68 **1.** $\frac{\text{longueur}}{\text{largeur}} = \frac{96}{\text{largeur}} = \frac{4}{3}$

alors largeur $= 96 \times \frac{3}{4} = 72$ cm.

2. $\frac{\text{longueur}}{\text{largeur}} = \frac{96}{\text{largeur}} = \frac{16}{9}$

alors largeur $= 96 \times \frac{9}{16} = 54$ cm.

69 • $143\,000 \times \frac{5}{6} = 119\,166{,}667$ km $\approx 119\,000$ km. Le diamètre de Saturne est égal à environ 119 000 km.

• $143\,000 \times \frac{9}{100} = 12\,870$ km $\approx 13\,000$ km. Le diamètre de Vénus est égal à environ 13 000 km.

• $12\,870 \times \frac{2}{5} = 5\,148$ km $\approx 5\,000$ km. Le diamètre de Mercure est égal à environ 5 000 km.

70 $40\,000 \times \frac{7}{8} = 35\,000$ personnes, donc 35 000 personnes ont assisté au match.
Sur ces 35 000 spectateurs, $35\,000 \times \frac{1}{5} = 7\,000$ ont assisté gratuitement à ce match.

CHAPITRE 5

53 C **54** B **55** B **56** C **57** C

58 a. Vrai, si une place de concert au festival Face et Si coûte 25 €, alors quatre places de concert au festival Face et Si coûtent quatre fois plus cher.
b. Faux, lorsque la location d'un mobil-home pour 4 personnes coûte 750 € par semaine, la location d'un mobil-home pour 8 personnes ne coûte pas 2 fois plus.
c. Vrai, en buvant une canette de 33 cL de soda, Ali absorbe 35 g de sucre, donc en buvant deux canettes de 33 cL, il absorbe le double de sucre.

59 $\frac{7}{4} = 1{,}75 \neq 1{,}80$ donc le prix n'est pas proportionnel au nombre de pains achetés.

60 1. Les deux grandeurs sont la distance et le temps.
2. $\frac{100}{4} = 25$ et $\frac{90}{3} = 30$: les deux grandeurs ne sont pas proportionnelles.

61 1. Les deux grandeurs sont la masse de pommes et le prix.
2. $\frac{11{,}5}{5} = 2{,}3$: les deux grandeurs sont proportionnelles.

62 a. $\frac{8}{2} = \frac{12}{3} = \frac{20}{5} = 4$ donc c'est un tableau de proportionnalité.
b. $\frac{100}{3} = \frac{200}{6} = 33{,}33$ mais $\frac{300}{10} = 30$ donc ce n'est pas un tableau de proportionnalité.

63 1. On supprime « 400 g de farine et 0,7 L de lait » pour obtenir une situation de proportionnalité.
2. On supprime « 40 km en 3 h 15 min » pour obtenir une situation de proportionnalité.

64 1. $\frac{6}{2} \times 3 = 9$ donc Gillou aurait payé 9 € pour 3 kg.

2. $\frac{2}{6} \times 7{,}5 = 2{,}5$ donc Gillou peut acheter 2,5 kg de cerises avec 7,50 €.

65 On peut utiliser un tableau de proportionnalité : $\frac{280}{5} = 56$, donc le coefficient de proportionnalité est 56.
Pour 11 jours, on calcule $56 \times 11 = 616$.
Pour 1000 €, on calcule $\frac{1000}{56} \approx 17{,}8$.

Nombre de jours	5	11	17,8
Argent gagné (en €)	280	616	1 000

1. Victor gagnera 616 € en 11 jours.
2. Victor doit travailler 18 jours pour gagner 1 000 €.

66 1. $200 \times 3 = 600$ g de farine pour 12 personnes ;
2. $\frac{2}{4} \times 6 = 3$ cuillérées de sucre pour 6 personnes ;
3. $\frac{40}{4} \times 7 = 70$ g de beurre pour 7 personnes ;
4. $0{,}75 \times 3 = 2{,}25$ L de lait pour 12 personnes.

67 $\frac{24}{2} = 12$, donc le coefficient de proportionnalité est 12.
Pour 1 jour, on calcule $1 \times 12 = 12$;
pour 7 jours, on calcule $7 \times 12 = 84$;
pour 60 €, on calcule $\frac{60}{12} = 5$;
pour 120 €, on calcule $\frac{120}{12} = 10$.

Nombre de jours	1	2	5	7	10
Prix à payer (en €)	12	24	60	84	120

68 a. Vrai, prendre 50 % d'un nombre, c'est prendre sa moitié.
b. Faux, baisser un prix de 10 %, ce n'est pas enlever 10 €.
c. Faux, augmenter un prix de 50 % ne revient pas à le doubler.
d. Faux, augmenter de 200 % est possible.
e. Vrai, enlever 75 % d'un lot, c'est en laisser $\frac{1}{4}$.

69 a. 70 % de 120 € $= \frac{70}{100} \times 120 = 84$ € ;
b. 40 % de 70 \$ $= \frac{40}{100} \times 70 = 28$ \$;
c. 30 % de 180 £ $= \frac{30}{100} \times 180 = 54$ £ ;
d. 5 % de 250 m $= \frac{5}{100} \times 250 = 12{,}5$ m ;
e. 12 % de 3 km $= \frac{12}{100} \times 3 = 0{,}36$ km ;
f. 21 % de 150 km $= \frac{21}{100} \times 150 = 31{,}5$ km.

70 1. $\frac{1}{4} \times 500 = 125$ donc sur 500 élèves, 125 élèves ont déjà joué au tennis.
2. $\frac{85}{100} \times 500 = 425$ donc sur 500 élèves, 425 élèves ont déjà joué à un jeu en ligne sur Internet.

je travaille seul(e)

71 $\frac{150}{100} \times 56 = 84$ et $56 + 84 = 140$ donc le prix du baril était de 140 $ au 1er juillet 2008.

72 Pour 80 cases, 12 cases doivent être coloriées en vert pour Gustave $\left(\frac{15}{100} \times 80\right)$, 32 cases en rouge pour Bruno $\left(\frac{40}{100} \times 80\right)$, 28 cases en bleu pour Gaspard $\left(\frac{35}{100} \times 80\right)$ et il reste donc 8 cases à colorier en jaune pour René.

CHAPITRE 6

19 C **20** A **21** A **22** B **23** C

24 1. 450 + 1 235 + 2 665 + 510 = 4 860. Au total, 4 860 personnes ont voté lors de cette élection.
2. Claire Delune est devenue maire du village.
3. 450 personnes ont voté pour la candidate Laure Ajéclate.

25 1. $8 + 4 + 1 + 5 + 8 + 4 + 5 + 9 + 4 + 2 + 3 + 6 + 6 + 10 + 5 + 4 + 2 + 4 + 9 = 99$.
99 élèves ont participé à ce vote.
2. Il y a 4 élèves de 6e B qui ont voté pour *Spider-Man*.
3. $8 + 4 + 3 + 5 = 20$.
20 élèves ont voté pour le film *Avengers*.
4. *Spider-Man* (23 votes) – *Avengers* (20 votes) – *La famille Addams* et *Star Wars* (19 votes) – *La Reine des neiges 2* (18 votes).

26

	italien	allemand	espagnol	Total
5e A	7	6	12	25
5e B	5	5	13	23

27 1. Le musée ouvre à 9 h 00 le mardi.
2. Le musée est fermé le lundi.
3. Le musée est ouvert entre 12 h 00 et 14 h 00 les vendredis, samedis et dimanches.
4. Le musée est ouvert au public 48 heures par semaine.

28 1. Le composant principal de l'air est le diazote.
2. Dans l'air, il y a entre 20 et 25 % de dioxygène (réponse a).

29 1. C'est en Finlande que les abonnés utilisent le plus de données mobiles.
2. Chaque Français utilise en moyenne 5,64 Go de données mensuelles.
3. Il faut environ 8 utilisateurs canadiens pour consommer autant qu'un utilisateur finlandais.

30

Résultats	1	2	3	4	5	6
Nombre de fois	7	6	3	4	6	4

31 1. En 1914, la population française était d'environ 42 000 000 habitants.
2. La population est devenue supérieure à 50 000 000 en 1969.
3. Non, la population française n'a pas toujours été en augmentation : elle a diminué pendant les 2 guerres mondiales.
4. La population française est passée de 45 000 000 à 55 000 000 habitants en 26 ans (de 1958 à 1984).

CHAPITRE 7

39 A **40** B **41** C **42** C **43** C

44 Maïssa a raison car le milieu d'une droite n'existe pas et AB signifie la longueur du segment [AB].

45

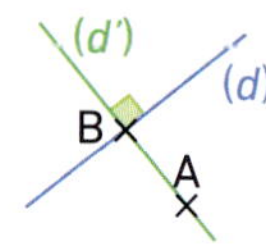

Il faut mesurer la distance AB.

46 1.

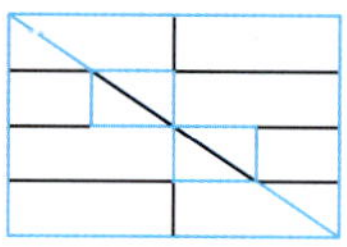

47 1. Deux droites semblent être parallèles à (AB) : (DC) et (GI).
2. Trois droites semblent être perpendiculaires à (GH) : (DC) ; (GI) et (AB).

48 et **49** Voir « Je comprends » p. 166 et p. 168 pour la méthode de construction.

50 1. Tracer un triangle OPF. Placer R au milieu de [OP]. Tracer la parallèle à (PF) passant par R ; elle coupe (OF) en S. Tracer la perpendiculaire à (PO) passant par R ; elle coupe (PF) en T.
3. Oui, parce que les droites (RT) et (PO) sont perpendiculaires. La droite que l'on vient de tracer est parallèle à (PO), donc elle est aussi perpendiculaire à (RT).

51
- Rayons : [IF] ; [EF] ; [HF] ; [JF] ;
- cordes : [IH] ; [IJ] ; [IE] ; [HJ] ; [HE] ; [EJ] ;
- diamètres : [HE].

52 1. Tous les points sont sur le cercle de centre A et de rayon 3,5 cm.
2. [RT] = 7,4 cm

CHAPITRE 8

24 A **25** A **26** C **27** B **28** B

29 a. 43° b. 100°

30 a. $\widehat{FED} = 19°$ b. $\widehat{IKJ} = 141°$
c. $\widehat{PNO} = 102°$ d. $\widehat{ZWX} = 127°$

31 Il semble que les angles à la base soient de même mesure.

32 $\widehat{BAF} = 76°$; $\widehat{AFE} = 180°$ (angle plat) ; $\widehat{FED} = 96°$; $\widehat{EDC} = 154°$; $\widehat{DCB} = 60°$ et $\widehat{CBA} = 154°$.

33 a. b. c.

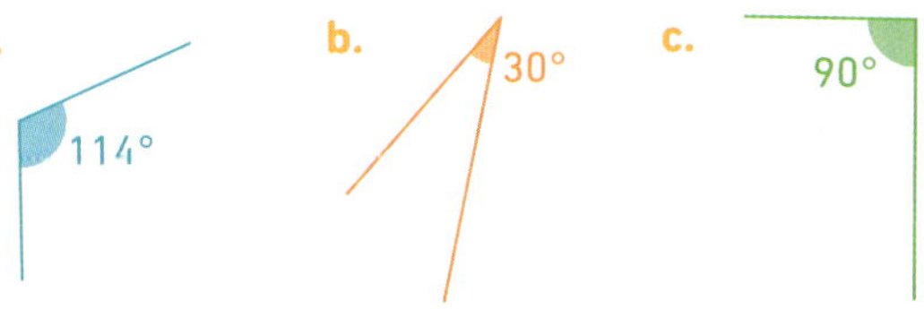

36 1. 2.

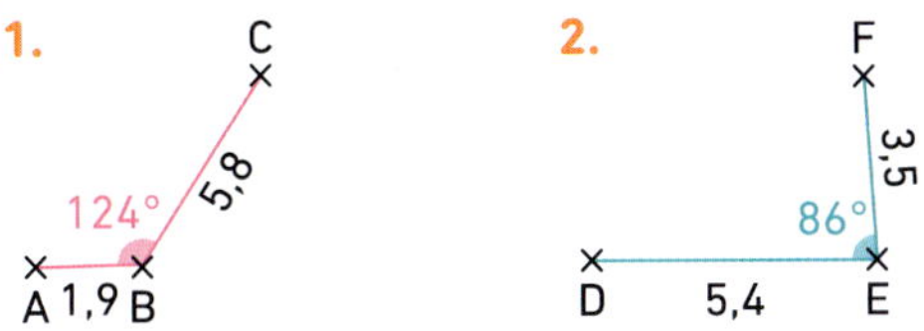

38 D peut se trouver sur la demi-droite [BD_1) ou sur la demi-droite [BD_2).

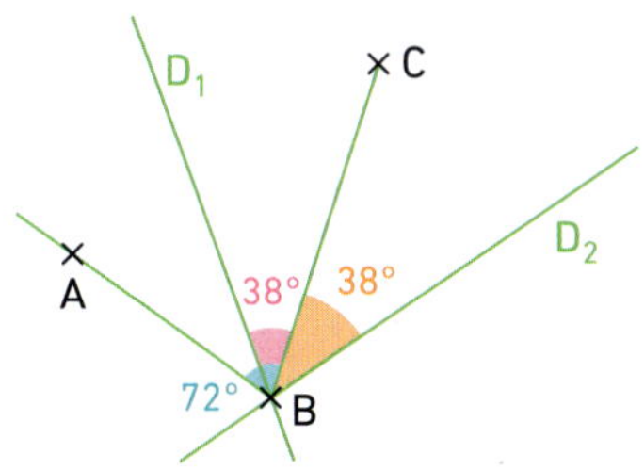

39 1. 2. 3.

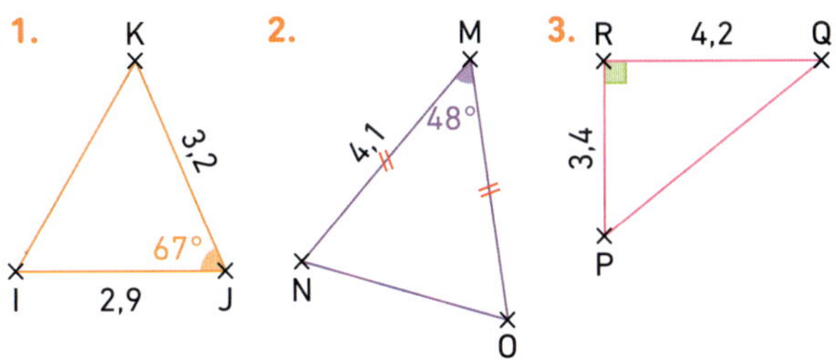

41 2. Les deux longueurs manquantes mesurent approximativement 10,8 cm et 9,4 cm.

42 1. 2.

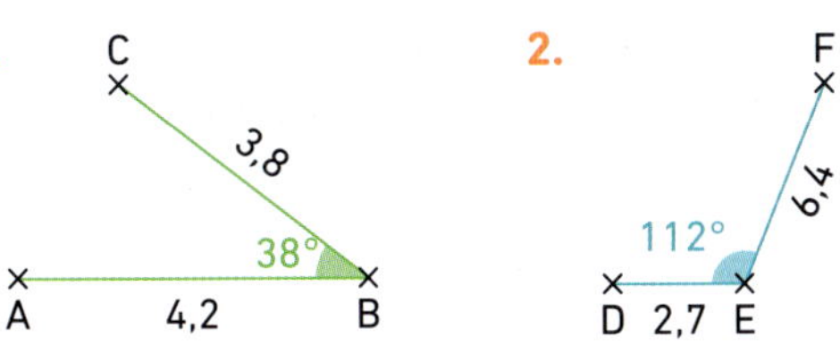

CHAPITRE 9

37 C **38** B **39** A **40** A **41** A

42

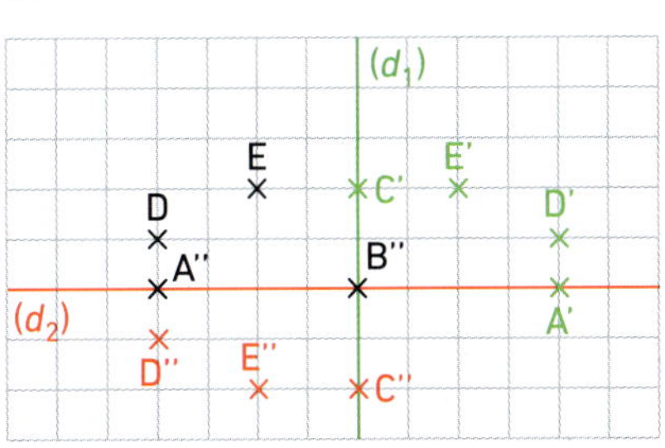

43

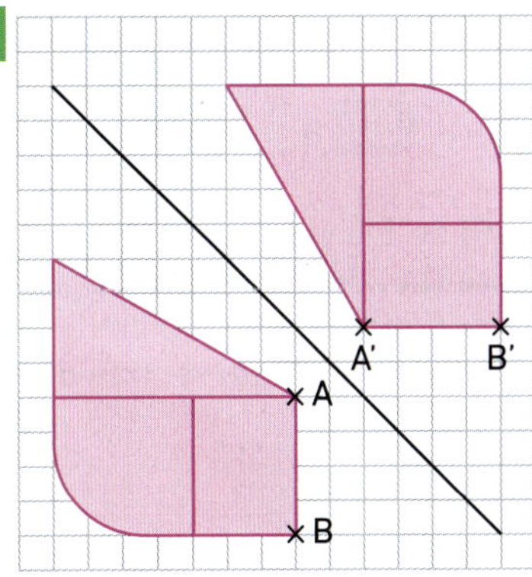

44

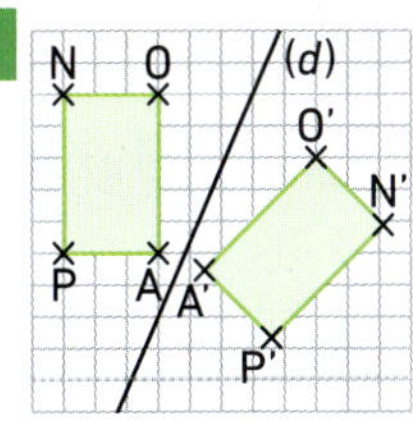

45 La figure **b** est symétrique par rapport à la droite en pointillés.

46
- Croix de Lorraine : 1 axe de symétrie.
- Croix Occitane : 4 axes de symétrie.
- Croix bretonne : pas d'axe de symétrie.

47

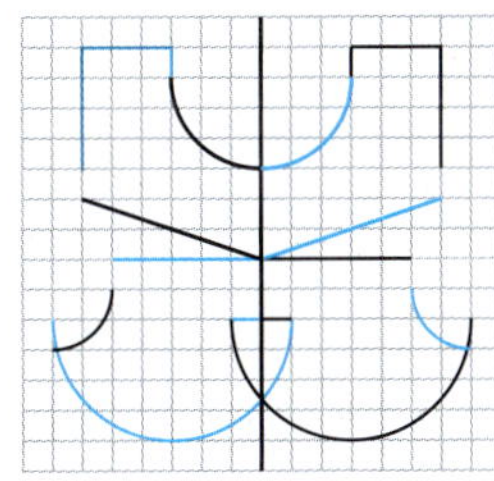

48 1. et 2.
3. a. BM = 5 cm.
b. La propriété qui permet de déterminer cette longueur est : « Si un point appartient à la médiatrice d'un segment, alors il est à égale distance des extrémités de ce segment. »

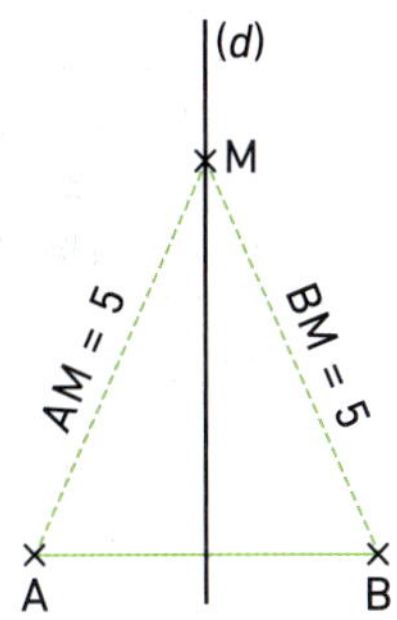

49 Le napperon vert plié doit être découpé comme suit à la deuxième étape.

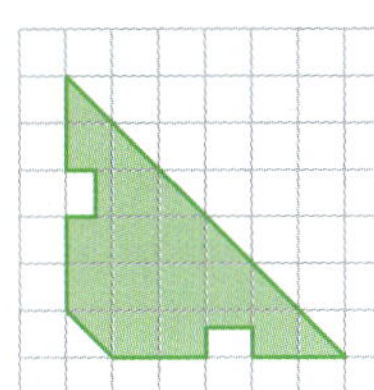

50

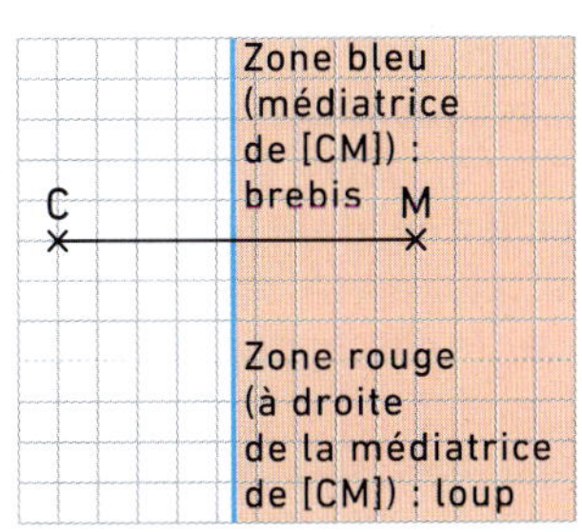

CHAPITRE 10

29 B **30** C **31** C **32** B **33** C

37 2. Tracer un segment [QS] de 5,5 cm.
Tracer un cercle de centre Q et de rayon 7 cm.
Tracer un cercle de centre S et de rayon 8,5 cm.
Le point D est l'un des deux points d'intersection que l'on obtient.
Tracer le triangle QSD.

39 2. Tracer un segment [ET] de 5 cm. Tracer une droite (d) perpendiculaire à (ET) passant par T. Tracer le cercle de centre E et de rayon 10 cm.
Le point d'intersection entre ce cercle et (d) est le point R.
Tracer le triangle ERT.

40 2. Le triangle RAT n'est ni isocèle ni équilatéral puisque ses trois côtés n'ont pas la même longueur.

42 2. ABC est équilatéral ; BCD est isocèle en C ; DEB est rectangle isocèle en B.
3. Tracer un triangle ABC équilatéral de côté 3 cm. Tracer un triangle BCD isocèle en C.
Tracer un triangle BDE rectangle isocèle en B.

43 a. Un carré car les diagonales sont perpendiculaires, de même longueur et se coupent en leur milieu.
b. Ni un rectangle (car les diagonales n'ont pas la même longueur), ni un losange (car les diagonales ne sont pas perpendiculaires) : ce quadrilatère s'appelle un parallélogramme.
c. Un rectangle car les diagonales sont de même longueur et se coupent en leur milieu.
d. Un losange car les diagonales sont perpendiculaires et se coupent en leur milieu.

46 1.

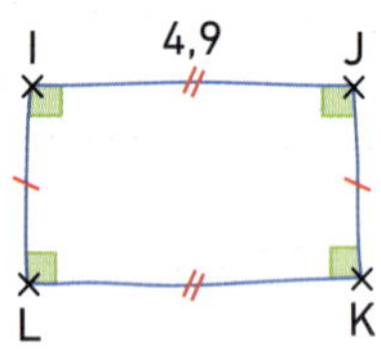

3. Comme le périmètre de IJKL vaut 20 cm, JK = 5,1 cm. Le rectangle tracé n'est donc pas un carré.

47 2. Tracer un segment [AB] de 5 cm. Tracer les droites (d) et (d') perpendiculaires à (AB) en A et B. Placer un point D sur (d), tel que [AD] mesure 10 cm et tracer la droite (d'') perpendiculaire à (d) en D. On nomme C le point d'intersection de (d') et (d''). Tracer [AC]. Tracer la droite perpendiculaire à (AC) passant par D, elle coupe (AC) en E. Tracer le cercle de centre D passant par E.

48 2. Tracer un segment [CD] de 9 cm.
Tracer les cercles C_1 et C_2 de centres respectifs C et D et de rayon 6 cm. Ils se coupent en deux points A et B.
Tracer une droite (d) parallèle à (CD) et passant par A. Tracer la perpendiculaire à (CD) passant par D, elle coupe (d) en E.

49 1. Oui, les rectangles sont des trapèzes car le rectangle a deux côtés opposés parallèles.
2. Oui, les losanges sont des trapèzes car le losange a deux côtés opposés parallèles.
3.

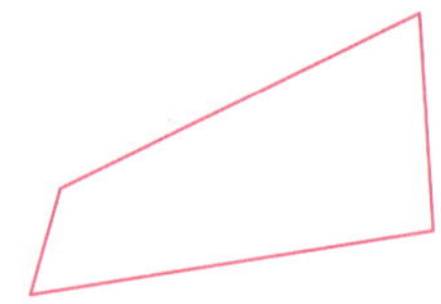

5.

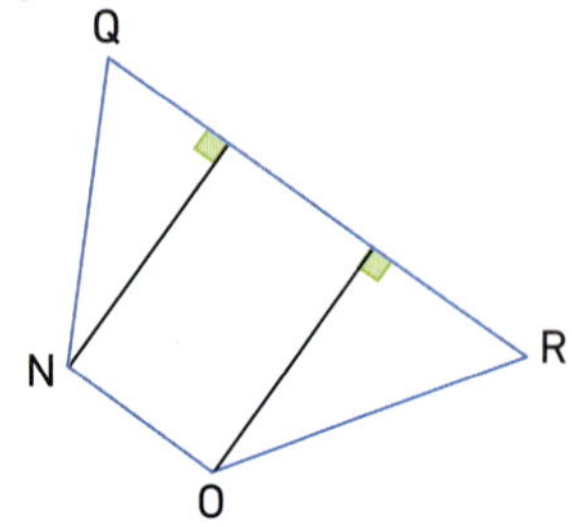

CHAPITRE 11

52 C **53** A **54** C **55** B **56** B

57 a. $2 \times 7{,}8 \times \pi \approx 48{,}984$ dm ; b. $9{,}6 \times \pi \approx 30{,}144$ m.

58 a. $4{,}5 + 5{,}7 + 3{,}3 = 13{,}5$ m
b. 4,6 cm = 46 mm
$(46 + 17) \times 2 = 126$ mm
c. $4{,}7 \times 2 + 2{,}6 \times 3 = 17{,}2$ cm
d. $3{,}2 + 8 + 5{,}1 + 7{,}2 = 23{,}5$ km

59 Par exemple :

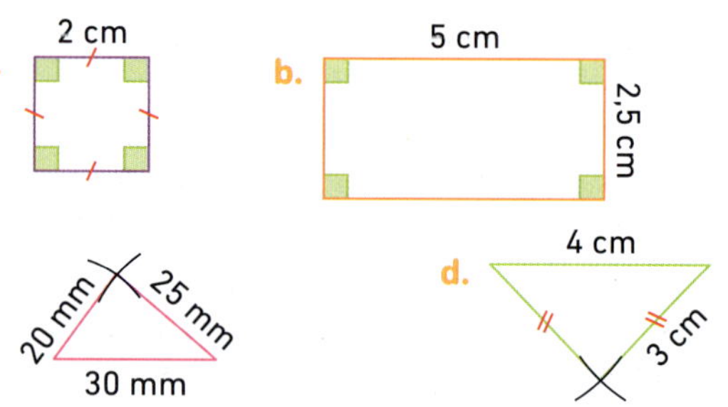

60 1. $2 \times 3{,}9 = 7{,}8$, $22 - 7{,}8 = 14{,}2$, $14{,}2 : 2 = 7{,}1$.
Le côté [AB] mesure 7,1 km.
2. $5 + 8{,}5 = 13{,}5$, $17{,}5 - 13{,}5 = 4$.
Le côté [RT] mesure 4 m.

61 $5 \times 3 = 15$. Le périmètre d'un triangle équilatéral de côté 5 cm est 15 cm.
$15 : 2 = 7{,}5$, $7{,}5 - 4 = 3{,}5$. La largeur de ce rectangle est 3,5 cm.

62 a. $15 \times 15 \times \pi \approx 706{,}5$ km^2 ;
b. rayon = 4,5 m,
$4{,}5 \times 4{,}5 \times \pi \approx 63{,}585$ m^2.

63 a. $3{,}8 \times 6{,}2 = 23{,}56$ km^2 ; b. $(12 \times 20) : 2 = 120$ mm^2 ;
c. $(3 \times 6) : 2 = 9$ cm^2 ; d. $(25 \times 40) : 2 = 500$ m^2.

64 Par exemple :

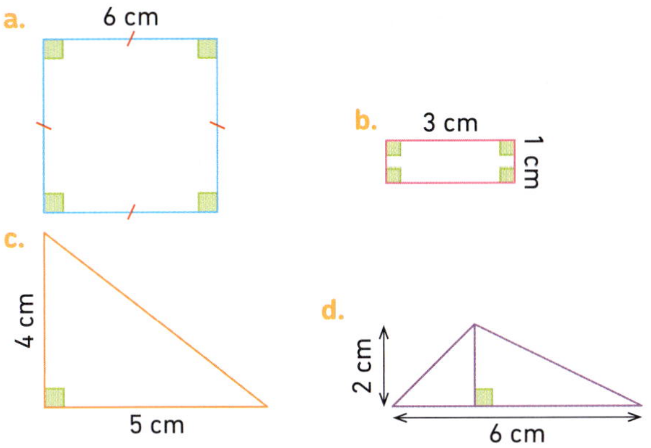

65 On décompose la figure en un rectangle et un triangle rectangle.
$5 \times 9 = 45$. L'aire du rectangle est 45 cm^2.
$9 - 4 = 5$ et $8,4 - 5 = 3,4$. Les côtés de l'angle droit du triangle mesurent 5 et 3,4 cm.
$(5 \times 3,4) : 2 = 8,5$. L'aire du triangle rectangle est 8,5 cm^2.
$45 + 8,5 = 53,5$. L'aire totale de la figure est 53,5 cm^2.

66
- Aire petit disque : $4 \times 4 \times \pi \approx 50,24$ cm^2 ;
- Rayon grand disque : $4 \times 2 = 8$ cm ;
- Aire grand disque : $8 \times 8 \times \pi \approx 200,96$ cm^2 ;
- Aire grisée : $200,96 - (2 \times 50,24) = 100,48$ cm^2.

L'aire de la surface grisée est égale à environ 100,48 cm^2.

67 $5 \times 5 = 25$. La longueur du côté d'un terrain carré d'aire 25 cm^2 est 5 cm.

68 $7 \times 7 = 49$. L'aire d'un carré de côté 7 cm est 49 cm^2.
$49 : 4 = 12,25$ La longueur de ce rectangle est 12,25 cm.

69 La figure ci-dessous a un périmètre **supérieur** à **24 mètres** et une aire **inférieure** à **36 mètres carrés**.

70

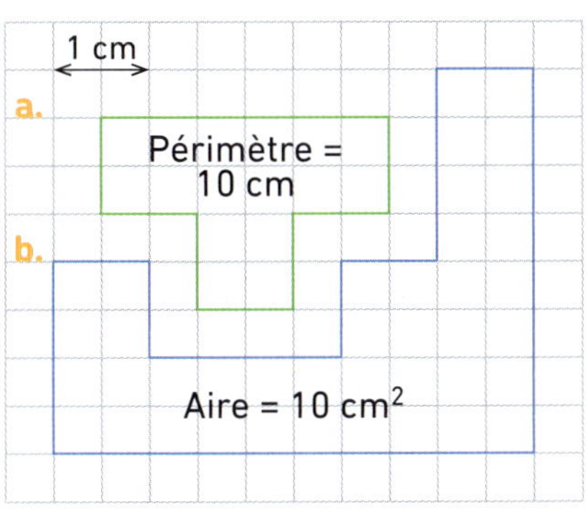

71
a. 1,5 km = **1 500** m
b. 1,5 km^2 = **1 500 000** m^2
c. 10 m = **1** dam
d. 10 m^2 = **0,1** dam^2
e. 45 cm = **0,45** m
f. 45 cm^2 = **0,004 5** m^2
g. 25 mm = **2,5** cm
h. 25 mm^2 = **0,25** cm^2
i. 3,12 dm = **31,2** cm
j. 3,12 dm^2 = **312** cm^2

72 On convertit toutes les longueurs en m pour pouvoir les comparer :
- 5 m
- 67 dm = 6,7 m
- 0,3 km = 300 m
- 7 000 mm = 7 m
- 1,1 dam = 11 m
- 92,5 cm = 0,925 m

92,5 cm < 5 m < 67 dm < 7 000 mm < 1,1 dam < 0,3 km

73 On convertit toutes les aires en m^2 pour pouvoir les comparer :
- 32 dam^2 = 3 200 m^2
- 45 000 cm^2 = 4,5 m^2
- 0,2 hm^2 = 2 000 m^2
- 110 dm^2 = 1,1 m^2
- 77 m^2
- 0,1 dam^2 = 10 m^2

110 dm^2 < 45 000 cm^2 < 0,1 dam^2 < 77 m^2 < 0,2 hm^2 < 32 dam^2

74 Vrai, 1 ha = 1 hm^2 ; Faux, 1 a $\neq$ 1 m^2 car 1 a = 100 m^2 ;
Faux, 7 ha > 20 000 m^2 car 7 ha = 70 000 m^2 ;
Faux, 3,5 a < 740 m^2 car 3,5 a = 350 m^2.

CHAPITRE 12

28 B **29** C **30** C **31** C **32** C

33 1. Le solide violet est un cylindre et le solide vert est un cône.
2. Le point D est appelé le sommet du cône et le segment [DA] est sa hauteur.

34 Par exemple :
Le parallélépipède rectangle a pour **sommets** les points B, R, S, C, A, U, T et D.
Sa **face** inférieure est le **rectangle** AUTD.
L'**arête** [BA] correspond à la **hauteur** du pavé droit, elle mesure 6 cm.
L'**arête** [DT] correspond à la **longueur** du pavé droit, elle mesure 4 cm.
L'**arête** [AD] correspond à la **largeur** du pavé droit, elle mesure 3 cm.
Les **dimensions** du pavé droit sont donc 6 cm, 4 cm et 3 cm.

35 Le patron ① ne permet pas de fabriquer un pavé droit : deux faces vont se superposer par pliage.
Les patrons ② et ③ permettent de fabriquer un pavé droit (reproduire les patrons pour vérifier).
Le patron ④ ne permet pas de fabriquer un pavé droit : une face est mal dimensionnée.

36

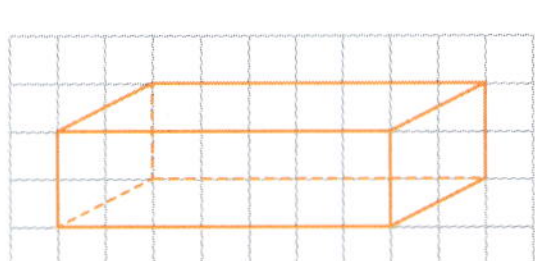

37 Par exemple :

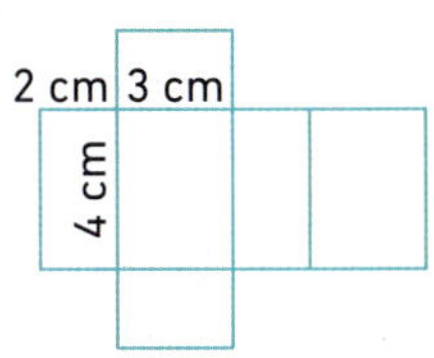

je travaille seul(e)

38 Par exemple :

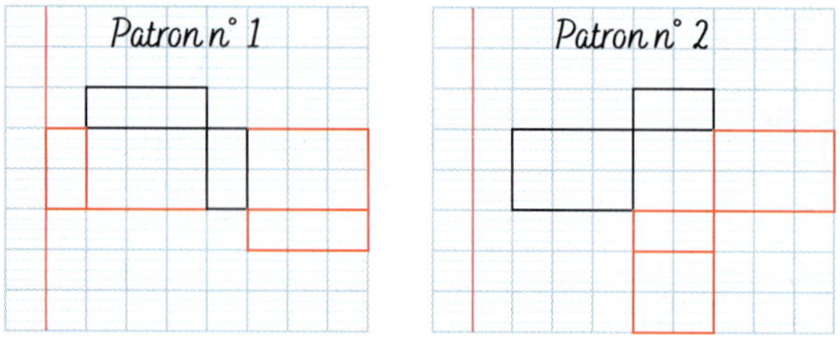

39

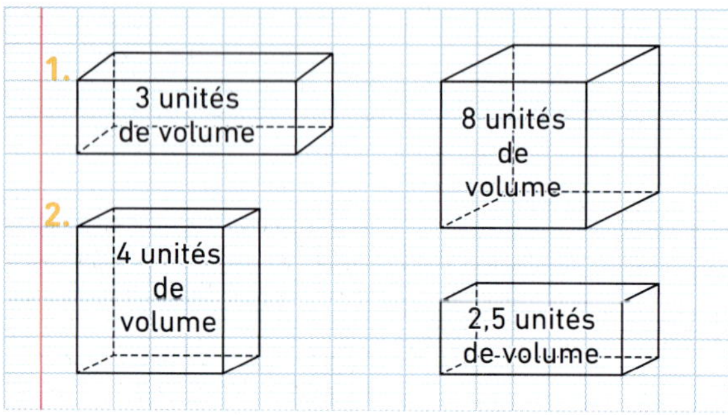

40 On convertit tous les volumes en cm^3 pour pouvoir les comparer :

- $0{,}003\ m^3 = 3\ 000\ cm^3$
- $44\ 000\ mm^3 = 44\ cm^3$
- $7\ cm^3$
- $1\ 280\ cm^3$
- $156\ dm^3 = 156\ 000\ cm^3$
- $0{,}95\ dm^3 = 950\ cm^3$

$7\ cm^3 < 44\ 000\ mm^3 < 0{,}95\ dm^3 < 1\ 280\ cm^3 < 0{,}003\ m^3 < 156\ dm^3$

41 • A-4 • B-5 • C-3 • D-1 • E-2

42

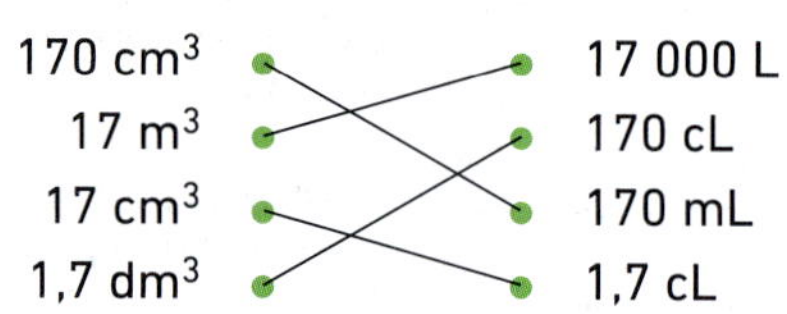

43 $30 \times 25 \times 15 = 11\ 250$. Ce pavé droit a un volume de $11\ 250\ cm^3$, soit $11{,}25\ dm^3$.

44 **1.** $1{,}5 \times 1{,}5 \times 1{,}5 = 3{,}375$. Le volume d'un cube est de $3{,}375\ cm^3$.

2. $1{,}5 \times 2 = 3$; $1{,}5 \times 3 = 4{,}5$; $1{,}5 \times 4 = 6$.

Les dimensions du pavé droit sont 3 cm, 4,5 cm et 6 cm.

3. Méthode 1 : $3 \times 4{,}5 \times 6 = 81$;

Méthode 2 : $3{,}375 \times (3 \times 4 \times 2) = 3{,}375 \times 24 = 81$.

Le volume de ce pavé droit est de $81\ cm^3$.

45 **1.** $15 \times 15 \times 15 = 3\ 375$.

$3\ 375\ cm^3 = 3{,}375\ dm^3 = 3{,}375\ L$.

La quantité d'eau récupérée hors de la bassine est de 3,375 L.

2. $2{,}5 \times 2{,}5 \times 2{,}5 = 15{,}625$.

$15{,}625\ cm^3 = 0{,}015\ 625\ dm^3 = 0{,}015\ 625\ L = 15{,}625\ mL$

La quantité d'eau récupérée hors de la bassine est de 15,625 mL.

46 Deux méthodes sont attendues parmi les trois proposées :

Méthode 1 : $(6 \times 3 \times 10) - (2 \times 3 \times 7) = 138$.

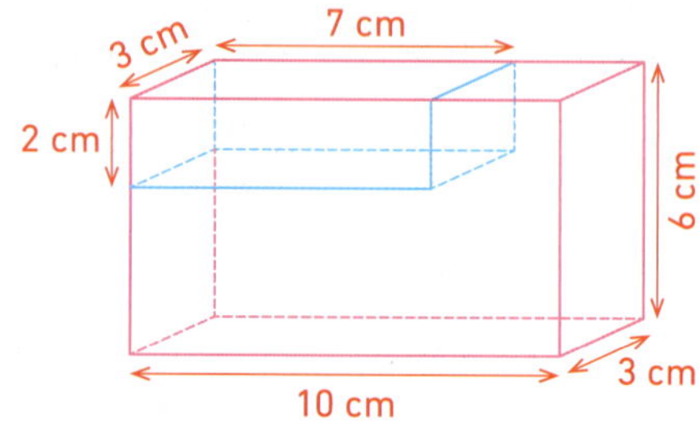

Méthode 2 : $(4 \times 3 \times 10) + (2 \times 3 \times 3) = 138$.

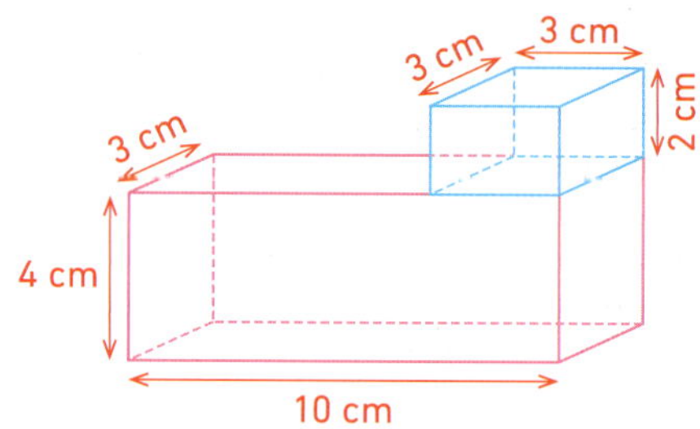

Méthode 3 : $(4 \times 3 \times 7) + (6 \times 3 \times 3) = 138$.

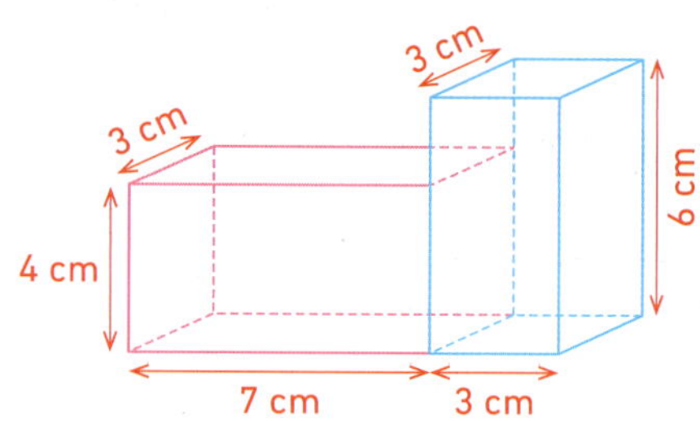

Ce solide a pour volume $138\ cm^3$.

47 $5 \times 5 \times 5 = 125$.

Un cube d'arête 5 cm a pour volume $125\ cm^3$.

$16 \times 2{,}5 \times \text{hauteur} = 125$, soit $40 \times \text{hauteur} = 125$, donc $\text{hauteur} = 125 : 40 = 3{,}125$.

La hauteur de ce parallélépipède rectangle est 3,125 cm.

Lexique

A

Abscisse, p. 37 : Nombre permettant de repérer un point sur une demi-droite graduée.

Aire, p. 248 : Mesure d'une surface.

Angle aigu, p. 187 : Angle dont la mesure est comprise entre 0° et 90°.

Angle droit, p. 187 : Angle dont la mesure est égale à 90°.

Angle nul, p. 187 : Angle dont la mesure est égale à 0°.

Angle obtus, p. 187 : Angle dont la mesure est comprise entre 90° et 180°.

Angle plat, p. 187 : Angle dont la mesure est égale à 180°.

Are, p. 249 : Unité d'aire égale à un décamètre carré (1 a = 1 dam^2).

Arête, p. 270 : Côté commun à deux faces polygonales d'un même polyèdre.

Axe de symétrie, p. 207 : Droite par rapport à laquelle tout point d'une figure a pour symétrique un point de cette même figure.

B - C

Bissectrice, p. 201 : Droite qui partage un angle en deux angles de même mesure.

Carré, p. 229 : Quadrilatère possédant quatre côtés de même longueur et quatre angles droits.

Cercle, p. 165 : Ensemble de points situés à égale distance d'un même point appelé « centre du cercle ».

Coefficient de proportionnalité, p. 122 : Nombre qui permet, en multipliant, de passer de la première à la deuxième ligne d'un tableau de proportionnalité.

Comparer, p. 37 : Dire si deux nombres sont égaux ou si l'un est plus petit ou plus grand que l'autre.

Corde, p. 165 : Segment reliant deux points d'un cercle.

Cube, p. 270 : Pavé droit dont toutes les arêtes ont la même longueur.

D

Degré, p. 186 : Unité de mesure d'un angle.

Demi-droite graduée, p. 37 : Demi-droite possédant une origine et des graduations régulièrement espacées.

Dénominateur, p. 100 : Nombre écrit sous la barre de fraction.

Diagramme circulaire, p. 145 : Représentation graphique sous forme d'un disque illustrant la répartition de plusieurs données.

Diagramme en bâtons, p. 145 : Représentation graphique sous forme de barres illustrant ou comparant des données.

Diamètre, p. 165 : Segment reliant deux points d'un cercle et dont le milieu est le centre du cercle.

Différence, p. 56 : Résultat d'une soustraction.

Disque, p. 165 : Ensemble de tous les points situés à une distance inférieure ou égale à une distance donnée d'un point donné.

Distance, p. 164 : Longueur du plus petit segment reliant deux points ou un point et une droite.

Dividende, p. 80 : Nombre que l'on divise dans une division euclidienne.

Diviseur, p. 80 : Nombre qui divise dans une division euclidienne.

E

Écriture fractionnaire, p. 100 : Nombre écrit à l'aide d'une barre de fraction.

Encadrer, p. 37 : Trouver un nombre plus petit et un nombre plus grand qu'un nombre donné.

Équidistant, p. 207 : Situé à une même distance.

F - G

Facteur, p. 56 : Nombre utilisé dans une multiplication.

Fraction, p. 100 : Quotient de deux entiers.

Grandeurs proportionnelles, p. 122 : Grandeurs dont les valeurs de l'une s'obtiennent en multipliant les valeurs de l'autre par un nombre constant.

Graphique cartésien, p. 145 : Représentation graphique sous forme d'une courbe montrant l'évolution d'une grandeur en fonction d'une autre.

H - I - L

Hectare, p. 249 : Unité d'aire égale à un hectomètre carré (1 ha = 1 hm^2).

Hypoténuse, p. 228 : Plus grand côté d'un triangle rectangle.

Intercaler, p. 37 : Trouver un nombre compris entre deux autres.

Longueur d'un cercle, p. 248 : Longueur du pourtour de ce cercle.

Losange, p. 229 : Quadrilatère possédant quatre côtés de même longueur.

M

Médiatrice, p. 207 : La médiatrice d'un segment est la droite perpendiculaire à ce segment passant par son milieu.

Mètre cube, p. 271 : Unité de mesure officielle des volumes. C'est le volume d'un cube de 1 m de côté. Symbole : m^3.

Multiple, p. 80 : Un multiple d'un nombre N est un nombre qui contient N un certain nombre de fois exactement.

O - N

Numérateur, p. 100 : Nombre écrit au-dessus de la barre de fraction.

Ordre de grandeur, p. 56 : Valeur approchée simple d'un nombre qui permet de calculer plus rapidement.

P - Q

Parallèle, p. 165 : Deux droites parallèles sont deux droites qui ne se coupent en aucun point. Elles ne se coupent jamais.

Parallélépipède rectangle, p. 270 : Solide ayant six faces rectangulaires, appelé aussi « pavé droit ».

Patron, p. 270 : Dessin qui permet, après découpage, pliage et collage, de construire un solide de l'espace.

Pavé droit, p. 270 : Solide ayant six faces rectangulaires, appelé aussi « parallélépipède rectangle ».

Périmètre, p. 248 : Longueur du pourtour d'une figure.

Perpendiculaire, p. 164 : Deux droites perpendiculaires sont deux droites qui se coupent en formant quatre angles droits.

Perspective cavalière, p. 270 : Mode de représentation sur une feuille des solides de l'espace.

Point d'intersection, p. 164 : Point commun à deux droites ou à deux cercles qui se coupent.

Pourcentage, p. 123 : Proportion d'une quantité par rapport à une autre.

Produit, p. 56 : Résultat d'une multiplication.

Quotient, p. 80 : Résultat d'une division.

R

Ranger, p. 37 : Classer des nombres du plus petit au plus grand (ordre croissant) ou du plus grand au plus petit (ordre décroissant).

Rapporteur, p. 186 : Instrument pour mesurer un angle.

Rayon, p. 165 : Segment reliant un point du cercle au centre de celui-ci.

Rectangle, p. 229 : Quadrilatère possédant quatre angles droits.

Reste, p. 80 : Dividende – Diviseur × Quotient = Reste

S

Sécante, p. 164 : Deux droites sécantes sont deux droites qui se coupent en un point.

Somme, p. 56 : Résultat d'une addition.

Symétrie axiale, p. 206 : Transformation qui fait correspondre à une figure une autre figure par pliage le long d'un axe.

Symétrique, p. 206 : Deux figures sont symétriques par rapport à une droite si elles se superposent par pliage selon cette droite.

T

Tableau de proportionnalité, p. 122 : Tableau dans lequel on passe de la première ligne à la deuxième en multipliant par un même nombre.

Tableau de données, p. 144 : Tableau permettant de présenter des renseignements chiffrés.

Terme, p. 56 : Nombre utilisé dans une addition ou une soustraction.

Triangle équilatéral, p. 228 : Triangle possédant trois côtés de la même longueur.

Triangle isocèle, p. 228 : Triangle possédant deux côtés de la même longueur.

Triangle rectangle, p. 228 : Triangle possédant un angle droit.

V

Valeur approchée, p. 81 : Valeur proche de celle du nombre calculé.

Valeur exacte, p. 81 : Valeur du nombre calculé.

Les vidéos du site compagnon **college.editions-bordas.fr**

CHAPITRE 1
Nombres entiers et décimaux

- **Objectif 1** – Passer de l'écriture décimale à la fraction décimale
  – Passer de la fraction décimale à l'écriture décimale
- **Objectif 2** Ranger les nombres décimaux

Problème DUDU : Les DUDU font de l'archéologie

CHAPITRE 2
Addition – Soustraction - Multiplication

- **Objectif 1** Poser une addition
  Poser une soustraction
- **Objectif 2** Poser une multiplication
- **Objectif 3** Effectuer des calculs avec priorités (multiplication ou division)
- **Objectif 4** Convertir les unités de temps

Problème DUDU : Les DUDU vont à la boulangerie

CHAPITRE 3
Divisions

- **Objectif 1** Poser une division euclidienne (avec reste)
- **Objectif 2** Poser une division décimale (1)

Problème DUDU : Les DUDU fêtent leur quart'niversaires

CHAPITRE 4
Écritures fractionnaires

- **Objectif 1** Représenter des partages à l'aide de fractions
- **Objectif 2** Modifier l'écriture d'une fraction
- **Objectif 3** Calculer la fraction d'une quantité

Problème DUDU : Les DUDU font des cocktails

CHAPITRE 5
Proportionnalité

- **Objectif 1** Reconnaitre une situation de proportionnalité
- **Objectif 2** Appliquer une situation de proportionnalité
- **Objectif 3** Calculer le pourcentage d'un nombre

Problème DUDU : Les DUDU cuisinent

CHAPITRE 6
Gestion de données

- **Objectif 1** Construire un tableau
- **Objectif 2** Construire et exploiter un graphique

Problème DUDU : Les DUDU étudient la surpêche du thon

CHAPITRE 7
Règle – Équerre – Compas

- **Objectif 1** Construire une droite perpendiculaire à une autre droite et passant par un point
- **Objectif 2** Construire une droite parallèle à une autre droite et passant par un point
- **Objectif 3** Construire un cercle

Problème DUDU : Les DUDU font du bateau

CHAPITRE 8
Rapporteur et angles

- **Objectif 1** Mesurer un angle
- **Objectif 2** Construire un angle

Problème DUDU : Les DUDU bricolent

CHAPITRE 9
Symétrie axiale

- **Objectif 1** Construire le symétrique d'une figure par rapport à une droite
- **Objectif 2** Compléter une figure par symétrie axiale
- **Objectif 3** Construire une médiatrice avec le compas

Problème DUDU : Julien a posé du carrelage

CHAPITRE 10
Figures usuelles

- **Objectif 1** Construire un triangle isocèle
- **Objectif 2** Construire un losange

Problème DUDU : Arnaud est au concert

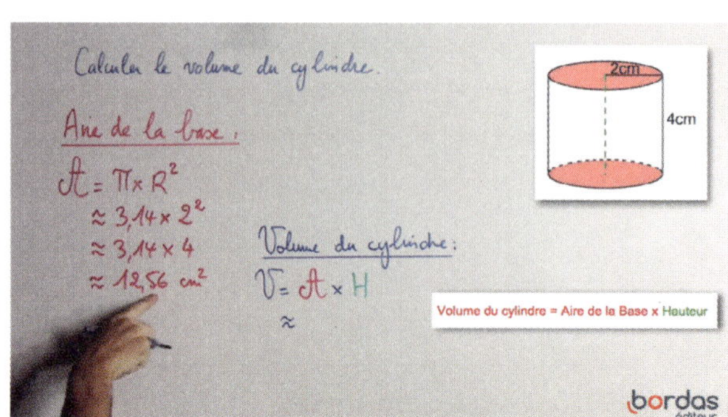